U0809729

“十三五”国家重点图书出版规划项目

智能炼化建设

——从数字化迈向智慧化

吴 青 编著

中国石化出版社

内 容 提 要

《智能炼化建设——从数字化迈向智慧化》从炼化产业概况，信息化与炼化产业信息化，信息化新技术的发展情况，对炼化产业在生产模式、管控决策模式和营销模式的变革与影响，以及国内外炼化企业在流程工业智能工厂建设方面的卓越实践等五个方面，在对比分析和研究了离散工业数字化及其升级的实践以及智能制造与信息化、网络化融合的经验基础上，首次创新性地提出并论述了炼化企业为何和如何通过“数字化—智能化—智慧化”三步曲，不断夯实数字化基础，瞄准智慧化目标，持续建设并完善智能化核心从而实现流程工业的新一代智能制造目标。

全书涉及云计算、大数据、物联网、移动通讯、区块链、虚拟现实、人工智能、工业互联网、工业控制系统(PLC、DCS、FCS)、工控与信息安全、资源敏捷优化与先进计划、全产业链的协同优化、QHSE的监控与溯源以及包括工厂数字化交付和无缺陷开车在内的“数字炼化-智能炼化-智慧炼化”构架、内容、核心技术的介绍，对提高我国炼化企业信息化应用水平，加深并促进“两化融合”，大力提高石油资源与企业资产利用率，推动炼化企业信息化智能化发展与转型升级，实施数字化建设并迈向智能化、智慧化，进而实现智能优化制造、新一代智能制造将起到重要的参考、借鉴和促进作用。

本书适合从事石油化工领域的企业管理人员、生产技术人员，以及相关科研、教育领域的专业人员参考阅读。

图书在版编目(CIP)数据

智能炼化建设：从数字化迈向智慧化 / 吴青编著.
—北京：中国石化出版社，2018.7(2020.1重印)
ISBN 978-7-5114-4837-8

Ⅰ.①智… Ⅱ.①吴… Ⅲ.①智能技术-应用-石油炼制-工业企业管理 Ⅳ.①F407.22-39

中国版本图书馆CIP数据核字(2018)第177291号

未经本社书面授权,本书任何部分不得被复制、抄袭,或者以任何形式或任何方式传播。版权所有,侵权必究。

中国石化出版社出版发行
地址:北京市朝阳区吉市口路9号
邮编:100020 电话:(010)59964500
发行部电话:(010)59964526
http://www.sinopec-press.com
E-mail:press@sinopec.com
北京富泰印刷有限责任公司印刷
全国各地新华书店经销

*

787×1092毫米 16开本 29.75印张 749千字
2020年1月第1版第2次印刷
定价:239.00元

序言 PREFACE

此书作者吴青曾是我的博士研究生。他自入读前至今数十年，浸淫于炼化工艺技术的科研和生产，对“智能炼化”建设逐渐形成了独到的见解。

“智能炼化”在当前已渐获普遍关注。发达国家近年纷纷实施“再工业化”和“制造业回归”战略，着力打造信息化背景下国家制造业竞争的新优势。在中国，伴随国民经济发展进入“新常态”，打造基于工业互联网的“智能炼化”，对于经济发展的作用进一步凸显。《中国制造2025》明确提出，“新一代信息技术与制造业深度融合，正在引发影响深远的产业变革，形成新的生产方式、产业形态、商业模式和经济增长点。”

众所周知，国内近年关于“智能炼化”的建设和推动工作尚属初创，社会各有关方面对“智能炼化”建设必要性、紧迫性、艰巨性以及推动“智能炼化”建设的方向、重点、路径、方法仍存在很多不同认识和看法。同时，因产业基础薄弱，标准和知识产权缺失、关键器件依赖进口、集成服务能力弱、核心技术受制于人等问题的制约，我国“智能炼化”建设进程尚未走向深入。

此书立论基于一个新的观点，即中国的炼油产业发展总体来说受到资源、能源、环境和安全的约束，但是约束产业发展的根源可归结为信息化跟不上产业化（工业化）步伐、信息化与产业化两化融合深度不足。作者尝试以这一全新的观点分析国内炼油产业的发展，并思考解决的途径。此书立足于“智能炼化”管理体系的成功实践经验，以“两化融合”引领企业智能化进程为立足点，在深入探讨“数字炼厂”的基础上，开展基于工业互联网的工业大数据集成创新的经验、心得、思考，认为炼化企业“智能炼化”建设的目标是为了实现“智慧炼化”，并首次提出“智慧炼化”建设三部曲，即以数字炼化为基础，智能炼化为核心，智慧炼化为目标的分步策略。这些问题的探讨，为我国同行业“智能炼化”建设中的诸多未决问题打开了一扇创新之窗，可在国内同行业内推广应用。

相信吴青的这一著作能够起到抛砖引玉、启迪思考的作用，让读者对“智能炼化”建设有更深认识，引发更多新的思考，为中国“智能炼化”建设工作添砖加瓦。若能如此，当是幸事。

是为序。

中国科学院院士：何鸣元

前言 PREFACE

炼油化工工业作为流程工业中最重要的制造业组成部分，是经济社会发展的支柱产业和实体经济的重要基石。经过几十年的发展，我国炼油工业无论是在产业布局、加工规模与基地化园区化发展、装置结构与加工原油适应性，以及产品数量、结构与质量升级、清洁生产与节能环保、HSE与替代燃料等方面，还是在催化剂与加工工艺、技术装备与工程化、管控信息化以及智能化发展等各个方面均取得了长足的进步。持续多年的高速发展，使得炼化产业的总体规模大幅提升，我国的炼油加工能力和乙烯产量均已稳居世界第二，综合实力不断增强，不仅对国内国民经济和社会发展做出了重要贡献，也成为支撑世界经济发展的重要力量与组成部分。

但是，我们也清醒地看到，中国经济发展进入新常态以后，炼油业也面临着诸多问题与挑战，例如，如何化解产能过剩问题；如何应对资源约束、高效化资源优化利用以及产品质量升级和产品结构转型升级的问题；如何加快实现炼化一体化、基地化园区化发展与区域优化、布局优化的问题；如何做好节能减排、低碳绿色化的社会和谐与可持续发展的问题等。这些问题与挑战可以高度概括为“资源、能源、环境与安全”对炼化产业的约束与制约问题。

与发达国家、世界先进水平相比较，我国炼油工业从技术层面上说，已经具备了传统工业化中机械化、电气化、自动化的基本特征，总体差距不是很大，但在信息化方面还是有些差距的，主要表现在工业化阶段所要求的全面自动化还没有完全或全部完成，这在一些小企业和部分老企业以及某些装置、单元(如一些环保装置)上显得尤其突出；而从信息化阶段要求的数字化即计算机化和网络化、模型化来说，我国炼化产业与之相比的差距就较远了，更不要说再与信息化智能化发展后进行比较了。工业化和信息化都只是手段，工业化主要是通过技术进步实现大规模工业化生产，从而极大地创造财富。而信息化则主要通过将先进的信息技术和其他技术进行集成、融合，从而大力提升、改造传统产业，使企业达到“科技含量高、经济效益好、资源消耗低、环境污染少、人力资源优势得到充分发挥”等目标，也就是“资源高效化转化、过程低碳绿色化”，最终实现跨越式发展。

与离散工业有很大不同，流程工业的炼油化工行业有很多显著特点：来自世界不同产地或同一区块但性质变化的原油(石油)进入加工企业，经过预处理、混合[通常如此，由数种或数十种原油(料)混合]后进入第一套生产装置(如常减压装置)，分离成多种中间物料供下游不同的装置或单元加工、处理。通过加工企业不同装置、单元的物理与化学反应，也就是通过“信息流”“能量流”的作用过程，“物质流”发生了变化，原油变成了中间产品和最后合格的成品如汽煤柴油、芳烃、润滑油、焦炭、硫黄等。这样的过程实际上无论是工艺还是中间产品或最后的成品都是相对固定的，无法像离散工业那样可以对产品进行单个(件)的计量，产品生产过程是连续、不可分割的，某一套装置、单元的加工过程出现问题将会影响整个企业的产品(数量、质量)，产品以及产品生产过程复杂，且往往机理不很清楚、不单一明了，通常比较难以建立数学模型或数字化。由于炼化企业通常是由一系列不同装置、单元组成的，原油资源还受国际政治、军事、经济、市场等因素影响而复杂多变，性质往往变化较大，生产条件、工况随之波动较大，加上产品市场也是变化多端、瞬息万变，炼化生产过程的各类参数需要随时调整，但由于原油(料)性质(特别是组成与结构)、设备性能参数、工艺参数、产品质量等数据信息难以做到实时或全面的监测、监控，炼化企业的测量(数字化)和建立数学模型较难，管控、决策优化也比较困难，且全系统、产业链的优化绝不是各装置、单元最优结果的简单叠加。

导致上述问题以及使得炼化产业面临“资源、能源、环境与安全”挑战的最突出的原因之一还是炼化信息化的水平和能力跟不上产业发展的步伐。虽然下述各种系统的内容上均有不同程度的进步与发展，但现有的炼化信息化基本上还停留在20世纪90年代初就已经提出并推广的“三层次构架”模式中，即底层的控制系统，如可编程控制器(PLC)、集散型控制系统(DCS)、现场数据总线(FCS)和紧急停车(ESD)系统、安全仪表系统(SIS)、火灾及气体监测系统(FGS)、储运自动化系统(MAS)、压缩机组控制系统(CCS)等，以及优化系统如先进控制(APC)系统、实时优化(RTO)系统；中间层的MES系统，包括工厂信息管理系统(PIMS)、短期生产计划、作业排产和调度(APS)、实验室信息管理系统(LIMS)以及满足生产特殊需求，如数据调理和校正、运行数据统计、公用工程平衡管理、物料平衡等方面的信息化系统；顶层经营决策系统，如企业资源计划(ERP)系统、供应链管理(SCM)系统等。这些信息化系统、项目基本上都相对独立、集成性偏差，特别是DCS与MES之间一直是薄弱环节，而发端于财务计算机管理系统、经历了物料需求计划(MRP、MRPII)、配置资源计划系统(DRP)的融合发展，分别由MRPII演变而成的企业资源计划(ERP)系统、由DRP演变成的供应链管理(SCM)系统，对MES、DCS等生产系统相关信息化的融合、指导关系很弱，信息化与工业化的融合程度不高。

当今社会正处在一个由工业社会过渡到信息社会的加速转型时期，经济新常态、全球经济一体化发展趋势等在很大程度上加剧了市场竞争的严峻性。特别是2008年国际金融危机发生后，美国、德国等工业发达国家纷纷实施“再工业化”战略，重塑制造业竞争新优势，核心就是支持和推动智能制造发展，积极抢占新一轮产业竞争的制高点。与此同时，以移动互联网、物联网、云计算、大数据、新一代人工智能等为代表的信息科技革命迅猛与爆发式发展对人类社会发展与进步的影响极其深远，信息技术的迅猛发展为我国炼油化工工业实现由大到强的转变以及面对问题挑战等带来了难得的机遇。美国的“先进制造业国家战略计划”(AMP)与“工业互联网(Industrial Internet)”、德国的“面向2020的工业4.0战略(Industry 4.0)”、日本的“e-Japan战略”和中国的“中国制造2025”等宏伟战略，充分体现与展示了世界各国政府对计算机信息化技术的高度重视与殷切期盼，也与解决炼化产业面临的“资源、能源、环境与安全”约束一起，构成了炼化信息化智能化发展以及“两化融合”、深化应用的原动力。在工业4.0、“中国制造2025”等国家战略以及“智能制造装备专项”等计划指引、推动下，特别是互联网的广泛应用，在改变人类生活方式的同时，也给炼化产业带来了“生产模式、营销模式和管控决策模式”的革命性的变化。

互联网使生产制造过程中各种设备和信息日益网络化。“两化”深度融合形成新的生产方式、产业形态、商业模式和经济增长点，传统的离散制造业+互联网将走向“数字化、网络化和智能化”的制造——新一代智能制造。无数的事实也证明，发展也会倒逼转型升级，所以集成、整合、融合以及创新总是引领时代发展，炼化企业信息化及其智能化转型升级是提升炼化产业整体竞争力的核心技术与实现炼化产业高效化和低碳绿色化的最重要抓手，是提质增效的有效途径。也正因如此，炼化企业信息化及其智能化转型升级目前发展得如火如荼，也使得未来的炼化企业将从根本上改头换面。

在炼化企业运行模式方面，原料的多变性、物理化学变化过程的复杂性、连续性与难以数字化描述，加工过程与经营计划的决策分析以及解决上述约束问题，大多情况下还是严重依赖富有经验的知识型炼化工程师，急需炼化企业的智能化发展与转型升级。鉴于产业的特殊性、复杂性和企业个体特点等因素，炼化信息化智能化升级的信息化评估模型、清晰的信息化需求与科学的实施方法论、具体实施策略和良好实践经验与启示等是信息化智能化发展项目能否取得成功、达到目的的关键与核心。

作者认为，面对经济新常态和经济发展方式从追求数量到对发展质量提升追求的转变以及中国社会主要矛盾的新变化，炼化产业也进入了“新时代”：信息化新技术、“两化融合”和深化互联网+应用等正在改变炼油、石化产品的市场格局和用户消费行为，市场竞争更趋激烈，炼化生产、管控和营销的变革等“新变化”推动着炼化企业开创“新征程”——瞄准智慧炼化建设目标实施炼化企业数字化发展与转型升级，从生产、经营和管控等领域的全产业链的全局与系统优化，不断提高炼厂生产经营效益，让资源、能源利用更加高效化，过程更加清洁化即低碳绿色化，已经成为炼化产业发展的方向与重点并在努力推进、实施中。

炼化行业的信息化智能化发展与转型升级就是从数字炼化经由智能炼化最后迈向智慧炼化的过程，而数字化是基础，智能化是核心，智慧化是目标，所以智能炼化建设是一个分步实施的过程。炼化企业的智能炼化建设，就是应用包括物联网、大数据、人工智能等新技术，实现横向上从原油生产、运输、仓储到炼化生产、油品仓储、物流、销售的整个供应链的协同优化，使生产和供应及时响应市场变化，实现智慧供应链；纵向上基于石油分子工程与管理技术，实现炼厂的计划优化、调度优化、全局在线优化，最终实现资源的敏捷优化，全产业链的协同优化，QHSE 的溯源与监控。

根据炼化产业、炼化信息化发展及其智能化发展的趋势分析以及国内外炼化企业开展信息化智能化升级的案例分析，结合实践体会而提出炼化企业的智能工厂建设(智能炼化建设)目标是为了实现智慧炼化。为了实现智慧炼化的目标，体现炼化企业产业链价值最大化，在具体实施策略上可以分成三个阶段进行：

首先，数字炼化是基础，所以必须夯实数字化基础，建设、完善第一阶段的数字炼化工作。人、设备、操作运营数字化，流程自动化和管理信息化是数字炼化的核心应用。通过数字炼化建设将实现工厂运营可视化，提高生产与销售系统管理效率。

其次，智能炼化是核心。在实现了数字炼化建设后，正如智能制造的发展一样，数字炼化转型升级到第二阶段即智能炼化建设阶段。本阶段核心的目标是炼化生产的高效化和低碳绿色化，而生产运营知识化和最优化是本阶段即智能炼化的主要应用。智能炼化强调企业模型体系建设，包括生产系统计划优化与调度优化模型、生产操作优化模型、设备预测性分析模型、仓储物流优化模型、客户聚类分析模型等。石油分子工程与管理、工业与销售大数据分析等是企业模型建立的新技术，也是目前炼化企业的应用重点。

基于优化模型，智能炼化将实现生产计划、调度、操作的优化控制，实现设备全生命周期管理和可预测性维护，优化全厂用能系统，实现销售与物流一体化优化，建立智能加油站。

最后，即第三阶段的目标是智慧炼化建设。炼化企业最终要实现全价值的优化，需要建立智慧供应链。通过智慧供应链实现从原油采购到产品市场销售整个产业链各个环节的可视、协同和优化，实现价值最大化。对于炼厂生产和产品销售，还应从各环节成本优化出发，实现炼厂和销售各环节成本优化，包括生产可变成本管理与价值最大化，库存优化与销售价值的最大化。

炼化企业面向生产过程的控制系统将逐渐发展为智能、自主的控制系统，是“QHSE监控与溯源”的基础。该系统能够智能感知生产工况的变化并自适应决策控制回路的设定值，从而使得回路控制层的输出对设定值的跟踪及时、快捷，且对运营状况和控制系统的性能能够做到“可视化、远程、移动式、自动”监测、监控，确保生产加工过程的安全、可靠、优化且绿色低碳化运营，与其他的智能自主控制系统相互协同，能够实现全产业链协同优化。

而在企业的管控决策层面，也将逐步发展成为智能优化决策系统以及智能自主控制与智能优化决策一体化的先进系统，从而为资源敏捷优化和全产业链的协同优化奠定坚实基础。这两个系统除了上述的智能自主控制系统的特点以外，由于它们与智能决策系统实现了一体化成为一种新的先进系统，因此可以实现新一代的智能制造即智慧炼化目标：通过实时感知市场(原油、产品、能源等)信息、生产条件与实际运行工况等全局信息，按照“资源高效转化、过程低碳绿色化”的总原则，对包括“规划目标、计划调度、生产运行、生产与控制指令”等在内的全部目标进行系统优化。综合应用“人、机”决策系统协同以及“可视化、远程、移动”等手段监测监控决策过程的动态变化，结合自学习和自动化决策，实现动态环境的精准、实时、优化的决策。

所以：

(1) 炼化工业面临着新的竞争态势，包括多变的市场、国内外炼化企业与可再生及新能源替代者、产品质量升级压力、新技术应用等多方面，也即“资源、能源、环境和安全”对炼化产业的约束与制约问题，主要原因是信息化发展水平滞后于工业化发展水平，“两化融合”不深、不足。因此，苦练内功，找准原因创新发展，是企业生存的关键。而瞄准智慧炼化建设目标，实现炼化企业的数字化智能化全面发展与转型升级，是炼化企业应对约束挑战与新态势的最主要抓手和最重要突破口。

(2) 运用信息化及其新技术，深化“两化融合”和互联网+应用，不断推动“生产模式、营销模式和管控决策模式”的变革，重塑“供应链、产业链和价值链”，对炼化产业进行改造、提升，使之焕发新的生机与活力。

(3) 夯实数字化基础，保障数据获取与传输的高效性、准确性；制定统一的数据标准，保证数据的准确性、唯一性；技术与管理相结合，严把关，高要求，从数据源头到末尾过程控制。数字化基础向网络化、智能化发展，实施卓越数字炼化建设，既使得工程师们将以自动化、计算机、通信为主的计算资源与以炼化产业为主的物理资源深度融合、协同，使得系统在适应性、自主性、可靠性、安全性、可用性以及效率、功能等诸方面大力发展，也带动管控决策系统向智能自主控制、智能优化决策和智能优化决策与控制一体化的发展方向迈进。

(4) 智能炼化建设涉及工程、科研、原油采购与运输、炼化生产、仓储物流、市场营销等多个环节。卓越智能炼化建设可以“数字炼化为基础、智能化建立为核心、智慧化建设为目标”的分步策略，充分利用现有信息系统，集成、融合、整合各种信息资源与相关技术，实现信息资源价值最大化，通过信息技术提升炼化企业的综合竞争能力。

(5) 智能炼化建设没有统一的模式，需要结合各自企业信息化现状和发展愿景，参考同行卓越智能炼化建设的实践经验，采用科学的智能化信息化评价模型、实施方法论完成顶层设计和实施策略、路线，应以经济效益为核心，突出典型的信息化系统建设并满足“资源高效化转化、过程低碳绿色化”目标要求，实现短期速赢，达成新一代智能制造。

炼化企业实施智慧炼化建设，一定会重塑炼化产业的新未来。

目　录

第一章

炼油产业现状及其发展

第一节 世界炼油产业现状及其发展

能源是人类生存和社会经济发展的重要基础，其构成主要包括石油、煤炭以及核能、水力和新能源(可再生能源与其他如太阳能、地热能、风能、海洋能、生物质能)等。其中，石油是全球位居首位的一次能源来源，2015 年石油消耗占全球一次能源消耗的比例约为 1/3，达到 32.9%[1]。近年来世界能源消费增长放缓，2016 年增长率 0.8%，远低于十年平均值 1.8%。图 1-1 为 2006~2016 年全球能源消费总量及增长率情况。图 1-2 为 2015 年和 2016 年世界能源消费的结构变化状况。

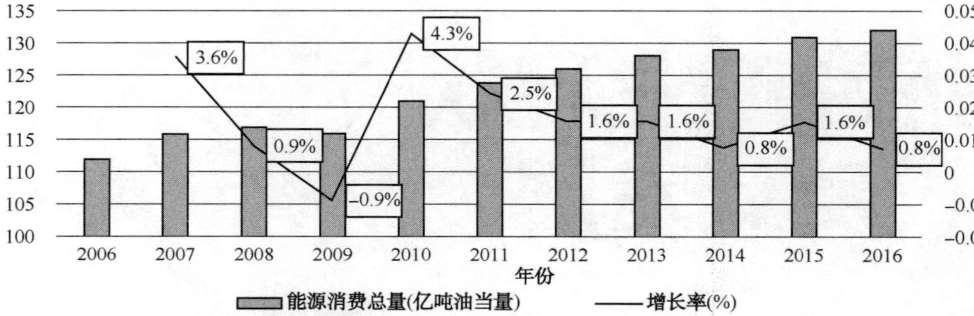

图 1-1 2006~2016 年全球能源消费总量及增长率情况

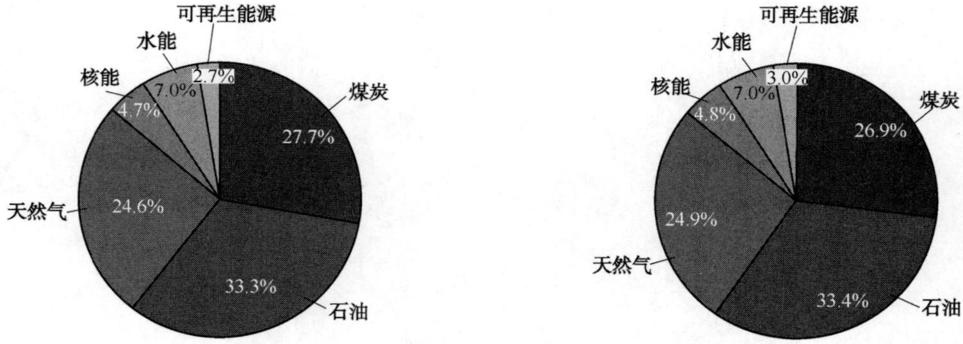

图 1-2 2015 年和 2016 年世界能源消费结构变化的对比

从图 1-1 特别是图 1-2 可见，清洁能源持续增长，化石能源占一次能源消费比下降 0.4%，煤炭消费比重迅速下降，可再生能源成为增速最快的能源，但石油、天然气仍是全球最重要的能源。

尽管新能源具有资源丰富、环境友好、可持续发展等符合时代发展潮流的许多优点，但目前和在可以预见的未来 30~50 年甚至更长时间内，石油仍将是人类赖以生存的首要或最主要能源之一，石油及其加工工业(石油炼制)仍将有所发展。

石油炼制工业一直是国民经济的最重要支柱产业之一。一方面，石油资源总量逐渐减少且现有资源和可利用资源又呈现重质化、劣质化趋势与开采成本不断增加或上升，而且新发现的页岩油、致密油等性质与现有炼厂加工原油性质差异极大；另一方面，人类社会进步和生活水平的提高要求石油炼制者提供满足更严格环保法规排放需要的、更多的轻质油品和其他高质量清洁产品，石油炼制者既要适应降低成本、清洁生产和不断提升竞争力的内部需要，还要承受其他清洁与可再生能源如生物燃料等的挤压与冲击等外部压力。石油炼制产业如何生存与发展是一个重要的现实问题。

据估计，原油(石油)在能源结构中的比例将持续缓慢降低，而天然气所占份额将上升，成为增速最快的化石能源。美国的页岩油气革命引起了世界能源供应格局的变化，美国页岩油加工的兴起、原油供应的多样化、炼油产业发展重心进一步转向亚太和中东，以及油品升级速度加快、信息化技术的高速发展与深化应用等这些主要和重要变化，对全球炼油工业的发展产生了日益深刻的影响。

一、世界炼油产业现状

(一) 关于原油供应

全球原油供应总体上呈现多样化、多极化趋势。

近年来，地处西半球的美国、加拿大、委内瑞拉、巴西等美洲国家的石油储量和产量大幅增长，正逐步成为继中东之后全球油气勘探开发与供应的新兴热点区域，原油供应多极化趋势显现。

截至 2015 年年底，世界石油剩余资源总量为 61180 亿桶。从剩余资源量分布来看，以北美、中东、东欧/欧亚大陆和拉丁美洲为主，上述地区资源量在世界石油资源总量中的占比分别为 37%、19%、16%和 14%，合计占比高达 86%。世界常规石油剩余可采资源量约为 27490 亿桶，其中 80%为原油，主要分布在中东、非洲、北美、东欧/欧亚大陆和拉丁美洲；20%为天然气凝析液(NGL)，剩余可采资源量为 5480 亿桶，主要分布在中东和美洲，是世界石油增产的一个主要来源。非常规石油剩余可采资源量为 33690 亿桶，主要集中于美洲和俄罗斯地区，其中油砂和超重油资源十分丰富，合计达到 29490 亿桶，此外致密油剩余可采资源量为 4200 亿桶。

总体来看，非常规石油资源由于勘探开发程度较低，尤其是致密油的程度很低，资源量和储量估算远不及常规石油资源可靠，未来随着勘探和开发程度的加深，资源、储量还有大幅调整的可能，因此对非常规石油资源的估算应持谨慎的态度。

世界石油产量主要分布于中东、北美和东欧/欧亚大陆，这三个地区的产量占世界石油总产量的比例分别为 26%、19%和 14%，合计约占 60%；非洲、亚太地区和中南美洲占比均在 10%左右。

预计未来世界石油产量将随着石油需求的增加和油价的回升，继续稳步增长，2020 年将达到 1.02 亿桶/日，2016~2020 年间年均增速维持在 1.14%；2030 年增至 1.10 亿桶/日，2021~2030 年间年均增速放缓至 0.85%。2017~2030 年，非欧佩克主要增产国家是美国、加拿大、俄罗斯、巴西和哈萨克斯坦。

由于 2015~2016 年国际油价大幅下跌，美国页岩油气开发投资显著减少，高成本油井大量关停，2016 年原油产量同比下降约 40 万桶/日，随着油价回升，原油产量在 2017 年开始逐渐恢复，预计在 2017~2025 年将保持 1.8%左右的年均增速。2025 年后，致密油“甜点”将开发殆尽，生产成本升高，导致原油产量增长明显减速。

加拿大油砂储量占石油储量的绝大部分，是加拿大石油增长的绝对主力。鉴于前期高油价时期投资项目的投产，2017~2020年其产量增速较高，为3%左右，之后因油价低位运行，而油砂项目投资规模大、生产成本高，生产商对油砂的投资热情不高，2021~2030年，预计加拿大原油产量增长基本停滞，年均增速仅0.3%。

盐下油藏是巴西石油增产的主力，近年在盐下油田产量的推动下，巴西石油产量增长迅速，考虑到盐下油田开发资金密集和技术密集的特点，未来盐下油田的开发将面临一系列挑战，开发可能会延迟，预计2021~2030年巴西石油产量增速为1.5%左右。

根据目前的资源和储量状况，俄罗斯的石油产量增长潜力不大。考虑到国家既要保障石油税收又要鼓励石油行业的发展，预计未来俄罗斯的许可证条款和财税条款将有所放松。在油价低位的情况下，俄罗斯石油产量增幅较小，预计2021~2030年俄罗斯石油产量增速也仅为0.4%左右。

欧佩克(OPEC)方面，2017年年初启动减产计划，全年产量增速大幅放缓，但其成员国的原油和凝析油储量丰富，仍是未来世界石油产量增长的主要来源。预计2017~2020年，欧佩克产量增量累计为180万桶/日，占世界总增量的40%，2020年达到4110万桶/日，其中原油3410万桶/日，凝析油700万桶/日。2020年后，欧佩克产量增速将进一步加快，2030年达到4634万桶/日，增量将达520万桶/日左右，占世界产量增量的61.5%；2020~2030年非欧佩克产量增速将放缓，2030年总产量达到6370万桶/日，占世界石油总产量增量的38.5%。

欧佩克各成员国产量分化严重，2016年中东国家产量达到欧佩克总产量的3/4，为历史上首次。未来，中东国家的产量所占比重将继续呈上升趋势。其中，增产潜力较大的是伊朗、伊拉克和沙特，预计上述国家2030年产量分别为455万桶/日、644万桶/日和1085万桶/日左右，比2017年分别增加750万桶/日、200万桶/日和80万桶/日，而科威特产量约为310万桶/日，比2014年仅小幅增加25万桶/日左右。

从储量方面判断，伊拉克具有很大的增产潜力，但其政治和安全局势仍有不确定因素。未来伊拉克产量增量将主要来自南部地区的大型扩能项目，在其政治局势基本稳定的前提下，预计2020年伊拉克的石油产量约为480万桶/日，2030年达到640万桶/日，增速仍然较快。

2016年，美国解除了对伊朗的制裁，伊朗原油产量快速恢复至360万桶/日，预计2030年将增至455万桶/日，高于遭受核制裁前420万桶/日的水平。

目前利比亚仍然饱受战乱侵扰，政治、经济发展存在极大的不确定性，因此预计其产量恢复的路径仍曲折，到2030年回升至120万桶/日。

石油在沙特的出口量和国家财政收入占比都达到75%左右。“十三五”期间沙特将维持其1250万桶/日的原油生产能力，基于其一向留有200万桶/日左右的剩余产能，以保持对国际石油市场的控制力、捍卫本国在欧佩克组织成员国中的核心地位，因此在每年投入大量资金用于现有产能规模的维护之余，预计未来其产量处于区间波动的可能性大。此外，由于沙特2015~2016年为争夺和保卫市场份额而大幅增产，其剩余产能明显下降，2016年底仅为180万桶/日，处于历史较低水平，因此2017~2030年间产量增速将显著放缓，但不排除个别年份因非欧佩克和伊拉克等欧佩克国家增产余力不足造成市场供给缺口而出现产量的阶段性增长。

初步判断2017~2019年全球石油供需基本平衡或略有过剩，随着2015~2016年低油价时期的上游投资减少对未来石油产量增长的影响显现，2020~2025年将出现明显的石油供给短缺，支撑价格上涨；2026~2030年受石油需求增速放缓的影响，基本面重回宽松态势，油价可能再次回落。

（二）关于产业集中度与加工规模

1. 关于产业集中度

炼油布局呈现亚太、北美、西欧和中东"四分天下"的新格局，但世界炼油中心正加速向亚太、中东转移。

近年来，世界炼油工业在重组和调整中稳步发展，资源国及新兴市场地区新建和扩建炼厂项目继续推进。

进入21世纪，国际油价高企，加之技术进步，催生了北美页岩油气革命。天然气和凝析油产量迅速增长，使北美炼油与石化产业重获生机，石油产品由净进口转为净出口。与此同时，中东地区凭借原油资源和成本优势，掀起石油化工项目建设热潮。亚太地区中印度炼油规模不断扩大，已成为世界成品油出口基地之一。

全球石油供需态势的宽松和石油需求中心的转移，推进了炼油布局的加速调整。分地区来看，炼油能力的发展并不平衡，北美、欧洲和亚太地区呈现差异化发展态势。近年来全球新增炼油能力绝大部分位于亚洲和中东。美国炼油能力出现明显增长态势，亚太地区中发达国家的炼油能力正在下降，而其中的新兴经济体则在增长。根据英国石油（BP）能源统计数据，2015年全球炼油产能达到9722万桶/天（约4828Mt/a），同比增长0.5%，近15年复合增长率1.1%。而根据《2016年国内外油气行业发展报告》数据，2016年全球炼油能力达到4870Mt/a，同比增长0.9%。从区域上看，亚太、北美和西欧地区的炼油能力分别占全球的33.9%、22.9%和13.1%。图1-3是根据公开数据整理的全球炼油能力增长情况。图1-4为2016年全球炼油能力区域占比情况。

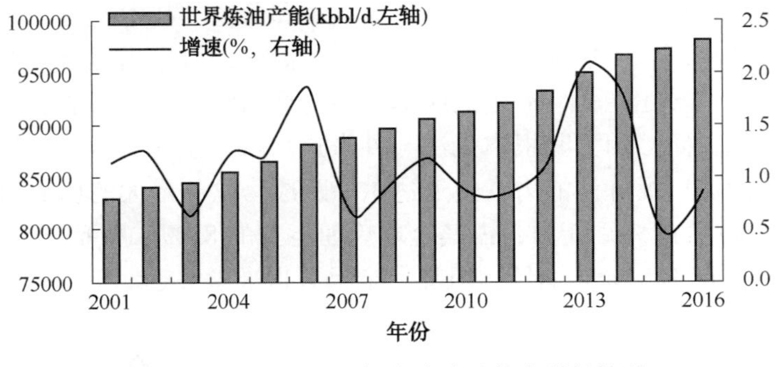

图1-3 2001~2016年全球炼油能力增长情况

未来世界炼油工业的发展重心将加速向具有市场优势和资源优势的地区转移[2]。预计到2020年年底，还将有250~300Mt/a的新增炼油能力投产，将主要集中在亚太、中东和北美地区。需要引起注意的是，全球炼油能力已出现过剩，尤其随着中东、亚洲一些大型炼油项目的投产，亚洲地区炼油企业将面临更加激烈的市场竞争，炼油能力将严重过剩。许多项目投资计划并不能如期实现，取消和延期的可能性很大，炼油企业将面临更加激烈的市场竞争。

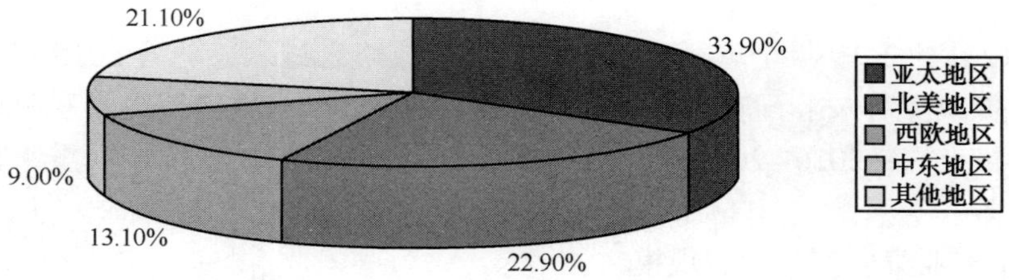

图 1-4　2016 年全球炼油能力区域占比图

1）北美地区

北美地区的炼油业迎来新发展受益于致密油(尤其是页岩油)产量的快速增长，美国国内原油供应量大幅增加且价格较为低廉，炼油商从中受益，炼油毛利得到明显改善，油品出口大幅增加。一些独立炼油商重新开始扩充炼油能力且着力于转变加工策略，美国炼油业由此迎来了新的发展。受益于低成本原料，美国炼油产品出口具有很强的优势，在欧洲、南美地区乃至距离更远的亚洲市场都极具竞争力。且美国新增原油大部分为轻质油，可用较为简单、建设成本较低的炼油装置加工。由此，美国炼油业开始了新一轮扩能热潮，美国近几十年来第一座新建炼厂于 2014 年在北达科他州迪金森投产，2015 年年底美国至少新增炼油能力 31 万桶/日。此外，还有一些产能为 2 万桶/日左右的较小规模炼油项目在计划或推进中，新增炼油能力可能超过 50 万桶/日，这相当于美国现有炼油能力的 2.8%。

2）欧洲地区

欧洲地区炼油工业受产能过剩、油品结构性矛盾、原油及加工成本居高不下等因素的影响，处境艰难，将继续进行结构调整。自 2009 年以来，欧洲地区已关闭 22 座炼油厂，相当于减少了 230 万桶/日的炼油能力；同时，还有 15~20 座炼厂被石油巨头出售给了独立交易商或投资者。该地区炼厂将面临具有原料和炼厂燃料优势的美国炼油商、中东新建大型炼厂及俄罗斯炼油商的激烈竞争。

从欧洲各地炼厂的情况看，欧洲炼油中心鹿特丹和安特卫普的一些炼厂借助其规模和地理位置的优势，近年来投资进行了旨在提高产品收率和价值的技术改造，如一些能通过管道输送原油的欧洲内陆炼厂，若能满足当地市场的油品需求，可适当运行其中有一定吸引力的炼厂；但那些没有大量转化能力、需用低成本原油得到高收率的轻质油品且不能吸引当地市场用户的炼厂就只能关闭，因为其根本无法与外来进口油品竞争。BP 和壳牌(SHELL)已决定放弃在欧洲地区的炼厂及炼油能力，使道达尔一跃成为欧洲最大的炼油商，该公司在西欧地区拥有 174.2 万桶/日的炼油能力，占其全球炼油能力的 85%。墨菲石油于 2014 年 7 月宣布出售在英国的 Milford Haven 炼油厂，但交易未果只得准备停运。

3）亚太地区

亚太地区正加紧调整过剩产能之中。由于 2014 年经济增长趋缓，亚洲地区柴油需求下降，随着亚洲和中东地区的新炼厂投产，该地区出现柴油过剩问题。由于目前不能大量出口过剩柴油，亚洲地区一些炼油商降低炼厂负荷，力争赢得微薄的利润。日本和韩国炼油商运营困难，日本炼油商继续关停落后装置，韩国炼油商不得不考虑部分停产以降低炼厂负荷，其平均开工率下降到 80%左右。

由于亚洲地区多家新建的超大型炼厂的运营成本具有明显优势，跨国石油公司正在调整或削减澳大利亚炼油业务，该国 7 座炼厂中的 3 座预计将陆续关闭或停运：BP 正将炼油能力为10.2万桶/日的布尔沃岛炼厂逐渐停产，已于2015年年中转型；2014年7月，壳牌将炼油能力为12万桶/日的吉朗炼油厂出售给了瑞士维多集团；2014年10月，加德士公司把其悉尼的Kurnell炼厂转变为进口成品油集散基地。在亚洲一些国家炼油业调整的同时，除中国以外，印度和越南等国仍继续扩大炼油能力。2014年，印度巴拉特石油计划将旗下两家炼油厂产能扩大近一倍，此前包括印度石油公司和印度斯坦石油在内的印度国有炼油商，以及包括龙树石油在内的私营炼油商正在计划或已经开始实施大规模的炼油扩能和升级项目。到2016年，印度的炼油能力增至265Mt/a。越南正努力发展炼油和石化业务，6个正在计划建设、总成本逾500亿美元的大型项目将使越南新增66Mt/a的炼油能力。越南国油已开始计划投资30亿美元与俄罗斯天然气股份公司合作，将榕桔炼厂扩能10Mt/a。预计到2020年，越南将由炼油产品净进口国转变为净出口国，并成为亚洲主要油品出口国之一。

4）中东地区

本地区继续扩大炼油能力，尽管一些项目延期，但炼油能力仍将快速增长，沙特、卡塔尔、阿联酋、伊朗纷纷建设新炼厂。卡塔尔现有两座炼油能力为14.6万桶/日的Ras Laffan-I(LR1)、Ras Laffan-II(LR2)炼厂，2016年年中投产，加工北方油田的凝析油并生产符合欧洲标准的产品；沙特阿美石油计划在今后10年内投资1000多亿美元用于发展炼油工业；伊朗在2016年初约有36万桶/日的产能投产，可能使伊朗从汽油进口国变为出口国；阿联酋阿布扎比炼油公司的鲁韦斯炼厂扩建工程于2015年建成，新增炼油能力20.75Mt/a；2014年年初，伊拉克开始建造计划已久的炼油能力为70Mt/a的卡尔巴拉炼厂；科威特国家石油正斥资310亿美元对其现有的米娜·阿卜杜拉和艾哈迈迪炼厂进行燃料清洁化改造，打造中东地区最大的低硫燃料生产国，并正在建设中东地区最大的加工能力达30.75Mt/a的Al-Zour炼厂。可以预见，未来中东地区炼油能力还将持续增长，清洁燃料生产能力也将大幅提高。

在产业集中的同时，炼油-化工一体化的基地逐渐增加。目前，世界上已经建成了多个炼化一体化基地，主要分布在日本东京湾、美国墨西哥湾、韩国蔚山、沙特朱拜勒和延布、新加坡裕廊岛等地。我国在长三角、珠三角等地也在加快建设炼化一体化产业基地。

2. 关于加工规模

总体上，炼油向规模化、基地化和一体化发展的速度明显加快。

从全球范围看，规模化、基地化、一体化是炼油产业发展必然趋势。美国墨西哥湾沿岸是世界最大的炼化工业基地之一，炼油能力接近400Mt/a，其国内绝大多数乙烯也产于此地，该地区乙烯总产能约为26Mt/a。印度的贾姆纳加尔、伊朗的伊玛姆等地也正在加快建设一批新的世界级炼化工业园区；比利时安特卫普的炼化基地拥有5座炼油厂和4套蒸汽裂解装置，是欧洲最大的炼油石化生产中心；我国杭州湾石化工业园集中国内较大的炼油和石化企业，年炼油能力达到81Mt/a，乙烯年产能4.33Mt/a。

炼油厂加工规模的加大，不仅利于油品的集中加工和利用、实现能量的高效合理利用和工艺流程的优化，节约了安全环保设施的单位投入费用等，能够明显降低产品的生产费用，获得很好的经济效益，还可以实现节约用地、减少投资、节能减排的目标。据估算，6Mt/a规模的炼厂扩建到12Mt/a规模，单位原油投资可节约23%~25%，生产费用节约12%~15%，劳动生产率提高25%~27%，占地和能耗也随之减少。在建设大型炼油基地过程中，大型原油及成品油储运技术、大型工艺工程技术、工艺及能量耦合技术、公用工程岛工程技术、多组分原料环保集中处理技术等各项工程技术被应用。

世界炼油工业继续向规模化发展，产业集中度进一步提高。

截至 2016 年，世界炼厂总数约为 646 家，平均规模达到 7. 54 Mt/a，前 25 家炼油公司总能力达到 2730Mt/a，占世界炼油能力的 56. 1% 。世界年加工能力在 20Mt 以上的炼厂数量基本不变，且约 2/3 位于亚洲和中东，其总炼油能力达 753Mt/a，占世界炼油能力的 16. 8%。炼厂大型化、超大型化的趋势仍在持续，如印度信诚工业公司贾姆纳格尔炼油中心的总炼油能力达到了 62Mt/a，是目前世界最大炼油基地。2016 年，中国石化的茂名石化、镇海炼化、金陵石化以及中国石油的大连石化的炼油能力均已超过 20Mt/a，跻身世界最大炼厂之列。

2016 年世界新增炼油能力 70. 6Mt/a，全年净增 36. 3Mt/a，新增炼油能力主要来自中国、美国、印度、伊朗和土库曼斯坦，5 国占到新增总量的 63. 2%。与此同时，全球减少的炼油能力约为 34. 3Mt/a，其中中国减少 20. 86 Mt/a，占到减少总量的 60%左右。

表 1-1 是世界炼厂装置平均规模变化表，表 1-2 为世界主要炼油装置单套最大装置情况。

表 1-1　世界炼油装置平均规模　　10^4t/座

地区	2000 年	2010 年	2015 年
亚太	492	754	878
西欧	689	724	750
东欧和俄罗斯	564	583	615
中东	666	823	836
非洲	355	358	373
北美	558	701	752
南美	477	499	441
世界	545	666	712

表 1-2　世界主要炼油装置单套最大规模

类　别	装置最大单套规模/(10^4t/a)	所属公司或炼厂
常压蒸馏	1750	加拿大合成原油公司
减压蒸馏	1568	加拿大合成原油公司
催化裂化	650	印度信任公司贾姆纳加尔炼厂
催化重整	425	埃克森美孚公司博蒙特炼油厂
加氢裂化	400	中国海油惠州石化公司
焦化	675	印度信任公司贾姆纳加尔炼厂

另外，根据业内著名咨询公司所罗门(Solomon)公司对世界最佳炼厂的评估数据，世界最佳大型(燃料型)炼厂的典型平均指标如下：原油加工能力 22. 35Mt/a，减压蒸馏 8. 45Mt/a,焦化 2. 5Mt/a，加氢裂化 1. 7Mt/a，催化重整 3. 35Mt/a，催化裂化 5. 7Mt/a，柴油加氢处理 6. 4Mt/a。

（三）实际生产经营状况

1. 实际原油加工量

2015 年，全球炼厂的原油加工量约为 7920 万桶/日，同比增长 2. 4%，再创历史新高。

其中，经合组织(OECD)国家的原油加工量约为3790万桶/日，同比增加110万桶/日；非经合组织国家炼厂的加工量约为4140万桶/日，同比增加80万桶/日。经合组织国家原油加工量的增加量超过非经合组织国家，主要得益于北美和欧洲多数国家炼厂的利润增加，加工量大幅增长。

2016年全球原油加工量达到7918万桶/天(约合4070Mt/a)，略低于2015年水平。主要原因是2015年油价暴跌，炼油成本下降，行业迎来景气高峰，各地炼厂开工率上升，全球油品库存大幅增加，而需求并未有较大变化，因此2016年炼厂降低开工率，同时毛利率出现下滑。2016年各地区炼油毛利均出现不同程度下降，欧美地区毛利下滑严重。

图1-5为2001~2016年全球炼厂原油实际加工量变化情况。

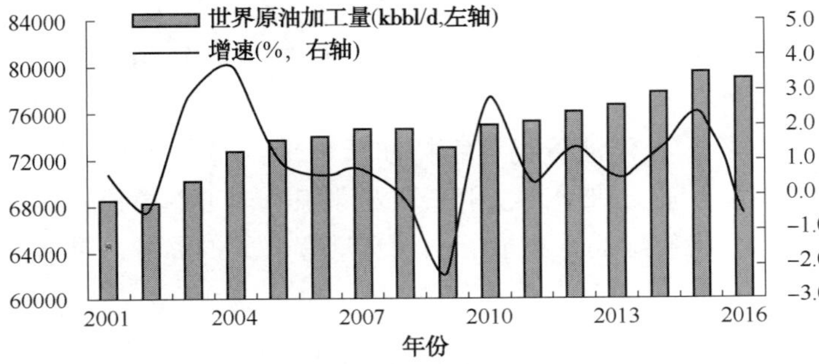

图1-5 2001~2016年全球炼厂年原油加工量变化情况(数据来源：IEA等公开数据)

2. 炼厂开工率

2015年全球炼厂的平均开工率约为84%。经合组织国家的炼厂开工率约为86%，高于2014年的82.9%。北美经合组织国家的炼厂开工率达到88%；西欧经合组织国家因多年持续关闭炼厂导致炼油能力持续减少，使开工率下滑趋势终于得到扭转，炼厂开工率由2014年的79.4%升至85.4%；亚太地区经合组织国家的炼厂开工率则从77.4%升至82%。包括新加坡、印度和中国等在内的亚太地区非经合组织国家的炼厂平均开工率约为81%，见图1-6。

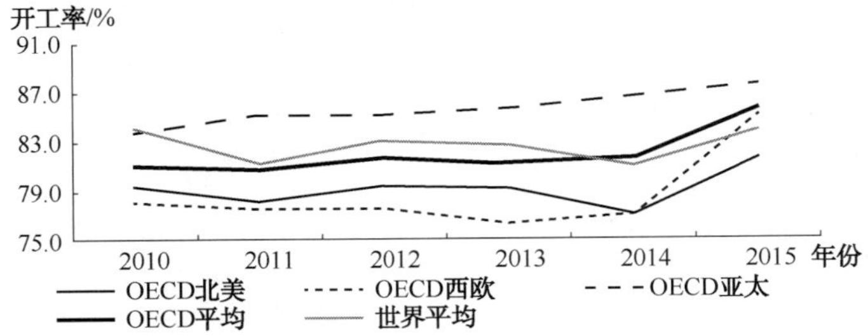

图1-6 世界炼厂开工率(数据来源：IEA)

3. 炼油毛利

2015年，受益于原油价格下跌，油品需求上升，炼厂开工率开始走出低谷，全年炼厂平均开工率达到84%，比上年提高1个百分点，其中北美炼厂开工率基本稳定在87%左右，西欧和亚太经合组织国家炼厂开工率大幅上升，分别从2014年的79.4%和77.4%上升到85.2%和81.7%；亚太非经合组织国家炼厂开工率为81%。随着原油市场风险经过释放，原油价格下降对下游的成本利好开始显现，全球大部分地区炼油毛利出现回升，但各地区的炼油毛利增幅有明显分化。其中西北欧地区毛利大幅回升，西北欧加氢裂化型炼厂(加工布伦特原油)的年均利润达到7.55美元/桶，增幅为125%，达到自2008年以来的最高值；美国的炼油毛利延续从2011年之后持续上涨走势，尤其是墨西哥湾地区因为加工原油成本低，利润得以大幅提高，2015年炼油毛利高达9.5美元/桶[2]，而同期美国中部地区加工WTI原油的裂化型炼厂的利润增长到16.98美元/桶；亚洲炼厂的利润也出现回升，但由于产能过剩严重，竞争激烈，上涨幅度较低，新加坡加工迪拜原油的加氢裂化型炼厂的利润达到6.19美元/桶，是全球三大炼油中心中最低的。世界主要地区炼油平均毛利见表1-3。

业界人士认为，虽然短期内的低油价可以使炼油行业提高开工率，利润增加，但从中长期来看，由于全球经济复苏疲弱，油品需求增速放缓，炼油能力过剩加剧，在世界多数地区，炼厂不可能持续出现在2005年前后炼油业黄金时期的高达86%开工率和10美元/桶以上的高额利润。美国以外的其他地区炼厂，短期可以受益于低油价，但中长期前景并不明朗。可以确定的是，未来3~5年油价仍将维持在低水平，这对炼厂是利好。但随着中国经济增速放缓，中东和中国柴油出口增加，中东和亚洲炼厂加工能力提升，石油市场上的原油过剩将转变为油品过剩，将使炼油毛利承压，只有具有低成本和运营灵活优势的炼厂才能得以生存和发展。

表1-3　世界主要地区炼油平均毛利　　美元/桶

年份	西北欧（布伦特原油裂化）	美国墨西哥湾（HLS/LLS裂化）	美国中部（WTI原油裂化）	新加坡（迪拜原油裂化）
2010	4.03	3.10	6.15	3.08
2011	2.72	4.09	21.06	5.78
2012	6.36	6.69	24.61	5.34
2013	3.48	5.7	17.43	4.46
2014	3.35	7.82	13.76	4.11
2015	7.28	9.13	16.19	6.24

* 根据IEA数据整理。

图1-7为截至2016年年底的全球不同地区炼油毛利变化情况。

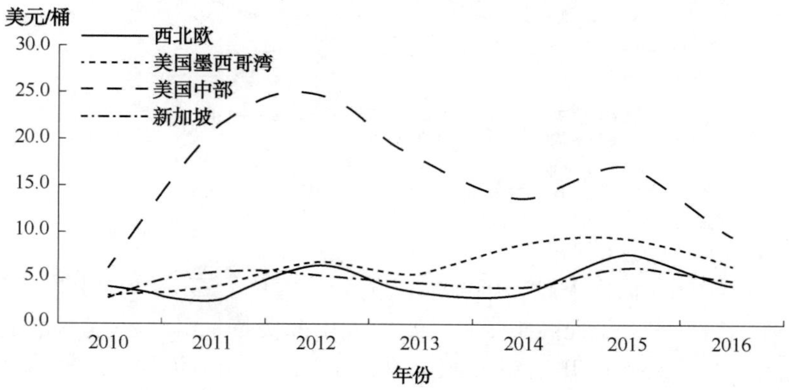

图1-7　全球不同地区炼油毛利变化情况

（四）产业动向

1. 投资变化

全球炼油投资的重点集中在如何提升重油转化能力上。

目前世界原油质量的总体变化趋势是低硫和轻质原油产量不断减少，而含硫、重质原油的产量逐年增加。但近年来，轻质低硫的美国页岩油产量的剧增，减少了美国对其他地区轻质低硫原油的进口，相应增加了全球轻质低硫原油的供应，其对世界原油品质的影响也不容忽视。

重质原油仍是今后多年世界多数炼厂的主要原油来源。据有关机构预测，世界原油平均硫含量将由 2012 年的 1.15%提高到 2035 年的 1.27%，重油产量将从 2012 年的 435Mt 增加到 2025 年的 800Mt，占原油总产量的比例为 15.5%。

重油的高效加工和利用已成为全球炼油业关注的焦点，世界上正在建设的大多数炼厂都是复杂型炼厂，重油转化能力仍是投资重点。从目前公布和计划的新增炼油能力项目统计来看，焦化、催化裂化、加氢裂化、中馏分油加氢处理等重油加工转化装置是新增能力最多的装置。预计到 2035 年，全球重油转化能力将增加 1289 万桶/日，增长 40%。

2. 产品质量标准变化

近十年来，各地炼油厂都在努力降低燃料油的含硫量，为此淘汰了许多落后产能和新建新技术装置。从各国的政策和汽车排放标准来看，清洁能源的推广仍在保持较高力度进行中，未来仍会有落后的炼油厂得到淘汰，而新技术的炼油装置还会保持一定数量的增长。

随着社会公众环境意识的不断增强，车用燃料升级换代速度加快，总体来看，车用燃料的质量趋势是向高性能和清洁化方向发展。汽油要求低硫、低烯烃、低芳烃、低苯和低蒸气压；柴油要求低硫、低芳烃(主要是稠环芳烃)、低密度和高十六烷值，尤其是降低柴油硫含量将成为炼油业最大的挑战。全球清洁能源使用标准情况见表 1-4。

表 1-4 全球清洁能源使用标准情况

地区	清洁能源使用标准	执行时间	具体内容
美国	Ⅲ(Tier3)级标准	2017 年	汽油含硫量不得超过 10μg/g，比Ⅱ级标准(不得超过 30μg/g)要求更加严格。美国炼油能力大于 7.5 万桶/日的炼厂必须在 2017 年满足Ⅲ级标准，不超过 7.5 万桶/日的炼厂必须在 2020 年之前满足标准
欧盟	欧Ⅵ标准	2015 年	从 2015 年开始，在设定的排放控制区不再使用残渣燃料油而使用低硫燃料油，最高含硫量为 0.1%。从 2020 年开始，在非排放控制区使用的船用燃料油含硫量要从 3.5%降低到 0.5%
中国	国五标准(欧Ⅴ)	2017 年	从 2017 年全国使用第五阶段车用柴油标准，2018 年开始全国供应国Ⅴ车用汽油，含硫量都要求小于 10μg/g
印度	BS Ⅴ标准(欧Ⅴ)	2019 年	从 2019 年对乘用车实施 BS Ⅴ标准(即印度国Ⅴ标准，对应欧Ⅴ标准)，从 2023 年实施 BS Ⅵ标准
非洲	AFRI-4 标准	2020 年	到 2020 年生产符合 AFRI-4 标准的燃料，柴油最高为 50μg/g，汽油最高硫含量为 150μg/g

全球炼油行业历来视欧美的油品标准为标杆，代表了清洁油品质量的发展方向，绝大多数国家的标准也是参照欧美标准而定。表 1-5 为世界各地区清洁汽油/柴油含硫量，数据为平均值。

表 1-5　世界各地区清洁汽油/柴油含硫量　　μg/g

地区	2015 年	2020 年	2025 年	2030 年	2035 年
美国/加拿大	30/15	10/15	10/10	10/10	10/10
拉丁美洲	255/400	130/185	45/40	30/35	20/20
欧洲	10/10	10/10	10/10	10/10	10/10
中东	235/415	75/185	25/70	16/20	10/10
独联体	115/175	35/60	20/15	12/10	10/10
非洲	493/2035	245/930	165/420	95/785	65/95
亚太	130/200	65/100	35/45	20/25	15/15

最近几年，全球范围主要国家的油品标准升级速度都在加快。如美国环保局宣布从2017 年 1 月 1 日起，美国执行 Tier Ⅲ油品标准，清洁汽油的硫含量指标从 30μg/g 降低到 10μg/g；欧洲委员会也要求欧盟成员国生产含硫量接近零的汽油；日本目前限制汽油硫含量不高于 10μg/g；亚洲发展中国家的清洁燃料标准也在奋起追赶世界领先标准，如印度提出从 2017 年 4 月起执行相当于欧 4 的 BS4 清洁燃料标准(硫含量不大于 50μg/g)，到2020 年要跳过相当于欧 5 的 BS5 标准，直接执行相当于欧 6 的 BS6 标准(硫含量不大于 10μg/g)，计划投入 45 亿美元用于炼厂油品质量升级；巴西政府要求从 2014 年 1 月 1 日开始，凡是在 2012 年以后生产的卡车和轿车都必须使用含硫量不超过 10μg/g 的超低硫柴油；俄罗斯则宣布从 2015 年底开始执行欧 V 清洁燃料标准。

船用燃料方面，国际海事组织(IMO)为加强对海上船舶排放的管理，2016 年 10 月正式明确从 2020 年 1 月 1 日起在世界范围内执行船用燃料油硫含量上限降至 0. 5%(替代目前的 3. 5%限值)，彻底消除高硫船用油。IMO 要求自 2015 年 1 月 1 日起在排放控制区(ECAs，目前指波罗的海、北海、北美、美国加勒比海 4 个排放控制区)行驶船舶船用燃料油硫含量降至 0. 1%。

中国的油品质量升级换代速度非常快，具体参见第二节相关内容。

3. 技术发展方向

炼厂大型化和装置规模化的趋势，对炼厂整体技术水平和运营管理的要求也在迅速提高，尤其是对一些超大型炼厂和新建大型炼厂来说，为充分发挥规模效益有效利用资源，必须从总体上合理布局装置结构，采用先进技术，提高经济效益。以世界最大的印度贾姆纳格尔炼油中心为例，该厂拥有众多世界级规模的炼油装置，包括常减压、催化裂化、延迟焦化、重整，以及烷基化等装置，炼油主体装置基本采用世界领先技术。美国 UOP 公司负责该厂总体优化方案设计，凭借全球一流的炼油技术和合理的装置结构，该炼厂检修少、运行周期长，实现了开工率和企业盈利连续多年位居世界前列。

现代炼油技术经过近百年的发展，已能够满足装置大规模生产的要求，主要加工过程的基本技术原理近几十年来没有发生革命性、突破性的改变。受加工原料质量的变化、市场对产品需求的变化，以及日益严格的环保要求的驱动，技术创新焦点集中在传统的清洁燃料、重油加工技术的更新换代，以及传统技术与各种高新技术的集成应用上，未来的技术将更多地向着多学科集成、综合一体化解决方案发展。将先进的制造模式与网络技术、大数据、云计算等数据处理技术相融合的信息管控技术，在炼厂生产和经营管理中的应用越来越广泛，数字化炼厂向智能炼厂、智慧炼化发展将是炼油行业发展的必然趋势[3,4]。

未来炼油企业将以物联网和无线网络为基础，通过智能数据处理，实现全流程优化和实时优化，极大地提升炼厂的经济效益和整体竞争力。我国在这方面的研究开发与应用是本书的主要内容之一，后文将大量涉及。

“石油分子工程与分子管理”[5,6]也正在成为炼油技术的新的发展趋势，该技术业内也有称为“分子炼油技术”[7]的。该技术突破了传统炼油技术对原油馏分的粗放认知和加工，从体现原油特征和价值的分子层次上深入认识和加工利用原油，通过从分子水平分析原油组成，精准预测产品性质，精细设计加工过程，合理配置加工流程，优化工艺操作，使每一个石油分子的价值最大化。尤其是随着现代网络技术、大数据处理技术、精细分析检测技术的突飞猛进，石油分子工程与分子管理正在从概念、理论走向实践。

二、世界主要地区炼油行业发展特点

（一）北美地区

北美地区炼油扩能热潮不减，美国抢占西半球油品市场。

北美廉价的页岩气和页岩油使得炼油业的原材料成本降低，美国炼油商近几年普遍获得丰厚的利润，带动了新一轮的炼油投资热潮。2015 年，美国新增炼油能力 10.8Mt/a，2016 年再新增能力 12Mt/a，见表 1-6。美国还在根据资源情况新建和改扩建一批规模较小的加工页岩油和凝析油的装置，尽管单套规模较小，但年累计新增能力较为可观。

表 1-6 美国新增炼油能力

公司名称	地 点	能力/(Mt/a)	完成年份
Holly-Frontier	坞兹克罗斯	0.7	2015
	埃尔多拉多	0.2	2015
	埃尔多拉多	0.1	2016
Valero	圣查尔斯	3.75	2015
	鄯莱	1.25	2015
	得州库帕斯克里斯蒂	3.5	2016
	得州休斯教	4.5	2016
Flint Hills Resources	罗斯蒙特	1.5	2015
Montana Refining Co.	蒙大拿州大瀑布城	0.75	2015
Dakota Prairie Refining LLC.	迪金森	1.0	2015
BP	托莱多	0.75	2015
Delek Refining Ltd.	泰勒	0.5	2015
Esoro	盐湖城	0.1	2015
Ergon	纽厄尔	0.3	2015
WRB Refining	伍德里弗	1.0	2016
NCRA	麦克弗森	0.75	2016
Northern Tier Energy	圣保罗公园	0.2	2016
Thunder Butte Petroleum	马卡迪	1.0	2016
Exxonmobil	博蒙特	1.0	2016
合计		22.85	

* 数据来源：美国 PIRA 能源。

受美国汽油和中间馏分油出口市场稳定的支持，今后数年美国炼油企业将加紧抢占美洲地区市场，加快成为整个西半球主要的炼油中心。美国炼油企业目前几乎满足了西半球其他国家每日燃油需求的1/4，每天向世界各地出口汽油、柴油和其他燃油400万桶以上，而10年前这两项数据分别是不到1/10和100万桶。美国燃油出口的2/3供给西半球市场，现正在努力拓展欧洲、非洲等其他市场。

（二）欧洲地区

欧洲的炼油利润在增长，但行业深层次问题依旧存在。2015年欧洲炼油利润增长强劲，炼厂效益好转，加工量增加，欧洲一些计划永久性关闭和转型的炼厂推迟了关闭转型时间。但欧洲炼油业的深层次结构性过剩问题依然存在，主要是汽油产能过剩，柴油产能不足。自2009年以来，欧洲已有22座炼厂关闭或改变用途，被关闭的炼油能力超过200万桶/日，降幅达23%以上，预计未来欧洲的炼油能力仍将进一步削减。与此同时，由于欧盟对船用燃料油的含硫量推出了新的更为严格的标准，迫使埃克森美孚、道达尔等公司对保留运营的炼厂进行现代化升级改造。

（三）亚太地区

在除中国外的亚太地区，日本炼油业加快合并重组，澳大利亚炼油业继续调整。在国内需求日益下降和燃料供应过剩的情况下，日本炼油商正在加快业务合并。2015年11月12日，日本第二大炼油商出光兴产株式会社与壳牌就购买昭和壳牌公司35%的股份达成协议，在2016年合并创建日本第二大炼油实体；日本最大的炼油企业JX控股公司与竞争对手第三大炼油商东燃通用石油在2016年8月31日宣布合并以提升竞争力；此外，出光兴产株式会社位于千叶的产能为3Mt/a的炼厂以及南西石油公司产能为5Mt/a的西原炼厂关停。到2017年，日本的炼油能力削减10%。

继BP和壳牌近两年调整在澳大利亚的炼油业务之后，2015年雪佛龙公司也出售加德士澳大利亚公司50%的权益，退出澳大利亚炼油业。

（四）“一带一路”沿线国家

“一带一路”沿线国家的炼油业稳步发展，炼油项目建设继续推进。

近年来，中国实施了“一带一路”“京津冀协同发展”“长江经济带协调发展”“中国制造2025”等国家重大战略，给炼油产业带来了新的发展机遇。“一带一路”倡议共覆盖东南亚、中东、北非、中亚、独联体、中东欧地区65个国家，其中大部分是新兴经济体与发展中国家，未来石油产品需求潜力均较大，这为我国参与相关国家的炼油能力建设，开展炼油产能国际合作，以及加大我国炼油产品出口带来了机遇。如中东地区在建和规划的炼油项目总能力超过100Mt/a，东南亚地区印度尼西亚、越南、马来西亚、菲律宾等国家还有近35Mt/a的成品油供应缺口。同时，中东地区和独联体地区石油资源十分丰富，也为国内炼油企业与上述地区国家加大原油进口合作带来了机遇。

2015年，“一带一路”沿线主要的拥有炼油业的国家继续推进新建和扩建项目发展炼油业。东南亚的越南、印度尼西亚和南亚的印度是炼油业发展较为活跃的国家，三国均制订或开始实施扩能计划。中亚地区的哈萨克斯坦、土库曼斯坦和乌兹别克斯坦三国都制订了炼化工业中长期发展规划，明确了新建或改扩建项目，旨在提高炼化工业发展水平。

由于国际原油价格下跌、西方制裁，俄罗斯的石化公司融资能力受到影响，俄罗斯下游发展计划被迫推迟，但并未止步。目前，俄罗斯向国际市场伸出了橄榄枝，相关项目又开始启动，主要涉及炼油扩能和现代化改造，新建石化基础设施等。俄罗斯炼厂的现代化改造高峰可能出现在2016～2018年，计划在2020年前建设130套加工装置，实现欧Ⅳ和欧Ⅴ标准燃料的生产。此外，远东地区纳霍德卡附近的炼化一体化项目、莫斯科炼厂改造工程等项目也在进行中。但上述最新计划能否完全实现，还要看今后国际油价和欧美对俄制裁的情况。

中东已不再满足于大量出口原油，而是努力扩大在全球燃料市场的影响力。中东地区近年来第一波炼油扩能潮已经结束，沙特阿拉伯新建的产能为37.2万桶/日的Satorp炼厂和另一座产能为40万桶/日的延布炼厂在2013年、2014年相继投产，阿联酋鲁韦斯炼厂扩能项目在2015年年初投产，中东已由柴油净进口地区转为柴油净出口地区。目前中东地区已开始第二波炼油扩能潮，这批项目将在2020年前逐步投产，预计将新增能力100Mt/a，届时该地区的炼油总能力将超过500Mt/a，投产后产品质量将满足欧Ⅳ和欧Ⅴ标准，同时最大化生产中间馏分油，增加汽油产量，减少燃料油产量。但低油价使中东地区国家的财政陷入困难，能否如期完成上述计划还有待观察。中东地区第三波炼油扩能项目将在2020年后逐步投产，新增能力主要在科威特、阿曼、阿联酋、伊拉克和巴林，见表1-7。

表1-7 “一带一路”沿线国家的炼油业发展动向

地区	国家	主要发展计划和动向
东南亚	越南	在建的产能为10Mt/a的宜山炼厂于2017年投产，产能为8Mt/a的永罗炼厂将于2019年投产，计划到2019年把产能为7Mt/a的榕桔炼厂能力提升至10Mt/a，2016年开建产能为20Mt/a的仁会炼厂
	印度尼西亚	印度尼西亚国家石油公司计划投资195亿美元对5个炼油厂进行扩能改造
	马来西亚	投资160亿美元在柔佛州建设炼化一体化项目，其中炼油规模为15Mt/a,将于2019年投产
	文莱	计划围绕投资40多亿美元、产能为8Mt/a的恒逸石化炼油项目将大摩拉岛建成石化工业园区
南亚	印度	2015年11月，印度石油公司产能为15Mt/a的巴拉迪布炼油厂完成试运，生产符合欧Ⅳ和欧Ⅴ标准的燃料。未来5～7年，该公司还计划投资75亿美元对该炼厂以及古吉拉特邦、帕尼帕特、马图拉和伯劳尼炼油厂进行扩能
中亚和俄罗斯	哈萨克斯坦	计划将巴甫洛达尔炼厂、奇姆肯特炼厂和阿特劳炼厂总原油加工能力由13Mt/a提升至17Mt/a
	土库曼斯坦	计划投资60亿美元对巴什炼厂和谢津炼厂升级改造，还计划在2020年前新建3座炼厂
	乌兹别克斯坦	计划从2016年开始对现有3座炼油厂进行升级改造
	俄罗斯	俄罗斯的部分地区已经于2016年1月实施欧Ⅴ油品标准，国内炼油商已启动了截至2020年投资550亿美元的炼厂现代化改造计划，大规模增加加氢裂化和加氢精制装置

续表

地　区	国　家	主要发展计划和动向
中东	沙特阿拉伯	新建的产能为20Mt/a的延布炼厂进入商业化运营，产能为20Mt/a的吉赞炼厂等项目正在建设中，加紧扩大清洁燃料生产能力
	伊朗	2015年6月开建位于阿萨鲁耶省的大规模炼油基地，计划每日加工凝析油48万桶
	科威特	投资总额达140亿美元、日加工能力61.5万桶的祖尔炼厂开始建设，预计于2018年底投运
	阿联酋	阿布扎比国家石油公司的鲁韦斯炼油厂产能为20.75Mt/a的扩建项目投产

* 数据来源：中国石油经济技术研究院。

三、世界炼油产业发展前景

国际原油价格下跌使近年炼油业低迷的状况有所好转，炼厂的运行情况及炼油毛利得到改善，有利于炼油投资和项目的稳定发展。2016年世界新增炼油能力约79.8Mt/a，主要来自印度、美国和中国。印度新增能力约17.5Mt/a，美国新增能力约12Mt/a，中国新增约30Mt/a，世界其他地区新增能力约24Mt/a。欧洲和日本则减少炼油能力约17.9Mt/a，中国淘汰落后炼油能力约21Mt/a。2016年世界净增炼油能力约41Mt/a，总能力达到4870Mt/a。未来几年，美国炼油业继续扩大页岩油加工能力的步伐可能有所放缓，中东地区部分国家因低油价导致收入骤减，部分炼化项目不排除可能因资金紧张而被迫延期，欧洲和日本等成熟炼油市场的炼油业将进一步重组和调整。预计2018年世界炼油能力将突破5000Mt/a，2020年世界炼油能力将达到5110Mt/a。

全球炼油产能过剩的情况已经出现，即使欧洲和亚洲的一些炼厂关闭，也不足以平衡炼油能力过剩。在低油价刺激下，世界炼厂加工量不断增加，石油市场上的原油过剩将转变成油品过剩，这将使今后的炼油毛利承压，最终导致炼厂开工率下降。

据预测，市场对炼油产品(即燃料和石化产品)的需求每年将持续增长100万至150万桶/日。这是因为全球人口每年将增长约7500万，从而将消耗更多的塑料、化肥、医药、纤维织物和其他产品。同时，全球生活标准的增速甚至更快，在未来35年全球汽车保有量将会翻番，达到20亿辆。即使电动汽车和新能源蓬勃发展，在可预见的未来，全球市场对炼油产品的需求仍将继续增长。至本世纪中叶，烃燃料仍将提供3/4的全球能源。

但是，未来几年世界汽柴油供需的结构性矛盾将更加突出，汽油毛利将远好于柴油，尤其是高标号汽油的毛利将表现强劲。亚洲的柴油需求继续下降，汽油需求将逐步攀升。欧洲的柴油化现象很难在亚洲各国及美国推广，柴油需求难以得到新的支撑。在新投产的炼厂中，柴油设计产出率仍高于汽油。全球的汽油质量将普遍升级，但汽油调和组分严重不足，使高标号汽油供应紧张。

随着对环境要求的不断提高，世界各国对油品的质量与环保要求日趋严格，且全球各国油品标准中的主要指标趋向一致，最重要的指标是汽油和柴油的硫、苯和芳烃含量，当然世界船用燃料油的硫含量要求也日益严格，其中去除硫和挥发性化合物并提高汽油的辛烷值将是一个挑战。在所有这些附加限制条件下，仅改变炼油的分馏点这种工艺正逐渐被炼油厂淘汰，创新工艺和技术将应运而生。新技术继续推动炼厂向生产更清洁、更低硫的油品发展，炼油商继续加大投资，进行炼厂装置结构优化或装置改造，以适应原油品质及油品质量要求的变化。

有利的是，新的标准也会创造新机遇，特别是创造新的贸易模式。未来除满足国内需求之外，全球化的炼油厂还会计划向许多要求采用相同清洁燃料标准的其他国家供应燃油，从而实现利润目标。例如，中国的“一带一路”倡议就为本土及沿线的国家和企业“走出去”提供了非常宝贵的发展机遇，尤其在能源和基础设施建设方面。这种趋势也正在振兴和改变贸易往来的状况。大量的事实证明了这种发展趋势，例如，长达数千英里的新管线、如雨后春笋般增加的新港口、大量进口设施改造为出口型，同时又有大量出口设施改造为进口型。

在炼油业内，开采技术、生产技术和更高效的转换技术共同推动了生产力的提升。然而，随着生产力的提升，能源供应商生产的产品也将发生变化。两年前，世界上绝大多数国家和地区都在争相生产更多的柴油。经济增长的速度和性质的根本性转变，以及刺激消费的政府经济政策，暂时有效地终结了这种竞争态势。由于较低的原油价格刺激了消费，特别是新兴经济体中不断壮大的中产阶级的消费，炼油行业的竞争目前已转变为炼制汽油的竞争。仅在中国，尽管处于经济新常态，但 2016 年仍创下了 2500 万辆汽车的销售纪录。

计划参与到炼制汽油竞争的炼油厂将会重新配置它们的工厂，而另外一些炼油厂将会简单地增加产量。不管是哪种方式，所有燃料生产商都将追求两个目标，即增加产量以满足需求的增长，以及灵活地生产能够产生最大利润的产品。

除了燃油之外，人们还处在一个越来越多的炼油厂只生产石化产品的时代开端。人口和 GDP 的增长使烯烃和芳烃的年需求增长率超过 5%。因此，世界上生产这些产品原料的地区将会更加迫切地进入下游产业，许多目前尚未参与石化产品生产的炼油厂也会很快加入这个队伍中。

炼油产业今后发展的另外一个大的趋势是不断深化“两化融合”与“互联网+”，实现炼油产业从数字化到智能化和智慧炼化的转变。

随着时间推移，每种产品的利润都会改变，当务之急仍是不断地提高效率。因此，炼油行业正进入一个变革期——数据采集的性价比远大于以前任何时期，复杂传感装置的成本也显著下降。现在，人们可以测量任何数据，对数据的处理方式正在改变着炼油厂和石化工厂的运行方式。

通过工业物联网技术，炼油厂可将智能的高端设备、基于云的安全基础设施及运行过程知识融入生产中，实现更高的附加值。在这个基础上，人们可以利用具有大数据分析功能的基于软件的系统运行炼油厂。这些系统让炼油厂更加智能化，使其具有深度自诊断和自学习能力。人们可以在出现问题的数天、数周甚至数月之前检测到运行异常现象。

当然，未来炼油厂还需要解决另一个即将出现的行业问题——大量技术与操作员即将退休，如何将其丰富的管理、技术与操作经验传承下去？在这方面，基于软件的系统可帮助炼化企业填补这个知识缺口，特别是采用最新的 AR/VR 技术（见第二章相关内容）。到目前为止，操作员都只能利用自己工厂中的经验，也只能得到一些一般培训。在智能工厂中，对于使用相同或类似工艺过程的所有操作人员而言，他人在其他任何地方所遭遇的问题或形成的经验，均可相互分享。以倡导“智能制造”的工业物联网也是“中国制造 2025”战略的重点领域之一，今后会有非常大的发展空间。

纵观全球炼油行业，可以看到随着全球经济增长的明显放缓，市场环境更趋复杂，炼油业也正面临着诸多挑战，而这些挑战也将重新定义未来十年的行业发展状况。为应对宏观经济环境的变化，能源大国政策的不确定性，以及复杂而瞬息万变的市场竞争环境，炼油企业除了“苦练内功”，提高技术创新能力和国际化服务水平外，还需未雨绸缪地“逆市投资”，顺应整个制造业转型升级的大趋势，提早布局，提高企业自身的智能化水平，以便在经济和行业复苏之后迅速获得差异化的竞争优势。

可以说，未来将属于全新类型的炼油企业，这些企业能适应最严苛的清洁能源标准，并具备独特创新的技术、国际化的服务能力、新的商业模式和自动化、智能化的系统等诸多特质。有了这些特质，企业才能在复杂的商业竞争中脱颖而出，在新时代展翅高飞。

第二节　中国炼油产业现状与发展

近几年我国国内能源消费总量维持在 38.8 亿~43.5 亿吨标准煤左右，从消费结构上来说，煤炭消费继续下行(从最高 28.1 亿吨标准煤下降到 27 亿吨标准煤)，石油的消费量从 6.5 亿~6.8 亿吨标准煤略微上升到 7 亿吨以上，目前基本上维持在 7.7 亿~7.8 亿吨标准煤，而天然气和可再生能源的比重进一步上升，能源结构持续改善。图 1-8 为 2011~2016 年中国能源消费总量以及结构的状况(单位：亿吨标准煤)。

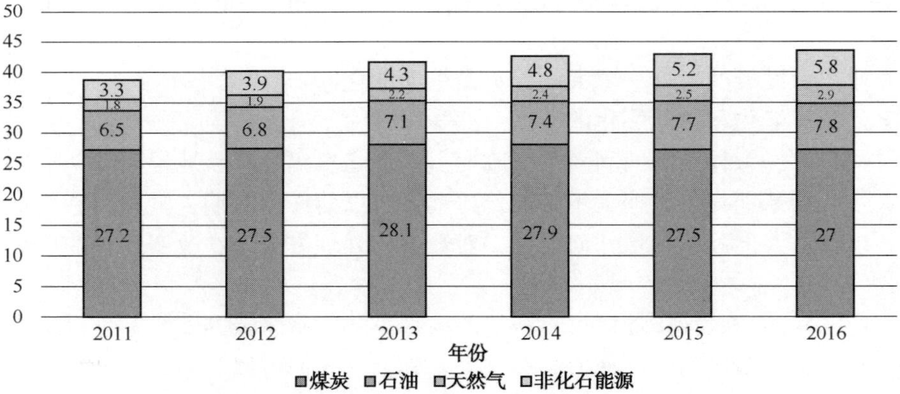

图 1-8　2011~2016 年中国能源消费总量以及结构的状况(单位：亿吨标准煤)

我国炼油产业经历了从小到大，由弱到强的艰辛发展历程。建国之初，我国炼油能力只有 170kt/a，基础十分薄弱。在之后的几年里，由于国内原油生产能力不足，加之受到美国和西方国家的技术封锁，我国炼油产业发展十分缓慢。1958 年，在苏联的技术援助下，我国第一个百万吨级大型炼厂——兰州炼厂投产，推动我国炼油产业发展迈上了新的台阶。之后的十几年间，国内原油产量开始快速增长，炼油技术不断取得突破，我国炼油产业发展步伐明显加快。到 1964 年，我国炼油能力已突破 10Mt/a。之后又经历了不到 20 年的时间，

1983 年突破 100Mt/a。自 2006 年我国成为仅次于美国的世界第二大炼油国以来，截至 2016 年年底，我国炼油能力已达到 783Mt/a，成品油产量 340Mt/a 以上，形成了以中国石化、中国石油为主，中国海油、中国化工、中化、中国兵器等其他央企加快发展，山东地炼迅速扩张的多元化市场主体。已经建成 24 座千万吨级炼厂，其中国石化茂名、镇海炼化、金陵石化和中国石油大连石化以及中海油惠州石化的炼油能力均超过 20Mt/a，进入世界最大炼厂行列。

在炼油能力快速发展的基础上，中国炼油产业布局、加工装置的配置与产品结构调整趋向合理，各企业加工原油的适应性提高、油品质量升级加快和清洁化生产水平提高明显。同时，中国炼油技术创新能力的提升也支撑了中国炼油产业的可持续发展。未来，中国炼油产业将进一步推进一体化以及结构调整和区域优化，努力打造绿色、低碳、智能及智慧型炼厂，实现可持续发展。

中国工程院王基铭院士领衔于 2016~2017 年重点开展的《中国炼油和煤化工产业可持续发展与区域协调发展重大问题战略研究》，站在国家层面、全局高度，用战略眼光和宏观视野，通过大量的一手现场调研获得准确信息，据此研究我国炼油和煤化工产业的可持续发展问题以及与区经济域协调发展相关的重大战略问题，本节内容参考了该课题成果。

一、中国炼油工业的现状

（一）关于炼油能力与布局

进入新世纪以来，我国炼油工业借深化改革、扩大开放、加紧调整的东风，通过改扩建和新建相结合，总体规模迅速扩大。全国炼油能力从 2000 年的 277Mt/a 增至 2016 年的 783Mt/a，成为仅次于美国的全球第二大炼油国，也是进入新世纪以来炼油能力增长最快的国家。图 1-9 为中国炼油能力变化趋势图[10]。

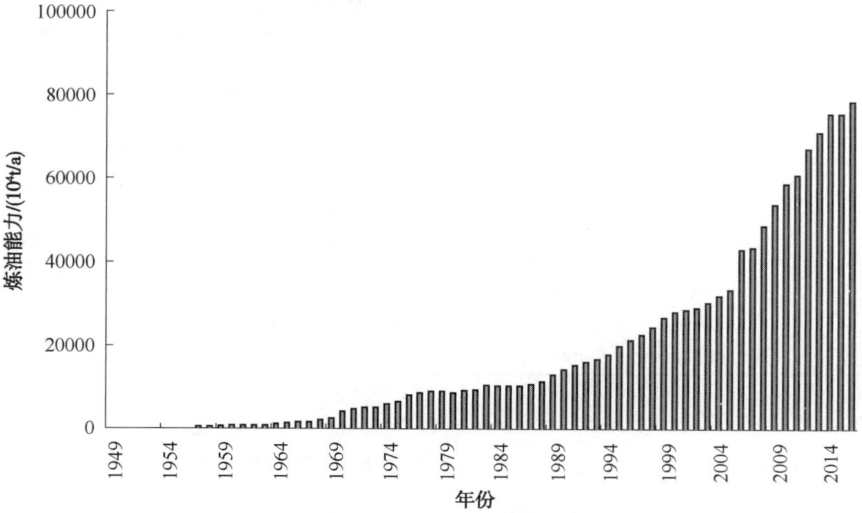

图 1-9　中国炼油能力变化趋势图

2015 年开始，国家对地炼企业有条件放开原油进口权和进口原油使用权。进口原油大门的敞开使得地炼产能快速释放，市场份额明显上升，国内成品油市场多元竞争格局进一步凸显，加速了市场化进程。按国家统计局原油加工量数据，2016 年地方炼厂原油加工份额由 2015 年的 9.1%上升到 2016 年的 12.9%。

从市场主体看，我国现已形成了以中国石化、中国石油为主导，中国海油、中国化工、中国兵器等国企，陕西延长石油集团等地方炼油企业和民企参加，道达尔、埃克森美孚、沙特阿美等外国大公司持股参与的多元化市场主体格局。表 1-8 为最近几年国内炼油能力格局状况。

表 1-8　中国国内炼油能力格局　10^4t/a

项　目	2000 年	2005 年	2010 年	2015 年	2016 年
中国石化	14283	17220	24650	29742	29695
中国石油	11265	12545	15655	18250	18160
中国海油	1000	1780	3380	3610	3910
中国化工	390	1060	2050	2840	2840
中国兵器			640	840	840
中国中化				1700	1770
陕西延长	370	800	1460	1740	1740
地方炼厂	801	4531	10575	16125	19355
全国合计	28109	37936	58410	74847	78310

由表 1-8 可见，目前国内的炼油能力排名为：中国石化集团达到 297Mt/a，占全国的 37.9%，是国内最大的炼油商；中国石油集团达到 182Mt/a，占全国的 23.2%，是国内第二大炼油商；地方炼油企业达到 194Mt/a，占全国的 24.7%。

从加工量看，中国石化、中国石油近三年虽然在国内原油加工量的占比在逐年下降，但仍然占据国内第一、第二的位置(分别约占 44%、27%)，而地炼的占比则在稳步提升，牢牢占据国内第三的位置(约占 13%)，参见表 1-9。

表 1-9　国内炼厂原油加工量格局　10^4t/a

企业名称	2014 年	2014 年占比	2015 年	2015 年占比	2016 年	2016 年占比
中国石化	23698	47.1%	23829	45.6%	23732	43.9%
中国石油	15229	30.3%	15132	29.0%	14704	27.2%
中国海油	2845	5.7%	3262	6.2%	3229	6.0%
中国化工	1500	3.0%	1900	3.6%	2000	3.7%
中国兵器	749	1.5%	737	1.4%	872	1.6%
中国中化	900	1.8%	1150	2.2%	1250	2.3%
陕西延长	1447	2.9%	1442	2.8%	1331	2.5%
地方炼厂	3910	7.8%	4746	9.1%	6983	12.9%
全国合计	50277	100.0%	52199	100.0%	54101	100.0%

我国炼油产业的布局、变迁经历了四个阶段：

第一阶段(1949~1975 年)，主要特点是以原油资源为中心的内陆型发展。受原材料、交通运输水平、工业基础等因素的限制，中国炼厂主要布局在内陆大型油气田周边，这一阶段的典型企业包括玉门油田炼油厂、兰州石化、克拉玛依石化、东方红炼油厂等。

第二阶段(1976~1997 年)，主要特点是从内陆向沿海转型。随着改革开放的不断深入，环渤海、长三角和珠三角地区经济进入快速发展的轨道，石化产品需求旺盛。在市场因素的作用下，炼化企业开始向这三个地区快速集聚。这一阶段的典型企业包括大连石化、上海石化等。

第三阶段(1998~2010年)，适应进口原油加工的沿海布局发展。1993年，中国成为原油净进口国。随着沿海大批原油码头的建成投产，大量原油来自海上，这使得广大沿海地区成为原材料和市场的双重指向区域。环渤海、长三角和珠三角等传统石化产业基地通过扩能改造和新建项目，炼油能力持续攀升，此外，北部湾地区、海峡西岸地区也开始了大规模的石化建设，沿海石化产业带已初步形成。这一阶段的典型企业包括镇海炼化、高桥石化、青岛炼化、海南炼化、广西石化等。

第四阶段(2010年至今)，民营企业异军突起，局部区域快速扩张，石化产业市场主体呈现多元化趋势。山东地炼是这一阶段的典型代表。地炼市场份额快速上升，也导致了地区供应过剩加剧。

布局随资源获取状况、产品市场(消费区域)等的变化而发生变化。就当前的炼油布局看，我国在炼油能力迅速增长的同时，注重以消费市场为重心调整优化布局，区域分布构成有了可喜的变化。2011年，作为我国油品主要消费市场的环渤海湾、长三角和珠三角地区的合计炼油能力为367Mt/a，约占全国总炼能的68%。其中，环渤海湾地区炼油能力为210Mt/a，约占全国总炼能的39%；长三角地区为82Mt/a，约占15%；珠三角地区75Mt/a，约占14%。与2005年相比，原先炼油能力不足、需大量调入的华南地区2010年的炼能所占比例增加了5.4个百分点；能力过剩需外运的东北地区的比例下降了5.8个百分点；消费量较低、油品需外调的西北地区在有新建扩建炼能的基础上仍实现了所占比例的略有下降；随着中部地区发展振兴规划的推进，华北和华中地区所占比例有一定提高，分别增加了2.6和0.08个百分点。

截至2016年年底，我国一次原油加工能力在千万吨以上的炼厂共有23座，主要集中在中国石化13座和中国石油7座，其炼油总能力分别为176.5Mt/a和98.3Mt/a，合计占千万吨以上规模炼厂总产能的87%。2016年中国炼油能力前十名的炼厂是：镇海石化、大连石化、茂名石化、金陵石化、延长石油、独山子石化、广州石化、天津石化、上海石化、扬子石化。其中，中国石化独占7席，中国石油占2席，地方炼厂占1席；总炼油能力达到164.4Mt/a，整体炼油能力站到全国的两成。其中，前十炼厂主要集中在华东、华南和西北地区，其次是东北和华北地区，根据产能分布作出如图1-10所示。

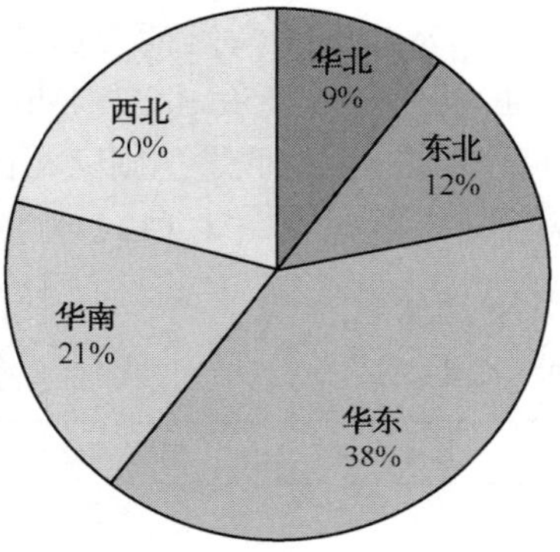

图1-10 全国产能分布情况

（二）炼油规模化、基地化和园区化

进入新世纪以来，我国炼厂规模不断扩大，装置大型化程度持续提升。截至2016年，我国已建成28个千万吨级炼油基地。其中，中国石化镇海炼化分公司、中国石化茂名分公司、中国石化金陵分公司和中国石油大连石化炼油规模均已超过20Mt/a。

目前，中国石化集团初步形成了环渤海湾、长三角和珠三角三大炼厂集群，千万吨级炼厂合计能力已占其总能力的58%；茂名石化实施改扩建工程，炼油能力从13.5Mt/a提高至25.5Mt/a；镇海炼化分公司和中国石化金陵分公司的炼油规模也均已超过20Mt/a。中国石油集团已形成由大连石化、大连西太平洋、抚顺石化、吉林石化、辽阳石化、兰州石化、独山子石化、广西石化组成的8大千万吨炼油生产基地，其中大连石化炼油规模也超过20Mt/a。中国海油惠州石化基地经过几年的快速发展，也发展成为22Mt/a炼油、2.2Mt/a乙烯的一体化基地。截至2015年底，中国已拥有千万吨级炼厂28座，合计炼油能力364Mt/a，约占全国炼油能力48.6%，而且现有的千万吨级炼油基地约80%与乙烯装置相配套，较好地发挥了炼化一体化的产业协同效应和产业集群的带动辐射作用。同时，我国各类炼油装置的规模也呈大型化趋势：常减压蒸馏装置最大规模达12Mt/a，催化裂化3.5Mt/a(2017年投产中的为惠州石化催化裂化为4.8Mt/a)，加氢裂化4Mt/a，延迟焦化4.2Mt/a，均在目前世界同类装置规模中名列前茅。

（三）装置结构与原油适应性

为了应对国际油价高企，降低炼油成本，增加含硫原油等的加工能力，满足国内油品质量标准持续升级的要求，进入新世纪以来，我国不断调整炼油装置结构，深加工、精加工能力和不同原油加工适应能力在不断提高。我国炼油工艺中原先偏高的催化裂化能力占原油一次加工能力的比例不断下滑，从2000年的36.1%降至2011年的30.25%。生产清洁石油产品的深加工加氢装置增加迅猛，已成为我国炼油工艺的主力装置之一。加氢精制能力占原油一次加工能力的比例已从2000年的15.6%升至2011年的32.2%。加工重油需要的延迟焦化能力占原油一次加工能力的比例已从2000年的7.7%升至2011年的14.3%。我国含硫原油加工能力已超80Mt/a，高酸原油加工能力已突破20Mt/a。目前，我国已基本掌握现代炼厂全流程技术，具备利用自有技术建设单系列千万吨级大炼厂的能力，并已拥有一批具有自主知识产权的核心技术和专有技术，部分技术出口国外。

如前所述，目前我国单套最大的常压蒸馏装置能力已达到12Mt/a，单套催化裂化、加氢裂化和延迟焦化装置最大规模也分别达到3.50Mt/a、4Mt/a和4.2Mt/a，均已达到世界先进水平。但另一方面，与美国、欧洲和亚太地区发达国家相比，我国炼油装置中催化重整和烷基化装置的比重还比较低，需要进一步完善。表1-10为我国与部分发达国家炼油装置结构比较。

表1-10　2016年中国与部分发达国家炼油装置结构比较①　　%

地　区	催化裂化	延迟焦化	加氢裂化	催化重整	烷基化
美国	31.7	17.5	13.2	16.9	5.1
日本	28.0	3.2	5.8	16.8	3.2
韩国	14.0	1.0	9.5	14.8	1.3
英国	31.7	6.2	3.0	20.1	4.9

续表

地　区	催化裂化	延迟焦化	加氢裂化	催化重整	烷基化
法国	17.1	0.0	7.0	12.4	1.4
德国	16.2	6.0	11.6	13.6	1.2
中国	30.4	18.5	10.0	9.4	0.4

① 二次装置能力占一次加工能力的比重。

中国炼油工业持续进行结构调整，对加工原油的适应性明显增强，除了加工重质原油能力大大提升以外，高酸、高硫等劣质原油加工能力也扩大了。2000 年，中国石化高含硫油加工能力为 33.5Mt/a，2015 年已增加到 148.3Mt/a，形成了镇海、金陵、茂名、上海等一大批高含硫油加工基地；含酸原油加工能力 2015 年已达到 34.5Mt/a，形成了青岛石化、武汉、齐鲁、金陵、石家庄等一批含酸原油加工基地。

2000 年，中国石油高含硫油加工能力为 8Mt/a，2015 年已增加到 26Mt/a，形成了大连西太、大连石化等高含硫油加工基地；含酸原油加工能力 2015 年已超过 9Mt/a，形成了辽河石化、克拉玛依等含酸原油加工基地。

中国海油含酸、重质原油加工能力 2016 年已达到 40Mt/a 以上，形成了惠州炼油、大榭/舟山石化、中捷石化等含酸、重质原油加工基地。

（四）原油加工量与产品产量

进入新世纪以来，国内经济快速发展，汽车产销量井喷式增长，交通运输突飞猛进，使我国成品油消费量呈持续快速增长态势，汽煤柴油消费总量从 2000 年的 111Mt 增至 2011 年的 263Mt。

2000~2010 年我国成品油表观消费年均增速 8.4%，“十二五”期间降至 5%。2016 年成品油表观消费量 315Mt，其中与居民消费相关的汽车和航空业的快速发展，拉动汽油和煤油持续保持较快增长。而与工业生产密切相关的柴油消费基本已经进入阶段性平台期。由此导致柴汽比由最高 2005 年的 2.27∶1 降至 2016 年的 1.39∶1。图 1-11 为 2012~2016 年中国成品油产量情况。

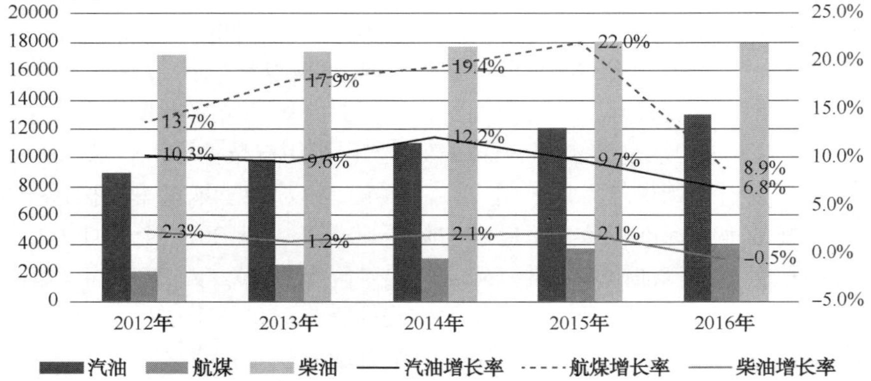

图 1-11　中国成品油产量统计(2012~2016 年)

需求的强劲增长在很大程度上抵消了国际油价高企、政策性亏损和金融危机等对我国炼油工业造成的负面影响，原油加工量和成品油产量呈持续双增长态势。长期来看，预计在确保运行平稳安全后，最终国家将实现成品油进出口的完全放开，结合国内需求情况，预计汽油进口将有所增多，柴油出口将显著增长，有利于国内大型炼油基地扩大出口。

价格市场化是我国成品油定价机制改革的主要目标，成品油价格最终将由市场竞争形成，但前提条件是要基本具备竞争性市场结构、比较完善的市场体系和健全的法律法规等。由于目前我国成品油市场尚不完全具备这些条件，因此价格市场化将是一个渐进的过程。2014 年国家能源局针对习近平总书记的“能源革命”要求提出阶段性目标，其中要求在 2030 年前完成“立法、监管、市场化、能源资源税改革”，为向现代化新能源系统转型提供基本制度保障。在这个构架下，中国完成能源市场化整体进程最迟不会超过 2030 年。从目前国家推行成品油市场化的力度看，进展可能会快于这个时点，预计将在 2020 年前后完成整体成品油市场化进程。市场化将进一步推动国内供应格局向以两大集团为主、地炼和新兴国有企业为辅、进口资源为补充的多元化供给模式转变，市场竞争将更加激烈。同时，整个流通体系和价格体系将被重构，成品油从生产到流通各环节的毛利均将受到挤压，将加速国内炼厂优胜劣汰的进程。

（五）产品结构与产品质量

为降低汽车尾气排放对环境的影响，我国炼油行业的成品油质量标准不断完善，油品品质快速提升，如在汽油无铅化方面仅用 7 年的时间走过了美、欧、日分别用了 21 年、27 年和 12 年才走过的道路。自 2019 年起，中国将全面执行国Ⅵ标准，基本与欧美国家同步，图 1-12 是中国成品油质量升级的路线示意图。

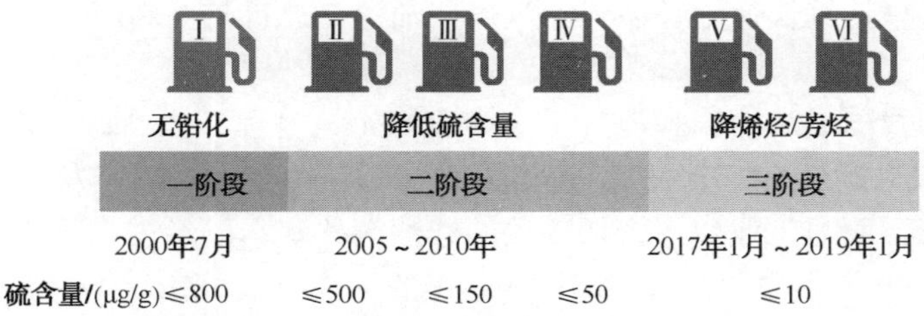

图 1-12　中国成品油质量升级路线示意图

我国在 2000 年实现汽油无铅化之后，于 2003 年 1 月 1 日起将汽油含硫量从 2000 μg/g 降至 800 μg/g，柴油含硫量要求从 5000μg/g 降至 2000μg/g，同时对汽油中苯、烯烃和芳烃等含量首次提出了限制要求。从 2005 年 7 月 1 日起，我国汽柴油含硫量要求进一步降至 500μg/g。从 2008 年 1 月 1 日起，北京市为迎接奥运会开始执行京标Ⅳ车用汽柴油标准；从 2009 年 11 月 1 日起，上海为迎接世博会开始执行沪Ⅳ车用汽柴油标准；从 2010 年 8 月 1 日起，广州为迎接亚运会开始执行粤Ⅳ车用汽柴油标准。京沪穗三地已率先执行相当于欧Ⅳ排放标准的车用汽柴油地方标准，硫含量要求均降至 50μg/g。从 2010 年 7 月 1 日起，我国在全国范围内开始执行车用汽油国Ⅲ标准，硫含量要求降至 150μg/g。2011 年，由于国内炼油企业出现政策性亏损，一些炼厂升级改造技术措施的完成需要一个过程，造成下半年柴油供应偏紧，加之柴油用户面比汽油更广、更复杂，给升级置换工作带来一定难度。因此，原定于 2011 年 7 月 1 日起实施国Ⅲ标准柴油的计划推迟至 2012 年 1 月底在全国范围内的高速公路、省道等加油站推开，柴油含硫量进一步降至 350μg/g；符合国Ⅳ标准的汽油也推迟至从 2014 年 1 月日起在全国范围内使用，硫含量降低到 50μg/g 以下。

2000年发布轻柴油标准GB 252—2000，并于2002年1月1日开始实施，2003年10月1日发布实施GB/T 19147—2003《车用柴油》推荐性标准，硫含量不大于500μg/g，2011年7月1日，车用柴油硫含量要求不大于350μg/g，2015年1月1日起全国开始实施国四车用柴油标准，硫含量不高于50μg/g。

2015年5月7日，国家发展和改革委员会等7部门联合印发《加快成品油质量升级工作方案》(简称《升级方案》)，该方案参考国际先进标准并结合我国实际，加快油品标准制修定步伐，完善标准体系。《升级方案》规定：2017年1月1日起，全国全面供应符合国Ⅴ标准的车用汽油(含E10乙醇汽油)、车用柴油(含B5生物柴油)，同时停止国内销售低于国Ⅴ标准车用汽、柴油；2017年7月1日，国内全面供应国Ⅳ标准普通柴油，同时停止销售低于国Ⅳ标准的普通柴油；2018年1月1日起，全国供应与国Ⅴ标准车用柴油相同硫含量的普通柴油(以下简称国Ⅴ标准普通柴油)，停止国内销售低于国Ⅴ标准普通柴油；保供企业相应同步完成普通柴油产品的质量升级。

2016年1月1日起实施的《中华人民共和国大气污染防治法》规定内河区域船舶用燃料油要使用普通柴油。

国家环保部和质检总局已于2016年12月23日联合发布《轻型汽车污染物排放限值及测量方法(中国第六阶段)》，即国家标委会对外发布的第Ⅵ阶段车用汽油和车用柴油两项国家强制性标准。车用汽油国Ⅵ标准分为国ⅥA和国ⅥB两个阶段标准，2019年1月1日起，全国实施汽油国ⅥA标准，2023年1月1日起，全国实施汽油国ⅥB标准。车用柴油国Ⅵ标准一个标准，从2019年1月1日起执行。

2016年7月1日起实施的GB 17411—2015《船用燃料油》标准适用范围规定为“适用于海[洋]船用柴油机及其锅炉用燃料油”，最严的硫含量限值为不大于0.1%，完全与国际接轨。

按照《北京市2013~2017年清洁空气行动计划》《京津冀大气污染防治强化措施(2016~2017年)》的要求，北京市质量技术监督局于2016年10月20日正式发布北京市第Ⅵ阶段《车用汽油》(DB 11/238—2016)和《车用柴油》(DB 11/239—2016)标准，两项标准已于2017年1月1日起实施。

《“2+26”方案》规定，“2+26”城市率先完成城市车用柴油和普通柴油并轨，2017年9月底前，全部供应符合国Ⅵ标准的车用汽柴油，禁止销售普通柴油。

在质量升级期间，我国炼油工业持续进行产品结构的调整优化，轻质油的比例进一步提升，在燃料油产量降低的同时，增加化工轻油的产量，高标号清洁汽油、高档润滑油等高附加值产品比例大幅度提高。2010年，中国石化集团和中国石油集团的轻质油收率均超过了75%。“十一五”期间，中国石油集团高标号汽油生产比例从39%提升到67%；高档润滑油生产比例从41%升至67%。全国已拥有至少1.20Mt/a加氢法生产APIⅡ、Ⅲ类润滑油的能力。中国石化集团2010年年底高标号汽油生产比例达到93.34%，比上年提高4.04个百分点，生产化工轻油比上年增长了30.2%。两大公司的生产柴汽比也根据市场需求和消费柴汽比适时进行调整。

(六) 节能减排与健康安全环保(HSE)

“十一五”以来，我国炼油工业大力推进节能减排工作，已取得明显的成效，资源利用效率明显提高。

在炼油技术进步和精细化管理的推动下，中国炼油工业节能减排工作取得了明显成效。2000~2015 年，中国石化的炼油综合能耗从 76.66kgEO/t 下降到 59.52kgEO/t，下降了 22.4%；中国石油的炼油综合能耗从 90.80kgEO/t 下降到 64.02kgEO/t，下降了 29.5%。

同时，中国炼油工业的清洁生产水平也持续提升，排放量指标持续下降。例如，2015 年中国石化 COD、氨氮、二氧化硫、氮氧化物排放量同比分别下降 4.1%、4.0%、4.8%、4.2%，工业废水排放量下降 8.0%，外排污水合格率达到 99.8%，提高 0.5 个百分点；中国石油 COD、氨氮、二氧化硫、氮氧化物排放量同比分别下降 8.0%、6.2%、27.8%、16.4%；实现节能 1160kt 标准煤、节水量 $2061\times10^4m^3$；中国海油 COD、氨氮、二氧化硫、氮氧化物排放量同比分别下降 2.0%、67.0%、29.0%、16.0%，工业废水排放量下降，外排污水合格率相应提升。

（七）车用替代燃料状况

能源安全、国际油价高企和环境问题日益成为制约可持续发展的焦点问题，越来越多的国家加快了开发绿色可再生能源的步伐，促进了替代燃料在全球的快速发展。其中，生物燃料乙醇以其具有的可再生、环境友好、技术成熟、使用方便、易于推广等综合优势，成为替代化石燃料的理想汽油组分。自 2004 年以来，我国各种替代燃料产量逐年增加，电动汽车发展也开始起步。总体看，汽油替代明显快于柴油，逐渐形成了以天然气汽车为主的多元化替代格局。主要涉及天然气汽车（CNG 汽车和 LNG 汽车）、电动汽车、生物燃料（包括燃料乙醇、生物柴油和生物喷气燃料）以及煤制油。表 1-11 为中国石油集团经济技术研究院提供的 2015~2016 年中国车用燃料替代情况以及今后几年的预测[11]。

表 1-11　中国车用燃料替代情况及预测

时间	天然气/10^8m^3	燃料甲醇/10^4t	生物柴油/10^4t	煤制油/10^4t	燃料乙醇/10^4t	电动汽车/10^4t	合计/10^4t
2015 年（实物量）	248	650	300	132	200	45	—
2015 年（替代量）	2020*	292.5	300	132	120	36	2900.5
2016 年（实物量）	268	700	200	150	200	90	—
2016 年（替代量）	2183*	315	200	150	120	75	3043
2020 年（实物量）	363	900	200	700	200	500	—
2020 年（替代量）	2957*	405	200	700	120	403	4785

* 资料来源：中国石油经济技术研究院。

在生物燃料乙醇方面，为加快生物燃料乙醇等生物质能产业发展，世界各国大都成立专门管理机构，负责产业政策制定以及发展管理，如巴西“生物质能委员会”、美国“生物质能管理办公室”、印度“国家生物燃料发展委员会”等。很多国家还制订了中长期发展规划，如美国“能源农场计划”，巴西“生物燃料乙醇和生物柴油计划”，法国“生物质发展计划”，日本"新阳光计划"，印度"绿色能源"工程等。在此推动下，世界生物燃料乙醇生产消费规模快速增长，从 2005 年的 36.28Mt，增加到 2016 年的 79.15Mt。据不完全统计，已有超过 40 个国家和地区推广生物燃料乙醇和车用乙醇汽油，年消费乙醇汽油约 600Mt，占世界汽油总消费的 60%左右。

美国是世界最大的生物燃料乙醇生产消费国，主要原料为玉米。据美国可再生燃料协会数据，2016 年全美生物燃料乙醇总产量达 45.54Mt。通过立法，车用乙醇汽油在美国应用已实现全覆盖，有效提高了能源安全水平，减少了机动车有害物质排放，年减排二氧化碳超过 43.5Mt，增加就业岗位 400000 个。巴西是全球生物燃料乙醇第二大生产消费国，也是最早实现车用乙醇汽油全覆盖的国家，主要原料为甘蔗。目前，巴西生物燃料乙醇已替代了国内 50%的汽油。欧盟早在 1985 年就开始使用乙醇含量 5%的车用乙醇汽油。2016 年，欧盟生物燃料乙醇产量为 4.09Mt。根据规划，2020 年生物燃料在欧盟交通运输燃料消费总量所占的比重将至少达到 10%。

国际经验表明，发展生物燃料乙醇可以为大宗农产品建立长期、稳定、可控的加工转化渠道，提高国家对粮食市场的调控能力。同时，生物燃料乙醇产业也是处置超期超标等粮食的有效途径。巴西通过甘蔗-糖-乙醇联产，根据国际市场蔗糖价格调节汽油中乙醇掺混比例，同时大力推广乙醇汽车，扩大乙醇消费量，保障了国内甘蔗价格和糖价的稳定，维护了农民利益；美国通过生物燃料乙醇产业需求，持续拉动国内玉米生产、提高农民收入和促进农业科技进步，形成了粮食生产和消费的良性循环发展的局面。这些宝贵经验，值得我们学习和借鉴。

我国生物燃料乙醇产业发展始于"十五"初期，2001 年为了解决大量"陈化粮"处理问题，改善大气及生态环境质量，调整能源结构，经国务院同意，启动了生物燃料乙醇试点。从"十一五"起，根据形势变化暂停了粮食燃料乙醇发展，陆续在广西、内蒙古、山东、河南等地建成多个非粮燃料乙醇示范项目或产业化装置。2010 年，我国燃料乙醇产量已达 1.8Mt，全国已有 11 个省区[包括黑龙江、河南、吉林、辽宁、安徽、广西 6 省(区)全境和河北、山东、江苏、内蒙、湖北 5 省的 31 个地市]试点推广乙醇汽油，乙醇汽油消费量已占同期全国汽油消费总量的 1/5。我国成为继巴西、美国之后的第三大生物燃料乙醇生产国和应用国。甲醇用于汽油调和生产甲醇汽油正在着手试行。"车用燃料甲醇"和"车用甲醇汽油(M85)"两个国家标准已于 2009 年正式实施。甲醇汽油在克服一些技术经济问题的同时，已开始在浙江、山西、陕西三地试点应用。无论从能源安全、原料来源、技术发展，还是市场容量来看，燃料乙醇发展速度将有所加快。目前，我国燃料乙醇产能 2.6Mt，产量 2Mt 左右，主要是以玉米和小麦为原料的第一代技术，以木薯为主要原料的 1.5 代燃料乙醇产能 0.45Mt/a，以秸秆为主要原料的二代燃料乙醇产能仅 0.09Mt/a。燃料乙醇生产技术正在由第一代向第二代过渡。燃料乙醇能够提高汽油辛烷值，降低芳烃和烯烃含量，有效减少尾气污染物排放量。但是目前存在成本过高、经济性不合理问题，未来随着技术进步带来的成本下降，以及国家政策支持，预计燃料乙醇产量将有望得到一些增长。

2017 年 9 月 13 日，国家能源局和发改委、财政部等十五部委联合下发了《关于扩大生物燃料乙醇生产和推广使用车用乙醇汽油的实施方案》(以下简称《方案》)，明确到 2020 年要初步建立市场化运行机制，在全国范围内推广使用车用乙醇汽油，基本实现全覆盖，纤维素燃料乙醇 0.05Mt 级装置实现示范运行，生物燃料乙醇产业发展整体达到国际先进水平。

到2025年，力争纤维素乙醇实现规模化生产，先进生物液体燃料技术、装备和产业整体达到国际领先水平。

全国范围内推广使用车用乙醇汽油将彻底颠覆车用汽油生产和销售流程，如图1-13和图1-14所示。炼油厂由汽油产品终端形成者变为组分生产者；燃料乙醇生产商从源头侵占了炼油厂至少10%的市场份额；汽油终端产品形成后移至调合中心，销售企业在炼油厂和消费终端的主导作用突显。

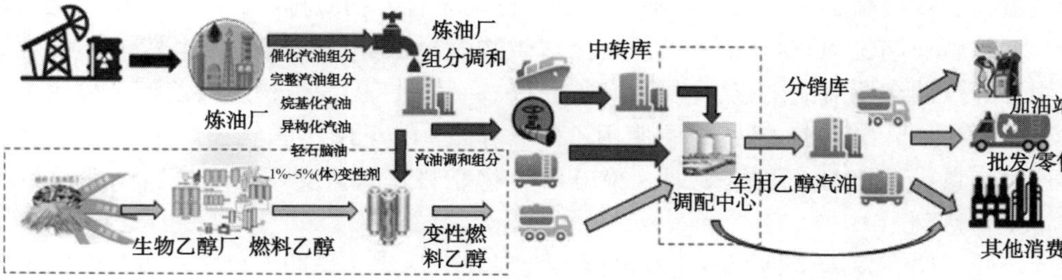

图1-13　车用汽油生产-销售流程示意图

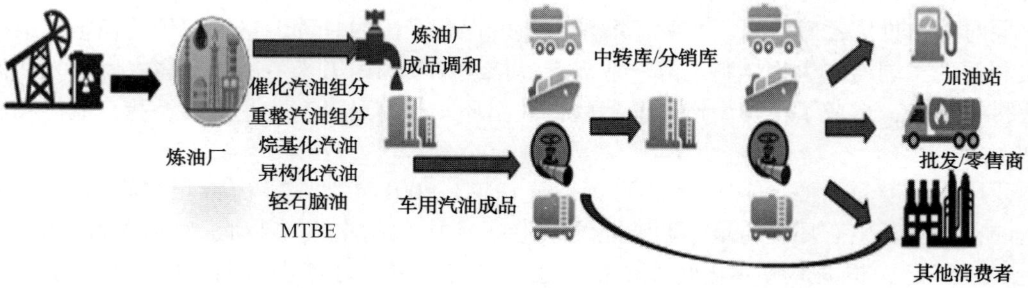

图1-14　车用乙醇汽油生产-销售示意图

《方案》部署了保障生物燃料乙醇供应、积极做好车用乙醇汽油推广工作、加强监督管理、推动创新发展、强化保障落实等五项重点任务。《方案》强调，扩大生物燃料乙醇生产和推广使用车用乙醇汽油，要在保障国家粮食安全基础上，立足国内供应，科学有序推进生物燃料乙醇生产和车用乙醇汽油推广使用，着力处理超期超标粮食，增强粮食市场调控能力和提升质量安全水平；着力提高农林废弃物资源综合利用技术水平，推动先进生物能源产业发展；着力落实东北振兴战略部署，建设生物燃料乙醇产业基地，为促进我国替代化石能源、减排温室气体、培育农业农村发展新动能做出新贡献。《方案》要求，各有关单位要适度发展粮食燃料乙醇，科学合理把握粮食燃料乙醇总量，大力发展纤维素燃料乙醇等先进生物液体燃料，满足持续增长的市场需求。

按照国家能源局科技司负责人对《方案》的解读，认为当前我国的确具备扩大生物燃料乙醇生产和推广使用车用乙醇汽油的时机和条件。一是转型有需要。习近平总书记在中央财经领导小组第六次会议上明确提出“推动能源生产和消费革命”的要求，指明了绿色低碳的能源转型战略方向。在此指引下，近年来，我国可再生电力发展势头迅猛，截至2016年年底，光伏、风电、水电等可再生电力装机已占我国电力总装机的34.6%，可再生电力消纳量已占全社会用电量的25.4%，有力推动了国内电力供给结构的持续优化。相比较而言，我国可再生液体燃料发展则明显滞后，2016年实际消费量仅约3Mt，不到全国成品油消费的

1%，已成为当前能源转型的突出短板，亟待加快发展。二是原料有保障。据有关权威机构测算，我国每年产生的超期超标等粮食可支撑一定规模的生物燃料乙醇生产。此外，国际市场玉米和木薯年贸易量达1700Mt，5%即可转化生物燃料乙醇近3Mt。国内每年可利用的秸秆和林业废弃物超过400Mt，30%即可生产生物燃料乙醇20Mt。这些都为扩大生物燃料乙醇生产消费和实现可持续发展提供了可靠的原料保障。三是产业有基础。我国生物燃料乙醇产业经过十多年发展，以玉米、木薯等为原料的1代和1.5代生产技术工艺成熟稳定，以秸秆等农林废弃物为原料的2代先进生物燃料技术已具备产业化示范条件。行业整体技术装备水平居于世界先进国家行列，同时培养和储备了一大批专业技术人才。此外，国内车用乙醇汽油试点推广也积累了丰富的实践经验，形成了适合国情、可以复制的发展模式，为进一步推广使用车用乙醇汽油奠定了坚实基础。

同时，国家能源局科技司负责人认为，当前形势下，扩大生物燃料乙醇生产和推广使用车用乙醇汽油有着五个方面的重要意义：

（1）有利于优化能源结构。生物燃料乙醇是可再生液体燃料和绿色、优质汽油组分。推广使用车用乙醇汽油，符合我国建设清洁低碳、安全高效现代能源体系的要求，可以替代部分石油，提高非化石能源比重，提高能源自给能力和安全水平。

（2）有利于改善生态环境。推广使用车用乙醇汽油，可以减少二氧化碳以及机动车尾气中的颗粒物、一氧化碳、碳氢化合物等有害物质排放。发展生物燃料乙醇，还是解决秸秆等农林废弃物焚烧问题、改善大气环境质量的重要措施。

（3）有利于调控粮食市场。发展生物燃料乙醇，可以提高我国对粮食生产、库存和价格的调控能力，为大宗农产品建立长期、稳定、可控的加工转化调节渠道，促进粮食供求平衡，形成粮食生产和消费良性循环发展的局面。同时，生物燃料乙醇产业也是处置超期超标等粮食的有效途径。

（4）有利于促进农业农村发展。发展生物燃料乙醇，是提高农产品深加工水平的重要途径，有利于稳定农业生产，增加蛋白饲料供应，进一步夯实粮食主产区地位，并推动农作物秸秆高值利用和高端转化，实现“农头工尾”，为农民开辟新的增收渠道，带动农业增效和农村经济发展。

（5）有利于促进区域经济发展。东北等生物质资源丰富地区具有发展生物燃料乙醇的比较优势和产业基础，加快发展生物燃料乙醇，是深入实施党中央、国务院关于全面振兴东北地区等老工业基地战略部署的重要举措，有利于加快培育绿色经济增长点，促进新旧动能接续转换，推进产业结构调整。

按照《方案》要求，结合目前的汽油实际消费量、生物燃料乙醇实际生产能力等情况，我国到2020年缺口的生物燃料乙醇数量至少在10Mt左右，如何实现这个产能的达产目标？国家政策法规如何引导产业发展？如何选择适应生物原料的相应的生产技术？与矿物汽油相匹配的调和技术以及储运、加注与质量监督等的政策、手段等一揽子解决方案，需要认真规划、积极开发、制定并加快组织实施。此外，目前是否需要制定适合过渡期的生物燃料乙醇汽油新标准如E5标准？如何解决现有MTBE、TAME等醚类、醋酸仲丁酯等酯类高辛烷值的含氧化合物的出路、找到C_4类化合物的增值升值利用方向？对于汽油池其他组分的生产需要哪些调整？这些都需要做好超前研究与准备[12]。

生物柴油调和燃料（B5）国家标准已于2011年2月正式实施。2010年11月，中国海油

60kt/a 生物柴油装置投产后，率先在海南省一些加油站试点销售，但因为经济性问题目前已经停止生产。中国石油以小桐子油脂为原料研制生产的航空生物燃料已成功进行飞行试验，中国石化的航空生物燃料也已成功进行飞行试验。全国以地沟油、榨油厂油渣及油料作物为原料的生物柴油产能已超过 100kt/a。生物柴油由于原料来源不稳定，生产成本较高，国内柴油供应过剩，如果没有政策扶持预计未来难以增长；而生物喷气燃料目前尚未有大规模装置投产，对未来喷气燃料供应的影响不会产生影响。

煤制油现正在逐步探索前行，目前国内已投产或在建的煤制油项目能力已达 1.68Mt/a，重要的煤制油示范工程——神华 1.08Mt/a 直接液化煤制油项目已于 2010 年初投产。作为战略性技术储备，煤制油不适合大规模发展。煤制油是具有中国特色的煤炭深加工，符合我国资源禀赋的特点，满足国家能源战略技术储备和产能储备的需求。同时其间接液化产品具有低硫氮、低芳烃、低烯烃和高十六烷值的特点，可做优良的柴油调和组分，其不同路线的石脑油也可以做优质的重整原料和乙烯原料。在现代煤炭深加工与石油炼制综合利用方面，通过发挥石油、煤炭、天然气资源、技术、装置、原料和产品质量互补优势，可以提高我国炼油和煤制油企业竞争力。截至 2016 年 9 月，煤制油产能达 3Mt/a，2015 年产量 1.3Mt/a，其中柴油 0.7Mt，石脑油 0.4Mt，还有少量液化气和汽油。近两年，受国际油价大幅下滑影响，煤制油开工率大幅下滑。2020 年之前煤制油产能可达 6.8Mt/a，2030 年达到 13Mt/a。

全国已有多个天然气汽车重点推广城市推广 CNG 汽车，目前我国 CNG 汽车保有量 400 万辆左右，LNG 汽车保有量 30 万辆左右。天然气汽车环境友好、技术成熟，2030 年之前，考虑到国际油价逐步回升、环境治理碳减排压力日益增加等因素，判断天然气汽车可能仍然有一定发展空间。其中 CNG 汽车发展将有所放缓，公交车和出租车将是主要发展领域；而 LNG 汽车主要替代商用车中的中重卡车，还有部分公交车。预计 2020 年和 2030 年天然气汽车保有量将达到 550 万辆和 720 万辆。

此外，在国家近年来相继颁布的利好政策激励下，我国电动汽车的发展已开始全面启动。电动汽车技术进步将深刻影响炼油工业发展。截至 2016 年底，我国电动汽车保有量80 万辆左右。2025 年前，我国电动汽车行业基本处于产业培育期，保有量的增长主要依赖政策支持，但共享经济等商业创新也会带来较大影响。中长期来看，电动汽车产业除了电池技术短期内难以突破以外，还存在经济性、充电基础设施建设以及锂资源等问题。首先，通过初步核算，2020 年后，即使电池成本下降，在没有补贴的情况下，国际油价要达到100 美元/桶以上时，电动汽车才具有竞争力。同时，目前我国 60%以上是煤电，未来将大力发展可再生资源发电，电力成本可能会上升，增加了电动汽车使用成本；其次，通过核算，即使在不考虑土地购置费用的前提下，目前投资充电设施很难做到盈利，因此，未来国家规划的充电基础设施的建设能否如期完成，不确定性较大；再次，尽管我国锂资源储量较为丰富，但是大多为较难开发资源，如果按照目前开采水平，2020 年实现电动汽车500 万辆保有量所需锂资源，国内资源无法保证，届时将大量进口，势必推高锂电池价格，电动汽车将同样面临成本压力。此外，废弃的锂电池及其电解液的环保处理问题，也需要认真对待、早做规划。预计 2020 年和 2030 年电动汽车保有量分别达 400 万辆和 3300 万辆，占汽油销量的比重分别为 3%和 20%。表 1-12 是某研究小组给出的我国替代燃料状况与预测。

表 1-12 替代燃料状况与预测 10^4t

项　目	2015 年	2020 年	2030 年
合计	2341	5422	9428
汽油小计	1080	1558	3219
CNG 汽车	731	824	900
乙醇	214	300	500
甲醇	66	50	37
电动汽车	22	236	1482
煤制油	47	148	300
柴油小计	607	1758	3106
CNG 汽车	151	169	162
LNG 汽车	413	946	1476
生物柴油	70	100	150
电动汽车	51	208	729
煤制油	68	285	602
LNG 船	5	50	150
化工轻油小计	653	2106	3102
煤和甲醇制烯烃替代乙烯原料	653	2106	3102

总体看，中短期内天然气是重要的交通替代燃料；中远期看，生物燃料和电动汽车技术的进步将深刻影响炼油工业发展，而作为战略性技术储备的煤制油可能每年不超过千万吨。所以，我国替代燃料的发展仍处于起步阶段，目前的替代比例不太高，一些技术经济和发展中的问题仍待逐步解决。

（八）技术发展状况

经过 60 多年的发展，主要依靠独立自主、自力更生发展壮大，通过不断加大科技投入，积极组织技术攻关和开发，我国炼油工业已拥有一批具有自主知识产权的核心技术和专有技术，部分技术出口国外，技术能力显著提高[10]，部分举例如下。

1. 国产重大技术

为提高宝贵石油资源的综合利用效率、轻油收率，进一步提升炼油工业的整体效益水平，中国炼油工业开发了系列催化裂化技术、系列加氢裂化技术、炼化一体化技术、延迟焦化高效转化技术、劣质重油加工技术、炼厂轻烃综合利用技术、重油催化裂解制取低碳烯烃技术、芳烃生产技术等。

针对中国车用汽油以催化裂化汽油为主要成分的实际情况，开发出多产异构烷烃的催化裂化工艺（MIP）以灵活地控制汽油烯烃含量，降低硫含量，同时为后续开发的汽油脱硫 RSDS/S Zorb 技术提供辛烷值损失最小的原料。MIP 与 RSDS/S Zorb 工艺的组合，构成中国车用汽油生产最具有竞争力的技术路线，以最小的经济代价完成了国内车用汽油质量升级，不同于国外发达国家车用汽油质量升级路线。

针对炼油和炼化一体化企业的不同需求，创新开发了具有鲜明特色的加氢裂化系列技术，能够经济高效地加工直馏蜡油、直馏柴油、焦化蜡油、焦化柴油、催化回炼油、催化柴油和脱沥青油等原料，灵活或最大量地生产轻汽油、喷气燃料、柴油等高价值清洁油品组分及饱和液化气、石脑油和尾油等优质化工原料，并已在工业上得到了广泛应用。

以控制焦化炉炉管结焦为核心，采用定向反射技术通过特制燃烧器、炉管排布与炉膛结构合理分配炉管表面热强度等技术，形成了延迟焦化高效转化技术。采用该技术可使焦化炉单程处理能力从0.25Mt/a提高到0.5~0.6Mt/a，大幅降低装置能耗，延长装置周期，降低干气产率，提高轻油收率等。

针对全球劣质重油运输及加工难点，开展系统研究，深入分析劣质重油组成结构及反应机理，自主研发出委内瑞拉超重油供氢热裂化技术、委内瑞拉超重油延迟焦化技术、高酸原油直接催化脱羧裂化成套技术，均已成功实现工业应用。

提高炼厂轻烃的综合利用水平，是炼厂提质增效的重要途径，近年来国内涌现出多种炼厂轻烃加工技术，如C_5/C_6烷烃的异构化技术、催化轻汽油醚化技术、轻烃芳构化生产高辛烷值汽油组分技术、正丁烯骨架异构化技术、叔丁醇法分离混合C_4中异丁烯技术、C_4烷基化预加氢技术、干气/液化气加氢生产乙烯料技术等，这些技术均已在工业应用中取得了较为理想的结果。

在对催化裂化反应过程深入理解与认识的基础上，根据目标产物的不同，提出了重油催化裂解制取低碳烯烃的催化剂、工艺与工程设计新理念，由此形成的系列集成创新性技术如DCC-plus、MCP和CPP等技术，均已实现工业化应用。

原料多样化、产品结构调整灵活、物耗能耗更低的芳烃成套技术，一直是中国芳烃技术的发展重点。经过几十年的发展，中国在催化重整、芳烃抽提、甲苯歧化与烷基转移、二甲苯异构化、吸附分离等单元形成了多项具有自主知识产权的专项技术。2013年12月，中国石化采用自主技术建成投产0.6Mt/a的PX芳烃联合装置，成为全球第三个具有完全自主知识产权的大型化芳烃生产技术专利商。中国石化创新开发了FHDO重整生成油选择性液相加氢脱烯烃技术，通过在催化重整装置内产品分馏系统中增设1台固定床反应器在脱戊烷塔进料条件下对重整生成油进行选择性液相加氢脱烯烃，不仅大大提高了BTX芳烃产品质量，而且使芳烃生产过程固废排放总量降低90%以上，取得了很好的经济效益和环境效益。

2. 工程化能力和运管能力

我国炼油工业掌握了大型化的现代炼油技术，包括建设千万吨级炼油厂及大型装置，目前已建成投产和在建的千万吨级炼油厂均依靠国内自有技术建设。单系列装置生产能力有了显著提升，开发了一系列先进的工艺技术、清洁燃料生产技术、节能减排的环保技术等。近年来，炼油厂改扩建和新建工程中生产装置的加工规模屡创新高，装置大型化的优势得到充分显现。

大型化、智能化及优化运行等已成为中国炼油企业降本增效的关键技术之一。炼油企业的生产优化、操作优化水平不断提高，通过科学管理和模拟优化、远程诊断、计划调度优化等技术的应用，为大型炼油企业安稳常满优运行提供了保障，实现利润最大化。

3. 信息化与“两化融合”

近年来，中国炼油工业信息化技术普及工作取得了显著成效，在提升炼厂竞争力方面起到了积极的推动作用。2013年国资委对中央企业信息化水平进行了评价，中国石化、中国石油、中国海油均进入信息化A级企业。2012年中国石化启动了九江石化等4家炼化企业的智能工厂建设试点工作，并已取得明显成效。

在自动化层面，硬件方面如浙江中控的国产化DCS在中国海油等众多炼化企业得到较广泛应用。中国大中型炼油企业的主要生产过程基本实现了自动控制，基础仪表配备完善，增强了生产过程操作的平稳性，提高了产品质量合格率。通过基于物联网技术的危化品物流应用平台，提升了危化品运输的监管能力和安全管理水平；通过基于自动控制和射频识别技术(RFID)的大型立体仓库试点建设，实现了产品包装、仓库管理和装车发货的无人化，提升了仓库作业效率，便于更安全高效地管理库内货品。

在生产执行层面，通过生产执行系统(MES)、生产优化技术、生产调度系统的建设与应用提升了管控水平及工作效率。在生产优化技术应用方面，利用企业工厂模型和信息平台，实现了总部与企业网上排产、资源分配，支撑了炼厂的生产计划优化，提高了资源利用的整体效率。在生产调度系统建设方面，通过调度优化软件，提高了生产计划作业人员对生产调度的预见性、精细化程度和工作效率，部分企业实现了计划、调度系统的集成应用。

在经营管理层面，大中型炼油企业普遍应用了 ERP 系统，支撑了采购、销售、财务、资金等业务的高效运作，提高了企业经营管理效率；在决策分析层面，不同程度地运用了商业智能分析系统，实现了源系统数据的统一抽取、统一加工，通过建立部门级应用，实现财务、销售、采购等分析应用，可以满足企业生产经营信息全口径、多维度的对比分析。

二、中国炼油工业的发展

目前，中国炼油工业发展面临着巨大的挑战。由于经济增长由高速转为中高速，成品油市场化加快，产品出口空间受到挤压，国内需求放缓、柴汽比下滑，质量升级和环保安全要求不断提高，发展环境压力加大。同时炼油工业产能严重过剩、盈利水平欠佳、布局与市场需求不匹配、产业集中度不足、内部竞争加剧、对外差距较大，自身竞争力有待提高。且近年来，炼油产业在与区域经济、社会、环境的协调发展方面也存在问题，部分城市对当地的大型石化企业提出搬迁的要求，炼油产业的生存环境趋于恶化。

(一) 化解过剩产能

自 1990 年至 2016 年，我国炼油厂产能从 144 Mt 增加到 783Mt，期间复合增速达 7.1%；原油加工量从 111Mt 增加到 503Mt，期间复合增速达 6.5%。2017 年，中海油惠州二期(新增 10Mt/a)和中国石油云南石化(新增 13Mt/a)投产，加上部分地炼扩能，全国炼油能力将突破 810Mt/a；未来几年，中国石油华北石化扩能(新增 5Mt/a)、中化泉州炼厂扩能(新增 3Mt/a)、中国石化中科炼化(新增 10Mt/a)、中国石化镇海炼化扩能(新增 15Mt/a)、中国兵器集团华锦炼厂扩能(新增 15Mt/a)等项目的投产，再加上大连恒力石化(新增 20Mt/a)、舟山浙江石化一期(新增 20Mt/a)、连云港盛虹石化(新增 16Mt/a)、曹妃甸一泓石化(新增 15Mt/a)等项目，预计 2020 年全国炼油能力将突破 840Mt/a，2030 年可能接近 900Mt/a，即使考虑到成品油出口量继续增多，全行业开工率可能也很难达到 80%以上的水平，炼油能力严重过剩的态势仍将持续，将逐渐压低全行业的盈利水平。

自 2011 年以来我国炼油行业产能利用率持续下降，到 2015 年我国炼油行业产能利用率为 67%。在油价下跌和我国经济增速放缓的双重压力下，成品油需求增速放缓，加上新能源汽车的发展，我国炼厂产能利用率持续降低，炼油业务产能过剩，见图 1-15。

“十三五”期间我国炼油业务产能增速将有所放缓，但在目前产能的基础上仍有所增加，若各企业如期推进已获得核准或正开展前期工作的炼油规划项目实施并形成产能，预计到 2020 年国内炼油能力有可能突破 900Mt/a，按全国成品油消费量 360Mt/a 推算需加工原油约 570Mt/a，炼油厂平均产能利用率仅为 63.3%，产能利用率将进一步降低。因此，虽然在投资方面增速有所放缓，但相对于需求而言产能依然过剩，因此在降低投资增速的同时还要淘

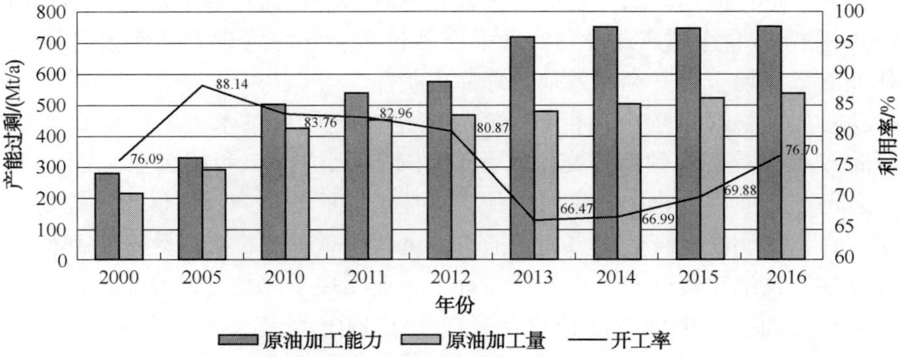

图 1-15 我国 2000~2016 年炼油业务产能过剩情况

汰落后产能，在做好增量的同时调整存量结构，使得行业整体炼油效率得以提升。目前我国进口原油使用权以及原油进口权逐步向地方炼厂开放，但地方炼厂在申请以上权力的同时，将伴随落后炼油产能的淘汰，见表 1-13。随着地方炼厂产能结构的调整优化，炼油业务市场多元化趋势将进一步发展。此外，受世界炼油能力快速增长影响，成品油总体供过于求，国内炼油依靠成品油出口拉动原油加工量的空间收窄。因此炼油产能过剩存在进一步加剧的风险，需要花大力气予以有效化解。

表 1-13 地方炼厂获得的进口原油配额与淘汰产能计划 10^4t

公司名称	进口原油配额	保留一次能力	淘汰产能
山东东明石化	750	750	600
盘锦北方沥青燃料	700	700	600
中化弘润	530	570	330
山东垦利石化	252	300	210
利津石油化工厂	350	350	250
东营亚通石化	276	350	230
宝塔石化集团	616	750	170
淄博汇丰石化	416	580	416
东营天弘化学	440	500	342
山东京博石化	331	350	230
寿光鲁清石化	258	300	215
合计	4919	5500	3593

化解过剩产能，首先思想上要做到能适应环境变化，改变发展模式。要从靠规模扩张、投资拉动的粗放型外延式发展转向靠结构调整、技术改造实现提质增效升级的集约型内涵式发展；其次要结合国家有关政策，按照“扶持一批、整合一批、转型一批、淘汰一批”的思路，通过“发展先进产能、淘汰落后产能”的方式，控制炼油总规模。另外，面对亚太地区成品油出口市场被挤压的预期，国内炼油工业的发展也不宜走“大进大出，两头在外”的发展模式，国内原油加工主要是满足国内交通运输和化工发展的需求，少量进出口调节市场与需求结构的差异。过剩产能转化为其他产业的提供原料是化解产能过剩的重要方向之一。

（二）布局与区域优化以及一体化、基地化、园区化建设

中国炼厂布局仍需加强区域优化，适当减少东北、西北油品产量，增加南方市场的产量，这有利于降低运输成本，搞好资源的优化配置利用。未来，中国炼油行业的炼化一体化、大型化、基地化程度将进一步上升。根据国家发改委公布的《石化产业规划布局方案》，“十三五”期间，中国将打造上海漕泾、大连长兴岛、广东惠州、福建古雷、河北曹妃甸、江苏连云港、浙江宁波7大石化产业基地，表1-14整理了7大石化产业基地的大致项目情况。

表1-14 七大石化产业基地项目汇总表

序号	基地	2020年布局项目及产能
1	大连长兴岛	恒力石化20Mt炼油，1.5Mt乙烯，4.5Mt芳烃 大连石化搬迁，1.5Mt炼油及化工装置
2	上海漕泾	高桥石化搬迁，20Mt炼油，1Mt乙烯
3	广东惠州	惠州石化22Mt炼油，2.2Mt乙烯，2.5Mt芳烃
4	福建古雷	16Mt炼油，1.2Mt乙烯，1.8Mt PX
5	河北曹妃甸	千万吨炼油
6	江苏连云港	盛虹炼化16Mt炼油，1.1Mt乙烯，2.8Mt芳烃
7	浙江宁波（舟山）	浙江石化一期20Mt炼油，1.4Mt乙烯，4Mt芳烃 浙江石化二期同一期规模

中国石化在“十三五”期间将投资2000亿元，重点打造茂湛、镇海、上海、南京四个世界级炼化基地，继续向规模化一体化发展。其区域布局优化的总体思路是：以长三角、泛珠三角、环渤海湾的“两洲一湾”地区为主，适度发展中西部核心区，建成若干个20Mt/a炼油、2Mt/a乙烯大型炼化生产基地。中国石化规划的四个世界级炼化基地中，茂湛基地将形成35Mt炼油、1.8Mt乙烯能力；镇海基地将形成38Mt炼油、2.2Mt乙烯能力；上海基地将形成26Mt炼油、2.6Mt乙烯能力；南京基地将形成36Mt炼油、2.4Mt乙烯能力。上述四大基地优化升级后，总炼油能力将达到1.3×10^{8}t，乙烯能力将达到9Mt/a，分别占中国石化产能的45%和65%。

中国石油也将打造炼化一体化基地作为炼化业务转型升级的重要手段，重点规划云南石化13Mt炼油、华北石化千万吨炼油升级改造、中俄东方石化（天津）16Mt/a炼油、大连石化长兴岛15Mt/a炼油、广东揭阳20Mt炼油共五大重点项目。

中国海油则倾力重点打造广东惠州的“炼油-乙烯-芳烃”一体化世界级基地和浙江宁波（大榭岛）的特色芳烃化工基地。

通过实施“气、煤、油、化”一体化，推进区域优化。

近年来，现代煤化工在煤制氢、煤制油、煤制烯烃、煤制芳烃、煤制乙二醇、煤制天然气和整体煤气化联合循环发电系统（IGCC）等方面取得巨大进展。通过煤化工对传统石油化工进行补充，进而有机结合，进行煤油化一体化发展，是有效提升煤炭产业附加值、降低石油化工成本的重要举措。

对于大型一体化企业，通过实施石油分子工程和分子管理，精细化管理，充分利用好各种资源，提高企业抗风险和节约化盈利的能力。如，①饱和干气资源利用：建设饱和干气回收装

置，回收干气中的H_2和富C_2^+产品，降低氢气成本和乙烯原料成本。②饱和液化气资源利用：适时实施饱和液化气正异构分离，丙烷视情况作为乙烯裂解原料或外售，正构碳四作为乙烯裂解原料，异丁烷作为产品外售。③不饱和液化气资源利用：利用催化醚后碳四资源，建设烷基化装置，完善汽油池结构，增产汽油，降低柴汽比。④石脑油资源利用：根据组分性质合理安排加工流程，做到"宜油则油，宜芳则芳，宜烯则烯"。⑤合理布局蜡油加工路线：一体化企业合理向化工原料方向倾斜，通过加氢裂化增产重石脑油和尾油。⑥渣油加工路线，与沸腾床加氢、新型催化裂化以及脱沥青、焦炭或沥青气化过程等的优化与集成等。

（三）产品结构转型升级

1. 产品结构的需求变化情况

改革开放以来，我国经济持续快速增长，工业化、城镇化、国际化、市场化和信息化稳步推进。GDP 总量由 1978 年的 3645 亿元上升到 2016 年的 74.4 万亿元，年均实际增长 9.6%。2010 年我国经济总量由 1978 年的世界第十位上升至第二位，进入了中等偏上收入国家行列。同时产业结构不断调整，三次产业结构由 1978 年的 28.2∶47.9∶23.9 调整为 2016 年的 8.6∶39.8∶51.6，第三产业在 2013 年首次超过第二产业。

近几年，随着经济总量不断扩大，工业化进入中后期，产业升级持续推进，经济增速不断放缓，中国经济进入了"新常态"。新常态的主要特点是：从高速增长转为中高速增长；经济结构不断优化升级，第三产业、消费需求逐步成为主体，城乡区域差距逐步缩小，居民收入占比上升，发展成果惠及更广大民众；从要素驱动、投资驱动转向创新驱动。

未来，中国面临着人口老龄化加剧、产业结构继续调整、资源环境约束趋紧等一系列问题，潜在增长水平将呈缓步下降态势。

随着国民经济的发展，我国成品油消费保持快速增长，从 2000 年的 111Mt 增加到 2016 年的 315Mt，年均增长 6.8%。2010 年以来，受宏观经济增速放缓，产业结构调整，天然气汽车、电动汽车、生物燃料等交通替代的发展，以及价差造成的隐性资源大幅增多影响，成品油表观消费量增速出现明显回落。

2000~2010 年我国成品油表观消费年均增速 8.4%，"十二五"期间降至 5%。而 2016 年成品油表观消费量 315Mt，同比仅微幅增长 0.2%。其中与居民消费相关的汽车和航空业的快速发展，拉动汽油和煤油持续保持较快增长。而与工业生产密切相关的柴油消费基本已经进入阶段性平台期。由此导致柴汽比由最高 2005 年的 2.27∶1 降至 2016 年的 1.39∶1。图 1-16为近几年我国成品油柴汽比变化趋势情况。

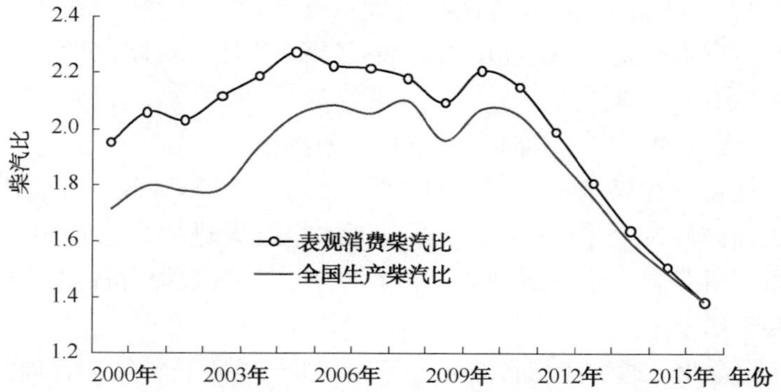

图 1-16　我国成品油柴汽比变化

2. 产品结构的调整、转型、升级

截至2016年年底，全国炼厂数量达到225座，但单厂平均规模只有3.48Mt/a(见表1-15)，仅为美国《油气杂志》统计的全球炼厂平均规模一半的水平。分集团来看，中国石化、中国中化、中国石油和陕西延长集团炼厂的单厂平均规模均在5.0Mt/a以上，但其他企业炼厂的单厂平均规模相对较小，尤其是地方炼厂的平均规模只有1.49Mt/a，规模实力差异悬殊。

表1-15　2016年国内炼厂平均规模比较　　$10^4t/a$

项目	炼油能力	炼厂数	单厂平均规模
中国石化	29695	33	900
中国石油	18160	29	626
中国海油	3910	16	244
中国化工	2840	10	284
中国兵器	840	2	420
中国中化	1770	2	885
陕西延长	1740	3	580
地方炼厂	19355	130	149
全国合计	78310	225	348

同时，不同企业之间盈利能力和营销能力也有较大差异。国企炼厂一二次装置配套情况较为完善、产品种类多，且大型炼化一体化炼厂多，终端零售网络也较为完善，且品牌价值相对较高，盈利能力较强，但地方炼厂在这些方面均处于劣势。

此外，不同企业之间在技术创新能力方面的差距也较为明显，大部分国企均拥有专业的科研单位，在科研人员数量和专利拥有量等方面相对于地方炼厂拥有较大的优势。

原油成本是影响炼油企业总成本的主要因素，调整原料结构对于炼厂来讲至关重要。一方面，要求企业以较低的价格采购合适的原油；另一方面，要利用码头及管线等设施建设原油调合系统，稳定生产、降低成本。同时，综合统筹原油资源，进一步提高劣质原油加工能力；引入煤、甲醇、天然气、乙烷等多种低成本原料，提高炼厂原料适应性。

炼油行业提升竞争力必须走调整企业结构、差异化发展的路线。对区位优势明显、资源可获得性好、装置优化潜力大、市场环境好的企业，加快推进结构调整，完善产业链条，不断做优做强；对于地处环境制约发展区域，或区域成品油需求增量有限的企业，基本维持现有规模，重点实施结构调整和升级措施；对于规模小、受资源约束强、生存空间狭窄的企业，考虑转型，包括发展化工业务、物流业务等非油品业务。

随着汽车保有量的快速增加和航空业的快速发展，中国汽油、煤油消费呈现平稳较快增长的态势。受经济增速减缓以及工矿企业、房地产投资下降和物流运输业整体呈下行走势的影响，中国柴油消费增速明显降低，柴汽比进入下行通道。“十三五”期间，炼厂必须贴近市场，进一步调整生产结构。近期将通过增产汽油、多产喷气燃料和润滑油等高附加值产品，减少柴油产出以适度降低生产柴汽比，适应市场需求的变化。未来随着炼厂柴汽比的进一步下降，加上电动汽车用能等替代能源的冲击，从长远看，预计汽油资源也或将逐步走向过剩并趋于严重，因此柴汽比不宜过度降低，炼厂应增加化工用油比例及柴汽比调整的弹性。

调整装置结构是调整产品结构的重要手段，也是适应市场变化和质量升级的必要条件。就国内未来燃料油品市场来说，顺应市场需要的产品结构调整可以简称为“二增一减一调整”，即增产汽油和喷气燃料、压减柴油、调整化工原料结构。降低柴汽比，结合企业现有装置结构、氢气资源、重油加工结构调整和化工原料需求，利用富余的石脑油资源建设连续重整装置，增产高辛烷值汽油调合组分并副产廉价氢气资源。充分利用轻端资源，加大建设烷基化、轻石脑油异构化或正异构分离装置，增产优质汽油调合组分。采用分离、加氢转化或加氢回炼组合工艺，处理柴油组分中最难处理的催化裂化柴油(LCO)[8]。重油加工结构路线的调整与优化；利用炼厂醚后碳四资源和轻石脑油正异构分离，增加烷基化、异构化等汽油组分生产能力；扩大加氢能力，催化柴油转化能力，提高车柴比例；增加轻烃回收等设施能力，建设低成本制氢装置。

应对替代能源冲击，加大炼油向化工转型、增产化工产品及低税或免税的高价值产品[12~15]等，其中，中国海油实施炼油向化工转型的策略与实践[13,14]详见下节内容。“十三五”期间，以天然气和电能为主的交通运输替代能源将快速发展。电动汽车规划到2020年将超过500万辆，届时将替代1.5%的燃油。从中短期看，电动汽车对成品油需求的影响有限，但从长远看，它对油品的替代具有不可逆转的特点。未来特别是当高储能电池、氢燃料电池等技术取得突破性进展后，或将引发电动汽车产业的爆炸式增长，将对国内近200家炼厂形成很大冲击，石油作为燃料的重要地位将有所削弱。但是石油作为化工原料，仍有长久、广阔的发展前景。从长远看，炼厂将逐步由将原油加工为燃料，转向为将原油加工成更多的化工材料。因此，应通过不断的技术创新和高附加值新材料的研发，加强具有革命性石化技术开发，逐步向下游化工扩张生产线，为未来的可持续发展打下坚实基础。

(四) 产品质量升级与资源优化利用

炼油业既是能源生产大户，也是耗能大户和排放大户，实现低碳绿色循环发展是炼油业必须面对的重要任务。一是要强化“绿色低碳”发展战略，着力推进绿色发展、循环发展、低碳发展，开发应用高效率、低消耗、低排放的绿色生产工艺，从源头上减少能源资源消耗和污染物产生；二是加大技术改造和设备更新力度，加快淘汰落后产能，提高资源能源利用效率，实现清洁生产；三是使用绿色低碳能源，加强污染物治理，促进污染末端治理向源头预防、过程控制并重转变，努力建成资源节约型和环境友好型企业。主要包括以下几种手段：选择清洁的生产工艺，如渣油加氢替代焦化路线；完善硫黄回收、建设动力锅炉和催化裂化脱硫脱硝除尘；加强油气回收、减少无组织排放；三废集中处理、集中排放等。

未来，中国炼油业面临油品质量进一步升级与产品结构进一步调整的双重压力。国Ⅵ车用汽柴油标准将于2020年、2023年起在全国分阶段实施，与国Ⅴ标准相比，国Ⅵ标准更趋严格，在主要技术指标上将更优，对国内炼厂的工艺改造和工艺组合提出了更高要求。对汽油生产来说，必须考虑降低烯烃、苯、芳烃含量，弥补轻端馏分辛烷值不足。降低50%馏出点关键要靠调入烷基化油或异构化油，应充分利用醚后碳四资源，规划建设烷基化装置增加高辛烷值组分的比例，重点加快烷基化、异构化等装置建设。相比而言，目前比较成熟且应用广泛的烷基化技术主要包括硫酸法或氢氟酸法；离子液体、固体酸烷基化技术更为绿色环保，但目前不是很成熟，运行成本也偏高。实施轻石脑油异构化或正异构烃类分离，辛烷值较高的异构烃调入汽油，正构烃作乙烯原料。若汽油池芳烃含量超标，建议减少重整汽油调入量；烯烃含量超标，催化裂化装置采取降烯烃措施。烯烃是汽油辛烷值的重要来源，降低烯烃意味着至少损失 3～5 个单位的辛烷值，因此低成本实现国Ⅵ汽油降烯烃和提高汽油辛烷值是“十三五”炼油产品业务要解决的主要矛盾。对柴油生产来说，必须考虑降多环芳烃和提高十六烷值，重点加快加氢精制、加氢裂化、渣(蜡)油加氢等装置建设。另外，通过优化炼厂加工流程，充分发挥现有装置潜力，统筹考虑区域优化，也可以实现汽柴油低成本质量升级。

未来中国炼厂将集中优势力量抓紧国Ⅵ标准汽柴油技术攻关，应采取“一厂一策”策略，推进油品质量进一步升级。

炼油行业如果仅从炼油环节考虑，是一个投资较大但是利润较低的行业。在盈利状况不佳且油品升级的大环境下，炼厂必须通过更具竞争力的技术来巩固现有的市场份额。在这样的背景下，重质油加工技术逐渐受到业内重视。虽然近年来美国页岩油气大量开采，原油关于不可再生资源的说法逐步被人们忘记。但是传统原油的开采量，特别是我国油田的产量令人担忧。现在我国为了维持现有原油产量，多数油田都在进行二次、三次甚至四次开采。而随着开采的深入，产出原油也必然朝着重质化及劣质化的方向发展。另外，2014 年下半年以来，炼油利润的缩水使得炼制低价原料成为重要的竞争优势。因为轻质原料炼制方面，炼厂装置同质化严重，极易形成竞争。而实际的利润测算，也体现出加工重质低价原油更具竞争力，这与加工燃料油是有区别的，因为燃料油需要征收消费税，这里的重质原料并不包括重质燃料油。站在炼厂经营者角度考虑，重视和开发、利用重质油加工技术，既顺应了全球及中国炼油原料重质化的大趋势，也充分发挥了加工重质原料的利润优势。无论从装置方面还是从催化剂方面都将大步伐地向着“重质原料更加高效加工”的方向发展。

同时，炼油加氢技术也是大势所趋，加氢技术的创新与发展对炼油业也会发生重大影响。因为，近年来随着油品升级的步伐不断加快，油品的清洁性及稳定性成为未来发展中最为重要的部分。所有油品升级基本上是以油品加氢的前提去实现。油品升级中硫含量是最重要的指标之一，而加氢脱硫就成为必要的一环；重质原料加工及最终炼油产品稳定性，同样需要加氢处理。甚至由之前的仅产品加氢发展为原料、产品双加氢程序。总之，油品升级及重质原料加工将再度确定炼油行业未来加氢发展的大趋势，但某些其他技术如预处理技术解决重金属污染、沥青质结焦等的技术突破，也将是主要发展趋势之一。

要实现重油高效加工也需要考虑如何创新、并向传统思路(如现在的焦化、催化、加氢裂化)突破问题，如中国海油正在尝试的超临界催化、碱性催化集成技术等，希望今后能够有所突破与较大的进展。

(五) 智能化转型升级

“十三五”期间是国家大力推进信息化和工业化深度融合、落实“中国制造 2025”、实施制造强国战略的关键时期。炼油企业应抓住这一重要战略机遇期，大力推广应用信息化技术，利用“互联网+”“大数据”平台，建设涵盖上下一体的生产运营指挥系统、集中集成的安全环保管理体系等方面的智能工厂。

炼油企业的智能制造涉及的方面很多，应统筹考虑，这也是本书要回答、解决的问题。围绕炼化企业计划调度、安全环保、装置操作、能源管理等重点业务环节，开展智能化应用，着力提升生产流程中的实时感知能力、机理分析能力、模型预测能力、优化协同能力，分析、改造、优化企业业务流程，重点挖掘信息物理(CPS)系统[16]，今后可能是“人-信息-物理系统”(HCPS)[17]中信息(知识)能力，将人、信息空间与物理空间有效结合起来，是实现智能制造的重要内容；计划调度是生产运行管理重要内容之一，把握炼油加工流程生产特点，实现从原料进厂、加工、质量分析、储运、产品出厂整个链条智能化应用是企业增效的源泉；安全环保是炼化企业实现可持续发展的前提条件，开展 HSE 管理、应急指挥、环境在线监测等智能化应用，为履行安全职责、建设社会满意的企业提供全方位支撑是发展的要求；开展先进控制、实时优化、装置区域优化、卡边操作等智能化应用是提高装置运行水平、提高经济效益、确保安全生产的重要手段；节能降耗是生产运行管理的重中之重，在动力优化、瓦斯优化、氢气系统优化、合同能源管理等方面开展智能化应用，是炼化企业践行"绿色低碳"的重要行动。

信息化及其新技术正快速推进生产模式、销售模式和管理模式的变革，因此炼化企业的智能化发展与转型升级是我国炼化企业应对约束与挑战的必然选择[18]。炼化企业应用全局性智能化信息化能力评估模型、方法，开展智能炼化建设[19]，夯实数字炼化基础、实施数字化升级[4]，经智能炼化迈向智慧炼化[3]，按照"资源高效化转化、过程低碳清洁化"的要求，最终实现炼化企业的新一代智能制造[20]。

（六）其他

在经济和城市的扩张发展过程中，一批过去远离城市的炼油企业已经变成了城市中企业，企业与居民区之间的防护距离不断缩小，形成了企业被城市包围的格局。炼厂生存与发展面临巨大困难，企业的安全、清洁、环保建设迫在眉睫。

按照国家安全监管总局《关于加强化工过程安全管理的指导意见》(安监总管三〔2013〕88号）的文件精神，由于化工过程伴随易燃易爆、有毒有害等物料和产品，涉及工艺、设备、仪表、电气等多个专业和复杂的公用工程系统。加强化工过程安全管理，是国际先进的重大工业事故预防和控制方法，是企业及时消除安全隐患、预防事故、构建安全生产长效机制的重要基础性工作。因此，要推行化工过程安全管理，全面落实"十二大要素"要求，即做好以下方面的工作：收集和利用化工过程安全生产信息；风险辨识和控制；不断完善并严格执行操作规程；通过规范管理，确保装置安全运行；开展安全教育和操作技能培训；严格新装置试车和试生产的安全管理；保持设备设施完好性；作业安全管理；承包商安全管理；变更管理和应急管理；事故和事件管理；化工过程安全管理的持续改进。

《石化和化学工业发展规划(2016~2020 年)》明确提出，"十三五"末，行业万元 GDP 用水量下降 23%，万元 GDP 能源消耗、二氧化碳排放降低 18%，化学需氧量、氨氮排放总量减少 10%，二氧化硫、氮氧化物排放总量减少 15%，重点行业挥发性有机物排放量削减 30%以上。国家还将出台一系列限制或控制传统化石能源生产和消费的相关财税政策。因此，炼化行业经营成本将增加，对技术的创新提出了更高要求。控制环境敏感污染物废气、废水、废渣、噪声与恶臭，做到污染物不外泄是本质环保的基本点。构建"安全可靠、清洁环保型炼化企业"的具体措施包括：①执行严于国家及地方现行标准并且可实现的指标体系，达到世界一流水平；②坚持"源头治理"的原则，进行新建和改扩建项目的规划和工艺技术选择；③确保设备的完整性和可靠性；④完善安全管理与评价体系，实现风险控制；⑤切实加强员工培训，全面提高员工素质等。"十三五"期间，将重点围绕烟气脱硫脱硝以及"消羽"治理、燃煤锅炉超洁净排放、硫黄尾气提标改造、削减 VOCs、污水深度处理、资源循环利用等，全面开展达标排放综合治理。

今后，炼油企业要与城市共建和谐生态园，力争外部环境安全和内部生产安全，与城市和谐共存、共同发展。

我国炼油行业一直在改变，除上述趋势外，新能源的高速发展、页岩油气革命、宽幅震荡的国际油价及不断革新的炼油技术等这些均有可能让中国的炼油行业在可预见的未来发生“颠覆性”的变化。从近年来的趋势来看，这种炼油行业的改变显示，与“先进性”相比，与中国当前经济形势的“匹配性”对于炼油行业更为重要。

第三节 中国海油炼化产业现状及其发展

本书所提出的炼油化工企业实施智能工厂建设的核心观点，以及从数字化经智能化再到智慧化的分步实施策略和每一个阶段不同关键技术等的论述与介绍，是根据作者在中国海油炼化企业十几年实践的基础上提出的，因此，有必要同时介绍中国海油炼化产业的现状与发展。

一、中国海油炼化产业现状及特点

中国海油的炼化产业是中国海油油气勘探、开发和生产核心产业链向中下游深加工利用的有效延伸，也是上下游一体化全产业链价值的终端实现者。

中国海油炼化产业始于20世纪80年代后期，当初为了寻求海洋原油重质油资源的出路，开始实行沥青的定点生产。积累了十几年经验后，在渤海湾发现蓬莱19-3大油田、需要大规模开发背景下，2000年左右下游的炼油化工领域获得了突破：当时中国最大的中外合资项目——中海壳牌率先建设，投产之后我国单系列规模最大的惠州炼油又开工建设，炼化板块专业化管理开始起步，并初步确定了“两洲一湾”（珠江三角洲、长江三角洲和环渤海湾）的产业布局。之后，通过资源、产权、资本等的重组与综合运用，中国海油的炼化产业逐渐形成一定规模，成为一家集“研究、工程、生产和销售”管理为一体的特大型炼化(集团)公司——中海石油炼化有限责任公司(以下简称炼化公司)，炼化产业对集团公司价值贡献由2009年6.5%攀升到2017年的24.5%，对全产业链的稳产、提效、增值的作用得以真正发挥。

目前，炼化公司共有下属炼化生产企业18家，资产约1100亿元，员工2.8万人。其原油一次加工能力合计为50Mt/a、乙烯产能和PX产能分别为2.25Mt/a和1.0Mt/a，生产液化气、丙烯、汽油、喷气燃料、柴油、润滑油、BTX(苯、甲苯、二甲苯)、对二甲苯(PX)以及聚烯烃、液体化工等产品[13~15]。

“十三五”期间，炼化公司总炼油规模控制在50Mt/a左右，乙烯2.2Mt/a，芳烃4.1Mt/a,重交沥青3.0~4.0Mt/a，润滑油1.3Mt/a，纯碱规模维持2.8Mt/a。总体上由于中国海油进入炼化产业的时间相对较晚，虽在发展过程中要求按照“两洲一湾”的布局高标准起步、差异化发展，但由于当初管理上的“多头分管”以及认识与管理、技术等方面的原因，目前看中国海油的炼化产业还是“点多面广”，且绝大部分炼厂规模偏小、流程短、加工粗放，非标类产品多，产品深加工很少，还有更重要的是销售终端极度缺乏和技术开发力量薄弱等显著问题。如，面对国家成品油消费税政策的不断调整及执行强化，销售短板对成品油生产限制作用越发突出，对企业价值链的全方位实现影响巨大。表 1-16 是与中国石化、中国石油在原油资源自给率等方面的对比。

表 1-16　2016 年三大石油公司原油产量及加工能力对比

项　目	中国石油	中国石化	中国海油
原油产量/(Mt/a)	105.85	35.9	45.55
原油加工量/(Mt/a)	150.8	235.53	33.37
原油自给率/%	142.5	656.1	73.3
成品油销售量(Mt/a)	159.1	194.84	14.37
产量：加工：销售	1：1.4：1.5	1：6.2：5.4	1：0.73：0.31

由表 1-16 可见，中国海油炼化产业在原油加工量、成品油销售能力等方面与中国石油、中国石化相差甚远。中国海油的炼化产业目前还不能 100%消化自产原油，难以保证上游原油价值的全部实现，此外，成品油产量低、销售能力弱是制约其利润增加和可持续发展的最关键因素之一。

国际一流能源公司一般均拥有完整的上游-下游-销售产业链，因此其抵御油价波动带来的风险能力也比较强。图 1-17 是与国际一流能源公司在上游原油生产能力-下游原油加工能力-销售成品油能力的对比图。由图可见，中国海油炼化产业的差距较大，因此中海油炼化产业的利润总量和利润贡献率仍有巨大差距，但也正是与建设国际一流能源公司相适应的国际一流炼化产业应奋勇努力的目标。

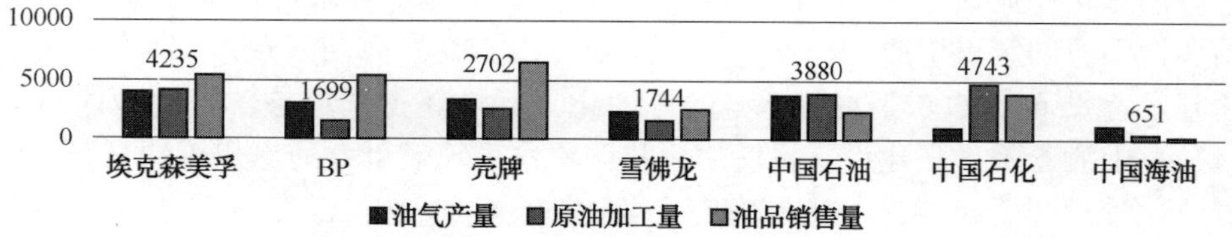

图 1-17　与国际石油公司在上下游与销售能力方面的对比(单位：kbbl/d)

目前，炼化公司的产品结构如下：化工品类占 24.5%；油品类占 54.4%，其他(润滑油、沥青、石油焦)占 21.1%。其中，化工品类中，轻质芳烃(BTX)占 41.7%；油品类中，汽油占 16.6%，喷气燃料占 9.0%，柴油占 47.3%，柴汽比 2.85；其他类中沥青占 62.5%。

炼化公司下属大榭石化、中沥公司、中捷石化以及泰州石化的产品质量升级改造项目已于 2016 年完成并投产，惠州石化二期炼油部分于 2017 年 9 月投产，山东海化也将陆续完成改造。随着这批在建项目的全部完成并投产，炼化公司的产品结构将得到一定调整，但高柴汽比、高沥青产量的结构状况短期内仍难有根本转变。

在产业链及其延伸方面，受加工深度、装置匹配程度不足等限制，炼化公司的炼油产品产业链较短。如，大榭石化和东方石化的丙烯资源、山东海化和中捷石化的乙烯资源均没有得到利用，全部直接外卖；绝大部分企业的 $C_4^=$ 或醚后 $C_4^=$ 没有得到利用；各企业的 C_5、C_6、甲苯、C_9^+ 芳烃也没有利用。

二、中国海油炼化产业发展面临的主要问题

随着我国经济发展环境的较大变化，直接影响了炼化企业的发展。一是经济进入新常

态，油品和石化产品需求增速降低；二是炼油产能过剩，加剧了油品和石化产品市场竞争；三是成品油消费税调整以及原油维持低价，压缩了炼化企业盈利空间。

由于中国海油炼化产业的特殊性，除了上述以及国内其他企业发展面临的问题外，以下几个方面的问题更加彰显重要。

（一）成品油消费需求与产能过剩问题

我国经济进入“新常态”，成品油消费需求增速放缓，柴汽比下降，炼油产能过剩问题突出。据统计，2016 年我国成品油表观消费量 315Mt，同比仅微幅增长 0.2%，柴汽比为 1.39，预计未来国内消费柴汽比将进一步下降至 1.0 以下。

我国原油一次加工能力在过去十多年间大幅扩张，已从 2003 年的 302Mt/a 增至 2016 年的 783Mt/a[10]，但此时的实际原油加工量仅 503Mt，产能平均利用率约 69%。国内产能过剩问题突出。

产能过剩的同时，国内几个炼化一体化性质的特大型企业（见前文表 1-14）正在快马加鞭建设或前期规划之中，这些项目投产的时候，将会带来更大的产能过剩冲击和油品市场冲击。

（二）成品油税收政策变化及其影响

2008 年年底，财政部、国家税务总局联合下发了《财政部国家税务总局关于提高成品油消费税税率的通知》（财税〔2008〕167 号）和《财政部国家税务总局关于调整和完善成品油消费税政策的通知》（财税〔2008〕168 号），其中明确提出自 2009 年 1 月 1 日起，提高成品油消费税税率。

2012 年国税 47 号文扩大了消费税征收范围，如规定液态、无国家或行业标准的产品全部征税。

2014 年 11 月 28 日，财政部、国家税务总局联合下发《关于提高成品油消费税的通知》（财税〔2014〕94 号），规定自 2014 年 11 月 29 日起，汽油、石脑油、溶剂油和润滑油的消费税单位税额在现行基础上提高 0.12 元/L，柴油、航空煤油和燃料油的消费税单位税额在现行单位税额基础上提高 0.14 元/L，喷气燃料继续暂缓征收，停止征收成品油价格调节基金。

之后，又连续出台 2014 年财税 106 号以及 2015 年财税 11 号文件大幅提高消费税。调整后，汽油消费税从 1 元/L 提高至 1.52 元/L，柴油从 0.8 元/L 提高至 1.2 元/L，累计上调幅度已超过 50%，炼油生产企业税负加重。

另外，据国务院发展研究中心《调查研究报告摘要》统计，2015 年国内成品油消费税应征税额为 5208 亿元，实收税额为 4171 亿元，漏征税额高达 1037 亿元。根据石化联合会统计，成品油消费税应缴额与实缴额差距逐年增长，已从 2012 年的 255 亿元增加到 2015 年的超过 1000 亿元。由于巨大的税赋差距导致的不公平竞争，在致使国家税收流失的同时，也使守法经营的国有炼化企业（公司）市场份额大幅降低。

（三）汽柴油批零差价偏高问题

近三年来，汽柴油的批零差价一直维持在较高水平。例如，汽油的批零差价稳定在 2100~3000 元/t；柴油的批零差价则在 1300~2000 元/t。但由于中国海油严重缺乏终端销售手段（加油站），无法获取终端利润。

（四）进口原油使用权和进口权政策放开

2015 年 2 月 16 日国家发展改革委发布的《国家发展改革委关于进口原油使用管理有关

问题的通知》指出，将允许拥有一套及以上单系列加工能力大于2Mt/a常减压装置的地方炼油厂在满足相关条件的情况下使用进口原油。该政策的出台，放开了进口原油使用权，是国家进一步推动成品油市场化的配套措施。进口原油政策的调整使得地炼产能快速释放，市场份额明显上升，国内成品油市场多元竞争格局进一步凸显，加速了市场化进程。

（五）成品油质量升级与安全环保政策影响

上一节已经就中国国内成品油质量升级问题予以介绍。中国海油下属企业在应对更加严格的汽柴油质量标准方面需要作出选择：继续生产大量成品油并升级其质量标准还是产品品种转型。表1-17为汽柴油质量国Ⅵ标准与国Ⅴ标准对比，从表中可以看出质量升级需要努力的方向。

表1-17　汽柴油质量国Ⅳ标准与国Ⅴ标准对比

汽油	国Ⅴ	国Ⅵ	柴油	国Ⅴ	国Ⅵ
硫/(μg/g)	10	10	硫/(μg/g)	10	10
苯/%(体)	1.0	0.8	十六烷值	51	51
芳烃/%(体)	40	35	多环芳烃/%	11	7
烯烃/%(体)	24	18/15	密度/(kg/m^3)	810~850	810~845
50%蒸发温度/℃	120	110	总污染物/(μg/g)	—	24

在安全环保方面，新《安全生产法》和新《环境保护法》分别于2014年12月1日和2015年1月1日正式实施，企业安全环保工作的舆论和监管环境都发生了深刻变化，企业的安全环保成本亦呈上升趋势。《石油炼制工业污染物排放标准》(GB 31570—2015)的正式实施以及强制推行、落实国家安全监管总局提倡的加强化工过程安全管理意见(安监总管三〔2013〕88号文件)，对于炼化企业影响深远。

三、中国海油炼化产业发展探讨

（一）SWOT分析

除了前面具体情况分析外，亦采用SWOT方法分析了中国海油炼化产业的发展，部分结果见表1-18。

根据综合分析，虽然中国海油炼化产业具有较强的成本优势、区位优势、后发优势和政策优势，但同时深刻认识到不足，包括油品销售网络弱、发展困难，企业点多面广、协调发展难，加工流程短、综合附加值低等。对标分析可以看出，中国海油炼化板块的利润贡献与一流能源公司相比差距较大，其改进方向在于：一是调整产销结构，补齐销售短板；二是改善产品结构，提高附加值。最有效的手段是实施“量体裁衣”式的技术方案，因此要坚持“合规可持续、流程差异化、产品高价值、结构特色化”的原则，积极推进产品结构转型升级。面对挑战，炼化产业需要选择ST战略，在保持布局、产能基本稳定的基础之上，主动进行产业结构调整优化，淘汰落后产能，退出不适宜的区域，实施成品油质量升级，提高油品质量和清洁化程度，延长产业链，增加产品附加值，增强核心竞争力。抓住机遇，炼化产业需要选择SO战略，产业链向更高端、更高价值的化工领域延伸，并在效益带动下适度扩大规模，实现集团公司效益最大化。

表 1-18 中国海油炼化产业发展的 SWOT 分析结果

内部能力 / 外部因素	优势(S)	劣势(W)
	①资源保障和成本优势 ②区位优越和市场优势 ③产品差异和品牌优势 ④机制灵活和体制优势 ⑤集团管控和经营优势	①中小企业偏多，资源协调难 ②一体化企业少，创利增效难 ③销售短板突出，油品生产难 ④加工手段短缺，政策应对难 ⑤科技力量薄弱，创新发展难
机遇(O)	SO 战略(增长型)	WO 战略(扭转型)
①国家加快产业转型，淘汰落后产能和建设先进产能同时提速 ②油气体制改革释放政策红利 ③化工品需求保持持续旺盛增长 ④新材料成为国家新兴战略产业	适度增加产能规模，扩大优势产品市场占有率；深化改革，延伸产业链，扩大化工品生产规模，向高端化、高价值领域要效益	淘汰落后产能，增加先进产能，加快销售网络和零售体系建设，高起点协同创新，借助外部力量扩大炼化一体化范围和规模
挑战(T)	ST 战略(多种经营开型)	WT 战略(防御型)
①能源需求向低碳化发展，节能减排、碳排放等环保限制严苛 ②行业整体产能过剩，同质化竞争 ③传统竞争对手提升实力，更多主体跨界进入 ④油品受质量提升、需求减缓、柴汽比下降、市场替代等多种因素影响	保持产能规模，积极优化产业布局，调整产品结构，提高油品质量，重视差异化发展，适度延长产业，提升核心竞争力	完善退出机制，退出落后产能，资源更多地向效益好的企业倾斜；减少成品油生产，根据市场需求和政策变化调整产品结构

(二) 中国海油炼化产业发展的“COAL”策略与分企实施

1. 关于“COAL” 策略

中国海油炼化产业的产品结构转型升级就是以去产能、调结构、提质增效为目标，以成品油质量升级和提升炼化一体化水平为着力点，按照市场化、集约化、基地化方向和要求，推进炼油产业供给侧结构性改革，重点满足油品质量升级要求，加强炼化产业的差异化发展，延伸产业链，发展具有中国海油特色的高附加值产品和产业，实现资源的有效利用和增值。

基于以上总体思路并深入研究后，提出了中国海油炼化产业产品结构转型升级的“COAL”策略[14]，用于指导炼化公司生产企业调整生产方案，优化产品结构，增产芳烃、烯烃、润滑油等高附加值产品，提升企业创效能力。

1) “C”代表海洋原油资源(Crude)、转化(Conversion)和新型催化剂(Catalyst)

资源利用分子化的典型代表，内容包括：以石油分子工程及其管理的理念、方法[5,6,8]建立原油分子信息库并指导原油资源的优化配置；建立原油分子组成与宏观性质的关联实现原油分子重构；利用分子重构技术进行原油快评以及产品性质预测；开发具有海油特色的系列炼油、化工催化剂来替代进口、现有催化剂，获得更好(高)的产品分布和产品性质等，实现“油-剂的一一对应”。

2)“O”代表转化为小分子烯烃及其进一步转化(Olefin)和 清洁汽柴油生产(Oil)

油化一体化的典型代表，内容包括：油品清洁化且要使得汽油、喷气燃料和柴油的比例合适，部分油品物料向烯烃化工转换，烯烃原料向轻质化发展。提高炼厂小分子烯烃的综合利用水平，着力乙烯原料优化与产业链延伸、炼厂低碳烯烃的生产与化工利用；针对国 VI 汽油生产的组合技术研发，实现降硫、降芳、降烯烃和提高汽油辛烷值的目的；长周期生产国 VI 柴油的成套技术开发，实现降硫、降芳，并提高柴油十六烷值。

3)“A”代表芳烃生产(Aromatics)和 品牌沥青(Asphalt)

产品差异化的典型代表，内容包括：发挥绥中 36-1 等特种环烷基原油独有的资源优势，提高芳烃和沥青等差异化产品收率和品种数量，保持成本领先、产品数量与质量领先。芳烃生产需依托大型石化基地原料资源保障和一体化配套设施，优化物料互供，也考虑炼油最大化生产芳烃路线；品牌沥青则以维护“中海油 36-1”的第一品牌形象为目的，向系列化、差异化和高端化发展。

4)“L”代表润滑油生产(Lubricant)和 产品线延伸(Line-extensions)

产业链高档化的典型代表，将润滑油基础油、芳烃、低碳烯烃等基础原料转换为终端产品，成为效益提升的主要来源。主要内容包括：润滑油生产应充分利用中国海油丰富的环烷基和石蜡基原油资源优势，完善高价值产品系列化，促使“海疆”润滑油进入中高端市场；产品线延伸则包括延伸乙烯、丙烯、芳烃下游产品线，丰富润滑油成品油生产，并增强企业最终端的销售与市场开拓。

2. 关于策略的分企实施

根据以上策略，围绕海洋原油资源价值最大化，对下属企业进行分类处理(分企实施)，主要分成三大层次：①大型、特大型企业(如惠州)瞄准“大而强”和起到区域旗舰引领作用的目标，其产品结构主要按照“清洁油品、低碳烯烃和芳烃进行考虑；②中型企业围绕做成“中而精”精品盈利炼厂目标，重点按照烯烃、芳烃两大类产品考虑；③小型炼厂则要充分发挥具有特色、建成“小而特”竞争优势的企业，并主要生产沥青、高档润滑油(基础油)。据此，对不同的企业采取了不同转型升级实践。

1) 对大型、特大型企业的实施策略

对于目标为清洁油品和低碳烯烃产品的转型实践可以惠州石化为例说明。惠州石化依托炼化一体化基地向多产乙烯和芳烃转型来全面提升企业盈利能力，但是惠州石化二期项目炼油设计方案，是以成品油为主的燃料型加工路线，当前情况下的测算结果，如按照原定流程投产将亏损 18 亿元/年以上。为此，与中国石化工程公司(SEI)联合提出了产品结构转型升级方案：通过增设 1.6Mt/a 加氢裂化、1.0Mt/a 连续重整、1.5Mt/a 对二甲苯(PX)联合装置以及 0.5Mt/a 轻汽油醚化装置等手段，实现产品结构的芳烃(PX)转型，并通过调整、增加乙烯原料的供应来实现产品结构的乙烯转型。执行改造方案对现有装置的动改最少，在大大减少汽、柴油产量，最大量增产芳烃、乙烯等高价值产品的同时，还兼顾油品的质量升级，汽油质量全部达到国Ⅵ标准。以中国石化 2016 年 60 美元价格体系进行对比测算，新方案的内部收益率(增量)达到 15.86%，项目盈利且增加利润 10 亿元/年以上。

对于目标为芳烃的企业转型升级，大榭石化和东方石化均以深度催化裂化(DCC)为核心装置而展开。富含乙烯的干气资源通过乙苯-苯乙烯装置得到充分利用；液化气资源中 C_3 资源分离出丙烯后或直接出售，或继续延长产业链以深化应用，如，大榭石化规划中的聚丙烯装置，以及东方石化在建的丙烯腈和 MMA 装置，但 C_4 资源还没有得到很好利用；汽油馏分可直接或经加氢后作为汽油、溶剂油，或经抽提的抽余油作为己烷溶剂销售，或作为连续重整原料并抽出芳烃(BTX)销售；柴油加氢后可作为柴油调和组分、高芳烃溶剂油，或进一步加工生产 BTX 等产品。大榭石化工艺路线下，BTX 的收率达到 25.6%，吨油效益基本稳定在 450 元/t 左右，取得了较好效益。

2）关于润滑油产业链

中国海油在润滑油产业方面，具备资源优势(秦皇岛 32-6、锦州 9-3 等环烷基资源)、基础产能优势(国内第三大基础油生产商，1.65Mt/a)和一定的品牌优势(“海疆”润滑油品牌在变压器油等领域行业领先)，具备向成品润滑油进军的基础。因此，围绕特色资源做文章，依靠基础油产地促发展。一是加大变压器油、橡胶增塑剂、冷冻机油等产品的生产和销售，成为国内最大的环烷基润滑油供应商；二是充分利用 QHD32-6、JZ9-3 等环烷基原油资源，推进大黏度润滑油基础油和环保型润滑油的生产，成为国内最大的 150BS 光亮油生产基地；三是细分环烷基、石蜡基润滑油基础油资源，建设润滑油调和厂，开发特色润滑油，车、船用润滑油等产品，成为国内差异化发展润滑油产品的领路者；四是以美孚、卡乐美和中国石油为目标，成立专业化润滑油管理队伍，统一润滑油、基础油的销售和品牌推广，力争实现 2Mt 产量、100 亿元销售额、20 亿元利润的目标，打造环烷基润滑油和大黏度基础油产量国内(国际)“两个第一”，成为国内一流润滑油的供应商和专业服务商。图 1-18 是策划的润滑油产业链示意图。

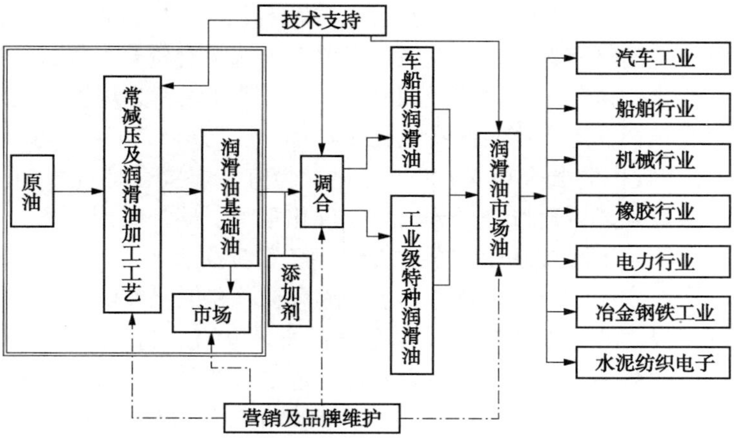

图 1-18　中国海油润滑油产业链示意图

3）沥青产业链

“中海 36-1”沥青是中国海油炼化产业第一个知名品牌，曾连续多年获得“年度沥青行业贡献奖”第一名，在道路建设领域具有较强的影响力，产品出口“一带一路”沿线国家，成为响当当的民族名牌，维护和维持“中海油 36-1”沥青品牌责任重大。

“中海 36-1”沥青生产源自绥中 36-1 原油，生产企业布点于辽宁、山东、江苏、四川和广东，产品覆盖全国主要市场。但随着资源量的下降和部分沥青企业改制退出，以及国家高速公路由建设转入养护，沥青产业需从快速发展阶段进入精细化发展阶段，融入炼化产业整体结构调整中。

沥青产业链调整的重点“完善”和“细化”。一是可继续供给改制后沥青企业适量资源，允许使用“中海 36-1”沥青品牌，继续保持周边区域的市场影响力；二是中海沥青为重点沥青生产企业，集中资源，提高市场营销力度，保持行业领先地位；三是油砂作为沥青生产的主要接替资源，与其他资源调配使用，提高沥青产品质量；四是根据客户差异化要求进行特种沥青的订单式生产，通过沥青生产模型的再建立，开发防水沥青、喷涂速凝沥青等新型产品，进军机场、港口、建筑和水利等新领域，实现沥青品牌的“二次跨越”。目标是产量保持在 3～5Mt/a，市场占有率维持在 15%左右，各种改性沥青新产品比例提高到 10%。图 1-19是中海油沥青产品结构“树”示意图。

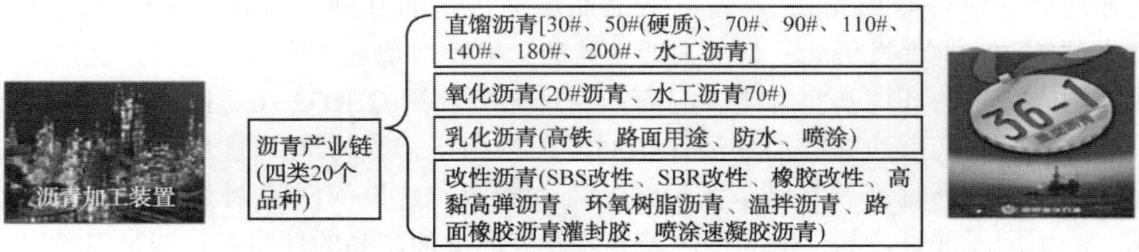

图 1-19　中国海油沥青产品结构示意图

4）化工产业链及其延伸

化工产业链具有产品种类多、延伸空间大、产品价值高等特点，图 1-20 为部分基础石油化工产品的产业链示意图。

图 1-20 中大多数化工产品的市场细分复杂，投资高，技术壁垒难突破，应根据原料和技术来源、市场竞争空间等有选择性地发展，必要时可选择合资合作模式，减少投资，获得技术，挺进市场。炼化一体化企业以芳烃和 $C_2^=/C_3^=/C_4^=$烯烃化工为规模化发展方向，中小企业可利用副产原料有选择性地生产某些特色化工产品。千万吨级以上的炼油厂(如惠州、大榭)应以配套建设相应规模的芳烃(PX)和烯烃化工为宜，配置合理规模的炼油装置满足百分之百原料供给。芳烃生产可通过轻烃芳构化、催化重整、柴油吸附分离芳烃等措施拓宽原料来源，也可以引入甲苯甲醇烷基化、合成气制芳烃等新技术将石油路线和非石油路线有机结合，降低芳烃生产成本。$C_2^=/C_3^=$烯烃主要来自蒸汽裂解和催化裂解装置，原料优化是首要任务，轻质化有利于提高 $C_2^=/C_3^=$收率；其次是产品方案优化，除大宗的聚烯烃产品外，应引进先进技术生产聚碳酸酯、超高分子量聚乙烯、乙二醇改性聚对苯二甲酸乙二醇酯、改性聚苯乙烯树脂等国家战略性新兴产业分类(2012 年)中的新材料单体和高性能复合材料，引导产业链走向新材料。

在具体产业链延伸方面，以丙烯产业链的延伸为例。炼化公司丙烯生产的大户是惠州石化、大榭石化和东方石化，根据资源、市场、技术等因素，提出了丙烯产业链延伸的思路、方向(见图 1-21)，所列项目部分已实施，部分尚在建设中。

(三) 产品结构转型升级的实践与体会

1. 原油性质是决定加工流程选择的第一要素

转型升级的目的是降本增效、实现原油资源价值最大化。针对原油性质合理、优化安排

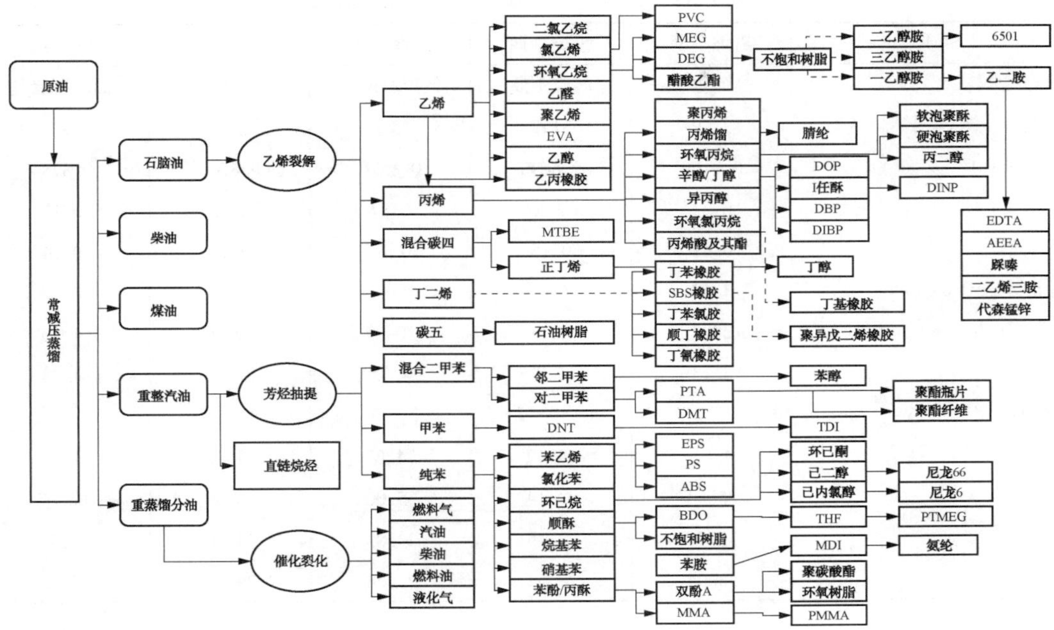

图 1-20 部分基础石油化工产品的产业链示意图

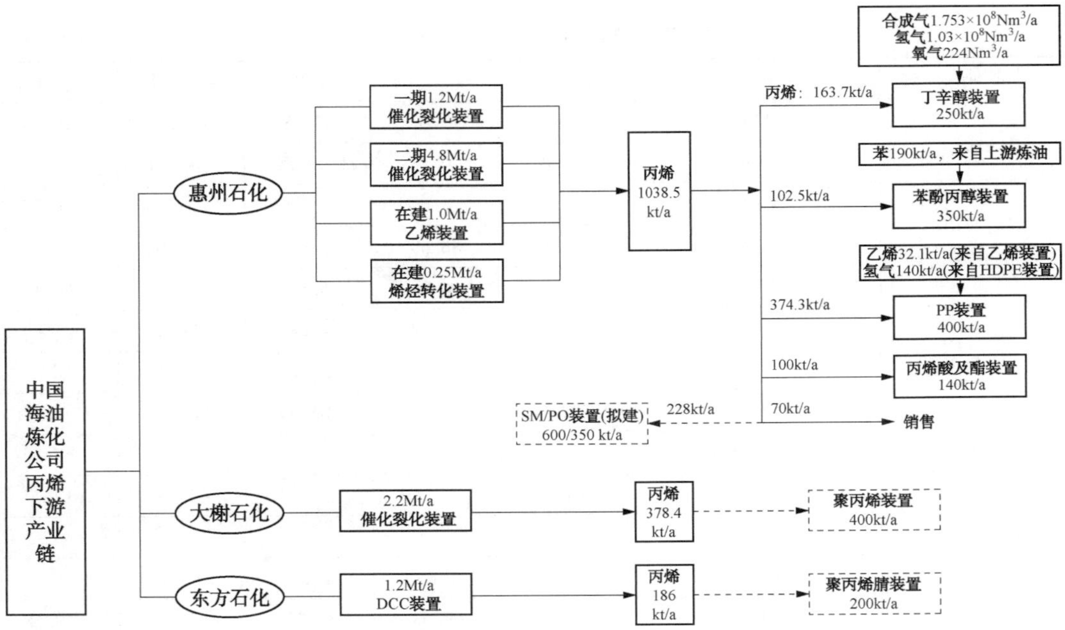

图 1-21 炼化公司丙烯产业链延伸示意图

加工路线是研究落实转型升级工作的第一目标。选定原油后，使一次加工装置与后续的二次、三次装置以及公用工程、储运等良好匹配，才能做到全厂最优化。表 1-19 给出了不同炼化企业的不同原油及其性质差异，这是考虑问题的基础。

表 1-19　部分企业所加工的原油性质对比

性质	惠炼一期	惠炼二期	海南炼化	青岛炼化	泰州石化
原油类型	高酸重质	高硫中质	低硫石蜡基	高硫中质	低硫石蜡基
API 度	21.9	31.9	33.6	31.11	29.2
密度(20℃)/(g/cm^3)	0.9190	0.8690	0.8570	0.8706	0.8784
硫/%	0.32	2.5	0.87	2.56	0.12
氮/%	0.41	0.15	0.13	0.11	0.14
酸值/(mgKOH/g)	3.57	≯0.5	≯0.3	≯0.5	0.37
金属/(μg/g)	28.3	35.59	10.99	49.80	4.10
残炭/%	5.13	4.9	4.95	6.47	4.08
收率/%					
石脑油	4.61	14.17	14.87	17.06	4.91
柴油	25.64	34.14	35.00	28.86	26.02
蜡油	31.71	23.15	24.83	24.16	35.78
渣油	38.04	28.54	26.28	29.92	33.29

2. 产品方案应根据市场需求、成本效益等来确定

部分企业产品方案见表 1-20。

表 1-20　部分企业产品方案

10^4t/a

产品种类	产品名称	惠炼一期	惠炼二期	海南炼化	青岛炼化	泰州石化
气体	LPG	58.62	43.62	48.28	63.39	10.54
	丙烯	9.30	20.18	21.49(PP)	19.04(PP)	
溶剂油和化工料	溶剂油					40.57
	化工轻油	115.11	86.69		38.90	
	芳烃(苯、甲苯、PX、C_9^+)	141.93	58.07	5.83	42.81	66.12
油品	汽油	125.40	244.68	243.80	234.35	—
	喷气燃料	210.55	—	20.00	52.62	8.11
	柴油	356.44	451.65	385.99	397.94	200.92
润滑油	润滑油基础油					47.36
石油焦		107.61			44.03	17.73
沥青/石蜡		—	—	—	—	—
主要技术指标	柴汽比	2.84	1.85	1.58	1.70	—
	油品收率/%	57.70	69.63	81.22	68.49	69.68
	轻质油收率/%	77.92	86.85	81.57	76.14	75.55
	高价值产品收率/%	83.44	90.14	90.14	84.32	89.40
	综合商品率/%	94.44	95.56	92.99	94.86	94.07

3. 投资控制和效益评价是加工流程选择与优化的重要方式

持续的评价是评估策略准确与否、进一步发现问题做到持续改进的基础。表 1-21 为用

于对比的几家企业的相关数据。

表 1-21 几家企业对比数据

性质	惠炼一期	惠炼二期	海南炼化	青岛炼化	泰州石化
总投资/万元	2243628	4684106	1061855	1249876	1021387
建设投资/万元	1945506	4408753	979558	1138703	839259
销售收入/万元	5152061	7302528	1834125	5783599	2988984
税后利润/万元	337928	467424	113339	88526	87095
内部收益率/%	17.33	13.40	13.75	12.71	13.1
完全操作费用/(元/t)	440.58	413.32	307.86	223.67	537.96
现金操作费用/(元/t)	274.41	288.85	172.12	108.40	288.70
单位净利润/(元/t)	285.05	339.07	142.05	89.12	293.91
备注	$ 50/bbl 评价体系	$ 80/bbl 评价体系(一体化)	$ 25/bbl 评价体系	$ 50/bbl 评价体系	$ 100/bbl 评价体系
投产日期	2009.9	2017.6	2006.9	2008.4	2016.12

在关注企业产品结构转型升级的同时，还需要同时考虑并解决产业发展中的一些重大问题，包括：

1）关于上下游即原油产量与炼油能力的优化匹配问题

上游的原油生产和下游的炼油能力之间应该有一个适宜的比例关系。图 1-22 是 2009~2013 年国际一流综合性能源公司——埃克森美孚、BP、壳牌、雪佛龙、道达尔、中国石化、中国石油共 7 家公司以及中国海油的原油产量与炼油能力对比图。

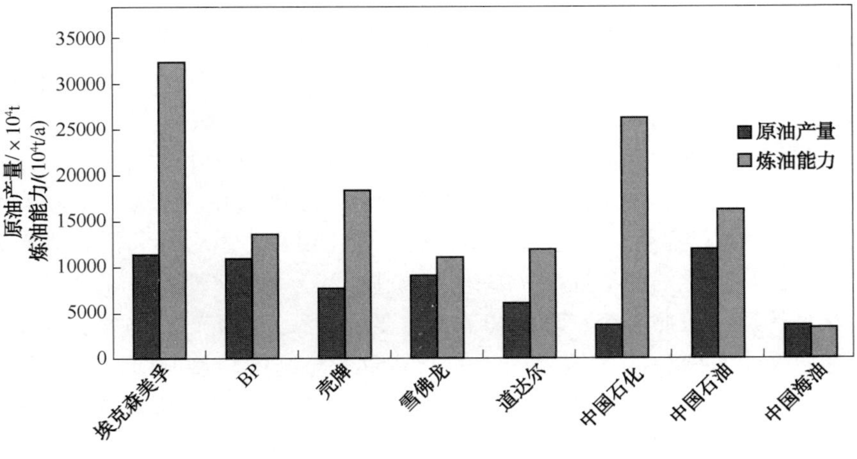

图 1-22 部分国际综合性能源公司原油产量与加工量比例对比

（＊中国石化数据为 2017 年数据。）

7 家公司原油产量与炼油能力比例的平均值为 1：1.8（除去中国石化），其发展经验还表明，拥有适度的炼油能力有助于保证本公司所产原油得以顺利销售，也有助于企业在油价波动期间保持生产经营的稳定，控制企业的经营风险[21]。以 BP 和道达尔公司为例，2015 年 1 季度，BP 公司勘探开发板块收益从 2014 年的 44 亿美元降至 2015 年的 6 亿美元，但其下游炼化销售板块，则创造了22亿美元的利润，是上年同期的一倍多；道达尔公司2015年1季度炼油和化学板块的净利润同比增加了两倍，一定程度上弥补了上游板块的损失。2016年国际大型能源企业下游板块的强劲表现，也证明了上下游一体化给企业带来的益处。此外，拥有合适比例的炼油能力，也有助于企业提高销售收入、增强社会影响力。

中国海油提出了到2030年建设成为国际一流能源公司的发展战略目标，参照国际一流能源公司上下游一体化发展模式，中国海油的炼化产业还可以扩大。但扩大原油一次加工能力的同时，不应片面追求国际一流能源公司“1：1.8”的平均比例目标，并在认真考虑市场、产品结构的前提下再去选择原油(料)，平衡、优化加工流程与产业链长度。此外，要在考虑资源价值最大化的同时，还要考虑如何确保资产价值的最大化。

2）关于资源与布局的优化问题

当前中国海油原油产量略高于炼化公司原油加工量，但各炼厂设计加工油种、加工手段即装置配置等各不相同，对应于个别油种的产量、需求量以及加工流程、加工成本和综合盈利能力以后，海洋原油资源尤为紧张。因此，资源如何优化、企业如何布局，企业转型升级如何与资源、市场相匹配？值得今后持续的优化和研究。

总体原则是集中优势资源，实现产业布局更加的优化、合理化。从世界范围看，炼化产业集约化发展已成为一种必然趋势，目前已经形成和正在形成的一批世界级炼油化工一体化基地，如日本的东京湾地区、韩国的蔚山和丽川、沙特的朱拜勒地区、新加坡的裕廊和比利时的安特卫普等。国内则已形成长江三角洲、珠江三角洲和环渤海湾三大经济区域。中国海油依据石化产业布局与原油供应条件密切相关、石油消费与经济发展水平密切相关的市场规律，积极谋划自身的“两洲一湾”产业布局，拥有的十几家炼厂(包含重油利用企业)，除四川沥青公司外，其余全部位于“两洲一湾”地区，其中珠江三角洲地区4家，环渤海湾地区6家，长江三角洲地区3家。

为完善中国海油炼化产业“两洲一湾”战略布局，在珠江三角洲惠州大亚湾石化基地，已建成的一期和二期合计22Mt/a炼油和2.2Mt/a乙烯，并正在积极规划三期项目，力争把惠州石化基地打造成为拥有40Mt/a炼油、3.5Mt/a乙烯和2.5Mt/a芳烃的世界一流石化产业基地，夯实珠江三角洲的产业布局。在长江三角洲地区，充分利用大榭石化被国家规划纳入七大石化基地的有利条件，积极推进大榭-舟山石化由中型炼厂迈向14Mt/a炼油、1.6Mt/a芳烃的大型综合型炼厂；通过泰州石化一体化项目，整合泰州沥青和泰州石化等资产，打造差异化、特色化的润滑油生产基地，推进长江三角洲产业布局的落地。对于环渤海湾地区的中小型炼厂，按照安全、环保和节能的要求，深入研究改造方案，及早完成中捷石化、中沥石化以及山东海化等区域内炼厂的产品质量与结构转型升级，研究差异化发展路线。对于不具备发展条件、安全隐患突出、缺乏竞争优势、受政策限制的炼厂，实施包括股权变更在内的产业战略转型。

3）产品结构转型升级与销售业务能力建设问题

中国海油销售能力较弱，单位炼油能力所对应的加油站控制数低于1.0，而国际一流能源公司的平均数为8.0。由于销售终端少，中国海油的销售只能以批发、直销为主，其盈利能力亟待提升。所以应加快成品油销售能力尤其是零售能力的建设，大力开发加油站，提升零售业务占比，以保障各炼厂产品的平稳出厂，提升获取整个产业链条利润的手段和能力，使整体效益最大化。

同时，销售业务能力发展到一定阶段，一定要回过头认真分析销售能力与炼化公司自身加工能力之间的真实关系，考虑产品转型升级导致的油品总量下降因素，避免两头投资而影响投资收益率。

4）关于兼顾国内外市场问题

综上所述，中国海油的成品油销售能力在国内较弱，难以获取终端利润。但是，国外市场的汽柴油价格还是有较好吸引力的。表1-22为2017年1~9月汽柴油新加坡市场与广东珠三角市场价格差距平均值(元/t)，图1-23和图1-24为每天的价差情况。

表1-22 国内外市场汽柴油价格差异情况（元/t）

对比时间	1月	2月	3月	4月	5月	6月	7月	8月	9月
国Ⅴ柴油价差（新加坡-珠三角）	-151	269	252	384	350	235	242	183	197
92#汽油价差（新加坡-珠三角）	953	1042	899	785	683	668	1003	1069	1006

* 数据来源：安迅思、普氏。

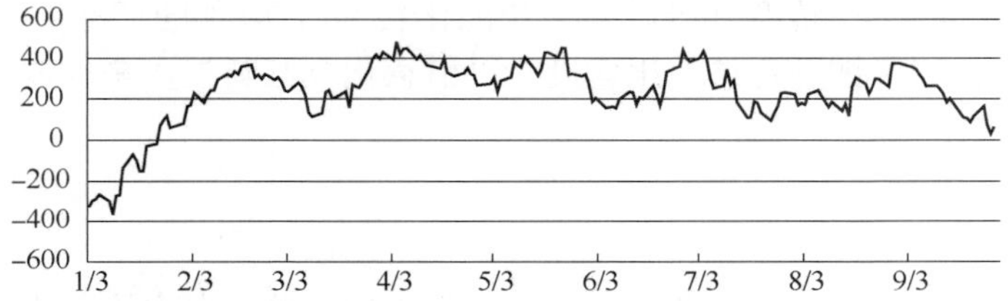

图1-23 出口柴油与珠三角销售价差(元/t)(数据来源：安迅思、普氏)

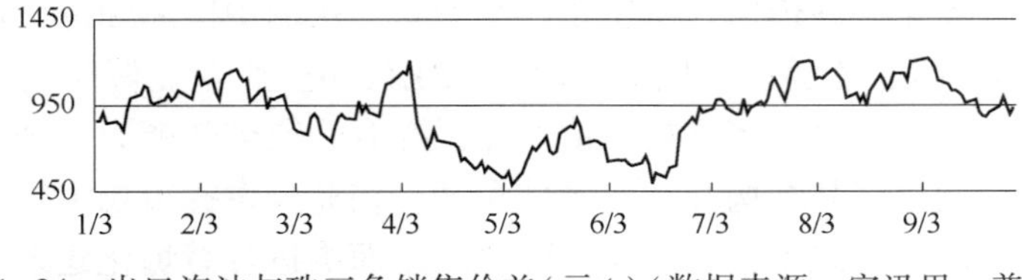

图1-24 出口汽油与珠三角销售价差(元/t)(数据来源：安迅思、普氏)

对于惠州石化的产品结构转型升级与销售终端能力较弱的中国海油炼化产业而言，可以考虑成品油出口以尽量获取终端利润。此时，应在转型升级程度的合理性、国际出口政策、出口目标国或地区的汽柴油质量要求、出口船运设施与能力等方面做好相应工作，也要特别重视销售模式创新、变革带来的巨大影响[17]。

5）关于技术发展、技术支持与其他

因时、因企和因地制宜地采用相关技术促进中国海油炼化产业升级换代是一项十分重要的技术进步工作，如，大力发展循环经济，不断推动生产过程清洁化。石化工业是资源消耗高、容易造成污染的产业，随着原油的劣质化(重质、高酸、高硫)、汽柴油产品质量升级提速，炼油企业面临的安全环保形势较为严峻，节能减排压力大。在环境承载能力已接近上限的情况下，中国海油炼化产业在循环经济指导下，大力推进清洁生产，探索发展低碳绿色经济。其中，技术创新是实现清洁化生产的支撑，中国海油采取开拓眼界、改变思路方式，与国内外科研单位合作探索实施中对共同研究的策略积极吸纳、采用高新技术；做好土地、水、能源、重要原材料的节约和综合利用工作，实现清洁生产、安全低耗，努力打造能耗低、绿色环保低碳的精品炼厂和绿色炼厂；对于绿色生产，通过催化裂化装置增上脱硫脱硝设施等项目，降低废气、烟气、污水等污染物的排放，全部达到或优于 GB 31570—2016 规定的排放要求；同时为保持炼厂的可持续发展，合理利用包括煤在内的各种资源，有效降低氢气成本；通过推进石油分子工程与分子管理理念[6~10]，实现原料资源价值最大化；山东海化以循环经济为理念，大力推进石油化工和盐化工的融合。

考虑到自身技术研发力量薄弱且分散，中国海油对炼化产业实施了包括科技创新体系改革在内的改革重组，加大了对科技创新、技术研发能力和技术支持服务队伍建设的投入。通过与国外著名炼化企业合作在内的"产学研"协同创新能力建设，引进适宜的先进技术，以提高产品的高端化和专业化，提高科技创新对产业发展的贡献率。产品力求高附加值，对价值链进行持续改进优化，消除不增值或少增值产品的投入，实现价值链效益最大化。而对于自身不熟悉、缺乏核心竞争力的产品，按照"有所为、有所不为"的策略，采取差异化发展战略。

(四) 智能化转型升级

炼化企业除了产品结构转型升级以外，智能化转型升级[18]的任务非常迫切。各炼化企业务必要抓住时机，积极推进智慧炼化建设，以信息化及其新技术来促进生产模式、经营模式和管理模式的变革[3,20]。

四、小结

中国海油的炼化产业经多年发展已有了一定进步和特色，但由于起步晚、规模小、配套差等原因还面临诸多挑战。以去产能、调结构、提质增效为目标，以成品油质量升级和提升炼化一体化水平和差异化、高价值、特色化产品为着力点的中国海油炼化产业产品结构转型升级的"COAL"具体策略，能够较好地用于指导炼化公司生产企业调整生产方案，优化产品结构，增产芳烃、烯烃、润滑油等高附加值产品，提升企业创效能力。今后应继续按国家政策指引，加快、加大调整产品结构和产业延伸深度，在充分发挥市场主导作用的条件下，加快发展终端销售能力，提高炼化销售一体化程度，全面推进智慧炼化建设、提高炼化产业总体发展质量，提升竞争能力，为中国海油打造国际一流能源公司做出贡献。

参考文献

[1] BP Statistical Review of World Energy, June 2016.
[2] 李雪静．世界炼油工业加速调整升级[J]．中国石化，2016，2：21-24.
[3] 吴青．流程工业智慧炼化建设的研究与实践[J]．无机盐工业，2017，49(12)：1-8.
[4] 吴青．炼化企业数字化工厂建设及其关键技术研究[J]．无机盐工业，2018，50(2)：1-7.
[5] 吴青．石油分子工程及其管理的研究与应用(I)[J]．炼油技术与工程，2017，47(1)：1-9.
[6] 吴青．石油分子工程及其管理的研究与应用(II)[J]．炼油技术与工程，2017，47(2)：1-14.
[7] 蔺爱国，李雪静，李振宇．产业变革、技术创新推动炼油工业继续发展[C]// 2015 年世界炼油技术新进展 AFPM 年会译文集．北京：石油工业出版社，2016.
[8] 吴青，吴晶晶．基于分子工程理念的催化裂化轻循环油(LCO)提质增值研究[C]//"化工、冶金、材料"前沿与创新：中国工程院化工、冶金与材料工程第十一届学术会议论文集[M]．北京：化学工业出

版社，2016.
[9] 吴青．信息化及其新技术对炼化产业变革影响的思考[J]. 无机盐工业，2018，50(1)：1-7.
[10] 王基铭．中国炼油技术新进展[M]. 北京：中国石化出版社，2016. 12：1-12.
[11] 金云，费华伟．中国炼油工业现状与发展趋势[J]. 国际石油经济，2017，25(5)：61-66.
[12] 张国相，吴青．发展乙醇汽油对炼油企业的影响刍议[J]. 无机盐工业，2018，50(1)：16-19.
[13] 吴青．中国海油炼油向化工转型的探索与实践[J]. 2017（第六届）亚洲炼油与石化科技大会，北京：2017.
[14] 吴青．中国海油炼化产业转型升级的“COAL”策略研究与实践[J]. 当代石油石化，2017，11：1-7,14.
[15] 吴青．深化转型升级 持续科技创新 海洋原油资源价值最大化探索与实践[C]//第八届(2017)炼油与石化工业技术进展交流会，厦门：2017.
[16] R. Baheti, H. Gill, Cyber-Physical Systems [C]// The Impact of Control Technology, 2011, 12 : 161-166.
[17] Zhou Ji, Li Peigen, Zhou Yanhong, et al. Toward New-Generation Intelligent Manufacturing[J]. Engineering, 2018, 01.
[18] 吴青．中国炼油化工企业智能化转型升级的研究与应用[J]. 无机盐工业，2018，50(6)：1-5，12.
[19] 吴青．流程工业卓越智能炼化建设的研究与实践[J]. 无机盐工业，2018，50(8)：1-7.
[20] 吴青．智慧炼化建设塑造炼化产业新未来[J]. 炼油技术与工程，2018，48(10)：1-7.
[21] 吕建中. 石油产业链上下游环节价值分布不均问题探讨[J]. 中国石油大学学报(社会科学版)，2012，26(3)：1-5.
[22] 吴青．中国海油炼化企业信息化现状分析及今后发展的思考[J]. 当代石油石化，2018，4：1-7.

第二章

信息化及其新技术的发展与影响

当今社会正处在一个由工业社会过渡到信息社会的加速转型时期，经济新常态、全球经济一体化发展趋势等在很大程度上加剧了市场竞争的严峻性。以移动互联网、物联网、云计算、大数据、超级计算机、智能化等为代表的信息科技革命[1~9]正在兴起，并逐渐渗入经济社会的各个领域。信息技术的迅猛发展为我国炼油化工工业实现由大到强的转变带来了难得的机遇。在此背景下，我国推出“互联网+”信息化战略，将“两化融合”作为破解发展瓶颈、提高竞争力的重要战略举措。因此，中国炼油与石化产业要想取得更好的发展与进步必须走创新之路、走深化“两化融合”、“互联网+”之路。

国际金融危机发生后，美国、德国等工业发达国家纷纷实施“再工业化”战略，重塑制造业竞争新优势。核心就是支持和推动智能制造发展，积极抢占新一轮产业竞争的制高点。如，美国推行先进制造业伙伴计划（AMP），将智能制造关键技术研发与产业化应用作为重要方向，积极发展工业互联网[10,11]；德国实施工业 4.0 战略，打造将资源、信息、物品与人互联的信息物理系统（CPS），力图实现“智能生产”、“智能工厂”和“智能服务”[12]。以信息通信技术（ICT）与制造业深度融合为主要特征的智能制造正在引发全球性的产业变革，形成新的生产方式、产业业态、商业模式和经济增长点，已成为制造业发展的重大趋势和核心内容。

2015 年 5 月国务院印发《中国制造 2025》[13]，明确提出要加快推动新一代信息技术与制造技术融合发展，把智能制造作为两化深度融合的主攻方向，在重点领域试点建设智能工厂及数字化车间，推进生产过程智能化。2015 年 7 月 4 日，国务院发布《关于积极推进“互联网+”行动的指导意见》，强调推动互联网与制造业融合，大力发展智能制造，提升制造业数字化、网络化、智能化水平。以智能工厂为发展方向，开展智能制造试点示范，加快推动云计算、物联网、智能机器人等技术在生产过程中的应用，加强工业大数据的开发利用，有效支撑制造业智能化转型，构建开放、共享、协作的智能制造产业生态。智能工厂是推进“智能制造”的突破口，是建设“制造强国”的重要组成部分。同时，智能工厂建设是我国石油、石化等传统流程型企业实施创新驱动、价值创造战略的自身要求，是石油、石化行业信息化实现创新发展的关键。智能工厂建设代表了信息化未来发展方向，既可以提升智能化生产水平，也可以锻炼队伍、培养人才，提升信息化研发、建设和管理水平，带动企业信息化转型发展、创新发展，从而进一步提升炼油行业整体信息化水平。

世界信息化发展可分为三个阶段[14]：从 20 世纪中叶到 90 年代中期，信息化表现为以计算、通信和控制应用为主要特征的数字化阶段；从 20 世纪 90 年代中期开始，互联网大规模普及应用，信息化进入了以万物互联为主要特征的网络化阶段；当前，在大数据、云计算、移动互联网、工业互联网集群突破、融合应用的基础上，人工智能实现战略性突破，信息化进入了以新一代人工智能技术为主要特征的智能化阶段[15]。

新一代信息技术呈现爆发式增长，数字化、网络化、智能化技术在制造业广泛应用，制造系统集成式创新不断发展，形成了新一轮工业革命的主要驱动力。特别是，新一代智能制造作为新一轮工业革命的核心技术，正在引发制造业在发展理念、制造模式等方面重大而深刻的变革，正在重塑制造业的发展路径、技术体系以及产业业态，从而推动全球制造业发展步入新阶段[1,2,16~19]。同样，新一代信息技术的快速发展也给炼化企业的转型升级提供了支持与方向[20]，并加速了炼化企业生产模式、营销模式以及管理模式的变革[21]。

第一节　信息化现状及其发展

一、信息化及其起源

炼油化工行业是典型的流程工业，其生产过程极为复杂。中国炼油业经过几十年的发展，目前从技术上已经具备了传统工业化中机械化、电气化、自动化的基本特征，与发达国家相比较，虽总体上差距不很大，但在信息化方面还有一些差距，主要表现在工业化阶段要求的全面自动化还没有全部完成(特别是一些小企业和老企业)，而信息化阶段要求的计算机化、网络化和模型化等方面的差距就更远了[22,23]。工业化、信息化都是手段，其中工业化时期，主要是通过技术进步实现大规模工业化生产，从而极大地创造财富。而信息化时期，则主要通过将先进的信息技术和其他比较适合的技术进行集成，从而提升、改造传统产业，使企业达到“科技含量高、经济效益好、资源消耗低、环境污染少、人力资源优势得到充分发挥”的目标，最终实现跨越式发展。

(一) 工业现代化及其主要特征

人类社会的工业史经历了从手工业过渡到工场手工业，再由工场手工业发展到现代大工业，进而实现工业化的过程。工业化是一个具有巨大历史威力并不断前进的过程，在不同时期体现出不同的特征。西方国家率先实现以“机械化、电气化和自动化”为内涵特征的工业化，当前正向第四个阶段——智能化迈进，如图 2-1 所示。

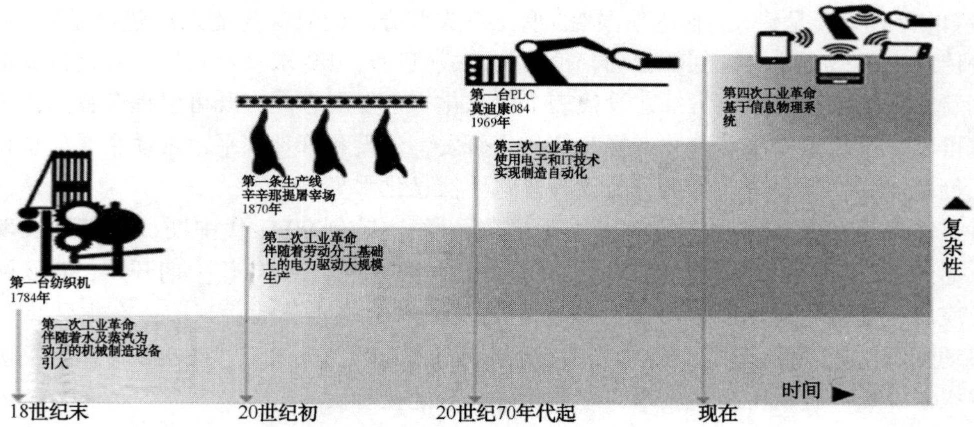

图 2-1　人类工业化历程示意图

1. 关于机械化

第一次工业革命是机械化革命，诞生于 18 世纪晚期，以英国于 18 世纪上半叶兴起的纺织机器的工业革命为机械化的典型代表，以 1784 年纺织工詹姆斯·哈格里夫斯发明的珍妮纺纱机为起点，以仪表修理工詹姆斯·瓦特改良的蒸汽机为标志。珍妮纺织机实现了生产的机械化，从而诞生了车间、工厂，大量农民与手工业者成为产业工人。机械化革命成就了英国日不落帝国的传奇，也促使人类从农耕文明走向了工业文明，人类进入了“蒸汽时代”。

机械化时代，飞梭代替了手抛梭，滚轮式纺纱机代替了手指纺纱，多绽纺车代替了单绽纺车，引纱和捻纱都实现了机械化，工作效率提高了十几倍。后来又发明了水力滚筒纺纱机、自动织布机等机械，使生产能力和利润均直线上升，机器成了摇钱树。到 1800 年，英国纺织业基本实现机械化。18 世纪下半叶瓦特发明了蒸汽机，后来成为所有工业的动力。蒸汽机成了工业化的象征。在早期，机器都是由手工制造的，后来才开始由机器制造机器。19 世纪中叶，形成了工作母机体系，机器制造逐步实现了“专门化、标准化、精密化和机械化”，为大工业奠定了用机器制造机器的基础。英国从 1733 年到 1830 年，用了近一百年的时间基本上完成了工业革命。随后荷兰、比利时也实现了工业革命。19 世纪初法国开始了工业革命，德国、意大利紧随其后。

2. 关于电气化

第二次工业革命是以 1870 年美国辛辛那提屠宰场自动化生产为起点，以福特汽车自动化生产线为标志，是“伴随着劳动分工基础上的电力驱动大规模生产”，即企业能够大批量生产、流水线式的生产，工业进入了大批量的生产阶段。第二次工业革命是电气化革命。

电的发明推动了工业革命，这个阶段，电磁铁、电池、发电机相继发明。19 世纪下半叶,德国西门子公司改进的发电机闯入了工业动力王国。后来，爱迪生发明了电灯，并走进千家万户和工厂、社会。三相交流供电系统的发明使电力真正进入了工厂车间，达到了强电技术的顶峰。19 世纪末电力开始广泛应用，到 20 世纪上半叶，电气化已成为工业化的主要标志。

3. 关于自动化

工业革命后由于生产机器的不断需要和不断发展，人们对机器的调节控制越来越迫切和重视，但在 19 世纪自动化技术还不成熟。20 世纪初，机器工业进入流水线生产阶段，电气机械和电子技术有了一定的积累与进展。30~40 年代，形成了“机械控制论”，随后自动化技术取得了惊人的发展，开始在工业生产中发挥巨大的作用，自动控制与自动化装置成为大型生产设备必不可少的组成部分。美籍犹太人维纳于 1948 年出版的《控制论》标志了控制理论的正式诞生。到了 60 年代，又产生了现代控制论，生产过程的自动化成了工业化和工业现代化的又一标志。

所以，第三次工业革命也是信息化革命。1968 年，美国莫迪康公司诞生了第一台可编程逻辑控制器(PLC)，并于次年推出了“084”型号 PLC，开启了第三次工业革命，实现了制造自动化，后来又出现了互联网。进入信息化革命后，人们可以从繁复的劳动中得到初步解放，从而将更多精力投入到创造性的工作当中，因此技术进步呈加速状态，新兴技术转化为产品的周期越来越短。

4. 关于智能化

第四次工业革命就是现在的工业 4.0(各国叫法不同，本书第二节详述)。第四次工业革命是基于信息物理系统(也有称为人-信息物理系统[14]的)为基础、信息化与自动化深度融合借助互联网+而引起的工业革命。第四次工业革命通过赛博物理系统（Cyber-Physical System，简称 CPS 系统），将智能机器、存储系统和生产设施融入整个生产系统中，并使人、机、料等能够相互独立地自动交换信息、触发动作和自主控制，实现一种智能的、高效的、个性化的、自组织的生产方式，推动制造业向智能化转型。

（二）信息化起源

传统制造业的主要资源要素是物质和能源，但信息资源在现代制造业中已经越来越显现出它的重要性和主导作用。这也是传统工业化与现代工业化的最大差别。以信息化带动工业化，用工业化促进信息化，工业化与信息化并举，则是现代工业化的重要标志。

信息化是工业化发展到现今阶段的必然产物。从资源角度看，信息化把信息作为重要的资源之一。从生产形态角度看，信息化使人类的物质生产转变为物质、信息和知识生产，由机器制造机器转变为由计算机制造机器和信息，并由工业化向知识化、信息化转变，促进信息产业、信息产品、信息技术、信息资源与传统产业、传统产品、传统技术、传统资源的融合和渗透[20]。

关于企业信息化[22]（Enterprise Informatization）：相对于工业化而言，信息化是工业化发展到一定阶段的必然产物。以物质、能源为主导地位的制造业向以信息为主导地位的制造业转变和发展的过程，就是工业信息化。“化”者，“彻头、彻尾、彻里、彻外”也。因此，信息化强调的是过程，其最终目标不可穷尽。企业作为制造业的基础组成部分，工业信息化的重点就是企业信息化。企业信息化即全面地应用信息技术、计算机技术、通信技术、自动控制技术、现代管理思想、方法和技术等，来武装、提升和改造传统产业，并在“决策管理层、执行层和过程控制层”以及企业内部和外部，全面提升生产技术能力、经营管理能力和市场应变力。在信息经济时代，企业信息化是企业发展战略的关键环节，也是企业现代化的基本标志。企业信息化作为提高企业核心竞争力的重要手段，是走新型工业化道路的必然选择，是体制创新、管理创新和加强企业管理的重要途径，也是科技进步的重要表现和组成部分，它是带动各项工作提高水平的突破口和企业求生存、图发展的必由之路。

信息化使人类的物质生产由工业化向知识化和信息化转变，并通过信息产业、信息产品、信息技术和传统产业、传统产品、传统技术的融合、渗透，形成了信息化带动工业化，工业化促进信息化，工业化和信息化并举，两步变一步走的跨越式发展的新型工业化道路。从技术角度看，机器的构成由原来的发动机、传动机、工作机三部分发展到现代的发动机、传动机、工作机、控制机和计算机五部分，甚至包括通信机为六部分，由“机器制造机器”发展到“由机器控制机器”，或者“由计算机控制机器”阶段。

（三）信息化主要特征

如前所述，传统工业化的主要技术特征是“机械化、电气化和自动化”。现代工业化的技术特征，除了传统工业所具备的几项特征外，重点是具备“数字化、网络化和数学模型化”，即信息化[20]。

1. 数字化

数字化即计算机化的另一种解释，是指将许多现象、事件、处理过程及其伴生的信息抽象为计算机可以处理的二进制逻辑数字，即比特。数字化过程首先是要将信息入库，其次是把业务流程变成计算机处理程序。通过实现数字化，计算机也就代替了手工、数据库代替了账表。通过把生产操作、经营管理实时反映到计算机系统并在线处理，实现并形成“零等待”和“实时企业”。实时企业的经营模式主要体现在自动化程度很高和对经济环境变化的快速响应上面。其中，“实时”的概念是相对的，其应用系统的响应时间从几周缩短为几小时，或几十分钟甚至更短，都可以称为“实时”、“即时”、“适时”或者“同步”。数字化是计算机化的基本要求，也是最低表现形式。实时企业的目标是加快不同类型、不同部门、不同地点间的相关信息的传递、交流、共享和处理，自动进行工作流程控制，对市场、外部环境及企业内部生产、经营要素变化的迅速(实时)响应或反馈，最大限度地减少等待时间和决策时间. 降低时间成本。

国外石油化工行业提出了自动化链(Automation Chain)和供应链(Supply Chain)的概念，通过这两个“链”把企业从底层到顶层、从内部到外部进行集成。同时，还形成了成套的石油与石化行业专用的一些相关技术，如上游石油行业的地质勘探数据解析与油藏模拟以及中下游产业的原油评价、原油混炼、物料平衡、流程模拟，实时数据库、数据校正、节能(夹点)计算、先进控制、油品调和、计划与调度排产优化、原油与半成品油、成品油的输转、调度优化等技术和软件，从上游、中游到下游，从原油入厂、炼制、出厂到终端销售，从生产装置设备层、控制层、操作监督层、调度层到排产计划、经营决策层，构成了“T”形或矩阵形、横向和纵向交叉的综合企业资源计划与优化系统。

2. 网络化

计算机化的进一步发展和升级除了依靠计算机本身技术以外，还要依赖通信技术和网络技术，即网络化。把企业由网下搬到网上并将工作方式实现网络化，工业企业内部的生产过程控制和生产经营管理，以及与外部供应商、客户、合作伙伴的沟通，完全依赖于网络，形成“虚拟企业”，实现协同商务、协同工作方式。1993 年 2 月美国《商业周刊》曾把虚拟企业定义为一种新的组织形式，即运用相关技术手段(重点是计算机、网络技术)把人员、资产和创意动态地联系在一起，形成一种开放的组织结构，可以在充分拥有和共享信息的条件下，精选合作伙伴，迅速形成各专业领域的独特优势，实现对外部资源的整合利用，完成单个企业难以承担的市场功能。曾有人预言，随着信息技术的发展，竞争的加剧和市场全球化的形成，没有一家企业可以单枪匹马地面对全球竞争。因此，由常规组织过渡到虚拟组织也是必然的。虚拟组织日益成为公司竞争战略武器库中的核心武器。

3. 模型化

数字化不等于模型化。数字化是数据入库、上网的基本要求。而模型化则是生产控制和经营管理模型数学表达。

马克思说，任何一门科学，只有当其能够成功地运用数学表达时才算真正达到完善的地步。恩格斯在《自然辩证法》中也提到，数学在一门科学中应用的程度，标志着这门科学成熟的程度。人们深信宇宙是用数学语言写成的一本大书，一切研究对象背后都隐藏着一个严密的数学结构。20 世纪很多理论与方法都在朝着数学模型化的方向发展。计算机的发展为数值计算的发展奠定了基础，而将工业过程或管理过程，经过假设、抽象，再归纳和推导，建立数学模型，并进行求解，进而达到定量分析、预测和调节控制的目的，已经取得了巨大发展，但还有很多课题等待人们去攻克。

现代炼油化工发展的一个重要标志是模型化，即数学化。计算机的发展为数值方法的发展奠定了物质基础。根据炼化工过程的化学、物理现象及概念，经过假设和简化建立过程的物理模型．再经过归纳和数学推导建立数学模型，最后利用线性代数、常微分方程、偏微分方程以及数值微积分等石油、化工数值方法，求解数学模型，从而达到定量分析和预测实际过程的目的。

当前计算机及其软件的发展和所能提供的能力，与过去不可同日而语。化工工程师虽然已经习惯用数学描述化工过程的物理、化学特征及其关联，但许多模型仍是经验的、粗略和近似的，其结果是使计算精度大为下降，或者不得不依靠中试或工业装置对数学模型进行验证和校正。由于计算机硬件（主要是速度）和软件（主要是数值方法）的发展，求解复杂数学问题的能力大为增强，因此，采用更精确、严格的数学模型来模拟各种化工单元操作和化学反应过程，可靠性大大提高，逐步达到跳过中试等中间试验过程，实现过程开发的目标。现在的趋势是由单元、单装置的过程模拟到多装置、全厂模拟，由静态模拟到动态模拟，由离线模拟到在线模拟，由开环指导到闭环控制和优化，应用对象由化工工艺设计工程师到工厂操作与管理工程师的方向发展，这都是得益于计算机的超级化和网络化。

大部分与数量分析方法相联系的管理方法都被归入运筹管理中。如用于炼油化工行业的具体技术包括：①实时数据库及数据处理技术，包括 PI、Info plus-x、on spec 等；②数据校正技术，如 DATACON、SIGMAFINE、ADVISOR 等；③流程模拟技术，如 PRO/II、ASPEN—PLUS、HYSIS 等；④专用设备模拟技术，如裂解炉专用的 SPYRO 软件、废热锅炉用 TES 软件（Transfer Line Exchange Simulation）和炉膛换热用 Firebox 软件等）；⑤物料平衡技术，如 Open Yield 等；⑥严格在线模拟与优化技术，如 ROM、ROMEO、RT-OPT 等；⑦节能夹点技术，如 ASPENPINCH、HEXTRAN 等；⑧动态模拟技术，如 ASPEN DYNAMICS 等；⑨供应链优化技术，如 MIMI 等；⑩先进控制技术，如 DMC PLUS 等；⑪生产计划排产技术，如 Petrofine、PIMS（Process Industry Modeling System）和 PSS（Process Scheduling System）等；⑫效益基准评估（Benchmarking）技术等。这些技术的内容、形式等发展非常迅速。

二、信息化发展

（一）信息化发展阶段论

世界信息化的发展除了按照前述三个阶段的说法[14]外，也可以归纳如下[22]。

1. 工业化建设阶段

工业化指的是在国民生产总值里第二产业即工业产值的投入比例不断攀升，工业行业的就业人数在就业总人数中所占到的比例逐渐增多的一系列过程。实现由传统农业社会转变为现代工业社会的整个过程是工业化建设阶段完成的标志。虽然工业化一个显著的特征就是工业发展，但不能将工业化狭隘地理解成工业发展。每个国家都有各自不同的工业化建设开始时间，我国建国后在过渡时期提出的总路线，第一个五年计划的实施标志着我国工业化建设的开始。

2. 信息化进程阶段

1956 年，我国将半导体、计算机、自动化和电子学等六项作为未来 12 年科技发展远景规划的重点，其中有四项都和信息化紧密相关。规划中认为，决定一国国力国势强弱的不是传统技术而将会是新技术，所以我国科技发展的重点不应放在重工业上而应该投入到新型技术、新型工艺的研发方面。标志着我国工业迈入信息化建设的重要标志为20世纪50年代《十二年科学技术发展规划》的颁布。

3. 工业化与信息化的有机结合阶段

关于本部分内容，请参见下文“两化融合”部分。

4. 科技化阶段

先进的科学技术是推动生产力发展的重要因素，在工业化与信息化有机结合的基础条件下，在从工业社会向信息社会逼近的临界过程中，工业发展史将迈入科技化阶段。具体来讲化工行业的科技化阶段主要体现在：

（1）从制造业角度来分析传统的制造业主要以生产为企业运营方向，比如中国石油的原油勘察和开采业务、石油炼制和化工业务以及石油的销售业务，这一整套企业运行过程形成了一个由开采到生产直至销售的产业链。然而针对科技化企业来讲，主要表现为重视产品的研究开发以及产品的销售环节，对产品的生产过程及生产管理相对关注少，总体呈现出哑铃结构。

（2）作为以制造产业为主要运营方式的企业逐渐转换自身模式，实现了由劳动密集型蜕变为技术密集型，将企业发展方向对准服务和高附加值产品的生产。一个企业如果缺乏相应的技术资源支持，将无法在激烈的市场竞争中立足。现阶段，大部分先进企业已经率先完成自身产业结构的调整，将经济利润较为薄弱的产业剥离出去。例如，较为典型的IBM公司，早在几年以前就已经将其企业中劳动密集的PC机业务进行了整体抛售，集中力量发展技术密集型业务。

（二）关于“两化融合”

随着我国信息技术的迅猛发展，有效推动了信息化与工业化的有机融合，现阶段工业产业呈现新的发展格局。信息化的核心目标是有效加强社会各领域间的服务、生产、管理的效率和质量，而工业化的主要发展方向是实现生产产品的多元化，通过有机融合信息化和工业化为社会提供更优良的产品和服务。

“两化融合”的概念既是一次技术的革新，也是一种理论突破。技术的革新是指其全面认知信息化与工业化之间的辩证关系为信息化为工业化发展提供了不竭的动力，而工业化又是承载信息化发展的主要载体和重要基础，为我国特色社会主义工业发展开拓出了新的道路。针对该理论的突破主要是指将该理论有效应用到了二元结构理论、比较优势理论、贸易条件恶化论、后发理论优势等经典理论的思想，为我国在特定条件下快速实现工业的现代化提出了新思路。

中国是制造大国，在国际大背景以及国内“三期交叠”（经济增速换挡期、结构调整阵痛期、前期刺激政策消化期）的严峻形势下，中国政府高瞻远瞩，陆续制定了“两化深度融合”“中国制造2025”等国家战略，希望借鉴德国工业4.0的思路，制定适合中国国情的国家发展战略，实现中国制造由大到强的战略转变。

“两化融合”概念首次出现在中国共产党的“十六大”上提出的“以信息化带动工业化，以工业化促进信息化"的新型工业化道路的指导思想。后来在"十七大"上，又提出了"发展现代产业体系，大力推进信息化与工业化融合"的新科学发展的观念，两化融合的概念就此形成。党的"十八大"报告进一步提出了"坚持走中国特色新型工业化、信息化、城镇化、农业现代化道路，推动信息化和工业化深度融合、工业化和城镇化良性互动、城镇化和农业现代化相互协调，促进工业化、信息化、城镇化、农业现代化同步发展 "的思想，至此，两化深度融合已经上升到与"新四化"的同等高度，成为国家重要的战略目标。本章第三节"信息化国家战略"将详细介绍各国战略及其内涵和差异。

现阶段，对于我国来说，采取何种手段能够在有效结合实际国情的基础上，处理好信息化和工业化之间的关系，并且能够在工业化发展中充分推进信息化，是亟需解决的问题。在党的"十七大"报告中将工业化、城镇化、信息化、国际化、市场化放在同一水平，说明了我国走新型工业化的发展道路是正确的。然而对于要如何走好这条新型的工业化道路的问题，则需由实践来解决。两化融合的新型工业化道路最主要的一点就是科技含量要高，不能再主要依靠物质资源消耗的增加。制造业的信息化作为两化融合中的重要组成部分，对于我国的炼油化工行业有重要的意义。

我国石油行业通过多年的信息化建设项目的建设和推广，大部分炼油化工企业已经逐渐完成了该地区的业务信息化转型，建立了专项网络基础设施渠道，通过开展一系列管理系统加强企业管理，并积累了丰富的数据资源，炼油化工行业的信息化总体建设成绩显著。但在信息化建设中还存在一些问题，主要是相关的机制不健全，一些与信息资源开发技术和信息安全的防范措施等相关的基础工作在目前还不能全面深入地应用，企业与上级公司间、企业之间甚至是企业内部都还存在信息孤立分散的情况，信息共享的程度较低。信息化的建设受限于企业的管理水平，各个炼油化工企业的信息化建设水平各不相同，重视程度也有高有低，部分企业在信息化建设的过程中没有将信息资源与产品以及原材料同等重要的看待，战略性资源的意识缺乏。

1. 智能制造、智能生产与新一代智能制造

荀子(公元前325~前238年)在其《荀子·正名》篇中说："知有所合，谓之智；能有所合，谓之能。""智能"是学习和求解问题的能力，是世界上实现目标的能力和计算部分。人、部分动物和某些机器都会有或出现各种各样和不同层级的智能。"解决问题、理性行动以及像人一样行动的能力"可以作为对智能概念的解释或理解。

智能制造[17,19]是先进信息技术与先进制造技术的深度融合，贯穿于产品设计、制造、服务等全生命周期的各个环节及相应系统的优化集成，旨在不断提升企业的产品质量、效益、服务水平，减少资源消耗，推动制造业创新、绿色、协调、开放、共享发展[14]。

智能制造目前正成为中国工业转型升级的重要方向，这是经济与社会发展到一定阶段的必然结果：一是我国劳动力成本在经过了三十多年的高速发展后确实上涨了，一线生产工人到高级管理人员的人工成本的不断飙升，使得用机器人替代人工的综合成本优势开始显现；二是随着人民素质、生活水平以及追求更加美好生活目标与个性化需求的不断提升，较高或更高的需求开始普及；三是技术发展特别是信息化及其新技术的发展与融合，势不可挡。

世界各国的工业化生产经历了集中自动化生产模式和数字化生产模式，目前正逐步向工

业化与信息化融合的生产模式转型。在生产模式转型期间，国外特别是西方发达国家于20世纪下半叶相继提出了柔性制造（Flexible Manufacturing Systerm，FMS）、计算机集成制造系统（Computer Integrated Manufacturing Systerm，CIMS）、准时生产（Just InTime，JIT）、精良生产（Lean Production，LP）、虚拟制造系统（Virtual Manufacturing System，MS）、网络化制造（Networked-Manufacturing，NM）及智能制造系统（Intelligent Manufacturing System，IMS）、敏捷制造（Agile Manufacturing，AM）、全能制造系统（Holonic Manufacturing Systems，HMS）等现代制造技术与制造模式。到20世纪末，制造业掀起了一场新的现代制造技术革命，如美国等发达国家正式提出"现代制造技术（Modern Manufacturing Technology，MMT）"或"先进制造技术（Advanced Manufacturing Technology，AMT）"、"智能制造技术（Intelligent Manufacturing Technology，IMT）"、无污染工业制造技术（C1ean Manufacturing in Process Industries）、21世纪全球同步集成制造技术（Global Manufacturing 21）、自律性制造系统（Holonic Development）和知识系统化（systematization of knowledge）等概念[24~32]，并作为国家优先发展的关键技术。这些制造模式主要集中于分布式、网络化、虚拟化生产框架[33]。为提高生产系统的自治性和协同性，多智能体技术和人工智能技术相继被引入制造系统的设计研究中[34,35]。近年来，云制造（Cloud-Manufacturing，CM）作为面向服务的新型制造模式[35]，进一步将智能制造系统及关键技术研究的焦点移至服务领域，将生产决策、管理、控制等功能的智能化研究，以及不同产业智能制造的应用模式研究与面向服务的产业模式相结合。

智能化制造技术是制造业不断吸收机械、电气、电子、信息（计算机、网络、通信、控制论、人工智能等）、能源及现代系统管理等领域的成果，并将其综合运用于产品研发、设计、制造、检测管理、销售、使用、服务乃至回收的全过程，以实现优质、高效、低耗、清洁、敏捷、柔性生产，提高对市场动态多变的适应能力和竞争能力的制造技术总称。但是，如此众多名称的上述智能制造路线，也给企业如何推进智能制造以及进一步升级带来困惑。

现代智能制造技术发展的总趋势是向数字化、网络化、模型化、智能化、集成化、柔性化、虚拟化、实时化、绿色化、高效化、精细精密化、全球化方向发展，其范畴包括现代研发技术、现代设计技术、现代制造工艺技术、现代制造自动化技术、现代管理技术以及智能化制造系统。现代制造自动化技术的发展趋势包括制造敏捷化、制造网络化、制造虚拟化、制造柔性化、制造智能化、制造全球协同化、制造绿色化。如此众多的这"化"、那"化"，是否可以总结提炼一下呢？中国工程院最近总结、提炼了智能制造的基本范式[14]，认为可以结合信息化与制造业在不同阶段的融合特征，结合上述智能制造的相关范式，总结、归纳和提升出三个智能制造的基本范式，即：数字化制造、数字化网络化制造、数字化网络化智能化制造——新一代智能制造。

智能制造的三个基本范式[14]分别对应或相当于第一代、第二代和第三代智能制造，其中第一代智能制造即数字化制造是智能制造的基础，其内涵不断发展，贯穿于智能制造的三个基本范式和全部发展历程，且三个基本范式体现了智能制造发展的内在规律：一方面，三个基本范式次第展开，各有自身阶段的特点和要重点解决的问题，体现着先进信息技术与先进制造技术融合发展的阶段性特征；另一方面，三个基本范式在技术上并不是绝对分离的，而是相互交织、迭代升级，体现着智能制造发展的融合性特征。作者还提出，对中国等新兴工业国家而言，应发挥后发优势，采取三个基本范式“并行推进、融合发展”的技术路线。

2. 智能工厂与智能管理技术

在20世纪90年代末期，美国ASPEN公司提出智能化工厂(Plant Elligence)的解决方案并在BP、Shell等公司实施。Honeywell公司提出了一体化业务解决方案(Business Flex)也已在EXXON Mobil、Shell、LG-CALTEX等公司实施。有人统计，20世纪70~80年代，过程工业信息化的利润机会在DCS；到了90年代则转向了ERP；进入21世纪，DCS和ERP的利润机会均下降了，新的利润提升机会已经让位给了企业运营管理(EOM，Enterprise Operation Management)。智能工厂的核心是绩效管理，因此今后的利润机会在智能工厂。

据2017年8月25日举行的“2017中国两化融合大会——智能制造专题论坛”上侍乐媛所做“智能制造与企业转型升级”主题演讲的观点，智能制造主要有三个目标，即产品智能、设施智能和管理智能。其中，产品智能是指集成有动态数字存储器、感知和通信能力，承载着在其整个供应链和生命周期所需的各种必须信息。设施智能由整个生产价值链所集成，可实现自组织。这两个方面的智能为大家熟悉，而管理智能则能够根据当前的状况灵活决定生产过程，一个企业做到管理智能更加重要，因为只有实现系统的智能，做到实时优化，即整个系统的智能与管理的智能，才是企业转型升级更重要的方面。

凡是制造强国大多也是管理强国。每一次工业革命都会带来管理技术的变革，或者伴随管理技术变革。第一次工业革命以后，美国有了包括泰勒的管理思想，包括福特的生产线，整个制造业管理技术提升很大，美国因此变为制造强国并延续至今，这是美国的智能工业管理1.0。二战初期，美国有三个电气工程师被派到日本帮助建设，在此基础上，日本人总结、发明了丰田管理思想，也使得日本站在了制造强国的前列，从而形成日本的智能工业管理2.0，其管理技术包括JIT(准时生产)、持续改善、价值流、看板管理、全面质量管理(TQM与TPM)、库存管理、约束理论、推/拉系统以及六个西格玛(LSS)和生产线平衡等。

工业3.0时代，生产系统领域的两个大软件——ERP(企业资源计划)和MES(生产执行系统)是从德国的SAP开始的，德国也因此成为制造强国，因此说这是德国的智能工业管理3.0。

进入工业4.0时代，智能工业管理技术4.0是什么呢？如何解决大规模定制可能是其答案或主要内容。ERP(企业资源计划)的概念起源于MRP，是由五位原IBM的管理人员离开公司后于1972年组建的SAP开发完成的，它瞄准企业的“现金流、物流、信息流”与时间的关系从而对企业的资源进行管理，用一句话概括就是，通过ERP系统帮助企业把所有数据管对(正确)。实际上，一个企业想把所有数据管对、管正确是很难的，这是很多企业用不好ERP的原因所在。ERP侧重于事务处理、生成历史报表，着眼点是过去发生了什么，而企业运行管理是判断将来应该发生什么。生成并执行最佳运行方案，其着眼点是从过去和当前来预测、决策未来，其依赖技术是分子工程、线性规划、模拟、协同工作、虚拟现实等先进技术。加上ERP是没有实时优化功能的，因此，它对生产线是管不到的。所以ERP是工业管理技术的3.0。

那MES(生产执行系统)呢？MES可以监测数据，可以可视化。对于复杂的生产系统如何把企业的某些状态实时的反映上来，如设备状态、质量状态，什么时候需要维修等等需要能够做到智能。从供应链的角度，企业的原料供应、产品销售出厂以及生产的不确定往往是通过“库存”的方法来应付各种“不确定性”的，实质上供应链管理对生产线鞭长莫及。这就引出“数据断层、断流”的说法，即到某个地方，数据流断了，要拍脑门、凭经验来处理。这个断层造成了很多问题，称为数据断流。某单元如果数据断了，就不大可能实现智能，只能依靠人工经验去干涉、协调、衔接。

所以，有一种观点认为，智能化工厂应该集成供应链计划（Supply Chain Planning，SCP）、生产执行系统（Manufacturing Execution System，MES）及相关业务流程，并能够上接ERP、下连DCS，形成了垂直的数字化智能工厂自动化链[22]。其智能工厂观点主要包括三部分，一是计划与调度：生产计划、生产调度、分销调度、精确计划模型；二是先进控制与优化：多变量预估控制、非线性控制、在线推理计算、控制器监控、实时优化与监控、实时过程监控；三是绩效管理：生产收率计量、生产报告、质量管理、实际与计划对比分析、单元绩效考核，并根据生产经营过程反馈到操作人员的实时信息形成基层管理的日报、中层管理的月报及上层管理的年报，又分别形成不同层面的KPI记分卡，对其运行控制、执行监督、计划考核及战略计划各层的运营绩效、调度绩效、计划绩效、财务绩效、6δ绩效进行管理等。因此，最佳运行方案的设计是按订单进行计划（P）、按计划进行调度（S）、按工厂能力进行优化（O）并执行（E）：再对执行结果进行度量统计（M）、对度量统计结果进行分析（A），根据分析进行改进（I），形成一个“P-S-O-E-M-A-I”良性循环的实时绩效管理（Real-Time Performance Management）。

三、信息化新技术及其发展

信息化新技术的迅猛发展正在对各行各业产生巨大冲击，不管消费者、市场规则、供应企业出于主动还是被动，都需要顺应趋势做出转变，尤其是在当前经济环境下，企业应抓住新技术的发展契机，设法颠覆现有业务模式、打破行业壁垒、创建生态圈，保持竞争力、持续降本增效、创超财富[21]。

如前所述，信息化新技术或新一代信息技术的爆发式增长并与现代制造业的融合，正成为新一轮工业革命的核心技术，对产业发展理念、模式（生产制造模式、营销模式、决策管理模式等）发生重大变革的同时，重塑制造业的发展路径、技术体系和产业生态，进而推动全球制造业发展步入新阶段、新纪元。

（一）社交媒体——“传播效应，销售机会”

社交媒体（Social Media）是用户之间基于互联网分享意见、见解、经验和观点的工具和平台，也是企业开拓公共关系和提供客户服务的渠道，树立企业形象、增加销售机会。

社交媒体现阶段主要包括社交网站、微博、微信、博客、论坛、播客等形式，具有“人数众多、自发传播”的特点。社交媒体依赖WEB2.0的发展而发展，其中“意义（Meaning）和链接（Meaning）”是所有社交媒体生存的两个关键因素。但目前随着人们组织信息以及寻找与自己相关网络难度的增大，这两个要素正逐渐被淡化。事实上，社交媒体正在冲破自己的天花板，也正逐步以新的方式为用户提供全方位的体验。据此有人认为社交媒体正在发生变革。

社交媒体对制造业主们具有积极甚至是挑战性的影响。消费者的社交帖子可能帮助或摧毁制造业主们。另外，社交合作使消费者与分销商、经销商，以及制造服务和生产团队联系在一起。因此，社交媒体具有“传播”效应，提供了销售机会，对制造商、消费者会产生“正面或负面”影响。

（二）“云、大、物、移”——“爆发式发展，颠覆性影响”

“云、大、物、移”是云计算、大数据、物联网和移动通信等四大类信息化技术的简称。“云、大、物、移”是近几年以及今后一段时间内最为热门的信息技术，其发展极其迅速，也正在快速拓展到当今人类社会的各个方面并深刻影响了社会进步和人类生活。它们对制造商的影响也非常大，如，移动端全渠道与全设备的相互作用允许制造业主们通过移动设备无缝地开始并完成端到端的自动化工作。其中，全渠道是指通过不同的渠道进行消费者一致性体验；全设备是指利用联网设备进行连接、维护和优化体验。又如，数据分析为制造业主们提供必要的工具进行大量隐藏数据的挖掘。一旦确认，制造业主们能够根据产品、设备和制造材料工艺的关键信息进行生产。大数据的兴起趋势和实时分析使制造业主们能够优化他们的制造、维护和其他工艺。对于云计算，其对制造业的影响主要在于云计算允许整个制造价值链(从消费者到制造管理者到员工)接近产品生命周期的任何阶段。云计算服务通过网络、服务器、存储器传递互联网，同时为业务应用提供便利与请求式的使用。当联网设备的物联网的力量被添加到移动端、社交网络、云与数据分析后，传统制造业将获得自适应数字化工厂的转变。通过数字化设备如衣服、无人车和智能家居将人们联系起来的互联网变革通过大量的传感器和制动器获得进一步的扩展。对于制造业来说，随着联网资产与制造设备被数字化工厂不间断连接、监督和优化的到来，变革仍在继续。

1. 云计算

云计算(Cloud Computing)是目前IT界最热门的研究与应用方向之一。无论是硬件生产商，如IBM、英特尔(Intel)、华为等，还是软件开发商(如微软等)，或则互联网服务商(如Google、Amazon等)以及电信运营商(如AT&T、中国移动等)，都在“谈、做和推、用”云计算，它们作为IT全产业链的组成部分，一起构建了一个完整的云计算“生态圈”或“生态系统”。

对云计算的定义有多种说法[36]，如在维基百科上的定义是“云计算是一种基于互联网的计算新方式，通过互联网上异构、自治的服务为个人和企业用户提供按需即取的计算”；著名咨询机构Gartner将云计算定义为“云计算是利用互联网技术来将庞大且可伸缩的IT能力集合起来作为服务提供给多个客户的技术”；而IBM则认为“云计算是一种新兴的IT服务交付方式，应用、数据和计算资源能够通过网络作为标准服务在灵活的价格下快速地提供最终用户”。美国国家标准与技术研究院(NIST)给出的定义比较为大家所接受：云计算是一种按使用量付费的模式，这种模式提供可用的、便捷的、按需的网络访问，进入可配置的计算资源共享池(资源包括网络、服务器、存储、应用软件、服务)，这些资源能够被快速提供，只需投入很少的管理工作，或与服务供应商进行很少的交互。

云计算具有超大规模、虚拟化(抽象化)、高可靠性、通用性、高可扩展性、极其廉价等众多特点，它主要经历了“电厂模式、效用计算、网格计算和云计算”四个阶段才发展到现在这样比较成熟的水平。

云计算的技术构架主要包含服务和管理两个方面。其中，服务层面的层次或组成主要以提供用户基于云的各种服务为主，共包含三个层次：软件即服务(Software as a Service，SaaS)，平台即服务(Platform as a Service，PaaS)和基础架构即服务(Infrastructure as a Service，IaaS)。

从用户角度而言，这三层服务，它们之间关系是独立的，因为它们提供的服务是完全不同的，而且面对的用户也不尽相同。但从技术角度而言，云服务这三层之间的关系并不是独立的，而是有一定依赖关系的，比如一个 SaaS 层的产品和服务不仅需要使用到 SaaS 层本身的技术，而且还依赖 PaaS 层所提供的开发和部署平台或者直接部署于 IaaS 层所提供的计算资源上，还有，PaaS 层的产品和服务也很有可能构建于 IaaS 层服务之上。表 2-1 为三个服务类云计算的核心内容归类。

表 2-1　三个服务类云计算的核心内容归类

项目	范型转变	特征	关键词	优点	缺点和风险	不应该使用的场合
基础设施即服务(IaaS)	基础设施即资产	常常独立于平台；分担基础设施成本，因此会降低成本；服务水平协议(SLA)；按使用量付费；自我伸缩	网格计算，效用计算，计算实例，系统管理程序，暴雨(cloud-bursting)，多租用者计算，资源池	避免在硬件和人力资源方面花费资产费用；降低 ROI 风险；降低进入门槛；简化和自动化伸缩过程	企业效率和生产力很大程度上取决于厂商的能力；可能会增加长期成本；集中化需要新的/不同的安全措施	当资产预算大于运营预算时
平台即服务(PaaS)	许可证购买	消费云基础设施；能够满足敏捷的项目管理方法	解决方案堆	简化的版本部署	集中化需要新的/不同的安全措施	无
软件即服务(SaaS)	软件即资产(企业和消费者)	SLA；由“瘦客户机”应用程序提供 UI；云组件；通过 API 进行通信；无状态；松散耦合；模块化；语义性互操作能力	瘦客户机；客户机-服务器应用程序	避免在软件和开发资源方面花费资产费用；降低 ROI 风险；简化和迭代式的更新	数据的集中化需要新的/不同的安全措施	无

在管理方面，主要以云的管理层为主，它的功能是确保整个云计算中心能够安全和稳定地运行，并且能够被有效地管理。云管理层共有用户层、机制层和检测层等 3 层、9 个模块，它无法用单台的计算机进行处理，必须采用分布式计算架构。它的特色在于对海量数据的挖掘，但它必须依托云计算的分布式处理、分布式数据库、云存储和虚拟化技术。表 2-2 为云计算主要共性技术。

表 2-2 云计算主要共性技术(资料来源：中国电子学会整理)

技术名称	分类及定义描述	典型研究机构
虚拟化技术	虚拟分拆技术：将一台物理机分拆为多台虚拟机，提高物理资源的利用率	微软
	虚拟整合技术：将众多性能一般的计算机整合为一台性能出众的计算机	威睿
	虚拟迁移技术：使用户像使用本地资源一样使用异地物理资源	红帽
分布式技术	分布式计算技术：将进行大量计算的项目数据分割成小块，由多台计算机分别计算	百度
	分布式编程技术：在分布计算机系统上协调程序执行	谷歌
	分布式存储技术：高吞吐率和高传输率的存储技术，用冗余存储方式保证数据可靠性	佰克利
计算管理技术	海量数据管理技术：对分布式海量数据进行有效处理和分析	谷歌 阿帕奇
	调度管理技术：在网络操作系统的指挥下有效调度资源，主要包含 SaaS、PaaS 和 IaaS 三种服务模式	
	平台管理技术：基于平台使大量服务器协同工件，方便进行业务部署和开通	
云平台技术	提供基于"云"的服务供使用者创建 SaaS 等应用，免去使用者搭建编程、测试、发布环境或 IT 基础的流程	IBM 浪潮
云安全技术	身份认证技术：在计算机网络中确认操作者身份的过程而产生的解决方法	杭州华三通信 华为
	数据安全技术：研究数据的保密性、可用性、可控性和完整性	
	防火墙技术：用来阻挡外部不安全因素影响的内部网络屏障，目的是防止外部网络用户未经授权的访问	
	安全审计技术：对用户使用信息资源种类、时间以及如何使用进行记录与监控	
	终端用户安全技术：在用户的终端上部署安全软件，保证计算机系统安全	
辅助技术	Web 技术：加强 Web 应用的可交互性	太阳计算机系统(中国) 微软
	节能技术：满足用户要求数据中心降低能源消耗和运行成本的需求	

2. 大数据——"洞悉变化、及时应对"

自从 2011 年麦肯锡公司发布《大数据：下一个创新、竞争和生产力的前沿》研究报告、高德纳(Gartner)咨询公司发布《2011 年度新兴技术成熟度曲线》研究报告之后，特别是

2012年英国牛津大学教授维克托·迈尔-舍恩伯格(Viktor Mayer-Schönberger)推出《大数据时代：生活、工作与思维的大变革》一书后，大数据概念(Big data)迅速风靡全球，似乎一夜之间“火”了起来，成为科研机构、高校、企业、政府部门等各界的“新宠”，当然，期间也不乏质疑的声音。

最近几年随着大数据技术的逐渐成熟，大数据产业已经升级为一些国家的国家战略，而在德国“工业4.0”、美国“创新战略”、英国“农业技术战略”、日本“复兴战略”、韩国“智慧首尔2015”以及中国《“十三五”规则》中，也都把大数据作为夺取新一轮竞争制高点的重要抓手，大数据时代已真正来临了。

大数据本质上还是数据。所谓数据，简单地讲就是用符号化的方式表达和记录信息，而语言、文字、数字和数学符号则是这种信息表达方式最早、最重要的形式，其中数与数据的关系最为密切。随着计算机应用的不断发展，各种各样的信息都可以用“0”和“1”表示，从而把信息变成了一种可以存储、复制、运算、判断的数字化信息，这就是现代意义上的数据概念。在计算机普遍使用的今天，数以及可以转换成数字的图形、表格、文字都是数据的组成部分。数据概念不再仅仅用于表征事物的特定属性，更为重要的是它已成为推演事物运动、变化规律的重要依据和基础。

大数据概念是人们在对数据的规模、结构、速度不断变化的认识过程中形成的。随着人类行为的日趋复杂而规模不断扩张，人们一直坐拥不断增长的海量信息，同时带来了信息保存处理的社会难题。

大数据的核心是在海量数据中发现不同数据项之间的关联关系。通过分析战略大数据、运营大数据(生产大数据、客户大数据等)，使企业有能力对重要的迹象进行预测并及时采取行动，获得竞争优势。

对于“大数据”(Big data)，高德纳给出了这样的定义：“大数据”是需要新处理模式才能具有更强的决策力、洞察发现力和流程优化能力来适应海量、高增长率和多样化的信息资产。麦肯锡全球研究所给出的定义是：一种规模大到在获取、存储、管理、分析方面大大超出了传统数据库软件工具能力范围的数据集合，具有海量的数据规模、快速的数据流转、多样的数据类型和价值密度低四大特征。

大数据技术的战略意义不在于掌握庞大的数据信息，而在于对这些含有意义的数据进行专业化处理。换而言之，如果把大数据比作一种产业，那么这种产业实现盈利的关键，在于提高对数据的“加工能力”，通过“加工”实现数据的“增值”。

随着云时代的来临，大数据也吸引了越来越多的关注。分析师团队认为，大数据通常用来形容一个公司创造的大量非结构化数据和半结构化数据，这些数据在下载到关系型数据库用于分析时会花费过多时间和金钱。大数据分析常和云计算联系到一起，因为实时的大型数据集分析需要像MapReduce一样的框架来向数十、数百或甚至数千的电脑分配工作。

大数据需要特殊的技术，以有效地处理大量的容忍经过时间内的数据。适用于大数据的技术，包括大规模并行处理(MPP)数据库、数据挖掘、分布式文件系统、分布式数据库、云计算平台、互联网和可扩展的存储系统。表2-3为大数据主要共性技术的汇总。

表 2-3　大数据主要共性技术汇总(资料来源：中国电子学会整理)

技术名称	分类及定义描述	典型研究机构
采集与预处理技术	通过管理信息系统、网络信息系统，物理信息系统和科学试验系统对数据进行采集、清洗和质量控制	IBM 谷歌 微软
存储与管理技术	分布式文件系统：管理的数据存储在分散的设备或节点上，存储资源通过网络连接，针对存储资源和相关应用进行优化	苹果公司 (旗下 Foandation DB 产品) IBM 公司 (旗下 No SQL 公司的 Cloudant 软件)
	分布式数据库：根据数据规模和吞吐量对常规关系型数据库管理系统进行并行处理	
	访问接口与查询语言：取决于系统的存储模型，实现子图匹配、路径查询等功能	
计算模式与系统技术	大数据查询分析计算：提供面向大数据存储管理和查询分析的新的技术方法，解决大体量数据的实时性和准确性问题	脸书 阿帕奇
	批处理计算：对大量重复数据记录提供统一的计算框架，将涉及的诸多系统层细节交通框架完成	
	流式计算：一种高效的实时计算，需要对一定时间内应用系统产生的新数据实时计算	
	迭代计算：改进 MapReduce 等现有模型对迭代计算支持缺陷的新型算法	
	图计算：针对大量关系复杂的图分析计算	
	内存计算：是体系结构层面上的解决方法，可与不同的计算模式相结合	
分析与挖掘技术	数据挖掘针对集成后经过清洗的可信数据进行描述性查询和挖掘分析，需要可扩展的挖掘算法和计算环境	谷歌 微软
可视化计算技术	可视化技术将数据通过软件程序转化为用户可以观察分析的图像，使用户可以结合背景知识对图像进行认知	Tableau 公司 海云数据 昆腾
隐私及安全技术	文件控制访问技术：通过文件访问控制实现操作数据，一定程度上解决数据安全问题	Signifyd 公司 360 公司等
	基础设备加密技术：对大数据存储设备进行安全防护，不能解决大数据安全本质问题	
	匿名化保护技术：适用于各类数据和各种应用，算法通过性高，保证数据真实性	
	加密保护技术：能够保证数据真实性、可逆性和无损性，对隐私保护程度高	
	基于数据失真的技术：应用于关联规则的挖掘和隐藏如随机干扰等	
	基于可逆的置换算法：高效保证数据真实性，用于数据中心大规模系统隐私防护	

3. 物联网——“实时交互、智能运营”

物联网是通过射频识别、红外感应器等信息传感设备，按约定的协议，把任何物品与互联网相连接，进行信息交换和通信，以实现对物品的智能化识别、定位、跟踪、监控和管理的一种网络。因此，物联网是各行业实现智能化的基础。

“物联网就是物物相连的互联网”。这有两层意思：第一，物联网的核心和基础仍然是互联网，是在互联网基础上的延伸和扩展的网络；第二，其用户端延伸和扩展到了任何物品与物品之间，进行信息交换和通信。

事物本身基本没有价值。但当考虑到事物的健康和维护性，把握这些联网设备是怎么适应物联网的很重要。思科用整体观描述物联网为万物互联，其中，“物”：联网设备，每一事物通过互联网拥有独一无二的可访问地址。“人”：与物的合作中，端到端过程或动态案例的参与者。“工艺”：在最基本的水平，为业务目标协调多活动性或任务。工艺过程的参与者将包含人、物、企业应用软件、业务合作者。“数据”：物以一个比人或应用更快的速率产生数据，物联网数据需要实时地被分析和反馈。在这四个实体类型之间具有核心关系。

物联网技术矩阵具有“六层、两域”结构，示意图如图 2-2 所示。

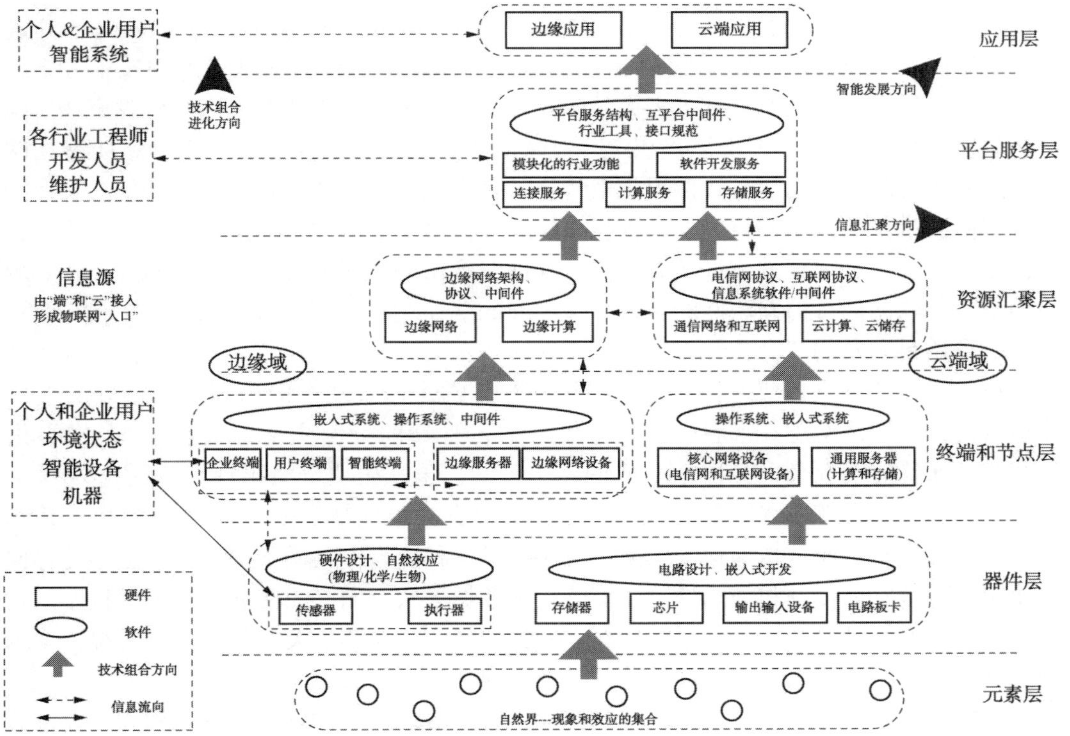

图 2-2 物联网技术矩阵的“六层、两域”结构

*资料来源：王一鸣，物联江湖(ID：Iot521)。

参照物联网技术的自然组成结构，以及信息产业格局和物联网商业视角的分层架构，物联网的技术矩阵可分成六个层次。从下至上为：元素层、器件层、终端和节点层、(信息)资源汇聚层、平台服务层、应用层。物联网技术矩阵还可以分成两个“域”：即“边缘域”和“云端域”。这两个“域”的边界主要体现在终端和节点层、资源汇聚层、应用层。

4. 移动通信

包括高速有线网络、近场无线通信、公网通信、专网通信、5G 移动通信等。其中，高速有线网络是一种采用同轴电缆、双绞线和光纤来连接的计算机网络。它价格便宜，安装方便，但易受干扰，传输率较低，传输距离比同轴电缆要短。

近场通信(near field communication)又称近距离无线通信，是一种短距离的高频无线通信技术，允许电子设备之间使用 NFC(非接触式)技术进行点对点数据传输，交换数据。它是由非接触式射频识别(RFID)及互连互通技术整合演变而来，通过在单一芯片上集成感应式读卡器、感应式卡片和点对点通信的功能，利用移动终端实现移动支付、电子票务、门禁、移动身份识别、防伪等应用。

专网通信是指在一些行业、部门或单位内部，为满足其进行组织管理、安全生产、调度指挥等需要所建设的通信网络。

而 5G 即第五代移动通信是指第五代移动电话行动通信标准，也称第五代移动通信技术，它是 4G 之后的延伸。中国(华为)、韩国(三星电子)、日本和欧盟都在投入相当的资源研发 5G 网络。

(三) 区块链——“分布计算、增强透明与去中心化”

区块链(Blockchain)是一个去中心化的共享总账(Decentralized shared ledger)，其定义为：区块链[37~39]是通过去中心化和去信任的方式集体维护一个可靠数据库的技术方案，区块链完整保存所有数据资产并获得极大的安全性，使交易流程更透明，同时减少市场风险。

区块链概念、技术、应用均很“热”。其原因和高度引人关注之处在于，它能够在网络中建立点对点之间可靠的信任，使得价值传递过程去除了中介的干扰，既公开信息又保护隐私，既共同决策又保护个体权益，这种机制提高了价值交互的效率并降低了成本，所以，区块链技术是下一代云计算的雏形，有望像互联网一样彻底重塑人类社会活动形态，并实现从目前的信息互联网向价值互联网的转变。但 Unitimes 特约作者 Haseeb Qureshi 在其文章《区块链：一场始料未及的革命(*Blockchain: the revolution we're not ready for*)》中也说道：“区块链将颠覆整个社会，它将使得仅存在于乌托邦和哲学家白日梦中的治理体系得以实现。”腾讯公司认为，从经济学意义来看，区块链创造的这种新的价值交互范式基于“弱中心化”，但这并非意味着传统社会里各种“中心”的完全消失，未来区块链将出现大量的“多中心”体系，以联盟链、私有链或混合链为主，区块链将会进一步提高“中心”的运行效率，并降低其相当一部分成本。而从技术角度来说，区块链是一种由多方共同维护，以块链结构存储数据，使用密码学保证传输和访问安全，能够实现数据一致存储、无法篡改、无法抵赖的技术体系。这种技术给世界带来了无限的遐想空间，全球对区块链的关注热度持续升温，全球主要经济体从国家战略层面开始对区块链技术及发展趋势进行研究。

区块链具有去中心化、网络健壮、灵活性、时序数据、集体维护、可编程和安全可信等特点。区块链可能会给人类社会带来革命性的改变可以归纳为“机器信任”、“价值传递”和“智能合约”三大方面。

区块链系统由数据层、网络层、共识层、激励层、合约层和应用层组成，其三项核心技术即共识机制、密码学原理和分布式数据存储是必不可缺的。

区块链系统具有分布式高冗余存储、时序数据且不可篡改和伪造、去中心化信用、自动执行的智能合约、安全和隐私保护等显著的特点，这使得区块链技术不仅可以成功应用于数字加密货币领域，同时在经济、金融和社会系统中也存在广泛的应用场景。目前，区块链的应用大致上可以分为金融、物联网、供应链、能源、公益慈善和公共服务领域等几个领域。

（四）虚拟现实——“仿真模拟、销售培训”

虚拟现实(Virtual Reality，VR)一词是美国 VPL Research 公司的奠基人 Lanier 于 20 世纪 80 年代末首次正式提出。他将虚拟现实描述为一种逼真地模拟人在自然环境中的视觉、听觉、运动等行为的人机界面技术。因此，虚拟现实技术利用计算机生成一种模拟环境，是一种多源信息融合的、交互式的三维动态视景和实体行为的系统仿真，通过创建和体验虚拟世界使用户沉浸到该环境中，场景仿真将支持模拟分析、预测和可视化模拟，降低错误成本，以提高安全性，其基本特征可被描述为“浸没-交互-构想”。

虚拟现实技术是一项综合技术，集成了计算机图形、计算机仿真、人工智能、模型、显示技术等，是人们通过计算机对复杂数据进行可视化操作与交互的一种全新方式。在数字化设计和数字化产品研发中，用虚拟现实展现其成果；在数字化建设中，虚拟现实是开展项目管理和监督的工作平台；在数字化运行中，虚拟现实是开展生产运营管理和监控的工作平台。

虚拟现实技术是仿真技术的一个重要方向，是仿真技术与计算机图形学人机接口技术、多媒体技术传感技术网络技术等多种技术的集合，是一门富有挑战性的交叉技术前沿学科和研究领域。虚拟现实技术主要包括模拟环境、感知、自然技能和传感设备等方面。模拟环境是由计算机生成的、实时动态的三维立体逼真图像。感知是指理想的 VR 应该具有一切人所具有的感知。除计算机图形技术所生成的视觉感知外，还有听觉、触觉、力觉、运动等感知，甚至还包括嗅觉和味觉等，也称为多感知。自然技能是指人的头部转动，眼睛、手势或其他人体行为动作，由计算机来处理与参与者的动作相适应的数据，并对用户的输入作出实时响应，并分别反馈到用户的五官。传感设备是指三维交互设备。

增强现实(Augmented Reality，AR)的起源可以追溯到 1957 年，美国的 Morton Helig 开始了可以给个人用户带来剧场体验的 Sensorama 项目，1966 年哈佛大学教授又发明了头盔显示器。但目前所说的增强现实技术，实际起源于 1990 年的波音。当时波音飞机制造过程中需要反复查看一本复杂的工作手册，一个教授为了解决这个问题而开发了一个软件，它能够将重要的原理图位置信息显示在一个可重用的板子上。然而，直到 1999 年 Hirokazu Kato 发明 AR 工具软件箱之前，增强现实技术一直完全停留在科研工具阶段。所以，就工业新概念来说，增强现实技术的定义就是通过技术手段将数字信息所形成的虚拟环境叠加到现实环境并融为一体，使用户通过设备从感官效果上确信虚拟环境是其周围真实环境的组成部分。从这个角度说，AR 和 VR 一样，都是人机界面的一种技术。

尽管 AR 技术刚刚起步，但已有迹象表明其将成为主流。据估算，2020 年，全球在 AR 技术上的消费将达到 600 亿美元。AR 将深刻影响每个行业的企业，以及从大学到社会企业的各类组织。在未来几年，AR 将改变我们学习、决策和与物理世界进行互动的方式。客户服务、员工培训、产品设计制造、供应管理，甚至企业的竞争方式都将因 AR 发生巨变。

本质上，AR 将数据和分析转化为成像或动画，并将其叠加到现实世界中。如今，大部分 AR 应用都在手机设备上，但未来它将逐渐解放人类的双手，例如通过头戴显示器或智能眼镜。无论是用户对监测数据的获取和视觉化，还是接收产品运行的指示和引导，甚至是对产品的控制与互动等方面，AR 在“视觉化、指示、引导和互动”等方面都大有贡献。

AR/VR 技术的最大的不同是沉浸水平的差异。虚拟现实(VR)是基于对真实世界的模拟，可以通过特定的设备(主要是头盔显示器)来体验，而增强现实(AR)则通过日常使用的智能手机、平板或网络摄像机将电脑产生的图像叠加到真实世界的不同地点和物体上。增强现实避免了全虚拟化带来的复杂性、脱离了对空间的限制、减少了对设备的依赖，因此具备更广的可行性和应用前景。

AR/VR 技术最早来自工业领域的需求，但在消费者市场，例如游戏、教育等领域被发展壮大。高盛预测，2016 年关于 AR/VR 报告涉及的 9 个行业中，有 5 个领域即医疗、教育、房地产、军事和工程领域最为应用广阔。AR/VR 技术在工业领域的典型应用场景主要是“工业仿真”、“沉浸式产品设计评审”、“远程交互式产品设计评审”、“产品设计改型”、“通过智能作业指导书指导工人精准执行”、“助力产品个性化选装选配和定制”、“指导产品安装”、“实现客户体验”、“现场服务与维修”、“应急推演”、“教育与培训”和“数字地球”等。

(五) 人工智能 ——“本质安全、智能反馈”

人工智能(Artificial Intelligence)或智能机器人[40~43]是基于计算机通过信息处理和反馈机制，进行一定程度的独立地活动和问题处理，可以替代人类完成一些危险工作或重复劳动，同时提高工作效率。

2017 年 12 月 12 日，美国国会提出两党法案——“人工智能未来法案”(Future of Artificial Intelligence Act of 2017)。按照该法案，认为围绕人工智能有如下几个定义：

(1) 任何能够不经人类特别干预即可在复杂多变的环境下完成任务的智能系统，能够通过机器学习不断优化决策和行动。其可以像人类一样思考、认知、规划、学习、交流或采取行动。一般而言，智能系统越能够以接近人类的方式执任务，其人工智能化的程度就越高。

(2) 可以像人类一样思考的智能系统，如具备认知结构和类神经网络的系统。

(3) 可以像人类一样采取行动的智能系统，如那些通过自然语言处理、知识表示、知识推理和机器学习，能够完成真实测试或者其他类似测试的智能系统。

(4) 一系列尝试完成认知任务的技术，包括机器学习等。

(5) 可以采取理性行动的智能系统，如智能软件代理和类人化机器人，能够通过感知、规划、推理、学习、沟通、决策和行为等实现目标。

通用人工智能，是未来人工智能概念，在众多认知领域上像人类智能那样灵活和全面的系统，能够做出智能行为，包括认知、学习、语言、感知、推理和社会化行为等。狭义人工智能，强调特定应用领域，能够执行专门的、定义明确的任务，如玩策略游戏、智能翻译、自动驾驶汽车和图像识别等。

1956 年夏天，约翰·麦肯锡(John McCarthy)召集哈佛大学、麻省理工学院、IBM 公司以及贝尔实验室的研究人员在达特茅斯开会后诞生的人工智能，也已经历三次浪潮。图 2-3 为人工智能发展历程的示意图。

第一次浪潮中，人们惊呼着“人工智能来了”“再过十年机器会超越人类”，陆续发明了首款感知神经网络软件，证明了数学定理。这个阶段以专家系统和知识工程为主流，采用知识表达和逻辑符号来模拟人类的智能，试图对智能进行宏观研究，属于知识驱动(Knowledge-driven)的“符号主义”阶段，但这个阶段总的来说，技术瓶颈还是难以突破。

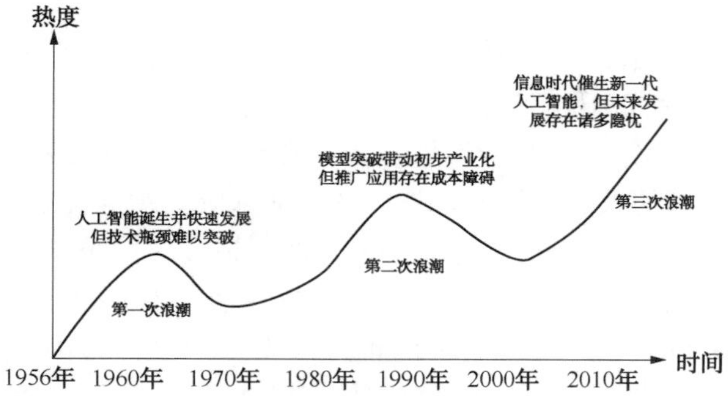

图 2-3　人工智能发展历程示意图

＊ 资料来源：中国电子学会。

第二次，随着 20 世纪 80 年代 Hopfield 神经网络和 BT 训练算法的提出，出现语音识别、语音翻译计划等以及日本提出的第五代计算机，数学模型取得突破并应用了专家系统。但后来日本第五代计算机失败，“符号主义”停滞不前，数据驱动(Data driven)的“连接主义”兴起。W. S. McCulloch 和 Pitts 的开创性先驱工作直到目前的深度学习，都是微观意义上的探索。20 世纪 80 年代到 2015 年，连接主义一直占据主导，同时模糊逻辑取得了重大进展。然而，由于未能真正进入人类日常生活之中，前两次浪潮最终归于沉寂。

如今，第三次人工智能浪潮的兴起，得益于深度学习技术的突破。该技术是一种需要训练大型神经网络的“深层”结构，且每层可以解决不同方面的机器学习。其特点是，无须再依赖于硬件代码和事先定义的规则，而是依靠模拟人类大脑的神经网络系统，从案例和经验中习得算法，即依赖于生物学、脑科学、生命科学和心理学等学科的发现、发展，将机理变为可计算的模型，所以是生物启发的智能(Biology Mechanism Driven)。

人工智能作为一个综合性的学科研究领域，它的发展多少伴随着传统计算机科学的发展程度。而计算机科学中计算机网络模块，随着时代的发展，也渐渐向人工智能靠拢。计算机的数据处理也变得复杂化、多样化起来。数据处理的方法也从传统的特定编程问题与答案转向人工智能中的思考处理。由于人工智能是模拟人的思维与语言组织能力，因此计算机能做的工作就多了起来，也复杂了起来。比如对于监控系统的随时抽样检查，对于系统运行的全面状态宏观掌控与实时追踪，对于突发的用户登录异常能够有很高的警惕性，随时可以根据人的命令查找需要用到的数据。由于模拟了人的语言组织能力，因此也可以从事写作工作，包含了写作中的逻辑能力、空间想象能力、思维发散想象力等。

随着信息处理效率的提高和准确性的提高，也可凭借人工智能技术与记忆功能，实现记忆在建立数据库的过程中存储的信息，以及以信息库作为平台，进行信息的综合总结和解读，产生更科学、准确的高级信息，提升网络管理水平。

世界各国纷纷意识到，人工智能是开启未来智能世界的密钥，是未来科技发展的战略制高点；谁掌握了人工智能，谁就将成为未来核心技术的掌控者，因此，美国等国家对人工智能的研究开发十分重视。如，美国已经将人工智能上升为国家战略，自 2013 年 4 月推动创新神经技术脑研究计划以来，2014 年 1 月 NIH 小组制订了未来的十年详细计划，2015 年 10 月美国 DARPA 召开未来技术论坛，一个月后 CSIS 即发布《国防 2045》，2016 年 2 月 DARPA 提出支撑美国第三次“抵消战略”，同年 5 月，白宫又专门成立了人工智能委员会，统领与协调全美在AI领域的研究开发与应用。日本在2015年1月提出“新机器人战略”，发展机器人技术，推动工业生产力的提高。同年6月，又设立人工智能研究中心，提出“超级智能社会”这一未来社会构想。到2016年初，又提出高级综合智能平台计划，协调、推进“人工智能、大数据、物联网和网络安全”综合发展技术。在韩国，2013年就提出了名为“Exobrain”的计划，开发专业零余额的人机交流的自然语音对话系统。2014年提出了第二个智能机器人总体计划(2014~2018年)，要求机器人产业与其他制造业、服务业相结合并保持机器人技术及其相关重点产业的优势。之后在2015年又成立了人工智能实验室(AI Star Lab)，人工智能成为项目的五大关键领域之一。而中国也将人工智能上升为国家战略，如在2015年5月提出《中国制造2015》，两个月后又出台了《国务院关于积极推进“互联网+”行动的指导意见》。2016年3月，出台《国民经济和社会发展第十三个五年规划纲要(草案)》；2016年5月，又提出了《“互联网+”人工智能三年行动实施方案》。

随着移动互联网、大数据、云计算等新一代信息技术的加速迭代演进，人类社会与物理世界的二元结构正在进阶到人类社会、信息空间和物理世界的三元结构，人与人、机器与机器、人与机器的交流互动愈加频繁。人工智能发展所处的信息环境和数据基础发生了深刻变化，愈加海量化的数据，持续提升的运算力，不断优化的算法模型，结合多种场景的新应用已构成相对完整的闭环，成为推动新一代人工智能发展的四大要素[44]。新一代人工智能主要发展特征如图2-4所示。

图2-4　新一代人工智能主要发展特征[44]

随着人工智能理论和技术的日益成熟，应用范围不断扩大，既包括城市发展、生态保护、经济管理、金融风险等宏观层面，也包括工业生产、医疗卫生、交通出行、能源利用等具体领域。专门从事人工智能产品研发、生产及服务的企业迅速成长，真正意义上的人工智能产业正在逐步形成、不断丰富，相应的商业模式也在持续演进和多元化。

四、石油分子工程与管理

石油炼制工业面临的挑战包括：石油资源总量逐渐减少，现有资源和可利用资源又呈现重质化、劣质化趋势，开采成本不断增加或上升；人类社会进步和生活水平的提高要求石油炼制者提供满足更严格环保法规排放需要的、更多的轻质油品和其他高质量清洁产品，石油炼制者既要适应降低成本、清洁生产和不断提升竞争力的内部需要，还要承受其他清洁替代燃料与可再生能源(如生物燃料等)的外部挤压与冲击。在这些大趋势和大环境的要求下，如何充分利用好宝贵的石油资源，做到绿色、高效和高选择性地实现资源价值最大化和成本最小化，吴青[45~50]在综合分析了化学与化学工程学科关于分子工程相关概念[51,55]，特别是能源工业煤分子工程[56,57]、石油组学[58~63]、分子炼油等概念，并结合石油加工与相关工业领域有关技术的进展后，提出了石油分子工程与分子管理。其定义为：石油分子工程是对石油及其馏分在分子水平上研究其性质、组成、结构及反应性能的相互关系，并以此为基础对石油及其馏分如何精准和高效地转化为当今技术所能使用的能源或产品而开展研究、应用的一门工程学科；石油分子管理则定义为对石油分子工程进行优化利用的技术。

石油分子工程及其管理属于新兴的工程学科，在超越传统石油炼制认知体系下通过对石油及其馏分的分析表征、模拟与识别，获得石油及其馏分在分子水平上的各种信息；将直接获取或重构获得的分子信息与石油及其馏分的物化性质及反应性相关联，从而建立分子动力学模型，并模拟石油炼制加工反应过程；预测、关联反应产物分布及其产物性质；为原料优化，催化剂开发、表征、设计、筛选、使用，石油炼制工艺过程操作管理与优化，以及新的工艺过程开发等提供有益的指导与帮助，实现石油中每个有机分子价值的最大化，提升石油炼制的效率与效益。

因此，为了实现石油资源价值最大化和加工成本最小化，从石油分子工程与分子管理的理念出发，一方面，需要具备“分子水平—加工过程—目的产品—循环利用”的全局思维与集成解决方案；另一方面，它也是随着石油及其馏分的分析表征、模拟、识别与分子重构技术水平和先进控制、信息化技术水平以及催化剂与石油炼制新工艺等技术的进步而不断进步的，所以其关键与核心技术可以归纳为：

（1）石油及其馏分的分子水平分析表征技术及分子或分子模型重构技术；

（2）石油及其馏分性质与分子信息的信息化描述；

（3）石油分子反应性能、使用性能及其分子动力学模型研究；

（4）绿色、高效的新型催化材料开发及催化机理研究；

（5）石油分子工程与管理的信息化体系建设。

石油分子工程与分子管理通过加深对石油资源分子水平上的认识，并深入研究石油及其分子组成的转化规律，同时借助计算机与信息化技术，一方面可以优化原料组成、有针对性地开发最适合的催化剂并设计一系列合理反应路径和反应条件，达到原料、催化剂、工艺以及反应器的最佳匹配；另一方面，可以实现包括原油在内的资源敏捷优化，原油选择、加工、销售全产业链的协同优化，以及全产业链过程质量、安全、环保的监管与溯源，从而真正实现超越传统石油粗放认知体系的“分子水平的炼油”，促进炼油化工新技术取得突破性的跨越式进展，并推动行业（产业）的重大技术进步。

综上所述，石油分子工程与分子管理就是从分子层次（水平）来认识石油、利用石油和用好石油。

五、工业互联网

工业互联网的理念最早是在2012年左右提出的，之后各国、各地的不同机构纷纷建立并根据其不同的应用场景，思考并提出了相应的工业互联网定义及其参考架构。按照中国《工业互联网平台白皮书（2017）》的定义，工业互联网是新一代信息通信技术与现代工业技术深度融合的产物，是制造业数字化、网络化、智能化的重要载体，也是全球新一轮产业竞争的制高点。其本质是以机器、原材料、控制系统、信息系统、产品及人之间的网络互联为基础，通过对工业数据的全面深度感知、实时传输交换、快速计算处理和高级建模分析，实现智能控制、运营优化等生产组织方式变革。

中国共产党第十九届中央委员会的大会报告提出，我国要“加快发展先进制造业，推动互联网、大数据、人工智能和实体经济深度融合”。工信部部长苗圩提出“制造业加速向数字化、网络化、智能化方向延伸拓展”，制造业发展进入“软件定义、数据驱动、平台支撑、服务增值、智能主导”的新阶段。而2017年11月27日国务院发布的关于《深化“互联网+先进制造业”发展工业互联网的指导意见》，指明了未来发展先进制造业的方向，并明确“网络、平台和安全”是构成工业互联网的三大体系。其中，“网络”是基础，它既包括工业现场总线、工业以太网等传统网络，也包括现在的时间敏感性网络TSN、工业无线NBLT等新型工业网络。它是实现整个制造资源(包括设备、系统、跨工厂、泛载连接等)的基础。“平台”是支撑、核心，主要包括边缘层、IaaS层、工业PaaS层(平台层)和工业SaaS层(应用层)等四层，是面向制造业数字化、网络化、智能化需求，构建基于海量数据采集、汇聚、分析的服务体系，其核心作用就是在把所有的数据连接起来之后，通过载体(平台)实现整个制造资源的汇聚、优化，并对其进行服务延伸。最后，“安全”是保障，安全体系包括设备安全、网络安全、控制安全和数据安全四个方面，其目标既包括数据保密，也包括设备的稳定可靠运行。通过工业互联网的“网络、平台和安全”三个体系的构建，再包括产业支撑、融合应用、产业生态和开放合作等各个方面，能够全方位促进我国工业互联网的发展。

按照中国信息通信研究院的研究，工业互联网将为工业智能带来“三新”：激发新的应用、涌现新的平台和构建新型的生态体系。工业互联网对数据传输速度要求较高，网络速度的提升有助于工业互联网的发展，所以5G的发展与推广应用很重要。另外，边缘层是平台体系的基础，大量廉价的传感器、芯片是设备大规模数字化的先决条件。工业互联网产生的大量数据，需要依靠云计算提供低成本计算储存支持。工业数据不同于现在的互联网数据，其特殊性表现在：①多源性获取，数据分散，非结构化数据比例大；②数据蕴含信息复杂，关联性强；③持续采集具有鲜明的动态时空特性；④采集、存储、处理实时性要求高；⑤与具体工业领域关系密切。大数据规模的不断增长对传统的计算模式产生压力，云计算更高效地运用于硬件设备，对于处理大数据来说是必要的支持，云计算的成熟发展对于处理计算机存储不断增加的工业数据来说是必要的基础。技术水平的提升和云计算成本的降低，有利于工业互联网的推广。

除此之外，还有一些其他信息化技术如清洗工具、数据挖掘分析方法及工具、展示方法及工具等，不逐一展开。

第二节　信息化智能化发展的国家战略与计划

近几年，为应对制造业面临的挑战，尽最大可能占据信息技术研发和应用的制高点，不断提高信息占有、支配和快速反应的能力，加速“两化融合”与深化“互联网+”应用，世界主要工业化国家根据本国的工业化水平和技术实力，纷纷提出发展战略和行动纲领，如美国的“先进制造业国家战略计划”与工业互联网(Industrial Internet)、德国的“面向 2020 的工业 4.0 战略(Industry 4.0)”、日本的“e-Japan 战略”“战略创新创造计划”以及英国的“英国工业 2050 战略”、韩国的“制造业创新 3.0 战略”、印度的“印度制造计划”和中国政府的“中国制造 2025”等宏伟战略。这些计划无不充分提现与展示了世界各国政府对计算机信息化技术的高度重视与殷切期盼，其中美国通用电气公司(简称 GE)认为工业互联网革命可以再造一个美国经济，德国政府将工业 4.0 上升为国家战略，中国制造 2025 旨在加速培育我国新的经济增长动力，抢占新一轮产业竞争制高点。这些战略的本质都是在工业领域深度应用以互联网为代表的信息技术，从而将生产力提升到一个全新的高度。

一些主要国家如美国、德国、日本和中国的与信息化智能化发展相关的国家战略或计划简单介绍如下。

一、德国工业 4.0

(一) 概况

1. 工业 1.0 到工业 4.0

工业 4.0 源自德国对 2008 年金融危机的一个应激式反应，当时整个欧洲大陆都在寻找改善经济的机会。对于德国而言，一个重要的结论就是，德国必须形成更加柔性与灵活的生产链条，坚定不移地转向大规模定制以适应动态的外部环节，而整个世界正好能够感受和预见到数字转型对制造环境的巨大影响——正好工业 4.0 扑面而来。

德国“工业 4.0”[12,23,64](简称工业 4.0) 并非一开始就定型的，它通过四个阶段[65]的不断发展，经德国国家科学和工程院(Acatech)发展和完善后才最后形成。“工业 4.0”的完整概念，见图 2-5。随后，德国科学界(Acatech)、佛老恩霍夫协会、工业界(西门子等公司)与政治家一起，向联邦政府建议在几个特定的领域培育数字化。最终德国政府非常认同这个描述，将其作为《高技术战略 2020》确定的十大未来项目之一，将工业 4.0 从一个战略项目，最终确立为国家级的工业 4.0 平台(第二个工业 4.0 平台)并在 2013 年 4 月的汉诺威工业博览会上首次正式推出。德国通过联合产学研政各家力量，由德国联邦教研部与联邦经济技术部联合资助并协调其他国家战略，通过某些对接形成专业的知识交换平台。

德国将工业 4.0 作为国家战略，其目的是提高德国工业的竞争力，以便在新一轮工业革

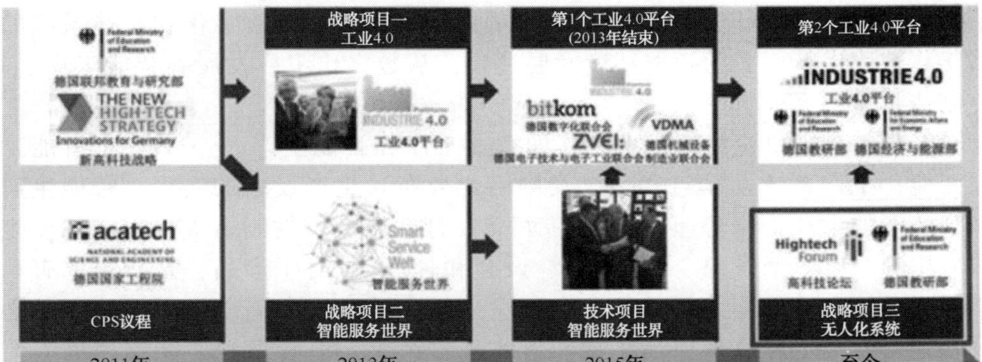

图 2-5 德国工业 4.0 平台的发展阶段示意图[65]

命中占领先机。

工业 4.0 是德国提出来的一个概念，不同国家面临同样的数字化大潮可以采用不同的名字和内涵。因此，所有的国家都能够相互学习，但每一个国家都需要去发展适合自己经济结构和需求的概念。

德国工业 4.0 适合离散工业，它是以分散式智能制造为方向的全新生产管理模式，是将来的一种发展趋势。德国人是这么描述的："工业 4.0 将在制造领域的所有因素和资源间形成全新的社会-技术互动水平。它将使生产资源(生产设备、机器人、传送装置、仓储系统和生产设施)形成一个循环网络，这些生产资源将具有以下特性：自主性、可自我调节以应对不同形势、可自我配置、基于以往经验、配备传感设备、分散配置，同时，它也包含相关的计划与管理系统。作为工业 4.0 的一个核心组成，智能工厂将渗透到公司间的价值网络中，并最终促使数字世界和现实的完美结合。"

因此，在德国人的愿景中，工业 4.0 是一种高度自动化、高度信息化、高度网络化的生产状态，工厂内人、机、料自主协同，自组织、高效运转，工厂外，通过端对端集成、横向集成，价值链的共享、协作，效率、成本、质量、个性化都得到了质的飞跃。

正因如此，德国工业 4.0 具有巨大潜力。比如，它可以使得单件生产成为可能，充分满足个别用户的定制需求。在工业 4.0 的世界，商业环境和工艺流程的动态结合，这使得即使在最后一刻需求发生变化的时候，生产仍然成为可能。与此同时，在整个供应链上，当个别供应商出现问题的时候，整个工厂仍然可以保持充分的柔性。而终端用户也呈现连接的状态，其巨大的透明性，可以贯穿整个制造流程之中，这使得商业决策可以大大优化。这就会产生许多不同的价值和全新的商业模式——尤其对于中小企业和新创公司，它们很容易在全流程的价值服务中找到自己的位置。此外，工业 4.0 还致力于解决资源短缺、能源效率低下、城市生产和人口变化所带来的挑战。由于工业 4.0 可以在整个价值链上优化资源效率，它可以充分考虑到人口变化和社会因素，从而形成有效的组织。而作为工业价值链上重要的一环——智能服务，作为相辅相成的补充，可以使得制造业的环节更加广泛地向外延伸。

但是，要达到工业 4.0，首先要实现数字化制造。采用数学化的仿真手段，对制造过程制造装备、制造系统以及产品性能进行定量描述，是工艺设计从基于经验的试差向基于数学模型、科学推理转变，是数字化制造的主要特征。数字化制造的技术体系包括了产品表达的数字化、制造装备的数字化、制造工艺的数字化和制造系统的数字化。基于物联网以及服务的智能环境发展过程，从数字化工厂发展到智能工厂。其中，智能化制造具有一系列特征。

德国工业 4.0 主要包括两大主题，即智能工厂和智能生产[64]。其中，智能工厂重点研究智能化生产系统及其过程，以及网络化分布式生产设施的实现。智能生产主要涉及整个企业的生产物流管理、人机互动、3D 打印以及增材制造等技术在工业生产过程中的应用等。有三个设想，即"产品、设施和管理"。对于产品，是指集成有动态数字存储器、感知和通信能力，承载着在其整个供应链和生命周期中所需的各种必需信息。设施是由整个生产价值链所集成，可实现自组织。而管理则要能够根据当前的状况灵活决定生产过程。

2. 工业 4.0 的“1”：一个核心(CPS)——未来世界的形式

德国人认为，在未来，各种设备、库房和产线都以赛博物理系统(Cyber-Physical System，CPS)的形式出现，形成一个全球化的网络。

在制造环境中，这些 CPS 系统包含了智能机器、自动化仓储、自适应产线等。它们自主交换信息，实现各自独立的自动执行和控制，使得生产、工艺、物料和供应链，可以在全生命周期内得到系统性地优化。

所以，赛博物理系统 CPS 是“工业 4.0”的一个核心。根据德国国家科学和工程院(Acatech)的定义，赛博物理系统 CPS 正在成为未来全球化网络世界的一部分。在这里，产品、设备和零部件都通过各种不同功能的嵌入式系统和软件，进行交互。借助于传感器强大的感知力量，这些系统可以处理物理世界产生的数据，并将其转化为基于网络的服务。反过来，这些数据将通过执行器反作用在物理系统上。通过这个 CPS 系统，物理实体与数字空间紧密结合，从而形成一个由物联网、数据中心和务联网所组成的世界，示意图见图 2-6。

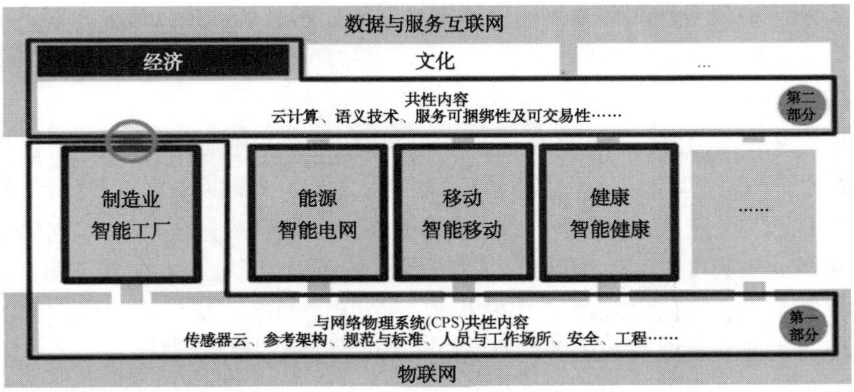

图 2-6 CPS 系统物联网和务联网

CPS 是一个综合计算、网络和物理实体的多维复杂系统，不仅通过 3C(Computing、Communication、Control)技术的有机融合与深度协作，而且通过人机交互接口实现和物理进程的交互，使赛博空间以远程的、可靠的、实时的、安全的、协作的方式操控一个物理实体。CPS 系统包含了将来无处不在的环境感知、嵌入式计算、网络通信和网络控制等系统工程，使物理系统具有计算、通信、精确控制、远程协作和自治功能，通过将物理设备连接到互联网上，从而实现虚拟网络世界与现实物理世界的融合。智能机器、储存系统和生产设施，各个部分能够相互独立地自动交换信息、触发动作和控制。

CPS 可以看成是工业 4.0 的起点。在 CPS 的世界里，数字孪生(Digital Twins)可以被创建、执行和交互[65]。数字孪生是实体系统、流程或者产品在 CPS 的数字映射，并且随着实际运行时间而逐渐发展。工业 4.0 中的所有对象，都包含一个资产管理壳，可以对应一个数字孪生。而当数字孪生发生变化时，潜在风险和缺陷就会被检测、识别，从而实现早期修复。此外，真实系统的实际运行规律，也会被进行虚拟化处理，实现预先检查，甚至整个生产流程都可以在基于云的物联网平台上进行模拟。许多企业先行的实践者，已经接受了这个概念并在项目中使用。

CPS 成为新一次工业革命的核心，不只是得到德国的高度重视，即便在 CPS 的发源地，美国总统科学技术顾问委员会在2007年7月，在《挑战下的领先——竞争世界中的信息技术研发》报告中列出了八大关键的信息技术，其中CPS位列首位。因此，德国工业4.0将CPS定位为核心技术，既是技术发展的需要，也是德国基于自身优势建立起来的技术堡垒，CPS对德国工业4.0战略来说，具有攻防兼备的功能。

3. 工业4.0的“2”之一：具体实施的“两大”法宝

如何能够高度抽象地统一不同企业、组织的共同行动？这就是需要建立一个顶层框架。德国工业4.0的顶层设计，就是工业4.0参考框架RAMI。这是一个三维模型，它定义了“层、流、级”三个维度，分别是生产层(Layers)、生命周期价值流、系统层级(Levels)。而在每一个维度上，都有相应的技术指南和标准。

根据相对应的虚拟数字映射和技术功能描述，与RAMI相呼应的还有一个重要的支撑概念：“管理壳”。“管理壳”可以是一个或多个生产组件，但必须能够跟RAMI所定义的三个维度上的要素之一相呼应，并且需要满足相关技术标准。借助于管理壳，确定设备资产的数据、功能和安全需求就变得非常容易，无须重复定义，而且可以确保相互连接。因此，管理壳和RAMI都是实施工业4.0的重要保障[65]。

4. 工业4.0的“2”之二：内容方面的两个主题、两个基础与两个领先

“工业4.0”有两个主题，即“智能工厂”和“智能生产”，这也是德国在自己优势领域设置了两个制高点。其中“智能工厂”重点研究智能化生产系统及网络化分布生产设施的实现；而“智能生产”的重点在于将人机互动、智能物流管理、机器人等先进技术应用于整个工业生产过程，从而形成高度灵活、个性化、网络化的产业链。无处不在的传感器、嵌入式终端系统、智能控制系统、通信设施通过CPS形成一个智能网络，从而实现横向、纵向和端到端的高度集成。因此，物联网和服务网是“工业4.0”的两个基础。

上述智能生产涉及整个企业，包括生产物流管理等宏观运营的层面，即智能化工厂。而“智能工厂”是工业4.0的首要主题，也就是我们说的智能化车间。智能工厂重点研究的“智能化生产系统及过程”，是指除了包括智能化的机床、机器人等生产设施以外，还包括对生产过程的智能管控，如果换成信息化术语，就是智能化的MES制造执行系统。而智能工厂重点研究的“以及网络分布式生产设施的实现”，是指将生产所用的生产设施(如机床、热处理设备、机器人、AGV、测量测试等各种数字化设备)，进行互联互通、智能化的管理，实现信息化系统与物理系统的深度融合，目前很多企业实施的DNC/MDC(设备联网、设备监控系统)是其基础。

“工业4.0”的两个领先是“领先的供应商战略”和“领先的市场战略”。“领先的供应商战略”强调德国装备制造供应商要通过技术创新和集成，不断提供世界领先的技术解决方案，并借此成为“工业4.0”产品的全球领先的开发商、供应商；通过此方法，实现工业4.0软硬件及“系统的系统”的解决方案，形成事实上的全球标准，将中国等国家由竞争对手变为方案倾销市场，兵不血刃地占领，这也就是为什么默克尔等政要不遗余力推广工业4.0的主要原因。“领先的市场战略”强调将德国国内制造业作为主导市场加以培育，率先在德国国内制造企业加快推行“工业4.0”与实施CPS赛博物理系统，进一步壮大德国制造业。也就是说，用工业4.0的理念、技术手段等将德国国内企业武装起来，提升其生产效率与竞争力，确保在全球竞争中占据主动地位。

5. 工业 4.0 的“3”：三项集成

为充分发挥社会化协同制造的优势(包含产品研发、生产、销售、服务等内容)，德国人在工业 4.0 中提出来三项集成：纵向集成、端对端集成、横向集成。

纵向集成的全称为“纵向集成和网络化制造系统”，其实质是“将各种不同层面的 IT 系统集成在一起(例如，执行器与传感器、控制、生产管理、制造和执行及企业计划等不同层面)”，也就是说将企业内不同的 IT 系统、生产设施(以数控机床、机器人等数字化生产设备为主)进行全面的集成，目的是建立一个高度集成化的系统，为将来智能工厂中网络化制造、个性化定制、数字化生产提供支撑。

端对端的集成是指“通过产品全价值链和为客户需求而协作的不同公司，使现实世界与数字世界完成整合”。也就是说，通过产品的研发、生产、服务等产品全生命周期的工程活动，最典型的例子，如小米、苹果手机是围绕产品的企业间的集成与合作。

横向集成是“指将各种使用不同制造阶段和商业计划的 IT 系统集成在一起，这其中既包括一个公司内部的材料、能源和信息的配置，也包括不同公司间的配置(价值网络)”。也就是以供应链为主线，实现企业间的三流合一(物流、能源流、信息流)，实现一种社会化协同生产。

德国工业 4.0 战略中，通过以上三个集成，全面打通企业内部(信息化系统及生产设备)、企业之间、社会化的集成、协同，实现灵活的、个性化的、高效的、社会化、智能的生产。

6. 工业 4.0 的经济性：颠覆性的平台经济

工业 4.0 与平台经济密切相关[65,66]，最重要的关联点就是智能工厂。在智能工厂中，整个生产流程和供应链都是虚拟的，而且高度柔性化，最极端的批量为 1 件产品。而这些都是由单独的个人订单所驱动。在智能工厂可以广泛地生产智能产品，后者是高度互联的物理实体、设备和机器，从而产生大量的数据。通过有意义的分析、解读、连接和补充，这些数据可以重新定义，成为“智能数据”。

基于这一点，企业不仅仅可以有效地控制、维护和提升智能产品，而且可以生成知识，从而作为“智能服务”的基础。实际上，智能服务是全新的、定制化的服务，并且基于数据驱动的商务模式，从而提供了更多商业化的机会。

要提供智能服务，所有的机器、设施和工厂都必须通过数字化平台连接到物联网上，而这个数字化平台就会逐渐演化成一个生态系统。这个生态系统有一个基本原则，那就是“即插即用”。通过数字服务平台，一个公司的服务就可以模块化，与第三方的各种服务平台有机结合，共同对外来满足用户的各种实时需求。

在平台经济或者服务驱动的商业模式下，一家一家的提供商和其产品就不再是重点。所有的重心都转移到用户的个性化需求上。从工业生产的实例来看，一个压缩机不再是出售空压机，而是将“提供压缩空气”当作一种服务。这就打破了既有的商业模式，代表了一种新的范式转换。高品质的产品供应商，将转向基于产品服务系统或者智能服务系统。

图 2-7 所示的收益图是从德国政府 2013 年公布的“工业 4.0 实施建议最终报告”的内容分析整理得来的[66]。该报告在论述中将实施工业 4.0 的预期收益归纳为 7 个方面，见图 2-8。

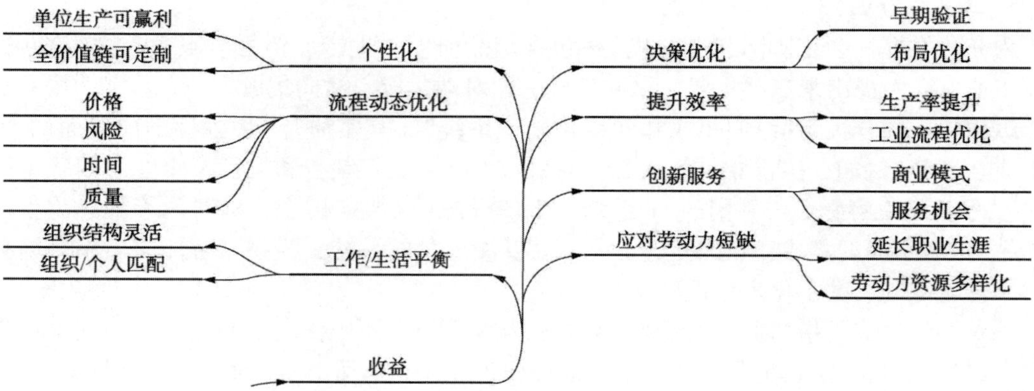

图 2-7　工业 4.0 战略预期收益图

个性化

在最大程度地满足客户个性化需求（需求量小并且存在全价值链周期上的客户定制）的同时，组织依然能够通过工业4.0智慧工厂获得盈利

决策优化

工业4.0智慧工厂的实施可以提供端对端的信息透明，使得工程领域的设计可以在早期获得验证，并据此做出对工厂布局的适当优化

过程动态优化

工业4.0智慧工厂可以根据最终产品对时间、质量、价格、风险等方面的要求动态优化组织工作流（例如增加/减少某些过程环节），为产品实现提供灵活性

提升效率

在工业4.0智慧工厂中，CPS系统设备是构成横向价值网络的基础节点。CPS系统设备具备自治的功能，可以对节点及其周围相关设备的操作进行持续优化，提升生产率和资源利用效率

创新服务

由于工业4.0所要求的信息透明，组织可获取智慧工厂横向价值网络中其他组织的CPS系统设备产生的大量数据进行智能算法分析，从而寻求服务机会并进而创新组织的服务模式

应对劳动力短缺

智慧工厂大量使用智能设备替代人工重复劳动及危险活动，并配备技术辅助系统延伸组织中人员的能力，一方面可以延长组织中人员的职业生涯，另一方面可以更灵活地配备岗位人员，增加劳动力资源的多样性。同时也有利于组织抵御人力成本上升所带来的竞争力下降风险

工作-生活平衡

与传统工厂的集中式组织结构不同，工业4.0智慧工厂是一种去中心化的结构，组织方式更加灵活，并且更容易匹配个人与组织的需求

图 2-8　工业 4.0 的预期收益

（二）工业 4.0 的发展战略

工业 4.0 作为德国《高技术战略 2020》中十大未来项目之一，已经上升为德国的国家战略。

寻找传统企业工业 4.0 的发展战略，可以采取用项目集的方法[66]。项目集管理（Program Management）是项目管理协会 PMI 推出的标准化知识体系之一，它包含五大绩效域和九大支持过程，其中五大绩效域是：战略一致性（Strategy Alignment），收益管理（Benefit Management），干系人参与（Stakeholder Engagement），治理（Governance）以及生命周期管理（Life Cycle Management）。

按照项目集方法，梳理工业 4.0 的战略方向、预期收益以及对组织干系人的影响，并对企业自身进行较为充分的商业论证。为此，梳理出图 2-9。

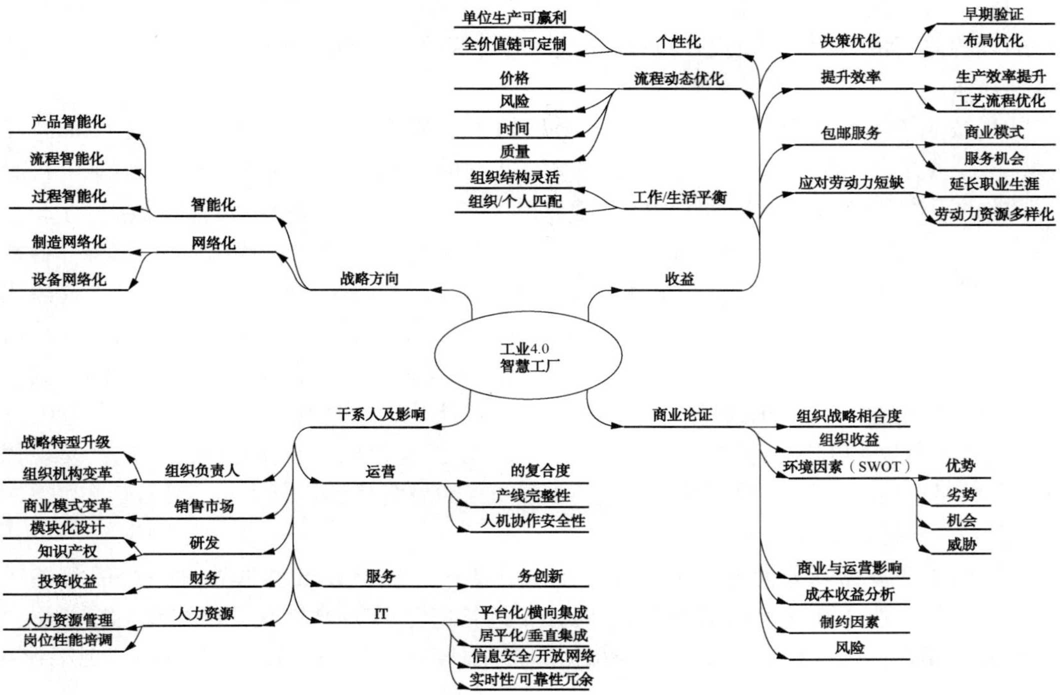

图 2-9　工业 4.0 的战略方向等梳理[66]

工业 4.0 的战略方向，简言之是智能化和网络化，但其根基却在于"五化"。其中，智能化是工业 4.0 智慧工厂的最终目的，它不仅包含智能的产品(Product)，还包含了智能化的过程(Procedure)和流程(Process)。而网络化是工业 4.0 智慧工厂的基础。智慧工厂的网络化包含设备网络化和制造网络化两个层次的含义。

智能化中，产品智能化是指在产品初始信息中不仅包含用于其生产的所有物料信息，还应包含生产该产品所需的工艺过程及其特殊要求，例如在手机背壳的上激光打印签名等；流程智能化是指从销售、设计、采购、生产、物流、服务等环节构成的横向价值网络上实现智能化集成，减少人工参与流程接口的处理工作。由于横向价值网络可能超出单一工厂的范畴(例如供应链向外延伸)，因此接口标准化、信息安全和传输可靠性是智能化横向集成的重要衡量；而过程智能化是指 CPS 系统设备可以根据产品初始需求信息携带的特殊要求(例如时间、成本、质量等因素)，动态配置流程中每个环节的操作过程，并实现局部自主协同、优化工艺过程的实施。

网络化方面，设备网络化即智慧工厂中的设备都能够与工厂网络直接相连并实时交互信息。在设备网络化过程中，需要对现有工厂的多层 IT 结构实现垂直集成，使原来 ERP、MES、控制层、设备层 IT 系统合而为一。垂直集成将使得原先基于封闭网络的 MES、控制层、设备层接入开放网络，使得信息安全和工艺流程的知识产权保护状况恶化，需要采取必要的应对措施来实施预防。而制造网络化的含义是这样：在传统工厂中，制造流程都是预先定义的，工厂也是根据制造流程的变更来优化布局的。而在智慧工厂中，制造流程是根据智能产品中携带的工艺过程信息，并利用 CPS 设备网络的可用设备信息进行动态配置的。CPS 系统还具备局部自治的能力，可以协调其他设备来实现工厂布局的局部优化。

因此，传统制造型企业在实施工业 4.0 智慧工厂的时候，应当充分考虑工厂现实与智慧工厂的理想之间的差距，并通过一系列战略性的升级改造措施，满足工业 4.0 智慧工厂的基础框架需求。

如果按照美国马克斯维尔·泰勒将军提出的军事战略三大构成要素即目标(Ends)、手段(Means)、方法(Ways)来分析，则德国工业 4.0 的这三个战略要素是很清晰的[64]：工业 4.0 战略的手段就是“1”个核心即 CPS 赛博物理系统，通过信息系统与智能机器、存储系统和生产设施，将虚实两世界融合起来，在“2”个实施的法宝方面，确保构架正确、服务到位；对“2”个主题即智能工厂与智能生产进行重点研究与应用，实现企业内部的“智能化的生产系统及过程，以及网络分布式生产设施的实现”，形成德国工业的“2”个领先，并通过“3”项集成即纵向集成、端对端集成、横向集成，实现企业内、企业间、生态圈的集成，从而达到高度自动化、高度信息化、高度网络化的智能化、个性化、社会化的生产与服务模式。工业4.0 战略的方法，就是通过以上的技术手段、理念与标准在全球的推广，实现德国“双领先战略”，最终达到“确保德国制造业的未来”的战略目标。

(三) 关于技术架构、远景

德国将工业革命划分为机械化、电气化、信息化、基于 CPS 赛博物理系统的智能化四个阶段。德国工业 4.0 是德国基于当前自动化的基础上，实现数字化、网络化、智能化、社会化的生产模式，是一种非常先进、理想化的智能制造模式，德国人认为他们实现工业 4.0 最少需要 15 年时间。

图 2-10 为德国工业 4.0 架构图。由图可知，在物联网与务(服务)联网的基础上，以智能生产为主线，分别实现智能物料、智能工厂、智能产品。工业 4.0 涵盖的范围非常广，可以说这是一种远景规划。其实，严谨、务实的德国人更具有着眼长远、立足当下，或者说总体规划、分步实施的思想。

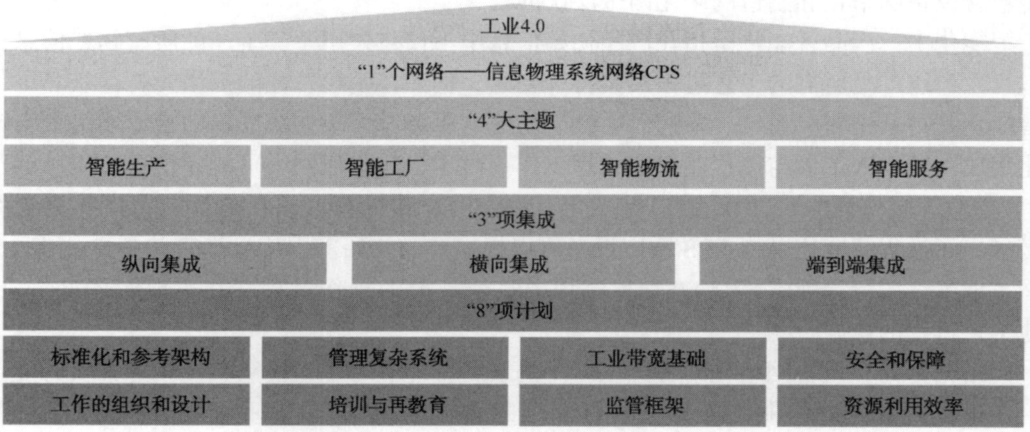

图 2-10　德国工业 4.0 的架构

(四) 关于实施方面的策略与建议

1. 对中小企业为主的建议

虽然中小企业看上去由于对于业务的理解往往更加清晰而似乎能够更好、更快地实施工业 4.0，但事实上，这是一个巨大的挑战，尤其是对于中小企业，因为它们往往缺少足够的领导力、优秀的雇员和良好的财务结构，来识别急需优化的领域，以及实施路径[65]。

要实现从产品销售到“服务为基础”的商业模式，要向将其增值的价值链部分进行数字化，中小企业都面临巨大的挑战。为此，德国政府实施了一系列的资助项目，来提高中小企业对工业 4.0 的认识，并且确保它们能跟专业人才相衔接。

2. 工业 4.0 成熟度指数

有很多方法可以推动工业 4.0 的实现。每家公司都可以采用不同方法、不同工具来实施。德国国家科学和工程院 2017 年发布了一个工业 4.0 成熟度指数，将成熟度视为一个六级层级的模型，如图 2-11 所示。

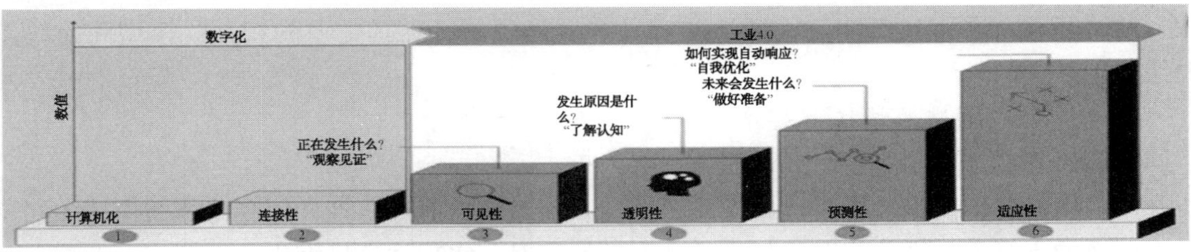

图 2-11 工业 4.0 进阶六步法[65]

与此同时，“工业 4.0 成熟度指数”将企业结构分解为资源、信息系统、文化和组织结构四个结构领域。每一结构领域都包含两个指导原则和必要能力。这些能力用于实现各个发展等级，并为制造型企业向敏捷型组织的转型提供基础。该模型在一些中小企业，例如德国的 Harting 公司，已经实际得到了验证。

3. 数字化需要全社会介入

数字化要让整个社会都介入，而不能被认为只是精英们的事情。在德国，业界已经联合起来形成一个“工作 4.0”的工作组；在韩国，政府则致力于成为“世界上最数字化的社会”；日本也发布了“社会 5.0”概念。每一种业务都需要重新考虑工作地点、流程、组织领导风格。对每一个国家，这都是一个极具挑战的开始，需要工业界、官员和科学家一起来努力。我们需要在一个全新的教育理念下，建立领先的数字化能力，让有能力的专家用得其所，从而真正能够推动一个全新的制造范式。

二、美国智能流程制造与工业互联网

（一）美国智能流程制造

1. 概况

2008 年在美国国家科学基金会的赞助下，由加利福尼亚大学（UCLA）牵头，成立了包括企业界、学术界和政府相关机构组成的智能流程制造（Smart Process Manufacturing，简称 SPM）[10,11,23,67]工程虚拟组织。该组织的成员为美国版“政产学研”，其中“产”即炼化企业有埃克森美孚、壳牌、道化学、杜邦等著名企业；“研”即技术公司有霍尼维尔、IBM、艾斯本、ABB 等。2009 年 11 月该组织发表了《智能流程制造——运营和技术路线图》（简称 SPM 报告）。SPM 报告定义的智能流程制造是一种集成的、知识驱动的、多模型的企业，其所有操作与运营的决策和执行都来自主动地运用尽可能最好的信息和广泛的评价指标。SPM 报告描述了 SPM 的实施领域，见图 2-12。由图可见，其实施的领域涵盖了“技术管理、系统与设施管理、企业管理”三个领域。

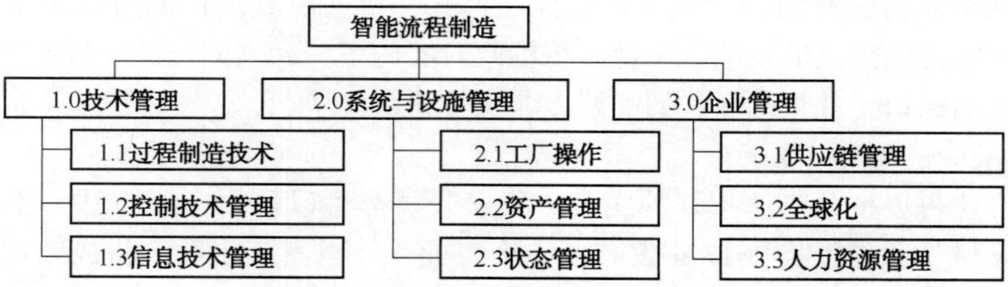

图 2-12　智能流程制造实施领域

SPM 报告除了上述智能流程制造的定义和实施领域外，其主要的特征、模型和路线图介绍如下。

2. 智能流程制造的特征

智能流程制造有十大特征，说明如下：

(1) 决策与活动具有可自适应性、预见性、前瞻性。通过合理计划和持续监控，在知识管理体系的支撑下，准确应对计划内的和意外的情况，实现效率最大化。

(2) 运营资产模型化和集成化。具有自我意识，所有资产(人力、装置、设备、知识、模型、数据等)实现有效集成和自我感知。现场设备、控制器、操作单元利用传感器实现自我感知，并具有智能处理能力。所有系统都能够清楚了解自身状态并发布必要信息，以使该系统以及相关系统能够作出迅速的、正确的响应。

(3) 自动监测生产过程的扰动并调整。通过评估当前的情况和使用持续积累的知识，智能制造能够识别并采取最佳的措施应对工况的变化，如因为原料供应、工艺改变、设备故障等引起的进料变化或装置波动。生产过程应具有很强的柔性和健壮性。

(4) 在任何需要时都能获取到可用的、可理解的完整信息，并以最适当的形式展现 。具有高效的信息知识管理体系。任何人和系统都能够在其需要的时候快速地、正确地找到所需的信息，并且这些信息或知识的表现形式易于理解和使用。

(5) 实时异常侦测与处理能力。具备完善的实时数据采集系统，以便及时发现问题，主动采取措施，最大限度地避免故障发生。

(6) 快速反应，强调主动控制。必须具有实时测量和主动控制能力，能够快速地进行响应，尤其在毫秒级物料转化的生产过程中。

(7) 对环境是可持续发展的，实现最小的环境排放。从产品和过程的循环利用角度进行生产，并且持续地进行监测和调整，从而将对环境的影响降到最小，包括能源利用、水资源利用、废物、排放等。

(8) 高素质人才是智能流程制造的组成部分。人才在智能制造中起着决定性作用，需要具有知识丰富、训练有素、分工明确、紧密协作的人才，不断地调整和改进企业绩效。

(9) 人机协同。鉴于自动化系统功能的有限性，智能制造通过提供必要信息和相关分析结果，为训练有素的操作员和管理层提供帮助，使他们能够更好地发挥智慧，做出最优的决策，采取正确的措施。

(10) 员工持续培养。通过人员培训和部署推动企业绩效的整体提升，使掌握先进技术的人与最好的装备与系统相融合，在瞬息万变、充满风险和不确定的环境中做到最好。

3. 智能流程制造模型

智能流程制造(SPM)模型见图 2-13。

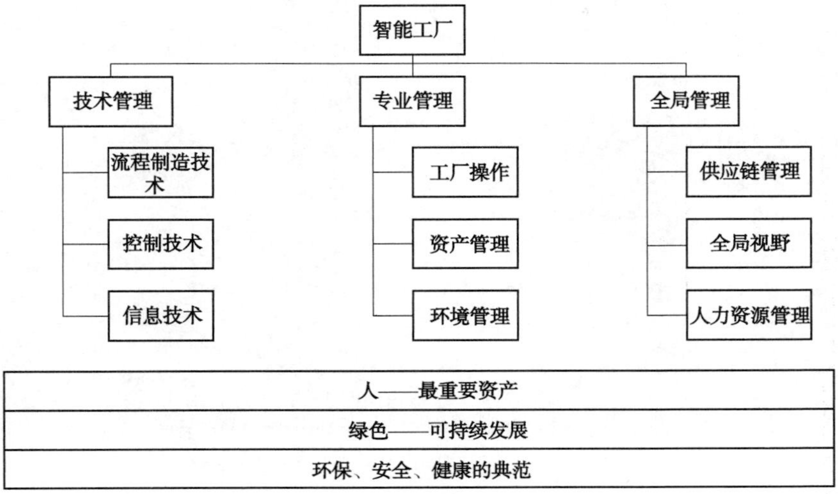

图 2-13 智能流程制造(SPM)模型

智能流程制造定义了三大驱动力：以人为本，充分发挥人的主动性和创造性，提升创新能力；全面贯彻和树立绿色清洁生产理念，实现可持续发展；健康、安全、环保理念渗入工厂运营方方面面，形成 HSE 典范。

涉及三大管理领域(前述三大实施领域)：“技术管理”提供先进的技术资源；“专业管理”通过工厂操作、资产、环境的精细化管理，实现绿色、安全、优化的生产；“全局管理”通过一体化业务集成与整合，人力资源管理与企业战略相匹配，实现最优化运营。

4. 智能流程制造路线图

智能流程制造是层层递进、复合性演进的过程，通过收集和解释数据(“数据转化为知识”)，决定什么模式和模型是工厂经营所需要的(“知识产生运营和操作模型”)；然后将这些模型都运用到工厂操作中(“运营和操作模型成为企业关键资产”)。工厂的运营将向“弹性的、主动的工厂运营方式”的方向发展。虽然最初的重点是工厂运作，但也必须关注劳动力的培训和过渡，以及面向全局发展的思维和决策。在灵活主动的工厂操作方法中，越来越多地需要考虑管理和决策的新方式、知识驱动的全局业务，增强企业在同行业中的竞争力。当这些都被充分考虑到——“人、知识、模型构建复合型 KPI”“模型推动全局应用”，在全球范围内一种新型的劳动力与弹性的主动的过程合并，智能流程制造最终成形。五个演进阶段如图 2-14 所示。

(二) 美国工业互联网

2008 年金融危机之后，美国政府敏锐意识到工业在国家经济中的重要性，认为工业是国家竞争力最重要的组成部分，于是出台了一系列国家计划。例如 2009 年 12 月，公布了《重振美国制造业框架》；2011 年 6 月和 2012 年 2 月，相继启动《先进制造业伙伴计划 》和《先进制造业国家战略计划》，以实现“再工业化”国家战略[10,11]。在此情况下，作为美国制造业先锋的 GE 公司在 2012 年率先提出了“工业互联网”概念，为其向数字化转型行动确定了方向，将人、数据和机器连接起来，通过高性能机器设备、低成本传感器与互联网、大数

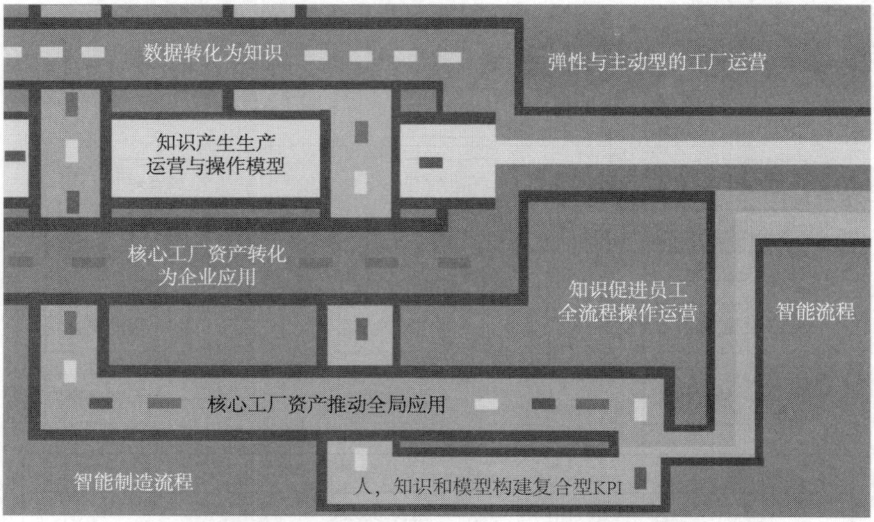

图 2-14　智能流程制造(SPM)五个演进阶段[66]

据收集及分析技术等信息通信的融合，大幅提高现有产业的效率、降低成本并创造新的价值。随着传感器成本的降低，以及数据存储和分析能力的提升，机器正在变得更加智能化。智能化的机器通过网络为设备拥有者提供实时数据。智能机器、高级分析和工作人员三种元素的融合，进行实时分析、调整和决策，将开启工业领域的巨大效益。据其 2012 年的预测，如果工业互联网能够使生产率每年提高 1%～1.5%，那么未来 20 年，它将使美国人的平均收入比当前提高 25%～40%；如果世界其他地区能确保实现美国生产率增长的一半，那么工业互联网在此期间会为全球 GDP 增加 10 万亿～15 万亿美元。为此，GE 于 2011 年在硅谷建立了工业互联网的研发中心，目前研发团队已达到上千人。2013 年，GE 又宣布将在 3 年内投入 15 亿美元开发工业互联网。目前，GE 已经推出全球第一个专为收集与分析工业数据而开发设计的云解决方案——Predix 工业互联网平台，在高度安全的工业级云环境中捕捉和分析海量高速运行、类型多样的各种机器产生的数据，通过监控和诊断分析，为用户提供资产性能管理和运营优化服务，减少设备计划外停机，增加设备运行状况的可预测性。

GE 将工业互联网定位为一场新的“革命”，对其发展寄以厚望，并将工业革命划分为 3 个阶段：从 18 世纪中期到 20 世纪初的“工业革命”是产业界的第一场革命；20 世纪末的“互联网革命”是第二场革命；通过将这些革命带来的先进产业设备与 IT 融合，将产生第三场革命——工业互联网。

从 GE 的划分来看，美国是典型的自上而下的战略，即从互联网、从信息化下延至设备，与德国自下而上的方式是相反的，但均是充分发挥自身之长，借鉴对方之优点，补己之短。德国、美国的战略目标都是确保“国家制造业的未来”。

随后美国的 GE、IBM、思科、英特尔和 AT&T 共 5 家行业龙头企业联手组建了工业互联网联盟(IIC)，将这一概念大力推广开来，“以期打破技术壁垒，通过促进物理世界和数字世界的融合 ”，“其目的旨在加快互联机器与设备的开发、采集和广泛使用，促进智能分析，并为工作者提供帮助”。目前工业互联网联盟成员已达 167 家。

虽然工业互联网不是美国的国家战略，但由于涉及美国 IT 界以及制造业众多龙头企业，其战略目的是美国“再工业化”，其技术核心也是CPS赛博物理系统，与德国工业4.0的战略目标、手段等几乎完全匹配，所以很多学者把工业互联网作为美国国家战略来研究。美国成立工业互联网的目的，就是借助美国在信息化技术方面的优势，通过与制造业的深度融合，争取打破德国在这方面的优势，在技术标准、产业标准方面占据主动，形成产业的竞争优势，从而在全球竞争中处于主导地位。因此，工业互联网对美国国家战略是非常重要的，是关系到美国“再工业化”战略成败的关键。

GE工业互联网最核心的数据价值链是一种循环且持续优化的闭环系统。在该循环系统中，核心要素依次是安装仪表的工业机器、工业数据采集系统、大数据分析、可视化展现、智能决策支持反馈给设备，形成数据流的闭环管理。这里的工业机器，对GE来说，就是它的航空发动机、贵重的医疗设备等。对制造企业而言，我们就可以理解为企业中最重要的生产设备，特别是数字化、自动化的数控机床、机器人、AGV、热处理设备、测量测试设备等制造企业的核心资产。如果我们能实现企业生产设备的互联互通、数据采集、大数据分析、可视化展现、决策支持、闭环管理，就很好地体现了GE工业互联网的精髓。

由美国能源部资助、属于美国国家制造业创新网络中创新研究院之一的美国清洁能源智能制造创新研究院(CESMII)2017年发布了其2017年到2018年的短期建设路线图(Roadmap 2017—2018)。在CESMII描述的愿景中清晰地提出：智能制造在2030年左右可以实现[67]。

CESMII在2017—2018年的路线图中给出了美国人定义的智能制造：智能制造(SM)是一系列涉及业务、技术、基础设施及劳动力的实践活动，通过整合运营技术和信息技术(OT/IT)的工程系统实现制造的持续优化。这个定义把“业务”放在第一位，充分体现了智能制造最终是为业务服务的观点；另外，该定义提到了“劳动力”的实践活动，但更重要的是该定义把智能制造最终落足到持续优化(optimizing)之上，这清楚地传达了这样的信息：智能化浪费是没有意义的，因此智能化一定是和优化同步进行的。

美国智能制造的定义给出了四个维度(业务、技术、基础设施、劳动力)的概念，这对我们设计智能制造成熟度模型也是一个很好的参考，对照德国国家科学和工程院(Acatech)工业4.0成熟度指数中的四个结构域(资源、信息系统、组织结构、文化)，CESMII对这四个维度概括得更清晰，逻辑也更严密。

(三) IBM的智能工厂概念

近几年来，美国IBM公司正在逐步完善其智能工厂概念。IBM近来一直在推广其智慧地球理念，勾勒出智慧运转的三个重要维度：更透彻的感知；更加全面的互联互通；更深入的智能化，获得更智能的洞察。

IBM结合其在全球主要石油石化企业的实践经验和研究成果，提出了炼化企业智能工厂建设目标、基本框架和成熟度模型。

1. 建设目标

借鉴先进的管理理念，充分利用前沿的技术、更先进的工作流和优化手段连接已有和新扩资产，提高业务可见性和经营及生产决策的速度和准确性，以此期望能够通过智能工厂建设实现以下目标：

(1) 提高生产经营效益。构建灵活、信息高度集成的供应链，减少了库存，使企业在快速多变的市场中具备高度竞争力。强化各个生产装置的控制、协作和优化，持续降低成本，优化资本性支出。

（2）支持产能用能的整体优化。通过智能仪器仪表和集成系统的应用，对设备和生产过程进行实时监控和测量可以大幅提高生产力；建立完善的能源管理和环境保护体系，通过不断的持续改进，支撑绿色生产、节能减排。

（3）支持资源合理配置。通过对设备和工艺的信息集成，对不同设备和工厂之间的绩效评估对比进而可以有效地控制成本；通过资产管理全面集成，帮助提高物理资产管理的安全性、可用性和法规遵从。

（4）提高经营和生产决策的速度和准确性。采用商业智能、移动应用等技术，对工厂运营进行全局监控，提升了企业的整体响应能力，建立了上下一体的仪表盘，基于主题进行信息的组织和展示。通过建立合理的 KPI 体系，对实时生产情况和经营情况进行监控，提高了决策速度。

（5）提升企业一定程度的自适应、自学习能力。提供广泛的知识获取和知识管理解决方案，建立复合型 KPI，提升企业学习与创新能力，同时提高员工的整体素质。

2. 基本框架

IBM 通过构建智能工厂的基本框架支撑智能工厂各个目标实现，形成竞争优势，如图 2-15所示。

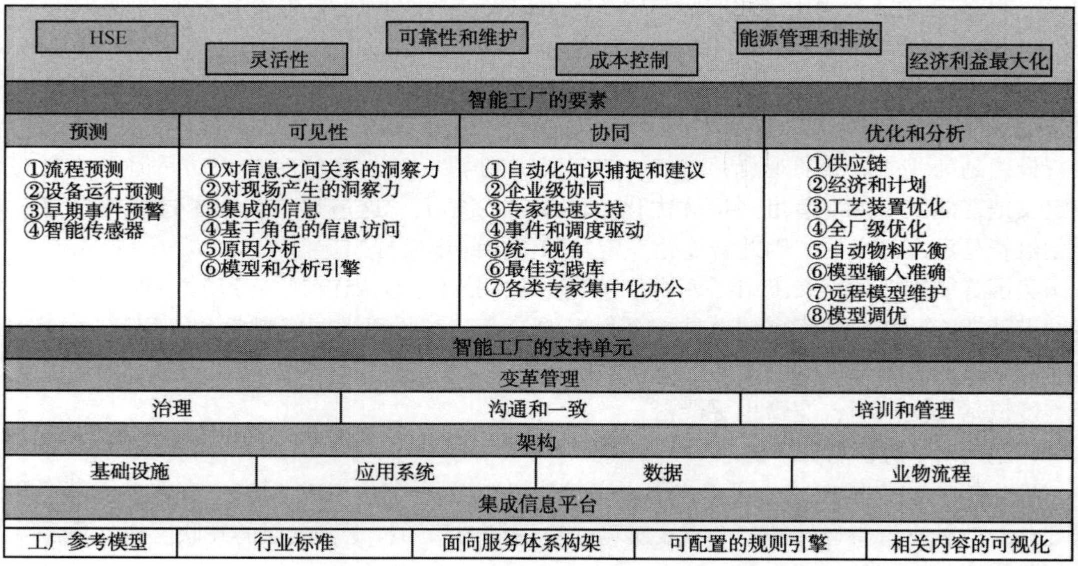

图 2-15　IBM 的智能工厂基本框架

IBM 认为，智能工厂应具备以下几个基本要素：

（1）可视化。将简单数据转换为上下文相互关联的、有明确意义的信息；通过技术手段显著地减少获取数据所需的时间，从而能拥有更多的时间去对数据进行分析。

（2）预测预警。通过传感器和智能软件提高设备智能化水平，提高工艺建模和预测生产的能力。

（3）协同。引入远程的专家知识，通过流程和系统协同提高响应速度，降低协调成本，达成装置级、车间级、工厂级、地区公司级和总部级的多层次和全方位协同。

（4）优化改进。提升工艺控制手段，优化现有的模式，拥有更多的分析手段提高装置和全厂的优化能力，同时地区公司之间与总部之间在协同的基础上，实现全局最优。

智能工厂的支持单元包括变革管理、业务集成信息平台以及所需要的信息系统基础构架，它们不仅是智能工厂建设时期的必要组成部分，也是智能工厂可持续发展的必要手段。

3. 成熟度模型

智能工厂建设是一个渐进的、持续的和长期的过程。在不同的阶段，具有不同的特征，IBM 认为可以通过成熟度模型来指导和衡量智能工厂的建设，如图 2-16 所示。

IBM 成熟度模型共分五级，其中成熟度 1 级——仪表化和电子化；成熟度 2 级——企业范围的可视化；成熟度 3 级——绩效监控和事件管理；成熟度 4 级——积极主动的生产管理；成熟度 5 级——资产的全局优化。IBM 认为，成熟度越高，智能工厂建设所能带来的价值也就越大。

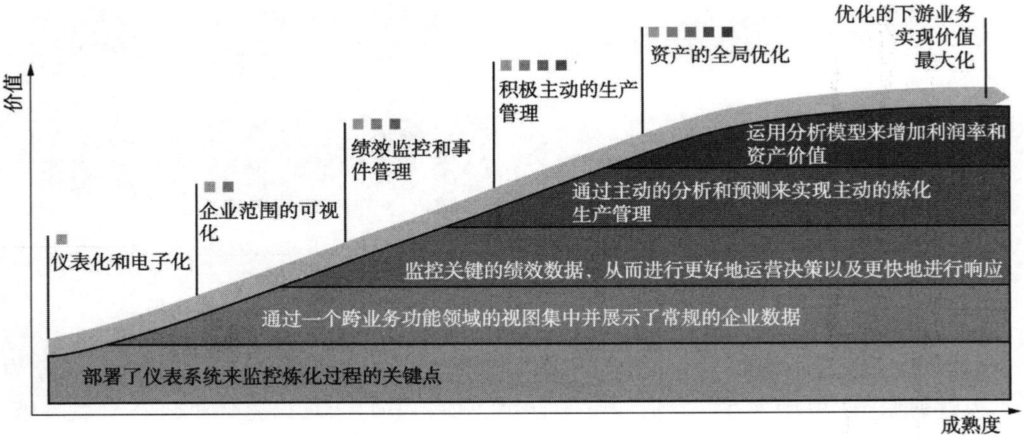

图 2-16 IBM 的智能工厂成熟度模型

三、“中国制造 2025”国家战略

（一）概述

中国是制造大国，在国际大背景以及国内“三期交叠”（经济增速换挡期、结构调整阵痛期、前期刺激政策消化期）的严峻形势下，中国政府高瞻远瞩，陆续制定了“两化深度融合”“中国制造 2025”等国家战略[13,19,68]，希望借鉴德国工业 4.0 的思路，制定适合中国国情的国家发展战略，实现中国制造由大到强的战略转变。

2014 年 10 月 10 日，国务院总理李克强访问德国期间和德国总理默克尔联合发表了《中德合作行动纲领》，重点突出双方在制造业就“工业 4.0”计划的携手合作，以中国担任 2015 年德国汉诺威消费电子、信息及通信博览会（eBIT）合作伙伴国为契机，推进两国在移动互联网、物联网、云计算、大数据等领域的合作。

2015 年 5 月 19 日正式发布的《中国制造 2025》[13]强调，要“以加快新一代信息技术与制造业深度融合为主线，以智能制造为主攻方向，加速培育我国新的经济增长动力，抢占新一轮产业竞争制高点，重点发展新一代信息技术、高档数控机床和机器人、航空航天装备、海洋工程装备及高技术船舶、先进轨道交通装备、节能与新能源汽车、电力装备、农业机械装备、新材料、生物医药及高性能医疗器械 10 大领域”。并“在重点领域试点建设智能工厂/

数字化车间，加快人机智能交互、工业机器人、智能物流管理、增材制造等技术和装备在生产过程中的应用，促进制造工艺的仿真优化、数字化控制、状态信息实时监测和自适应控制”。《中国制造 2025》其核心就是要通过“信息技术和先进制造业进行结合，或者用互联网+先进制造业的结合，带动整个新一轮制造业发展”(工信部部长苗圩语)。因此，“中国制造 2025”已经正式成为中国与德国工业 4.0 遥相呼应的国家级战略，成为中国制造业发展的纲领性文件，成为企业制订自身中长期发展规划的重要依据。核心内容见图 2-17。

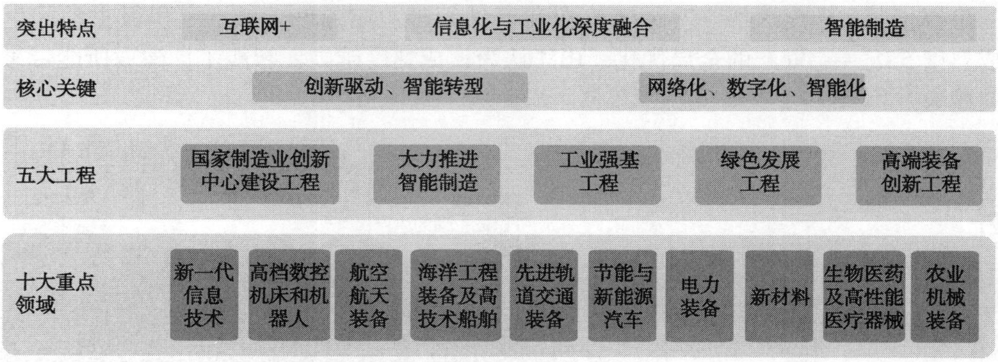

图 2-17 “中国制造 2025”核心内容

(二)基本方针、原则和分布实施策略

《中国制造 2025》提出，坚持“创新驱动、质量为先、绿色发展、结构优化、人才为本”的基本方针，坚持“市场主导、政府引导，立足当前、着眼长远，整体推进、重点突破，自主发展、开放合作”的基本原则，通过“三步走”实现制造强国的战略目标：

第一步，到 2025 年迈入制造强国行列；

第二步，到 2035 年中国制造业整体达到世界制造强国阵营中等水平；

第三步，到新中国成立一百年时，综合实力进入世界制造强国前列。

(三) 关于《中国制造 2025》的“2-3-5-9-10”

《中国制造 2025》的“2-3-5-9-10”的“2”、“3”、“5”和“10” 见图 2-17 所示。

《中国制造 2025》的“2-3-5-9-10”的“9” 是指为实现制造强国的战略目标而提出的 9 项战略任务和重点，如图 2-18 所示。

除了《中国制造 2025》的“2-3-5-9-10”以外，为确保九项战略任务得以顺利实施，还提出了八个方面的战略支撑和保障要求，即：深化体制机制改革、营造公平竞争市场环境、完善金融扶持政策、加大财税政策支持力度、健全多层次人才培养体系、完善中小微企业政策、进一步扩大制造业对外开放和健全组织实施机制。在推进信息化与工业化深度融合方面，提出加快推动新一代信息技术与制造技术融合发展，把智能制造作为两化深度融合的主攻方向，着力发展智能装备和智能产品，推进生产过程智能化，培育新型生产方式，全面提升企业研发、生产、管理和服务的智能化水平。

从中国的两化—两化融合—两化深度融合—中国制造 2025 等战略的发展轨迹来看，这是个范围逐渐收窄、目标逐渐聚焦、与国际发展潮流逐渐汇聚的过程。

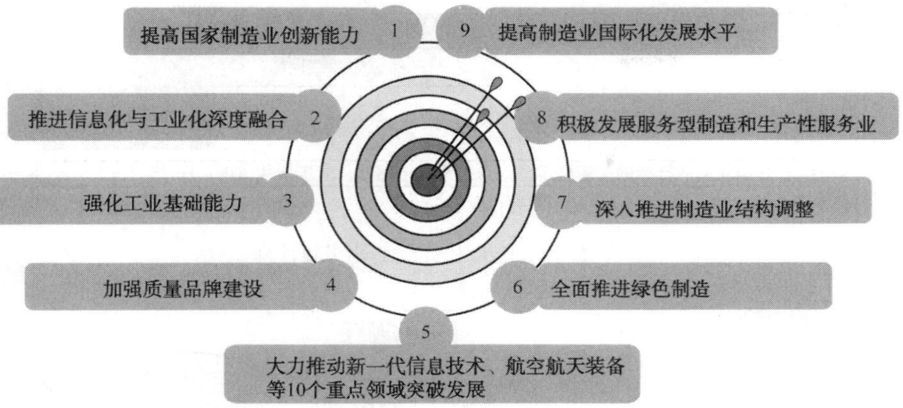

图 2-18　中国制造 2025 的 9 项战略任务

四、其他一些国家和企业的信息化智能化发展战略

(一) ESTEP 与流程工业智能制造

欧洲钢铁技术平台指导委员会(European Steel Technology Enterprise Platform，简称 ESTEP)定义了流程工业企业的智能制造：智能制造是构建先进的制造链的集成控制系统，包括全部技术(传感器使用、生产过程控制环、IT 系统、生产计划和调度等)，并提供建模，包括企业内容的先进控制和先进运营工具、优化和仿真、专家知识、人工智能等，并且与企业内容员工的智能紧密的结合和良好的一致。ESTEP 提出了智能制造实施模型和计划分别如图 2-19 和图 2-20 所示。

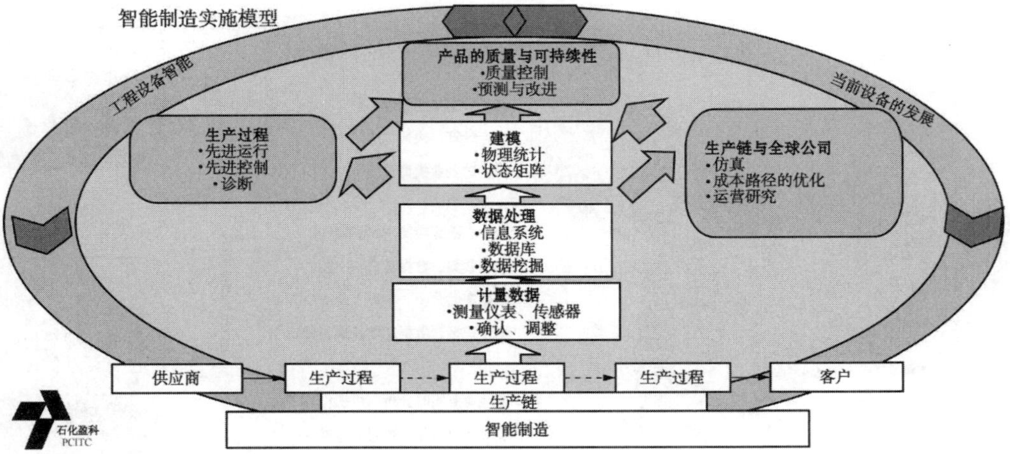

图 2-19　ESTEP 智能制造实施模型

ESTEP 提出智能制造实施计划如下：

ESTEP 提出智能制造基于集成的 10 个主题如图 2-21 所示。

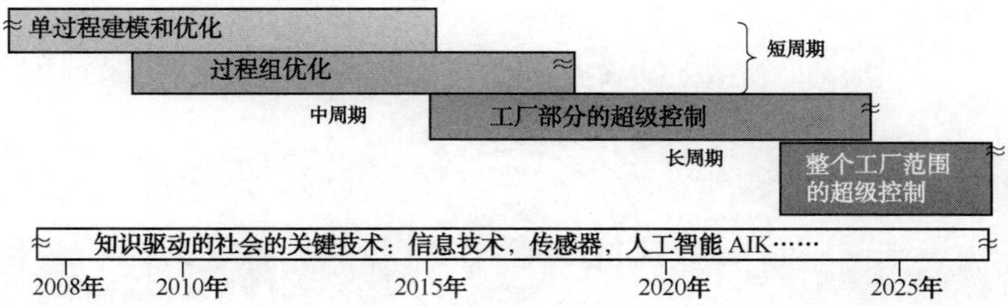

图 2-20　ESTEP 智能制造实施计划

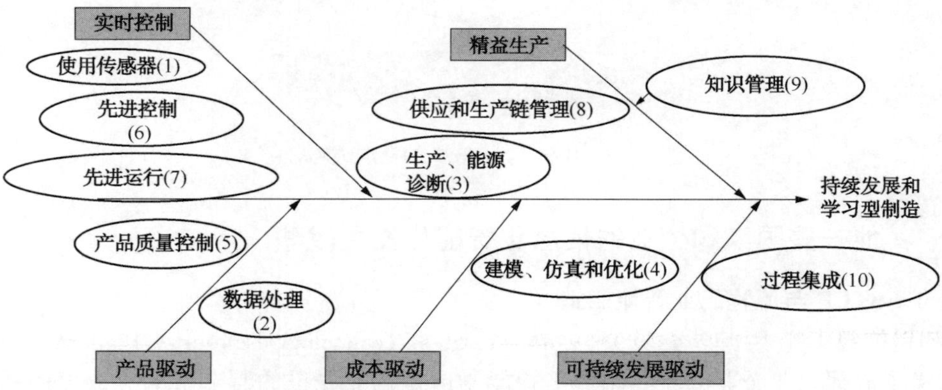

图 2-21　ESTEP 提出智能制造基于集成的 10 个主题

（二）SAP 关于典型企业数据的部署架构

作为成功企业背后的管理大师，SAP 公司是全球最大的企业 ERP 系统和商务智能解决方案供应商。针对典型企业的数据部署方案，SAP 专家建议采取分层部署的方式，在各炼化企业部署本地 ODS，并向总部部署的 EDW 提供数据支撑。部署方案如图 2-22 所示。

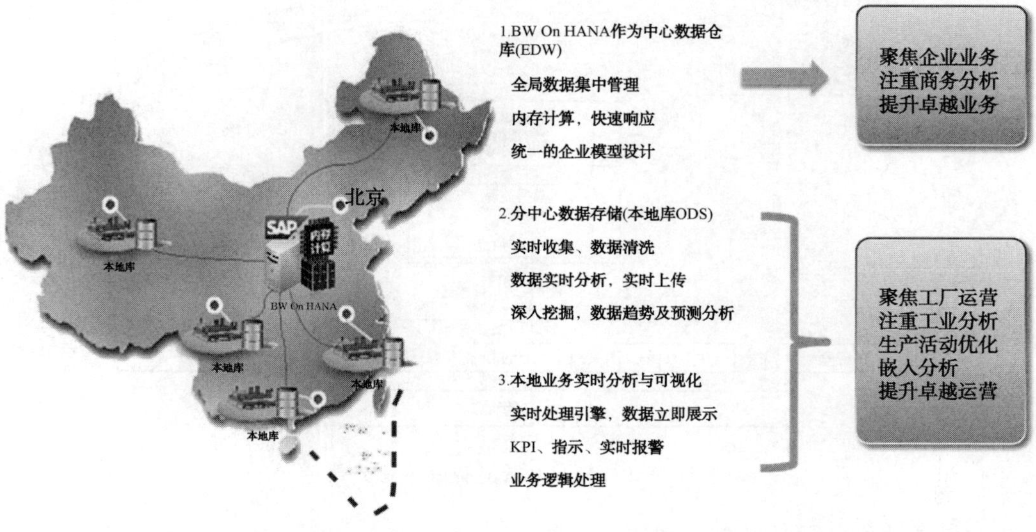

图 2-22　SAP 推荐的典型企业数据部署架构

（三）日本的信息化智能化国家发展战略

为节省篇幅，日本的信息化智能化国家发展战略不单独说明，见下小节的对比分析部分。

五、德、美、中、日四国的相关国家战略的异同

为说明德、美、中、日四国与工业4.0相类似的各个国家发展战略之间的异同[69]，先从大数据与制造之间的关系说起。

大数据与制造之间的关系有3个重要的元素，可以用图2-23表示。

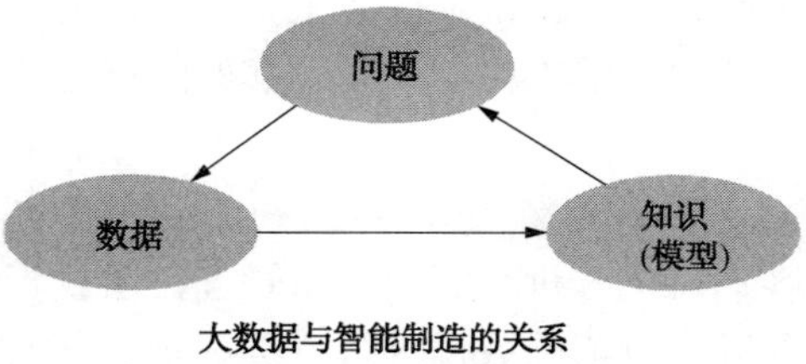

图2-23　大数据与智能制造之间的关系

（1）问题。是指制造系统中线性或隐性的问题，如质量缺陷、精度缺失、设备故障、加工失效、性能下降、成本较高、效率低下等。

（2）数据。从制造系统的5大要素中获得的，能够反映问题发生的过程和原因的数据。数据的获取应该是以问题为导向，目的是了解、解决和避免问题。

（3）知识。制造系统的核心，也就是"Know How"，包括制程、工艺、设计、流程和诊断等。知识来源于解决制造系统问题的过程，而大数据分析可以理解为迅速获取和积累知识的一种手段。

大数据与智能制造之间的关系可以总结为：制造系统中问题的发生和解决的过程中会产生大量数据，通过对数据的分析和挖掘，可以了解问题产生的过程、造成的影响和解决的方式；当这些信息被抽象化建模后转化为知识，再利用知识去认识、解决和避免问题。当这个过程能够自发自动循环进行，即我们说的智能制造。问题和知识是目的，而数据则是手段。在图2-23的要素中，把数据换成人，就是"工匠精神"，换成"自动化产线和装备"就是"工业4.0"，换成互联网就成了"互联网+"。

（一）关于制造业文化方面的异同

由于对知识的理解、积累和传承方式差异，决定了各国不同的制造业文化。

1. 德国——通过设备和生产系统的不断升级，将知识固化在设备上

德国的先进设备和自动化生产线举世闻名。同时德国人严谨的风格及独特的"学徒制"高等教育模式，使得德国制造业风格非常务实。然而德国很早也面临劳动力短缺的问题，德国不得不通过研发更先进的装备和高度自动化生产线弥补这个不足。德国的制造哲学如图2-24所示。

图2-24　德国的制造哲学

德国解决问题的逻辑是：发生问题——人解决问题——将解决问题的知识和流程固化到装备和生产线中——对相似问题自动解决或避免。除了生产线追求问题自动解决，德国在企业管理方面也尽可能减少人为影响因素。最好的企业资源管理（ERP）、生产执行系统（EMS）、自动排程系统（APS）等软件供应商都来自德国。大量的信息录入和计划的生成及追溯通过软件完成，尽量减少人为因素带来的不确定性。

德国对数据的采集同样缺少积累，因为德国制造系统对故障和缺陷采取零容忍态度，出

了问题就通过装备端改进一劳永逸解决问题。由于生产线的高度自动化和集成化，整体设备效率非常稳定，另外数据进行优化的空间也比较小。

德国依靠装备出口获得了巨大经济回报，但大多数工业产品本身只能卖一次，卖一个客户少一个客户。同时，发展中国家的装备制造和工业能力近两年崛起，德国的市场不断被挤压，2008~2012 年德国的工业出口几乎没有增长。于是德国提出工业 4.0 计划，其背后是德国在制造系统中所积累的知识体系基础后，同时将德国制造的知识以软件或工具包的形式提供给客户，作为增持服务，从而实现在客户身上持续盈利。德国工业 4.0 设计框架的核心要素就是整合。

2. 美国——从数据和移民中获得新的知识，并擅长颠覆和重新定义问题

美国在解决问题的过程中，最注重数据的作用。客户需求分析、客户关系管理、质量管理、设备健康管理、供应链管理、服役期管理等各方面都大量依赖数据进行。美国企业普遍选择数据依赖性强的 6 Sigma(6S)体系。美国还在 21 世纪初提出了“产品全生命周期管理(PLM)”的概念，核心是对所有与产品相关的数据在整个生命周期内进行管理，管理对象为产品的数据，目的是全生命周期的增值服务和实现到设计端的数据闭环(Closed Loop Design)。美国的制造哲学见图 2-25。

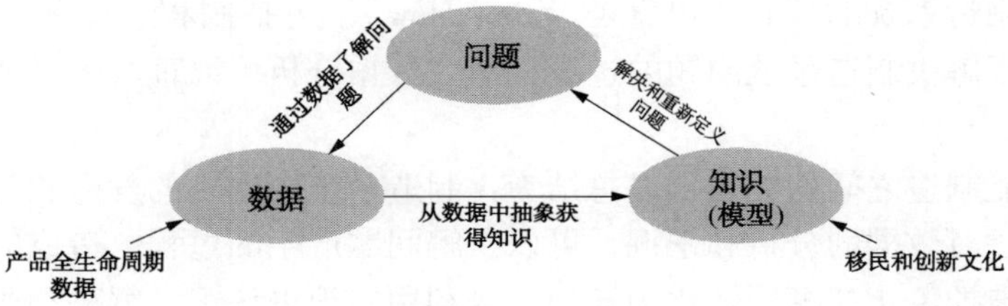

图 2-25　美国的制造哲学

除了利用知识解决问题外，美国也擅长用知识进行颠覆式创新，从而对问题进行重新定义。例如航空发动机制造业，降低发动力油耗，大多数企业会从设计、材料、工艺、控制优化等角度去解决问题，而通用电气发现飞机油耗与飞行员驾驶习惯以及发动机保养情况非常相关，于是从制造端跳出来转向运维端去解决问题，效果比制造端改善还明显。

3. 中国——选择了精益体系，缺乏数据积累

中国制造业在 2000 年后质量和管理改革大多选择了日本的精益体系，一方面因为中日文化相似性，更多因为中国企业普遍缺乏数据的积累和信息化基础，这个问题目前依然存在。

4. 日本——通过组织文化和人的训练不断改善，在知识的承载和传承上非常依赖人

日本制造业文化最主要的特征就是通过组织的不断优化、文化建设和人的训练来解决生产系统中的问题。20 世纪 70 年代日本提出的以“全生产系统维护 TPM”为核心的生产管理体系。其核心思想是全效率、全系统和全员参与，实现提高工作技能，改进团队精神和改善工代后，日本选择以“精益制造”作为其转型方向。

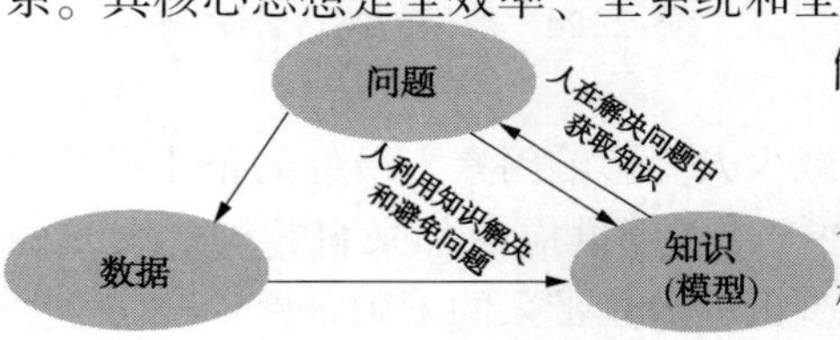

图 2-26　日本的制造哲学

日本企业解决问题的方式通常是：发生问题——人员迅速到场、确认现场、探究现实，并解决问题——分析问题产生原因，通过改善避免问题。最后知识落到了人的身上，人的技能提升后，解决和避免

问题的能力也就提升了。日本的制造哲学见图 2-26。

对日本企业而言，员工是最重要的价值，对人的信任远胜于对装备、数据和系统的信任，所有自动化和信息化建设都是围绕着帮助人去工作为目的，所以日本企业从不会去谈机器人换人或无人工厂。但这样的文化在近几年遇到了巨大的挑战，日本的老龄化使得年轻一代制造业人才大量短缺，没有人能够去传承知识。日本意识到了自己在数据和信息方面的缺失，在日本的工业价值链产业联盟的架构和目标上，19 条工作项目中，有 7 条与大数据直接相关。

日本的转型战略是应对其人口结构和社会矛盾的无奈之举，转型过程中面临许多挑战，首先是数据积累的缺失，其次是日本工业企业保守的文化造成软件和 IT 技术人才的缺失。

(二) 关于战略布局

制造业中价值链的位置是竞争力的决定性因素，各国对此的理解与实力的不同决定了各国在价值链中的布局也不同。

生产活动中，价值要素分布从上游到下游依次是：想法创新与需求创造、原材料与基础使能技术、关键装备与核心零部件、生产过程与生产系统、产品和服务。不同国家在价值链的分布和布局也不同。

1. 德国

德国充分发挥关键装备与零部件、生产过程与生产系统的技术优势，通过服务增值增强盈利能力与竞争力。

德国在关键装备与核心零部件、生产过程与生产系统两个环节有明显技术优势，中小企业为核心的隐形冠军企业和学徒制双元教育，为德国工业提供了扎实基础。高素质的技术工人和工程专业人才历来被看做德国的经济支柱。然而以金砖国家为代表的新兴经济体基本完成了工业化，导致德国的工业装备需求停滞不前。

德国提出“工业 4.0”的核心目的主要有两方面，一是增强德国制造的竞争力，为德国的工业设备出口开拓新的市场；二是转变以往卖设备而服务性收入占比较小的状态，将重心从产品端向服务端转移，增强德国工业产品的持续盈利能力。美国：牢牢占据生产要素的上游，努力向下游延伸。

2. 美国

美国在生产活动要素分布中，在想法创新和需求创造、原材料和使用技术，以及产品增值服务端具有明显优势。美国工业系统核心竞争力来源于 6S 生态体系：航天航空(Space/Aerospace)、半导体(Semiconductor)、页岩气(Shale Gas)、智能化服务创值经济(Smart ICT Service)、硅谷创新精神(Silicon Valley Spirit)、可持续人才资源(Sustainable Talent Pool)。

美国白宫在 2012 年 3 月提出了国家制造创新网络计划(NNMI)，在制造业 4 大领域建立 9 个研究创新中枢。牢牢掌握工业价值链中价值含量最高的几部分，即使德国的制造设备再先进、中国制造系统再高效，都可以从源头确保核心竞争力。

3. 中国

在整个价值链要素分布中，中国在生产过程和生产系统环节具有优势(主要体现在劳动成本和生产能力方面)，但是在其他各环节都处于劣势。

如前所述，2015 年中国提出“中国制造 2025”，其发展战略与策略是以工业化和信息化“两化”深度融合作为主线，在 10 个重点领域实现突破性发展。将着重填补中国工业基础技术的缺口，改变核心零部件和先进材料过度依赖进口的现状；努力提高生产效率，从粗放生产模式向精益模式转变；重视工艺和制造过程的研究和生产过程的管理，不断提高产品质量；努力研发核心生产设备和智能设备，并对设备的使用进行精细化和信息化管理。同时，注重原始想法的创新，提升产品的服务能力和持续盈利能力，以顾客端的价值缺口为导向创造新的市场机会，利用增值服务提升中国工业产品的核心竞争力。

4. 日本

日本在产品环节丢失大量市场，但产业装备竞争力在向上游转移。

以往日本制造的核心竞争力主要在于生产过程和生产系统、产品及服务端。近两年，日本最强势的传统产业——汽车和消费电子不断被韩、美、中占据。在背后，其实是日本创新方向的转变，在上游原材料和关键装备及关键零部件领域拥有更多话语权。索尼在丧失消费电子领域老大的地位后，在医疗领域取得突破，已经占据全球内窥镜80%以上的市场份额。日本在《2015年制造业白皮书》中，将人工智能和机器人领域作为重点发展方向，同时也将加强在材料、医疗、能源和关键零部件领域的投入。

第三节　信息化及其新技术对炼化产业的影响

现代工业经历了机械化、电气化和信息化过程，目前，随着“互联网+工业”、“工业4.0”和“中国制造2025”等概念相继袭来与深化应用，以工业化和信息化深度融合为核心的智能化制造是制造业的发展方向与趋势，其中建立和完善数字化工厂是实现智能制造的基础，有助于从数字化的装备、数字化执行与数字化管控等多个层面综合提升制造业的生产管理水平，实现制造信息集成，继而为今后达到资金流、物质流、能量流和信息流的“四流合一”奠定基础[20]。

目前国家提倡、企业主动拥抱的深化“互联网+”应用与“两化融合”正蓬勃推进与发展，而云计算、大数据、物联网、移动应用、社交媒体、区块链、虚拟现实、人工智能等信息化新技术，除了它们能大大推动全球经济增长、到2025年可能会产生14万亿~33万亿美元的经济价值贡献[70]而吸引全球眼球、大家全力跟风外，在炼油化工行业一方面它们确实正在改变石化产品市场格局和用户消费行为，使市场竞争日趋激烈；另外一方面，信息化及其新技术对炼化生产模式的变革与创新也起到了推波助澜作用，某种程度上还起到了主导作用，炼化产业的生产、管控和经营等各方面业务均面临重大变革和新的发展态势。

信息化新技术的迅猛发展正在对各行各业产生巨大冲击，不管消费者、市场规则、供应企业出于主动还是被动，都需要顺应趋势做出转变，尤其是在当前经济环境下，企业应抓住新技术的发展契机，设法颠覆现有业务模式，打破行业壁垒，创建生态圈，保持竞争力，持续降本增效创超财富。

一、信息化对炼化产业影响的归类

信息化及其新技术已经成为美欧各国和我国的国家发展战略，被各国作为摆脱经济危机、破解发展瓶颈、提高国家竞争力的重要战略举措。因此，处于迫切希望化解过剩产能、急切寻求产业结构转型升级的炼化产业而言，信息化对此的支持乃至引领就理所当然了。

按照德国的看法，世界工业发展经历了 4 个阶段，即从工业 1.0 到工业 4.0[65]。工业 1.0 为工业规模化发展阶段，主要表现为装置的改造与扩建，工艺包的升级等，体现在石化行业就是业务规模化，工艺不断创新，炼化收益不断提升；工业 2.0 为工业自动化发展阶段，主要表现为 DCS、PLC、APC 等系统生产装置中不断应用，自动化控制技术不断发展，推动手工工艺控制与操作向装置自动化控制转变；工业 3.0 为数字化发展阶段，主要表现为信息技术融入炼化领域，并推动各项业务信息化、数字化；工业 4.0 为智能化发展阶段，基于各种模型，互联网等新兴技术，借助自控手段，及数字化操作与管理，实现智能化。工业智能化不仅指装置的优化，还包括区域的优化，全工厂的优化以及整个产业链的优化。工业智能化最终实现以客户为中心的智能研发、智能工厂(生产)、智能物流、智能服务、智能营销。工业智能化模型见图 2-27。

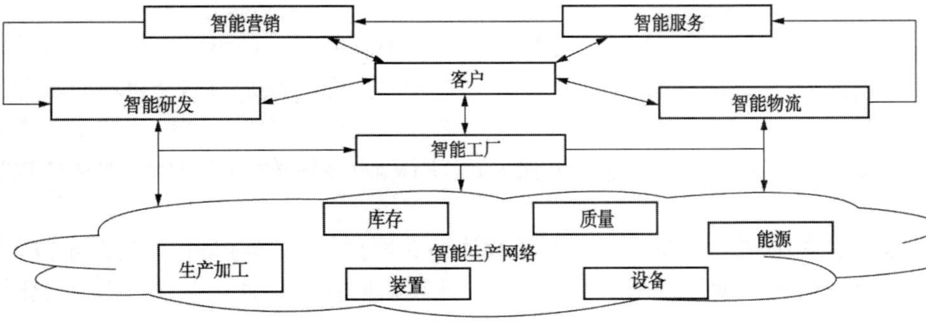

图 2-27　工业智能化模型

建立在数字化工厂基础上的智能工厂实现了人与机器的相互协调即人机交互。企业由数字化向智能化转变过程时，信息技术起到了非常大的推动作用，各种信息技术的应用贯穿了企业运营的方方面面。

借助信息技术，智能制造企业的制造过程具有更完善的判断与适应能力，可以提高产品质量和生产效率，降本增效、节能减排，从而实现智能化工厂建设目标。智能化工厂是通过智能设备和模型驱动而构造的智能制造模式。智能化在企业的实现过程是建立和应用智能化系统，即利用现代通信技术、软件技术、计算机网络技术、智能控制技术等汇集而成的针对某一个方面应用的智能集合。在炼油企业智能化的层次包括操作执行智能化、生产运营智能化、决策支持智能化。

信息化的高级应用形式是智能化，其过程包括确立目标、收集数据、建立数学模型以及预测结果与评判共四个阶段。以自动化技术为基础，以信息技术为载体，通过将炼厂的各种活动信息进行实时采集、传输、分析处理和综合应用，并使这些信息集成化、模型化、可视化，可以建立起敏捷的反应体系，用于指导、支持生产操作、生产运营和辅助管理决策。通过建立专家知识库和相关模型，使系统具有判断和调节能力，及时发现和纠正偏差，使生产操作和运行安全稳定。在资产生命周期内，在保证安全和正常操作的前提下，使装置在高负荷运行。将原材料采购、生产过程、产品销售相结合，建立一体化计划优化系统，提高预测能力，获得更高的边际利润。将绩效管理、能源优化、安全预警以及供应链等协同管理，实现人、过程、物理资产和业务的整体协调，使企业整体处于最优状态。通过这些过程，分别在经营决策与供应链管理层面、生产制造运行层面、能效安全环保层面以及信息集成层面采用信息化新技术，确保在“工程技术、生产制造运行和供应链”这三个维度下能够完整表达围绕产品设计、技术支持、生产制造及原材料供应、销售和市场相关的所有环节的活动。要通过在这三个维度的各自贯通，得到实时数据的支持，能够实时下达指令去指导这些活动，并且为了实现全面的协调优化，能在这三个维度之间进行交互，在这个基础上，进一步实现产品设计的智能化、产品制造的智能化，以及管理的智能化，保证“资金流、物质流、能量流和信息流”“四流合一”，就实现了面向需求驱动的智慧决策和智能生产，这就是智慧炼化，也是炼化企业新一代智能制造、智能优化制造的愿景[71]。

因此，信息化对炼化产业的影响[21]可以总结为对“生产模式、营销模式和管理模式”的变革与转变上，体现在“产业资源虚拟化、生产过程信息化以及制造产业服务化”三大方面。

二、信息化对生产模式转变与变革的影响

信息化一直在深刻影响着制造业，也同样影响着炼化产业。如第一节所说，各种现代制造技术与制造模式包括云制造在内的新的现代制造技术革命，都是与信息化不断融合、深化融合以后提出与发展起来的。因此，信息化及其新技术对炼化产业生产模式转变与变革的影响，最大的就是各企业正在推进的数字炼化完善工作以及数字炼化的升级，即从从数字炼化经智能炼化实现智慧炼化建设。举几个实例简要说明如下。

（一）中国海油惠州石化的炼化生产全流程协同管控技术（平台）与智能工厂示范

中国海油惠州石化开发、应用的炼化生产全流程协同管控信息化平台对惠州石化现有信息系统数据进行规划、整合，消除“信息孤岛”，在一体化数据中心的基础上建立了统一的生产全流程协同信息平台。平台的架构见图 2-28。

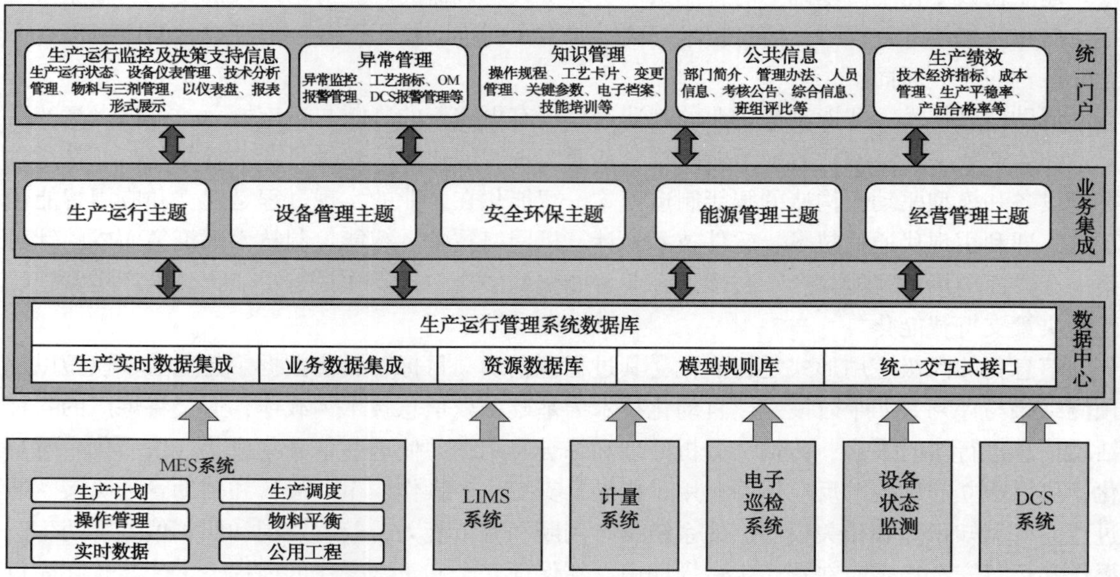

图 2-28　生产全流程协同信息平台结构图

生产全流程协同信息化平台，坚持“业务需求驱动、统一规划开发”的原则，遵循“统一组织、典型设计、有效试点、分步推广”的路线，共实现5大主题25类161个功能模块。其中生产运行有“生产监控、生产技术、计划管理、调度管理、质量管理和综合管理”6大类主题、51子模块；设备管理有“设备主数据、状态监测、运行管理、检修管理、备品备件、承包商管理和综合管理”7大类50个子模块；能源管理主题包括“能源消耗管理、重点用能设备管理和综合管理”3大类15个子模块；安全环保主题有“现场安全管理、环保管理、职业卫生和消防应急”4大类30子模块；经营管理主题有“市场信息、原油评价、原油品质和库存跟踪”4大类15子模块。

在这个平台上，惠州石化还实现了“大数据平台(平台)+APN网络(网)+手持终端、RFID卡、蓝牙外设(硬)+管控软件(软)”的集成——生产作业受控系统。这个生产作业受控系统的专门平台，也是根据“工业互联网+“六有”工作法”理念进行设计，可以实现作业许可、销项操作和装置巡检等现场工作的“五定”管理，从而确保生产安全受控。“五定”管理也是中海油独创的一种特色管理方法，其中的“五定”是指：①定点：即基于智能化手持终端、实时通信网络、RFID、GPS的正确的地点；②定时：按作业计划按时(正确的时间)作业；③定人：通过门禁、HR(含人员资质)、RFID确认人员信息，保证是正确的人去作业；④定路线：作业按预定路线执行，实现二维、三维动态展示，确保作正确的事；⑤定标准：要求作业执行规范动作，如标准消项卡、作业卡，将原本以人的经验为核心的操作变更为标准动作，即正确的标准。同时设置信息安全保护方案和断点续传、离线模式等的冗余手段保证系统在恶劣工控下稳定运行(运行保障)。

惠州石化的所有生产作业均集中在这个平台上进行，通过这个平台，实现了生产作业模式的全新转变与变革。

作业许可主要包含JHA分析、作业预约、申请、现场审核、批准、执行、评价、关闭流程。其中，内外协同审核确认、通过网络实时传输数据、限定作业人员资质、与销项作业操作卡联动等功能属中国海油独有。

在巡检方面，主要实现工艺巡检与设备巡检、隐患排查、异常报警，现场DCS数据查看及GPS路线展示。管理人员可以根据GIS可视化展示，实时监控巡检情况，生产数据分析报表。惠州石化对SKF测温测振仪进行改造，使之可与智能化生产作业受控系统手持终端通过蓝牙点对点链接，同时也对企业工业互联网感知设备延伸验证了可行性，并积累了技术经验。目前国内通过网络实时传输数据的巡检系统实现案例较少，安全管控较本系统差。惠州石化通过蓝牙模块开发感知设备，实施集成化工业互联网平台，这是国内炼化行业首创。

通过实施本项目，惠州石化的生产作业模式得以完全改变。信息化及其新技术的应用，实现了“全生产过程感知、全业务领域覆盖、全生命周期管理、全流程集成优化和全方位资源支撑”的目的，取得了“强化生产数据管控、保证生产平稳运行；细化能源管理、有效降本增效；有效的HSE信息化管理体系；强化市场研判，有效增效以及推动公司技术进步”显著成效。

中国海油惠州石化是中国海油唯一分别入选工信部“两化融合”以及智能制造试点示范

的特大型炼油化工企业。

（二）中国石油三维数字化工厂项目建设与应用

中国石油兰州石化公司(简称兰州石化)于2013年实施了“数字化工厂研究与试点应用”项目，系统构建了与现实装置完全一致的5.5Mt/a常减压三维虚拟装置和兰州石化数字化工厂平台，并集成了生产执行系统（MES）、设备管理平台（EAM）、实验室化验分析系统（LIMS）、高清视频、地下管网及文档管理系统（EDMS）等，建立了与生产、设备和安全相关的重点系统数据。同时，开展深化数字化工厂系统应用工作，并研究如何基于三维数字化工厂进行生产与管理模式创新，使之为生产管理发挥强大的支撑作用。兰州石化以“数字化工厂研究与试点应用”项目上线为契机，探索大检修的规划、调度、技术交底、三维检维修方案和数据处理，并形成配套的管理模板，建立大检修全生命周期知识数据库，从而规范大检修管理流程，节省人力和物力资源，提高工作效率和大检修的整体质量水平，确保装置安全稳定运行的同时积累了很好的经验。

从检修方案制订、技术交底、制订检修规划、实际过程使用三维模型等积累了经验，搭建了大检修知识库，包括全面设备信息，为提高全装置设备的资产管理水平提供了依据，同时在安全方面也有很大的提升

（三）中国石化智能工厂试点、示范与建设

中国石化在燕山石化、镇海炼化、茂名石化和九江石化共4家企业试点智能工厂建设，取得明显成效。通过实施智能炼厂建设，这4家试点企业的先进控制投用率、生产数据自动数采率分别提升了10%和20%，全部达到90%以上；外排污染源自动监控率达到100%；生产优化从局部优化、离线优化逐步提升为一体化优化和在线优化，劳动生产率提高10%以上，提质增效作用十分明显，促进了集约型内涵式发展。为此，九江石化、镇海炼化分别于2015年、2016年入选国家工信部“智能制造试点示范项目”。

实施智能炼厂项目取得了良好效果，如提升了资源优化和调度指挥水平；提高了生产操作质量和效率；撑了生产“安、稳、长”高效运行；支持了能源管理创新；提升安全环保水平和应急指挥能力以及形成了智能工厂1.0标准推广模板等。

（四）国外案例

在国外，也有很多成功的案例。

（1）在实现跨地域、上下游的供应链优化协同方面，ExxonMobil开发了原油“指纹信息”分子管理和供应链优化系统，把正确的分子在正确的时间放到供应链环节的正确位置上，从而使每桶原油产生最大的价值。

（2）在强化生产过程的优化及智能化方面，BP、壳牌等公司广泛应用流程模拟和实时优化技术，形成自主知识产权的装置优化模型，实现贯穿整个炼油过程的更加经济的决策。

（3）在环保、节能和安全的综合管方面，ExxonMobil建立全球能源管理系统（GEMS），已总结了200多个节能最佳实践和12类绩效衡量计算方法，预计每年将取得500万美元至10亿美元的效益，减少二氧化碳排放10Mt。

（4）在提升生产运营指挥的智能化水平方面，各大生产企业广泛建设生产指挥中心，对

生产信息、设备运行、能源消耗、原料和产品市场变化等内容进行全面分析，并基于智能化的数据挖掘和预测模型支持决策。

各炼化企业通过实施在线优化，提高生产的敏捷性。通过实施装置在线优化，自适应更新关键工艺参数的设定值，实现装置实时最优化运行；加强操作过程的规范管理、即时预警、自动化控制，保障人身安全；根据产品、原料价格等变化及时作出相应的生产调整，保证装置的总体经济效益最大。相关企业的最佳实践应用情况如图 2-29 所示。

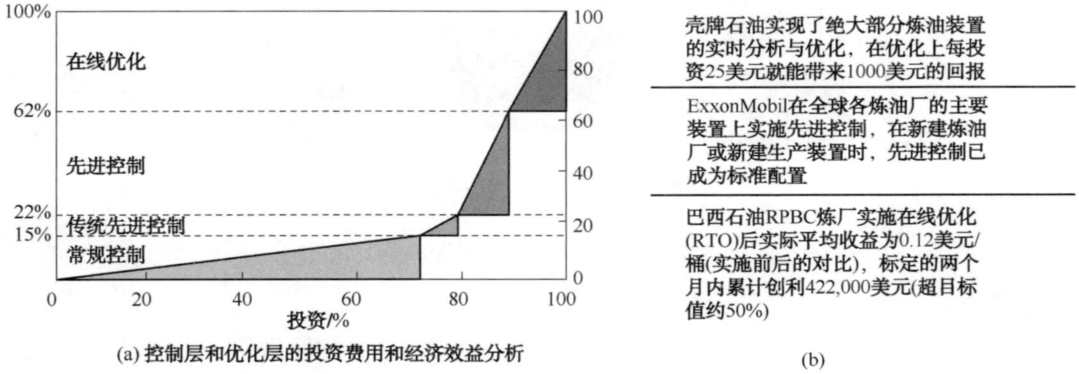

图 2-29 操控优化最佳实践应用情况

下面重点以壳牌（Shell）公司为例说明。壳牌在北美所有常减压装置都实施了以 ROMeo 为基础的在线优化（RTO），提高装置运行效益；对操作报警进行分级管理，能够实现消除从动报警、误报警，并对剩下的报警按等级进行优先级分类，推送给操作人员、业务人员就是优先关注最重要的报警。将物联网技术应用到外操巡检，提升了工厂操作管理水平。

1. 在线优化系统

实施在线优化系统时，通常首先建立装置模型，设定基准方案，完成离线测试；其次，开环试运行，根据数据整定与优化情况调整模型；最后，闭环运行，每两小时对装置操作参数进行一次优化，算出最佳值，传递给 APC、DCS 进行稳态控制，从而获得操作过程最大效益。壳牌在美国德州鹿园炼厂 2 号常减压装置在线优化方案包括 343 个测量值、25000 个方程式、200 个数据校正点、18 个优化自由度，实施步骤为离线、开环到闭环。经评估，壳牌在优化上每投资 25 美元就能带来 1000 美元的回报。

2. 报警管理系统

1998 年壳牌某炼厂发生一起 6 人死亡的严重安全生产事故，事后壳牌在其全球的下游企业内开展了一项改进安全生产为宗旨的计划，取名叫 GAME（Global Asset Management Excellence）计划。GAME 计划中一个重要的子项目是 ESP（Ensure Safe Production）项目。在该项目中开发的软件帮助操作人员更加清晰地洞察工厂运行，包括控制台操作、可靠性工程、制订计划与进度功能等方面。同时，该软件还可确保工厂在规定的安全操作范围内运行，以保护设备，确保达到安全生产、健康和环境标准。ESP 项目从 2002 年启动试点。2004 年开始在 7 家壳牌美国的炼油厂进行第一阶段推广，2006 年初完成第一阶段推广、取得了满意的效果。2006 年 5 月该技术推广到其壳牌全球范围内的下游炼油厂和石化厂共 25 家。ESP 项目中报警管理系统功能架构如图 2-30 所示。

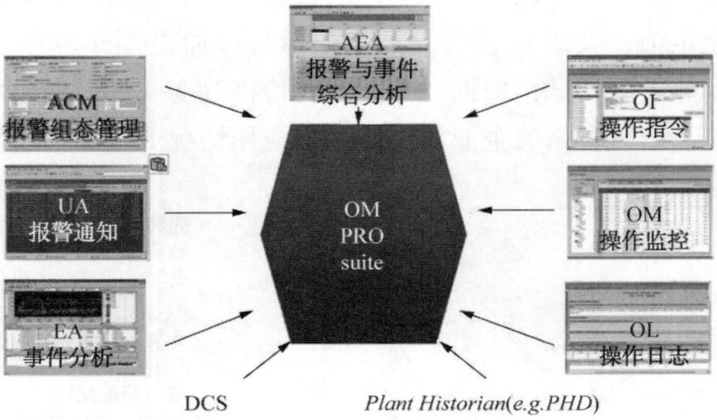

图 2-30　壳牌报警管理系统

报警管理系统的主要功能包括：

（1）操作指导。提供了一个操作指导数据库，指导操作员进行操作，对于每个报警，操作人员可查看可能的原因、可能的后果以及建议采取的措施，操作人员还可以以只读方式访问 ACM 报警系统文档。

（2）动态报警组态管理。根据所配置的方案或根据操作员的命令，可以动态地把报警值下写。根据当前装置的操作模式把设计的报警与当前报警进行比较。

（3）报警系统变更管理。采用结构化工作流程来管理报警系统变更，每个变更必须经由事先定义的编辑与批准程序，包括变更交叉参考与变更说明等。

（4）报警系统审计与报告。ACM 可以防止手工修改报警值后而忘记；可以检测、记录和报告禁止地或修改的报警设置。

3. *移动巡检系统*

壳牌为了实现本来靠人工记录的现场数据电子化，确保现场操作层面正确实施运行规则、设备维护策略，获取现场关键的及时数据，在所有性能可以改善的地方（产出、可靠性、可用性、HSE）满足股东的期望，提升竞争力，事故零容忍、失控零容忍等规划，将物联网技术和先进的移动巡检设备应用到外操巡检。系统应用如图 2-31 所示。

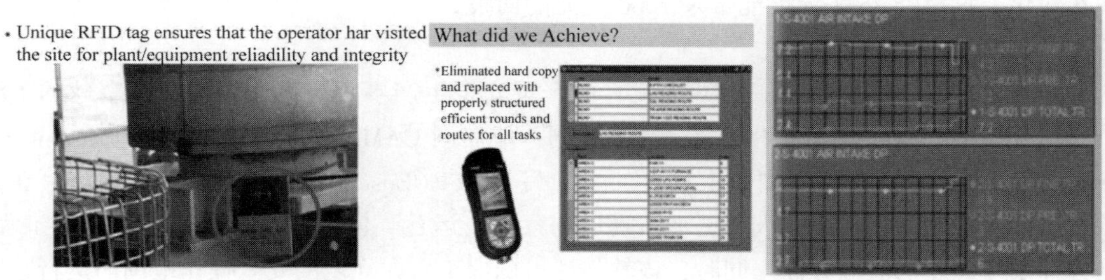

图 2-31　壳牌移动巡检系统示意图

移动巡检系统实现巡检作业智能化，无须纸质记录，而是对所有任务进行正确、结构化、高效的排班和巡检。消除先前人工巡检时的纸质记录，99.04%的日常巡检任务都得到了有效的执行。通过人员位置定位，实现巡检路径跟踪，识别人员状态，保障人员安全。并能实时利用移动巡检手持终端，查看生产的实时情况，了解装置的运行状况。RCM（Round Check）任务和设备可靠性检查融合一起，帮助降低维护、维修、运行等费用。

三、信息化对营销模式转变与变革的影响

在营销领域，信息化带来的变化随处可见，而信息化新技术的应用也带来了营销模式的转变和变革：

（1）中国石化围绕产业链整合行业资源，打造行业的 B2B 平台。通过建设石化行业电商平台，可以汇聚整个行业资源，平衡供需信息，有机调节市场，不仅承接全产业链的购销交易，还可以开展物流、金融等新业务，形成新的商业业态。

（2）加油站零管系统以及信息化新技术应用。作为销售终端的加油站，是炼化产业链的末端，是将“生产价值与效益”向“实现价值、变现效益”的最重要手段之一。“加油站管理系统”是最主要的信息化系统，其中零售管理系统是加油站的最基本和重要的信息化系统。

各销售企业的业务范围的不同赋予信息化系统的要求、功能也不同。

信息化新技术在加油站终端应用很多，如，中国石化广东石油在搭建沟通桥梁，增强客户互动方面，以微信公众号、加油广东 App 作为互联网主要入口，迅速积累线上用户。该公司还通过打造“石化钱包”，实现支付移动化，将“石化钱包”融入到线上、线下业务，借助现代科学、互联网技术与工具，系统打造智慧加油站，以积极探索建立符合未来市场发展规律的经营之道，从而提高资产利用效率和综合竞争力。中国海油也在倾力打造智慧加油站。

四、信息化对管控模式转变与变革的影响

除了前文涉及的信息化对管理模式转变和变革影响外，信息化以及信息化新技术对管理模式变革的影响还包括财务、物资装备与采购、IT 以及人事等的共享服务（中心），以提高运营效率，业务更加规范，节约运营成本，可以快速支持重组并购和业务扩张，有效支持专业化、一体化和全球化发展战略等。这些业务服务能否很好共享，取决于技术平台的构架、性能。

共享服务是业务运营的整合，可以被同一个机构的多个业务部门所使用。也就是将某些共性很强的业务，从原来的业务单元中分离出来，由专门成立的独立实体提供统一的服务，如上面提到的财务、人事、IT、采购以及技术等。

财务共享服务中心（Financial Shared Service Center，简称 FSSC）是共享业务中较早出现的一类，但也是近年才来出现并流行起来的会计和报告业务管理方式。根据埃森哲公司（Accenture）在欧洲的调查，30 多家在欧洲建立“财务共享服务中心”的跨国公司平均降低了 30%的财务运作成本。国内外不少大型企业也开始了共享服务中心的建设，并已有很多成功

案例，如中国石化成立的共享服务有限公司可以为客户提供财务、HR、IT 一体化共享服务，其业务已涵盖油田、炼油、化工、销售、科研、专业公司等板块，未来将进一步拓展到中国石化境内外所有企业和外部市场，标志着中国石化迈入了共享服务新时代。中国海油也在建立之中。

作为一种新型的管理模式，共享服务的本质是由信息网络技术推动的运营管理模式的变革与创新。如在财务领域，它是基于统一的系统平台、ERP 系统、统一的会计核算方法和操作流程来实现的。IT 技术的发展，特别是“企业资源规划系统”(ERP System)的出现，推动了“财务共享服务”概念在企业界的实践和推广。利用 ERP 系统和其他信息技术的“财务共享服务”模式可以跨越地理距离的障碍，向其服务对象提供内容广泛的、持续的、反应迅速的服务。其他服务(如 IT、HR 等)也如此。

五、启示

信息化及其智能化升级推进炼化企业的信息化智能化建设一直在路上。推进和深化炼化信息化智能化应用需以以业务为驱动力，以运营智能为重点。面向企业战略要求，以提升核心竞争力为主要目标；以支撑业务提升为驱动；多以运营智能为建设重点或建设主线，在供应链管理、生产管控、HSE 管理、设备管理、能源管理等方面取得智能化应用突破。此外，深化炼化信息化智能化应用还有以下启发：

(一) 关于集成问题

可以说，集成是信息化智能化升级的基石，包括从“单个系统”到“可集成的系统”。如，由点对点的集成方式到基于 SOA 的集成方式；由分散建模到符合行业标准的工厂参考模型，实现数据一致的共享；由独立的业务流程到组件化的编排和集成，实现跨领域、跨应用的协同；由独立的应用系统到基于消息中间件、服务调用的多系统应用集成等。

(二) 关于融合问题

融合是信息化智能化升级的具体策略与方法。通过综合应用多种技术，可以实现更透彻的感知、更全面的互联互通、更深入的智能化，包括集成技术、移动应用、大数据分析、云计算、物联网等 IT 技术以及专业模型、专家知识库等专业技术和流程再造、敏捷制造等管理技术。通过多种技术的融合，打造新型生产方式。例如：

1. 充分发挥工艺过程模型在生产优化的作用

现有的模式是生产加模型，即实际生产和针对此过程的模型是分离的，智能工厂可以达到模拟、控制、优化、工厂参考等模型根据实时操作情况的变化及时更新，指导和优化生产。如 ExxonMobil 采用分子指纹分析、在线优化、调合优化、供应链优化等各类模型技术，并实现集成应用，建立的“原油指纹信息”系统。中海油正在实施的“石油分子工程与管理”中原油分子信息库与分子模型重构技术就与此类似。

2. 注重构建高效并共享的专家系统以实现分布式的智能

知识能够得到有效管理，并且在任何时间或地点需要它的时候能有效运用。必要的、有用的数据和信息进行分类存储、管理、组织，用户在智能工厂的环境下可以通过虚拟环境、远程监控等方式进行问题解决。如 BP 把知识管理从单一的技术文档管理扩展到全面的知识收集、分享和利用，建立的知识管理系统。

3. 关于从“被动反应”到“主动应对”

借助于覆盖工业现场感知网络快速感知与工厂相关的各类信息，综合运用神经网络、遗传算法、进化计算、混沌控制等智能技术，对于突发的环境变化、工艺设备故障、物料短缺、产品质量问题以及生产事故，在可预测的环境下系统能根据工厂状况进行自我设定，能够事先预防，并及时消除。如壳牌在厂区建立无线巡检系统，采用物联网技术，实现巡检过程数据自动采集与实时监控；广泛应用在线优化技术，实现装置效益的动态控制。

信息化及其新技术的发展极其迅猛，对炼化生产模式、营销模式和管理决策模式的变革[20]势不可挡，而深化“互联网+”应用和“两化融合”又反过来促进了信息化智能化升级的进步。我们只有顺应变化、洞察并掌握信息化发展大势，不断深化“互联网+”应用和“两化融合”，才能支撑并引领炼化产业的发展而把握未来、立于不败之地。

参考文献

[1] 胡虎，赵敏，宁振波．三体智能革命[M]. 北京：机械工业出版社，2016.

[2] 李杰，倪军，王安正．从大数据到智能制造[M]. 上海：上海交通大学出版社，2016.

[3] L. Atzori, A. Iera, G. Morabito. The Internet of Things: A survey, Computer Networks, 2010(54): 2787-2805.

[4] S. John Walker, Big data: A revolution that will transform how we live, work, and think, in, Taylor & Francis, 2014.

[5] S. Marston, Z. Li, S. Bandyopadhyay, J. Zhang, A. Ghalsasi, Cloud computing—The business perspective, Decision support systems, 2011, 51: 176-189.

[6] P. Mell, T. Grance, The NIST definition of cloud computing, Communications of the Acm, 2011(53): 50-50.

[7] S. F. Wamba, S. Akter, A. Edwards, G. Chopin, D. Gnanzou, How ‘big data’ can make big impact: Findings from a systematic review and a longitudinal case study, International Journal of Production Economics, 2015, 165: 234-246.

[8] 吴军．智能时代：大数据与智能革命重新定义未来[M]. 北京：中信出版社，2016.

[9] Q. Han, S. Liang, H. Zhang, Mobile cloud sensing, big data, and 5G networks make an intelligent and smart world, IEEE Network, 2015(29): 40-45.

[10] J. Holdren, T. Power, G. Tassey, A. Ratcliff, L. Christodoulou, A National strategic plan for advanced manufacturing, US National Science and Technology Council, Washington, DC, 2012.

[11] White House, President Obama Launches Advanced Manufacturing Partnership, Press Release, 2011(6): 24.

[12] H. Kagermann, J. Helbig, A. Hellinger, W. Wahlster, Recommendations for implementing the strategic initiative INDUSTRIE 4.0: Securing the future of German manufacturing industry; final report of the Industrie 4.0 Working Group, Forschungsunion, 2013.

[13] 中国政府网，国务院关于印发《中国制造 2025》的通知(国发[2015]28 号)[Z]. 北京：国务院，2015: 5-19.

[14] Zhou Ji, Li Peigen, Zhou Yanhong, Wang Baicun, Zang Jiyuan, Meng Liu, Toward New-Generation Intelligent Manufacturing[J]. Engineering, 08 February 2018 [Epub ahead of print] doi: 10.1016/j.eng.2018.01.002.

[15] Y. Pan, Heading toward Artificial Intelligence 2.0, Engineering, 2016, 2 : 409-413.

[16] M. Annunziata, P. C. Evans, Industrial internet: pushing the boundaries of minds and machines, General Electric, (2012).

[17] 国家制造强国建设战略咨询委员会，中国工程院战略咨询中心．智能制造[M]．北京：电子工业出版社，2014.

[18] 李杰，邱伯华，刘宗长，等．CPS：新一代工业智能[M]．上海：上海交通大学出版社，2017.

[19] 周济．智能制造——“中国制造 2025”的主攻方向[J]．中国机械工程，2015，26：2273-2284.

[20] 吴青．中国炼油化工企业智能化转型升级的研究与应用[J]．无机盐工业，2018，50(6)：1-5，12.

[21] 吴青．信息化及其新技术对炼化产业变革影响的思考[J]，无机盐工业，2018，50(1)：1-7.

[22] 张志檩，关于石化企业信息化的探讨[J]，上海市石油学会论文集，2006：33-51.

[23] 王华，王岩，刘建，等．炼化信息化规划目标与重点方向[J]．石油规划设计，2017，28(1)：51-55.

[24] D. Chen, S. Heyer, S. Ibbotson, K. Salonitis, J. G. Steingrímsson, S. Thiede, Direct digital manufacturing: definition, evolution, and sustainability implications, Journal of Cleaner Production, 2015(107): 615-625.

[25] G. Chryssolouris, D. Mavrikios, N. Papakostas, D. Mourtzis, G. Michalos, K. Georgoulias, Digital manufacturing: History, perspectives, and outlook, Proceedings of the Institution of Mechanical Engineers, Part B: Journal of Engineering Manufacture, 2009(223): 451-462.

[26] H. S. Kang, J. Y. Lee, S. Choi, H. Kim, J. H. Park, J. Y. Son, B. H. Kim, S. D. Noh, Smart manufacturing: Past research, present findings, and future directions, International Journal of Precision Engineering and Manufacturing-Green Technology, 2016(3): 111-128.

[27] R. Shah, P. T. Ward, Lean manufacturing: context, practice bundles, and performance, Journal of Operations Management, 2004(21): 129-149.

[28] W. Shen, Q. Hao, H. J. Yoon, D. H. Norrie, Applications of agent-based systems in intelligent manufacturing: An updated review, Advanced Engineering Informatics, 2006(20): 415-431.

[29] L. Zhang, Y. Luo, F. Tao, B. Li, L. Ren, X. Zhang, H. Guo, Y. Cheng, A. Hu, Y. Liu, Cloud manufacturing: a new manufacturing paradigm, Enterprise Information Systems, 2014(8): 167-187.

[30] F. Tao, Y. Cheng, L. Zhang, A. Y. Nee, Advanced manufacturing systems: socialization characteristics and trends, Journal of Intelligent Manufacturing, 2017(28): 1079-1094.

[31] J. Browne, D. Dubois, K. Rathmill, S. P. Sethi, K. E. Stecke, Classification of Flexible Manufacturing Systems, in: FMS Magazine, 1984.

[32] M. E. Merchant, Manufacturing in the 21st century, Journal of Materials Processing Technology, 1994(44): 145-155.

[33] WUNSCH D, LUDER A, HEINZE M. Fiexibility and re-configurability in manufacturing by means of distributed automation systems—an overview[M]. Distributed Manufacturing. Berlin, Germany: Springer-Verlag, 2010: 5 1-70.

[34] BARBOSA J, LEITAO P, ADAM E, et a1. Structural self-organized holonic multi—agent manufacturing systems[M]. Industrial Applications of Holonic and Multi—Agent Systems. Berlin, Germany: Springer-Verlag, 2013: 59-70.

[35] ZHANG Y, HUANG G Q, QU T, et a1. Agent—based smart objects management system for real—time ubiquitous manufacturing[J]. Robotics and Computer—Integrated Manufacturing, 2011, 27(3): 538-549.

[36] 李伯虎，张霖，王时龙，等．云制造一面向服务的网络化制造新模式[J]．计算机集成制造系统，2010，16(1)：1-7，16.

[37] 袁勇，王飞跃．区块链技术发展现状与展望[J]．自动化学报，2016，42(4)：481-494.

[38] 沈鑫，裴庆祺，刘雪峰．区块链技术综述[J]．网络与信息安全学报，2016，2(11)：11-20.

[39] Nakamoto S. Bitcoin: a peer-to-peer electronic cash system[Online]: available: https://bitcoin.org/bitcoin.pdf, 2009.
[40] 李怡萌．人工智能技术的未来发展趋势[J]．电子技术与软件工程，2017-05-27：P257.
[41] 王芳．人工智能在计算机网络技术中的应用[J]．电子技术与软件工程，2017-05-27：P258.
[42] 赵景茂，叶皓，左禹．石化装置腐蚀案例库及其人工智能预测评价技术[J]．全面腐蚀控制，2004，18(6)：4-9.
[43] 科技观察．人工智能：站在第三次浪潮眺望奇点．21 世纪经济报道，2017-05-27.
[44] 创客总部．权威发布：新一代人工智能发展白皮书(2017)．2018-02-24. https://pan.baidu.com/s1oAn8flo 密码：3gme
[45] 吴青．石油分子工程及其管理的研究与应用(I)[J]．炼油技术与工程，2017，47(1)：1-9.
[46] 吴青．石油分子工程及其管理的研究与应用(II)[J]．炼油技术与工程，2017，47(2)：1-14.
[47] 吴青，吴晶晶．基于分子工程理念的催化裂化轻循环油(LCO)提质增值研究[C]// "化工、冶金、材料"前沿与创新：中国工程院化工、冶金与材料工程第十一届学术会议论文集[M]．北京：化学工业出版社，2016，10：155-161.
[48] 吴青，吴晶晶．石油资源分子工程及其管理[C]//原油评价及加工第十六次年会论文集．南宁，2016：1-7
[49] 吴青．石油资源分子工程与分子管理的主要技术构架与应用实践[C]// 转型升级 技术创新 推动炼化产业可持续发展：中海石油炼化有限责任公司第四次科技大会论文集[M]．北京：中国石化出版社，2016.
[50] 吴青．石油分子工程与管理在智能炼厂建设中应用的探索与实践[C]//第三届中国石油与化工可持续发展论坛．上海：2017.
[51] A. Von Hippel, "Molecular Engineering", Science, 1956, 123(3191): 315-317.
[52] 唐有祺．分子工程学学科刍议[J]．功能高分子学报，1992，5(2)：82-86.
[53] 唐有祺．分子工程学学科刍议[J]．科学(双月刊)，1996，48(6)：8-10.
[54] 胡英，刘洪来．分子工程与化学工程，化学进展，1995，7(3)：235-249.
[55] The University of Chicago, March 2011，官网介绍材料．
[56] Sanada, Y., An Introduction "Molecular Engineering Coal, 1996 -2000 ", The Japan Society for the promotion of Science, Research for the Future Project, Energy & Fuels, 16(2002): 3-5.
[57] 谢克昌，煤的结构与反应性[M]．北京：科学出版社，2002.
[58] Alan G. Marshall and Ryan P. Rodgers, Petroleomics: Chemistry of the underworld, PNAS, November 25, 2008: 105(47): 18090-18095.
[59] MARSHALL A G, RODGERS R P. Petroleomics: The next grand challenge for chemical analysis[J]. Acc Chem Res, 2004, 37(1): 53-59.
[60] Aye. M. S., Zhang N. A. Novel Methodology in Transformation Bulk Properties of Refining Streams into Molecular Information[J]. Chem. Eng. Sci., 2005, 60: 6702-6717.
[61] RODGERS R P, SCH AUB T M, MARSH ALL AG. Petroleomics: MS returns to its roots[J]. Anal Chem, 2005, 77(1): 21A-27A.
[62] 宋春侠，刘颖荣，刘泽龙，等．基于高分辨质谱的石油组学分析技术的研究进展[J]．色谱，2015，33(5)：488-493.
[63] Cho Y, Ahmed A, Islam A, Kim S. Developments in FT-ICR MS Instrumentation Ionization Techniques, and Data Interpretation Methods for Petroleomics - a Review. Mass Spectrom Reviews, 2015, 34(2): 248-263.
[64] 朱铎先：http://blog.e-works.net.cn/682126.
[65] Henning Kagermann，还原工业 4.0，知识自动化，2018-01-26.

[66] 林贤聪. 工业 4.0 之路(上), 知识自动化, 2017-05-11.
[67] 张文豪. 美国智能制造路线图, 知识自动化, 2017-11-13.
[68] 国务院. 关于积极推进"互联网+"行动的指导意见, 国发[2015]40 号[Z]. 北京: 国务院, 2015.
[69] 远望智库. 日、德、美、中各国"工业 4.0"们的核心差异. 战略前沿技术, 2017-11-26.
[70] 麦肯锡全球研究所. 12 项颠覆性技术引领全球经济变革. 赛迪网讯-CMIC. 2013-11-05.
[71] 吴青. 流程工业智慧炼化建设的研究与实践[J]. 无机盐工业, 2017, 49(12): 1-8.

第三章

炼化信息化及其智能化升级

同世界发达国家的工业化、信息化发展模式相比较，我国一直是在工业化发展过程中同步发展信息化的[1~5]。经过几年的发展，我国炼化行业已经在包括"自动化层面、生产执行层面和经营管理层面"在内的信息化各方面(软件、硬件)取得了长足的进步和很大的成就，在深化"两化融合"、推进炼化企业"智能工厂"建设等方面也取得了明显成效。

炼化信息化主体构架的核心仍是几十年前的三层结构——底层的控制层、中间的生产执行层和上层的经营决策层，但目前也有再增加一层作为信息展示层即企业信息门户的。尽管如此，炼化信息化各层的内涵已经发生了天翻地覆的变化，特别是随着互联网及信息化新技术的迅猛与爆发式发展，信息化自身快速发展的同时也带动和导致了炼化产业生产模式、营销模式以及管控决策等方面的变革。

第一节　信息化的层次模型结构

一、经典的三层模型结构

我国炼化企业的信息化构架[6]基本上均采用三层模型结构的方式，这实际上是美国AMR公司(Advanced Manufacturing Research，AMR)于1992年最早倡导的。AMR公司对制造业倡导采用三层模型(3rd 1ayer model)来表示其信息化，如图3-1所示，而其时间、空间范围的示意如图3-2所示。

图3-1中，顶层为业务计划系统；处于企业业务计划系统和过程控制系统两者之间的中间位置的是生产执行系统(或制造执行系统，MES)。MES起承上启下的作用，一是把业务计划的指令传达到生产现场，二是将生产现场的信息及时收集、上传和处理。

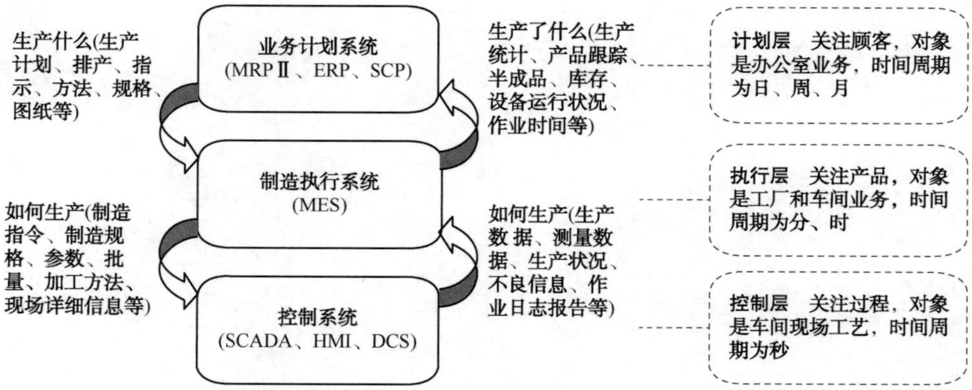

图3-1　制造业信息化的三层模型示意[6]

1998年，AMR公司发表的REPAC模型，即包括准备(Ready)、执行(Execute)、处理(Process)、分析(Analyze)、调整(Coordinate)五个阶段组成的过程周期，如图3-3所示。该模型参考了供应链业务参考模型(SCOR，Supply chain operation Reference)，把其中的

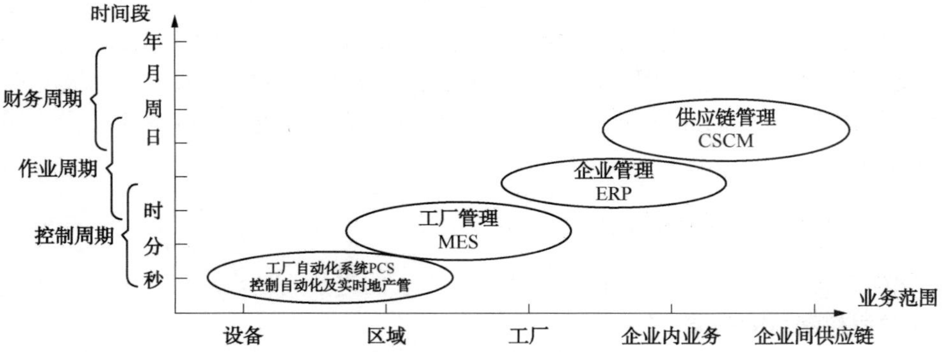

图 3-2　企业业务周期和范围的划分

“Make”(执行)作为关注焦点(如图 3-4 所示)，将计划、技术方案、调度、执行和控制等对应的五个信息系统集成连接。REPAC 模型不只是针对三层模型的某一层，而是与相应系统一起连接在经营系统的闭环网路中。

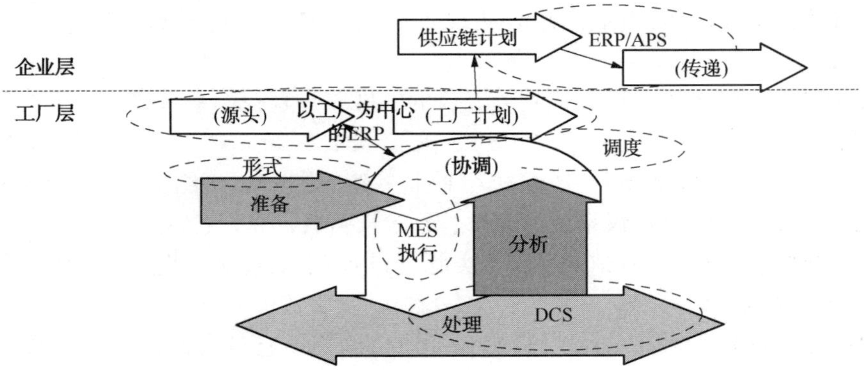

图 3-3　流程工业的 REPAC 模型和信息系统对照

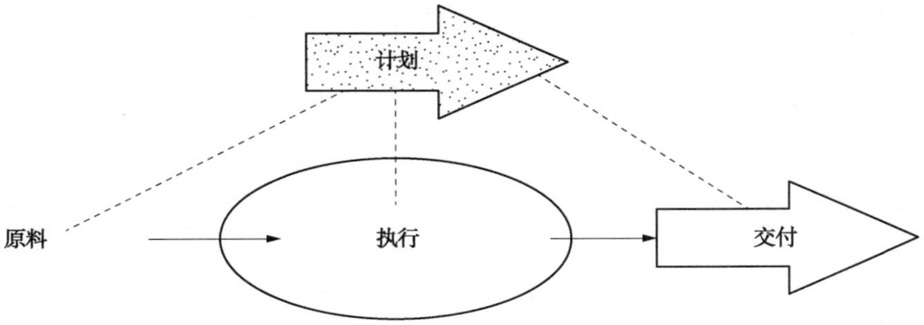

图 3-4　SCOR 模型

通过将上层的 ERP(Enterprise Resources Planning，企业资源计划)、SCM(Supply Chain Management，供应链管理)、E-Business(电子商务)、DSS(Decision Support System，决策支持系统)与中间层的 EOM(Enterprise Operating Model，企业经营模型)、MES(Manufacturing Execution System，制造执行系统)以及底层的 DCS(Distributed Control System，分布式控制系统)、PLC(Programmable Logic Controller，可编程逻辑控制器)、FCS(Field bus Control

System，现场数据总线）、ESD（Emergency Shutdown Device，紧急停车装置系统）等进行有机地组合，用信息化手段与方式全面构建炼化企业智能化生产技术的整体。虽然每一个层级均在不断变化、升级中，但是迄今为止，炼化企业信息化绝大多数仍采用三层级的大分类方法，仅有少数企业将EIP（Enterprise Information Portal，企业信息门户）单独称为一层，简称EIP层或第四层。

二、信息化各层内容的演变

信息化构架各层次的内容同时也随现代制造技术的进步而进步，下面分别介绍。

（一）过程控制（PCS）层

现代炼化企业的过程控制层是信息化“三层结构”中最为基础性的底层控制系统，据此可实现对生产工艺过程的自动控制，同时也将相关数据、信息传给中间层、顶层等相关的系统。通常使用的控制类产品包括可编程逻辑控制器（Program Logic Control，PLC）和集散型（分布式）控制系统（Distributed Contorl System，DCS）两大类，后来随着技术进步，DCS的概念拓展到了现场总线控制系统（FieldBus Contorl Syestem，FCS），通过控制系统可实现数字动能化和高精度的测量，并能从现场设备中获取先进的诊断信息，以此提高产品产量和质量。

炼厂控制系统已经经历了第一代到第五代的发展，过程控制系统（PCS）主要包括：分散控制系统/现场总线控制系统（DCS/FCS）、安全仪表系统（SIS）、火灾及气体监测系统（FGS）、储运自动化系统（MAS）、压缩机组控制系统（CCS）、机组监控系统（MMS）、设备包控制系统（PLC）、在线分析仪系统（PAS）、仪表设备管理系统（AMS）、操作员培训仿真系统（OTS）、过程控制计算机系统（PCCS）（实施先进控制APC和实时优化RTO等）等系统，其核心是DCS/FCS系统。

现场总线是自动化领域中发展很快的互连通信网络，它具有协议简单开放、容错能力强、实时性高、安全性好、成本低、适于频繁交换等特点。FCS是继DCS之后的新一代控制系统，是过程控制系统发展的趋势，并与DCS共存。根据目前现场总线技术的发展趋势和应用情况，国内大型炼油乙烯一体化项目也有采用DCS和FCS混合的方案。下面简要介绍。

1. 关于分布式控制系统DCS

DCS（Distributed Contorl System），集散控制系统，又称分布式控制系统，是相对于集中式控制系统而言的一种计算机控制系统，它是在集中式控制系统的基础上发展、演变而来的。

1940年前，气动仪表（PCS，Pneumatic control system）产生，即第一代过程控制系统。以生产电动模拟仪表为主的仪表制造厂商以常规控制为主发展，形成第一种DCS特色；以生产继电器、开关逻辑器件为主的厂商则以逻辑控制、顺序控制为主，由PLC向DCS发展，形成第二种DCS特色；以生产计算机、半导体和集成电路为主的厂商则以数据通信、计算机技术为主向DCS发展，形成第三种DCS特色。共同形成了第一代DCS，具有分散控制、集中管理的过程控制、操作管理和数据通信三大主要功能，以TDC 2000等为代表。

1940年后，基于电动仪表（0~10mA，4~20mA模拟电流信号）的电动单元组合式模拟仪表控制系统（ACS，Analogous Control system），即第二代过程控制系统产生。第二代DCS产品的主要特点是功能增强，包括控制算法，实现常规控制、逻辑控制、批量控制的结合，即混合控制。管理范围扩大，功能增加。通信方式为总线式和环式，并支持局域网协议。以TDC-3000等为代表。

1970年前后，产生了基于计算机的直接数字控制(DDC，Direct Digital control)和监督计算机控制(SCC，Supervisory computer Control)，统称计算机控制系统(CCS，Computer Control system)，即第三代过程控制系统。第三代以FOXBORO公司1987年推出的I/AS系统为代表。主要是在局域网技术上实现10Mbps的宽带网和5Mbps的载带网，并符合OSI(开放互联参考模型)标准。另外，还增加了自适应和自整定等控制算法。

1975年，美国Honeywell公司推出了基于微处理器的分布式控制系统(DCS，Distributed Control System)，即第四代过程控制系统。第四代DCS产品的主要标志是集成，其覆盖现场仪表层、控制装置单元层，工厂层和企业层4个层次。而前三代只覆盖前三层。第四代已成为过程控制和信息管理的综合信息平台。其功能包括过程控制，PLC、RTU(远程采集发送器)、FCS、多同路调节器、智能采集和控制单元等功能集成，以及组态软件、I/O组件、PLC单元等产品集成，还包容过程控制、逻辑控制、批处理控制，并实现混合控制。

从20世纪70年代开始，作为工厂运行信息系统的DCS很快普及，较早地实现了过程监控自动化。

1980年后，出现基于现场总线技术(Field bus)的现场总线控制系统(FCS，Field bus ControlSystem)，即第五代过程控制系统。目前其标准尚未统一，正在发展过程中。总体上是DCS、PLC、FCS三者的结合。

2. 现场总线控制系统FCS

现场总线是一种连接智能现场设备和自动化系统的全数字化、双向传输、多分支结构的串行通信网络[7,8]。国际电工委员会ICE61158标准[9]将其定义为“安装在制造和过程区域的现场装置与控制室内的自动控制装置之间的数字式、串行、多点通信的数据总线”。

现场总线是在实际需求的驱动下应运而生的。在计算机数据传输领域内，长期以来使用RS-232和CCITT V.24通信标准。尽管它们被广泛使用，但却是一种低数据速率和点对点的数据传输标准，无能力支持更高层次的计算机之间的功能操作。在复杂或大规模的应用中，如工业现场控制或生产自动化领域，需要使用大量的传感器、执行器和控制器等，它们通常分布在非常广的范围内，如果在最低层采用传统星型拓扑结构，那么安装成本和介质造价都将非常高昂。以钢铁企业炼铁生产的高炉为例，其冶炼容积已达4000m^3以上，检测和控制的点数超过了5000点[10]。大量点到点的电缆，不但增加了线路敷设设计的难度和施工的复杂性，同时也增加了投资和安装、调试与维护的费用。采用流行的LAN组件及环形或总线型拓扑结构，虽然可以减少电缆长度，但是增加的LAN介质及相关硬件和软件又使其系统造价与星型系统相差无几。

在传统的集散控制系统中，大量的检测信号汇集到DCS的入口处，不可避免地会出现“瓶颈”现象，导致信号堵塞，降低了系统的安全性和可靠性。用户迫切需要现场总线与智能化的现场仪表，以便将60%~80%的控制功能下放到现场仪表，减少DCS处理信息的压力，增强系统的可靠性和安全性。

另外，传统的测控自动化系统采用电压、电流的模拟信号进行测量控制，或采用自封闭式的集散系统，难以实现设备之间以及系统与外界之间的信息交换，使自动化系统成为“自动化孤岛”。所以在最低层次上的确需要设计一种造价低廉而又能经受现场环境考验的通信系统，形成底层网络，完成现场自动化设备之间的多点数字通信，实现底层现场设备之间以及现场与外界的信息交换。

智能仪表为现场总线的出现奠定了基础，Honeywell 公司于 1983 年推出了数字信号 4~20mA 输出的差分信号驱动器，它在输出的 4~20mA 直流信号上叠加了数字信号，从而使现场装置与控制室控制装置之间的连接由模拟信号过渡到了数字信号，自此以后的几十年间，世界上个大公司都相继推出了其智能仪表产品。如 Rosemount 公司的 1151，Foxboro 的 820、860，Smar 公司的 CD301 等，Rosemount 公司还采用了它自己的 HART 数字通信协议。模拟数字混合仪表克服了单一模拟仪表的多种缺陷，给自动化仪表的发展带来了新的生机，为现场总线的诞生奠定了基础。而这种数字模拟信号混合运行的系统，逐渐被具备通信功能、传输信号全数字化、可实现智能仪表之间的信息交换、处理多个信息和复杂计算的仪表与系统取代，形成了各具特色的现场总线。

现场总线技术的出现导致了传统控制系统结构的变革，形成了新型的网络集成式全分布控制系统——现场总线控制系统 FCS（Fieldbus Control System）。这是继基地式气动仪表控制系统、电动单元组合式模拟仪表控制系统、集中式数字控制系统、集散控制系统 DCS 后的新一代控制系统[11]。

1）FCS 的结构

现场总线系统打破了传统控制系统的结构形式。传统模拟控制系统采用一对一的设备连接，按控制回路分别进行连接。位于现场的测量变送器与位于控制室的控制器之间，控制器与位于现场的执行器、开关、马达之间均为一对一的物理连接。DCS 系统虽然一定程度上实现了分散控制，但并不是彻底的分散，控制功能是通过各个集中的过程控制站如 PLC 来完成，许多方面的性能与 FCS 相比有较大的差距[12]。

现场总线将专用微处理器和原先 DCS 系统中处于控制室的控制模块、各输入输出模块置入现场设备，使之各自具有数字计算和数字通信能力，采用可行简单连接的双绞线等作为总线，把多个测量控制仪表连接成的网络系统，并按公开、规范的通信协议，在位于现场的多个微机化测量控制设备之间以及场仪表与远程监控计算机之间，实现数据传输与信息交换，形成各种适应实际需要的自动控制系统。

在 FCS 系统中，遵循一定现场总线协议的现场仪表可以组成控制回路，使控制站的部分控制功能下移分散到各个现场仪表中，从而减轻控制站负担，使得控制站可以专职于执行复杂的高层次的控制算法，对于简单的控制应用，甚至可以把控制站取消，在控制站的位置代之以起连接现场总线作用的网桥、操作站直接与现场仪表相连，构成分布式控制系统。因而控制系统功能够不依赖控制室的计算机或控制仪表，直接在现场完成，实现了彻底的分散控制。控制系统与传统控制系统的结构对比见图 3-5。

由于采用数字信号替代模拟信号，因而可实现一对电线上传输多个信号，包括多个运行参数、多个设备状态、故障信息，同时又为多个设备提供电源；现场设备以外不再需要模拟/数字、数字/模拟转换部件。这样就为简化系统结构、节约硬件设备、节约连接电缆与各种安装维护费用创造了条件。

2）FCS 的主要特点

现场总线系统的主要特点可以归纳如下[13]：

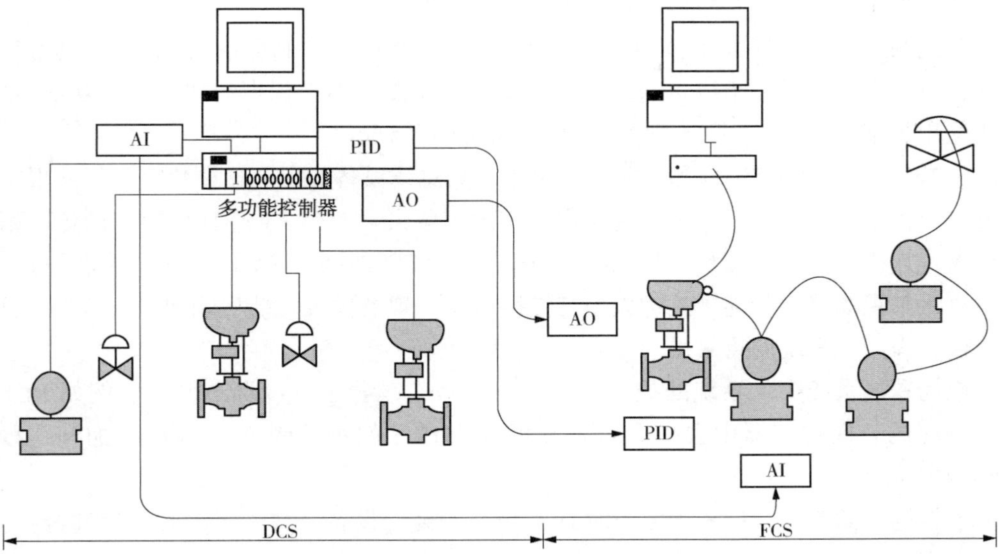

图 3-5 FCS 控制系统与传统控制系统结构的对比

(1) 系统的开放性。现场总线系统对相关标准具有一致性、公开性，强调对标准的共识与遵从。通信协议一致公开，各不同厂家的设备之间可实现信息交换，通过现场总线可构筑自动化领域的开放互连系统。

(2) 互操作性和互用性。系统的开放性决定了它具有互操作性和互用性。互操作性指互连设备间、系统间信息传送与沟通；而互用则意味着不同生产厂家的性能类似的设备可实现相互替换。

(3) 现场设备的智能化和功能自治性。现场总线将传感测量、补偿计算、工程量处理与控制等功能分散到现场设备中完成，仅靠现场设备即可完成自动控制的基本功能，并可随时诊断设备的运行状态。

(4) 系统结构的高度分散性。现场总线构成了一种新的全分散型控制系统的体系结构，从根本上改变了现有 DCS 集中与分散相结合的集散控制系统体系，简化了系统结构，提高了可靠性。

(5) 对现场环境的适应性。作为工厂网络底层的现场总线对现场环境有较强的适应性，是专门为现场环境设计的。它支持双绞线、同轴电缆、光缆、无线和电力线等，具有较强的抗干扰能力，能采用两线制实现供电与通信，并可满足本质安全防爆要求。

3) FCS 的优点

传统的现场控制技术(例如 BITBUS、RS-485、RS-422 等)其不足之处主要有：主从结构网络上只能有一个主节点，其余为从节点，无法构成多主结构或冗余系统[14]，其潜在危害是，一旦主节点出现故障，则整个系统将处于瘫痪状态；数据通信方式为命令响应型，在许多实时性要求较高的场合，这是致命弱点；错误处理能力不强。不能提供类似 LAN 的网络管理(network management)功能，从而不能对整个系统进行实时、有效、方便的监控和维护[15]。

而由于现场总线的上述特点，特别是现场总线系统结构的简化，使得控制系统从设计、安装、投运到正常生产以及检修维护，都体现出优越性。

分布式的 FCS 系统更好地体现了 DCS 系统“信息集中，控制分散”的思想，具有高度的分散性，可以由现场设备组成自治的控制回路。现场设备具有相当的智能化与功能自主性，可完成控制的基本功能，并可以随时诊断设备的运行情况。

FCS 提高了系统的准确性和可靠性。由于现场总线设备的智能化、数字化，从根本上提高了测量与控制的精确度，减少了传送误差。由于免去了 D/A 与 A/D 变换，使仪表精度也得到极大的提高。FCS 的结构比区 DCS 简化，有的 FCS 系统省略了 DCS 中控制站这一层，操作站直接与现场仪表相连。这样设备与连线减少，现场仪表内部功能加强，减少了信号的往返传输，提高了系统的可靠性。

在现场总线系统中，系统的控制周期大为缩短，改善了系统调节性能。例如 PID 功能植入到相应的智能传感器中去，目前 FCS 可以从 DCS 的每秒调节 2~3 次增加到每秒调节 10~20次[16]。

由于结构上的改变，FCS 比传统的 DCS 更节约硬件设备，减少了安装费用和维护开销。使用 FCS 可以减少大量的隔离器、端子柜、I/O 卡及 I/O 端口，这样就节省了 I/O 装置及装置室的空间；同时减少了大量电缆的使用，极大地节省了安装费用。

另外，由于现场总线设备标准化、功能模块化，使得系统设计简单，易于重构。

4）企业网络三级体系结构

TOP/MAP/Fieldbus 是 20 世纪 80 年代末期提出的一种网络结构形式，随着计算机、控制、网络通信技术的发展，企业网络结构形式发生了很大变化。近年来，在不少企业网络中，事实上的工业标准 TCP/IP 通信协议替代了 TOP/MAP 通信协议的位置，多层分布式子网的结构逐渐为以太网、FDDI 主干网所取代。在基本相同的功能模型结构下，网络的结构层次简化了许多。

而现场总线依然保持着它在底层控制网络的地位和作用。现场总线作为一种底层控制网络(Infranet)，与现场设备直接相连，一方面将现场测量控制设备互连为通信网络，实现不同网段，不同现场通信设备间的信息共享；同时又将现场运行的各种信息传送到远离现场的控制室，并进一步实现与操作终端、上层控制管理网络的连接和信息共享。这样沟通了现场级控制设备之间及其与更高控制管理层次之间的联系。由于现场总线所处的特殊环境及所承担的实时控制任务，是普通局域网通信技术所难以取代的，同时，由于现场控制层对通信量的要求较低，而一般底层的设备量又很大，往往有几百，甚至上千上万台设备，在这种环境下采用现场总线与采用一般局域网相比，可以节省大量投资。

FCS 形成的 Infranet 控制网很容易与 Infranet 企业内部网和 Internet 全球信息网互连，构成一个完整的企业网络三级体系结构[16]。

5）主要的 FCS 技术与国际标准

自 20 世纪 80 年代末以来，有几种现场总线技术已逐渐形成其影响并在一些特定的应用领域显示了自己的优势。它们具有各自的特点，也显示了较强的生命力，对现场总线技术的发展发挥了较大的作用[11]。

(1) 基金会现场总线 FF(Foundation Fieldbus) 是在过程自动化领域得到广泛支持和具

有良好发展前景的一种技术。其前身是以美国 Fisher-Rosemount 公司为首，联合 Foxboro、横河、ABB、西门子等 80 家公司制定的 ISP 协议和以 Honeywell 公司为首，联合欧洲等地 150 家公司制定的 Word FIP 协议。这两大集团于 1994 年 9 月合并，成立了现场总线基金会，致力于开发出国际上统一的现场总线协议。

基金会现场总线分为 H1 和 H2 两种通信速率。H1 的传输速率为 31.25Kbps，通信距离可达 1.9km，可支持总线供电和本质安全防爆环境。H2 的传输速率可为 1Mbps 和 2.5Mbps 两种，通信距离为 750m 和 500m。物理传输介质可为双绞线、光缆和无线，其传输信号采用曼切斯特编码。

基金会现场总线以 ISO/OSI 开放系统互连模型为基础，取其物理层、数据链路层、应用层为所通信模型的相应层次，并在应用层上增加了用户层，用户层主要针对自动化测控应用的需要，定义了信息存取的统一规则，采用设备描述语言规定了通用的功能块集。FF 总线包括 FF 通信协议、用于完成开放互连系统模型中的 2~7 层通信协议的通信线、用于描述设备特性及操作接口的 DDL 设备描述语言、设备描述字典，用于实现测量、控制、工程量转换等功能的应用功能块，实现系统组态管理等功能的系统软件技术以及构筑集成自动化系统、网络系统的系统集成技术。

（2）CAN 总线（Controller Area Network，控制器局域网） 最早是由德国 Bosch 公司推出，用于汽车内部测量与执行部件之间的数据通信协议，其总线规范已被 ISO 国际标准组织制定为国际标准，并且广泛应用于离散控制领域。它也是基于开放系统互连模型，但仅采用了其中的物理层、数据链路层，提高了实时性。CAN 可实现全分布式多机系统，且无主、从机之分；其节点有优先级设定，支持点对点、一点对多点、广播模式通信[17]。各节点可随时发送消息，传输介质为双绞线，通信速率最高达 1MHz/40m，直接传输距离最远可达 10km/5kbps。

CAN 总线采用短消息报文，每一帧有效字节数为 8 个，因而传输时间短，受干扰的概率低；当节点严重出错时，可自动关闭，使总线上线上的其他节点及其通信不受影响，抗干扰能力强，可靠性高。

（3）LonWorks 总线 是由美国 ECHELON 公司开发，并与 Motorola 和东芝公司共同倡导的现场总线技术。它采用了 OSI 参考模型全部的七层协议结构，被誉为通用控制网络，LonWorks 技术的核心是具备通信和控制功能的 Neuron 芯片。Neuron 芯片封装了完整的 LonWorks 通信协议 LonTalk。其上集成有三个 8 位 CPU。一个 CPU 完成 OSI 模型第一和第二层的功能，称为介质访问处理器。一个 CPU 是应用处理器，运行操作系统与用户代码。还有一个 CPU 为网络处理器，作为前两者的中介，它进行网络变量寻址、更新、路径选择、网络通信管理等。由神经芯片构成的节点之间可以进行对等通信。

LonWorks 支持双绞线、同轴电缆、光纤、射频、红外线、电力线等多种通信介质，并支持多种拓扑结构，组网方式灵活，其 IS-78 本安物理通道使得它可以应用于危险区域。LonWorks 通信速率从 300bps~1.5Mbps 不等，直接通信距离可达 2700m/78kbps。LonWorks 应用范围主要包括楼宇自动化、工业控制等，在组建分布式监控网络方面有较优越的性能。

（4）PROFIBUS 总线（Process Fieldbus） 是符合德国国家标准 DIN19245 和欧洲标准

EN50179 的现场总线，包括 PROFIBUS-DP、PROFIBUS-FMS 和 PROFIBUS-PA 三个部分。PROFIBUS-DP 用于分散外设间的高速数据传输，适合于加工自动化领域的应用；PROFIBUS-FMS 适用于纺织、楼宇自动化、可编程控制器、低压开关等方面的应用；PROFIBUS-DP 适用于过程自动化，遵从 IEC1158-2 标准。它采用了 OSI 模型的物理层，数据链路层，FMS 还采用了应用层。传输速率为 9.6kbps～12Mbps，最大传输距离为 12Mbps/100m，传输介质为双绞线或者光缆，可实现总线供电和本质安全防爆。PROFIBUS 支持主从方式、纯主方式、多主多从通信方式。主站对总线具有控制权，主站间通过传递令牌来传递对总线的控制权。取得控制权的主站，可向从站发送、获取信息。

（5）HART 总线（Highway Addressable Remote Transducer） 是由 RH Rosemount 公司于 1986 年提出的通信协议。其特点是在现有模拟信号传输线上实现数字信号通信，属于模拟系统向数字系统转变过程中的过渡产品，使得用户可以在不对已有现场仪表进行改进的情况下，逐步实现数字化，因而在当前的过渡时期具有较强市场竞争力，在智能仪表市场上占有很大的份额。HART 包括 ISO/OSI 模型的物理层、数据链路层和应用层。HART 可采取点对点或多主通信方式，可利用总线供电，并可满足本质安全防爆要求。但由于 HART 的模拟数字混合信号制，导致难以开发出一种能满足各公司要求的通信接口芯片。

（6）现场总线的国际标准 现场总线技术的国际标准化工作，从技术和业务分工上是由国际电工委员会 ICE（International Electrotechnical Commission）下的技术委员会（Technical Committee）TC65 来组织实现的。在 TC65 下面又有 4 个分委员会，即 SC65A（负责系统），SC65B（负责装置），SC65C（负责测量和控制系统的数字数据通信，其中包括了现场总线在内），SC65D（分析装置）。现场总线技术标准化的具体工作是 SC65C 于 1998 年设的工作组（Working Group）WG6 来具体实施。

自 1983 年开始，国际电工委员会 IEC/SC65C/WG6 与美国仪表学会（ISA）下属的标准与实施工作组中的 ISA/SP50 委员会本着协商一致的原则联合制定工业控制系统用现场总线国际标准。IEC61158 现场总线系列标准草案就是两者共同合作的结果。

在我国，现场总线标准是由 ICE/TC65 在国内的技术归口单位——全国工业过程测量和控制标准化技术委员会（上海工业自动化仪表研究所）负责跟踪并制定的。目前，已完成了现场总线的物理层国家标准的制定工作。其他层的标准正在跟踪和制定过程中。

3. 可编程逻辑控制器 PLC 以及三者对比

1）关于 PLC 以及与 DCS 的区别

可编程逻辑控制器 PLC 主要用于工业过程中的顺序控制，当然新型 PLC 也兼有闭环控制功能。可编程逻辑控制器只是一个控制器，而不是一个系统，它从开关量控制发展到顺序控制、运送处理，是从下往上的过程。

可用一台 PC 机为主站，多台同型 PLC 为从站。也可一台 PLC 为主站，多台同型 PLC 为从站，构成 PLC 网络。这比用 PC 机作主站方便之处是：有用户编程时，不必知道通信协议，只要按说明书格式写就行。PLC 网格既可作为独立 DCS，也可作为 DCS 的子系统。

PLC 与 DCS 无法比较，因为 PLC 是控制器，是孤立的产品，而 DCS 是系统。但 PLC 可以与 DCS 的控制站比较，PLC 的循环周期在 10ms 左右，而 DCS 控制站在 500ms 左右，PLC 的开放性更好，作为产品其独立工作的能力更强。

PLC 是从电气继电器发展起来的，是以“01010101…”的数字量为主的，故 PLC 侧重于局部的逻辑控制；而 DCS 则因为是从模拟量仪表发展起来的，是以 4~20mA 的模拟量为主的控制，所以 DCS 侧重于模拟量的整体控制即更加侧重于系统控制。此外，两者之间在通信方面差异大。由于 DCS 通信网络的通用性好，让其具备了超好的可扩展性，但 PLC 搭建好以后就很难随意增减，也就是很难随意扩展。还有，DCS 是双冗余的，可以实现无扰动切换，PLC 不行。此外，DCS 一般用于 500 点以上的，而 PLC 点数较少，通常小于 100 个点数。

PLC 是一个装置，硬件上等同于 DCS 中的现场控制器；软件上是一个局部方案，站与站之间组织松散。而 DCS 是一种“分散式控制系统”，硬件上包括现场控制器、操作员站计算机、工程师站计算机，以及联系它们的网络系统；DCS 软件是一个整体方案，解决的是一个系统的所有技术问题，系统各部分之间结合严密。

DCS 突出特点为：集 4C(Communication、Computer、Control、CRT)技术于一身的监控技术；从上到下的树状拓扑大系统，其中通信(Communication)是关键；PID 在中断站中，中断站连接计算机与现场仪器仪表与控制装置是树状拓扑和并行连续的链路结构，也有大量电缆从中继站并行到现场仪器仪表；模拟信号，A/D—D/A、带微处理器的混合；一台仪表一对线接到 I/O，由控制站挂到局域网 LAN；DCS 是控制(工程师站)、操作(操作员站)、现场仪表(现场测控站)的三级结构；用于大规模的连续过程控制，如炼油化工等。

所以，分析 DCS 与 PLC 的区别，有两点最关键：一是 DCS 是分布式控制，拥有全局数据库；二是 PLC 是顺序扫描机制，DCS 是以时间为基准的控制。

2）DCS 与 FCS 的对比

FCS 是由 DCS 与 PLC 发展而来，不仅具备 DCS 与 PLC 的特点，而且跨出了革命性的一步。目前新型的 DCS 与新型的 PLC，都有向对方靠拢的趋势。新型的 DCS 已有很强的顺序控制功能；而新型的 PLC，在处理闭环控制方面也不差，并且两者都能组成大型网络，DCS 与 PLC 的适用范围，已有很大的交叉。

DCS 系统的关键是通信。也可以说数据总线是分散控制系统 DCS 的脊柱。由于它的任务是为系统所有部件之间提供通信网络，因此，数据总线自身的设计就决定了总体的灵活性和安全性。数据总线的媒体可以是：一对绞线、同轴电缆或光纤电缆。通过数据总线的设计参数，基本上可以了解一个特定 DCS 系统的相对优点与弱点。

为保证通信的完整，大部分 DCS 厂家都能提供冗余数据总线。为了保证系统的安全性，使用了复杂的通信规约和检错技术。所谓通信规约就是一组规则，用以保证所传输的数据被接收，并且被理解得和发送的数据一样。目前在 DCS 系统中一般使用两类通信手段，即同步的和异步的，同步通信依靠一个时钟信号来调节数据的传输和接收，异步网络采用没有时钟的报告系统。

传统方式中，现场级设备与控制器之间连接采用一对一 I/O 连线方式，如图 3-6 所示。

现场总线技术的接线方式，使用一根电缆连接所有现场设备，见图 3-7。

3）FCS 与传统控制系统的结构对比

FCS 与传统控制系统的结构对比见图 3-5。表 3-1 汇总了 DCS 与 FCS 主要性能的对比。

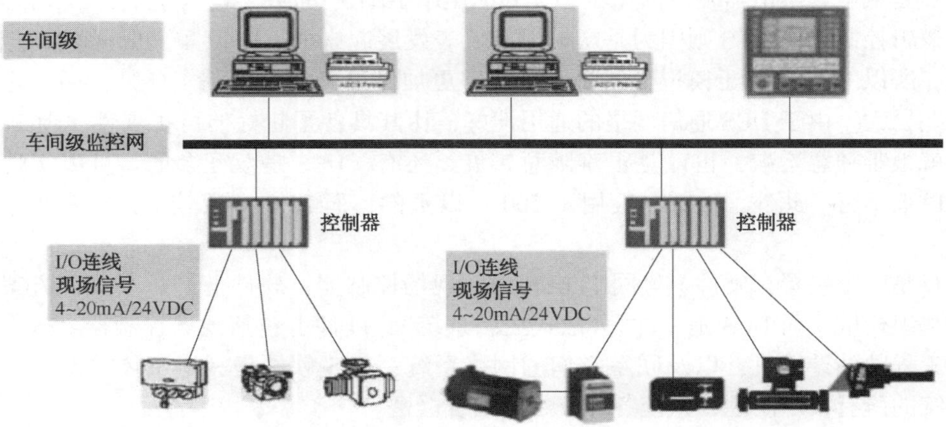

图 3-6　传统方式中的现场级设备与控制器之间连接示意

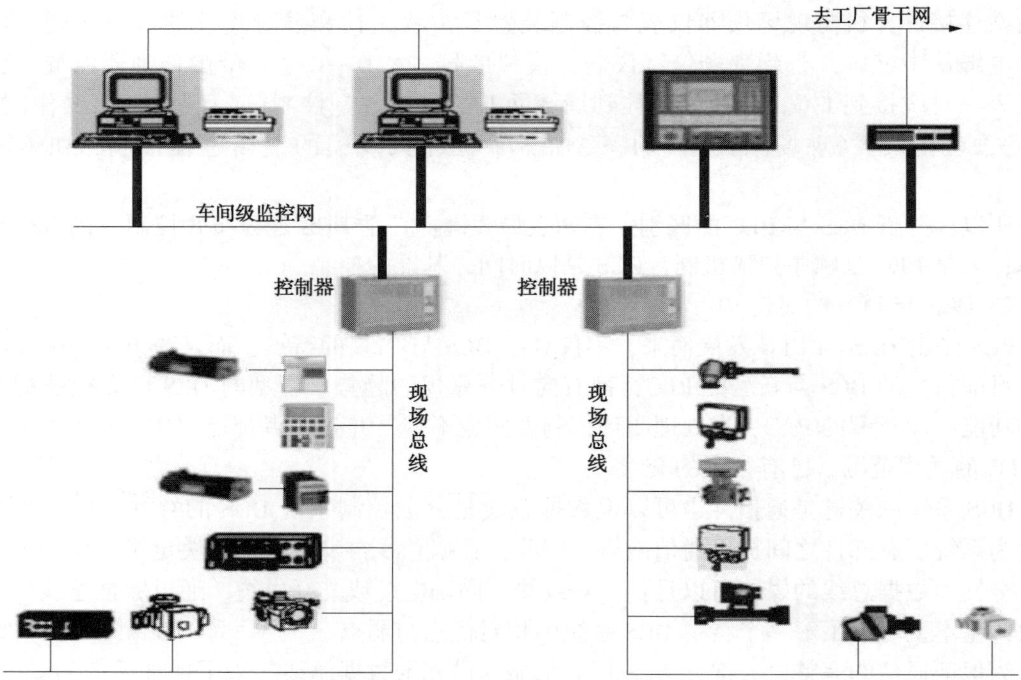

图 3-7　现场总线技术的接线方式

表 3-1　DCS 与 FCS 主要性能的对比

性　能	FCS	DCS
结构	一对多：一对传输线接多台仪表，双向传输多个信号	一对一：一对传输线接一台仪表，单向传输一个信号
可靠性	可靠性好：数字信号传输抗干扰能力强，精度高	可靠性差：模拟信号传输不仅精度低，而且容易受干扰

续表

性　能	FCS	DCS
失控状态	操作员在控制室既可以了解现场设备过现场仪表的工作情况，也能对设备进行参数调整，还可以预测或寻找故障，使设备始终处于操作员的过程监控与可控状态之中	操作员在控制室既不了解模拟仪表的工作情况，也不能对其进行参数调整，更不能预测故障，导致操作员对仪表处于“失控”状态
控制	控制功能分散在各个智能仪器中	所有的控制功能集中在控制站中
互换性	用户可以自由选择不同制造商提供的性能价格比最优的现场设备和仪表，并将不同品牌的仪表互连，实现“即插即用”	尽管模拟仪表统一了信号标准(4~20mA DC)，可是大部分技术参数仍由制造厂自定，致使不同品牌的仪表互换性差
仪表	智能仪表除了具有模拟仪表的检测、变换、补偿等功能外，还具有数字通信能力，并且具有控制和运算能力	模拟仪表只具有检测、变换、补偿等功能
通信方式	采用双数字化、双向传输的通信方式。从最底层的传感器、变送器和执行器就采用现场总线网络，逐层向上直到最高层均为通信网络互联。多条分支通信线延伸到生产现场，用来连接现场数字仪表，采用一对 N 连接	采用层次化的体系结构，通信网络分布于各层并采用数字通信方式，唯有生产现场层的常规模拟仪表仍然是一对一模拟信号(如 4~20mA DC)传输方式，是一个“半数字信号”系统
分散控制	废弃了 DCS 的输入/输出单元，由现场仪表取而代之，即把 DCS 控制站的功能化整为零，功能块分散地分配给现场总线上的数字仪表，实现彻底的分散控制	生产现场的模拟仪表集中接于输入/输出单元，而与控制有关的输入、输出、控制、运算等功能块都集中于 DCS 的控制站内。DCS 只是一个“半分散”系统
互操作性	现场设备只要采用同一总线标准，不同厂商的产品既可互联也可互换，并可以统一组态，从而彻底改变传统 DCS 控制层的封闭性和专用性，具有很好的可集成性	现场级设备都是各制造商自行研制开发的，不同厂商的产品由于通信协议的专有与不兼容，彼此难以互联、互操作

4. SIS 智能安全仪表

为保证安全生产，在危险场所设置了可燃气体或有毒气体检测与报警系统，全厂还设置了火灾报警控制系统，并与可燃气体报警系统集成综合安全检测与报警系统。对于重要的工艺装置也开展了控制与检测的安全等级评估工作。

现代石化企业中的安全控制系统将向着仪表控制、安全仪表及信息管理系统一体化的方向发展。智能化安全仪表控制系统将会得到广泛应用。

(二) 关于 MES 层

MES 属于企业管理应用软件的范围，起源于离散工业，又扩展到流程工业。据“Manufacturing Systems Magazine”统计，在企业管理应用软件中，除 ERP 产品和厂商外，MES 产品及其厂商 Invensys、SIEMENS、Emerson Process Management、ASPEN Tech、Indus International、Honeywell Hi-spec Solutions、Rockwell Software、ABB、Kronos Inc.、GE Fanuc Automation、Agile Software Corp.、OSI Software、Sim Sci、Wonderware、HITACHI、YOKOGAWA、Technomatix Tech、LillY Software 等公司都名列前茅。

虽然DCS已经普及，但是至今DCS和MES之间的接口还是薄弱环节。所以，在MES中，专门设计了PIMS(工厂信息管理系统，Plant Information Management System)接收DCS实时数据，实现生产绩效管理和运行数据的集成。流程工业MES的主要功能模块一般包括短期生产计划、作业排产和调度(APS)，过程控制和管理，维护管理，技术信息管理，过程优化控制(APC)，提高质量管理功能的LIMS以及与ERP之间的连接。还有流程工业生产的特殊需求，如数据调理和校正、运行数据统计、公用工程平衡管理、设备寿命预测、设备性能计算(equipment performance calculations)、罐区管理、罐区平衡、物料平衡等，都作为MES的单一功能模块，并往往集成到MES系统中。

MES是企业数字化系统的中心环节，在ERP/MES/PCS整个系统中起到承上启下的作用。MES主要完成生产计划的调度与统计、生产过程成本控制、产品质量控制与管理、物流控制与管理、设备安全控制与管理、生产数据采集与处理等功能。

MES主要功能是：实时数据库与信息管理，生产计划与调度优化，流程模拟与工程，数据校正与物料平衡，实时动态模拟系统，先进控制与优化。

比较适合流程工业尤其是石油化工工业的MES产品方案简单说明如下。

1. Honeywell的MES方案

Honeywell公司是世界著名的自动化仪表、过程控制和工业软件公司，其MES产品从20世纪90年代末开始，先由单一的MES功能模块发展到整体解决方案。其MES产品的核心是Business. FLEX™、PKS™。其MES产品将经营目标转化为生产操作目标，同时将经过处理验证的生产绩效数据进行反馈，从而形成计划管理层、生产执行层和过程控制层三个层次的周期循环。其MES产品由价值链管理(Value Chain Management，VCM)、先进计划与调度(Advanced Planning and Scheduling，AP&S)、运行管理(operations Management)、油品调合及储运自动化(Blending & Movement Automation，BMA)和生产管理(Production Management)5个应用套件、共30多个模块组成。价值链管理又包括销售预测、运输计划、生产排产、原材料计划、供应链事件管理、库存计划、价值链循环优化和生产计划管理等。先进计划调度包括原材料供应及产品分配与优化、原油组分分析、原油采购计划、原油调度优化、生产实况分析、油品调合调度等。运行管理包括操作指令下达、运行监控、事件监控、实验室信息管理与集成、油罐组分跟踪、产品规格管理、多单元生产运行计划等。油品储运及调合自动化包括调合调度计划、在线调合优化、调合比率控制和调合绩效统计、油品输转及库存跟踪、罐存计量管理、输转模型建立、油品输转控制、油品移动路径选择等。生产管理包括物料平衡和库存盘点、成本核算、组分计算与平衡、批量跟踪与控制、原材料消耗统计、物料移动跟踪、多单元生产运行计划、操作指令下达和实验室信息管理等。方案如图3-8所示。另外，Honeywell还将其MES解决方案与资产管理解决方案——ASSET. MAX™、先进控制与区域优化解决方案——Profit. Plus™、生产信息集成平台——Uniformance™等应用套件和信息集成平台整合为协同生产管理解决方案(Unified Manufacturing Solutions)，也可看成是其广义的MES或者是MES功能模块的扩充。

中国海油惠州石化公司(前身为中国海油惠州炼油分公司)对其一期工程项目的MES产品供应商和服务商提出要求至少具备以下条件：

(1) 具备深厚的炼油行业背景；

(2) MES系统在国内外经过成功的应用；

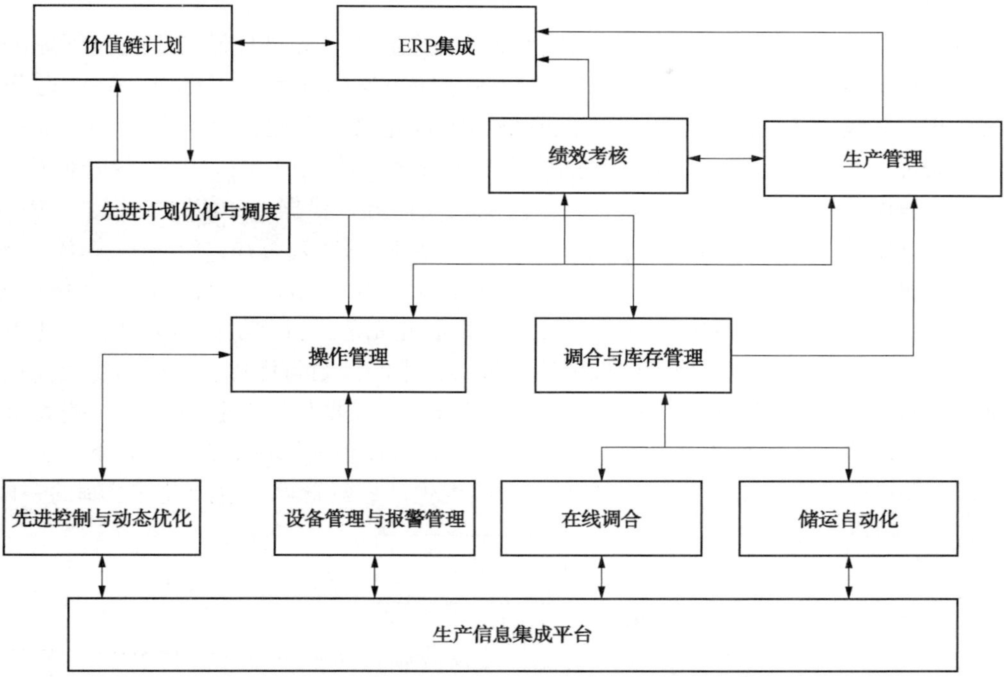

图 3-8 Honeywell MES 解决方案

(3) 在炼油企业有成功实施过 MES 系统的经验;

(4) 产品符合 ISA95 的规范;具有和 ERP 系统集成的丰富经验。

最后选择了霍尼韦尔(Honeywell)公司的 Business. Flex 套件,见图 3-9。该 MES 系统实现了 ERP 系统和生产过程之间的相互沟通,生产计划、生产调度、物料平衡、LIMS 等 MES 模块的实施对生产运营的管理、执行等带来的便利和效益正在逐步得到验证,统一的展示、发布平台、各种综合报表为企业不同岗位之间的信息共享、领导决策带来了很大的便利[18]。

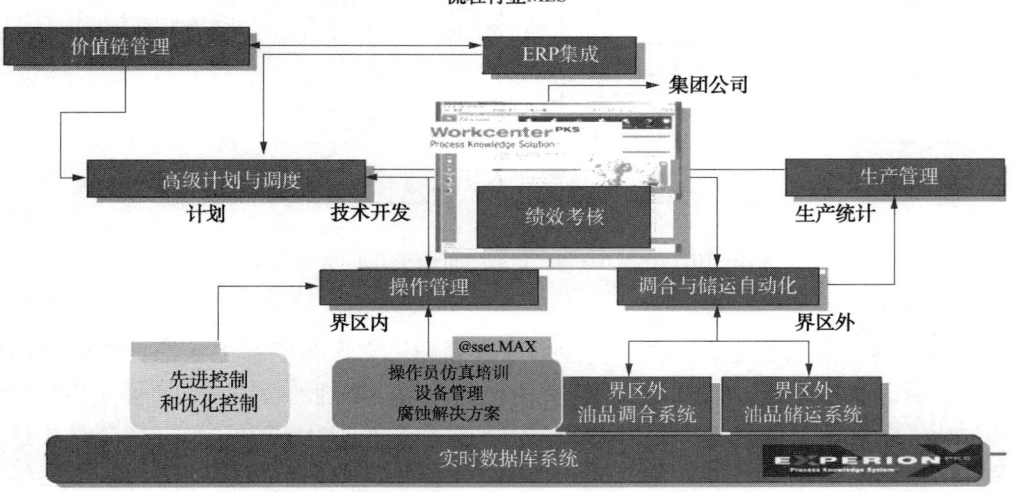

图 3-9 中国海油惠州石化采用的霍尼韦尔公司 MES 系统解决方案

2. ASPEN Tech 的 MES 方案

美国 ASPEN Tech 公司是化学工业领域著名的流程模拟、先进控制和供应链管理优化软件公司，近几年经过并购和整合，也定位在 MES 解决方案供应商。它提出了企业运营管理的理念并开发集成了相应的软件产品。根据 ASPEN 的定义，企业运营管理(Enterprise Operations Management，EOM)是一个企业级的集成解决方案，把 ERP 层、MES 层和 DCS 层进行整合，高效地设计、管理和运营制造与供应链的相关业务。根据 ASPEN 的观点，ERP 的功能是回答已发生了什么。而 EOM 的功能则是回答未来应该怎么做并执行这些决策。ASPEN 公司用于过程工业运营管理的 MES 产品为 ASPEN Plant Intelligence，即智能工厂解决方案，如图 3-10 所示。该方案自 1998 年推出，并不断发展和完善，得到了许多大型石油化工公司的采用。方案主要包括流程模拟、虚拟工厂模拟器、生产计划与优化、生产调度与优化、先进控制与实时优化(RT OPT)、实时数据库与信息管理、数据校正与物料平衡、绩效监控与绩效管理、油品调合、生产指令管理与操作日志、油品移动和罐区管理共 11 个功能模块以及 ASPEN Enterprise Platform(AEP)集成平台，实现生产经营管理与生产过程控制的一体化。

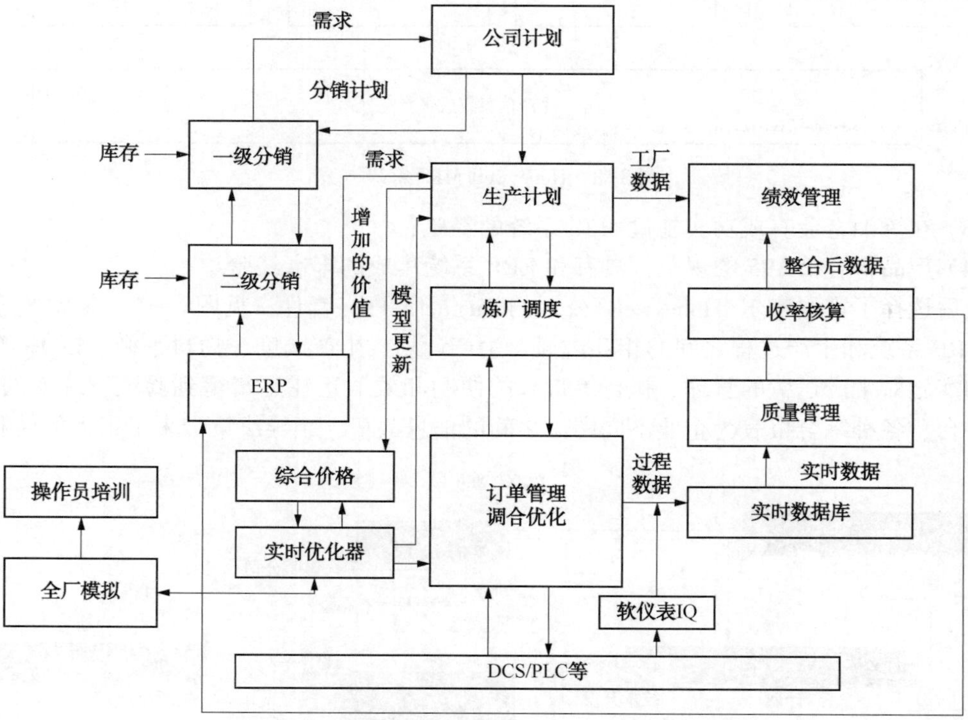

图 3-10　ASPEN Plant Elligence 智能工厂解决方案

3. 浙江中控方案

MES 系统的出现能迅速地解决了企业的发展问题，它作为流程工业综合自动化的中间层，在企业管理层和生产控制层之间架起一座信息沟通和管理的桥梁，使企业更容易建立一个快速反应、精细化、统一的信息化环境，MES 对提高企业生产效率、提高产品质量、降低消耗具有重要的作用。随着流程工业企业信息化应用的不断深入，MES 的需求已经越来越广泛，浙江中控软件技术有限公司凭借多年对流程工业 MES 开发、建设经验的总结，为石化、冶金、造纸、电力等流程工业企业提供完整的综合自动化 MES 解决方案(MES-Suite),其 MES 系统软件体系构架图见图 3-11。

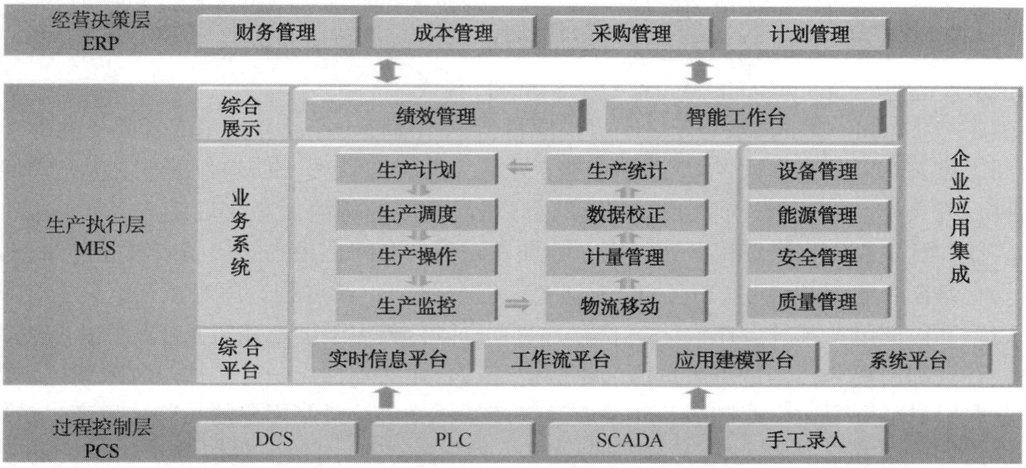

图 3-11 浙江中控 MES 系统软件体系构架图

中控 MES-Suite 是以实时数据库和关系数据库为支撑,以信息集成与工厂建模为应用平台,集成计划-调度-操作业务为一体化的生产管理系统整体解决方案。MES-Suite 通过灵活可配置的建模工具及行业应用组件,可广泛应用于石化、化工、钢铁、造纸等流程工业企业,是企业综合自动化系统的中枢系统。

企业借助 MES-Suite 系统,可以优化管理业务操作,实现对生产过程的透明化、定量化管理,帮助企业减少"跑、冒、滴、漏"及各类加工损失,保障产品质量,从而使企业的生产成本和质量控制在生产的过程中,以最大提高企业的市场竞争力。

MES-Suite 功能架构由综合平台、业务系统、综合展示及企业应用集成四部分组成。综合平台实现企业信息集成、业务建模及系统服务等应用;业务系统包括:生产计划管理(MES-Planning)、生产调度管理(MES-Scheduling)、操作管理(MES-Operations)、生产监控(MES-Monitor)、物料移动与跟踪(MES-Tracker)、计量管理(MES-Metrology)、物流数据校正(MES-DataPro)、生产报表管理(MES-Report)、设备管理(MES-EM)、能源管理(MES-Energy)、安全管理(MES-Safer)、质量管理(MES-Quality)等模块,支撑企业业务应用的闭环管理需求;综合展示系统包括绩效管理和智能工作台两部分,绩效管理可帮助用户实现生产绩效多维度、多层次、多形式的展现与分析,指导用户评估企业运行绩效;智能工作台实现用户需求的动态自定义维护,保障系统的实效性

(三) ERP & SCM 层

企业资源计划(ERP)是一种现代企业先进管理方法,采用 ERP 系统,将使企业获得最大的经济效益。ERP 系统通常包含财务会计、管理会计、销售分销、物流管理、生产计划、设备维护等核心模块。一个典型的 ERP 除了上述功能外,在不同的应用中,可能还包括项目管理、投资管理、资金管理、人事管理等辅助功能。

ERP 是对企业资源进行有效的综合的计划与管理,是提高企业经营效率和效益的手段和概念,其中心是计划而不是财务,实现这个目的软件为 ERP 软件[19]。ERP 软件以德国 SAP 公司的 R/3 最有名。据 AMR(Advanced Manufacturing Research)组织 2003 年统计,SAP

约占世界 ERP 市场的 35%，ORACLE 约占 13%，People Soft 约占 10%，J · D · E 约占 5%。ERP 面向企业的主要业务，包括产品定货、原材料采购，生产制造、配送、销售、会计等一系列业务流，是覆盖全公司的信息系统，其关键业务包括计划、财务会计和管理会计，还有人力资源管理等。ERP 的数据库要与实时数据库相连，提取生产过程的有关数据，ERP 又和供应链管理(Supply Chain Management，SCM)集成。

供应链(Supply Chain)指相互之间提供原材料、零部件、产品、技术或者服务的生产商、供应商、零售商以及合作伙伴等组成的网络关系。供应链管理(SCM)则是对供应链中涉及的物流、资金流、信息流进行规划、设计、管理与控制，从而提高供应链中各个成员的效率、效益和竞争能力，最终保证客户满意，即在正确的时间把正确的产品或服务送到正确的地点。它是在企业资源计划(ERP)的基础上，把企业的生产过程、库存系统、销售系统与供应商、零售商以及各种合作伙伴集成为一个有机体，最大限度地缩短工作周期，提高工作效率，有效利用资源，创造更大价值。供应链是将企业活动当作一种供需过程来描述，即从最初获取原材料到通过生产制造，转换成最终产品，交付给最终用户的采购、生产、销售的若干供需环节的有序链接。供应链管理是对供应链所涉及的组织的集成和对物流、资金流、信息流的协同，以满足用户的需求，提高供应链相关企业的竞争能力。一句话，供应链管理就是优化和改进供应链的所有活动。

供应链管理与另外几个概念有关，但有区别，如图 3-12 所示。

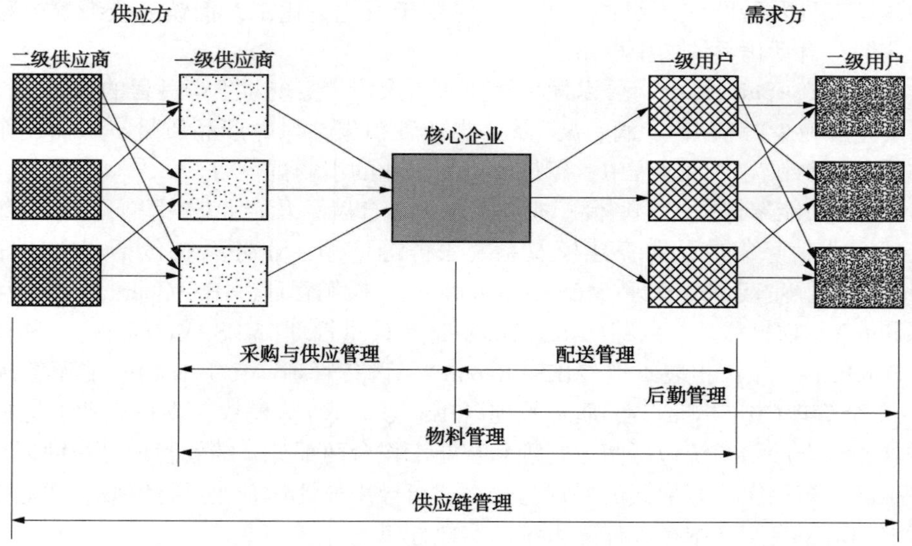

图 3-12　供应链及其相关概念的关系

供应链管理的内容从 20 世纪中期开始出现。对制造业来说，从早期的 MRPII 到 ERP 就是它的起源。由 MRP 和 MRPII 到 SCM，从企业内部延伸到外部，都体现了供应链管理的产生和发展进程。它在 ERP 的基础上，把企业内部经营过程的所有业务系统如订单、采购、库存、计划、生产、质量、运输、市场、销售、服务等，以及财务、人事管理均纳入一条供应链进行统筹管理。从 80 年代后期，一些重要的公司如 BASF、DOW、Dupont 发现，单靠企业自身生产过程优化和经营管理改善所获得的效益越来越小，因此开始考虑由“眼睛向内”转到“眼睛向外”，分析上下游企业的供需关系。到 90 年代，这些企业不得不把管理的视点转移到与自己相关的但却是独立的企业之间的协调合企业外部的物流、资金流和信息流的集成与优化上。ERP 尽管在 90 年代增加了与客户和供应商的交互，但仍然不具有协调多个企业间资源的观念和能力，仍旧是面向企业内部的事务处理系统。ERP 的计划管理模型基本上是继承 MRPII，存在着严重的弱点和不足。另外，ERP 缺少决策支持能力。只在事后反映企业做了什么和做得怎样，并不能在事前告诉企业要做什么和怎样做好。因此，发展、扩展 ERP 是势在必行。到 90 年代中期有了成果，即高级计划与排产技术(Advanced Planning&Scheduling，APS)的实用化和供应链管理理论的真正的提出。高级计划与排产计划(APS)可以对总体资源和产品进行长达数年的预测，可以完成 ERP 的主生产计划、物料需求计划、能力计划和年度进度编制工作。APS 着眼点是整个供应链，其计划范围已扩展到企业外部，并采用线形规划、约束优化、模拟、OLAP 等决策技术解决许多复杂问题。因此，现在 ERP 一般同时作为 APS 的信息源，并接收 APS 计划、决策、预测的结果。现在的 ERP 有用 APS 引擎取代 MRP 模块或把 APS 作为 ERP 套件之一的趋势。如 SAP 有了 SAP APO(Advanced Planning and Optimization)，Baan 有了 Baan SCS(Supply Chain Solutions)，Oracle、People Soft、J · D · Edwards 等也都有了相应产品，这就是扩展的 ERP(Extended ERP)概念。

据统计，50%的美国企业已经实施了供应链管理，国外石油化工的大部分公司，如 BASF、DOW、Dupont、BP、Shell、Texaco、Mobil、Chevron 等都实施了供应链管理工程。随着供应链管理的推广和普及，国外产生了一大批知名 ERP 公司和 SCM 公司，如 i_2、Oracle、SAP、Baan、IBM、People Soft、ARIBA、QAD、J · D · Edwards、ASPEN Tech 等公司。它们当中，一类是 ERP 产品商，同时又提供 SCM 产品；一类是专门的 SCM 产品商，分别提供包括 Advanced Planning & Scheduling(APS)、Advanced Supply Chain Planning(ASCP)、Demand Planning(需求计划)、Constraint Based Optimization(CBO，约束优化)、Global Order Promising(全球订单执行)、Trade Matrix Scheduler(贸易体调度)、Trade Matrix Supply Chain Execution(SCE，贸易体供应链执行)、Supplier Relationship Management(SRM，供应商关系管理)、e-Commerce、Value Chain Management(VCM)、Supply Chain Optimizer(SCO)、Procurement Management(PM，采购管理)等主要功能模块的 SCM 产品。其中 ASPEN Tech 公司专门提供石油化工行业应用的 MIMI(Manager for Interactive Modeling Interfaces，交互建模接口管理器)应用集成环境，包括需求管理器(Demand Manager)、供应计划器(Supply Planner)、分销调度(Distribution Scheduler，DS)、库存计划器(Inventory Planner)、工厂计划调度管理器(Plant Planner and Scheduler)、交货承诺能力(CTP，Capability To Promise：ATP，Ability To Promise)等模块。

(四) 企业信息门户(EIP)

企业的管理包含业务管理和基础管理，ERP、CRM、PM 以及 SCM 等管理系统更多的是从业务管理的角度出发，解决的是业务管理的问题。而办公自动化、人力资源管理等软件解决了企业基础管理的问题，基础管理的核心是以人为中心、进行计划、组织、协调、控制、激励、领导等基本要素的管理工作，只有企业的业务管理和基础管理保持良好的发展平衡状态，企业的发展才能立于不败之地，真正提升企业管理水平与竞争力。为此，可以在原来三层次结构的基础上，增加一层即企业信息门户 EIP 层，当然也可以在原来的顶层结构即经营管理层(ERP 层)的内部扩展一下，把这一层内容增加到由 ERP、CRM、PM 以及 SCM 和 OA

等共同组成的顶层结构。

企业信息门户 EIP(Enterprise Information Portal)是指在 Internet 的环境下，把各种应用系统、数据资源和互联网资源统一集成到企业信息门户之下，根据每个用户使用特点和角色的不同，形成个性化的应用界面，并通过对事件和消息的处理、传输把用户有机地联系在一起。

EIP 是一个将企业的所有应用和数据集成到一个信息管理平台之上，并以统一的用户界面提供给用户，使企业可以快速地建立企业对企业和企业对内部雇员的信息门户，是企业信息系统的应用框架。对于企业已有的管理系统，包括 CRM、SCM 等，捷为 iMIS 系统可以在一定程度上实现无缝集成，保护企业已有投资，构建高效集成的企业 EIP 管理信息中枢。对于未进行信息化建设的企业，捷为 iMIS 系统提供一整套集成的信息管理系统，为企业搭建统一的信息化办公管理平台，所以 EIP 具有高度集成性。

EIP 的其他特点包括：

(1) 统一的访问渠道　EIP 是一个应用系统，它使企业能够释放存储在内部和外部的各种信息，让用户能够从单一的渠道访问其所需的管理信息，用户将利用这些管理信息做出合理的业务决策并执行这些决策。

(2) 协同共享　通过 EIP 信息门户，系统用户可以实现办公协同和信息共享，企业内部客户可以通过 EIP 系统分享信息，而客户、供货商及合作伙伴也可以通过企业间网络达到信息共享的目的。

(3) 个性化与不间断的应用服务　EIP 的数据和应用可以根据每个人的要求进行设置和提供，定制出个性化的应用门户，同时根据自身角色不同和安全级别的不同，每个人都可以看到不同的信息，增强了对系统用户的亲和力和吸引力；EIP 通过网络和安全可靠的机制使用户在任何时间、任何地点都可以访问企业的信息和应用。

三、炼化信息化的技术进步、应用与发展

(一) 智能仪表和现场总线技术方面

1. 主要应用

在 PCS 层，所用的应用主要包括：PLC、DCS、FCS、SCADA、工业以太网、无线通信网络、在线质量与计量仪表、设备状态测试与故障诊断、新型分析化验表征仪器、紧急停下系统(ESD)等方面，各方面均有很多应用与进步。

2. 技术进步

自动化仪表与装置正在跨入真正的数字化、网络化和智能化时代。其技术发展的主流是测量信息数字化、检测仪表智能化和现场控制与过程管理一体化。当今的热点是传感、执行与通信。仪器仪表不仅仅是工业时代的测量"工具"，而且是当今信息时代的信息源头。近十年内传感器的数量将增加几十倍。自动化系统中的非控制变量信息比例也将成倍增加。利用固体物理特性产生的敏感机理，开发出物理、化学、生物等敏感元件或传感器，并使传感器技术向微型化、高精度、低功耗、智能化、集成化发展。信号无线传输、过程远程无线监控以及非接触式控制器也是热点、方向。微型传感器和组分模型在分子级对物理化学过程进行跟踪和控制，而且是从原油的进厂到产品的出厂，确保每桶原油实现潜在的最大价值。微型智能传感器可以实现在线实时化验分析。由于内嵌智能传感器，材料和设备也是智能的，可在线连续测量温度、压力、应力、应变、振动、位移等参数，及时预测预报潜在的损坏部

位，并有自诊断、自修复功能，在出现事故前维修完毕。

化工测量分析也将成为现场基础技术。成倍或几十倍地提高测量分析的分辨率和灵敏度，分析周期将缩短到十至几十分之一，普遍采用如核磁共振分析(Nuclear Magnetic Resonance，NMR)、质谱(MS)、微波(Microware)、近红外光谱(NIR)等先进的分析表征技术，实现分子级(Molecular)的实时、在线、多指标、多功能、多用途的化验分析。传统的质量化验分析室将由实时、在线、连续的产品质量、成分分析系统取而代之，最大限度地改善过程控制和环境监测质量。

现场总线技术将使现在的模拟与数字混合的、分散控制系统(DCS)更新换代为全数字式的彻底分散的现场总线控制系统(FCS)，真正做到危险分散、控制分散、信息集中和监控集中。动态的信息网络将在石油化工厂运行。成千上万的传感器通过网络直接、实时传送全厂的数据和图像信息，并为严格的实时优化模型提供数据，还与组分模型结合，在分子级描述过程的变化，预测产品组成，实现全厂的实时连续优化。先进控制(APC)、实时优化(RTO)将普及全装置、全厂范围。依靠过程信息进行统计诊断、过程统计控制，将是高度自动化的关键。建立监测数据库，只有首次出现的事故，才需要专家处理。在线监测可实现提前(如6个月)的故障诊断和智能预报警。建立过程模型，进行静态和动态模拟，模拟速度将比现在提高几十倍或几百倍，一天以内足以模拟全厂的所有装置和单元。

PLC、SCADA、DCS、现场总线、工业以太网的发展趋势是：

(1) 系统功能从低层(现场控制层)逐步向高层(监督控制、生产调度管理)扩展。

(2) 控制功能由单一的同路控制逐步向综合的逻辑控制、顺序控制、程序控制、批量控制、配方控制、混合控制以及先进控制发展。

(3) 系统构成部件由DCS厂家专有的产品变为开放的市场采购产品。

(4) 技术标准逐渐走向开放、统一、集成。

(5) 由于开放性推进产品的趋同性，迫使DCS厂商向高层、与生产工艺结合紧密的高级控制功能发展来求得短时间的差异性。

(6) 数字化向现场仪表装置延伸，导致DCS体系结构和现场功能数字化、智能化、分散化。

(7) 标准的串行总线(以太网及其之上的TCP/IP协议、Porfibus、Modbus等)已成为DCS等工业控制系统中车间一级控制器广泛采用的标准通信网络和协议，但不可能取代底层的现场总线。

(8) 生产区域现场控制装置与控制室内的自动控制装置之间的数字式、串行雨I多点通信的数据总线称为现场总线(Field Bus)。现场总线技术在20世纪70年代末出现，90年代成为热点和从模拟仪表到数字计算机的现场信号传输标准，真正解决了从仪表到计算机的换代问题，促进了仪表信息处理的现场化，形成了全数字化(变量单元雨I执行单元)、信息化和集成化的新一代DCS。

(9) 新一代即第四代DCS，以Honeywell的Experion PKS(过程知识系统)、Emerson的P1antweb(Emerson Process Management)、Foxboro的A2、Yokagawa的CA3000-R3(PRM—工厂资源管理系统)、ABB的Industrial™系统和HOLLiAS的国产HOLLiAS—Macs系统等，主要特征是集成和信息化，实现全厂实时控制，以及与PCS、MES和ERP层的信息集成；混合控制系统：包容PLC、RTU、FCS等，进一步分散化；I/O处理单元小型化、智能化、低成本；平台(组态软件平台、人机界面平台、现场控制组件、I/O 组件等)开放与应用专业化；提供丰富的设备诊断、维修和管理功能。与其说新一代即第四代 DCS 是综合控制系统，不如说是集成化的综合控制与信息管理系统。

(10) PLC 是一种产品形态的、可独立运行的、执行直接控制功能的控制器系统。早期以逻辑控制为主。其小型 PLC 的 I/O 总数较少，中型则由主机架和扩展机架组成，I/O 总数则达 500 点左右。大型 PLC 系统由多台 PLC 和高速网络构成，可实现数千个 I/O 点的强大控制功能。PLC 再与第三方人机界面和组态软件配合，可组成完整的监督控制系统。

另外，早期的 SCADA 系统只是针对远程测量和监控，近年来的 SCADA 则基于广域网和互联网，而且不局限于远程遥测遥控，而泛指以监督控制为主的各种计算机系统，其组成可以是 PLC 设备，也可以是 DCS 或者是专用的 SCADA 产品。

(二) 生产执行系统(MES)逐步走向成熟

1. MES 系统技术进步

生产执行系统(MES)即制造执行系统或生产运行管理系统是解决过程控制层和经营层之间信息隔断的关键。据美国 ARC 公司调查，53%的客户反映 ERP 对工厂生产存在着负面影响，其主要原因之一是缺乏真实的、及时的、全面的生产过程现场信息，连接现场被忽略了，这就是生产执行系统产生的原由。生产执行系统将随着计算机技术、网络技术和通信技术的发展，逐渐成为集成化的生产执行系统(i-MES)。全面覆盖生产计划优化、滚动调度、实时数据库、数据校正、收率计算、成本控制、生产统计、KPI 指标实时监控、绩效分析、流程模拟、质量控制、在线优化、先进控制、资产管理、设备诊断维护、罐区油品计量输转、库存管理自动化、在线调合优化控制、质量控制、比率控制。MES 或 i-MES 还向下直联 DCS、PLC、ESD(紧急停车系统)和 ASM(异常事件管理系统)、上联 ERP、SCM、HSE、E-Business、E-Cooperation 和 DSS(决策支持系统)。过去十几年，无论是 MES 理念还是本身技术和软件产品等都已经显著成熟，也已经有很多应用，今后还将将石化行业迅速普及的技术领域。

2. MES 的主要应用情况

MES 层面的应用主要包括：传统先进控制(APC)——计算变量控制、解耦控制、自适应控制、统计控制等；多变量预估控制(MPC)；实时优化控制(RTO)；设备资产管理；实时数据库；数据校正；流程模拟；质量管理；实验室数据管理系统 LIMS；计划排产与调度；物料平衡；成本分析；KPI 分析与管理。其中，重点包括计划排产与调度、先进控制与优化等。采取先进控制与优化可以带来较好的收益，图 3-13 是美国动态矩阵公司(DMC)曾做过的不同手段优化控制的效益差异。按照图 3-13，投资的 70%用于 DCS，效益为 15%；而 TAC+DMC+CLRTO 投资合计为 30%，而效益为 85%。

美国 SIMSCI 公司也比较了几种不同控制技术对效益的影响[19]，见表 3-2。

表 3-2 美国 SIMSCI 公司提供的效益对比 万美元

项　　目	投资费用	效　　益
常规控制	1310	100
先进控制	200	300
优化控制	150	2400

注：本表以 450kt/a 乙烯装置为例，各种控制方案的投入产出结果。

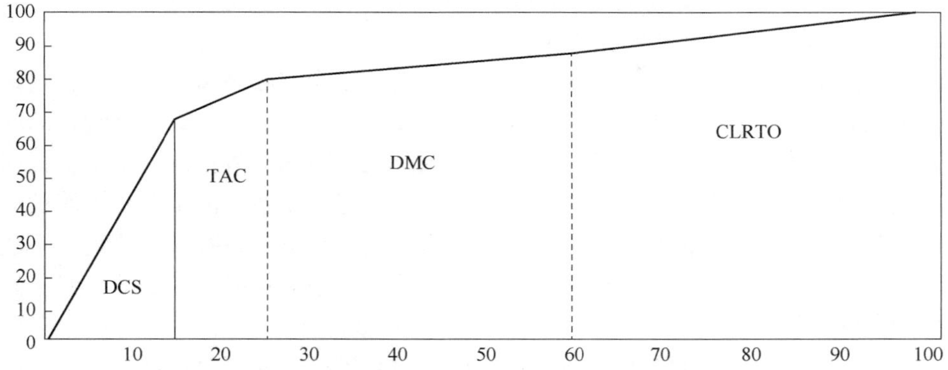

图 3-13 美国 DMC 公司提供的效益对比数据

DCS(Digital control System)—集散控制系统；TAC(Traditional Advanced control)—常规先进控制；
DMC(Dynamic Matrix Control)—动态矩阵控制；CLRTO(Closed-Loop Real Time Optimization)—闭环实时优化

国内石化企业对先进控制和优化技术已经引起重视并在不断探索、实践中。中国石化齐鲁石化的催化裂化和中国石油大庆石化的乙烯装置分别是我国应用 APC 最早的炼油和化工企业及装置。以中国石化为例，上几个"五年计划"期间成立专门的信息化公司协助企业大量实施 APC。其中，炼油的重点是催化裂化、常减压和重整装置，化工的重点是聚丙烯和聚乙烯装置。从投用效果看，连续重整和聚丙烯装置较好。从经验教训看，DCS 升级、装置扩建改造和原料变化以及维护人员流失，是影响部分装置 APC 效果不理想的主要原因。从采用的技术手段看，中国石化主要采用 Honeywell 和 Aspen 两家的技术，仅个别项目为国内合作开发(如仪化 PTA 装置的 APC 与优化项目)。APC 项目对装置"安、稳、长、满、优"生产有明显的促进作用，经济效益一般为 300 万~700 万元/年，投资回收期一般少于一年。

(三) 从 ERP 提升到供应链管理(SCM)和电子商务

在这一层，主要是 ERP 和 ERP-Ⅱ、eC 和 SCM 的应用。

目前，国外排名前 50 名的石化公司都普及应用了 ERP 基本模块。近 90%的石油天然气企业也都实施了具有行业特色的 ERP 基本模块。以计划、规划为核心，以财务为重点，集物流、资金流、信息流为一体，包括财务会计(FI)、管理会计(CO)、销售与分销(SD)、物料管理(MM)、流程行业生产计划(PP)、工厂与设备维护(PM)、人力资源(HR)，甚至包括资产会计、项目管理、库存管理、电子市场(c-Procurement 和 e-Market Place)等模块，已经覆盖了石油勘探、开发、原油储运、炼油、化工、石化产品配送和销售，以及油库、加油站的整个供应链的企业资源计划。例如，壳牌公司使用 ERP 的用户已经达到 6.1 万个，占其分布全球近 150 个国家和地区雇员总数的 55%。其早期基本采取分散式，仅 SAP 系统就达 60 多套。经进一步规范核心业务流程和降低 IT 运行成本，已经将 IT 系统变成集中式的结构。目前，其人力资源系统采用完全集中式，欧洲 ERP 为集中式，马来西亚 ERP 为 5 个国家和地区的集中模式，其他多为一个国家一个系统，最后按三个事业部整合为三个集中的系统。又如，埃克森美孚公司的 ERP 实施覆盖了全球 200 多个国家中的分支机构，涉及 10 万名员工，其早期采取分布模式，每个地区或国家有一套 SAP 系统，现在也已经集成为整个公司一套 SAP 系统，而且服务器也实现了大集中。

通过将上层的 ERP、SCM、e-Business 和 DSS 以及 EIP；中层的 EOM 和 MES；下层的

DCS、PLC 和 ESD 等进行有机组合，则构成了石油化工企业智能化生产技术的整体。

（四）深化“两化融合”与智能化转型升级

现阶段，对于我国来说，采取何种手段能够在有效结合实际国情的基础上，处理好信息化和工业化之间的关系，并且能够在工业化发展中充分推进信息化，是亟需解决的问题。在党的十七届报告中将工业化、城镇化、信息化、国际化、市场化放在同一水平，说明了我国走新型工业化的发展道路是正确的。然而对于要如何走好这条新型的工业化道路的问题，则需由实践来解决。两化融合的新型工业化道路最主要的一点就是科技含量要高，不能再主要依靠物质资源消耗的增加。制造业的信息化作为两化融合中的重要组成部分，对于我国的炼油化工行业有重要的意义。

我国石油行业通过多年的信息化建设项目的建设和推广，大部分炼油化工企业已经逐渐完成了该地区的业务信息化转型，建立了专项网络基础设施渠道，通过开展一系列管理系统加强企业管理，并积累了丰富的数据资源，炼油化工行业的信息化总体建设成绩显著。但在信息化建设中还存在一些问题，主要是相关的机制不健全，一些与信息资源开发技术和信息安全的防范措施等相关的基础工作在目前还不能全面深入地应用，企业与上级公司间、企业之间甚至是企业内部都还存在信息孤立分散的情况，信息共享的程度较低。信息化的建设受限于企业的管理水平，各个炼油化工企业的信息化建设水平各不相同，重视程度也有高有低，部分企业在信息化建设的过程中没有将信息资源与产品以及原材料同等重要地看待，战略性资源的意识缺乏。

炼化企业的智能化转型升级是当前和今后一段时间的主要发展方向[20,21]，本书将介绍如何在对炼化企业全局性信息化智能化评估模型[22]基础上，参考同行的良好实践并结合企业发展方向与目标，夯实数字化基础，以智能化为核心，瞄准智慧炼化建设的目标前进[6]。

第二节　炼化企业信息化智能化发展水平评估

一、典型炼化信息化项目的应用与启示

（一）国外先进能源公司的信息化应用项目

1. 埃克森美孚全球油品移动(GOM)项目

1) 埃克森美孚下游供应链管理面临的挑战

埃克森美孚(Exxon Mobil)下游供应链管理涉及从原油贸易与运输、炼化生产、一次物流、油库管理到终端销售等环节。在新的政治和经济形势下，各个环节均面临着较大的挑战：

(1)原油贸易与运输方面正面临原油市场波动与原油价格预测、原油性质稳定性、原油运输的可靠性和及时性等方面的挑战；

(2)炼化生产方面正面临着原油性质与原油调合、计划优化与实际执行情况、调度与物料平衡、产品库存过高等方面的挑战；

(3)一次物流方面正面临着库存波动(高库存与产品缺货)、自备车利用率、船舶与码头

调度、各地区油库需求预测等方面的挑战；

(4)油库管理方面正面临着库存优化、准确预测客户需求、油品移动可视化等方面的挑战；

(5)终端销售方面则面临着客户供应的可靠性、大客户需求信息管理等方面的挑战。

除此之外，组织与管理方面也存在一定问题，各关键环节经营责任与利润分配之间存在矛盾，不利于整体优化。首先，各环节隶属于不同业务单元(BU)，为提高各自绩效，过于强调各自的优化，不重视信息共享和整个供应链系统优化；其次，绩效指标采用以组织机构为条线的纵向考核与分解方式，缺乏横向业务支持的绩效指标分解与考核，绩效指标未能有效支撑“端到端”的运营理念。

业务流程方面缺乏标准的“端到端”业务流程使某些关键管理流程流于形式，包括供应、贸易、炼化、销售、物流各环节供需缺乏协调一致的需求管理，导致综合计划准确率降低；不同业务部门协调工作流程管控与考核力度小，流程运行效率低，信息缺乏共享，影响综合计划执行效果；计划与执行之间存在较大偏差，缺乏对计划执行的考核以保证计划的严肃性。

信息系统方面缺乏支持端到端业务活动运营的信息系统，表现为信息系统建设首先支撑以各业务部门(BU)业务活动，受业务特点、专业软件局限的制约，信息共享、流程集成程度较低；不同层级管理部门对数据可视化程度及数据安全性要求不同且多变，使信息共享难度增大；可视化、集成技术与产品局限性，影响数据可视化、实时交易展示、流程协同的系统建设。

2）项目主要内容

(1) 实现采购、炼化生产、物流、销售业务的一体化供应链管理；

(2) 实现油品从加油站、油库、配送、炼厂的供应链协同和调度管理，以及一致性的需求预测；

(3) 实现原油、炼化生产、油库、配送加油站及在途运输的库存可视化，提高了各部门的协同工作能力和整体管控能力。

图 3-14 和图 3-15 分别是 GOM 原油需求预测流程和 GOM 实现原油和成品油库存的可视化示意。

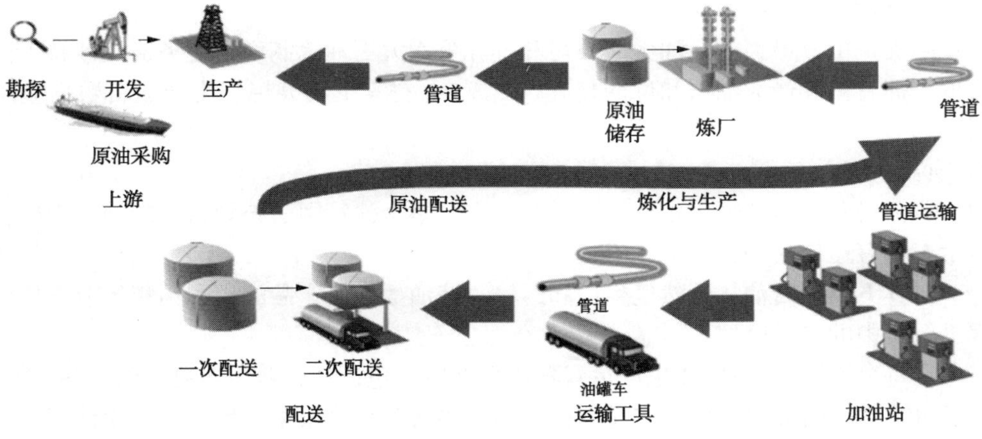

图 3-14　GOM 原油需求预测流程[23]

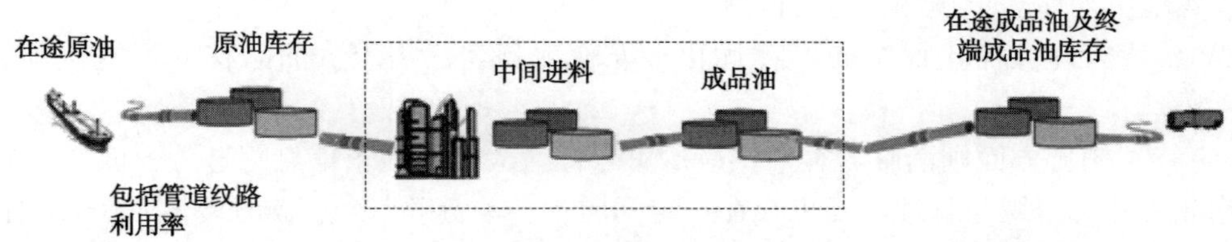

库存(百万桶)	在途原油	原油库存	中间进料	成品油	在途及终端	市场成品油
净产品销售的供应MBD	65	81	37	79	62	5
	11	13	6	13	10	1
	6.1	6.1	6.1	6.1	6.1	6.1

图 3-15　GOM 实现原油和成品油库存的可视化[23]

3）项目应用效果

（1）通过集成调度平台，实现了炼厂、油库、加油站油品移动的动态监控和调度管理，提高需求预测一致性、调度及时性，优化产品库存。

（2）提高了供应链上下游一体化业务协同运营能力。

（3）在全球范围内，埃克森美孚在任何给定的时间内可管理约达 3.3 亿桶化工品库存，实现了分层次、分地区的库存可视化和优化；

（4）实施 GOM 的目标作为合并、实时调度和库存数据的单一资源：在一次和二次配送终端降低了 10%的安全库存水平；在整个系统部署中为库存减少了 15%的投资成本；获得 1%的资本回报率(ROCE)。

4）项目启示

（1）实现原油采购、炼化生产、销售与物流等下游供应链管理一体化，建立统一的供应链系统集成平台；

（2）通过库存全程的动态可视，提高各业务部门协同工作能力和整体管控能力；

（3）建立下游供应链运营的数据模型，为下游供应链绩效管理与供应链优化提供基础保证。

2. 沙特阿美的卓越运营系统 ODM

1）沙特阿美公司概况

沙特阿美是世界最大的石油生产公司和世界第六大石油炼制商，业务遍及沙特王国和全世界各地，拥有世界最大油田和炼油装置。图 3-16 是其下属某炼厂生产运营数据应用架构示意图。

2）项目主要内容

（1）服务对象为沙特阿美生产协调中心，它是整个沙特阿美公司营运的神经中枢，实时在线显示其所有运作活动；

（2）对其下属的石油、天然气生产和运输、炼油生产、产品配送和销售等业务执行的关键过程进行集中的实时监控；

（3）在每个炼厂部署 ODM 生产运营核心数据库，包括：企业历史数据库 DCS、PLC 等，此外，通过建立运营数据模型，定义数据之间的关联关系，根据模型进行优化计算。

3）项目应用效果

通过生产运行动态监控，使生产指挥人员能够全面了解各环节生产动态，协同指挥，提高了对异常事件的处理能力，实现了生产系统卓越运行与成本控制。

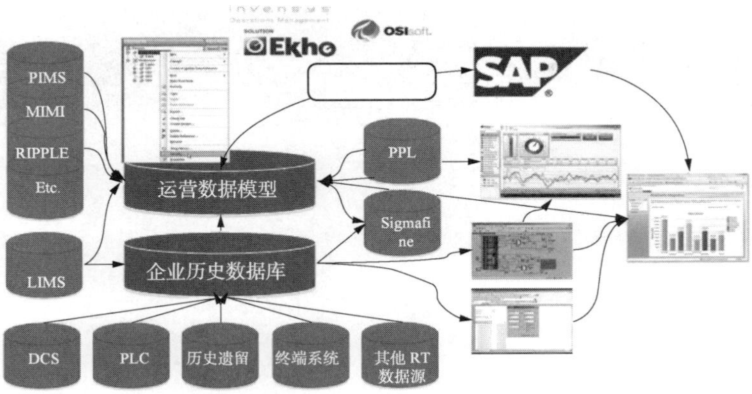

图 3-16 沙特阿美某炼厂生产运营数据应用架构示意图[23]

4）项目启示

（1）从生产控制、生产管理、计划管理都实现信息化，建立统一规范的生产系统信息可视化运营平台；

（2）建立生产系统运营的数据模型，为生产运营分析提供先进工具；

（3）通过大屏幕展示系统，实时掌握生产运行、资源分布、物流运输和库存等情况，提高生产指挥协同能力。

3. 马拉松石油公司设备预防性维护项目

1）公司简介

马拉松石油公司是美国著名油气公司，创立于 1887 年，经营范围包括石油采集、石油天然气加工、天然气液化、石油及石油产品批发销售、精油管道运输、天然气配运、电力设施服务、建筑业等。其负责下游业务的子公司是美国第五大炼油公司。

2）公司面临的挑战

该公司运行 7~10 年设备经常出现非计划停机或紧急故障，对正常生产造成影响，同时造成高成本设备维护。

3）解决方案

首先，通过 GE-Predix APM 管理智能设备以及数据传感器，实现工业数据的自动采集；其次通过 GE-Predix 平台，进行可视化设备预防分析(见图 3-17 和图 3-18)，实现运行周期的预测；最终减少设备的无计划故障，提高对现有设备资产的可靠性预防维护。

GE-Predix APM 资产性能管理(见图 3-19)具备互联、洞察和优化的功能。互联，即机器/设备健康的管理，包括机器/设备健康状况的实时监控，设备可用性及状态监控，问题与异常检测及与 EAM 系统的集成；洞察，即装置/设备可靠性的管理，包括故障预测，合理制订停机计划，事件提醒及案例管理，历史事件洞察，实时的、执行层操作的性能指标；优化，即优化管理，包括最优平衡可靠性、性能及成本之间关系，备件库存最小化，资产配置优化。

4）项目收益

目前该企业已通过 GE Predix APM 解决方案实现 210 台设备(6000 多个传感器)的预防性维护；每年节省成本 4000 万~5000 万美元；100%减少灾难性大型故障率；每年减少 10%

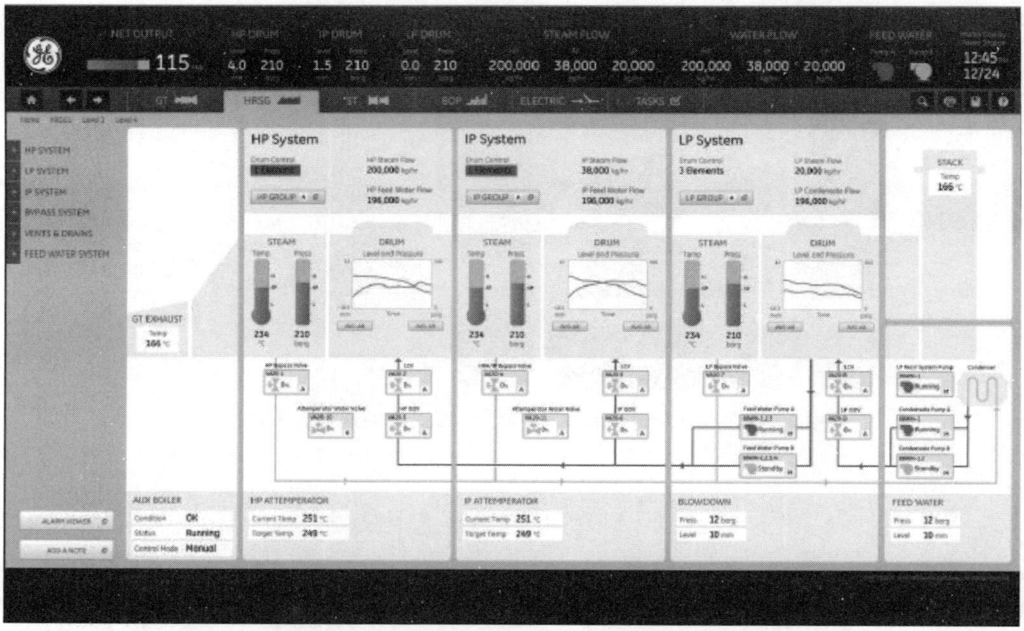

图 3-17　GE-Predix 平台设备预防性维护可视化界面[23]（1）

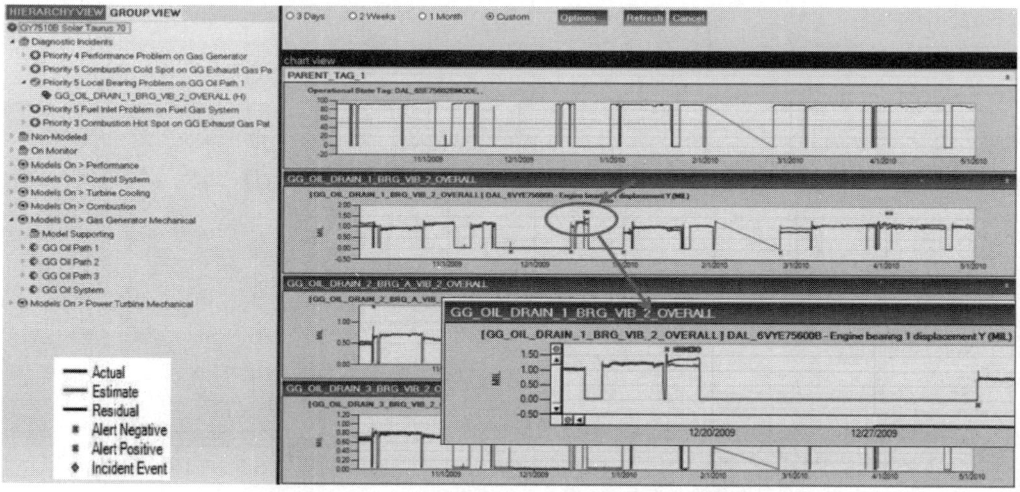

图 3-18　GE-Predix 平台设备预防性维护可视化界面[23]（2）

的成品油生产损失；延长了设备的使用年限。

5）项目启示

通过对行业发展趋势及最佳实践的研究，可以发现领先的石化企业均呈现出向智能化发展的趋势，借助云计算、大数据、物联网、移动应用、虚拟现实等智能技术，从中海石油炼化有限责任公司的体会角度说，主要聚焦于实现以下方面的智能化管理：

（1）供应链协同优化。实现供应链的计划优化、协同调度，全程可视化，实现上下游的横向集成。

（2）数字化销售。实现数字化销售，支持以客户、市场为导向的销售服务信息化能力的提升，包括建设智能加油站、数字化销售平台、CRM 系统等。

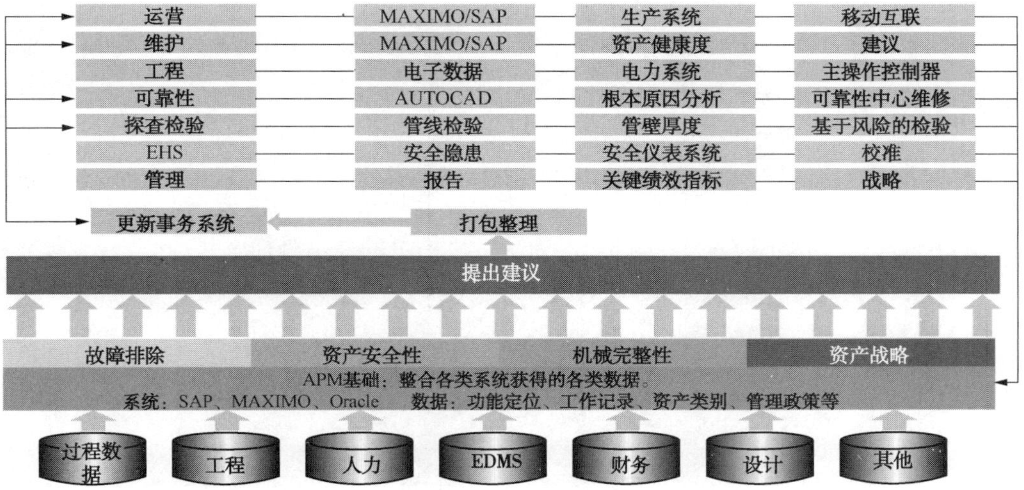

图 3-19　GE-Predix APM 资产性能管理模块处理流程[23]

(3) 智能运营。建设生产调度指挥中心，对生产过程、设备运行、能源、HSE 等信息进行全面分析，并基于智能化的数据挖掘和预测模型支持智能决策。

(4) 生产过程优化。建设生产运营模型体系、专家知识库形成知识，并基于模型体系，实现生产过程最优化，包括：计划优化、调度优化、操作与控制优化等，实现贯穿整个炼油过程的更加经济的决策。

(5) 能源、设备综合管理。通过强化能源规范管理，实现贯穿各个运行点监控跟踪；实现用能系统优化，支撑节能减排；同时，强化设备资产运营管理，并实现基于大数据的设备预测性维护。

同时，还要牢牢跟随时代的步伐，着重考虑从以下几个方面扩大应用与相关建设：

(1) 应用先进的信息技术：借助大数据、物联网、云计算、移动应用、虚拟现实等技术，重点提升企业的供应链协同优化、智能运营、生产过程优化、生产过程综合管理、数字化销售的能力。

(2) 面向炼化生产：实现生产过程、能源、设备等的精细化管理，并建立模型体系，形成知识，实现生产的全过程优化；同时，基于可视化技术，实现生产过程、销售工程的全程可视化，支撑智能运营。

(3) 面向销售管理：实现数字化销售，关注客户服务，不断提高客户体验，并利用互联网+等技术，支持销售业务的转型。

(4) 面向产销协同管理：实现供应链的计划优化、协同调度，实现上下游的横向集成。

(二) 国内企业信息化新技术的应用实践

由于互联网+、云计算、大数据、物联网、移动通信等新型信息技术的涌现和跨越式发展，对工业企业“生产模式、经营模式以及管理模式”的变革带来了巨大的影响。在深化“互联网+”应用以及加深“两化融合”的实践中，中海石油炼化有限责任公司(以下简称中海炼化)进行了积极的探索与实践，除了一般炼化企业推进的信息化项目外，在信息化新技术应用方面尤为突出，如在安全管理、零售等行业的应用等。

1. RFID、PDA 手持机和 4G 无线网等的综合应用

中海炼化下属的惠州石化公司是国内单套加工能力最大的炼化企业，其一期工程原油一次加工能力 12Mt/a。该公司通过多年的摸索，成为国内石化行业第一家采用物联网技术，实现"作业许可、消项操作、现场巡检"的全过程信息化管控的企业。其生产作业受控系统实现了 RFID 技术、PDA 手持机技术、无线网络技术的有机结合。其中，PDA 防爆手持机为 Exib Ⅱ CT4 型，可实现拍照、录像、通话等功能，手持机和 RFID 卡(员工身份卡、位置卡)、无线网络机实物见图 3-20，图 3-21 为手持机主页的显示画面。

图 3-20　RFID 卡、手持机和无线网络机实物图

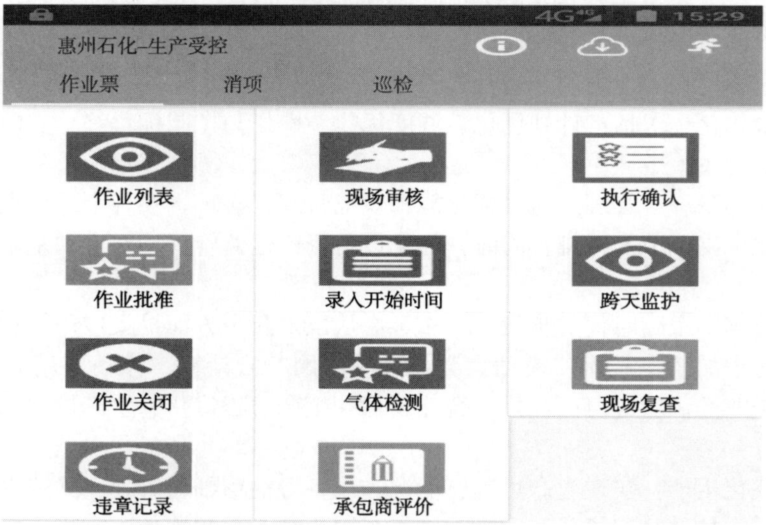

图 3-21　手持机主页显示画面

本系统该系统可有效落实工作安全分析(JHA)程序，有效保证作业相关责任人员到现场确认，避免无监护资质人员和无作业资质承包商人员参与作业执行环节，有效降低人为风险，确保生产作业全流程标准化，即避免了相关责任人不去现场确认、代签情况，人员到现场实现了有效监控；保证危害因素辨识全面，安全措施落实到位；确保有资质的员工按步骤、时间和规定路线巡检和消项操作；降低人为经验不足、言语传达失误带来的风险，达到了"正确的时间、正确的地点、正确的人、做正确的事"的系统开发理念。

目前，该系统在惠州石化一期全面、正常投用，正在惠州石化二期工程推广使用中。

2. 无人机巡检

中海炼化下属的山东海化集团公司(简称山东海化)是一家老化工企业，其纯碱厂废弃物料堆放在专门的渣场，其中，其老线渣场占地 1.25km^2，采用筑坝堆存方式存放碱渣，目

前的运行高度已达 17m 左右。2016 年初，纯碱厂老线渣场因冬季恶劣天气曾发生溃坝事故，造成巨大经济损失。

为加强管理，山东海化推出了无人机定点巡检方案，示意图见图 3-22。

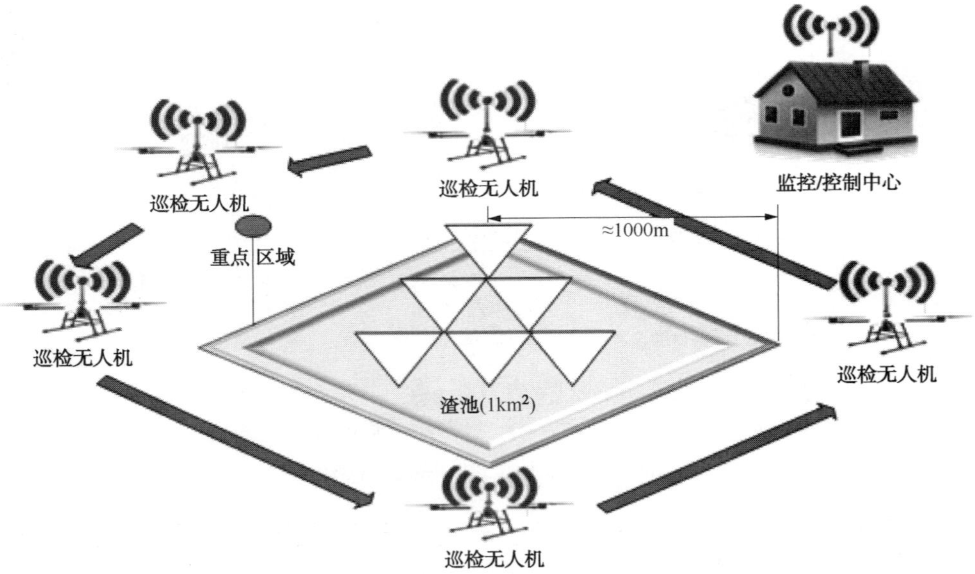

图 3-22 巡检无人机示意图[23]

巡检无人机的系统结构及构成如下：

(1) 巡检无人机套机。无人机采用 XK-UAV-001 型，该机拥有智能化飞控且具有一定的避障功能，套机包括机体、桨叶、电调、飞控、电池仓等部分。

(2) 视频模块。视频模块由无人机前端挂载的高清云台相机及地面手持终端组成，该模块使用可靠的视频数据传输协议，保证数据流的稳定。

(3) 地面站。地面站系统是无人机的控制核心，包括笔记本电脑，蓝牙电台，手持遥控器等，手持遥控器与手持终端组合可以实现人工控制无人机飞行，同时能够实时看到巡检画面。

3. 智能计量信息系统

中海炼化下属的、位于山东省滨州市的中海沥青公司随着其业务不断发展，市场竞争日益加剧，旧的计量发货模式已不能适应公司发展的需要，中沥公司通过信息化建设，上线运行了集自动制单、自助制卡、自动排队、门禁管理、远程集中计量、自动定量装车、业务结算及视频监控等功能为一体的智能计量信息系统，实现了优化流程、提高效率、精简人员、强化管控的目标。该系统的示意图见图 3-23。

4. 加油站零管系统

作为销售终端的加油站，是炼化产业链的末端，是将“生产价值与效益”向“实现价值、变现效益”的最重要手段之一。“加油站管理系统”是最主要的信息化系统，其中零售管理系统是加油站的最基本和重要的信息化系统。图 3-24 和图 3-25 分别为国内零售行业“老大”——中国石化与中国石油以及有一定规模优势的中国海油、壳牌(中国)所采用的零管系统技术构架。

各销售企业的业务范围的不同赋予信息化系统的要求、功能也不同。

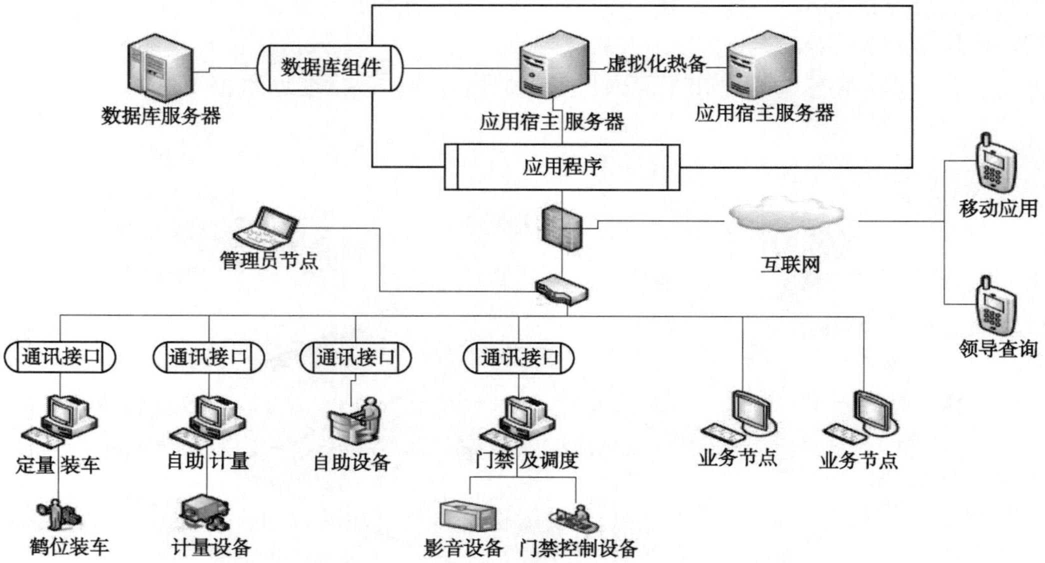

图 3-23 智能计量信息系统示意图[23]

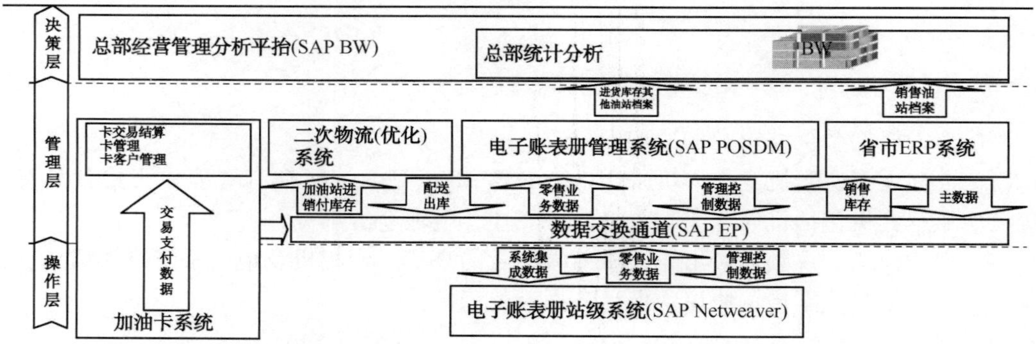

图 3-24　中国石化的零管系统技术构架图[23]

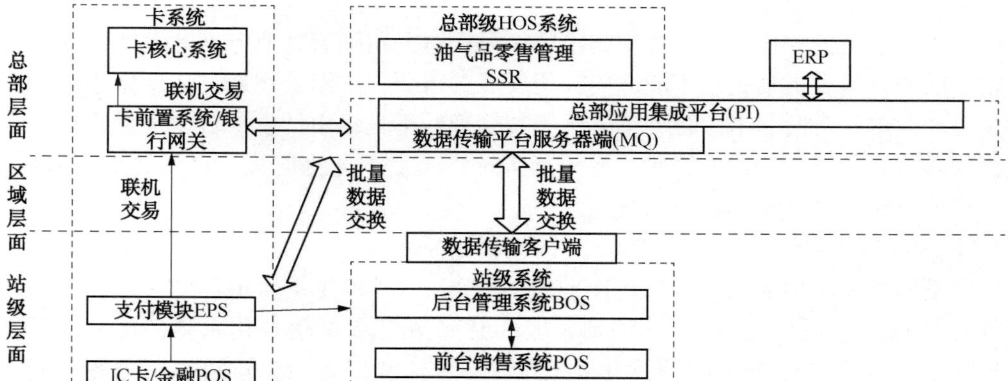

图 3-25　中国石油以及中国海油、壳牌(中国)的零售管理系统技术构架图[23]

信息化新技术在加油站终端应用很多，中海油也在倾力打造智慧加油站。其他企业如中国石化广东石油在搭建沟通桥梁，增强客户互动方面，以微信公众号、加油广东 APP 作为互联网主要入口，迅速积累线上用户。该公司还通过打造“石化钱包”，实现支付移动化，将“石化钱包”融入到线上、线下业务，借助现代科学、互联网技术与工具，系统打造智慧加油站，以积极探索建立符合未来市场发展规律的经营之道，从而提高资产利用效率和综合竞争力。

（三）炼化信息化应用发展趋势

由于国外炼化企业的数字化相对已经比较完善，因此它们在推进向智能化转型以及深化应用方面是重点打通供应链，强调企业价值链管理与卓越运营、基于互联网+的业务创新，通过提升五大能力——客户洞察能力，数据分析能力，业务协同能力，计划优化能力，市场响应能力，从而增加企业的竞争力。

集成的供应链运行管控与优化方面比较典型的有埃克森美孚的石油产品移动管理（GOM），壳牌的供应链卓越运营（GSE），BP 的集中计划管理（S&OP 与 One Plan）；生产系统卓越运行与成本控制方面有生产远程控制中心（ROC），价值链管理与成本控制，生产控制与操作优化；生产过程安全管理方面有设备资产运营管理（可预测性维护），移动工作力管理，节能与排放动态监控；数字化销售包括智能加油站的建设，数字化销售平台的搭建，运营型、分析型 CRM 及客户忠诚度管理等。

我国石化企业的信息化水平参差不齐。一些基础条件比较好的大中型石化企业正积极开展数字化、智能化建设，主要体现在以下五个方面：

一是加快数字化建设，包括云平台建设、物联网项目建设，能源仪表升级加建，基础设施条件提升和虚拟工厂的建设；

二是生产过程安全管理，包括装置运行数据自动采集，设备资产管理细化，危化物仓储监控、污染物自动监控，智能巡检、人员定位，异常情况智能预警、报警；

三是生产优化，包括先进控制系统建设不断开展，装置区域优化，先进排产与计划系统深化应用，能耗物耗精细化管理；

四是运营优化，主要是供应链管理的优化；

五是数字化销售，主要是物流系统和电子商务平台的搭建。

这也是其他一些相对后进的炼化企业在信息化方面要努力追赶的主要方面。我国炼油化工行业信息化的未来发展趋势，总体上预计为：

1. 信息化发展模型建设

随着我国信息化建设的逐渐深入，也扩大了其应用领域，不同专业领域的信息化系统平台被相继开发出来，相关管理层应该投入更多的精力在调控产业结构，与优化业务流程等方面实施运用，以数字化工厂建设为基础的背景下，用信息化的方法建立规避风险辅助决策的信息化发展模型。同时要结合智能制造、深化“两化融合”与“互联网+”等，研究实施流程行业炼化企业的智能炼厂、智慧炼化的顶层设计，并加快实施。

2. 完善数字化工厂建设

动态工厂建设与静态工厂建设是实施数字化工厂的主要途径，是对数字化工厂动态状态信息与其本质的信息反馈。在完成数字化工厂的建设后，除了能够为石油化工企业提供稳定、精准的静态、动态信息数据之外，还能够有效解决在实施数字化工厂建设与改造等一系列过程中，所形成的模型问题，主要包括工厂各机构间的数据、车间、装置缺乏准确性等问题。数字化工厂是实现智能炼厂、智慧炼化的基础，必须打好这个基础[4,21]。

3. 开展数据深层次应用

随着并行数据库的不断发展以及技术的成熟，信息数据的应用逐渐向深层次发展，其中包括：一是数据挖掘，其本质是从数据的海洋中为了企业的特定目标选取更为精准的“信息”范围的一个过程。若要有效实施数据的准确鉴别，则要选用使用数据挖掘技术，再保证所提取的数据信息准确无误的情况下，制作成表格发送到企业内部各个专业部门。二是数据库，数据库要针对主题并全面包含了历史数据的集成、稳定的数据集合。数据库的主要作用是将分散在企业网络中不同站点的零散信息数据集中在一起，为相关人员的决策提供准确有效的数据分析。三是数据的统计与分析，该过程的根本含义是通过数据挖掘，将准确定位后的相关信息提供决策需求。统计分析整合后的数据形成相应的报表资料发送到企业各个部门，不同部门之间进行数据统计、分析后，再快速形成不同类别的专业报表等资料，为部门管理层提供决策参考信息。

4. 智能工厂建设

这是本书的主要内容，也是业界的共识。

（四）炼化信息化应用的启示

信息化及其新技术的发展极其迅猛，对炼化生产模式、管控和经营模式的变革势不可挡。我们只有顺应变化、洞察并掌握信息化发展大势，大力深化“互联网+”应用和“两化融合”，才能支撑并引领炼化产业的发展而把握未来、立于不败之地[22~24]，除了前文已经提到的信息化启示以外，图 3-26 小结了炼化信息化发展所带来的启示[25]。

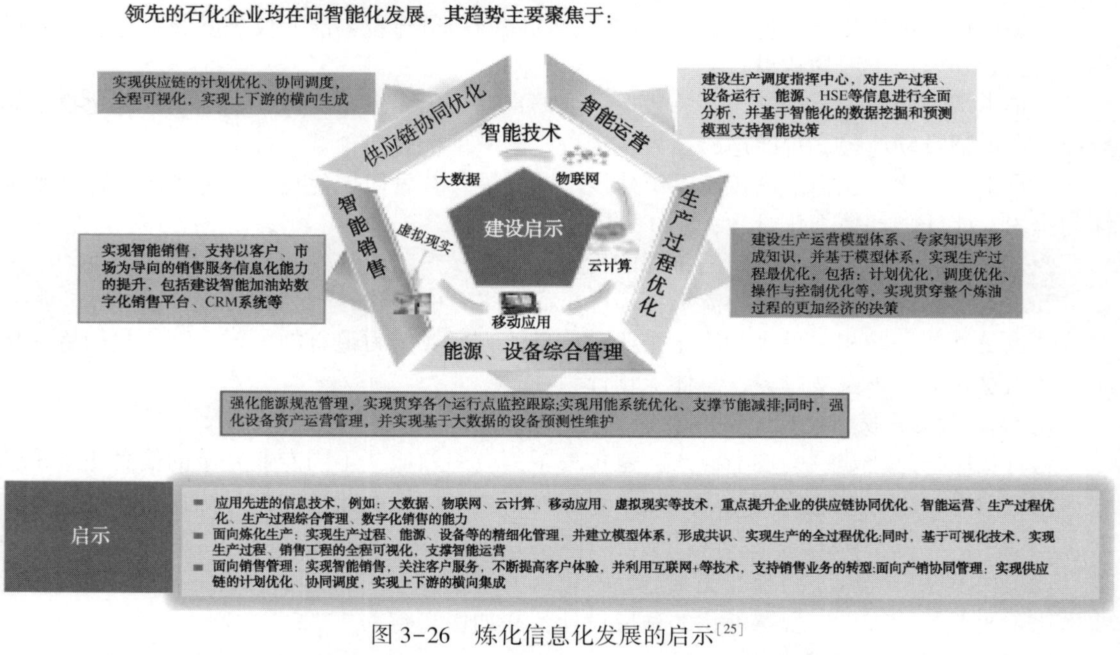

图 3-26　炼化信息化发展的启示[25]

领先的石化企业均在向智能化转型，如，运营智能化转型主要聚焦于建设生产调度指挥中心，对生产过程、设备运行、能源、HSE 等信息进行全面分析，并基于智能化的数据挖掘和预测模型支持智能决策；生产过程优化与智能化转型主要聚焦于建设生产运营模型体系、专家知识库形成知识，并基于模型体系，实现生产过程最优化，包括：计划优化、调度优化、操作与控制优化等，实现贯穿整个炼油过程的更加经济的决策；能源、设备综合管理智能化转型重点为强化能源规范管理，实现贯穿各个运行点监控跟踪；实现用能系统优化，支撑节能减排；同时，强化设备资产运营管理，并实现基于大数据的设备预测性维护；供应链协同优化的智能化转型为实现供应链的计划优化、协同调度，全程可视化，实现上下游的横向集成；销售智能化转型的焦点在于实现智能销售，支持以客户、市场为导向的销售服务信息化能力的提升，包括建设智能加油站、数字化销售平台、CRM 系统等。这些过程所涉及的智能化技术，目前已经使用的至少包括了上述介绍的信息化新技术如物联网、云计算、移动应用、大数据以及虚拟现实等。因此，信息化及其新技术给炼化企业智能化转型的一些启示如下：

（1）应用先进的信息技术。例如：大数据、物联网、云计算、移动应用、虚拟现实等技术，重点提升企业的供应链协同优化、智能运营、生产过程优化、生产过程综合管理以及数字化销售的能力。

（2）面向炼化生产。实现生产过程、能源、设备等的精细化管理，并建立模型体系，形成知识，实现生产的全过程优化；同时，基于可视化技术，实现生产过程、销售工程的全程可视化，支撑智能运营。

（3）面向销售管理。实现智能销售，关注客户服务，不断提高客户体验，并利用互联网+等技术，支持销售业务的转型。

（4）面向产销协同管理。实现供应链的计划优化、协同调度，实现上下游的横向集成。

二、炼化信息化的智能化发展水平评估

“十三五”期间国家大力推进信息化和工业化深度融合，落实“中国制造 2025”、实施制造强国战略，炼油企业要抓住这一重要战略机遇期，大力推广应用信息化技术，利用“互联网+”“大数据”平台等新技术，建设涵盖上下一体的生产运营指挥系统、集中集成的安全环保管理体系等方面的智能炼厂。但如何开展智能工厂建设，需要统筹考虑，并且应该首先了解企业的信息化应用水平和企业信息化愿景与目标。

（一）炼化智能化发展的全局性信息化评估模型

鉴于行业的特殊性、复杂性等因素，炼化企业之间的信息化应用水平千差万别是很现实的。根据对炼化行业发展趋势以及炼化信息化最佳实践的研究，借鉴风险评价等其他行业经验，提出六个维度对炼化企业信息化智能化应用水平进行评估的全局性信息化能力评估模型[6,22]，见表 3-3。

表 3-3　炼化企业智能化建设的全局性信息化能力评估内容、因素及等级

能力分类	能力因素	能力等级	备注
自动化水平	底层设备自动控制水平	0~5 级	0 级：无概念阶段 1 级：概念规划阶段 2 级：建设阶段 3 级：部分建成阶段 4 级：建成但需完善阶段 5 级：已完善阶段
	底层数据自动采集水平	0~5 级	
数字化水平	数字化员工水平	0~5 级	
	数字化设备水平	0~5 级	
	数字化操作水平	0~5 级	
系统优化水平	生产运营优化水平	0~5 级	
	设备性能优化水平	0~5 级	
	用能系统优化水平	0~5 级	
一体化水平	横向供应链管理水平	0~5 级	
	纵向经营管控水平	0~5 级	
	端到端价值链管理水平	0~5 级	

续表

能力分类	能力因素	能力等级	备注
基础支撑水平	标准化水平	0~5 级	0 级：无概念阶段 1 级：概念规划阶段 2 级：建设阶段 3 级：部分建成阶段 4 级：建成但需完善阶段 5 级：已完善阶段
	集成化水平	0~5 级	
	基础设施水平	0~5 级	
	信息安全水平	0~5 级	
人员管理水平	人员数量与技能水平	0~5 级	
	人员培训与学习水平	0~5 级	
	人员绩效管理水平	0~5 级	

全局性信息化能力评估模型选取自动化水平、数字化水平、系统优化水平、一体化水平、基础支撑水平、人员管理水平 6 类能力(维度)对企业进行信息化能力评估，每项能力中包括了对应的能力因素，每项能力因素划分了 6 个评价等级(0~5 级)。维度以及每一个维度下面对应的能力因素及其等级的选取，考虑了企业信息化的愿景与目标——实现炼化企业智慧炼化建设，这是最主要的考量因素。各类能力(维度)下不同等级的划分说明如下：

0 级：无概念阶段，表示企业尚未提出与该能力因素相关的管理概念；

1 级：概念规划阶段，表示企业已经意识到该能力因素的重要性，正在规划相关的信息系统；

2 级：建设阶段，表示企业已完成该能力因素的规划，相关信息系统正在建设中；

3 级：部分建成阶段，表示企业已部分建成与该能力因素相关的信息系统，比如是完成几个模块；

4 级：建成但需完善阶段，表示与该能力因素相关的信息系统已经建设完成，但个别模块功能不够完善，无法完全支撑该项能力，尚需进一步改进；

5 级：已完善阶段，表示与该能力因素相关的信息系统已建设完成，且已能完全支撑该项能力。

采用上述模型进行分析评估的时候，需要对具体的指标进行具体的分析。以中海石油炼化有限责任公司为例，针对 6 类能力所对应的每一类影响因素根据不同的部门(炼化企业、销售公司、工程公司、炼化研究院、炼化公司总部)进行分解，细化影响因素，以给出更加合理地评价结果。例如，表 3-4 为自动化水平影响因素的细致分析，其他五类指标的细化评估说明分别见表 3-5~表 3-9。

表 3-4　自动化水平影响因素分析

能力因素	炼化企业	销售公司	工程公司	炼化研究院	炼化公司总部
底层设备自动控制	DCS 系统应用及自控率等五个方面	罐区自动化系统等三个方面	不适用	不适用	不适用
底层数据自动采集	生产实时数据采集等七个方面	油库计量数据采集等六个方面	不适用	不适用	不适用

表 3-5　数字化水平影响因素分析

能力因素	炼化企业	销售公司	工程公司	炼化研究院	炼化公司总部
数字化员工	人员巡检管理的数字化等四个方面	罐区人员移动的可视化等二个方面	施工人员移动的可视化	不适用	不适用

续表

能力因素	炼化企业	销售公司	工程公司	炼化研究院	炼化公司总部
数字化设备	设备运行状态监控等六个方面	罐区安全监控与管理等四个方面	现场施工设备管理	不适用	企业设备运行关键数据采集
数据化操作	原油运输与进厂管理等七个方面	运输计划与执行管理等七个方面	工程设计进度、质量管理等二个方面	研发过程管理等三个方面	企业生产运行过程关键数据采集等三个方面

表 3-6 系统优化水平影响因素分析

能力因素	炼化企业	销售公司	工程公司	炼化研究院	炼化公司总部
生产运营优化水平	计划优化等五个方面	物流优化等二个方面	不适用	不适用	资源配置优化
设备性能优化水平	故障预警、到期预警、预测性维修等四个方面	不适用	不适用	不适用	不适用
用能系统优化水平	水系统优化调度等五个方面	不适用	不适用	不适用	不适用

表 3-7 一体化水平影响因素分析

能力因素	炼化企业	销售公司	工程公司	炼化研究院	炼化公司总部
横向供应链管理水平	与原油运输进厂协同调度等二个方面	与炼厂生产协同调度等二个方面	不适用	不适用	供应链整体优化等二个方面
纵向经营管控水平	人力资源管理等七个方面	人力资源管理等七个方面	人力资源管理等七个方面	人力资源管理等七个方面	人力资源管理等七个方面
端到端价值链管理水平	班组成本核算等二个方面	产品仓储与运输成本分析等二个方面	不适用	不适用	收益预测等三个方面

表 3-8 基础支撑水平影响因素分析

能力因素	炼化企业	销售公司	工程公司	炼化研究院	炼化公司总部
标准化水平	实时数据标准化等五个方面	产品数据标准化等三个方面	物料标准化等三个方面	物料标准化等三个方面	实时数据标准化等七个方面
集成化水平	生产系统数据可视化等四个方面	炼厂、在途、油库、加油站产品库存数据共享等二个方面	设计与工程数据集成等二个方面	实验室化验数据与研究过程数据集成	总部与企业信息系统集成等二个方面
基础设施水平	网络等三个方面	网络等三个方面	网络等三个方面	网络等三个方面	网络等三个方面
信息安全水平	网络安全等三个方面	网络安全等三个方面	网络安全等三个方面	网络安全等三个方面	网络安全等三个方面

表 3-9　人员管理水平影响因素分析

能力因素	炼化企业	销售公司	工程公司	炼化研究院	炼化公司总部
人员数量与技能水平	人员数量等三个方面	人员数量等三个方面	人员数量等三个方面	人员数量等三个方面	人员数量等三个方面
人员培训与学习水平	人员培训等二个方面	人员培训等二个方面	人员培训等二个方面	人员培训等二个方面	人员培训等二个方面
人员绩效管理水平	人员考核等二个方面	人员考核等二个方面	人员考核等二个方面	人员考核等二个方面	人员考核等二个方面

（二）全局性信息化能力评估模型的应用

1. 全局性信息化能力评估模型的评价结果

利用上述结果，对中国海油炼化集团公司总部及下属企业进行了总部和各企业的信息化能力评估的最后结果[6]见图 3-27。

从整体评估结果可以看出，炼化公司企业信息系统现状具有阶梯性特点：惠州石化、大榭舟山石化、山东海化信息系统现状水平较高(>1.5)，处于第一阶梯；中捷石化、东方石化、泰州石化、东方石化、中沥公司及炼化山东公司总部信息系统现状水平一般(1.1~1.5)，处于第二阶梯；沥青公司、销售公司、炼化研究院、中海油石化工程有限公司信息系统现状水平相对较差(<1.1)，处于第三阶梯。

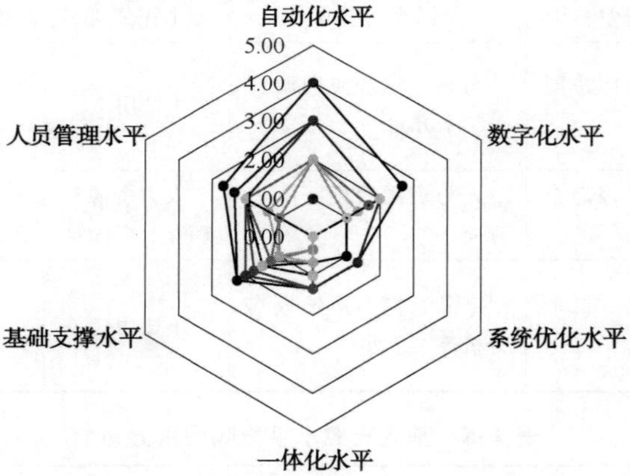

图 3-27　中海油所属炼化企业信息系统现状各项能力评估结果

根据上述能力评估结果，对照集团公司发展战略、信息化愿景，可以提出实施的策略、内容、路径以及关键技术等。

2. 企业信息化需求分析

在应用信息化智能化能力评估模型评估企业的现状的同时，也需要对企业在这方面的需求予以了解。

炼化企业有各自不同的发展目标。例如，中海石油炼化有限责任公司作为中国海油下属的专业从事炼油化工研发、工程、生产和销售业务的公司，依据上级集团公司建设中国特色的国际一流能源公司的愿景目标，制订了炼化公司的发展战略和专业规划，即坚持集约化与差异化经营方针，致力于建设具有国际领先水平、特别是有竞争优势和差异化特点的产销一体化炼化产业公司，并对资产总额、销售收入和利润总额提出了明确目标。表 3-10 为业务战略的具体实施对业务能力和信息化能力的要求。

表 3-10 业务战略对业务能力和信息化能力的要求

业务战略	业务能力要求	信息化能力要求
集约化	原料、产品资源优化配置能力	a. 支持纵向一体化经营管控的信息化能力 b. 支持炼化生产过程精细化管理的信息化能力 c. 支持以客户、市场为导向的销售服务信息化能力 d. 支持横向一体化供应链集成优化的信息化能力 e. 支持业务规范操作与标准化管理的信息化能力 f. 支持端到端全业务信息透明可视的信息化能力
	区域内市场资源协同能力	
差异化	特色产品的研发与生产能力	
	以炼厂为中心的市场拓展与销售能力	
	快速发展中的成本优化能力	
一体化	供应链各环节的业务协同能力	
	跨组织业务的专业化管理能力	
	市场化经营中的风险可控能力	

对于中海石油炼化有限责任公司来说，表中的"集约化"发展的具体要求就是做实做强惠州、大榭基地，集约资源配置，协同区域互供，完善"两洲一湾"产业布局，集约发展炼化产业。"差异化"发展指的是：①依靠资源优势发展有竞争力的特色产品，提高产品附加值；②围绕炼厂基地布局销售网络；③差异化的创新营销模式；④以混合所有制合资合作促进低成本快速发展。而"一体化"发展则是指推进与落实炼化与销售一体化体制改革，实施市场化经营，专业化管理，上下游跨组织业务协同，促进产销融合。

进一步分析核心业务现状、业务面临的主要挑战及价值提升点，结合现有信息系统的现状分析及对核心业务的覆盖程度，提出信息化支撑业务发展以及信息化自身转型升级的蓝图。

两者结合分析时，重点围绕炼化企业计划调度、安全环保、装置操作、能源管理等重点业务环节，如果要实现智能化应用，如何提升生产流程中的实时感知能力、机理分析能力、模型预测能力、优化协同能力问题，分析、改造、优化企业业务流程，挖掘信息物理(CPS)系统中信息(知识)能力，探讨将信息空间与物理空间有效结合起来的方式方法；如在计划调度方面，考虑如何把握炼油加工流程生产特点，实现从原料进厂、加工、质量分析、储运、产品出厂整个链条智慧化应用即资源敏捷优化与全产业链协同优化问题；在对于炼化企业可持续发展密切关联的质量安全环保方面，考虑开展好质量可视、HSE 管理、应急指挥、环境在线监测等智能化应用，实现监控与溯源，为履行安全职责、建设社会满意的企业提供全方位支撑；持续开展降本增效，采用先进控制、实时优化、装置区域优化、卡边操作等智能化应用提高装置运行水平与经济效益，确保安全平稳生产；持续推进节能降耗工作，在蒸汽动力系统优化、压缩空气与循环水系统优化、瓦斯与氢气系统优化等方面开展智能化应用，践行"绿色低碳循环"理念与行动。

鉴于炼油企业 DCS、PLC、FCS 系统已成为主要控制手段，自动化控制程度相对较高，同时也面临着巨大的市场环境变化。在炼油化工企业生产装备及能力基本定型的情况下，探讨如何利用 3C(Computation、Communication、Control)技术进行智能制造改造及其有机融合与深度协作，在计划调度、生产执行、设备维护、安全环保和故障诊断等各环节广泛应用人工智能技术，实现炼化复杂流程制造过程的实时感知、动态控制优化和信息服务，从而使生产制造过程智能化和优化，达到智能优化制造或新一代智能制造(见第二章，图 2-1 所示)。

以下以中海石油炼化有限责任公司(炼化公司)为例说明。炼化公司作为中国海洋石油集团有限公司下属所有炼化业务的归口管理单位，其产业属于单一产业，主要战略目标是深耕炼化产业，打造世界一流的炼化企业，采取的管控模式是“运营管控型”。炼化公司总部经营管理层核心职能为产业战略职能和经营管理职能，其中产业战略职能包括产业战略规划，产业内部投资和产业战略绩效管理；经营管理职能包括经营目标与决策，产业协同管理和经营风险管理。下属公司经营操作层核心职能包括公司操作管理和公司操作执行，其中公司操作管理包括业务目标执行，日常业务管理，业务增长策略和外部单位合作管理；公司操作执行包括日常业务执行和日常运营操作管理。炼化公司的核心业务包括：原油配置与运输、炼油化工生产、仓储物流和产品销售。

炼化公司业务架构覆盖了工程、科研、生产、销售四大板块，分为炼化公司和下属企业两个管理层面，在下属企业层面分为经营管理、生产管理、生产操作层，在炼化公司分为战略管理、经营管理层。在炼化生产中覆盖了从原油配置及采购、炼化生产；产品物流与销售中覆盖了一次配送、仓储管理、二次配送、直销/批发及终端销售环节，同时，按照“十三五”的业务战略，增加了产销协同管理的业务流程。据此，可以画出为炼化公司的业务构架(图从略)。

通过对比分析研究，提出了炼化业务面临的主要挑战及价值提升点分析见表 3-11。

表 3-11　炼化业务面临的主要挑战及价值提升点分析(示例)

业务/环节名称	面临主要挑战	价值提升点分析
经营管理	① 资金管理：实行单一成员单位资金管理模式使资源无法实现有效配置，造成资金财务成本较高，安全性较低； ② 全面预算：全面预算管理偏重财务，缺乏部门间的相互配合	① 资金管理：通过资金池实现资金共享，解决资金沉淀与不足并存，管理效率不高的问题，加强资金监管，提升集团整体资金利用效率； ② 全面预算：(略)
产销协同管理	炼化公司刚刚成立，在业务上尚未实现供应链各环节的协同衔接	(略)
工程	(略)	(略)
科研	① 科技研发体系、研发投入、科研人材和核心技术薄弱，与炼化产业整体发展不相适应 ② 科研管理方面(略)	重视原始创新和集成创新 (略)
生产	① 原油：原油产量大于炼油加工能力，原油运输、库存由上游部门进行管理，信息获取不及时 ② 炼油能力：无论是炼油规模、炼厂数量、单厂规模处于劣势 ③ 产品结构：(略)	① 实现原油资源的配置优化 ② 通过信息化手段及时获取原油运输、库存信息 ③ 实现单厂最优化，通过对于生产运营的精细化管理，优化中间品价值 (略)
物流与销售	① 炼化公司的产业主要布局与生产方面(略) ② 运营加油站方面(略)	实现加油站自动补货，优化配送半径 (略)

同时，分析职能组织与核心业务之间的关系、信息化对业务的覆盖程度，以找出实施的切入点与方面。如图 3-28 所示为炼化公司原有信息系统业务覆盖情况(部分)。

炼化公司主要信息系统为：ERP 系统(FI、CO、PP、MM、PM、SD)，e-HR 系统，全面预算管理系统，采办管理系统，资金管理系统，合同管理系统，E 化平台。在决策支持与综合分析方面尚未有信息系统覆盖，其他业务如风险管理、QHSE 管理、审计监察、科研管理、项目管理、档案管理、知识管理等也没有专业的信息系统覆盖。

在炼化公司总部信息系统需求方面，围绕核心业务来说，原油管理方面主要包括：①能够通过系统集成的方式，从上游原油管理的部门及时获取原油运输库存、原油运输信息，包

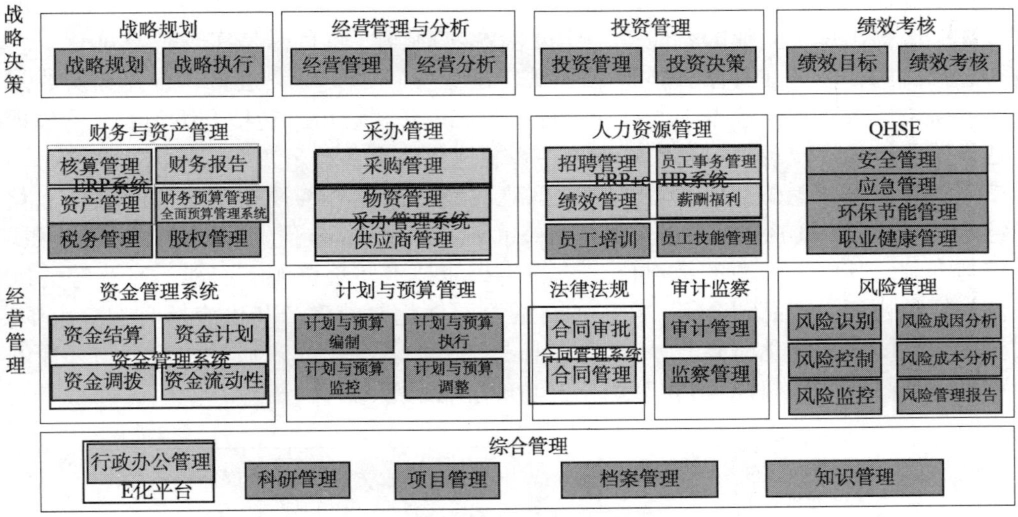

图 3-28 炼化公司原有信息系统业务覆盖图

括船型、到港时间等；②能够为所有炼厂更加合理配置原油资源。生产管理方面主要包括：①能够及时获取每日的原油加工、产品产量、产品出厂等各类生产运行数据；②能够实现报表的自动生成及各类生产数据的查询分析功能；③能够实时查看关键装置工艺流程图，并实现对关键指标的趋势分析；根据停工判断规则，实现装置停工报警，为突发事件应急指挥提供支撑。销售管理方面主要包括：①能够更加合理地为各销售企业配置成品油资源；②能够及时获取各销售企业的库存量、批发量、贸易量等；③能够及时获取各销售企业各加油站销售量、销售额；④实现相关报表的自动生成及指标的查询分析功能。其他如设备管理、节能管理和质量管理、安全管理等也多有相应的要求。

在分析炼化公司信息化现状和需求的基础上，根据炼化公司"建设具有国际领先水平的中国海油炼化产业"的业务愿景目标和"基本形成具有竞争优势和差异化特点的产销一体化炼化产业公司"的"十三五"发展目标以及建设智慧炼化的愿景，对智慧炼化愿景定位如图3-29所示。

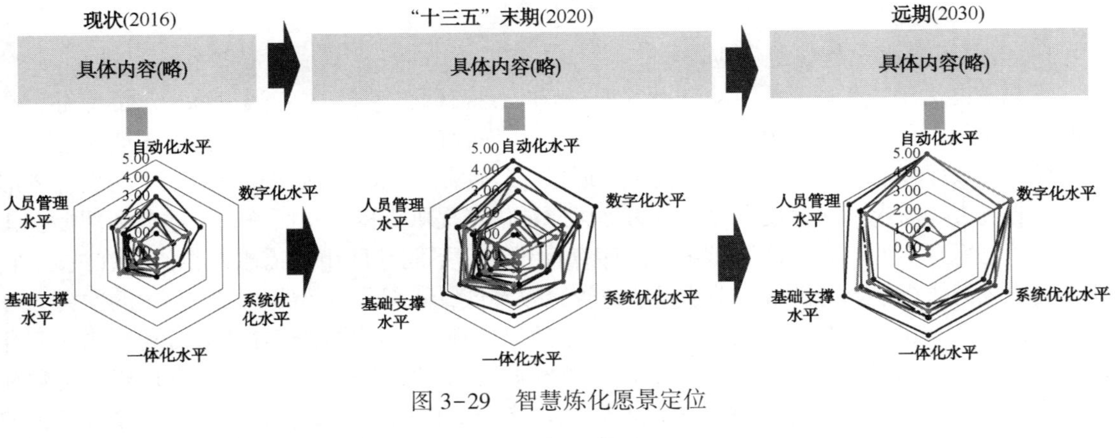

图 3-29 智慧炼化愿景定位

3. 炼化企业信息化智能化发展的目标与实施策略

根据对国内外炼化企业开展信息化智能化升级的案例分析，结合本书作者在炼化行业不同单位与层面(工程建设项目、计划投资、生产运营、研究和开发、信息管理等)锻炼与良好实践体会，提出炼化企业的智能工厂建设(智能炼化建设)目标是实现智慧炼化[6]。为了实现智慧炼化的目标，在具体实施策略上可以分成三个阶段[21~25]进行：首先夯实数字化基础即第一阶段的数字炼化建设工作；在实现了数字炼化建设后，转型升级到第二阶段即智能炼化建设阶段，最后实现第三阶段目标——智慧炼化建设。

按照吴青[6]对智慧炼化的理解，智慧炼化建设的最核心特征在于资源的敏捷优化、全产业链的协同优化和 QHSE(Quality-Health-Safety-Environment，质量、健康、安全和环保)的监控与溯源。其中，资源的敏捷优化是利用智能技术实现资源、产能、库存等的敏捷优化，例如原油快评、产品调合等；全产业链的协同优化是使生产和供应及时响应市场变化，实现全产业链的协同优化与调度；QHSE 的监控与溯源，就是实现质量、安全与环保的可视化、可追踪，图 3-30 是作者对智慧炼化核心理解的示意图。

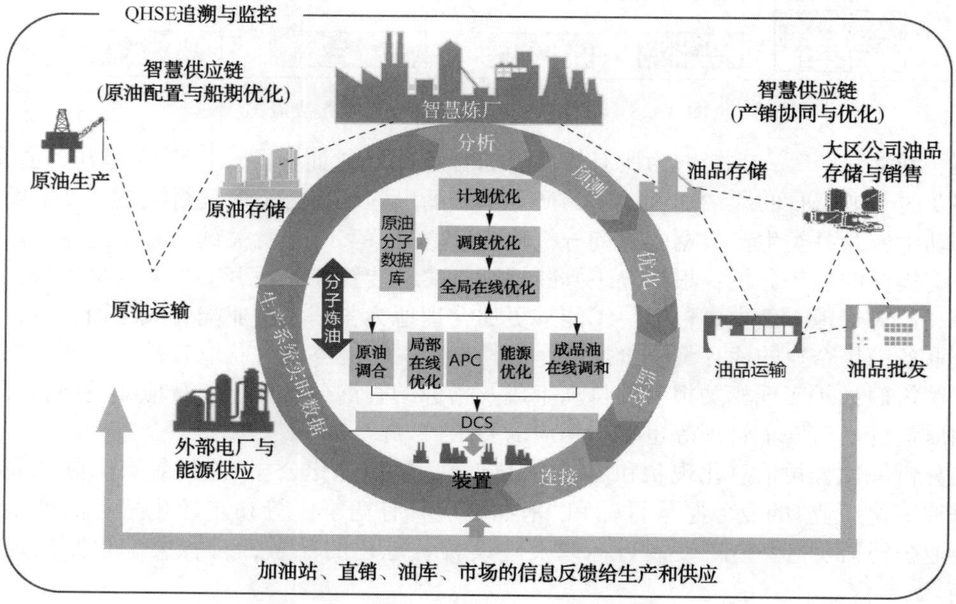

图 3-30　智慧炼化的核心内容示意图[6]

1）资源敏捷优化与智慧供应链

资源敏捷优化的实现需要供应链上各个环节的敏捷优化支撑，如：通过炼厂产品库存、在途库存、油库库存、加油站库存的可视化，实现对库存的动态管理；通过油品移动管理与优化，降低二级库存占有量，实现库存优化；通过一致性需求预测，实现对短期生产调度计划的优化；通过市场需求、库存动态分析，为炼厂原油优选提供支持。从而解决下述业务问题：①因产品动态库存不能及时反馈而影响产品库存优化；②不同地区市场需求及供给存在的矛盾；③不同系统的执行信息分散管理造成供应链管控效率低；④部分与整体供应链绩效的冲突。

智慧供应链的实现需供应链各个环节的智慧化支撑，如：供应链各环节需求预测、库存动态、指令与执行的可视化；一致性需求预测和满足供需平衡的统一计划，实现资源优化配置；生产厂、在途、油库进出库、油品配送调度指令的协同；以及供应链各环节绩效指标的综合分析和展示等。

供应链的运营主要是计划和调度两个层面，其业务流程一般由原油及原料供应部门、贸易部门、炼厂计划与运营部门、物流部门和销售部门协同执行。供应链管理是学术界和企业界共同关注的热点[26]，一些企业已经开始探索智慧供应链，即产供销存一体化的建设及应用。例如，本节提到的埃克森美孚(ExxonMobil)建立了全球油品移动系统(GOM)，对供应链业务一致性需求进行预测与供需平衡分析等，做到了原油和成品油库存的可视化(图 3-15)。但它们仅是针对供应链的部分环节/业务进行优化，尚未实现供应链的全局性优化，且许多石化企业应用系统中的业务流程及数据信息总体上处于分裂状态，造成供应链运行低效。

智慧供应链强调整体协调与全局优化，统一优化原油采购、运输、炼厂生产、物流、产品销售，在整个产供销存管理与各业务领域层面，建立集成的信息系统支持环境与工具。它包括了产供销存大数据平台、产供销存协同调度、产供销存一体化优化、产供销存指标可视化和产供销存影响因素关联分析与绩效管理 5 大项功能，每项功能为不同的业务提供支撑，见图 3-31。

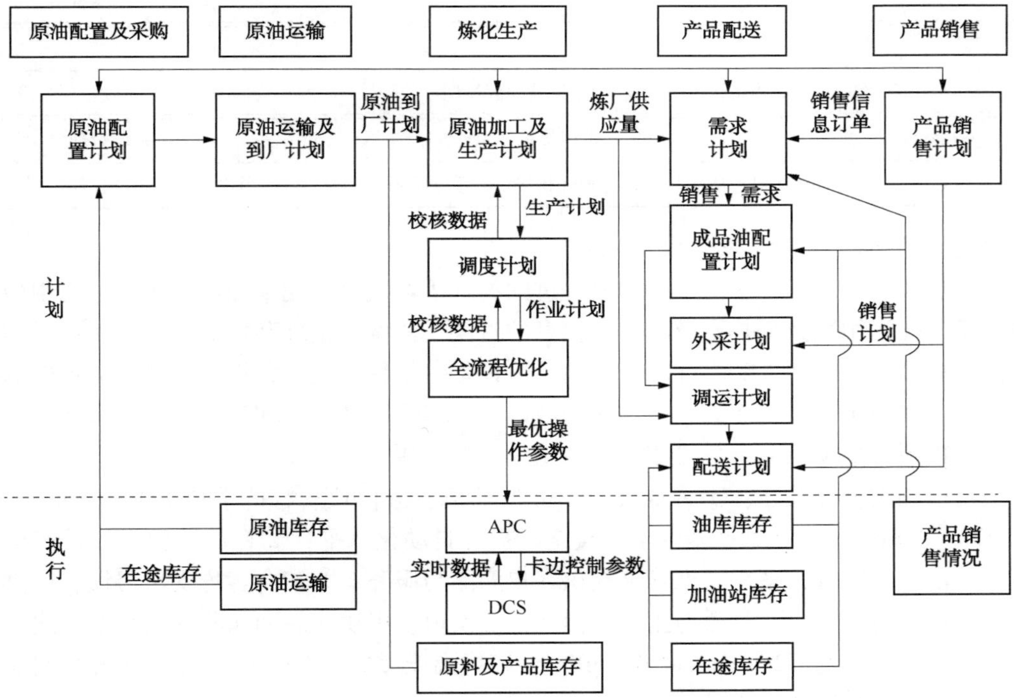

图 3-31 智慧供应链(产供销存一体化平台)功能设计

2) 全流程价值分析与优化系统

全流程的价值分析及优化系统涉及计划、执行、执行跟踪、调整的全作业流程，需要基于 PIMS(Process Information Management System，生产过程信息管理系统)、ERP、MES 等应用系统，打通整个生产环节的业务数据流。这是因为：①MES 系统的生产数据缺少对价值管理体系的支持；②ERP 系统不能满足成本精细管理的时间粒度要求，且不能实现事中控制；③结算单元不能完全满足成本管理分析的要求；④计划优化系统难以供管理层决策，也缺乏对成本动因的深入剖析，同时也无法对资源配置及绩效考核提供有力的依据。

全流程价值分析与优化系统包括了集成现有应用系统价值管理相关数据，并填补数据空白；覆盖计划、执行跟踪、指标绩效、优化建议的生产环节价值闭环管理；提高数据分析频度，将事后总结变为事中控制、事前预防；剖析动因，将价值数据的表象钻取挖掘至生产执行的动作，发掘影响价值的根源；实现预测分析、滚动分析，全面支撑业务改进和生产经营决策。其功能设计见表 3-12。主要功能有收益预测、生产价值跟踪、生产操作优化分析、价值分析报表和成本综合展示等。

表 3-12 全流程价值分析与优化系统功能设计

功能	成本综合展示			
综合展示功能	总体情况分析	价值分析(按班组)	价值分析(按产品)	价值分析(按装置)
功能	收益预测	生产价值跟踪	生产操作优化分析	价值分析报表
业务管理功能	收益预测； 方案对比分析	实际执行分析； 差异分析	动因关联性分析	产品价值分析表； 装置成本分析表； 价值滚动分析表； 产品价格分析表
功能	基础模型			
基础模型功能	成本结构模型	价值动因模型	价值优化模型	收益预测模型
功能	数据接口		系统管理	
系统功能	ERP 接口；MES 接口；计划优化接口；手工补录；数据平台		用户管理；角色管理；权限管理	

3）智慧加油站

智慧加油站指基于顾客需求，借助先进的技术手段监测、搜集加油站运行过程中的各项关键信息，并运用大数据技术及时进行信息的过滤、清洗、整理和挖掘，从而实现对相关人员及流程如客户、管理人员、油品、非油品、设备、销售渠道、营销、环保等的智能响应和指挥决策的加油站。其实质为，一切从顾客出发，实现智慧式的加油站管理和服务，提高运营效率，提高客户满意度，最终实现加油站收益最大化[27]。

智慧加油站重点关注：①智能设施，如加油机、液位仪、智能手持 POS(Point of Sale，销售终端)、扫码枪等基础设施的全面实施，提升自动化水平；②客户体验，包括多渠道实现客户互动贴心服务，多样、准确地提供客户商品与服务；③迎合客户支付习惯，提供灵活多样的快捷支付方式；④打通与主流电商平台的渠道，提供成品油、非油品线上、线下一体化运营服务，即电商 O2O(Online To Offline，在线离线/线上到线下)问题。某智慧加油站的功能设计及相关系统的集成见图 3-32。

4）炼化大数据应用

利用大数据分析与人工智能技术，实现对生产装置、公用工程、关键设备运行的实时数据的动态分析，实现操作优化、安全预警、事故预防、预测维修，通过对典型生产装置与系统、生产厂、关键机组设备应用，提高生产操作优化水平，实现生产系统本质安全，提高生产系统维护能力，降低非计划停车。

大数据的应用主要包括生产操作优化、装置报警与故障分析、设备安全与工况分析以及风险分析与预测维护等。表 3-13 为炼化大数据应用的功能设计。据此可以实现：①通过企业实时数据系统、大机组监控系统与物联网，实现实时数据连接，并通过大数据平台实现实时数据的处理、分类与存储；②基于石油分子工程与管理技术、设备物理模型、生产系统机理模型以及数据建模与分析技术，建立原料性质、生产操作、设备运行的大数据分析模型，

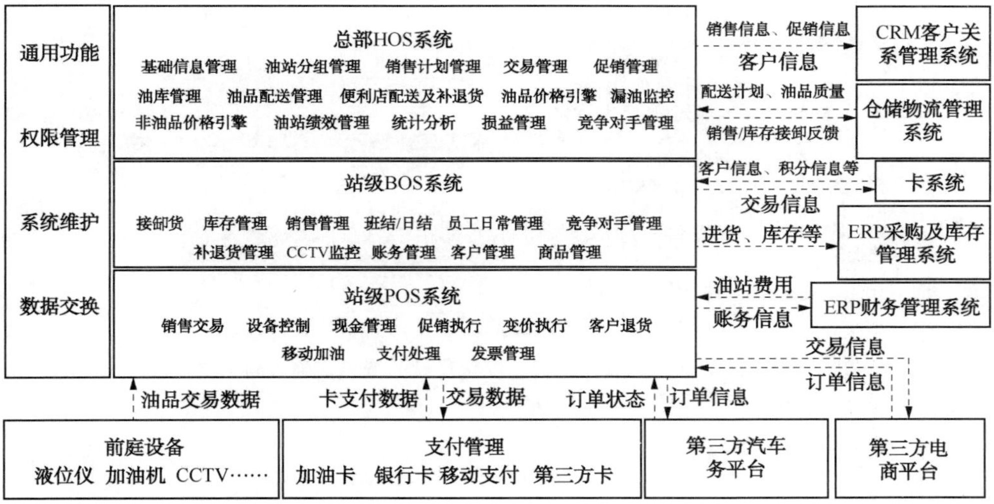

图 3-32 智慧加油站功能设计及相关系统集成

HOS—Human Operating System，智能操作系统；BOS—Backup Operating System，备份操作系统；

CRM—Customer Relationship Management，客户关系管理

并通过炼厂风险管理与操作经验建设基于大数据的风险评估模型；③根据不同炼化生产企业的需求分析，建立适合企业具体情况的大数据分析应用，包括生产操作优化、报警与故障分析、设备安全、生产工况、风险分析、预测维护等。

表 3-13 炼化大数据应用功能设计

项目	生产操作优化				装置报警与故障分析		设备安全与工况分析			风险分析与预测维护	
大数据分析应用场景	原油性质分析	操作分析	仿真分析	优化分析	报警分析	故障分析	设备运行分析	工况分析	未遂事故分析	安全风险分析	预测维护
	原油性质分析；原料性质分析	工况分析；用能分析	模拟仿真数据分析	优化结果分析	报警聚类分析；报警风险分析；报警处理分析	故障原因分析；故障关联分析；故障处理分析	设备性能分析；设备性能影响因素分析	工况聚类分析；工况与关联因素分析	报警分析；操作分析	风险类别分析；风险动因分析；风险关联分析	设备安全运行时间预测；维修时间预测；维修订单生成

项目	大数据分析模型	实时数据获取
大数据平台	基于分子炼油原料性质分析模型；生产操作优化分析模型；设备性能与工况分析模型；生产系统风险评估模型	生产操作实时数据；关键机组运行数据；公用工程动态计量数据；生产操作动态记录；原料与油品移动实时数据

如上，炼化企业实施信息化智能化升级也就是开展智能化工厂建设(智慧炼化建设)的基础是数字炼化建设，核心是智能炼化建设，最终目标是智慧炼化，从而实现产业链的价值最大化。炼化企业智慧炼化建设的分阶段策略与路径见图 3-33。

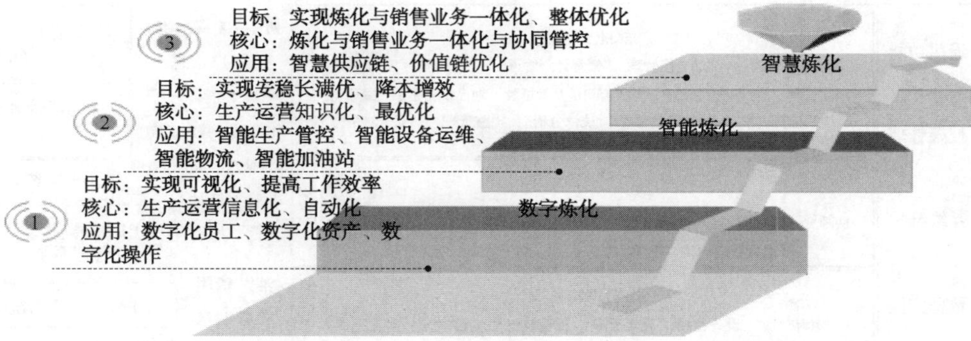

图 3-33　炼化企业开展智慧炼化建设的分步实施策略图[24]

第三节　炼化企业信息化智能化升级

2008 年国际金融危机发生后，美国、德国等工业发达国家纷纷实施“再工业化”战略，重塑制造业竞争新优势，核心就是支持和推动智能制造发展，积极抢占新一轮产业竞争的职高点。如，美国推行先进制造业伙伴计划(AMP)，将智能制造关键技术研发与产业化应用作为重要方向，积极发展工业互联网；德国实施工业 4.0 战略，打造将资源、信息、物品与人互联的信息物理系统(CPS)，力图实现“智能生产”、“智能工厂”和“智能服务”。以信息通信技术(ICT)与制造业深度融合为主要特征的智能制造正在引发全球性的产业变革，形成新的生产方式、产业业态、商业模式和经济增长点，已成为制造业发展的重大趋势和核心内容。

2015 年 5 月 8 日，国务院印发《中国制造 2025》，明确提出要加快推动新一代信息技术与制造技术融合发展，把智能制造作为两化深度融合的主攻方向，在重点领域试点建设智能工厂及数字化车间，推进生产过程智能化。2015 年 7 月 4 日，国务院发布《关于积极推进“互联网+”行动的指导意见》，强调推动互联网与制造业融合，大力发展智能制造，提升制造业数字化、网络化、智能化水平。以智能工厂为发展方向，开展智能制造试点示范，加快推动云计算、物联网、智能机器人等技术在生产过程中的应用，加强工业大数据的开发利用，有效支撑制造业智能化转型，构建开放、共享、协作的智能制造产业生态。智能工厂是推进“智能制造”的突破口，是建设“制造强国”的重要组成部分。

同时，智能工厂建设是我国石油、石化等传统流程型企业实施创新驱动、价值创造战略的自身要求，是石油、石化行业信息化实现创新发展的关键。智能工厂建设代表了信息化未来发展方向，既可以提升智能化生产水平，也可以锻炼队伍、培养人才，提升信息化研发、建设和管理水平，带动企业信息化转型发展、创新发展，从而进一步提升炼油行业整体信息化水平。

我国作为世界能源生产大国，产业集中度不断提高，石油炼制能力位居世界第一，但总体上仍存在“大而不强、快而不优”问题。在经济新常态下，炼油行业发展面临产能过剩、成本效益挤压、安全环境严管、新能源替代等多重压力和挑战。面对新形势、新挑战，加快推进智能制造是炼油行业紧跟世界发展趋势、实现转型升级的必然趋势和关键所在。

党的十八大报告提出的坚持走中国特色新型工业化、信息化道路，大力推动"两化"深度融合，为行业的发展指明了方向。围绕创新驱动、智能转型、强化基础、绿色发展等关键环节，以及先进制造、高端装备等重点领域，《中国制造2025》提出了加快制造业转型升级、提质增效的重大战略任务和重大政策举措，实现从制造大国向制造强国转变，为炼化企业开展智能制造明确了路线图。

但是，作为流程型制造业之一的炼油行业，开展炼化企业智能制造，可以结合炼化企业的以下特点，有针对性地进行：

(1) 原料物性复杂，其主要原料石油是一种复杂的多组分混合物，既有烷烃、环烷烃、芳香烃等烃类，又包含含氧化合物、含硫化合物、含氮化合物、胶质和沥青质等非烃组份，且不同产区石油在物理化学性质上存在明显差异；

(2) 生产工艺复杂，石油加工是一个涉及多变量协调的生产过程，不同工艺路线、工艺参数会产出不同目的产品及收率，装置产出同时包含着各种不同半成品或成品并存在物料回流的情况；

(3) 生产装备复杂，石油加工涉及塔类、罐区、换热设备、机泵、管线等品种类型众多，且高温高压高腐蚀，对设备可靠性有严格要求；

(4) 当前安全环境因素、经济及社会效益和管理效率要求高。

因此，炼化企业的智能制造可以围绕计划调度、安全环保、装置操作、能源管理等重点业务环节，开展智能化应用，着力提升生产流程中的实时感知能力、机理分析能力、模型预测能力、优化协同能力，分析、改造、优化企业业务流程，重点挖掘信息物理(CPS)系统中信息(知识)能力，将信息空间与物理空间有效结合起来，是实现智能制造的重要内容；计划调度是生产运行管理重要内容之一，把握炼油加工流程生产特点，实现从原料进厂、加工、质量分析、储运、产品出厂整个链条智能化应用是企业增效的源泉；安全环保是炼化企业实现可持续发展的前提条件，开展HSE管理、应急指挥、环境在线监测等智能化应用，为履行安全职责、建设社会满意的企业提供全方位支撑是发展的要求；开展先进控制、实时优化、装置区域优化、卡边操作等智能化应用是提高装置运行水平、提高经济效益、确保安全生产的重要手段；节能降耗是生产运行管理的重中之重，在动力优化、瓦斯优化、氢气系统优化、合同能源管理等方面开展智能化应用，是炼化企业践行"绿色低碳"的重要行动。

炼油企业大量使用DCS、PLC以及FCS控制系统，因此生产自动化控制程度相对较高，此时如果再通过智能制造改造，利用3C(Computation、Communication、Control)技术的有机融合与深度协作，在计划调度、生产执行、设备维护、安全环保和故障诊断等各环节广泛应用人工智能技术，实现炼油复杂流程制造过程的实时感知、动态控制优化和信息服务，从而使生产制造过程智能化，并向新一代智能制造靠拢、发展是完全有可能和有条件实现的。

2015年12月29日工业和信息化部国家标准化管理委员会发布了《国家智能制造标准体系建设指南(2015年版)》(以下简称《建设指南》)，旨在落实国务院《中国制造2025》的战略部署，加快推进智能制造发展。《建设指南》中定义，智能工厂是以打通企业生产经营全部流程为着眼点，实现从产品设计到销售，从设备控制到企业资源管理所有环节的信息快速交换、传递、存储、处理和无缝智能化集成。智能工厂标准主要包括智能工厂建设规划、系统集成、智能设计、智能生产、智能管理和智能物流共六个部分：

（1）建设规划标准。建设规划标准主要包括智能工厂的基本功能、设计要求、设计模型类标准等总体规划标准；达成智能工厂规划设计要求所需的仿真分析、协同设计和建设实施标准等实施指南标准；基于智能工厂的工艺流程及布局模型、生产过程模型和组织模型等系统建模标准；针对为员工提供人性化工作条件的设计标准。

（2）系统集成标准。系统集成标准主要包括定义智能制造软件互操作能力描述及制造单元匹配准则等互操作准则；集成功能模块描述，集成能力评估等集成能力标准规范；用于智能制造软件能力描述的接口服务和协议及相关模板规范、访问/查找能力描述接口和按需进行匹配的过程定义等测试应用服务接口标准；用于开放过程控制的统一架构（OPC UA）、电子设备描述语言（EDDL）、现场设备工具技术（FDT）、现场总线仪器设备集成（FDI）等现场设备集成标准。

（3）智能设计标准。智能设计标准主要包括产品数字化定义、产品数字化样机、设计仿真、工艺仿真、数字化试验等产品设计仿真标准；对产品仿真结果进行优化，描述优化模型，优化方法等智能优化设计标准。

（4）智能生产标准。智能生产标准主要包括生产过程控制系统诊断、维护类标准和生产过程系统先进控制与优化类标准两部分。生产过程控制系统诊断、维护类标准，包括定义智能生产系统诊断、能力评估和维护的通用要求；生产过程系统先进控制与优化类标准，包括生产制造系统控制与优化软件功能集成架构、功能模块、信息交互方式等标准。

（5）智能管理标准。如前所述，智能管理标准是很广泛的，基本方面主要包括制造报文规范、MES 应用等车间级管理标准；企业经营决策管理、计划管理、生产管理、技术管理、质量管理、人事管理、财务管理、设备管理、物流管理等企业级管理标准产品信息可视化、设备信息可视化、库存信息可视化、生产状态可视化、能源监管可视化等可视化管理标准，但必须能够集成，并包括供应链计划、生产执行系统及相关业务流程且能够上接 ERP、下连 DCS，形成与垂直的数字化智能工厂自动化链相匹配的管理技术。

（6）智能物流标准。智能物流标准主要包括用于识别原材料、零部件、装备和产品信息的条码、电子标签等标准；用于工厂内部的自动引导车等设备标准；用于工厂内部及工厂间的立体仓库等智能物流装备标准。

上述包括智能工厂“建设规划、系统集成、智能设计、智能生产、智能管理和智能物流”六个部分智能工厂标准，可能主要还是考虑离散工业的特点后提出的，对于像炼油化工这样典型的流程工业而言，标准的提法、内容等可能均有变化，本书后面适当地方会涉及。

作为长江沿线的中等规模炼化企业，九江石化于“十二五”初，确立了建设千万吨级一流炼化企业的愿景，倾力培育“绿色低碳”“智能工厂”两大核心竞争优势，促进传统石化企业的提质增效和转型升级。2012 年，九江石化被列入中国石化炼化板块智能工厂试点建设企业，开始试点建设智能工厂，经过 4 年时间不懈努力，初步建成石化行业流程型企业面向数字化、网络化、智能化制造的基本框架，支撑了核心业务管理绩效的全面提升，2015 年 7 月入选国家工信部智能制造试点示范企业。九江石化构建协同一体化管控模式，对管理层、生产层进行信息系统集成，实现了整个生产运营过程的数字化管控；通过数字化、自动化、智能化的运营管理模式，生产优化能力由局部优化提升为一体化优化，阶段性优化转变为实时在线优化。

九江石化“智能工厂”示范成功，形成了可推广的智能工厂应用框架和建设模板，成为流程型行业特别是石化行业智能化改造的样本。同时，从“变革生产理念、谋划顶层设计、信息集成及装备智能化、加强全产业链协同”四个方面为流程型企业智能制造提供着力点。九江石化建设智能工厂取得的成效表明，传统炼油行业，完全可以通过信息化与炼油流程型行业的深度融合，推动炼油行业从传统制造向数字化、网络化、智能化制造转变，摆脱需求增速下降、行业产能过剩的困境，对加快我国炼油流程型行业的结构调整、提质增效和转型升级具有重要的战略意义。

根据《工业和信息化部关于开展智能制造试点示范 2016 专项行动的通知》(工信部装〔2016〕125 号)以及《工业和信息化部办公厅关于开展 2016 年智能制造试点示范项目推荐的通知》(工信厅装函〔2016〕270 号)，2016 年 6 月 17 日，中国石化镇海炼化入选 2016 年工信部智能制造试点示范企业。中国海油惠州石化公司也于 2017 年入选工信部智能制造试点示范企业。

炼油行业智能工厂建设应继续与国内高等院校、科研院所、管理咨询公司、领先 ICT 厂商以及行业解决方案供应商等一同瞄准世界领先水平，规划设计并启动炼油智能工厂升级版，借助全三位数字化炼厂、集中集成平台和大数据技术，建立各类预测及优化模型，分析、改造、优化业务流程，不断提高各环节实时感知能力、机理分析能力、模型预测能力、优化协同能力，持续提升安全环保、经济效益、综合管理水平，协同建立智能物流平台，实现传统炼油企业的提质增效和转型升级，努力打造上下游一体化智能产业链。

炼化企业实施信息化智能化升级，需要采取合适的信息化智能化评估模型(如本书作者提出的全局性信息化评估模型)，评估、寻找信息化现状与智能化升级目标之间的差距，采取适合各企业、单位的信息化智能化升级的方法(如标准、技术等)和策略(如本书作者提倡的三步法)，有目的、有计划地投入人力、物力和财力，高效地组织实施，就一定能实现目标。

炼化企业信息化智能化升级的实质就是实施智能炼化建设。炼化企业的智能工厂建设，起步和基础是数字炼化建设，核心是智能炼化，而最后目标就是智慧炼化建设[4,21,22,24]，这是本书随后几个章节的主要内容。

参 考 文 献

[1] 林森，浅议炼油化工行业信息化发展趋势研究[J]，经济师，2015(3)：56-57.

[2] 万晓楠，钱新华．炼油化工行业信息化发展趋势研究[J]．中国信息界，2010(11)：7-14.

[3] 皎丽丽．创新发展二十载砥砺奋进铸辉煌———见证中国化工行业信息化发展之路[J]．中国信息界，2013(2)：28-33.

[4] 吴青．中国海油炼化企业信息化现状分析及今后发展的思考[J]．当代石油石化，2018，4：1~7.

[5] 吴青．信息化及其新技术对炼化产业变革影响的思考[J]．无机盐工业，2018，50(1)：1~7.

[6] 吴青．流程工业智慧炼化建设的研究与实践[J]，无机盐工业，2017，49(12)：1-8.

[7] 李烨．现场总线技术与应用[D]．湖南大学硕士论文，长沙：2002.

[8] The Basics of Fieldbus. Rosemount Inc.，www. rosemount. com.

[9] 朱守云．现场总线之战与未来发展[J]．世界电子元器件，2001：8.

[10] 夏德海．现场总线的困惑、无奈与出路[J]．世界仪表与自动化．1998，2.

[11] 阳宪惠．现场总线技术及其应用[M]．北京：清华大学出版社，1999.

[12] 王敬东 . FCS 和 DCS 以及 PLC 的发展探讨[J]. PLC&FA，2000，4.
[13] 赵天洪 . 现场总线与控制系统[J]. 电力系统自动化，2000，13.
[14] 沈洁，单冬 . CAN 总线技术及其在微机联锁系统中的应用[J]. 铁道学报，1983，3.
[15] 高辉，盛六四，等 . 基于 CAN 总线的 NSRL 储存环及光束线真空监控系统设计[J]. 真空科学与技术学报，1999，3.
[16] 沈德耀，金敏 . 现场总线纵横谈[J]. 基础自动化，2000，7.
[17] 孙翱，何熙文，等 . 基于 CAN 总线的工厂电力监测分析系统网络[J]. 计算机自动测量与控制，1998，4.
[18] 吴青 . 霍尼韦尔 MES 系统在中国海油惠州炼油项目的应用[J]，石油化工自动化，2010，3：40-44.
[19] 张志檩 . 关于石化企业信息化的探讨[J]，上海市石油学会论文集，2006：33-51.
[20] 吴青 . 炼化企业数字化工厂建设及其关键技术研究，无机盐工业，2018，50(2)：1-7.
[21] 吴青 . 中国炼油化工企业智能化转型升级的研究与应用[J]，无机盐工业，2018，50(6)：1-5，12.
[22] 吴青 . 流程工业智能炼化建设的研究实践[J]. 无机盐工业，2018，50(8)：1-7.
[23] 吴青 . 信息化及其新技术对炼化产业变革影响的思考[J]，无机盐工业，2018，50(1)：1-7.
[24] 吴青 . 新态势下的炼化企业数字化转型——从数字炼化走向智慧炼化[J]，化工进展，2018，37(6)：2140~2146.
[25] 吴青 . 智慧炼化的发展策略与探索实践，2017 中国石油和化工科技创新与智能发展大会，湖南长沙，2017 年 12 月 .
[26] Seuring S，Müller M. From a literature review to a conceptual framework for sustainable supply chain management[J]. Journal of Cleaner Production，2008，16(15)：1699-1710.
[27] 王会良，万欢，戴家权 . 智慧加油站的内涵、特点及构成[J]. 国际石油经济，2016，24(3)：90-94.

第四章

智能炼化建设之数字化基础

如前面几章所述，当今社会信息化技术飞速发展、不断更新，且全面渗透到经济、社会、生活各个领域，对人类社会的生活、工作、发展与进步均产生了极其深刻的影响。在工业领域，以计算机为核心的信息技术的应用与发展，极大地改变了传统的生产、管理和营销方式，已经成为企业有效管理生产流程、确保效益最大化，以及安全、环保地进行敏捷与优化生产和实现监控、溯源的重要基础。

制造工业可以分为离散工业和流程工业两大类。其中的离散工业或离散制造业一般具有以下基本特点：

（1）调度和协调的复杂性。产品部件多，可以独立加工，生产流程能够并行、异步进行；对于某一产品常有多种实现路径可供选择，设备功能冗余度大，因此增加了调度和协调的复杂性。

（2）资源管理的复杂性。由于每个操作可能涉及不同的物料、设备、工具及文档等资源，这些资源离散地分布在企业中，因此在异步、并发的离散流程中资源管理复杂。

（3）控制量相互独立、流程切换代价小。产品生产主要通过位移、角度等作为控制量进行物理加工，设备控制参数由设计决定，不受物料物性影响，设备间独立性强。流程切换不存在连续工业那样复杂的启停和清洗过程，主要是加工程序的上载和刀具的更换，所以切换代价较小。

（4）劳力密集型、自动化水平相对较低。离散制造业企业由于是离散加工，产品的质量和生产率很大程度依赖于工人的技术水平，自动化主要在单元级，例如数控机床、柔性制造系统等，因此，离散制造业是一个人员密集型行业，自动化水平相对较低。

而流程工业是加工业的另一个大类，泛指炼油、石化、化工、冶金、造纸、制药、酿造、建筑、电力等原材料加工和能源工业行业，一般伴有化学、物理、相变等物性变化的过程。流程工业的生产过程是连续且不间断，原材料按照一定的工艺流程连续不断地通过一系列设备和装置，被加工处理成产品。与离散的制造业相比，流程工业具有以下特点[1]：

（1）生产过程连续，生产批量大，加工能力强，物料和能量的供给要求连续、及时、可靠。

（2）生产工艺复杂，生产过程涉及多种化学变化和物理变化，生产控制技术要求高，信息量大，故障诊断和处理比较复杂。

（3）生产环境苛刻，如高温、高压、低温、低压、易燃、易爆和有毒等。

（4）产品结构复杂，除了主产品外，还会产生大量副产品和中间产品，产品与产品之间的关联性比较大，一套生产装置单股进料，可以有多个出料。

（5）产品种类繁多，同一类产品根据规格可以细分为不同的产品，不同规格的产品相互混合可以生产更多规格的产品。

（6）对产品的存储要求较高，大部分产品不允许混装，存储的时候需要保持一定的温度和压力。

（7）对公用工程的供应要求较高，需要大量不同形式的水、电、气、风等的供应。

（8）基础自动化水平较高，对自动化的依赖性较强，绝大部分的物料变量依靠仪表进行测量或通过分析仪器间接获得，少量人工计算。

（9）生产以安全、稳定、长周期、满负荷、优质、均衡、高产、低耗和减少污染为主要目标，通过计划调度、优化操作、先进控制等手段使过程实现优化生产，以获得最大的经济效益和社会效益。

炼油与石油化工是两个非常重要的、与石油相关的典型流程型制造工业，其工艺复杂、设备繁多，生产过程涉及工艺、机械装备、自动控制、工业工程等专业知识、经验、专有技术，属于技术密集型行业；其环保安全要求严、自动化水平要求高，基本上采取金字塔式的管理模式，管理层次多，经营管理制造执行等过程的信息获取、控制与管理所涉及的变量与参数比较多，过程的模型难于精确、实时描述。此外，全球炼化行业一方面面临原油劣质化、生产过程和外输产品清洁化的挑战，利润率普遍偏低，降本增效压力巨大；另一方面，如何计划、协调合监控好生产经营全过程，以保证资金投入回报，保证生产过程平稳受控，保证设备资产运行安全，保证适应快速多变的市场需求，是每个炼化企业面临的问题。再有，石油和天然气价格的不确定性、生产与销售等炼化数据储存量的指数增长、以及全球激烈竞争的巨大压力等，都促使企业不断向信息化方向发展。而互联网的广泛应用，使生产制造过程中各种设备和信息日益网络化，工业化和信息化的深度融合，及时收集和共享各种信息，优化资源配置，规范管理体系，提高经营决策能力，从而全面提升了生产效率和管理效率，形成了新的生产方式、产业形态、商业模式和经济增长点。作为企业发展和转型升级的战略之一，推进包括企业信息化基础设施、信息系统应用和信息化人才培养等方面的信息化建设进程，实现企业智能化应用十分重要。通过实现智能化，企业能够根据市场波动不断对生产计划进行调整，能够准确地掌握生产中各个环节所产生的经济效益或所耗成本，跨领域进行团队的高效协作，有效地控制产品质量，使企业实现安全、环保、低碳、绿色的可持续循环发展。

为了贯彻“两化融合”和“互联网+”的国家战略，中国的石化工业正充分运用互联网、大数据、云计算等现代信息技术，全面提升自动化、数字化、模型化、集成化和智能化水平，推进数字化、智能化发展。如前所述，中国石化、中国石油和中国海油无论是在工程项目建设领域还是在生产加工过程乃至市场营销领域，均在探索、开展智能工厂的试点和示范建设工作。

本书为了区分流程工业和离散工业的数字化工厂建设问题，分别用“数字炼化”和“数字化工厂”来泛指流程工业和离散工业的数字化建设。

第一节 概 述

一、数字化工厂的起源

数据是人们利用文字符号、数字符号以及其他规定的符号对现实世界的事物及其活动所做的抽象描述和记录[2]。数据一般是未经过组织的数字、词语、声音、图像等，是存储在某一种媒体上能够识别的物理符号。将数据以有意义的形式加以排列和处理，就形成了信息。而“化”者，“彻头、彻尾、彻里、彻外”也。

记录数据最常用的是数字，数字化是将各种形式的信息转变为可以度量的数据，再以这些数据为基础建立起适当的数字化模型，并转变为一系列二进制代码，引入计算机内部，进行统一处理和应用。

数字化的概念包括两个方面：一是描述事物特性的数据内容；二是存储在某一种介质上的数据形式。

如第二章第一节“信息化起源”中所说的信息化特征之数字化即计算机化概念出发，数字化是指将许多现象、事件、处理过程及其伴生的信息抽象为计算机可以处理的二进制逻辑数字即比特的过程或结果。也就是说，计算机技术是数字化的基础，只有计算机及相关技术的产生和应用，才能把复杂多变的各种数字、声音、图像实现数字化，并加以处理和利用。因此，数字化过程首先是要将信息入库，其次是把业务流程变成计算机处理程序。通过实现数字化，计算机也就代替了手工、数据库代替了账表。

一些专注于产品设计的专业软件如 AUTO-CAD 与 PDM 等已有几十年的历史了，但在很长一段时间里，受制于科学有效的数据协同管理手段的缺乏，研发、设计阶段所形成的产品数据与信息，无法与后续的规划计划、生产执行环节的数据与信息实现同步与共享，很多情况下只能通过依靠负责生产运营的工程技术人员的生产经验来安排生产，因数据、信息不对称而造成的一切困难与问题，也就只能采取被动的应对与处理，既严重影响实际生产效率，还需承担由此产生的额外成本以及可能的质量问题。此类由于产品设计与制造环节之间数据与信息不对称、不同步、脱节所引发的种种问题，是困扰制造业的大问题。

传统制造业面临着巨大挑战，如制造业、制造者之间日益激烈的竞争状况，客户需求的多样化、制造工艺的复杂程度以及市场对于质量与效率的诉求不断提升等。制造企业需要以更短的产品设计制造周期、更快的产品迭代速度、更高的生产效率与更灵活的生产方式来应对这种变革。为此业界从未停止使用信息化的手段尝试解决这些问题，其中比较著名的解决方案，包括 20 世纪 80 年代提出的计算机集成制造系统（Computer Integrated Manufacturing System，CIMS），但在企业的具体实践当中，限于成本与技术瓶颈问题，尤其是限于体制问题，实施多年收效甚微，无疾而终。

90 年代末，基于虚拟制造技术的数字化工厂解决方案，逐步发展起来。它利用数据协同管理、三维建模、虚拟仿真等数字化技术，用统一的数据平台实现产品设计与制造阶段的数据协同，实现从产品研发设计到实际生产制造之间数据与信息的协同与集成，从而填补产品研发设计与生产制造之间的鸿沟，同时在计算机虚拟环境中对物理制造系统与实际生产过程进行仿真，使生产制造过程能够在生产线进行实际布局前，能够在数字虚拟空间内提前进行验证、调整与优化。在国内较早成功的例子是 20 世纪 90 年代末飞豹全数字样机的开发成功，以及所实现的打通设计与制造的一体化解决方案。

因此，数字化工厂的概念是随着以计算机为核心的数字化技术应用于制造业之后而逐步产生的。不幸的是，虽然近年来数字化工厂已经逐渐成为国内外制造业企业所关注，也正被业内各企业快速实践与应用，但是业内对于数字化工厂含义的解读，却是千差万别，所以迄今为止，业内对数字化工厂实际上还没有达成统一的认识，即还没有公认的统一定义。

德国工程师协会对于数字化工厂的定义[3]是：数字化工厂（DF）是由数字化模型、方法和工具构成的综合网络，包含仿真和 3D/虚拟现实可视化，通过连续的、不中断的数据管理集成在一起。数字化工厂集成了产品、过程和工厂模型数据库，通过先进的可视化、仿真和文档管理，提高产品的质量和生产过程所涉及的质量和动态性能。

二、数字炼化的概念及其内涵升级

(一) 概念与定义

目前，业界对数字炼化并没有一个统一、完整的定义。通过对德国工程师协会给出的数字化工厂定义的理解并接收业界对此的一些通识，认为数字炼化[4~7]是计算机虚拟仿真技术、现代数字化制造与先进制造及运营管理理念相结合的一种产物，它是指在计算机虚拟环境下，充分利用三维 GIS、虚拟仿真、大数据分析、移动应用等先进的数字化信息技术，以能够覆盖设备、产品全生命周期的相关数据为基础，以可视化为手段，以业务为依托，以底层模型为支撑，为涵盖从产品设计、生产规划、工程组态、生产执行，直至后期运营服务在内的生产活动，统筹规划建设期与运营期的数据资源建设、业务渗透与功能建设，全价值链打造无缝集成、虚实精准映射的工厂解决方案，为规划、工程、生产、应急、培训等提供有效业务支撑，助力企业实现生产效率、质量、灵活性的提升，以及成本的下降。

简言之，数字炼化是将真实有形的实物工厂映射到虚拟无形的计算机网络中，形成一个与物理意义上的现实中实物工厂一一对应的“数字、数学模拟出来的工厂或系统”；这个“系统”，其功能可以局部或全部模拟实物工厂行为，可以预测或反映实物工厂的真实的结果，这概念与最近出现的“数字孪生”相似。所以数字炼化又称为“虚拟炼化”，是以产品全生命周期的相关数据为基础，在计算机虚拟环境中，对整个生产过程进行仿真、评估和优化，并进一步扩展到整个产品生命周期的新型生产组织方式；为实现与实物工厂的一一对应，需要依托数据收集、整合集成和数据库等技术对工程建设、生产管控、营销等过程实施建模、仿真与优化[8]，即由数字化模型、方法和工具构成的综合网络形式的数字化工厂，结合连续的数据集成、对真实工厂进行虚拟现实的仿真，则在计算机网络环境下实现虚拟现实与可视化。

(二) 概念内涵延伸

随着信息技术、实践与管理范围的不断进步与扩大，积累经验的更加丰富，信息化网络化特征、数学化特征的更加体现，数字炼化概念的内涵也在不断扩充、丰富。所以数字炼化包括了从工程设计、项目建设、生产运行过程和营销、管理与服务的数字化，当然其中也包含了上述各环节专业人员的知识、智慧和经验，将它们进行全面整合、集成，形成整个企业的数字化和现代化工厂模式。因此，数字炼化的主要特征在于信息集成。

数字炼化建设首先需要建设一个集成的、统一的一体化平台——包括“工程建设-生产运管-市场营销与决策”(简称 EMM)的综合性平台[4]，并且数字炼化的建设必须和实物工厂的建设同步规划、同步推进、同步维修。在数字炼化建设的“E”即工程建设阶段，要以工程项目的“数字化交付”以及“无缺陷开车”为目的，其设备、材料以及仪表、电气等具体实物的设计参数、制造、监造、安装、调试等数据，以及装置试车、工艺设计模型参数等，要能够“无缝”转为生产运管、市场营销与决策期间设备全生命周期管理与预防性维修维护、生产管控与优化、数字化智能化一体化销售等环节、阶段所需的各类有效数据，同时还需要考虑为该工厂生产所需原油(料)与能源的供应以及产品储运、市场营销服务，且这几者之间通过信息集成，得到实时数据库的支持后能够实时下达指令而使相互之间能够协调、贯通、交互和全面优化，成为全面或完善的数字化工厂或数字炼化[4~7]。

数字化建设中的建模工作是指利用工厂的各种资源和工艺数据建立模型，形成不同层次的工程数据库、生产数据库、销售数据库等。通过装配和配置管理技术等方法，建立真实的实物工厂的模型，如三维空间模型；然后采用生产流程模拟的方法进行工作流仿真，利用虚拟现实技术将生产设备及其工作方式，以及对外部环境产生的影响真实再现；设计数据、工艺数据和生产计划作为输入，通过优化仿真系统进行生产过程的可视化管理，对整个工厂设计的合理性做出评估；数字炼化对生产过程各个环节，在不同层次，小到各个设备，大到生产单元、生产线乃至整个工厂进行设计、仿真、分析和优化；与炼化企业原有生产管理系统、视频监控系统、大屏幕系统等进行集成，实现生产管理、监测监控、安全应急、仿真模拟等功能[9,10]。

因此，数字炼化是在炼油与化工业务领域相关科学长期积累的基础上，依托信息科学与空间技术的最新进展，利用各种数据获取更新监视监测手段，运用地理信息系统 GIS、虚拟现实技术、仿真优化等技术，建立以三维虚拟炼厂为基础的集成管理平台，集成工程设计、生产运营、机动设备、环保安全等各种动态和静态数据，提供企业资产信息全生命周期管理，具备高度可配置化应用的系统，是对企业信息管理系统的扩充应用。

（三）理想的数字炼化

如前所述，数字炼化的主要特征是信息集成。如果再广义地考虑数字炼化，则可以将制造企业相关的上游供应商、中游合作伙伴、下游渠道商、客户等所有相关方全部包含在内，形成虚实映射的统一协作系统，其本质是通过数据流、信息流与工作流的数字化，更有效实现运营与管控。

对新建炼厂或改扩建项目，为实现工程建设项目全生命周期的最优化，在炼化工程项目建设中引入了“数字炼化”的模式：项目工程建设应同时交付两个工厂即物理意义上的“实物工厂”和虚拟环境下的“虚拟工厂即虚拟炼化”。此阶段的目标包括两大方面：一是完全与工程建设相关的、与传统意义上的项目管理相对应的“虚拟炼化”的“工程项目”部分，这部分的目标是数字化交付。与完成数字化交付相关的方面，包括基础设计、详细设计、工程项目的采购、施工等项目管理，它们以二维和三维图形等方式形成相关数据，集成到统一的平台中。二是也与工程建设相关，但是目标要比传统意义上的项目中间交接、调试、开工要深、广，即以“无缺陷开车”为目标的项目管理[11]，同样集成在这个平台中，既是工程项目管理的有机组成部分，也是延伸到生产管控、市场营销的重要接口。

所以，从新建或扩建、改造项目角度看，建设数字炼化首先要建立与项目工程管理相关的统一平台，这个平台是一个统一的平台、集成的平台，是能够满足工程建设数字化交付、无缺陷开车之后，还能够无缝延伸并能够与今后（或正在进行中）的生产管控、市场营销管理平台相衔接，这个一体化的集成平台就是本书作者提出、前文所称的“EMM”平台[4]——集成了工程设计（E）、生产管控（M）和市场营销（M）的一体化综合性集成平台。其中，与项目工程管理相关的平台部分（“EMM”平台中的“E”部分）主要包括基础设计（D）、工程设计即详细设计（E，含设计管理、文档控制等）、工程采购（P，含设备监造、催交催运等）、工程施工（C）、项目管理（M，内含进度管理、费用控制、质量管理、工程监理等）、项目开车（C，含中交、调试、开车等）等的综合性、数字化的集成平台，相当于 E 平台中实际上至少包含了六个方面（D、E、P、C、M、C）的工程管理子平台。此时，数字炼化就是一个建立在包括了这六大方面工程管理子平台的、完整的“EMM”平台基础上的、与物理意义上炼油化工工厂相对应的数字化完美体现。

因此，数字炼化的建设过程，首先是一个搭建“EMM”数字化平台的过程。在项目的建设阶段，搭建E平台特别是E平台中六大子平台的过程中，需要工程公司(设计院)、业主、建设管理单位、建设单位、设备供应与制造单位、监理、技术服务商等各专业人员利用同一个数字化平台进行基础设计、详细设计、工程采购、项目施工、工程监理、项目管理和中交、调试与开车。从这个角度出发，数字炼化的建设必须和实物工厂的建设同步规划、同步推进。

新建炼化企业比较容易理解。对于已有或重组后企业的数字炼化建设，首先是考虑“E”、“M”、“M”各自平台的完善，同时更多地要考虑如何实现各平台(EMM三者之间)数据有效传递和集成。

搭建“EMM”综合性集成平台的理念，实际上就是将以制造(生产)和管理为中心的观点和以设计与工程为中心的观点有机地结合起来了，这在某些技术力量雄厚的集团公司内部比较容易实现，而某些拥有强大整合能力或者说是比较“强势”的集团公司也能够实现。在“E”阶段实现数字化交付和无缺陷开车后，集成到“生产管控、市场营销”中，其设备、材料等数据资源就构成了设备全生命周期管理、预防性维修维护等的基础，而工艺模型等数据资源就构成了产业链管理与优化的基础。同时考虑为该工厂生产所需原油(料)与能源的供应以及产品储运、市场营销服务，构成供应链管理的基础，而这几者之间通过信息集成、得到实时数据库的支持后能够实时下达指令而使相互之间能够协调、贯通、交互和全面优化，应该说这是比较全面和完善的数字化工厂或数字炼化了[4]。图4-1是融合了设备、产品全生命周期管理理念以及供应链、产业链以及价值链的完善与理想的数字炼化示意图。

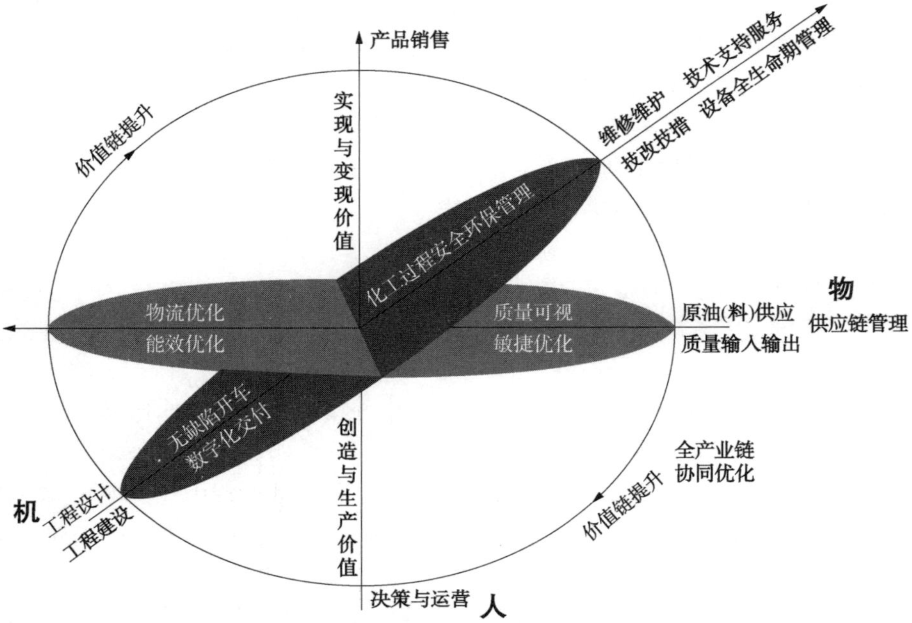

图4-1 理想数字炼化的示意图[4]

关于“生产管控”“市场营销”这两个平台方面，后面介绍时再予以详细说明。

数字炼化最初侧重于企业内部微观过程数字化，主要是获取产品生产过程机理知识以及进行生产工艺设计和优化控制，即，通过虚拟制造技术对生产过程仿真，提前解决实际生产中可能出现的问题，利用计算机技术优化实际生产过程。如今，随着企业管理面的扩展，数字炼化的含义已经超越了产品生产过程，形成了广义的数字炼化，即，利用集成的信息技术优化整个生产系统的设计与性能，实现实际管控（运作与管理）的数字化。在广义的数字炼化中，将实现设计数字化、装备制造与安装工程数字化、生产过程数字化以及管理数字化，并通过集成实现整个工厂的数字化。

三、数字炼化的三大环节

继续先从离散工业制造角度来说明本小节相关内容的组成。

（一）离散工业数字化工厂的“三环节”

从离散工业制造角度来看，数字化工厂主要涉及产品设计、规划计划与生产执行三大环节，其中包括的关键技术涉及数字化建模、虚拟仿真、虚拟现实/加强现实（VR/AR）等技术信息化新技术[12]。

1. 产品设计环节：基础是三维建模

在产品研发设计环节利用数字化建模技术为产品构建三维模型，能够有效减少物理实体样机制造和人员重复劳动所产生的成本。同时，三维模型涵盖着产品所有的几何信息与非几何制造信息，这些属性信息会通过 PDM/cPDM（产品数据管理/协同产品定义管理）这种统一的数据平台，伴随产品整个生命周期，是实现产品协同研制、产品从设计端到制造端一体化的重要保证。

经历了三十余年的发展，数字化建模技术[13]已经相当成熟，至今使用三维 CAD 设计软件的全三维建模技术在制造业的应用已经相当普及。数字化建模技术的应用始于航空航天领域，由于对产品和零部件的精度、质量、加工工艺有着比其他行业更加苛刻的要求，航空航天工业让数字化建模技术的效用得以充分发挥。

例如，美国波音公司在其 737-NX 和 787 的设计制造中，利用数字化建模技术，不但有效缩短了研制周期，大幅降低了研制成本，而且通过 PDM/cPDM，有效实现了产品设计与制造环节的信息协同，从而大幅提高了生产效率。

2. 规划计划环节：关键是工艺仿真

在规划计划环节，基于 PDM/cPDM 中所同步的产品设计环节的数据，利用虚拟仿真技术，可以对于工厂的生产线布局、设备配置、生产制造工艺路径、物流等进行预规划，并在仿真模型“预演”的基础之上，进行分析、评估、验证，迅速发现系统运行中存在的问题和有待改进之处，并及时进行调整与优化，减少后续生产执行环节对于实体系统的更改与返工次数，从而有效减低成本、缩短工期、提高效率。

虚拟仿真技术广泛应用于汽车、船舶及其他大型设备制造过程中。例如，大众汽车公司旗下斯柯达捷克工厂，即采用西门子的 Tecnomatix，利用虚拟仿真工艺路径规划，来减少实际生产线调整改进所需要花费的成本。

此外，随着“人”在制造业中的地位和作用逐渐被重新认识，虚拟现实/加强现实（VR/AR）技术的应用也日渐增多，使人能够融入虚拟仿真环境之中，如身临其境一般参与生产规划。

3. 生产执行环节：数据采集的实时通

早期的数字化工厂，其实并不包含生产执行环节，但随着制造业企业具体实践与应用的发展，数字化工厂的概念开始向覆盖产品整个生命周期的全价值链拓展与延伸，作为将产品从设计意图转化为实体产品的关键环节，生产执行无疑应该是数字化工厂的关键一环。

这个环节的数字化，体现在制造执行系统(MES)与其他系统之间的互联互通上。MES与ERP、PDM/cPDM之间的集成，能够保证所有相关产品属性信息从始至终保持同步，并实现实时更新。

如果某一款产品的零部件或原材料发生变化，PDM/cPDM和MES中的数据信息会同步变化，MES会自动调整制造解决方案，有效避免了传统制造企业由于信息无法及时传递和同步所造成的误工。借助RFID(无线射频识别技术)，MES还能够对生产线上的产品零配件进行识别和路径规划，从而实现柔性化的混线生产，大幅提高生产效率。

玛莎拉蒂的Bertone工厂即采用上述技术实现Quattroporte与Ghibli两款不同车型的全自动生产与组装，据不完全统计，产能提升幅度高达两倍以上。

(二) 数字炼化的“三环节”

从流程工业角度看，数字炼化涉及方方面面，但可以高度概括为“工程建设、生产管控和市场营销”三大环节，这正好对应了吴青[4]提出的“EMM”平台的三大方面，其中每个平台的关键技术和特征信息化系统均不是单一的，都比较多，将在后续的章节中逐步介绍。

四、数字炼化主要功能与地位

从上分析可见，数字炼化具有众多功能，但至少包括以下主要功能：

(1) 工程项目管理阶段，包括，前期规划(预可研、可研、立项及批准)、基础设计、工程实施及“四大控制”(进度、费用、质量、HSE四个方面)、中间交接与试车、工程交流与汇报、数字化交付、无缺陷开车；

(2) 投产以后的转资以及可视化资产管理与设备的全生命周期管理，实物与数字资产两个方面的维修维护，生产运营管理(生产计划与调度、生产运行监视、生产工艺优化)，生产质量管理(达标与质量控制系统以及化验分析与实验室数据管理系统)，安全环保(三维应急管理、环保系统、三维可视化培训等)；

(3) 与市场营销相关的功能，如物流系统、产品销售管理等。

因此，数字炼化至少包括了“完整性”即设备与产品的全生命周期特征、“可视性”特征、数据“集成性”等主要特征，其本质是信息、信息流和工作流的数字化，能为炼化企业展示数字化信息即可视化，也为完成数字化交付和无缺陷开车以后的设备预防性维修提供了可能；供应链的数字化[原料、原油的供应；输入的能量(水、电、汽、风等)的数字化]；产品的全生命周期也即产业链的数字化(生产装置、单元的管控、计划调度与优化等)并延伸到价值链(产供销存一体化的数字化)；数字炼化也为智能炼化、智慧炼化建设奠定了基础。

数字炼化可以为炼油化工厂展示数字化信息；利用数字化信息，策划检维修方案和措施；策划改扩建方案和措施；通过数字炼化建设，实现各种信息的集成，以二维或三维图形方式，将基础设计、详细设计、采购、施工、项目管理、调试开车、生产管控、市场营销等数据一体化整合、集成，形成与物理意义上实物炼化一一对应的“虚拟数据炼油化工厂”，从而可以在计算机虚拟环境中进行虚拟现实、仿真、评估、优化，并进一步扩展到整个生命周期从而形成新型生产组织方式，将数字制造技术与计算机仿真技术完美相结合，成为沟通产品设计和产品制造之间的桥梁与纽带，为智能优化制造奠定坚实基础。

五、数字化工厂与数字炼化的进展

（一）离散工业数字化工厂的进展

制造类企业是重要的工业部门，是工业和生活产品的生产者，其基本任务是为社会提供用户所需的产品。制造业企业的生产运作活动，是一个“投入—变换—产出”的过程，即，在人的主导下，投入一定的资源（如物料、设备、资金、信息、技术、能源等），经过一系列的变换（物理变换或化学变换），使其增值，最后以某种产品形式提供给社会。随着制造业的发展，原料成本和制造成本不断增加，规模化和精细化的要求越来越高，要求以较少的投入取得较多的产出，以取得必要的经济效益和社会效益。

制造业企业的生产经营活动以产品为中心，根据市场需求和资源情况，设计产品类型、确定生产规模，设计生产工艺、生产线和工厂结构；根据客户订单制订生产计划，采购生产所必需的物料，安排生产设备和人员进行生产；根据经营目标控制产品的生产进度，保证产品质量，控制产品成本。同时，现代制造业企业的组织结构是一个分工精细的复杂机构，各部门各环节是互相依存、相互制约的高度统一的有机整体，通过计划、组织、协调、控制一系列手段，使整个企业的行动协调一致，按照统一的计划，实现企业生产经营和发展目标。为使整个企业协调运转，信息的实时采集、传递、响应和反馈十分重要。因此，在现代制造业企业中，除了采用大量先进的工艺技术和设备外，从产品设计和研发、生产制造、经营管理到日常办公，均采用了以计算机和网络为代表的信息技术，以实现数字化和信息化。

数字化工厂最初起源于数字化产品设计，其代表性技术是 CAD（计算机辅助设计）、CAM（计算机辅助制造）、CAE（计算机辅助工程）、CAPP（计算机辅助工艺过程设计）和 PDM（产品数据管理），目的是解决产品设计和产品制造之间的“鸿沟”。通过 3D 设计和虚拟现实技术优化产品设计，降低了设计到生产制造之间的不确定性，减少了新产品的开发成本和风险，有效缩短了新产品的上市周期。同时，通过对生产过程的模拟，使生产制造过程在数字空间中得以检验，可缩短从设计到生产的转化时间，优化生产线配置和布局，减少生产线准备和停机时间，提高生产效率及产品质量。

随着电子信息技术的发展，自动化、信息化日益凸显竞争优势，数字化已经从工厂的局部应用深入到企业的各个层面，广义的数字化工厂概念大大地改变和拓宽了企业的战略选择与经营管理模式。在数字化工厂中，除产品、生产过程数字化外，企业核心资产，如，智力成果、财务和人力资源也是以数字化信息系统的方式进行管理和运作；企业的核心业务流程和商业关系，如，客户、供应商、雇员之间通过数字化的信息系统进行连接和沟通；企业能够对外部环境快速反应，以新的方式创造出捕捉利润的机会，使之能够在竞争、多变的市场环境中保持持续的竞争力。在高级阶段的数字化工厂中，上至宏观战略决策、下到具体业务操作都必须采用量化的数字化管理方法和手段。

数字化工厂以计算机技术、多媒体技术和大规模存储技术为基础，以宽带网络为纽带，对工厂全过程进行建模和描述，用以改善生产经营活动。数字化工厂的建设和实现过程，也是企业信息化的过程，带动管理理念、管理方式和组织机构产生变革。

20 世纪 90 年代，制造业企业遍开始了对于数字化工厂的探索实践，其中比较典型的代表是创建于 1989 年的德国西门子安倍格工厂。2000 年左右，国内汽车、航空、航天领域的先驱企业，也陆续开始了数字化工厂的探索，并取得了一定的进展。目前，于 2013 年在成都高新区落成的西门子成都工厂，是数字化工厂解决方案应用的标杆企业。该工厂所使用的PLM、MES软件，及所有工业自动化硬件皆来自西门子，西门子称之为数字化企业套件(Digital Enterprise Suite，DES)，其解决方案，能够全面覆盖产品设计、生产规划、生产组态、生产执行以及服务的全价值链。

其他一些案例[2]如下。波音公司采用数字化工厂技术缩短了飞机设计与制造时间，减少了产品缺陷，并大幅度降低了成本；美国国家航空航天局采用数字化工厂来仿真、分析太空船中的仪器在卫星飞行过程中环境的变化；海尔集团采用数字化工厂实现了500种洗衣机的“按单生产”；康佳集团通过数字化工厂减少了90%的手工操作错误，透明的研发过程节约了30%的产品研发费用。宝马公司在2002年启动了一项名为DMF的“数字化制造”战略，降低了产品开发及制造的总体成本，提高了柔性化生产的能力，打破了汽车行业内普遍存在的“品牌—生产线”的一一对应关系。不同的品牌、类型及款式的宝马汽车都可以根据需要使用混线模式装配，从理论上讲，任何一家宝马工厂都可以生产任何型号和系列的宝马汽车。A380飞机的研制过程中，应用数字化技术，建立了基于PLM(产品生命周期管理)的全球协同环境，让所有合作伙伴拥有一个相同的开发环境和通用的设计程序，确保全球合作伙伴享有相同的产品定义资料，使用同一个3D产品定义模型，在统一的数字化平台下，协同开展数字化方式的设计、制造、测试飞机零部件和飞机装配过程。

当前制造业企业在激烈的市场竞争中所面临的主要问题可以概括为“时间、效率、灵活性”三大方面，这也是制造业经由数字化转型之路，向智能制造迈进，进而最终现实工业4.0愿景所面临的三大挑战。数字化工厂解决方案，不但以其快速、高效和柔性化等特点为制造业企业创造价值，而且帮助制造业企业打通信息孤岛，有效实现集成与互联互通，为未来企业走向智能化奠定了良好的基础。

据不完全统计，采用数字化工厂技术后，企业能够将产品上市时间缩短30%，减少60%以上的设计修改与返工作业，生产工艺规划时间减少40%，产能提高15%以上，同时节约15%的生产成本。视觉所见的炫酷科技并不是数字化工厂的诉求，能够让制造业企业获得实实在在的收益，才是采用数字化解决方案的最终目的。

在未来，随着市场竞争的日益加剧和市场需求的加速变革，制造业将面临更大的挑战，这些趋势将不断推进制造业的发展和进步，也将对数字化技术与解决方案提出更高的要求，数字化工厂的概念将进一步丰富与深化，并引领企业逐渐向未来的智能制造与愿景中的工业4.0不断迈进。

(二) 数字炼化的进展

炼化行业工艺复杂、设备繁多、管理要求高，对精细、智能管控和可视化应用的需求也很迫切。在数字炼化建设方面，国外一些炼化企业乃至能源企业的信息化应用体系比较成熟，信息系统支撑了各层面绝大部分的日常业务开展，实现了数据集成、业务集成、信息共享的目标。

例如，数字化交付的数据资产无缝转化为预防性维修维护、设备全生命周期管理的数据库组成内容并发挥作用。计划排产优化方面以霍尼韦尔RPMS软件的应用为例，印度石油公司应用RPMS多厂模型开展总部级和炼厂级的协同优化；加拿大PETROMONT公司将流程模拟软件与RPMS软件相结合，开展乙烯原料优化；日本ASTOM能源公司应用RPMS软件开展LPG配送优化。EXXON MOBIL炼厂应用霍尼韦尔公司的BMT系统进行全厂物料移动管理；GAZ FRANCE 公司应用霍尼韦尔公司的 PCC 系统进行监控管理；荷兰的 EXXON 炼厂[14]，生产执行层的 BMA(调合移动)系统与生产运营层的 ERP 系统有效进行了集成[15]，该炼厂的调合与移动业务遵循 U 型的流程管理模式，该模式的核心是订单，订单包括外部及内部订单，其中外部订单数据完全来自 ERP 系统，产品出厂前系统会对产品代码与实验室数据进行校验，匹配后方可出厂。企业通过对 ERP、BMA 及实验室数据的集成应用，实现了数据资源的共享，提高了业务执行效率和规范性。

此外，物联网、移动应用、云计算、大数据等相关的新一代信息技术，也成为国际石化企业提高炼化业务核心竞争力的重要策略。物联网在国际炼油化工企业的库存管理、安全喷淋阀监视、火焰与气体检测、泄漏检测、设备诊断、设备跟踪、移动通信、移动现场巡检、压力测点、腐蚀监测与控制等方面有广泛应用。大数据在炼油化工企业的大量实时生产动态数据、炼化大机组动态数据的分析与处理，实现机组设备可预测的维护，化工产品市场行情动态分析等方面有着广泛应用。在云计算和虚拟化技术的广泛应用方面，国外公司业务人员对信息应用的深刻理解，不断推进着系统提升。在 EXXON 炼厂和 GAZ FRANCE 公司，运用云技术搭建的灾备系统，通过虚拟化技术，实现了物理环境的快速部署，保证了应用需求的同时又避免了机房资源、投资费用等条件对系统建设的制约。EBN、STEDIN 等公司较频繁地通过“提出新需求，申请新资源(靠云计算和虚拟化实现)，提升系统(敏捷开发)，支持业务”的循环实现业务和信息的同步提升[16,17]。

第二节　数字炼化的总体构架

一、数字炼化总体构架的主要目标

数字炼化是一个深化了数字化内涵的炼油化工企业，是炼化企业生产经营活动信息化、数字化、网络化的总称，也是其信息化发展的新阶段，与传统炼化企业的区别主要表现在数字炼化在工程、生产过程和市场营销等八个方面的数字化核心应用领域，它们在数字炼化的实际运营过程中发挥着重要的作用[18~22]。这八大方面也就主要构成了数字炼化总体构架的主要目标和内容。

(一) 炼化企业设计与建设期的数字化技术

数字化炼化企业在工厂设计及建设阶段，即应用数字化技术建立三维炼化企业，将设计平面图立体化和直观化，有助于生产人员在装置试车准备阶段快速熟悉和掌握炼化企业装置、罐区、管道、机组设备等分布情况，对提高新员工学习效率和认知程度具有十分重要的作用。

站在工程公司(设计院)角度看，数字炼化在本阶段的目标是数字化交付；站在业主角度看，工程项目的建设是为了实现商业目的，数字炼化在本阶段的目标是无缺陷开车。所以本书提出了“数字化交付和无缺陷开车”两种目标合二为一的工程建设期的数字炼化构架，具体内容结合中国海油的具体实践在后面再介绍。

1. 炼化工程项目管理的特点

随着信息技术的高速发展，目前我国许多大型炼化工程建设项目都实现了信息化管理。稍微早一点的项目如中国海油 12Mt/a 炼油项目、中国石油广西石化 10Mt/a 炼油项目、中国石油四川石化炼化一体化工程项目、新疆独山子 10Mt/a 炼油改造工程项目等都运用信息管理实现其工程建设目标，但和国际先进水平相比较，我国项目管理系统虽然专业性强，但使用面较窄，且不能全面覆盖项目管理各项业务；工程信息相对孤立，缺乏有效共享和工作协同；未与企业核心系统(如 ERP 系统)集成；技术标准不统一，系统间的互联互通存在问题；缺少必要的标准、规范和管理制度基础。这些不足已经成为新建工程项目的解决目标。

中国海洋石油总公司投资建设的惠州炼化二期项目，将惠州炼化一期炼油能力扩至 22Mt/a 并新建 1Mt/a 乙烯工程，项目规模巨大、复杂性高，如其"一体化"既包括了炼化二期项目本身的炼油化工一体化，还包括了和惠州基地一二期项目之间的炼化一体化和公用工程的一体化。如此庞大复杂的工程项目在项目管理上存在许多特点和难点，如：

1）计划管理

项目关键路径多，经过分析确定的关键路径主装置有 4 套，次关键路径主装置有 10 套，以及先期投用的公用工程单元进度风险较大；项目计划逻辑关系多，191 个设计主项单元，设计、采办、施工、生产试车之间相互逻辑关系和相互制约因素错综复杂，管理工作量巨大，全面掌握进度风险困难大；计划管理人员不足，各承包商计划管理水平参差不齐，缺乏统一的计划管理平台，主项目计划与承包商详细计划衔接不够，与进度计划管理要求矛盾凸显。

2）费控管理

工程费用 CBS 层次多(CBS 达 9 层)，CBS 编码工作量巨大，人工编码效率低；项目建设全过程所发生的每项费用依靠人工进行归集和统计，误差率高、劳动强度大，时效性难以保证，很难做到有效全方位、全过程的主动控制；不能有效预测成本和付款，动态投资控制和分析难度大；费控数据来源较多，缺乏有效的数据共享和传递手段，很难为费控报表和投资分析提供及时准确可靠数据。

3）采办管理

大量的物资、工程和服务采办，包括需求计划、招标采办、合同执行、物资出入库等采办业务管理缺乏有效手段实施规范化、精细化、高效率运作；缺乏对采办过程跟踪、采办进度检测的有效手段；采办单据数量巨大，单凭手工统计准确性、及时性都不能得到保证；项目工程建设期间，数据标准化及物料主数据管理难度大、要求高。

4）无缺陷开车

后文再述。

5）项目移交(数字化交付)

目前国内绝大多数企业的工程项目在项目移交方面存在许多难题。在文档移交方面，工程项目责任部门众多，资料难以收全，完整性很难保证；收集、整理审查不及时，准确性差；兼职档案员专业水平不高，文件资料的管理不规范，系统性不强。在设备、资产移交方面，缺乏对过程管理工作和数据信息的利用，与运营阶段的衔接不强。

本书在后文将专门讲述数字化交付问题[23]。

2. 炼化工程项目管理的要求

因此，中国海油开发了专门的信息化系统，重点满足以下要求：

1）进度管理

为减少进度管理工作过程中不必要的重复性劳动，提高工作效率和准确率，实现业主、监理、承包商部分数据共享，达到省时、省力的目的。

（1）将整个项目涉及的所有工作都纳入一个统筹的计划管理网络与体系中，实现计划管理与工程管理、设计管理、物资采办管理之间的信息共享以及相互间的工作支持，建立进度检测体系。

（2）统一承包商及参与单位的计划管理平台，实现多级计划的编制、反馈、审核、汇总，及时更新工程实际进展情况，分析与目标计划的偏差及采取相应的应对措施。

2）费用控制

根据一期经验，通过信息化解决因费控基础数据处理量巨大、人工统计误差率高、劳动强度大等问题，以满足项目费用控制需求，并为将来项目竣工决算和转固打基础，实现全面提升费控管理水平和工作效率。

（1）实现原始概算、执行概算、合同支付、其他费用的登记、分类汇总及费用对比分析，形成如项目费用台账、合同台账、费用月报、概算执行情况、投资计划执行报表等各类报表，并且报表之间数据能够相关联，在项目执行过程中够根据项目管理需要对报表进行修改和调整。

（2）在采办需求计划和物资出库单中加载 CBS 编码信息，出库单中同时需反映合同号、领料单位名称、物资名称、数量、单价、合价等信息；财务能提供有关项目实际发生费用明细信息。

3）合同采办

根据工程建设期采办、接保检、费控、财务等业务特点，建立信息平台实现工程项目需求计划管理、合同签订及采办进度管理、工程服务合同执行管理，物资入、出库账务管理，工程项目采办费用管理。为费用控制与竣工转资提供数据支持，并为将来实施生产期 SAP 系统提供编码及数据共享。

（1）实现对整个采办过程的实时跟踪和全程管理，规范和强化工程物资管理，提高计划准确率。

（2）统一的、在线的需求计划管理。

（3）实现对物资采购的全流程跟踪和管理，CBS 编码贯穿采购业务的全过程。

（4）实现库存管理，支持库存状况查询和变化分析，完善物资收货质量检验控制。

（5）实时监控项目的采办进度。

（6）完善物料主数据管理方案，解决物料编码问题。

（7）实现物资采购与工程管理、财务核算的信息共享和业务集成。

4）质量管理

制订符合项目质量要求的质量计划，并且有效检验项目执行质量，采取相应措施。

5）安全管理

制订符合项目安全规定的安全计划，保障工程建设安全指标。

6）文档管理

能够根据项目文档管理要求实现工程文档全过程管理及交工资料移交存档。

7）财务管理

通过业务管理和财务管理的紧密结合，实现预算、财务核算和资金的分层一体化管理，以提高财务管理的整体水平及工作效率。

（1）结合二期项目先期上线的 SAP FICO 模块，实现工程项目施工过程中的财务核算。

（2）实现采购、工程管理的数据与财务数据的信息共享，进一步细化项目成本核算管理，提升项目转资的效率和质量，并满足过程统计和分析需要。

8）设备管理

做好基础数据的收集工作，建立资产与设备的关联关系。

（1）确定设备管理总体规划方案，建立未来设备运用管理应用基础。

（2）建立设备分类体系，对设备数据及资料进行分阶段收集。

9）其他

（1）施工前辅助规划。依据设计资料构建虚拟炼厂，为厂区设计规划前的交流汇报、辅助会商、错漏碰缺校核等应用提供支撑。

（2）施工过程管理。提供施工数据采集模块，伴随式采集施工数据；通过对计划施工用料、实际施工用料数据的采集，为材料到货预警、工程用料分析提供支撑。

（3）施工进度管理。未完成工程的虚化/透明显示：对于未建的工程项目或未完成的设备安装，在系统里设备所处区域和设备可虚化或透明显示。不在现场的管理人员通过设备的虚化可以很清晰地知道目前工程进展情况，何时开始建设，何时完工等信息。在建工程的区别显示：对于正在建设的过程项目，以颜色或标签区别显示[13]。

（4）施工交流与汇报。利用三维数字化工厂可以将厂区设计规划、施工进展情况以及建成后的全貌进行直观、形象地介绍和展示。在工程汇报与厂区展示方面，系统提供脚本编辑制作工具，用户可以自行设置编辑介绍的内容、播放的速度和查看的角度，并支持配音解说。针对不同参观群体，制作不同的演示脚本。

（5）地下管线管理。根据设计与工程资料，同步建设地下管线及隐蔽工程的三维场景，见图 4-2。

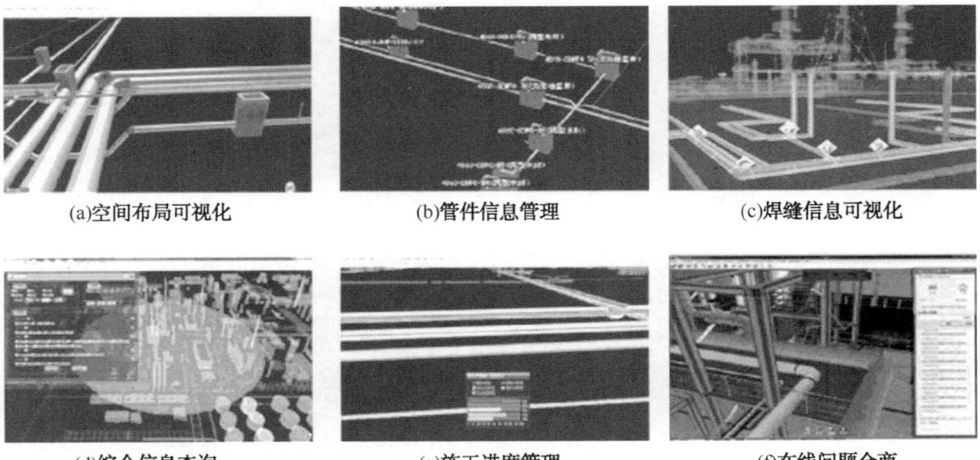

(a)空间布局可视化　(b)管件信息管理　(c)焊缝信息可视化

(d)综合信息查询　(e)施工进度管理　(f)在线问题会商

图 4-2　地下管线及隐蔽工程的三维场景[13]

宏观展示地下工程布局及交叉情况，展示施工进度，便于设计方案在线讨论会商和审查验证。按照数据资料采集流程及移交规范，对地下工程进行计施工记录采集、测绘数据的整合与入库，并将数据与管线、管件(弯管、三通等)、焊缝等实体模型三维关联，形成地下工程完备数据库。

(6) 数字化移交管理。建立统一工程信息编码规则和工程信息移交规范，保障项目建设阶段文档数据实现连续性移交和完整的最终数据移交。

(二) 生产过程数字化目标

一体化、综合性的"EMM"平台中第一个"M"，是与生产管控相关的平台。各企业"M"平台上所拥有的项目不尽相同，部分共性的介绍如下。

数字化的炼油工艺模型、产品数据和信息可直接进入数字化炼化企业生产过程，依靠数字化信息系统进行运作，整个工厂如同一个高度协作的整体，可通过网络自如地获取需要的数字化生产过程信息。

1. 生产运营

1) 生产运行监视

在数字化工厂平台上整合 DCS、CCTV、MES、ERP 等的各类生产实时数据，实现生产运行可视化监控。

2) 生产工艺优化

从 MES 系统中获取生产过程中的执行结果，结合工艺仿真模型和算法，对生产经营进行科学的分析、评价和预测，及时调整生产计划和经营策略，优化生产。

各个信息系统需要一个统一的信息管理平台。以中国海油惠州石化的一期工程为例[24]，其信息管理平台由霍尼韦尔的信息管理系统 Uniformance PHD 提供实时数据库、事件历史数据库、存放事务性数据的数据库和应用数据库，工厂数据模型(Plant Reference Module)实现多种数据库的关联和工厂数据的分类。Uniformance 不仅可以采集来自控制系统的实时数据，还可以实现事件信息、实验室数据和油品移动数据的集成，实现真正意义上的工厂信息管理平台，如图 4-3 所示。

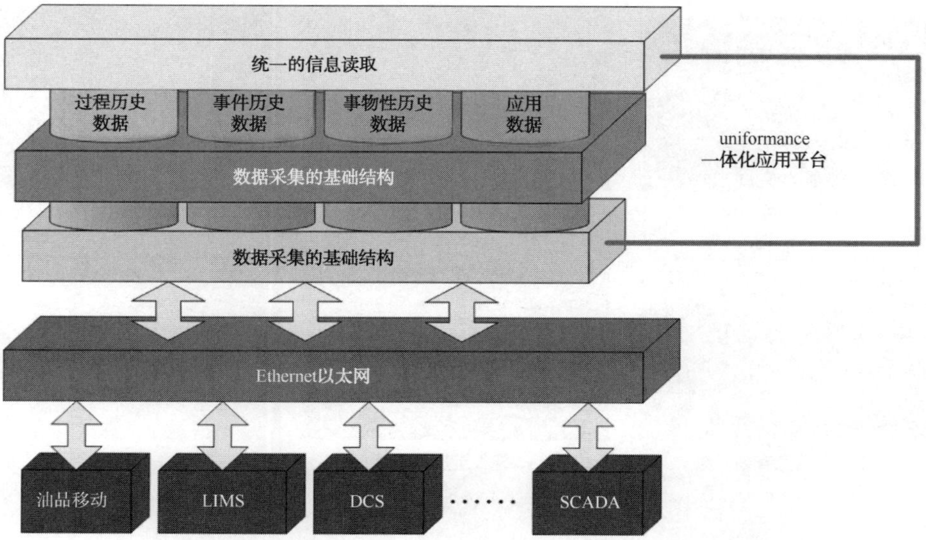

图 4-3　霍尼韦尔 Uniformance PHD 系统应用示意

通过霍尼韦尔 Uniformance PHD 主要完成以下工作：

（1）采集工厂各装置的过程数据，包括 DCS/PLC 系统及其 LIMS 系统；

（2）建立工厂实时数据库，存储工厂实时、历史信息，如生产装置过程参数，事件信息，实验室化验结果，移动数据等；

（3）建立包含全厂装置、储罐、管线、物料及移动数据、仪表等要素的工厂参考模型；

（4）通过工厂数据模型工具，建立全厂物料平衡模型；

（5）为 MES 其他模块提供所需的生产数据。

员工在授权情况下，可以通过综合信息平台进行访问、查询工厂网络中各种实时和历史信息；在流程图上显示来自 LIMS 系统的产品质量关键数据等。

Uniformance PHD 也可以把各类实时生产数据，根据需要以不同的方式呈现出来，例如图 4-4 以流程图的方式显示：

模型是数字化炼化企业的核心，模型是一个输入与输出的关系，模型中涵盖了数据、信息、知识和规则，任何一个相对独立的炼油业务或流程都可形成模型，用信息化手段表现出来。常用模型有：原油市场资源模型、原油采购模型、产品市场资源模型、计划优化模型、调度操作模型、控制执行模型、装置工艺模型、物料平衡模型、公用工程平衡模型、资源库存模型、油品调合模型、物流模型、销售模型和产品研发模型等。

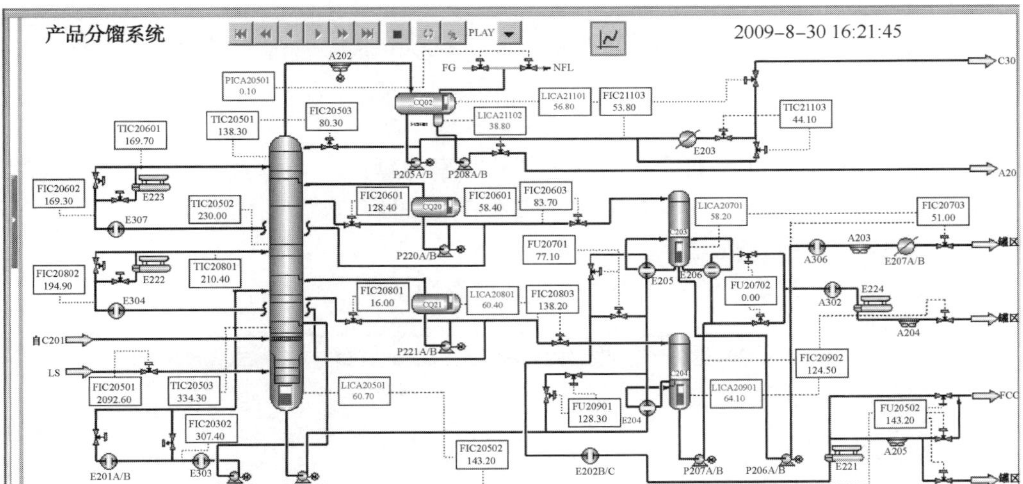

图 4-4　PHD 应用界面举例

例如，全厂物料平衡系统，通过该系统可以实现以下功能：

（1）快速的平衡能力，如一天一平衡；

（2）实现库存的平衡，装置的平衡等；

（3）采用高级的统计数据校正 SDR 实现数据校正和丢失物料移动的确认；

（4）提供 WEB 方式的报表功能，可以根据要求及时提供平衡结果；

（5）基于岗位的权限管理，控制数据的录入和处理等。

中国海油惠州石化的全厂物料平衡系统模型示意图见图 4-5。

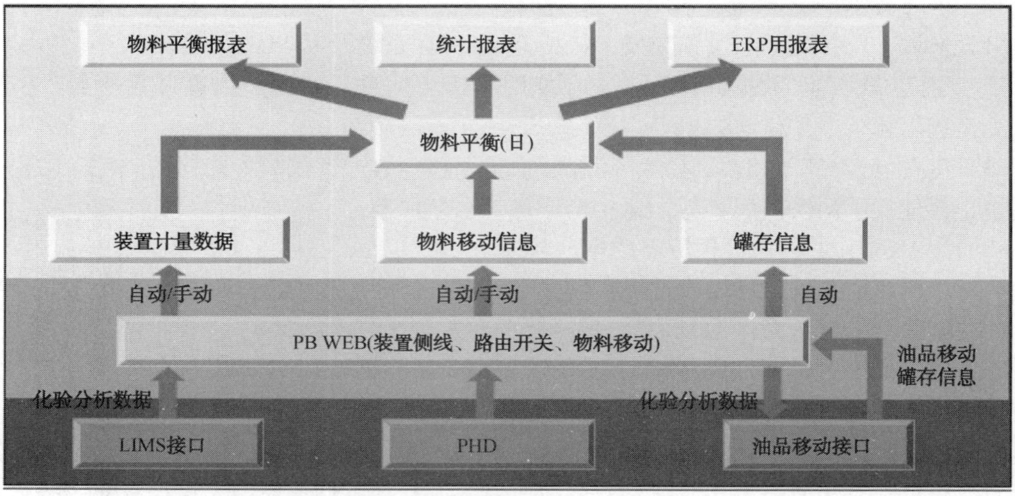

图 4-5 物料平衡模型示意

惠州石化通过霍尼韦尔的物料平衡和数据校正系统(Production Balance)，实现了下述目标：

(1) 装置侧线质量的自动计算；

(2) 通过与油品移动接口自动获取罐库存量、罐状态信息及油品输转作业事物信息；

(3) 帮助用户查找到可能的丢失移动和不正确的测量数据；

(4) 自动为主，手动为辅，准确率和效率均较高；

(5) 快速、准确地实现每日全厂物料平衡和收率计算；

(6) 溯源性强，确保全厂生产数据的真实性和完整性；

(7) 完成各种物料平衡报表。

图 4-6 是其在 MES 系统中每日生产平衡结果查询。

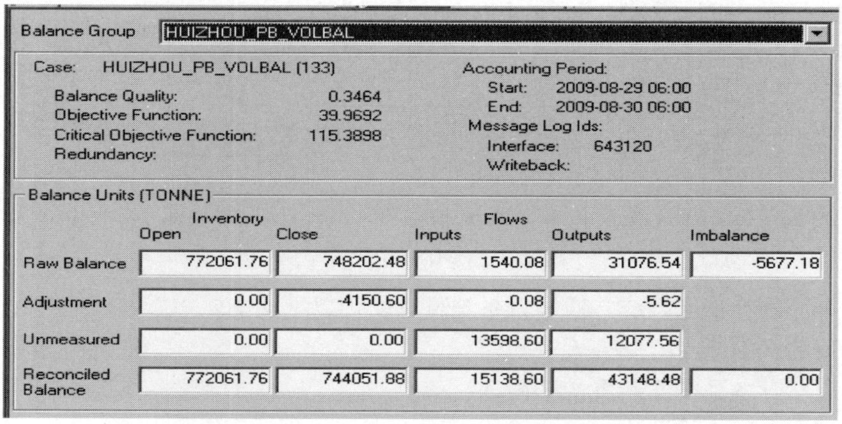

图 4-6 物料平衡结果查询界面

2. 生产调度

炼化企业生产调度优化系统通常采用专用模块软件来进行，如 ORION 是美国 ASPEN 公司专门为炼化企业生产调度而设计的软件产品。该软件通过提供详细的炼厂调度安排，将炼厂的计划与装置生产、油品移动紧密联系起来，再通过调度与原料供应及产品销售的集成，形成“桌面炼厂”，并通过计划与实际的对比来分析、研究提高炼厂绩效的办法。ASPEN 公司的 ORION 系统覆盖了原油调度、生产调度、油品调合调度、产品运输调度全过程，符合中海油惠州石化建立调度系统的目标。

ORION 调度系统采用 Client-Server 结构，很容易与炼厂其他应用系统集成，炼厂有关人员也很快能用 ORION 做调度。ORION 调度系统含有用于炼厂调度的三种基本方法：模拟、线性规划和专家系统。模拟(可快速建立并计算)用于预测在一组给定的工况下炼厂的绩效。线性规划和专家系统用于处理各种生产条件，生成能满足设备约束、原料约束和提高产品收率需求的调度。ORION 调度系统用户界面有用户熟悉的视窗特性，如拖拽、拷贝/粘贴、文本菜单、工具栏、工具提示以及在线帮助系统，可降低用户培训需要。交互式图形界面提供“点击”功能以提高用户的工作效率。

(三) 质量管理数字化目标

质量管理实际上也是一体化、综合性的“EMM”平台中第一个“M”的组成部分。数字化炼化企业的质量管理依托各种分析仪器、计量仪表和条形码数据采集设备等硬件设施。在质量管理信息系统的支撑下，可有效促进炼油企业质量管理水平和产品质量的整体提高，大幅度降低企业的质量损失和质量成本，增强企业的市场竞争力；可实现质量标准管理、质量设计、质量分析、质量跟踪与控制、质量自动判定等功能。

生产计划、调度、操作、产品出厂均需要大量的化验分析数据来支撑、指导、帮助，这就涉及众多的分析化验设备。通过 LIMS(Laboratory Information Management System)系统，可以将化验用的分析仪器通过计算机网络连起来，采用科学的管理思想和先进的数据库技术，实现以化验室为核心的整体环境的全方位管理。它集样品管理、资源管理、质量管理、网络管理、数据管理(采集、传输、处理、输出、发布)、报表管理等诸多模块为一体，组成一套完整的化验室综合管理和产品质量监控体系，既能满足外部的日常管理要求，又能保证化验室分析数据的严格管理和控制。

惠州石化[24]采用的 STARLIMS 系统完全基于 Web 架构，采用 B/S(浏览器/服务器)结构。全新的、开放式的 Web 服务平台采用了先进的 Oracle 数据库技术，包括 Oracle Application Server 10g 和 Oracle 9i 数据库，这种功能强大的平台允许建立和扩展多种功能，相比传统的 LIMS，它具有轻便、易于配置的特性，易于部署、维护和连接到其他的重要应用程序中，用户可以通过内部网访问 Web，外部的用户也可通过防火墙访问内部的服务器，而不妨碍数据的质量和完整性。

STARLIMS 系统在惠州石化经过连续一段时间的不间断运行考验，系统稳定可靠，数据处理快速，用户界面友好，操作简单方便。并在以下方面取得了显著成效：

(1) 为质量管理提供支持。STARLIMS 提供了强大的数据统计和查询功能，并且数据存储时间长，用户界面友好，查询操作简便，查询方式灵活。对有采样点的数据可以灵活定制选择时间内的控制图，为生产过程的质量控制、质量分析提供了技术支持。

(2) 规范了检测工作流程。STARLIMS 系统为每个分析样品在化验室的流转建立了严格的程序，流程式管理及工作痕迹记忆功能，使化验室管理人员对化验室的情况了如指掌。

(3) 提高了分析数据采集自动化水平。STARLIMS 系统将具有标准硬件和软件接口的检测仪器与 LIMS 直接连起来，实现大批量分析数据的自动采集，缩短了检验数据的产生周期，提高了检验数据采集自动化水平。如2009年惠州石化已实现了55台自动仪器的数据采集，至今各仪器运行正常。现在通过LIMS自动上传数据占全部分析数据的比例大于50%以上，极大地减少了化验人员手工输入数据的工作量，提高了单位人力的工作效率。

（4）提高了分析数据的可靠性。STARLIMS系统记录了每个检验数据的原始信息，数据计算、处理全部实现自动化，减少了人为产生误错的现象，对数据产生的所有环节可进行溯源，确保了数据的可靠性。

（5）化验室实现了规范化管理。对化验室按照ISO/IEC 17025化验室管理体系标准进行管理，以程序化方式规范质量检验和质量管理工作流程，建立起快速高效的质量管理信息化平台，提高了化验室的管理水平。

（6）提高了化验室管理效率，降低化验室运行成本。STARLIMS的实施，使质量信息传递更加方便快捷，提高了资源利用率，减少了人工作业的繁杂重复劳动。系统可自动生成各类报表，如分析报告单、原始记录单、质量日报等，并通过网络进行传送，避免打印和人工传递，实现了无纸化办公。

（7）实现了质量数据共享。LIMS系统给各级人员创造了一个功能强大、方便实用的质量信息平台，生产装置及管理部门可通过ERP和MES直接浏览到分析数据，质量管理部门可通过LIMS进行数据统计、质量判定、自动生成产品质量合格证等。数据传递快、信息流通广、很大程度上缩短了装置生产的调整时间，为领导决策提供科学依据，以便及时做出生产优化决策，减少不合格品的出现，生产高附加值的产品。

（8）管理效益显著。LIMS系统的实施使质量管理体制在生产-化验分析-质量管理-产品出厂各个环节更加紧密，带动了管理的全面提升。

（四）资产管理数字化目标

数字化炼化企业的资产管理依托ERP系统，并在系统应用集成的基础上，实现对生产计划、物料需求计划、能力需求计划、库存管理、车间作业管理、财务管理、成本管理、项目管理、质量管理进行有效的组织、控制和调整。

过程中应关注工程阶段数字化交付资产的转资、资产数据转换以及数字资产的管理等问题。

1. 可视化资产管理

系统支持设备台账信息、维检修信息、资产信息、故障缺陷信息等与企业三维场景关联，基于“所见即所得”的方式查询各种信息[21,22]。

1）设备台账可视化管理

系统可对工厂内设备设施进行分类管理，并可在三维场景中查询设备设施的地理位置、基本属性等信息。

2）可视化维检修管理

在系统中维修计划的制订是以运行状态数据库中所存储的动态数据为基础，以监测和诊断模块所提供的维修方案为依据，结合系统中站场所有生产设施的三维模型，可以定位标绘设备检修结果和关键数据。

3）吊装操作辅助设计

后台植入吊装数据库，根据待吊装设备技术参数，平台根据重量、臂长等筛选满足条件的吊装设备进行吊装作业。支持在三维场景中设定吊车位置、吊装位置，生成吊装路线，并可模拟吊装过程，对吊装结果进行查看，同时对吊装路线进行碰撞检测。

2. 三维应急管理

日常对危险源和隐患进行可视化监管，支持预案脚本制作和培训演练。战时是一个充分整合了地形环境、生产工况、救援力量的应急会商平台。利用数学模型能够快速地动态模拟任一事故点的影响范围，从而辅助进行抢险部署、资源调配，合理下达疏散命令并及时预测事故发展态势，为应急救援的快速响应和科学决策提供支持[2,13,25]。

（五）产品开发过程数字化目标

数字化炼化企业能够在新产品开发过程中进行建模与仿真，即，产品模型、设计文件、产品数据和信息等全部数字化。不仅是炼油化工企业主导产品的开发，而且让客户、供应商、协作厂家和分销商等其他成员都能随时通过网络以数字化方式参与产品的协作开发。

（六）技术支持与服务过程数字化目标

企业集团本部为下属的炼化企业提供技术支持与服务是一种形式，其基础是拥有下属企业的数字炼化模型与实时数据库支撑的相关数据、资料、信息。

由工程公司(设计院)原来承担设计、工程任务，经数字化交付、无缺陷开车之后继续承担所设计、工程建设装置、全厂的技术支持与服务任务的，也属于本服务内涵，下文还会涉及。

数字化炼化企业为客户提供数字化的技术支持与服务，使企业与客户可以随时随地就炼油化工产品的使用性能和改进方向进行数字化交互。

1. 三维可视化培训

1）设备培训

支持对装置区关键大型设备进行三维剖切，展示内部构造，各零件之间的连接、联动关系以及设备的工作原理，用作生产培训。

2）工艺培训

将工艺流经过程基于真实的三维场景、设备设施以及上下游联通关系动态展示。

3）安全培训

支持将 HAZOP 分析成果(可能发生的故障模式、故障原因、安全措施)等结合三维场景动态展示[24]。

2. 关于工程公司(设计院)转变为服务商问题

工程公司(设计院)为炼化企业承担单元装置全厂性设计，实现数字化交付。如果工程公司(设计院)能够在获取业主企业工程建设期的工程施工、安装、调试等数据后，还能获取正常生产、市场营销的数据，即，工程公司(设计院)能实现项目全生命周期管理、产业链(各装置)工艺模型实时数据管理，则可为业主企业进一步提供咨询服务，例如，向业主企业预防性维修维护、工艺设备改扩建及优化提供“专家”诊断与服务。

（七）企业信息和知识数字化目标

数字化炼化企业能够将企业信息[26]和知识数字化，包括产品全生命周期的所有信息，建立知识库，搭建网络化、数字化培训平台，实现知识共享与知识考核。

（八）产品的市场营销管理数字化目标

一体化、综合性的“EMM”平台中第二个“M”，是与市场营销相关的平台。各企业第二个“M”平台上所拥有的项目也不尽相同。

数字化炼化企业具有完善的产品数字化营销管理网络，能够梳理和规范物流、仓储、销售、客户关系管理等流程，实现从产品入库买断到销售的全流程管理，实时监控和调配运输车辆与人员，对仓储和在途的炼油产品，特别是危险化学品的信息能够跟踪，最后实现数字化结算。

产品的市场营销管理信息化系统也包括以智慧加油站为核心的油品销售系统和化工品销售等等，也包括销售计划管理系统、物流系统、一二级库与销售管理系统、销售卡管理体系统等，具体见相关部分的介绍。

二、数字炼化的总体构架

作为典型流程工业属性的炼油化工行业，根据第一节相关概念和内容的分析，可以提出不同视野、角度下看待的数字炼化，将它们综合、集成在一起形成一个全面而理想的系统构架[4,5]。

(一) 工程设计视野下的数字炼化总体构架

1. 关于“EMM”平台

如上定义，站在工程管理视野、角度看待数字炼化，数字炼化会被认为是在“EMM”数字化集成平台中由“E”中至少六大方面的工程建设项目管理子平台即(D、E、P、C、M、C平台)所建立的、与物理意义上的实物炼油化工工厂相对应的数字化工厂。图4-7是EMM平台中重点对E展开描述的数字炼化构架。

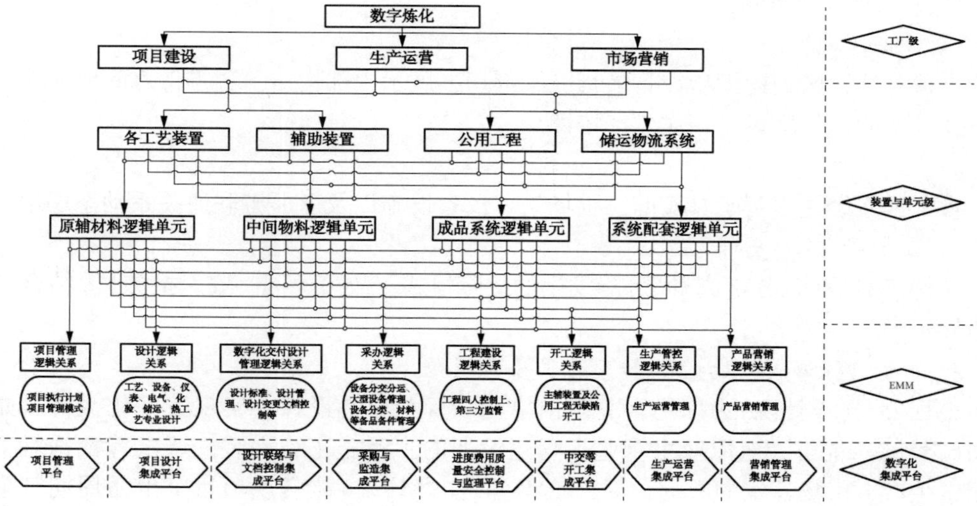

图4-7　EMM平台中“E”的结构[4]

在这个构架下，通过工程管理模块的E平台中的DEPCMC六大子平台，将工程建设阶段的各种信息有机集成起来，实现数字化交付和项目的无缺陷开车。中海石油炼化有限责任公司按照上述理念进行具体实践，创新开发了相应的系统，实现了工程项目“数字化交付和无缺陷开车”这两个方面的目标[11]。图4-8和图4-9为中国海油惠州石化炼化工程管理项目的总体构架与技术构架的示意图。

图 4-8 中国海油惠州石化工程管理总体构架示意图[11]

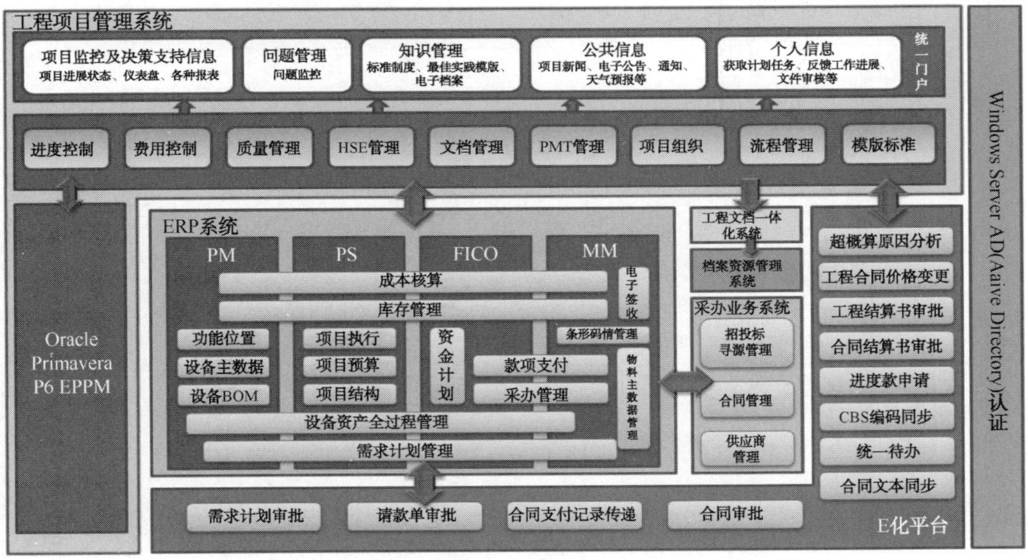

图 4-9 中国海油惠州石化工程管理技术构架示意图[11]

中国海油惠州石化开发的工程管理系统，通过对国内几家在建炼化工程项目的工程项目管理系统应用情况调研，结合惠炼一期建设期 SAP 应用的经验和教训，从业务支撑度、系统易用性、操作效率、对流程支持度、与其他系统的关联程度、系统安全性、系统变更能力和可扩展性等多个角度对这些系统进行了对比分析。同时，在中国海洋石油总公司采办部、信息化部和信息技术中心的指导和帮助下，对惠炼二期项目建设期的需求计划管理、采办进度管理、合同执行管理、仓储物流管理、采办费用管理、费用控制与竣工转资等需求进行了分析，对采办管理、物资管理、库存管理、设备管理、项目管理及财务核算等相关业务采用

SAP 系统的可行性进行了充分论证，最终确立以 SAP 系统为核心的大型炼化工程项目管理系统平台架构。该大型炼化工程项目管理系统平台以 SAP 系统为核心，集成工程项目管理系统(PIP)、采办业务系统、E 化平台系统、工程文档一体化系统和档案资源管理系统，全面支撑工程项目管理各项业务。

中国海油惠州石化根据工程项目管理模式和管理策略，在统一项目管理规范和技术标准的基础上，构建了一个以 ERP 系统为核心的大型炼化工程项目管理信息平台，实现了 ERP 系统、工程项目管理系统、采办业务系统、文档一体化系统、档案资源管理系统、E 化平台系统在同一平台上的业务开发和无缝集成(部分平台集成功能示意见图 4-10~图 4-13)。同时依靠信息系统集成优势，扩展深化功能应用，实现进度控制、费用控制、质量管理、安全管理、文档管理、PMT 管理、需求计划管理、合同采办管理、仓储物流管理、设备资产全过程管理、财务核算管理，以及在线数据移交等功能。通过费用分解结构(CBS)对象贯穿项目管理各项业务，实现工程项目进度、费用与采购一体化管控与联动，形成炼化大型投资项目全流程管理模板，全面支撑大型炼化工程项目建设的全过程、全要素管理。

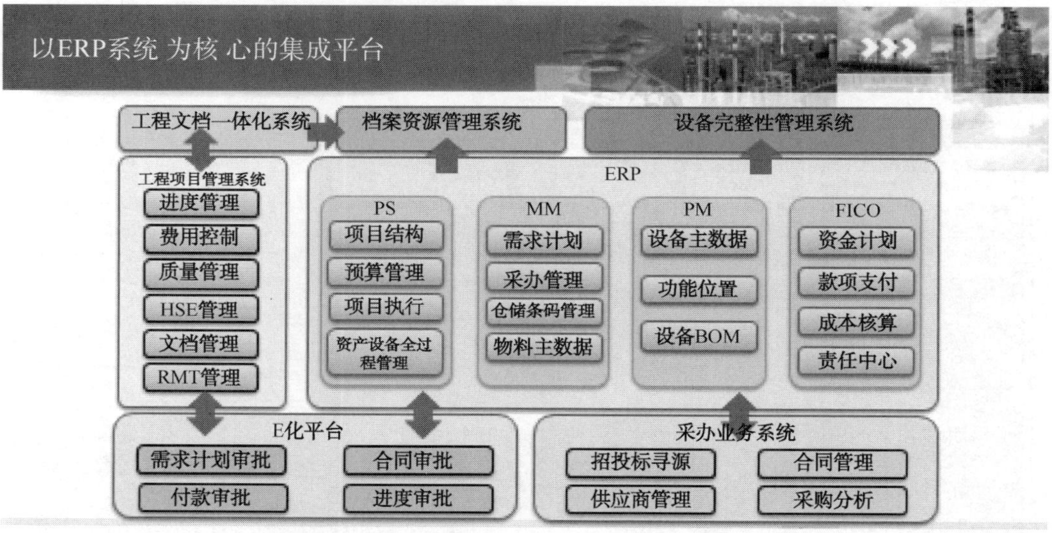

图 4-10　中国海油惠州石化工程管理系统 ERP 为核心的平台集成示意图[11]

相比于传统的工程设计产品，数字炼化在数据整合、检索、提取等方面有天然优势，而且对于企业的后期运行、维护也有很大帮助，可以有效降低成本，提高管理效率，同时有了足够的数据信息作为基础，其后期开发的可能性更是无可限量。设计阶段所建立的工艺装置模型经过实际催化剂、原料的验证，用于产品收率、质量(性质)预测更加准确、及时，对于生产计划、管控与优化影响深远。

建立统一的包含有 DEPCMC 六大子平台的“E”平台，不仅对工程公司特别是 EPC 有利，也对业主有利。实现 EPC 的集成化将极大地提高 EPC 业务能力和工作效率，数据的整合与配管设计的标准化模块化设计的想法一致，设计成品档次和质量的提升更有助于在当前局面下保持市场分额和增强竞争力，此外，“E”平台系统的使用，将极大地方便资料检索，可以大大提升施工阶段现场施工管理的效率，从而缩短工期并减少施工错误，节约成本。

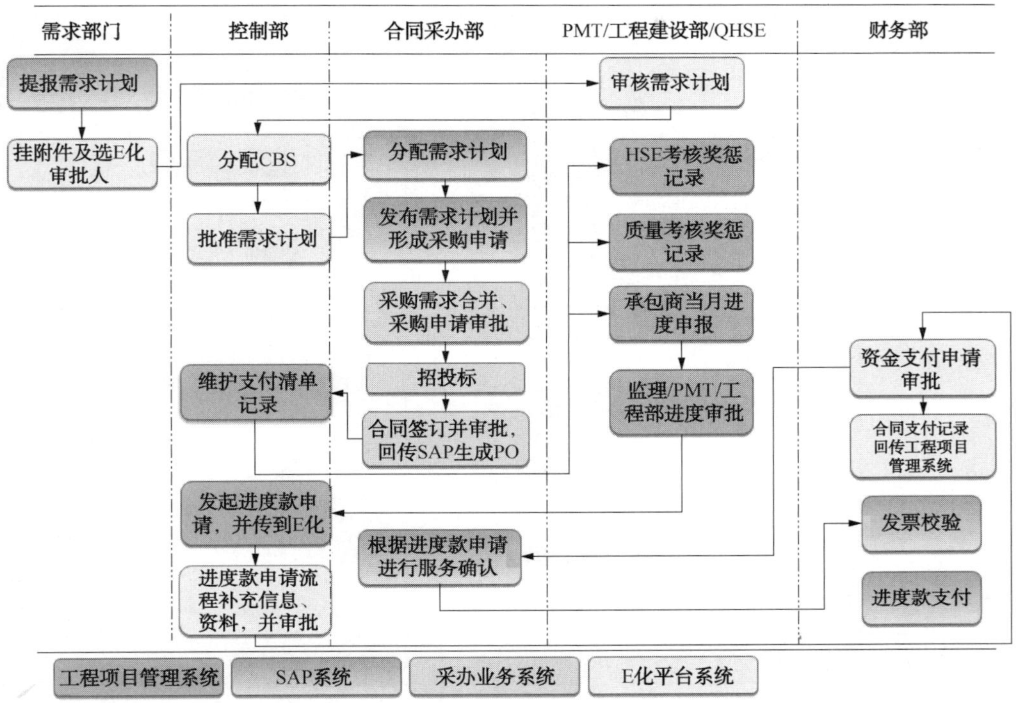

图 4-11 中国海油惠州石化工程管理系统合同采办流程的平台集成示意图

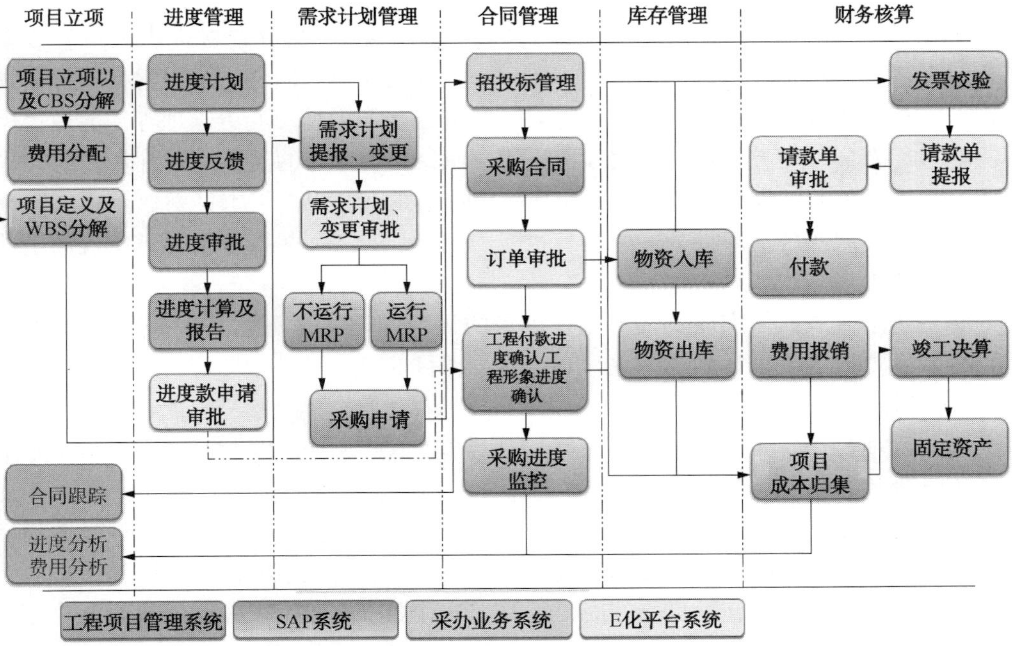

图 4-12 中国海油惠州石化工程管理系统关键业务流程的平台集成示意图

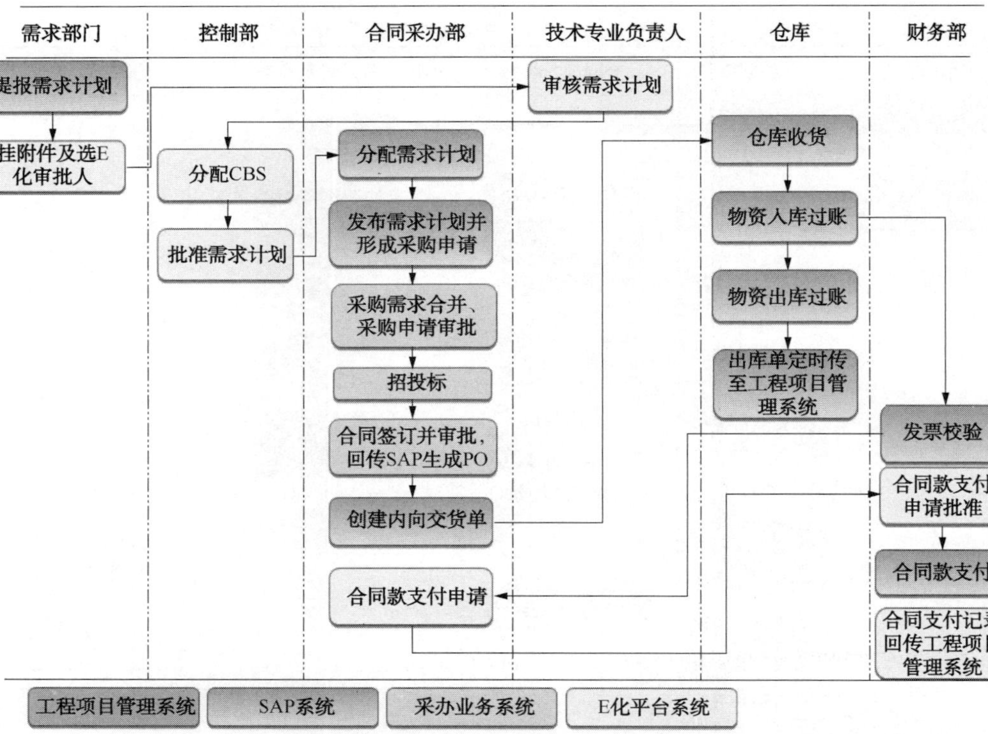

图 4-13　中国海油惠州石化工程管理系统物资采办流程的平台集成示意图

中国海油惠州石化的“E”平台所实现的功能较多，如：

1）计划管理

在 SAP 系统中研发采购需求计划管理功能，解决 SAP 标准功能中需求人员直接创建预留，而预留和需求审批脱节的情况，实现工程项目物资需求、服务需求、常备库存需求计划提报的统一化、规范化管理，利用批量导入、线上多层级审批、变更管理等功能使得需求计划提报高效、有序、可控。通过研发面向费用分解结构(CBS)的需求计划管理平台，建立以 CBS(WBS)为对象的过程化管理体系，实现需求计划跟踪，根据需求计划数量和出库数量对计划进行核销，跟踪各需求计划的采购、执行、到货、出入库等具体情况。实现产生项目定向预留和采购申请。

对物资需求、服务需求以及常备库存需求的计划管理的示例见图 4-14。由图可见，实现了计划管理方面的需求计划统一化与规范化管理目的。

2）进度控制

通过工程项目管理系统与 Primavera P6 的无缝集成，建立进度检测体系，实现业主、承包商进度计划编制，承包商进度信息反馈，监理、业主进度审批，P6 进度计划计算及同步更新，月进度数据生成及审批并关联进度款支付审批流程。实现对产生进度偏差的项目进行预警及跟踪、分析，实时查询项目总体进度情况，根据每周填报的进度反馈数据自动生成进度、工程量、施工人力，施工机具的周、月、季度计划以及进度风险监控报表等。

3）费用控制

提供全过程、跨组织、多层次协同合同、概算和相关事务管理及分析功能，实现项目概

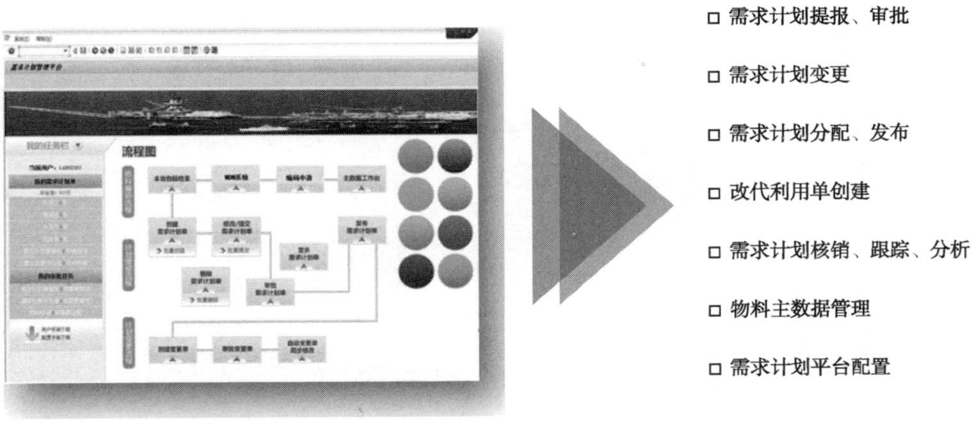

图 4-14　物资、服务以及常备库存需求计划管理

算的导入、编制、调整、查询功能，通过项目概算自动生成 CBS 编码及项目预算，并可进行预算的调整和查询；实现超概算原因分析、控制预算记录的编制和审批发起；通过与 SAP 系统、E 化平台集成，获取合同订单、出库单、财务付款等信息，在系统中生成相关台账和报表；实现合同价调整记录、进度款申请记录、工程结算书、合同结算书的编制和审批发起；实现资金计划的编制和实际费用的自动更新，对投资情况进行汇总和分析；根据 CBS 编码对比分析概算、预算、合同、实际费用执行情况；根据反馈的费用数据自动生成合同付款台账、合同结算汇总表、项目投资汇总表、项目工程投资“S”曲线、项目概算执行情况汇总表、投资计划执行跟踪汇总表、投资计划执行分析报告、控制预算台帐汇总表等费控报表等。

4）HSE 管理

构建了安健环保障体系，编制安全健康目标和环境指标，工程全过程的安全、职业健康、环保管理、消防管理，对安健环管理和方案实施过程进行统计、分析、审批、监督、考核和改进，事故统计及分析，组织安健环培训，编写安全学习资料等。包括实现危险源的识别与控制、HSE 管理台账的登记与汇总；实现 HSE 检查考核记录的登记和审批；实现施工作业管理记录的登记和审批；实现应急管理记录台账的登记；实现职业卫生与环保管理记录台账（OSHA 统计、环保管理）的登记等。

5）质量管理

构建了质量管理体系，编制质量目标和要求，对质量管理计划和方案实施过程进行审核、统计、分析、监督、考核和改进。包括实现三级质量控制点、质量检验试验台账的登记，实现质量标准、质量图片、质量公告、质量文档的登记与发布；实现焊接准入考试、焊接记录的登记与汇总；实现 NCR 记录、质量奖罚记录的登记和汇总等。

图 4-15 为中国海油惠州石化工程项目“四大控制”的示意。

6）PMT 管理

通过系统集成和信息整合，建立 PMT 管理模块，简化项目管理流程，建立以 PMT（业主方项目管理团队）为中心，设计院、监理、承包商等单位协同统一管理，细化惠炼二期工程建设对于进度管理、费用管理、会议管理、文档管理、人机管理、施工管理、设计管理、物资管理、质量管理、HSE 管理等多项业务的需求，进一步提高业务处理效率，形成业务信息的共享与交互，加强对项目各方的监督、管理和协调力度，实现业主方项目建设资源的

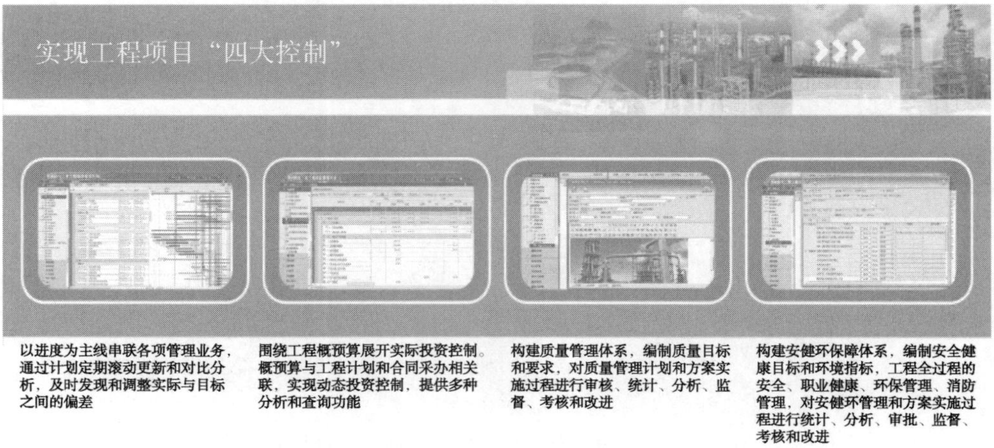

图 4-15　中国海油惠州石化工程项目“四大控制”示意

优化配置，保证项目有序高效的开展。PMT 管理模块包括进度管理、质量管理、费用管理、HSE 管理、设计管理、物资管理、人机管理、施工管理、会议管理、工作计划、文档管理等功能。

7）合同采办管理

对物资、工程、服务采办业务全过程的跟踪和管理，实现需求计划提报审批跟踪、采办招投标、合同签订、合同执行、工程服务工作量确认、物资出入库办理等采办业务。通过建立以 CBS(WBS)为对象的过程化管理体系将业务及信息有机的关联起来，实现项目进度管理、费用管理、采购管理一体化管控和信息联动：SAP 与工程项目管理系统之间系统集成，实现控制预算、合同记录、物资采办进度检测、出库单等信息的数据交互，满足费控、投资计划编制等要求。

SAP 与总公司采办业务系统集成，实现采购申请上传，及招标完成后回传 SAP 系统生成采购订单。同时，通过接口完成从采办业务系统返回采办发标、截标、授标等时间检测节点信息到 SAP 系统，并自动进行加权运算，实现对甲采物资采办进度检测，定期发送检测结果到工程项目管理系统参与进度汇总统计。

SAP 系统与 E 化平台集成，实现需求计划、采购订单审批，SAP 中审批通过的采购订单以合同记录的形式传输到工程项目管理系统，采办人员在该记录下编制合同付款计划，系统自动按项目、年度、季度以及月度多种纬度统计的付款计划供财务部、控制部参考。工程项目管理系统通过接口从 E 化平台自动提取合同付款审批完成时间、金额，并生成按合同统计的付款完成情况报表，以便采办随时掌握合同执行情况。

8）仓储物流管理

通过整合一期仓储条形码管理系统实现二期仓储管理，实时反映物料的出入库状况和库存数量，实现库存管理信息的共享，支持各种物资库存状况、库存变化历史以及发展趋势的联机查询，并能从多层次去查看库存状况，提供基本的库存分析报告，帮助评价库存管理的绩效；实现材料代用流程，工厂间物料调拨流程，到货验收及验收资料管理等功能。

9）设备资产全过程管理

将在建工程项目建设和设备资产管理有机结合起来，使得设备资产管理全过程统一协作，整体管理。即实现从设备需求、设备采购、设备备品备件管理、设备安装(发料)到设备转资、形成设备台账的全过程管理，特别是为二期生产期SAP系统实施打下坚实基础。

10）财务管理

结合惠炼二期先期上线的FICO模块，实现工程项目施工过程中的财务核算，对项目资金进行全面计划，根据合同执行情况对供应商及时付款，在项目竣工决算时提供辅助转资功能，统计并出具项目建设所要求的各类财务报表，及时反映工程项目管理状况和综合信息，有效预测和控制成本，为项目建设各类分析、绩效考核等提供详实可靠的依据。

11）文档管理

对工程建设期图纸、随机资料、文档记录实现导入、登记、查询、借阅、分发、审批等功能；通过工程项目管理系统与工程文档一体化系统集成，建立工程文档模板库，实现对设计、施工、监理、业主项目交工文档资料与工程文档模板库自动比对，确保工程项目文档的完整性、准确性和系统性，并实现文档在线整理、组卷，移交归档到档案资源管理系统。

2. 关于数字化交付

本章第三节将专门介绍工程项目的数字化交付[23]问题。

中国海油惠州石化工程项目管理实现了文档、设备、资产的数字化移交(数字化交付)。图4-16为其工程项目管理信息平台(系统)中关于数字化移交的示意。

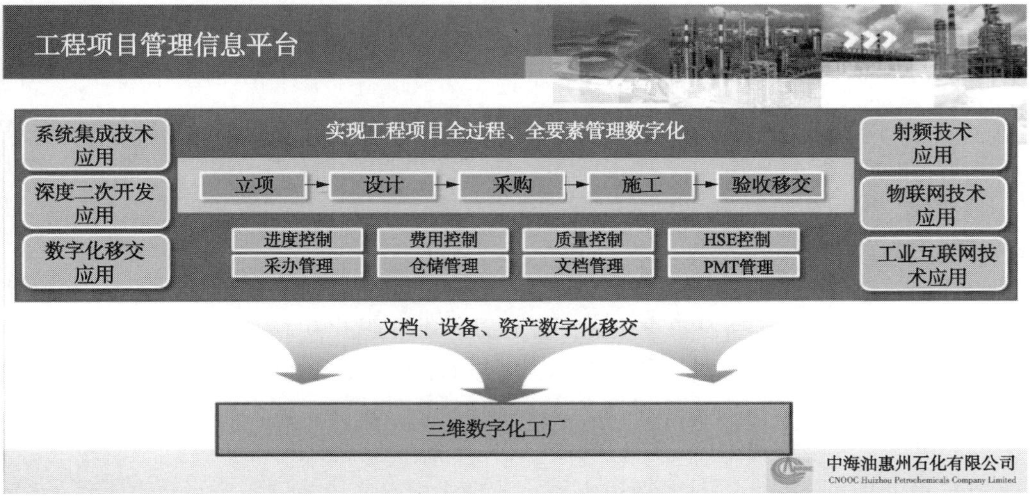

图4-16　工程项目管理信息平台中的数字化移交示意

对于业主来说，建设数字炼化的初衷就是在工程建设阶段能够提供数字化的成品文件。因为，掌控资产(设备)和产品的全生命周期内的数据信息是非常有吸引力的。随着平台和系统程序的不断升级、更新和集成，数字炼化可以为后续炼化企业的运行、维护、安全管理和工艺装置管控与优化等方面提供相关数据信息，辅助规划计划、设备维修维护计划等。鉴于设备全生命周管理、预防性维修维护以及工艺模型的管控与优化的极端重要性以及数字化信息在这方面的天然优势，数字炼化的这部分内容必将会受到广泛关注，并成为各业主今后选择工程公司的一个重要考量。

按照目前炼化行业的普遍状况，工程公司(设计院)承担数字炼化的设计任务，工程公司(设计院)将完成的成品数字炼化文件交给业主。如果能够做到这点，从较低层次上来说即被认为是数字化交付。但是，从资产和产品全生命周期角度来看，这样的要求存在着较大缺陷。全生命周期概念下的现代化数字炼化(工厂)，在其寿命有效期(假如以20年寿命有效期为例)内应该涵盖整个工厂的设计、建设、运营直至其报废，然而，目前工程公司(设计院)所介入的，充其量是设备全生命周期的前期，即最初的2~5年。在这2~5年内，工程公司(设计院)拥有相当详细的资产类设计参数(如材质、各种参数等)、制造参数以及(如果有的话)安装、调试的部分或全部数据，以及装置的工艺模型等信息。至工程建设项目完成中间交接、管理权转给业主后，工程公司(设计院)基本不再介入，对所设计、建造的数字炼化的设备、装置、企业在试生产、生产运营期的数据、信息(包括维修维护)等也基本不掌握，市场营销方面的信息更加无法掌握。实际上，工程公司承担设计角色的工程技术人员与业主相比，对于数字炼化的关注点不同，即使能够按照业主所提要求来构建数字炼化，实际上最后交付的数字炼化的实际效果(结果)可能不尽理想，或无法较好地满足业主要求。从这个角度出发，工程公司(设计院)可以在其自己的统一的"E"平台上，将设计过程中所有相关信息和成品文件以数字化方式提交给业主，完成"数字化交付"。业主可以通过后期工作，将工程公司(设计院)数字化交付的数据信息再集成到业主的平台中，由业主利用业主的具有"EMM"一体化能力的平台与所得数据信息建设完整的数字炼化。在业主建设数字炼化的过程中，工程公司(设计院)应继续为业主提供必要的协助与技术支持，特别是工艺装置模型方面[4,5]。

工程公司(设计院)如果想业务转型、拓展其服务能力与范围，则可以在工程公司的已有的统一的"E"平台基础上，与业主协商，传递、集成设备维修维护、生产运行、经营等数据信息，最后发展成为可以为企业提供维修维护(预防性维修维护)、专家诊断、远程优化服务、扩能改造与升级等功能。实际上，与上述原理相似的某些单项功能已经实现，如压缩机制造企业提供的机组远程诊断专家系统、某些专业技术服务公司提供的设备(装置如常减压装置)腐蚀监控与诊断系统等。

如上所述，能够完全考虑设备和产品全生命周期的数字炼化在目前阶段实际上是难以做到的，因此全生命周期(包括设备全生命周期以及产品工艺全生命周期两方面)的数字炼化是今后要实现的理想。目前阶段，大部分或几乎100%的新建项目、改造项目，其平台都只有一个独立的"E"平台，这符合当前的现状。至少"D、E、P、C、M、C"六方面子平台的"E"平台，包含了数字炼化中所有工程阶段的数字化信息。理想情况下，这个阶段的各类专业人员，如设计人员、采购人员、建设人员、监理人员等应该在同一个平台上工作，至少也需要设计院不同专业人员在同一个平台(子平台，即D、E)上工作。从这个角度出发，数字炼化建设和实物工厂建设同步规划、同步推进极其重要。为实现数字化交付，保证设计信息能够十分顺利地导入导出，做好类似"资料互提、同源数据采集、设计文件双向校验以及设计成品输出和归档"等工作，特别是做好"设计、采购、建设"三者之间所需数据、资料的相互衔接，需要重视、处理好以下三层平台[27,28]的建设与协调：

(1) 基础硬件平台　主要功能是提供稳定的硬件和网络环境，其中也包括了硬件和网络环境的安全、配置、备份和保密等基本要求。

(2) 基础软件平台　主要功能是提供基础的软件架构和数据库环境，以满足基本的数据、资料、业务功能和工作流程的需要。

(3) 应用软件平台　主要功能是提供丰富的客户应用环境，以便不同客户可以根据自身的需要进行相关数据录入、报表的查询和分析等一些自定义功能。

某工程公司给出的智能工厂数字化整体技术架构的配置[29]见表 4-1 所列。

表 4-1 数字化化工厂的整体技术架构(配置)

平 台	描 述
基础硬件平台	千兆以太网；VPN 远程接入；企业级防火墙；大数据备份
基础软件平台	MS Windows Enterprise Server 2008 R2 64-bit；MS SQL Server 2008 R2 64-bit
应用软件平台	主要依托鹰图 SPE 平台，包括：SPF(SmartPlant Foundation)；SPPID(SmartPlant PID)；S3D(SmartPlant 3D)；SPEL(SmartPlant Electrical)；SPI(SmartPlant Instrumentation)

3. 关于无缺陷开车理念(FSI)

工程建设项目实现数字化交付，只是完成了工程建设阶段的一个目标。传统意义上的工程项目管理，其项目如果可以开工了，在什么时候或实现了哪些目标、任务就算成功了呢？通常来说，如果一个项目能够准时完成所有项目内容的建设，且项目费用控制在预算之内、其建设过程的 HSE 表现可以接受，那么这样的项目就算是成功的项目。但是，从卓越项目管理角度来说，这样的表现还不能算项目成功。按照中国海洋石油总公司惠州炼油项目(简称中海油惠州炼油)的良好实践，卓越项目(Excellence Project)的成功与否，要看该项目是否真正达到商业目的、创造效益[30]。为此，提出了工程项目管理的另外一个目标——“无缺陷开车理念，FSI，Flawless start-up Initiative”。无缺陷开车理念 FSI 的目标，是在上述传统项目管理目标上的进一步升华，它至少包括以下四个方面的具体要求：

① 项目的范围、内容以及投资均控制在预期之内并准时完成且符合 HSE 要求；

② 项目要在第一时间准时交付投运；

③ 项目要在整个第一运行周期内成功运营，而不只是机械完成；

④ 项目要能够稳定且可持久运营。

为了实现无缺陷开车理念(FSI)，达到卓越项目管理目标，中海油惠州炼油在项目管理过程中，采用操作执行计划(OIP，Operations implementation plan)从组织等角度更好地做好生产准备，采用无缺陷开车理念(FSI)、对设备、资产更好地执行(管理)。实施 OIP 和 FSI，有助于获得成功开车的可能性，这是考虑到了未来的生产组织和设施并保证在开工和平常运行周期中均能够及时就位，早日产生效益。所以其过程、方法的核心是减少组织、系统和硬件等方面出错的概率。

基于对众多风险的分析、认识以后，为了大大降低风险的危害性，提出了无缺陷开车理念，这是一种先进的项目管理方法。对于每一个炼油化工项目来说，其组织、人员、资产各方面均存在各种各样的缺陷，也就是说，可能存在有这样那样的潜在风险。这些缺陷、潜在风险多数会在开工的关键时刻暴露，且许多缺陷、错误、风险会在多个类似项目上重复出现、发生。如果不及时消除这些缺陷、错误，那么就会导致以下情况的发生：拖延项目完工时间；后续处理成本更高；进一步发展演变成更加严重的错误、风险；敷衍投产，但产量、质量(性质)、效益、声誉和 HSE 等方面均有不同程度的损失。图 4-17 是传统开车方法与无缺陷开车理念的对比。

按照中海油惠州炼油的实践经验，超过 50% 的缺陷产生于初始阶段：缺陷在项目定义、可行性研究阶段大约占 42%；在基础设计阶段占 8%，而在详细设计与工程建设阶段则占

45%，中交与试车阶段的缺陷仅占5%。所以，非常有必要根据过去的项目与工程经验将有可能出现的缺陷在项目的早期阶段就进行预防、处理完毕，否则，如果将这些缺陷一直保留到项目的最后阶段，就会造成很大的延误，并导致成本的增加。图4-18为不同阶段处理缺陷的成本示意。

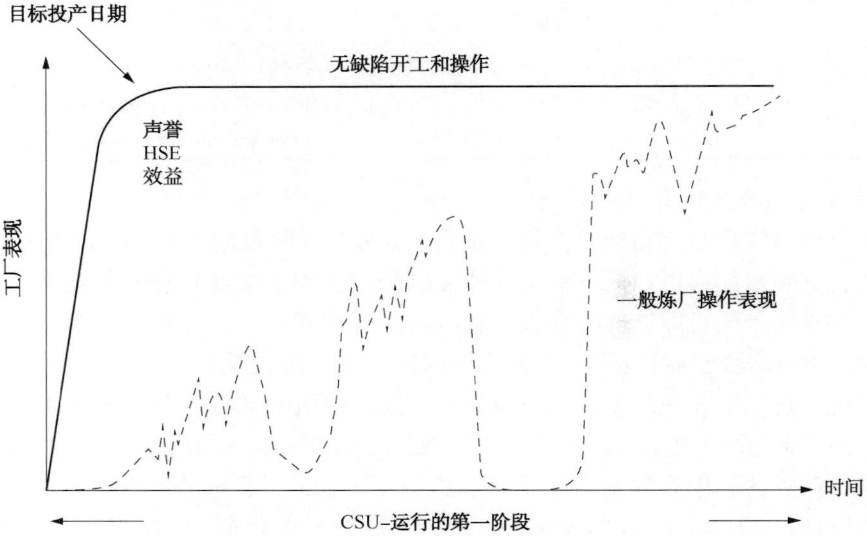

图4-17　传统开车方法与无缺陷开车理念的对比

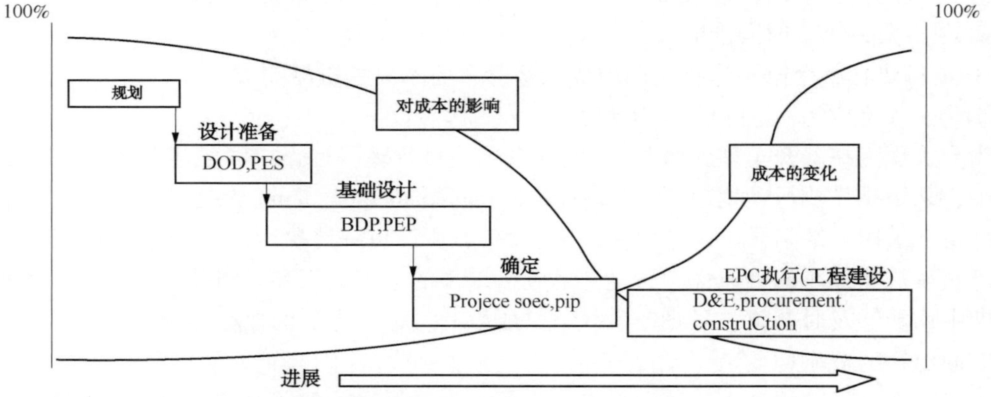

图4-18　不同阶段处理缺陷的成本

因此，为了确保卓越项目管理取得成功，采用无缺陷开车理念(FSI)十分必要。对于成功开车，中海油惠州炼油的实践体会是：

(1) 建立一个涵盖工程建设、生产准备、生产运营的组织及其管理系统；

(2) 通过培训以及素质提高达到与卓越项目管理匹配的能力要求；

(3) 建立成功开车的表现指标；

(4) 应用成功经验，吸取以往教训，从而消除缺陷的发生；

(5) 关注早期潜在风险的确认与处理。制订风险预案，采取措施最大程度地减少这些风险发生的机会，降低这些风险将会造成的影响。

(6) 全盘考虑，保证项目不同阶段的平稳过渡(项目的开工和试车是整个项目不可分的一部分)。

(7) 执行项目的所有阶段都要充分考虑开车及正常运行的需要，特别是在项目早期阶段就有生产运行人员参与。

中海油惠州炼油按照上述要求，完成了包括组织、人员在内的执行计划，确定了不同阶段所需要做的具体工作以及与之匹配的人员素质、能力要求，或直接招聘，或通过培训提升工程师的能力素质。

所以，在“E”平台上，需要考虑如何实现 OIP 以及 FSI，同时，OIP 和 FSI 的结果、信息需要能够集成到今后的生产管控和市场营销的平台上。

(二) 生产与管理角度下的数字炼化总体构架

数字炼化的最大特征之一是数据集成。数字化炼化企业(数字炼化)的体系结构可以分为 3 层：底层为基础数据层，包括产品结构数据、资源数据、工艺数据、企业知识库；中间层为应用控制层，实现数字化炼化企业的具体功能；最上一层为展示层，完成与用户的交互，通过采用可视化和虚拟现实技术实现真实的数字化炼化企业体验。但是，数字炼化总体设计也可以按照如下 4 个层面的使用状态进行设计：

第一为数据层，主要完成各类信息的整合、集成，实现数据与三维实体模型的融合汇集。

第二为专业模型层，融合工程作业、工艺流程等业务逻辑拓扑关系，内置多种工艺仿真模型和算法，模拟工况、优化生产。

第三为业务应用层，为工程、生产、应急、培训等各类业务提供支撑。

第四为显示模式层，根据各基层企业、机关科室、专业领导的不同职责与需求，针对性设计其应用的数据、功能、显示内容、显示模式。这一层有时也作为企业信息门户(EIP)。关于 EIP 可以参见本书第三章第一节相关内容。

后文将陆续介绍上述各层中的相关系统、关键技术以及说明。

中海油惠州石化(即原中海油惠州炼油)[22]以及中国石油某企业的数字炼化工厂总体构架分别见图 4-19 和图 4-20。

(三) 集成化一体化的数字炼化总体构架

考虑到从项目的设计、工程建设、运营、维修以及所处理的原料(油)、能源以及生产过程的决策、计划排产以及产品销售，一个完整性、集成化的数字炼化示意图见图 4-20[4]。

从图 4-20 可以看到，一个完整的、集成化的数字炼化，项目(工厂)从前期、设计与工程建设、数字化交付到今后的运维、改造和设备管理，体现了全生命周期的概念与要求，属于“机”范畴；项目(工厂)所需要的原料(油)和输入、输出的能源体现了供应链的概念，属于“物”范畴；而产品全生命周期概念，也即整个生产管理、生产运营和产品销售体现了产业链和价值链的概念，属于“人”范畴。“人、机、物”三个范畴内相应的信息化系统(项目)及其集成与应用，构成了其总体的构架。

AVEVA Engineering 是目前全球发展最快的工厂工程信息技术企业，其 VANTAGE 项目一体化(IPE-Integrated Project Execution)解决方案，涵盖了一个工厂项目在项目建设期间的从工程设计(VANTAGE PE)到布置设计(VANTAGE PDMS)，到项目管理(VANTAGEPRM)和工厂运营维护期间的企业数据仓库(VANTAGE NET)，是目前全球唯一已经过大量实际工

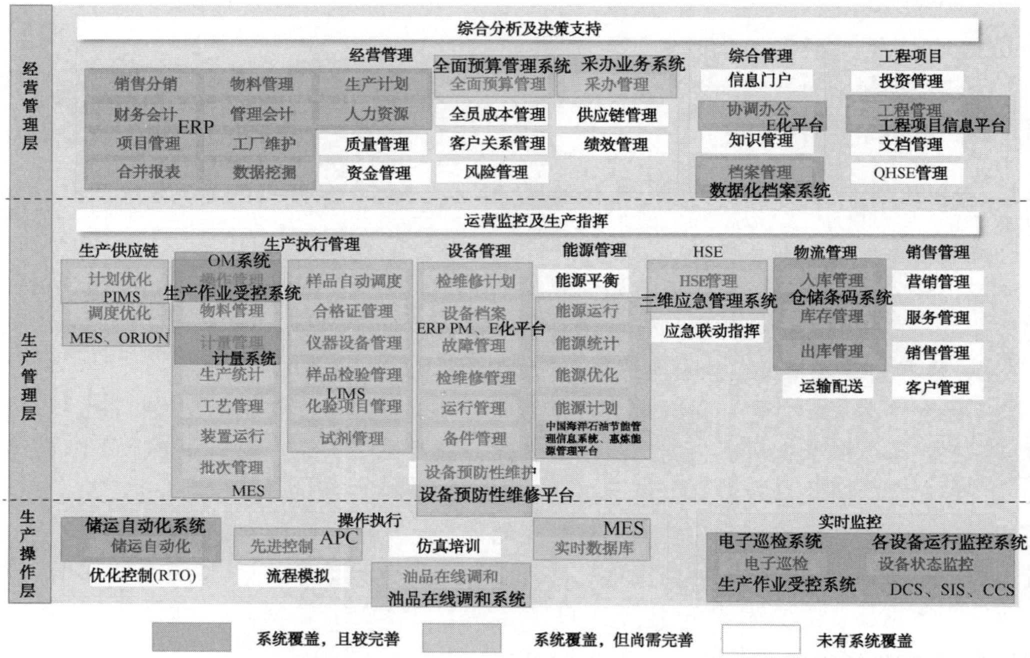

图 4-19 中国海油惠州石化的数字化工厂总体构架

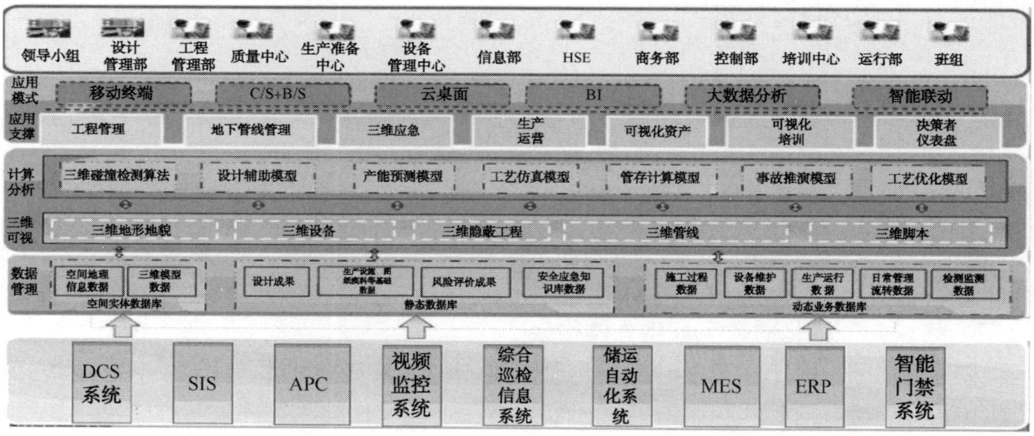

图 4-20 中国石油某炼厂数字炼化总体构架

程验证并可高效低成本普及的项目一体化解决方案[31]。吴青提出的上述图 4-20 涉及的概念比 Aveva 公司所提出的 VANTAGE 项目一体化解决方案要广泛、全面，因为 VANTAGE 基本上只属于“机”范畴，没有与“人、物”范畴相关的内容或项目(供应链、产业链以及价值链相关内容)。

数字炼化是炼化企业的数字化集成应用平台[29,32]，其中，数据是基础，三维物理模型是可视化载体，工厂业务模型(含生产环境模型、工艺模型、生产管理模型)是关键，计算与仿真优化模型是核心，显示与使用模式是提升。

应用数字化工厂技术建设数字炼化系统一般实施方式为：首先建立炼厂设备静态属性信

息的二维和三维模型，再嵌入各设备实时信息，包括机组检测、物流数据、工艺状态等设备相关数据，并与经营管理综合层面的信息系统集成，实现炼厂信息的三维综合展示和模拟。

第三节 数字炼化的主要系统说明与部分关键技术

一、主要系统的要求与说明

数字化炼化企业各信息系统通过工作流管理有效地组织和控制人流、物流、资金流和信息流，实现组织内部所有成员之间的高度协作和资源共享，为客户提供满意的产品和服务。工作流管理作为数字化炼化企业信息系统的基础，是协调数字化炼化企业成员内部、成员相互间的各项活动的具体执行者。目前，多数炼化企业已初步建立了工作流规范和标准，可通过简化、整合、增加、调整等方式逐步优化和重组工作流，进一步提升流程运行效率。系统主要要求与说明如下：

（一）关于炼化企业直观可视化设计

一方面，采用成熟引擎，建立炼厂真实三维场景[9]，提高信息传递效率。数字炼化要求实现信息的快速传达与快速理解，结合炼化企业海量数据、管线装置密集复杂的情况，采用成熟引擎，应用动态加载、集中渲染、分层次细节(LOD)等优化机制，构建与真实炼厂完全一致的可视化场景，满足流畅的三维运行效率与显示效率。

另一方面，以三维模型为载体，对各类数据进行关联整合。

（二）关于多系统数据整合设计

数字化炼化企业各信息系统之间的信息交互和集成可以有两种方法：点对点的交互与集成方法和基于基础集成平台的交互与集成方法。前者应用广泛，后者则是目前研究和开发的热点。

点对点的交互与集成方法，是在需要进行信息交互和集成的系统内部和系统之间的交互点上，使用特定的通信设施和编程技术，开发专用接口而实现的，它提供了一种在部门级解决方案或应用程序家族之间实现信息自动交换的手段。但是，对于数字化炼化企业环境，点对点方法并不适用。

基于基础集成平台的交互与集成方法，利用企业服务总线(ESB)和数据总线(DB)技术，在分离的系统及流程间建立“高速公路”，为数据在企业内部移动提供保障，能够灵活调用各应用系统，使数据实现充分集成与共享，最终实现业务的协调管理和分层的决策应用。

1. 与其他系统兼容问题

要兼容其他系统，统一平台集成针对 DCS、CCTV、MES、ERP 等炼厂常规系统，数字化工厂将各类系统的数据统一纳入平台中，实现信息的一站式获取[2]。

中国海油惠州石化采用美国 Honywell 的信息管理系 Uniformance PHD 作为统一的信息管理平台[24]，形成了如下的 MES 综合信息平台，见图 4-21。MES 综合信息平台的主要任务是将上述不同 MES 业务模块集成起来，完成 MES 各个模块之间的数据、信息的实时交互，为整个MES系统提供统一的展视、使用平台、统一的报表等，提供创建操作任务和发布平台，对不同的业务人员，可以定制不同的访问权限和访问内容，具体来说，其主要完成如下任务：

（1）建立统一的WEB应用平台；

（2）实现安全的权限管理；

（3）提供统一报表的展示平台，流程图与趋势图应用；

（4）提供网站链接功能；

（5）提供以附件形式上传及发布的平台；

（6）提供操作日志创建与发布等。

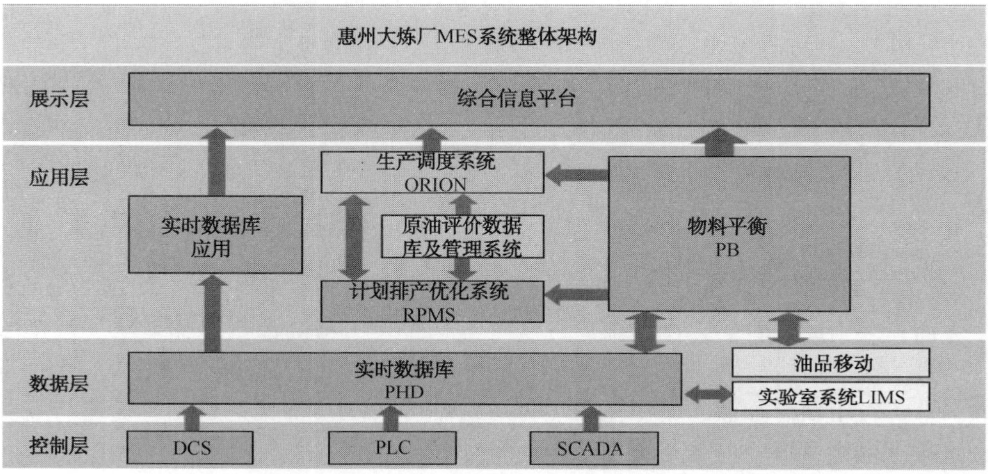

图4-21　MES综合信息平台

2. 现有系统独立运行

数字炼化平台提升应用针对现有系统可视化表现较弱的交互，数字炼化将数据重新组织，基于三维场景提升应用的可视化能力及综合分析应用能力，以扩大原系统的使用范围及应用深度，如视频监控报警与三维的联动。

（三）关于业务流程、工艺逻辑、计算模型的融合

1. 融合业务流程

对于数字炼化，可视化显示是“外表”，业务逻辑是“内在”，即各种业务流程、相关部门人员、报表数据、事项以及这些业务之间的联系。根据工厂内部业务逻辑建立数据的连接关系，将数据内部逻辑连接起来。例如由生产监控的预警信息触发相邻视频监控的图像，由应急预案调用ERP中的设备信息，这些关联会在各类业务中所调用。

2. 融合工艺联通

逻辑炼化工艺较为复杂，数字炼化设计将设备本身的三维信息、动静态数据、设备上下游的联通关系、工艺流程图、工艺规则、加工路线等信息植入，设备模型物理属性和生产工艺流程充分融合，使得流程在数字炼化中将虚拟运转起来。

3. 融合计算模型

数字炼化不单是整合各类动态数据的“动态工厂”，更是一个能够模拟工况来优化生产工艺和策略的“活的工厂”。在融合业务流程与工艺联通逻辑基础上，结合工艺仿真模型和算法，如计划优化模型、物料平衡模型、资源库存模型、油品调合模型等，模拟工况、优化生产。

（四）关于智能视图导航、仪表盘、移动应用

1. 基于角色的智能视图导航设计

根据用户角色，智慧筛选并推送信息。涉及安全生产、设备、培训、综合管理等不同部门的专业应用，不同部门对数据的可见性及展现形式具有较大差异。基于岗位角色的大数据分析，针对每个部门划分相应的功能权限，其应用的数据、功能、显示内容、显示模式均根据自身的职责权限自行调整。

2. 仪表盘设计

注重数据统计提炼，不单要将各类生产数据整合进来，更为重要的是通过对生产数据的挖掘、抽取与统计分析，将炼厂生产经营数据、关键生产指标以报表、图表、地图的形式直观展现，便于机关领导实时掌握企业整体生产运营状况，为决策分析提供数据支撑。

表 4-2 和图 4-22 是中国海油惠州石化的 MES 报表以及报表中某装置（蜡油加氢裂化装置）的物料及公用工程核算示意。

表 4-2 惠州石化生产 MES 报表示例

报表类型	类型数量	应用单位
工艺技术台账	64	运行 1~6 部装置
操作记录	99	
调度报表	7	指挥中心>调度管理
能耗报表	3	指挥中心>计划管理
物料平衡报表	16	
公用工程报表	5	
互供料报表	6	
ERP 用报表	6	
统计报表	31	
质量报表	2	指挥中心>质量管理
报表配置表	6	
总计	245	

3. 移动终端应用设计

数字炼化平台设计应能够满足越来越多的远程磋商、移动办公需求。利用 WEBGIS 技术、互联网技术，支持通过 PAD、手机等移动终端以 WEBGIS 方式查看工厂场景、区域分布、设备设施分布、工艺流程组态以及工厂各类实时数据。

（五）关于基础平台

1. 数据采集层

利用各种智能传感设备，通过观测、监测、监视等信息获取手段，建立覆盖炼化企业监测/监视体系，构造立体监测/监视数据采集体系，形成分布密度合理、监测要素齐全的数据采集能力，实现数据采集的实时化、自动化、网络化。全面收集企业各种生产管理信息，为

图 4-22　MES 报表分析示例——蜡油加氢裂化装置物料及公用工程核算表

“数字炼化”应用系统提供信息源。

2. 数据传输层

数字炼化企业的装置区、罐区等生产过程涉及视频监控，对于大量的视频监控数据传输，可以采用无线局域网技术。无线局域网络(WLAN：Wireless Local Area Networks)是相当便利的数据传输系统，它是利用射频(RF：Radio Frequency)技术取代旧式双绞铜线(Coaxial)来构成无线局域网络。

在石油、化工等一些易燃易爆生产环境中，必须对生产现场一些信息(如压力、温度、气体含量等)进行数据采集和网络传输，以实现远程监控。目前，普遍采用的是通过有线方式将各种信息传送到监控中心，然而现场监控点大多地域分散、环境恶劣、地势复杂，这在实际应用中遇到很多问题。

炼化企业也可以应用基于 Zig Bee 技术的无线传感器网络的易燃易爆生产环境远程监控系统。系统中，布置在生产现场的传感器节点可将各种信息以无线方式传送至中心节点，中心节点再将数据通过通用分组无线服务技术 GPRS 模块或 RS 232 接口传送到监控主机(PC机)进行远程生产环境监控。该监控系统具有成本低、功耗小、无线传输及通信可靠等优点。提高了对罐区易燃易爆气体监控的实时性、准确性。

(六) 关于数字炼化的数字原型

在高性能计算机和先进的可视化设备支持下，利用科学计算、三维可视化、虚拟现实、仿真、互操作等技术，基于“数字炼化”空间数据框架、功能强大的模型支持和三维可视化信息表达，实现全息化的企业生产过程和现象的数字再现和预测预现。

(七) 关于数字炼化专题应用层

基于企业数据采集与传输体系，建立面向管理决策的分布式应用系统，全面实现信息在企业经营管理、设备综合管理、生产运营监控管理和应急救援决策指挥等方面的综合决策服务。

1. 三维设备管理系统

炼油化工的设施、设备是企业生产的基础，是整个企业安全运营的核心。三维 GIS 平台将炼油化工设施设备进行高精度建模仿真，并对监控设备和生产数据统一在三维平台上进行管理，达到设施设备、数据的高度集成。包括：日常生产安全管理、设备完整性管理、设施设备实时监管、设备维护抢修资料管理。

2. 三维生产管控系统

利用三维空间信息系统平台，将生产营运过程中的设备设施情况以及实时监测数据等资料直观、准确地表现出来。通过反映成品油资源分布动态、计划执行情况和油库库存变化趋势，为优化资源调配提供依据；方便领导及时掌握管理生产营运情况，为科学地进行资源调配提供辅助分析(包括生产营运设施仿真、实时数据表达、综合查询分析、统计报表输出)。

3. 三维安全环保管理系统

三维空间信息系统可满足炼油化工管理部门在发生紧急事故时做出快速反应的需要，实现人员、资源、设备以及现场的综合控制管理，辅助分析决策和指挥调度。包括事故模拟、事故分析、事故处理和事故总结的全系列处理流程，设施设备及周边环境空间数据的集成、监测管理、GPS 数据、实时远程视频数据、调控和抢维修系统，辅以无线网络环境和 GIS 分析。实现事故快速定位，影响区域及影响环境快速分析，抢修方案快速制订，预案的智能启动，以及三维实时的调度和指挥。

二、数字炼化的部分关键技术

早期阶段的数字化炼化企业，其实是数字化设计。在这一阶段，通过 CAD、CAM、CAE、CAPP 和 PDM 等技术构造出虚拟现实，解决了设计与制造之间的鸿沟，提高了设计水平[33,34]。现阶段，“数字化设计”已经从静态走向动态，数字化炼化企业的内涵也大大外延，从“数字化设计”扩展成包含“数字化建设”“数字化运行”“数字化产品研发”的更加充实的数字化炼化企业[2]。

数字化炼化企业通过基于计算机等工具的虚拟操作实现对现实的操作和管理。所以首先要求生动的虚拟展现；其次要实现虚拟和现实的一致；最后，在虚拟环境中对现实操作进行优化和改进。虚拟现实、数字化仿真和优化、基于 SOA(面向服务的架构)和 BPM(业务流程管理)的集成、物联网等技术是现阶段实现数字化炼化企业的关键技术。

(一) 原型系统关键技术研发

“数字炼化”原型系统建设涉及多项关键技术。通过对炼化企业信息融合处理、炼厂数据挖掘与知识网格服务、可视化模型构建、分布式空间决策支持系统等关键技术的研发，为原型系统建设以及整个“数字炼化”信息基础框架建设提供技术支持。

1. 信息融合处理技术

“数字炼化”原型系统数据来源于不同的坐标系统与不同的数据标准，精度、分辨率等方面亦不统一，为了综合应用这些数据，需开展数据融合技术研究。主要研究多源、多时相数据间的同化、再分析及信息融合技术。

2. 炼化数据挖掘与知识网格服务

在已有技术与产品分析及应用需求的基础上，研究与分析知识网格的体系结构、应用模式和信息处理机制，提出相应炼厂数据挖掘与知识网格技术思路的解决方案，综合多种算法模块和空间数据库，基于网格开发软件包，开展挖掘模型算法研制，开发面向炼化企业应用的知识网格平台。

3. 可视化模型构建技术研发

建立有效的炼化企业时空数据组织管理模型，满足炼化企业时空数据存储、交换、可视化和动态过程模拟的要求。利用可视化等技术，开展炼化企业信息多维动态显示技术和可视化模型技术研发，开发炼化企业基础场景、生产过程、腐蚀过程、装置运行等炼化企业要素数值模拟与可视化模型。

4. 分布式炼化企业空间决策支持技术

开展分布式炼化惬意空间决策支持系统技术，研究以 GIS 为中心的炼化企业空间决策支持系统的体系结构。开展炼化企业应用分析模型(如腐蚀预测模拟模型、装置规划模型、企业综合评价模型等)的组织与炼化企业模型库的管理，包括模型定义、构造、选择、组合、维护、模型元数据的组织与管理。建立通用模型开发环境，研究模型体系与 GIS 组件的无缝紧密集成方法等。

5. 网格 GIS 体系信息共享和协同服务技术

利用网格计算技术，研究数字炼厂基础设施中异地、异构的现状和发展情况，解决空间信息共享、协同服务等关键问题，实现基础设施资源高度共享。主要内容包括：网格 GIS 框架体系和关键技术分析、空间信息协同服务标准、分布式空间对象技术、基于框架的互操作技术、中间件技术、构件和构件库技术。

6. 海量地图服务器技术

海量地图服务器技术主要提供 TB 级影像数据管理、矢量格栅数据联合操作，以及在 Web 上实现基于海量矢量、栅格数据的实时无缝快速自动漫游等功能，并实现影像、地图和设计图的无缝连接。

如第二章所述，信息化新技术蓬勃发展，它们在炼化行业的应用也越来越普遍、全面和深入，以下为部分应用介绍：

(二) 多层集成仿真技术

计算机仿真在虚拟环境下，通过基于模型对现实的动静态仿真和模拟，通过优化虚拟来提升现实，在流程工业领域已得到了广泛的应用，在企业生产经营的发展中发挥了作用，从一定程度上满足了企业对仿真技术的需求。然而只针对本层次的应用目标，这种仿真系统的独立性造成了各层次间的仿真系统无法进行信息交互，因而也无法反映局部变动对整个企业的影响，给研究流程工业综合自动化系统带来了不便。为此，需建立各层仿真系统的集成平台，使得处理流程工业 ERP、MES 和 PCS 三层体系结构综合自动化的整体解决方案成为可能。

在数字化设计和数字化产品研发中，利用该技术来完善设计成果，并体现于虚拟现实中；在数字化建设和数字化运行中，利用该技术来模拟和完善现实的管理和操作，提升工程建设和生产运营水平。数字化仿真和优化往往都是在虚拟现实技术的基础上，结合不同业务领域的经验和算法予以实现。

(三) 基于 SOA 和 BPM 的集成技术

把数字化设计的成果用虚拟现实展现，数字化建设基于该虚拟现实开展项目全生命周期管理，如，监控各环节的进度；数字化运行基于该虚拟现实开展运营，如，监控某装置的运转情况。这说明从设计到运行实现了全程一致，标志着数字化炼化企业建设和应用的高水平。

欲达此目标，在设计和建设的交接阶段，要集成虚拟现实和建设环境；在建设和运行的交接阶段，要集成虚拟现实与运行环境。由于虚拟现实全程一致，建设和运行环境可能跨多平台，集成的难度很大。面向服务的架构实现了标准化的服务封装，业务流程管理提供了敏捷的基于服务的流程组装手段，是目前最流行的集成技术，是实现虚拟现实从设计到运行全程一致的关键技术。

（四）其他

例如，信息化新技术中的虚拟现实技术作为一项集成了计算机图形、计算机仿真、人工智能、模型、显示等综合技术，既可在数字化设计和数字化产品研发中，用虚拟现实展现其成果；又可以在数字化建设中，用虚拟现实作为开展项目管理和监督的工作平台；而在数字化运行中，虚拟现实又是开展生产运营管理和监控的工作平台。

工业仿真系统不是简单的场景漫游，是真正意义上用于指导生产的仿真系统，它结合用户业务层功能和数据库数据组建一套完全的仿真系统，可组建 B/S、C/S 两种架构的应用，可与企业 ERP、MES 系统无缝对接，支持 SQL Server、Oracle、My SQL 等主流数据库。

又如，物联网的应用。数字化炼化企业的应用基础是“虚拟即现实”，虚拟和现实的连接与一致主要依托物联网。物联网最主要的应用是在数字化运行中，大量的信息通过 DCS 等自动化设备得到采集，并集成于虚拟现实；在数字化建设中，通过 RFID、红外感应等物联网手段，可对建设现场的人员、车辆等进行管理；在数字化设计和产品研发中，部分试验信号也要通过物联网进行传递，并集中处理。

第四节　工程建设项目的全数字化交付

一、概述

（一）基本概念

全数字化交付是构建完整数字炼化必经的第一步，所以首先应该按照全数字化交付的要求完成设计工作。在此基础上，实现高标准的全数字化交付。

按照目前炼化行业的普遍状况，一般由工程公司（设计院）承担数字炼化的设计任务。如果工程公司（设计院）能够将完成的成品数字炼化文件（数字化文件）交给业主，可以认为这是较低层次上的全数字化交付。

对全数字化交付的理解是：区别于传统工程设计（以纸介质为主体）的交付方式，通过数字化集成平台，将相关设计成品以标准数据格式提交给业主的成品交付方式，也称为全数字化移交。如今全数字化交付方式在化工工程设计领域已经普及，很多设计院都已经有了不同深度的数字化提交案例。但炼化方面，特别是特大型炼油化工项目案例极少。在现今智能化的时代，化工领域的传统纸介质的提交方式基本不具备智能化的可能性；作为工程（设计）公司，其工作内容之一就是满足业主日益增长的智能化需求，而全数字化交付则是特别重要的第一步，且全数字化交付的难度和要求将非常大和高[23]。

如前所述，对于全生命周期概念下的现代化数字炼化（工厂），在其寿命有效期的最初的2~5年内，工程公司（设计院）拥有相当详细的资产类设计参数（如材质、各种参数等）、制造参数以及（如果有的话）安装、调试的部分或全部数据，还有装置的工艺模型等信息。到了工程建设项目完成中间交接、管理权转给业主后，工程公司（设计院）基本不再介入，对所设计、建造的数字炼化的设备、装置、企业在试生产、生产运营期的数据、信息（包括维修维护）等也基本不掌握，市场营销方面的信息更加缺乏。而且工程公司承担设计角色的工程技术人员与业主的技术人员相比，对于数字炼化的关注点是不同的，所以即使能够按照业主所提要求来构建数字炼化，实际上最后交付的数字炼化的实际效果（结果）可能不尽理想，或无法较好地满足业主要求。因此，工程公司（设计院）可以在其自己的统一的“E”平台上，将设计过程中所有相关信息和成品文件以数字化方式提交给业主，完成“全数字化交付”。业主可以通过后期工作，将工程公司（设计院）全数字化交付的数据信息再集成到业主的平台中，由业主利用业主的具有“EMM”一体化能力的平台与所得数据信息建设完整的数字炼化。在业主建设数字炼化的过程中，工程公司（设计院）应继续为业主提供必要的协助与技术支持，特别是工艺装置模型方面[23]。

实现全数字化交付，根据深度不同，需要满足的条件也不一样，但对设计公司来说，归根结底是提供一个完善的数字化模型，成品的质量则完全取决于该模型的设计水平，而且该模型涵盖的相关专业越多，数字化集成度就越高。如果所有与之相关的专业都参与了此模型的设计，设计水平和数据间的关联度也能满足要求，则可认为这一部分的全数字化交付流程已经打通，所有的流程都打通后再解决相关流程间的关联关系，则数字炼化的雏形就建立起来了。

流程一旦打通，则需要一个交付平台，将各专业的信息资料收集起来，集中整合后以数据化的形式交付业主，目前很多工程设计软件公司对此都有不错的解决方案。

信息格式、质量以及完整性被大家所广泛关注，我们称之为“数据完整性”。对于工程全生命周期中所有完整的工程文档、数据参数以及编码等信息，根据业主指定的移交的要求及规范，对工程数据进行整理与验证，通过建立系统平台、接口等方法，将这些工程数据最终交付业主运营商并进行有效的管理和利用，由此实现全数字化移交或全数字化交付。

（二）主要内容与目的意义

全数字化交付的内容和范围根据项目类型的不同而不同，但主要包括工程数据的移交，比如工程文档图纸、数据及参数、3D模型，采购、施工等工程建设信息，在工程开始前，应明确所移交的数据信息的要求，工程结束后根据要求向业主提供准确完备的数据。

工程建设项目的全数字化交付，其最大的意义在于大大缩短数字化工厂（炼化）的智能化转型路径与时间。进行有效的全数字化移交将会对EPC各承包商、业主运营商等带来巨大的益处，具有重要的意义，主要有以下几个方面[35]：

（1）全数字化交付作为一种先进的理念和手段，将使EPC各承包商在日益激烈的市场下更具竞争力。

（2）全数字化交付能给业主运营商提供准确的工程数据信息，消除信息孤岛，对业主运营商对后期的管理、运维、改扩建等提供支持。

（3）全数字化交付及在此基础上进行工厂运维深化应用，能够在施工和运维阶段有效地帮助业主运营商提高效率，节约成本，增强项目管控力度。

二、全数字化交付的平台与流程

（一）全数字化交付平台

如前所说，全数字化交付需要一个交付平台，以便通过这个平台将工程公司各专业的信息资料收集起来，集中整合后以数据化的形式交付业主。

一个一体化、综合性的“工程-生产-营销”即“EMM”平台是实现高质量工程项目全数字化交付和理想的数字炼化到智能炼化、智慧炼化的前提和基础。但考虑到目前的实际状况，如果只有一个独立的“E”平台，只要考虑好标准、接口等因素或条件，也是可以实现高质量的全数字化交付的。

不论是一体化综合性的“EMM”平台还是一个独立的“E”平台，该平台中的工程项目管理部分至少要包含基础设计(D)、工程设计即详细设计(E，含设计管理、文档控制等)、工程采购(P，含设备监造、催交催运等)、工程施工(C)、项目管理(M，内含进度管理、费用控制、质量管理、工程监理等)、项目开车(C，含中交、调试、开车等)共六个方面(D、E、P、C、M、C)的工程管理子平台。这个工程项目管理平台，要满足两大方面的要求：

(1) 工程项目管理阶段，包括，前期规划(预可研、可研、立项及批准)、基础设计、工程实施及“四大控制”(进度、费用、质量、HSE四个方面)、中间交接与试车、工程交流与汇报、全数字化交付、无缺陷开车等；

(2) 投产以后的转资以及可视化资产管理与设备的全生命周期管理，实物与数字资产两个方面的维修维护，为运营期其他项目或系统如生产运营管理(生产计划与调度、生产运行监视、生产工艺优化)、生产质量管理(达标与质量控制系统以及化验分析与实验室数据管理系统)、安全环保(三维应急管理、环保系统、三维可视化培训)等提供相应的数据、模型等的支持与维护。

工程建设阶段的各类专业人员，如设计人员、采购人员、建设人员、监理人员、生产准备人员等都在同一个平台上工作，为满足高质量全数字化交付的要求，设计院不同专业人员也需要在同一个平台(子平台，即D、E)上工作，保证设计信息能够十分顺利地导入导出，做好类似“资料互提、同源数据采集、设计文件双向校验以及设计成品输出和归档”等工作，特别是做好“设计、采购、建设”三者之间所需数据、资料的相互衔接，并完成项目执行全过程的项目管理。在此过程中，设计变更、设计联络、设备监造、安装检验调试等数据信息也应集成进来。

所以，为了在交付实物工厂(物理的炼化企业)的同时，能够同步交付高质量的数字炼化，必须制定好统一的信息交付标准，同时在统一的集成化的设计平台上开展集成化设计，这样才可以实现全数字化交付。图4-23是与全数字化交付相关的主要设计专业的组成(模块)示意。

（二）全数字化交付流程

全数字化交付流程包括以下五个方面：

(1) 一个技术规范文档：包括信息移交的要求、规则和原则；

(2) 一个数据字典：一致的文档、设备的命名标准；

(3) 一个数据模型：用于结构化资产的数据和文档；

(4) 一个流程和手册文档：概述实施步骤，以及注意事项；

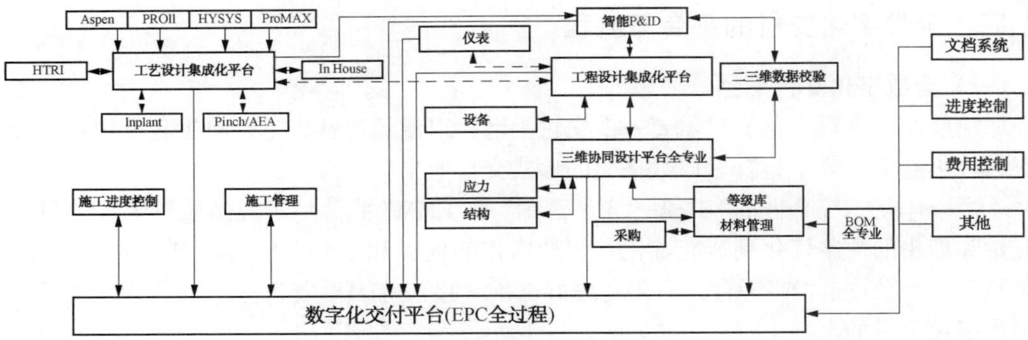

图 4-23　全数字化交付示意图[60]

(5) 一套实施软件的需求：概述移交系统的功能需求。

全数字化交付的流程示意见图 4-24。

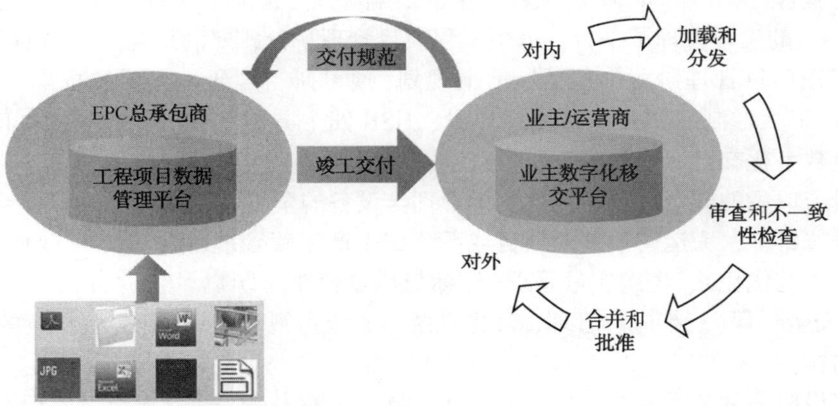

图 4-24　全数字化交付流程

三、全数字化交付的标准、质量、规范与软件

(一) 标准与质量

全数字化交付过程涉及业主[监理、制造商(可能的话)]与设计院(工程公司)之间反复进行的数据交换，所以涉事方均必须采用相同的标准和软件。

标准一致是涉事方之间相互理解、达成共识的前提。不幸的是，国内目前没有针对大型、特大型炼化工程项目全数字化交付的标准，国际上也不成熟。所以，需要摸索、试行。

数据的标准和质量十分重要。众所周知，资产、物资等数据是一个企业的重要资产，是有无竞争力以及提升竞争力的基础之一。资产、物资等数据贯穿企业运营链条的始末，涵盖物资相关工作的所有业务环节，是企业管理的重要抓手。工程项目数字化交付后转入正常生产，设备需要转资、全生命周期管理与预防性维修维护。各类数据，例如在工程阶段及其过程，涉及工程料单、BOM 清单等物资数据；在采购管理中，涉及招投标、合同、协议、采购订单、收货单等数据；在物资出入库、物流等过程中，涉及物资编码、物资数据、库存管理、库存策略等数据及其管理问题；涉及工程竣工、形成资产并转换为设备全生命周期管理过程的数据整合、管理；涉及设备维修维护、记账、计算与财务成本分析数据等。数据的标准和质量问题会严重影响日常业务的正常开展，很多情况下会成为业务快速发展与扩张的绊脚石。以中国海油物资数据管理方面碰到的问题为例，数据问题主要包括数据分类缺失、数据分类交叉、属性模板缺失、数据利用率低和数据分类过时。因此，必须抓好物资标准、质量以及后续的清理工作。

数字化交付目标远大，需要在一开始就做好数据编码、标准与质量方面的顶层设计，尽量不要出现标准"推到重来"等极端情况，即使需要数据清理，也需要提前考虑清理工作的方便性、经济性等因素，避免2~3年、3~5年清理一次。

另外，数据的命名(名称)最好由设计院(工程公司)与业务共同完成，避免各自为政。如果不能共同完成，推荐设计院(工程公司)主责为好。

还有，要确保数字化交付的质量，必须要求设计质量等各专业在数字化模型中协同作业，不可各自为政。且各专业的工程设计人员改变观念，在同一个平台上、"下拉菜单"作业方式在模型中完成自己的工作，提高设计软件使用意识，同时最大限度地利用模型进行专业间的资料交互以及成品的完成与提交。同时在设计过程中还必须有意识地规范操作，确保自己的设计建模最终能提供出一份标准化的数据。

(二)关于规范

数字化交付是一个闭环的流程，从业主(或PMT)在招投标阶段对EPC制定的交付规范起，EPC按规范要求进行一次性(或分阶段性)的项目数据及文档移交，业务(或PMT)对于数据和文档进行校验审核和上载。

EPC工程数据规范总体由总体规范及文档说明、文档及位号编号规则、软件应用要求、文档及数据交付规则四部分构成。其中每部分内容均可另附文档进行详细规范。

(1)总体规范：说明数字化交付总体规范、软件要求、数据相关规范等。

(2)设计规定：说明设计工作中各专业一般规范、专业要求及交付物的创建及交付规范。

(3)交付规定：说明项目交付物的数字格式及纸质文件的交付方式、交付时间节点及交付数量。

(4)技术附件：包括软件清单、交付件清单、三维建模内容、编号规则细则、设计工作指南等内容。

另外，如前所说，数字化交付第一关是设计质量与设计人员是否按照要求规范执行了，也即数字化交付本身就是各专业在数字化模型中协同作业的结果，那么要想深度实现数字化交付，就要求各专业的工程设计人员逐渐改变此前工作中"设计+抄图"的意识，尽可能在模型中完成自己的工作，提高设计软件使用意识，同时最大限度地利用模型进行专业间的资料交互以及成品的完成与提交。同时在设计过程中应有意识的规范操作，确保自己的设计建模最终能提供出一份标准化的数据。

(三)关于软件

1. 关于种子文件

为保证数据管理组织结构和传递的一致性，国内一些工程公司[29]采用鹰图智慧工厂全生命周期企业级解决方案SPE(Smart Plant Enterprise)作为其数字化整体技术构架中的应用软件平台，其中涉及的种子文件(Seed File)[36]是鹰图SPE平台各个应用软件开始项目的关键，各应用软件种子文件中定义某项目所用的规格书、标准、表格格式、计算书格式、出图格式等细节要求。因此，国外业主会提供基础的种子文件给工程公司，工程公司以该种子文件开始工作，并按照工程进度约定的时间节点将数据库提交回业主进行质量审查。

如果业主对种子文件有任何升级版，可以按周或者按月将升版内容提供给工程公司，工程公司据此修改自己的应用数据库，只有如此，才能保证工程公司始终与业主的数字化要求保持一致。

2. 关于统一软件

由于目前国际上对于大型、特大型炼化工程项目数字化交付的标准尚未成熟，国内更是没有。所以工程公司(设计院)为了满足业主对数字化移交的新要求，要对传统的设计形式和理念进行改革，提高认识、转变观念、建立规则、稳步创新。数字化设计要与模块化、标准化相结合，应当脚踏实地、实事求是、总体规划、从细致做起、分步实施[37]。

上述过程能够很好实现的措施之一是采用相同的应用软件。表 4-3 列出了世界上比较流行的三维数字化工厂设计管理软件以及在国内的应用状况[23]。

表 4-3　三维数字化工厂设计管理软件及主要应用状况

序号	公　　司	平　　台	用　　户
1	美国 Bentley	PSDS、Autopbex	广东省石油化工研究院、中国瑞林工程技术有限公司、河南省电力勘测设计院
2	美国 Intergraph	PDS、Smart Plane	中国石化工程建设公司、华东电力设计院、上海核工业设计院、中核能源科技有限公司、康菲石油、赛科石油化工有限公司、中国石化洛阳石化工程公司、中国海油工程建设公司等
3	美国 AVEVA	AVEVA Plant PDMS	中国石油设计院、中国石油炼化工程建设项目部、中海壳牌(CSPC)、吉林电力勘测设计院
4	美国 MAPinfo	MAPinfo-MapXtream	兰州石化地下管网管理、中国石化安全监控系统等
5	美国 INOVX	RealityLINx	BP、埃克森美孚、壳牌、BASF 等
6	美国 ESRI	AroGIS	燕山石化规划管理信息系统、中国石油数字化编辑项目等
7	美国 S&L	PLADES2000	华北电力设计院等
8	武汉中地数码科技	MAPGIS	上海石化生产公用界区综合管线(站)信息管理系统等
9	深圳中视典数字科技	VRP	数字安宁市政管理系统、深圳机场和白银电厂等
10	北京睿呈时代	睿-PLANT	中国海油惠州石化、中国海油四川石化、中国石油火灾爆炸应急演练模拟等
11	深圳维远泰克	Vwin-plat	主要集中在国内沿海中小型设计院
12	北京中油科技		中国石油庆阳石化、中国石化应急体系平台等

四、重大技术与管理注意事项

对于各类炼油化工工程建设项目来说，如何实现全数字化交付是工程公司(设计院)、业主(炼化企业)的共同愿望。考虑到项目目标是实现无缺陷开车、转入炼化企业正常生产序列以后能够顺利融入企业的生产管控体系，也是今后工程公司(设计院)转型技术服务公司的一个重要抓手，因此，保证高质量数字化交付的同时，还要为今后数据信息、数字资产的进一步增值升值考虑。为此，在了解基本概念、相关标准等要求基础上，还需要重点考虑、注意相关的重大技术与管理方面的事项。

工程建设项目数字化交付的内容不全是在设计院、工程公司内部产生的数据、信息，有不少是工程公司或业主在 EPC 阶段要通过到现场、制造厂收集、管理的工程数据，因而如何科学地收集、管理这些工程数据以及最终如何进行数字化移交，必须制定科学有效、严格可行的工作流程[29,38]。

（一）关于整体技术架构

在平台相关的章节内容中也已经说过类似的内容。其实在数字炼化建设的全数字化交付环节，简单明了的基本、核心要求就是依托当今不断迅猛发展的信息技术，将设计图纸数字化和设计模型化[39]。整体技术架构主要分为三层：基础硬件平台、基础软件平台和应用软件平台[40]。其中，基础硬件平台的主要功能是提供稳定的硬件和网络环境，其中也包括了硬件和网络环境的安全、配置、备份和保密等基本要求。基础软件平台的主要功能是提供基础的软件架构和数据库环境，以满足基本的数据、资料、业务功能和工作流程的需要。应用软件平台的主要功能是提供丰富的客户应用环境，以便不同客户可以根据自身的需要进行相关数据录入、报表的查询和分析等一些自定义功能。因此，从基础软件平台搭建入手，调研业务需求，扩展应用软件平台，集成各类已有的信息系统，最终形成一个“数字化工厂”的整体架构。其中的基础硬件平台、基础软件平台通常是工程公司的基础建设——如果建在工程公司的话。而采用一个成熟的应用软件平台，是能否实现智能工厂数字化移交的关键。

（二）系统之间接口与工厂结构

工程信息管理系统不是一个孤立的系统，工程建设期本身需要置身于公司的日常管理工作中，项目完成以后还要转入生产运营、设备管理以及资产管理。因此，必须考虑数字化交付的文件、资料、数据信息能与其他系统无缝衔接。

另外，数字化交付本身也还涉及多个软件在同一个应用软件平台上使用，因而在多个应用软件中必须要有统一的工厂结构，以保证数据管理组织结构和传递的一致性。数字化交付给业主的数据也应基于统一的工厂结构或单元。

中国海油惠州石化的二期工程项目的信息化系统就专门建立了相应的接口（见图 4-10~图 4-13），实现了无缝衔接[23]。

（三）涉事方角色定位与职责

全数字化交付中的涉事方包括业主、设计院（工程公司）、监理、设备制造和第三方工程管理部门等，但核心是业主和设计院（工程公司）。

虽然行业内对数字化交付的理解各有不同，但是落实到工程建设的具体实施过程中，必须对数字化交付进行明确的定义，以便工厂建设的各参与方有一个共同的明确目标[41]。

全数字化交付实施过程中，应基于种子文件进行沟通和协调，并明确以哪一方为主导，另一方配合。目前阶段比较适合的还是设计院（工程公司）主导、业主配合。主导方按照业主的要求按项目进度分阶段或按照工程进度约定的时间节点提交给业主，由业主进行审查、组织和管理。业主将审查后的不一致性报告返给工程公司，工程公司依整改。这样能大大减少工程公司与业主之间的分歧、困惑和错误。其他各方可以参照业主、设计院（工程公司）的职责分工制定好相应的职责。

国外的经验可供参考：国外业主会在项目建设的邀标书中对于数字化交付提出定义，其邀标书对以下内容的定义比较详细，如：

（1）基础软件平台采用的软件及其版本。

（2）集成发布平台的软件及其版本。

（3）应用软件平台采用的软件及其版本。

（4）各个软件中管理哪些对象。

（5）每个对象需要管理哪些属性。

（6）哪些属性需要在集成发布平台发布，并与其他哪个应用软件共享。

（7）哪个软件生成哪些图纸。

（8）非结构化文档（Non-TEF Documents），例如第三方供货商提供的文档在哪个应用软件中管理和交付等。

对于国内业主来说，往往因为缺少这方面的经验，在邀标书中没有进行明确规定。所以需要工程公司在投标书中对数字化交付给出详细的定义，以供业主讨论、理解和确认。作为业主和工程公司，在传统工程项目合作过程中，比较习惯实体工厂交付的目标和内容，例如以机械竣工或者开车，或者经过约定时间的性能考核作为交付目标。同样，对于数字化交付也需要双方都明确目标，才能保证双方为同一个目标共同努力，避免理解不同而发生分歧，导致实体工厂建设已经完成，但是数字化移交却迟迟不能顺利完成。

（四）关于数据标准和数据质量以及持续清理与改进问题

前面已经简单提过，此处再以中国海油的具体问题与实践来强调、说明。

企业生产运营的全链条过程均在不断创造，但也需要用到各种各样的数据。中国海油在推进精细化管理、持续开展成本控制和业务分析方面的管理精细化，特别是加快和深入推进企业数字化工作时却明确感受到和遇到了数据的制约因素：企业运营全链条创造了各种各样的数据，这些数据的标准和质量问题已经严重影响到日常业务的正常开展，很多情况下已经已成为中国海油快速发展及业务板块扩张的绊脚石。例如，受制于数据的数量、质量问题，采购成本估算困难，物料归类错误，导致管理报告缺乏真实性、准确性，集采目录制定困难，采购分析存在偏差；库存占用资金偏高，无法进行平衡利库，无法实现库存共享，造成重复采购与冗余库存，导致库存持续偏高等。总的来说，中国海油在物资数据管理方面碰到的具体问题可以分为五大类：

（1）数据分类缺失，如缺少诸如水下采油树、海上起重机、海管海缆铺设设备等海洋石油业务专用物资分类；

（2）数据分类交叉，包括61大类在内的多个类别之间有分类交叉、属性维度规则不一问题；

（3）属性模板缺失，近三分之一的物料类别无属性模板；

（4）数据利用率低，在已创建所有物资数据中，约36.5%物料从未被使用或者极少使用；

（5）数据分类过时，存在大量过时/过细的物资类别，无采购记录的物资类别占到类别总量的65%。

上述部分数据的含义解释可见本章附录。

针对上述问题，中国海油清楚地认识到，物资标准是物资数据的源头。如何将一套满足中国海油业务需求、适应业务板块发展要求的、具有海油特色的物资标准应用在各业务管理信息系统，是数据管理的首要工作，也是集团公司物资管理的重要基石之一。作为已经运营多年的公司，已经积累了很多数据情况下，为了切实提升数据质量，需要痛下决心进行坚决清理、整顿、变革：通过“清百万物资数据，理百万业务单据”，切实提高物资数据和业务单据的质量，有效减少一物多码、一码多物、描述混乱、废码、冗码，杜绝账实不符、废单错单等，为数据价值挖掘创造必要条件。也只有这样，方能立足“好用标准和质优数据”，为企业在需求整合、两级集采、库存优化、工程采购、品类采购、供应商管理等方面，持续推动业务变革，创造业务价值，全面提升公司物资管理水平，重塑海油的低成本竞争能力，才能创造经营价值。

中国海油组成了强有力的组织机构，集中人力、物力和财力并耗费大量时间成本，停用旧物资标准，应用新物资标准(含3880个小类及属性模板)，涉及采办系统、ERP系统(含BW)、MDM、合同系统、条码系统、进出口监管系统、EMP、MAXIMO、HOS和其他外围系统，共清洗旧的61大类下近128万条物资数据，在关闭了旧61大类下9000个物料组/属性模板基础上，启用了新的43大类、3880个物料组/属性模板。截至2016年6月底，新的43大类下物资数据共计146万余条，平均月增2万余条。

物资标准及数据管理是企业的一项重要基础建设工作，低质量数据触发了中国海油物资标准化及数据清理工作的开展。对于业务信息化而言，没有高质量的物资数据，所实施的业务系统无法发挥作用。大量的报表表单、统计分析都依赖于高质量的物资分类、物资数据及业务数据。中国海油在数据清洗过程中，坚持清洗依据标准走，即新的43大类物资标准是开展数据清洗、检验数据质量的唯一标准；对问题数据采取不保留态度，质量低下的历史物资数据尽量删除，提高工作投入产出比；凡是切换数据均采取新建方法，需要切换的旧数据全部删除新建，避免因某家清洗错误造成交叉影响；而对通用、专用数据采取不同的方法即“路不同”，其中，通用数据类别严格遵守总部进度要求，但专用数据类别则可以让不同下属单位自行灵活安排。通过这几点原则与方法，确保了数据的清洗结果符合要求。

数据清理完成，由旧编码向新编码切换到系统如SAP系统中，实现各类业务由旧编码向新编码平稳过渡也十分重要。系统调整切换以业务影响最小化为原则，具体措施包括：①旧编码新增控制，即，禁止使用旧编码提报业务，新增业务以新编码提报，加速旧编码业务处理；②自然消耗、集中切换相结合，即，业务量较小的单位和模块，采用快速集中切换处理；业务量较大的单位和模块，采用自然消耗+集中切换的方式处理；③系统调整影响最小，即，仅调整受物资分类变化影响的系统配置和程序，不对历史业务单据进行调整。

具体切换过程中，中国海油提出了“源头控制+自然消耗+集中切换”切换方案(七步法)，为后续系统切换提供理论依据与操作经验：根据新旧编码对照表，结合主数据维护、SAP源头单据控制、旧编码库存消耗和自主切换，在SAP系统中完成受影响未清业务单据及库存的切换，实现SAP系统旧物资编码删除与确认，43大类物资标准下的各类业务平稳过渡到新物资标准，标准准确性在业务信息系统中得到使用验证，实现了各信息系统物资主数据“一物一码”，提升了数据的质量。

但是，物资标准化及物资数据全面清理项目的成果亟需巩固，以实现数据质量的长治久安。因为尽管大家都认为数据管理是信息化应用的基础、非常重要，但实践事实告诉我们，往往是“说得多，做得少，管得松”，导致每隔几年数据清理可能会“从头再来”。图4-25是质量规律示意图。

所以，对于数据管理，需要建立一种长效机制。所制订的长效机制方案，应该做到：①有规矩，立足项目所总结的问题，建立数据应用规则，从源头规范；②有监控，通过设定必要的衡量指标，考核/评价物资相关数据质量；③有手段，继承项目形成的各类工具、方案等，用于处理日常问题；④有流程，完善项目过程中形成的处理流程和分工，继续执行应用。

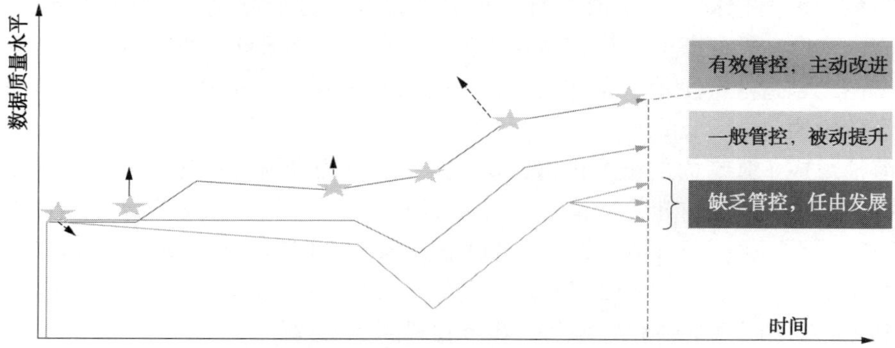

图 4-25 数据质量规律示意图

因此，从中国海油的教训、经验和实践体会出发，必须充分重视数据的标准、质量以及后续清理工作等问题。而且，数据的命名(名称)最好由设计院(工程公司)与业务部门共同完成，避免各自为政。如果不能共同完成，也推荐设计院(工程公司)主责为好。

(五) 关于技术支持与服务

数字化交付毕竟是新生事物，所以做好其技术支持与服务是能否高标准、高质量实现数字化交付的重要前提条件之一。

在数字化交付实施的开始阶段，应用软件平台的本地化技术支持十分重要。本地技术支持团队能够保证工程公司内部、专业工程师之间进行协同工作。

本地化技术支持团队不但要为工程公司提供足够的软件培训，而且还要负责正确解释业主提出的应用软件方面的要求，并对使用软件过程中遇到的问题随时提供帮助。工程的进度不能因为软件的技术问题而耽误，强有力的本地化技术团队可以为工程公司解除这方面的后顾之忧，使工程公司能够专注在自己的本职业务上。工程公司与业主的沟通应基于专业工作的交流，尽可能减少对于应用软件的交流。

对于业主包括文档控制、工程建设专业管理人员的培训也必不可少，及时的技术支持解决接收、使用问题对于增强信心、提高使用效率等十分重要。

(六) 关于数字化档案资料与数据的归档与管理

通常，企业或公司的档案是指企业(公司)从事工程、经营、管理以及其他各项活动直接形成的对企业(公司)有保存、查阅、再利用等价值的各种文字、图表、声像等不同形式的历史记录。档案通常分为受控档案和非受控档案两大类。对于下述文档资料的归档，大多数企业比较熟悉：重要的会议材料，包括会议的通知、报告、决议、总结、典型发言、会议记录等；公司对外的正式发文与有关单位来往的文书；公司的各种工作计划、总结、报告、请示、批复、会议记录、统计报表及简报。公司与有关单位签订的合同、协议书等文件材料；公司职工劳动、工资、福利方面的文件材料。公司的大事记及反映公司重要活动的剪报、照片、录音、录像等。而且，对于这些文档资料的质量方面，应遵循文件的形成规律和特点，保持文件之间的有机联系，区别不同的价值，便于保管和利用；数量方面即归档的文件材料种数、份数以及每份文件的页数是否齐全完整；保持正确的归档方式方法[如，每份文件的正件与附件、印件与定稿、请示与批复、转发文件与原件等应该立在一起，不得分开及文电合一归档；不同年度的文件一般不得放在一起立卷；跨年度的总结放在针对的最后一年立卷；跨年度的会议文件放在会议开幕年；档案文件材料应区别不同情况进行排列，密不可分的文件材料应依序排列(如批复在前，请示在后；正件在前，附件在后；印件在前，定稿在后)；其他文件材料依其形成规律或特点，以保持文件之间的密切联系并进行系统排列为前提等]。

作为数字化交付所形成的各类资料，与传统的纸质图纸资料为主的档案资料相比，档案资料的载体发生了巨大变化，这对档案资料从管理理念、制度体系、手段平台、运行机制方法等与以往均有很大不同。档案管理部门要从符合档案管理法规角度对数字化交付的资料提出原则要求，建立、完善、健全归档管理的各项规章制度，确定归档管理运行机制、收集原则、收集范围、分类编号方法、保管、利用等现代管理方法。

数字化交付很多是在工程建设过程以及中交后实现的。在工程建设过程，除了工程公司(设计院)交付的数字化资料外，还有很多发生在项目现场的设计变更、监理、安装、检测等记录形成的原始签单、记录图纸、观测记录(含影像)、拍片检测资料、各类报告、仪器标定等纸介质材料，部分转化为数字化资料并按照一定格式存储在磁盘、光盘等介质上，也可在网上传送，但仍有不少维持原状。因此，需要考虑归档需要而专门设置的数据资料接口。这也对档案信息化管理提出了新的要求。

就企业档案管理而言，为了适应数字化交付的需要，必须加快实现档案管理数字化进程。档案数字化[42]是形成数字化档案的过程，数字化档案是档案数字化的结果；数字化档案不是档案，而只是档案数字形式复制品；数字档案才是真正的档案。实现档案管理数字化的办法，是采用数字档案资料管理系统。数字档案资料管理是以数字资源为主要采集的基础数据源对象，通过数字化技术实现档案数字化识别扫描、存储管理与维护，及提供数字档案信息的网络传输、利用服务，并架构于一个完整的标准化体系基础之上的档案资料库管理。这就需要一种数字化档案资料管理的操作平台，按照企业的现代档案资料管理业务的特点和信息化应用不断深化与发展的潜在需求，既要能够支持传统纸张档案资料的数字化归档和多种主流电子化文件的收集、整理及归档管理业务要求，特别是适应数字化交付的新的需要，以及今后进入生产管控、营销后产生的大量数据归档、集成利用的需要。可以考虑在技术框架上采用B/S三层模式、SOA架构和Ajax技术进行系统设计，通过浏览器提供类似桌面应用程序的用户交换界面，增强系统管理的交互性。该平台必须考虑与数字化交付资料之间的接口、资料与数据如何融合等问题。

档案管理人员要在项目前期就参与与工程公司(设计院)等单位之间的数据标准的讨论、制定等工作，了解、关注“EMM”平台与档案资料数字化系统之间的接口等要求、参数，定期参加相关会议和培训，以保证能够做到无缝衔接。

数字化交付的数据资料，要及时做好归档、保存，并做好对其持续管理，特别是变更等管理。还有，需要关注、做好工程建设阶段所形成的其他相关资料与数字化交付资料之间的数据融合等问题。

(七) 关于对数字资产的持续更新、技术支持与维修维护

这里所说的，不是指如何利用数字化资产管理的方法、手段对实物资产进行维修维护，而是想说，如同实物资产需要维修维护一样，数字化资产即信息化部分，也需要定期维修维护，以及持续的更新以确保时效性、与实物资产的一致性。

要做到与实物的物理工厂一一对应，必须注意如何在实物工厂发生设计、施工等变化以及生产运管期间实施技改技措、变更后，对数字炼化进行及时更新、持续提供技术支持，否则，用不了几年，花较大力气所建成的数字炼化就会因为数字炼化不能全面反映实物工厂状况、数据缺失、数据陈旧、缺技术支持、缺少维修维护等原因，不能正常运转、使用，久而久之就会成为一堆无用的数字垃圾。

因此，明确管理部门、配置专业人员，像管理实物资产一样管理好数字资产并做好数字炼化的持续更新、技术支持与定期维修维护，是十分重要的，企业技术与管理人员不论是从理念上还是在实际安排计划预算、日常工作上均需要真正做到“实物、虚拟即实物孪生”一起安排、实施。

对于工程公司(设计院)来说，既为了总结经验、吸取教训、不断提升自己工程化与业务能力，也为了自己今后还能够为业主提供进一步的技术支持、服务，也需要考虑将数字化交付的资料、数据、模型等用业主实际变更、调试、运转等的数据、信息进行持续更新和适当的维修维护。

五、以业务需求为导向的逆向数字化建模

以下内容针对离散工业，但对流程工业的炼化企业特别是由生产企业主导、希望将现有装置、单元纳入到新的数字炼化平台中来的时候，有一定的参考价值。

(一) 逆向数字化建模目标

逆向工程技术[43]与传统的产品正向设计方法不同，它是根据已存在的产品或零件原型构造产品或零件的工程设计模型，在此基础上对已有产品进行剖析、理解和改进，是对已有设计的再设计。其主要任务是将原始物理模型转化为工程设计概念或产品数字化模型；一方面为提高工程设计、加工、分析的质量和效率提供充足的信息，另一方面为充分利用 CAD/CAE/CAM 技术对已有的产品进行设计服务。

逆向工程是对已有的产品零件或原型进行模型重建，利用三维数字化测量设备准确、快速地测量出实物表面的三维坐标点，并根据这些坐标点重建实物模型的过程。逆向工程是工程技术人员通过实物样件、图样等快速获取工程设计概念、提升产品原型的重要技术手段，是产品快速创新开发的重要途径。

(二) 逆向数字化建模方法

逆向工程是指针对已有产品原型，消化吸收和挖掘蕴含其中的涉及产品设计、制造和管理等各个方面的一系列分析方法、手段和技术的综合，主要包括产品设计意图和原理逆向、美学审视和外观逆向、几何形状和结构逆向、材料逆向、制造工艺逆向、管理逆向等。逆向数字化建模的方法主要包括四个步骤，即数据获取、数据处理、三维模型重建、快速成型制造。

1. 数据获取

数据获取是逆向建模的第一个步骤，数据的获取通常是利用一定的测量设备对零件表面进行数据采样，得到的是采样数据点的笛卡尔坐标值。数据获取的方法大致分为两类：接触式和非接触式。接触式方法是在机械手臂的末端安装探头，使其与零件表面接触来获取表面信息，目前最常用的接触式测量系统是三坐标测量机。非接触式方法采用光、声、磁等非接触介质来获取零件表面信息，可分为主动式测量和被动式测量。常用的非接触式测量方法包括：激光结构光扫描法、面投影光栅法、数字照相系统、计算机断层扫描法等。

激光线结构光扫描测量法是一种基于三角测量原理的主动式结构光编码测量技术，亦称为光切法，通过将线状激光束投射到三维物体上，利用 CCD 摄取物面上的二维变形线图像，即可解算出相应的三维坐标。面投影光栅法是一类主动式全声三角测量技术，通常采用普通白光将正弦光栅或矩形光栅投影于被测物面上，根据 CCD 摄取的变形光栅图像，根据变形光栅图像中条纹像素灰度值的变化，可解算出被测物面的空间坐标。计算机断层扫描技术最具代表的是基于 X 射线的 CT 扫描机，它是以测量物体对 X 射线的衰减系数为基础，用数学方法经过计算机处理而重建断层图像。层析法是一种破坏式测量方法，将待测的零件原型填充后，采用逐层铣削和逐层光扫描相结合的方法获取零件原型不同位置截面的内外轮廓数据，并将期货使用获得零件三维数据。立体视觉测量是根据同一个三维空间点在不同空间位置的两个或多个摄像机的图像中的视差，以及摄像机之间位置的空间几何关系来获取该点的三维坐标值。

数据获取是逆向工程准确建模的基础，获取数据的质量会直接影响到后续的曲面重构的质量。测量后得到的原始数据往往存在冗余和噪声，要经过数据预处理才可进行曲面拟合及 CAD 建模。数据预处理的工作一般包括多视角数据拼合、数据删减与修补、去除噪点等。

2. 数据处理

通过三坐标测量机得到的点数据，存在着噪声和误差等，需要将点数据进行格式转化，噪声滤除、平滑、对齐、合并、差值补点、数据精简、数据分割等一系列的数据处理。

3. 三维模型重构

模型重构是对上一步骤处理的数据利用逆向工程软件进行曲面拟合，然后通过点线面的数据计算、拼接、匹配连接成光滑曲面，从而获得产品模型。专用逆向工程软件包括 Imageware、Geomagic、CopyCAD、RapidForm 等。

4. 快速成型制造

快速成型制造是逆向工程最后一个步骤。快速成型技术的工艺方法有很多，其中常见的有光固化成型(SLA)、选择性激光烧结(SLS)、分层实体制造(LOM)、熔融沉积制造(FDM)等。

(三) 逆向数字化建模规范

逆向工程是按照产品引进、消化、吸收与创新的思路，以实物、原理、功能、三维重构、再设计的框架进行，其中，最主要的任务是将原始物理模型转化为工程设计概念模型或产品数字化模型。其开发流程可以参考图 4-26。

(四) 流程工业数字化重建策略

流程工业企业在面临不断变化的法规、市场和技术带来的挑战的过程中，数字化是能够成功应对这些挑战的首要工具，而在建设“数字化企业”的根本基础在于能够实现工厂数字化的一体化软件产品与解决方案，从而确保工厂设计、工程、安装、运营、现代化升级改造以及云服务之间实现无缝数据交换，让用户能够利用其工厂的虚拟“数字模型”来模拟和优化调试、运营及维护。

数字化的实现有赖于一体化工程。一体化工程能够通过减少不同领域之间所需接口数量来减少错误源，通过多流程并行工作来提高每一个工程环节的质量，并缩短产品上市时间。这样，工艺工程或电工规划之类的任务能够与自动化工程同时进行，可实现在整个工厂生命周期的横向集成，同时能够实现从管理层(比如 ERP 系统)到现场层的纵向集成。在建设数字化的工程中，需考虑涵盖逻辑上相互作用的四大要素：数字化企业软件套件、工业通信网

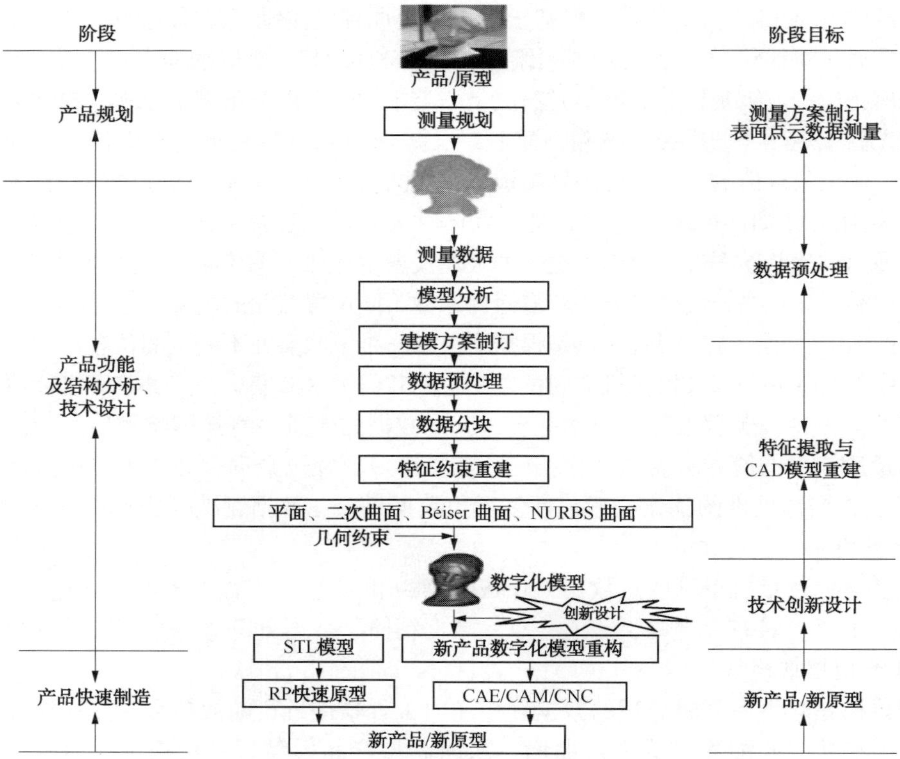

图 4-26　逆向数字化建模开发流程示意图

络、自动化安全和面向特定业务的工业服务。

第五节　数字炼化的建设与应用

一、数字炼化的建设

数字炼化的建设是一个渐进的过程，即使是一个全新建设的现代化炼化一体化企业，也是随着项目推进、外部与内部环境的各种变化如政策法规、管控要求、技术进步等的变化不断完善的过程。

一个炼化企业要想建设或实现数字炼化目标，必须理解其公司发展战略，分析其相关业务，通过对行业发展趋势、行业最佳实践的学习与比较分析，采用合适的信息化评估模型对自身实际状况和需求进行分析、评估，提出实施策略并予以推进。

以下以中国海油的具体实践来说明如何推进数字炼化建设[4~7]。

1. 现状、能力与需求分析

关于中海石油炼化有限责任公司的公司情况、发展战略与业务分析、信息化现状能力评估与需求分析等可以参阅本书第一章第三节、第三章第二节和第三节的相关内容。以中国海油惠州石化实施数字炼化建设为例，对其业务现状从①原油配置与运输；②加工流程、装置配置与具体生产安排；③仓储物流；④产品销售等角度进行业务梳理。通过业务关键分析发现一些问题：①各装置达标考核涉及的数据面较广，尚无法实现完全自动计算；②应急启动的程序等还停留在以人工操作、记录、传递的阶段，极易发生漏报、错报、以及记录不完整等情况。

同时，对惠州石化的信息系统进行梳理。通过对惠州石化在信息系统方面、系统集成方面以及数据质量方面的详细分析，获得信息化现状分析报告，当然，也借此机会发现其相应的不足，如信息系统方面，惠州石化的底层数据通过 DCS、SIS 等系统实现自动采集，APC 目前仅应用到 4 套装置上；MES 和 LIMS 功能需进一步完善，设备预防性维修平台刚刚建成，还需继续优化；建成以 ERP 为核心的经营管理层信息系统，但尚未建设辅助决策支持系统。又如，在系统集成方面，目前的多系统间接口方式多为点对点的接口方式，多个系统间形成了网状衔接，系统的维护、升级等操作更加复杂，不确定性风险较大。而在数据质量方面，数据标准不够清晰，各系统物料、物资、设备、装置编码等没有一个从总部到基层单位统一执行的规范。还有，数据规划不清晰。总部各项信息系统多用于数据统计，基层单位信息系统多用于指导生产。总部各项信息系统不提供与基层信息系统实施互连的接口，多数需要靠手工填报，导致数据传输不及时、数据质量不可靠，等等。

通过详细的调研，形成惠州石化的信息系统现状的专门报告，据此，再结合能力、信息化智能化升级评估模型等综合分析，提出惠州石化信息化的需求。

2. 信息化需求

满足惠州石化数字化建设及其智能化升级的信息化方面的需求，部分举例说明如下：

(1) 信息系统的完善方面，包括：ORION 系统升级，完善装置及流程信息，满足生产需求；APC 扩大装置覆盖率等七大方面。

(2) 信息系统的建设方面，包括：综合分析及决策支持相关的系统，实现企业决策智能化；相关信息系统，实现装置达标考核完全自动计算的需求；等八大系统。

(3) 信息系统的集成方面，包括横向集成与纵向贯通、统一数据标准和统一接口标准三大方面。

横向集成与纵向贯通，要实现多系统(包括总公司与各企业的信息系统)间数据共享；单个系统需考虑到基层应用—技术管理—顶层统计三个维度的管理，保证数据可用性，减少人为工作造成的错漏和不必要的修正。

(4) 信息系统的深化应用，也包括三大方面，如：深化工业互联网应用方面，通过各种信息传感设备，实时采集任何需要监控、连接的设备、人或过程等各种需要的信息，提升企业数据利用能力；其他如深化工业大数据应用和开放配置空间也均提出了具体要求。

(5) 基础设施及信息安全方面，包括三大方面，如建设数据中心、物联网、SOA 集成平台、虚拟化与云计算平台等。

(6) IT 管控方面，包括：完善信息安全管理体系，稳步推进信息化工作，建立与之匹配的信息化建设团队，提升团队整体权重、责任，加大激励、考核力度。

3. 数字化炼化的建设

数字炼化建设是智慧炼化建设三步曲即“数字炼化、智能炼化和智慧炼化”建设的第一步，是基础。尽管如此，数字炼化建设这个第一步和基础建设工作也不是面面俱到，需要根据建设方的具体特点、业务需求，有针对性地进行“填平补齐”、重点建设。

根据综合分析，中国海油炼化公司在数字化炼化阶段的目标是实现可视化、提高效率，其核心是生产运行信息化和自动化，主要的应用是数字化员工、数字化资产和数字化操作三大方面。据此进行重点建设。

1）数字化员工

（1）数字化员工的目标。数字化员工的目标为实现生产操作人员动态管理，提高工作效率，实现本质安全。数字化员工旨在解决包括通过纸制工单严重影响员工工作效率和信息传递的准确性和及时性等六大方面的重点问题。

（2）数字化员工的实现。数字化员工的实现需生产各个环节员工数字化支撑，其中，现场操作人员包括六大方面工作；控制中心人员解决五大方面问题；而生产管理人员则需要解决设备运行状态跟踪和突发事件应急指挥两大方面的主要工作。

2）数字化员工解决方案

方案包括主要系统、机关系统、智能设备和基础设施四大方面，具体内容从略。

3）数字化资产

（1）数字化资产的目标。数字化资产的目标为实现设备全生命周期管理，实现设备性能跟踪，提高设备利用率。数字化资产旨在解决以下业务问题：

① 缺乏设备资产运行数据，目前管理数据不能有效体现设备运行性能；

② 缺乏设备维护过程的历史详细记录，造成停车 50%左右设备故障都在以前发生过，历史详细信息缺乏，影响企业的预防性维护能力；

③ 缺乏设备健康与可靠性全面监控、分析，限制了设备信息共享与可靠性管理的业务合作；

④ 设备运行与维护计划与执行情况的不一致以及结果反馈不及时，导致设备运行维护不能实现闭环优化。

（2）数字化资产的支撑。数字化资产需要各种装置和设备数字化的支撑，涉及到装置、动设备、静设备、电气仪表和备品备件方面的详细内容，从略。

（3）数字化资产解决方案，部分内容简述如下：

① 主要系统：MES 中的设备动态管理；设备全生命周期管理系统。

② 相关系统：设备数据标准化与数据共享；设备备品备件采购系统；ERP 系统中设备管理。

③ 智能设备：智能传感器；智能计量设备。

④ 基础设施：厂区局域网；三维数字炼化。

4）数字化操作

（1）数字化操作建设的目标。数字化操作建设的目标为全面展示生产过程操作，实现操作协同，提高效率减少成本。数字化操作旨在解决“操作自动化与在线优化程度低，减少整体加工量和高附件值产品产率”等六大方面问题。

（2）数字化操作的实现。数字化操作的实现需各业务环节的数字化支撑，此方面包括“装置罐区、能源、设备、物流、加油站和工程与研发”各模块的具体支持，各模块具体内容从略。

（3）数字化操作解决方案，部分方案如下：

① 主要系统：MES、LIMS；能源管理系统；设备全生命周期管理系统；一体化物流管

理系统；加油站管理系统。

② 相关系统：先进计划系统；流程模拟与优化系统；物流运输 GPS 监控系统。

③ 智能设备：DCS、PLC、智能分析仪；运输车辆的智能终端。

④ 基础设施：炼化物联网（IT/OT）；自动控制系统。

二、数字炼化的应用

（一）三维数字炼化

1. 数字化交付与无缺陷开车

中国海油惠州石化实现了工程项目的全数字化交付、无缺陷开车并与生产运营数据的无缝衔接，如图 4-27 所示。

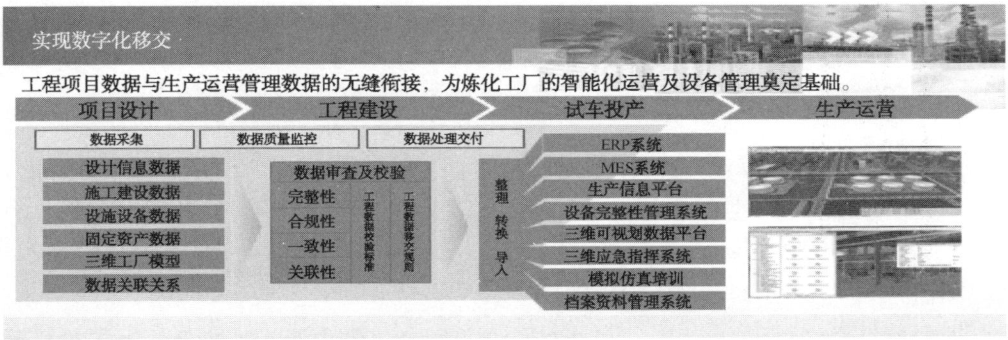

图 4-27　数字化交付与生产经营数据无缝集成示意图

信息化建设的不断推进，对我们的生产过程和日常管理带来了巨大的变化。但在各个系统不断扩展增强的同时，我们也认识到它们各自有自己实现的目标，而这些目标处于不同时期不同角度，形成了很多信息孤岛和业务关联性孤岛。各个业务系统之间由于需求不同、目标不同，导致了数据使用的复杂性和多样性。如何把这些功能上关联不密切、应用上相互脱节、底层数据需要共享互换的系统集成起来，理顺企业的数据流，达到“基础设备数字化”“生产过程数字化”“生产管理数字化”“决策支持数字化”“分析应用数字化”的全过程数字化效果，是困扰生产企业的难题之一，也是企业信息化建设成功的关键之一。

炼化企业设备繁多，设计资料、设备数量相当庞大，地下管线系统错综复杂，一不小心就被挖断，让人头疼不已；如何使工作人员彻底脱离枯燥的数据文字报表，实现三维可视化，是许多业务部门都急于解决的问题。利用不断发展的信息技术做好设备及检维修管理也就成为一个引人关注的问题。而三维数字炼化是基于地理信息系统平台和信息交流平台而开发打造的，它将相关数据植入到系统中，整个生产厂区的所有配套设施进行 1∶1 三维建模；操作人员能迅速、直观、清晰地了解生产厂区的状态，厂区范围内的建筑、工艺设备、管件、地下管网、电缆、光缆均清晰可见，通过与生产视频监控系统的结合，能动态地查看整个生产厂区的实时情况，为企业安全生产和应急管理的工作提供良好的管理和监控平台。

中国石油的三维数字炼化[12]的具体内容是建立一个以三维虚拟炼化为基础的集成管理平台，集成工程设计、生产运营、机动设备、环保安全等各种动态静态数据，运用三维可视化技术，提供企业资产信息全生命周期管理、具备高度可配置化应用的系统，是对企业信息管理系统的扩充应用。在物理资产从产生、运营到退役的全过程中，提供资产信息的工程设计、数字资产移交、整合与生命周期管理、技改变更、运行维护、动态展示、信息查询和模拟演示，能够为规划、设计、施工、运营等部门提供准确数据支持的管理环境。例如，中国石油某炼化企业应用数字化布局系统，建立了装置、罐区、管道、办公区和消防器材等动态三维模型，将所有设备按照实际大小和形状精确定位。当某设备出现故障时，应用系统的空间距离测量功能，通过计算机向公司总部技术专家展示该设备详细立体信息，准确判定发生故障位置后，专家可远程指导现场操作人员进行维修作业。同时，结合射频识别技术（RFID）和移动巡检管理解决方案，能够对巡检人员准确定位，加强了巡检作业的安全管理与监督。

中国海油惠州石化是最新建成的三维数字炼化的一个样板。

2. 保障数字炼化项目实施成功的措施与体会

为了避免信息化项目“重建设，不重应用”的普遍问题，确保项目达到实用性效果，必须实施项目保障措施管理。例如，如何做好项目实施时很容易不被重视甚至被忽略的数据管理、需求管理和沟通管理？如何规划？如何更好地实施？等等，需要做好扎实工作。

1）统一规划、统一管理

“统筹规划，资源共享”是信息化建设的纲，要有统一规划，并在统一框架的指导下，各公司进行数字化炼化的建设，实现信息网络互联互通，共享资源，避免重复建设。

2）注重用户的需求调研

据统计80%以上的信息化项目失败都是因为项目的需求不确定造成的，而需求的经常变动大部分都是因为我们不能从客户的角度出发分析和发掘需求。一个成功的项目应该很好地解决两个问题，那就是“我们可以帮助业务部门解决什么问题？我们能给业务部门带来什么价值，能给它们的工作带来什么样的方便和收益？”这样才能引起业务部门的关心和关注。所以需求调研和分析也是非常重要的一步，要了解业务流程、变更管理、需求跟踪、需求验证和确认等重要内容。

3）层层推进，追求实效

同其他信息系统一样，采取先试点，再推广的方式。老炼化和新炼化起点不同，先建立起三维数字炼化管理台，老炼化需要资料整理和设备建模，新炼化需要在设计施工阶段就建立起数据移交规范，按照规范接收设计施各方产生的三维模型和各种相关资料。然后再有步骤地推进三维数字化管理平台同各种管控信息化系统的数据连接，以实现三维数字化炼化。

4）做好沟通管理和冲突管理

数字炼化作为一个综合类的大型信息系统，设计之初能准确捕获用户需求几乎是不可能的，这就需要经常与业务部门进行沟通，同时还需要对业务人员进行项目的基本知识培训，让他们更好地了解软件项目开发的过程和步骤，以提高他们对开发高质量业务需求重要性的认识水平。项目组成员的从业经验和业务背景往往与业务部门人员存在很多不同，构成了双方在相互信任、理解和沟通方面的若干障碍，当项目运转时，总有不合理、不规范、违背常规的情况暴露出来，这时就必须要运用人际交往手段来弥补和促进工作角色之间关系的和谐。一些非正式的交往和沟通手段提供了更多可供选择的办法来解决争端，使他们愿意共享技术、信息，直至相互信任，营造出融洽、和谐、愉快的工作环境，从而达到管理制度无法促成的岗位或部门间的默契配合，以此来保证流程的畅通，促使信息化系统得以顺利组织和实施。

5）系统设计的扁平化

在建设数字化炼化的整个过程中，我们应该看到由于认识和观念的不断提高，在各个时期建设的很多实用的小系统可能已经不再适合新条件下生产管理的需要，往往会形成一些信息孤岛，实施数字炼化这样完整的大系统，我们就不得不判断，是抛弃不适合的系统，进行数据转移，还是建立适合的接口，达到互联互通。

6）以“应用”促“建设”

业务部门所做的工作、所起的作用是不可忽视的，数字炼化的建设的最终目的是应用，是利用各种有用的数字化资源为生产管理服务。业务部门参与该工作的积极性直接决定了信息化进展程度的快慢、信息化系统水平的高低。但是，信息化项目建设时业务部门更多的是关注其管理和业务，对信息系统的实施不会积极主动的参与，一般也不会派专人进入项目实施组，通常只有一名业务联系人。由于数字炼化改变了传统工作模式，本身就会遇到阻力，在没有给业务人员带来便利的同时，必然会引起抵触情绪。数字炼化建立的目的是要有人去用，去利用各种有用的数字化资源为生产管理服务，因此用户的“想法”特别重要，数据可以根据用户的应用需求来确定。用户有想法准备用来使用和分析的数据，应该优先植入系统，以“应用”促“建设”，是信息化项目接地气的重要方法。

7）应用范围梳理

数据的组织与管理工作也十分重要，很多信息系统重建设、轻应用和数据管理，造成烂尾楼的现象。数据就像是人体的血液，有了血液系统才能形成一个有活力的有机体。业界流传很广的一句话是“三分技术，七分管理，十二分数据”，可见数据的重要性。炼化企业一套装置设备数据的采集、录入通常需要一个月时间，给业务人员带来了沉重的负担，并且数据很容易出现收集不全、丢失或录入错误的情况，数据还需要进行采集、录入、整理、归纳、提炼等一系列过程，才能有应用价值，所以数据的管理一定要采取灵活、机动的策略。数据建设采用层层推进的策略，不要期望数据的管理能一步到位，所以要做好数据建设的组织与管理工作，要做好基础资料的后续维护。数据质量是数据的生命，错误的数据不但没有任何意义，而且干扰生产。因为外界环境和生产情况在不断变化，所以数据准确度是个相对的概念，目前数据准确并不代表一直都准确，对于静态数据和动态数据都要不断调整和优化，这是长期的、无止境的。基础数据整理是个艰苦细致的工作，数据质量的提高是个渐进和求精的过程。实施信息系统的企业一定要高度重视基础数据的整理，使基础数据达到及时性、准确性和完整性的要求。基础数据准备这项工作的重点不是在数据本身，严密的计划和合理的组织才是完成这项艰巨工作的最好手段。同时要利用已经提供的各类分析工具进行分析应用。

8）项目实施

项目整体管理是项目管理中一项综合性和全局性的管理工作，项目经理必须按照项目执行计划，从整体上权衡各个分项目标，执行科学合理的详细管理工作计划，对项目实施中的潜在风险进行识别、分析，规避负面影响，把握正面机会，定期对项目进行监督，指导，保障项目按管理计划既定基线运行，加强项目相关干系人的沟通，以保障项目成功实施。

数字炼化数据量十分巨大，实施周期长，实施人员一定要主动与业务部门的人员进行融合沟通。信息系统的宗旨就是提高工作效率，给业务人员的工作带来便利，实施前要了解和掌握业务的工作流程，知道业务部门关心的是哪些设备参数，经常变化的动态数据有哪些，在检维修流程中他们最烦琐的是哪些环节，信息系统能否给业务部门带来实用性的帮助，这样针对性的与业务关联起来，就比较容易引起业务部门的关心和关注。

（二）数字炼化的设计、建设与应用

李玺、崔崇[28]对数字炼化技术在石油炼制行业的应用进行了分析，对国内某石化企业实施数字化工程的设计、工程管理、地下管线管理、生产运营、可视化资产管理、三维应急管理、三维可视化培训等进行了介绍，实施效果明显：①减少因挖断地下管线造成的人力、物力、材料和停工损失。根据统计平均每次因挖断管线所造成的人力、物力、材料和停工损失合计约3万元。通过数字炼化建设，能够将地下管线、光电缆的准确位置和空间布局有效地管理起来，至少能够减少因信息不准确造成的挖断事件发生，可降低挖断事件约60%～70%，每次节省的费用达到1.8万元/次。②减少图纸资料检索查询时间而节省的检维修停机时间。以5Mt/a炼化企业2015年检修项目为例，包括：泵类检修254项、风机检修67项、机组检修41项、特种阀门检修27台；技改技措项目29项，工艺和设备动改项目191项，安全隐患整改项目204项。停工检修耗时长达30d。通过数字炼化的实施，至少能够为项目检维修节省约1d，停工节省工时将带来巨大的经济效益。炼油每分钟处理能力约：500×104/365/24/60＝9.5t。假设原油价格为48美元/桶，那么停产1min所带来的损失为2.03万元。通过数字炼化建设，因节省资料查找时间而减少的检维修停工时间，所产生的经济效益高达数千万元。

（三）三维数字化协同生产指挥调度

延长石油集团[44]为了能够在激烈的市场竞争中立于不败之地，就如何科学化、规范化、制度化对团队依靠现代化科技手段和监督机制进行管理，进行了有效探索。它们充分利用4G、3G等移动通信作为信息传输媒介，应用GPS的定位技术、计算机技术、网络技术等手段实时显示出员工的实际位置，实现对员工的调度管理、工作求助和信息咨询等的实时监控。基于三维地理信息系统构建工厂虚拟场景，并以此为基础，搭建一体化、可视化的资源监控和协同调度指挥平台系统，显著提高了安全事故应急和巡检工作的效率。

1. 协同指挥调度平台构架

协同指挥调度平台是基于GIS、GPS、GSM/TD-SCDMA、3G、4G和协同指挥调度语音对讲技术，依托自身电子地图和GIS平台优势，集成中国移动协同指挥调度语音对讲业务。

平台自下而上分为数据层、服务层、应用层和用户层四部分。数据层包括三维基础地理信息数据，是平台应用的基础。业务地理信息数据为用户关注的业务空间数据。业务属性数据为用户自身业务数据，应急指挥数据为用户在面向突发事件处置过程中产生的相关数据；服务层基于数据层为应用层提供相应的服务，主要包括电子地图服务、语音对讲服务、信息交互服务、位置监控服务、查询服务、导航分析服务和空间分析服务等；应用层根据用户业务逻辑搭建上层应用系统；用户层主要面向管理人员、外业工作人员和系统运维人员。

系统由数据库服务器、Web服务器、通信服务器以及维护终端组成，采用J2EE架构，使用Servlet技术实现XML接口，使用JMX技术实现系统的可管理性。

2. 平台功能

（1）中心监控管理系统。该系统具有：电子地图基本操作，人员定位监控，监控报警，语音对讲管理，信息交互，业务数据终端上传信息管理等功能。

（2）终端工作辅助系统。该系统具有：位置信息上传，语音对讲，现场信息上传，系统参数设置等功能。

（3）后台业务管理系统。通过部门管理、人员管理、对讲终端设备管理和系统设置功能实现业务数据的增、删、改、查操作。

又如，中国石化九江石化与华为合作，共同设计智能工厂方案，提出了融合无线集群和调度电话方案，将视频和语音融合通信，使调度对现场情况一目了然[45]。

（四）数字炼化中的物联网应用

在炼化企业中，物联网系统的主要作用是通过在企业的现场安装数据自动采集、监控、射频等感知设备，实时采集设备、装置、罐区、物流、人员等各项现场数据和信息，提升炼化企业数据自动采集率和完整率，并搭建统一的物联数据平台，与上层如 ERP 和 MEs 等业务系统协同、实现生产运行可视化、安全预警自动化和管理决策系统化[46,47]。

具体来讲，炼化企业应该按照感应层、传输层和应用层三层架构搭建联网系统，并着手建立炼化物联网标准体系和技术规范。通过部署数据采集感知设备、建设覆盖生产现场的无线网络传输系统，进一步提高企业现场数据自动采集率，使企业掌握每个班次的生产数据，做到每天平衡进出物料，并能够将这些数据准确迅速地传递到像 ERP 这样的上层业务系统。通过智能化的终端设备和技术，规范现场操作，加强内外操沟通协作，实现人员定位和厂区周界安防联动，提升现场生产操作和安全管控水平，为建设数字化工厂提供基础支撑。

1. 炼化企业物联网架构

见图 4-28。

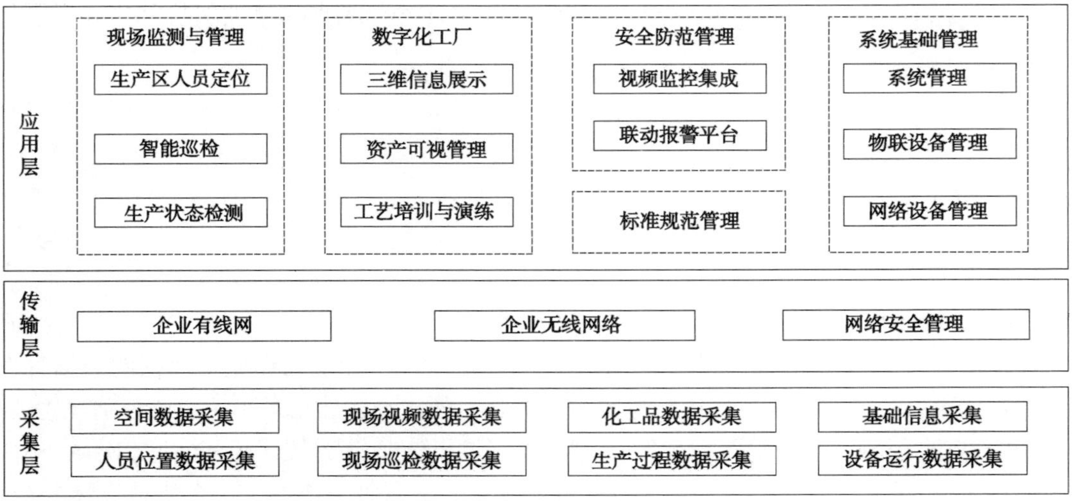

图 4-28　炼化企业物联网架构

2. 物联网主要功能

1）生产数据采集

生产数据包括温度、压力、流量、液位、能耗及重点排污口等生产过程数据，还包括动设备振动、位移等运行状态数据。生产数据采集通过现场的传感器等感知设备实现。数据自动采集率较低的罐区和各装置之间的公用工程设施，配备在线状态监测设备，实现对机组级泵的数据采集和在线监测，为巡检人员配备智能巡检终端，实现巡检业务操作和数据录入以及设备的属性、状态等数据采集，对企业已有视频监控点进行数字化转换、整合和集成，并采集罐区气体泄漏、火灾等智能分析数据；采集周界入侵信号，实现实时监控周界安全状况。

2）人员定位数据采集

包括卫星定位、工业无线网定位和 RFID 定位技术三种。卫星定位方案是以导航卫星定位技术为主，结合运营商 2G/3G 网络辅助定位，定位精度约 20m。进入生产区的人员佩带内置卫星定位模块的定位终端，搜索导航卫星数据，计算得到定位结果，通过 3G 网络传输至定位管理平台，定位平台即可追踪每个佩带标签的工作人员的位置。卫星定位方案优点是不需要布置定位设备和网络，部署简单方便。缺点是定位精度受限，且只适用于无遮盖物的室外环境。射频识别通过无线电讯号识别特定目标并读写相关数据，根据接收信号强度定位的 RSSI 技术目前应用较为成熟，基本原理是射频信号的衰减量与距离的平方成反比，已知发射信号的功率，通过检测接收信号的功率强度，即可得到信号传输的距离。RFID 定位多应用于小范围区域，特别是室内定位领域。另外使用无线传输网络定位的原理与之相似，通过在装置内部部署无线 AP 实现人员定位，拓扑结构灵活、覆盖面较广。定位时，由车间(装置)管理人员对需要进入生产区的非巡检人员进行信息统计和录入，配发定位终端并关联人员信息；而巡检人员则通过专有的定位终端或者通过巡检终端登录系统关联个人信息。

3）空间数据模型

空间数据模型包括炼化企业厂区的地形地貌、装置及设备等空间信息。可以借助目前成熟的数字炼化 3D 测绘建模技术，得到静态空间数据。数字炼化 3D 模型误差为 2~5mm，是实体物理装置的一种真实“镜像”，也可以切换到实体的物理图像，进行空间结构与空间关系的精准测量。对于一些较老的炼化企业，可以采用较为经济的二维平面模型。

4）仓储数据采集与管理

炼化企业固体化工产品基本以袋装或托盘的方式进行仓储和出入库管理，宜采用已广泛应用于物流环节的成熟 RFID 技术。RFID 无源标签标识产品批次、下线时间等信息，通过手持 RFID 读写设备自动识别和跟踪托盘在库房内摆放的区域和位置、进行库存盘点和出入库操作。

中国海油惠州石化在仓库管理中，采用条形码、电子签收等方式方式实现了仓储与物流的全自动管理，如图 4-29~图 4-31 所示。

5）传输层建设

传输层建设重点在企业无线网络。采集层的定位、巡检和现场作业等数据的数据量大，移动性强；泵群、无线仪表的感知数据较为专业化，频次高，数据量小，建议分别建立满足这两种需求的企业无线网络。无线传输网络技术包括 3G 技术(3G-WCDMA、3G-CDMA2000、TD-SCDMA)、4G 技术(4G-LTE)以及工业无线网技术，正在快速发展并应用到国内外各行业实际管理工作中。

运营商 VPDN 3G 是运营商针对企业用户推出的移动专用网，基于 3G 无线接入方式，利用 L2TP 加密隧道传输协议，在现有的拨号网络上构建一条虚拟的、不受外界干扰的专用通道，从而实现 VPN 方式访问连接企业内部网资源。

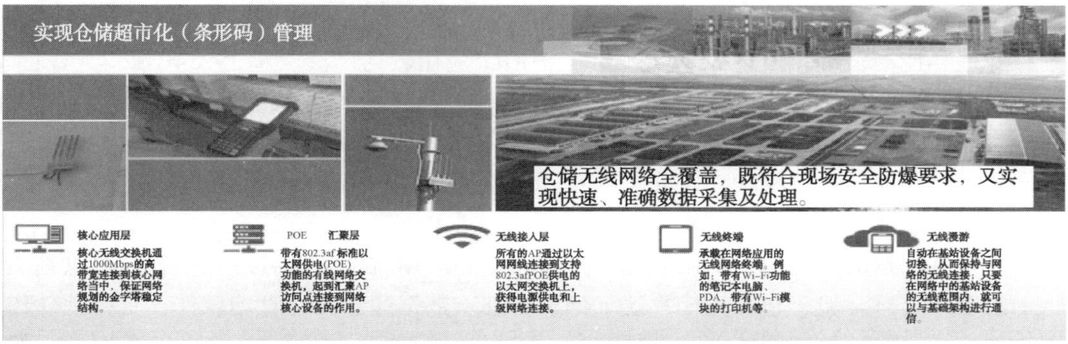

图 4-29 中国海油惠州石化仓库超市化管理示意图

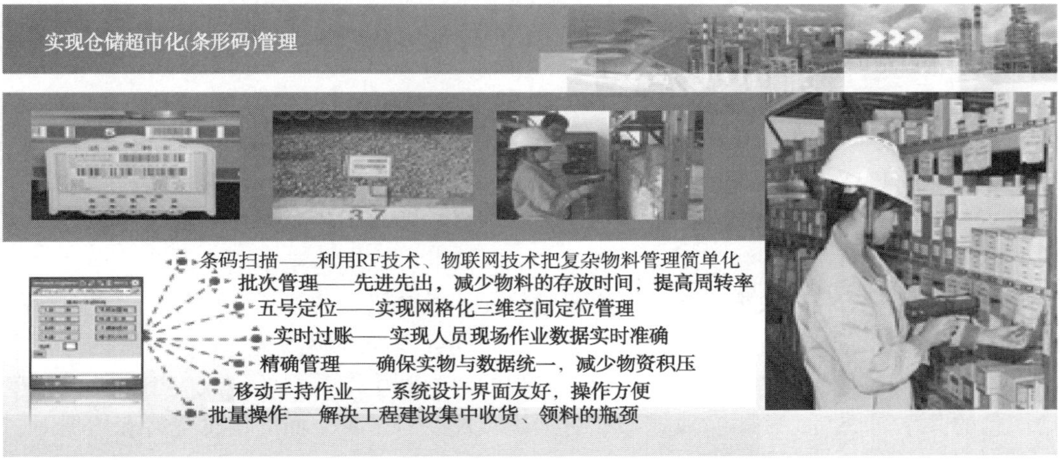

图 4-30 中国海油惠州石化仓库超市化管理(条形码管理)示意图

图 4-31 中国海油惠州石化仓库超市化管理(物流配送电子签收)示意图

Wi-Fi 技术基于 IEEE 802.11 协议，信号传输半径在无遮挡情况下一般可达数十米。Wi-Fi的特点是信号覆盖较广、高速率传输、通信协议统一，支持产品多，易扩展升级，但防冲突能力较弱，容易受外部强信号干扰。防爆基站出现后，许多工业环境下也使用 Wi-Fi 技术作为无线传输网络。

无线传感网(WSN)是由大量静止或移动的传感器构成的无线网络，协同工作，感知、采集、处理和传输信息。以zigbee和wireless HART应用较为广泛。基于2.4GHz工作频率的zigbee设备传输速率250kpbs，功耗低，部署成本较Wi-Fi低廉，较为成熟。Wireless HART工作频率和传输速率与zigbee类似，出现时间较晚，抗干扰能力较强，得到艾默生和霍尼韦尔等国际大公司支持，价格相对较高。

6）应用层架构

软件技术架构应至少包括基础软件、支持软件和应用软件三部分。基础软件提供基于硬件之上的基本运行环境，包括操作系统、集群管理、数据库和文件管理软件；支持软件作为基础软件和应用软件的中间协调和处理部分；应用软件直接提供面向用户的业务服务，实现定位与巡检、状态监测、数字化工厂等功能，并提供网络、标签等主要设备的监控和管理功能，如数字化平台集成应用软件、视频监控集成应用软件、巡检管理软件、人员定位软件、生产监测分析软件和开发平台软件等。

3. 物联网相关的数据集成

企业中的物联网是一个集中的数据和服务平台，与外部系统的数据交互和应用交互多，为了实现协同和共享，应统一的集成架构和接口方案。物联网与炼油与化工运行系统、先进计划系统、油品调合系统、流程模拟与仿真系统、地理信息系统、能耗管理系统、安全环保系统等外部系统之间存在着较为频繁的数据关联。因此，以上各系统应和炼化应用集成平台建立接口，实现系统间的数据交换系统集成建议使用面向服务的架构(SOA)，以企业数据总线、服务总线为核心组件，通过数据总线的方式实现数据的交换，通过服务总线的方式实现应用和业务流程的集成，满足企业生产业务流程的协同和生产数据的集成应用，最大程度地推动信息的共享与交互，使得企业能够在更准确、更及时、更全面的信息支持和依据下，更加精确、高效地完成业务应用。

炼化企业物联网建设是一个需要持续投入改进的长期过程，鉴于国内大多数炼化企业现状，应着重提高装置数据采集能力，引入各种无线传输手段，并在数据应用和集成统一上下大功夫。物联网建设成效显著，能够提升企业管理水平和竞争能力，使企业未来发展更加高效顺畅。

RFID技术在中国海油惠州石化得到了较为广泛的应用，如用于设备、材料等物资的仓储管理、生产作业受控的管理等。

(五) 数字化移动巡检

某国外炼化企业应用数字化移动巡检，将行业专家的经验总结成现场巡检的最佳方案[2]。现场工人使用便携的移动数据终端，实现巡检指令及任务的执行、确认和疑难问题的查询，同时，把巡检指令的执行情况和巡检数据回传到后台系统。后台数据库汇总各类巡检任务和数据，对指令执行的情况和巡检的数据进行结果分析。移动数据终端还可通过探头监测设备的温度或转速等信息，与ERP系统的设备模块实现集成，将数据传输到ERP系统，支持了ERP系统的设备缺陷统计与分析功能。

中国海油惠州石化是国内石化行业第一家采用物联网技术，实现“作业许可、消项操作、现场巡检”的全过程信息化管控的企业，见本书第二章第四节相关部分。

(六) 数字化生产运营

美国某石油公司[2]在数字化生产运营管理方面，通过在各炼化企业实施MES系统，从

ERP 系统获取计划转换成生产任务，同时，对生产控制网和企业局域网等基础设施进行改造，建立实时数据库，根据设计工艺参数，实时监控装置生产运行情况。在全球搭建统一的 ERP 系统，并从 MES 系统中获取生产过程中的执行结果，对生产经营进行科学的分析、评价和预测，及时调整生产计划和经营策略，以适应多变的市场要求。通过建立可视化大屏幕，使用仪表盘和信号灯的显示方式，让高级管理人员对企业各方面的实时绩效指标一目了然，以便比较分析每个工厂业务运作的趋势和绩效，并协调组织各工厂的生产运营。

（七）数字化知识管理

美国某国际跨国化工公司，建立了数字化的知识管理体系和标准，通过先进的技术，建立了一个跨越地理和组织边界的虚拟知识库，以分享经验、技能和协调工作。利用传感网络获取数据并进行实时监控，找到偏差及故障原因，并将偏差检测知识进行存储。专家可远程协同诊断和解决现场故障。通过一系列自动化知识管理系统，核心业务知识快速地被捕获并分享，提高了团队工作效率和公司员工的技能，增强了企业的市场地位。在虚拟知识库及传感网络投入使用后，工程师利用监控系统来检修故障设备，并可通过卫星通信系统与英国分公司的虚拟工作组的基地相连。通过实时的电视系统，千里之外的专家与现场的工程师共同诊断设备故障，故障在短时间内得以解决。

数字化炼化企业具有健康、安全、环保、低成本、低风险、低功耗的特点，将改变现有的管理模式和维护方式。数字化炼化企业贯穿整个炼化企业从设计、建设、生产运行、经营管理，直至新产品开发全过程，它不是一个独立的系统，而是多个应用系统的整合，在实施过程中，需要注意系统集成方面的问题。

随着工业无线技术、传感器技术、机器视觉技术等先进科学技术在炼油工业中的应用与发展，结合商务智能等信息技术，数字化炼化企业的升级将是未来石化工业发展的重要趋势。通过充分发挥企业现场智能系统的作用，可使企业生产运营闭环管理智能化、供应链可视化，特别是在“资源敏捷优化、全产业链的协同优化、QHSE 的监控与溯源”为核心的技术突破下寻求企业各类资源价值以及资产价值的最大化，真正实现智能炼化、智慧炼化[4~7]。

三、夯实数字化基础

在工业 4.0、“中国制造 2025”等国家战略以及“智能制造装备专项”等计划指引、推动下，在各企业争相引进和培养相应的信息化、数字化人才、提升数字化能力的同时，采用各种创新技术“武装”企业后的制造业转型如火如荼，并推动着制造业的中心迈向高度定制化的产品和系统。数字化让制造型企业从根本上改头换面。

不过，尽管中国在电子商务和电子支付领域内已是全球公认的数字化领先者，但中国在制造业领域内对数字化的应用却仍只能算是处于起步阶段。虽然“中国制造 2025”战略的颁布为产业变革注入了强心针，突显了战略紧迫性，但只有在企业大胆拥抱数字化的情况下才能取得实质性的进展，并产生深远影响。在朝着数字化转型的道路上大步前行时，如何以成熟的数字化战略为依托并采用创新型的数字化战略去拥抱全面的数字化转型呢？如何通过培训和沟通，让企业员工参与转型，为企业的数字化成功做出自己的贡献呢？这些是值得思考和下大力气去做好的！

普华永道思略特德国公司[48]通过广泛的市场调研，详细分析、探讨了“战略、效益、技术和人才”四个维度对成功实施数字化工厂建设的影响。而西门子研究院高级顾问柏隽研究参考了众多工业4.0框架体系后提出了针对企业数字化转型的框架模型(见图4-32)，其重点是根据当前企业现状从管理咨询维度和IT信息化维度，分解智能制造时代数字车间、数字工厂和数字企业的层级关系，最终落地和实施。这些意见、建议对我们夯实数字化基础、确保数字化建设取得实效、圆满达到预期目标有较好的参考价值。虽然它们调研的企业不全是流程工业的，恰恰相反好多还是离散工业的，但深层次的理念相同，所以应该在分析、比较后吸收它们正确与合理的部分。

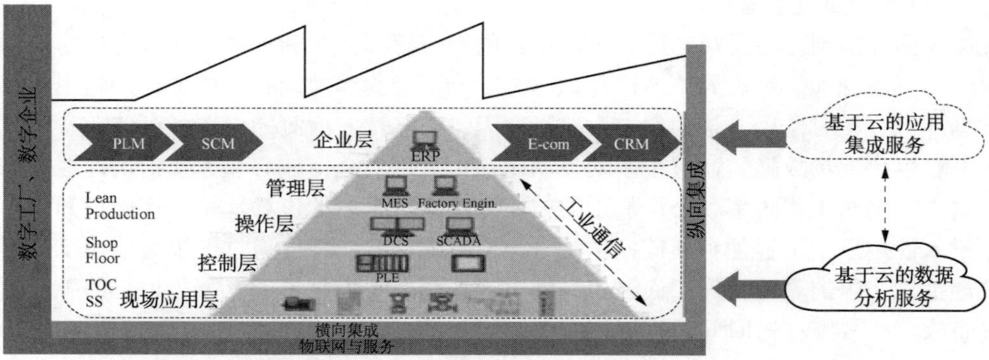

图4-32　企业数字化转型框架

随着现代制造对产品开发的要求不断提高，以及产品逐步转向多品种、小批量的订单模式，企业内各系统之间的统一性与有效整合问题就逐渐浮出水面。目前大多数企业面临的是对原来工厂，从基础信息化与自动化向数字化改造的问题。无论是建新厂还是改造老厂，首先要面对的问题就是数字化工厂的规划，而每一家企业所处的阶段都不尽相同，这就需要梳理企业现状，量身剪裁出合身的数字化工厂规划蓝图，见图4-33。数字化工厂的建设x轴代表这技术水平，y轴代表着管理水平。管理水平从基础管理、标准化管理直到集成化管理、智能化管理。技术水平从基础IT与自动化，到业务流程变革，再到系统集成，最后实现CPS。企业可以根据自身所处的阶段，重点关注本阶段需要重点去推进的事情，做到“2.0补课、3.0普及、4.0目标”。

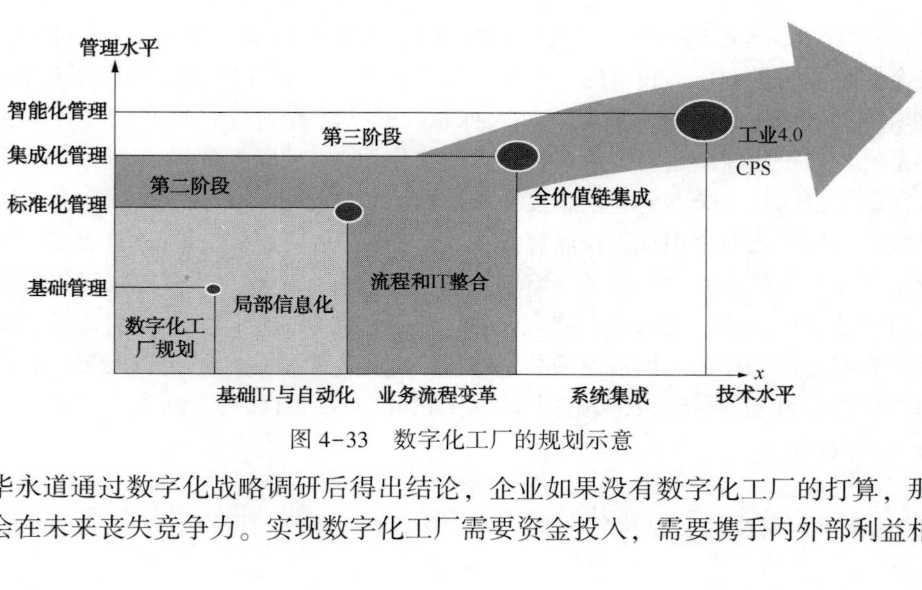

图4-33　数字化工厂的规划示意

普华永道通过数字化战略调研后得出结论，企业如果没有数字化工厂的打算，那么该企业可能会在未来丧失竞争力。实现数字化工厂需要资金投入，需要携手内外部利益相关方来推行开放式创新。此外，还需要聘请和培养人才，应对诸多变化，在员工间建立信任感并得到他们的全力支持和充分投入。有些企业在建设数字化工厂的问题上似乎准备浅尝辄止，并没有进一步追加投资的意愿。鉴于数字化工厂能够带来的巨大利益，这些企业可能会被积极实现数字化并不断改善的竞争对手抛在身后。

企业想要在如今竞争激烈的市场中生存，以客户为中心是一大关键要素。企业不断地贴近客户，能够更及时地对客户偏好的变化做出反应。此举还能有助于减少运输和物流成本，客户能以极小或者可以忽略不计的配送成本，从定制化的产品中获益。在部分行业中，受即时生产和即时供货等物流战略的推动，供应商更加贴近客户，整条价值链的本地化程度不断提升。

许多企业利用数字化来提升工厂柔性，更好地应对客户需求的波动。为了充分利用这些工厂的潜力，企业计划在占主要收入来源的市场中新建或扩建工厂。从推动生产决策的力度来看，对客户的聚焦远远大于劳动力成本。

关于效益维度的调研结论是：大多数的受访企业将收回数字化工厂投资的期限定为五年。企业这一决定的背后经过了翔实的商业论证和对投资的仔细考量。随着企业对各种数字化工厂解决方案的不断熟悉，它们对所需的实施时间和投入力度有了更清楚的认识，因而对收回投资的期限做出了较为保守的预测。

除了提升工厂效率之外，数字化工厂还能带来其他一些效益。数字化工厂还能帮助企业减少能源和原材料的消耗，实现可持续发展的目标。企业正在利用数据来改善资源效率，让供应链更合理，实现按需订购原材料，减少库存。

但企业的目标远远不限于此。部分企业已经在规划无人值守工厂，在这些工厂中，电力将按需消耗。根据最新数据显示，自 1990 年起，工业品领域的能耗不断下降。但我们有理由相信，在数字化工厂的协助下，工业品企业在节能方面仍有潜力可挖。

数字化工厂实施路径图在数字化工厂的建设过程中，有了细致周密的数字化规划蓝图，就拥有了数字化工厂建设的基点和指南针。接下来就应该选择最合适的技术，这里注意不是最先进的技术，先进的技术并不一定在企业数字化建设中发挥最大的效用，而是需要根据企业自身功能和用途需求合理决策。在信息化程度还比较低的企业，RFID 技术的使用，不见得比条码技术更实用。从普华永道调研的技术维度来说：

（1）通过综合的制造执行系统（MES）实现工厂内外部互联方面：数字化的第一步，是通过共用基础架构实现机器与其他资产间的互联。MES 系统能实时规划和控制生产，提升效率、生产柔性和资产利用率。为了实现效益最大化，MES 系统需要与 ERP 系统整合，从而让企业不仅实现内部流程的数字化，还能实现整条供应链的数字化。

利用 MES 实现工厂内外部互联、对工厂实施智能互联的步伐正在加快。许多企业都已经采用了联网技术，通过 MES 等技术，以传感器读取频设识别芯片上的数据并传输到数据平台，将零部件、机器、生产管理、运输车辆、工人甚至产品相互连接。

通过使用 MES，利用信息进行实时规划和控制变得可能了。根据数据分析，感知或预测意外事件，并生成应对或优化的相关行动。部分企业还开发出基于系统的贮存监控系统，防止库存缺货并优化库存水平。

许多企业还将眼光投向了数字化工厂之外的领域，力争横向整合从供应商、生产网络到客户的整条价值链。更先进的跟踪系统加上与 ERP 系统的动态连接，使得数据更加透明，能够使用数据分析来优化整条供应链的规划。如同工厂内部联网一样，这些流程也会利用传感器和射频识别芯片来生成数据并传递到中央规划平台(包括与主要价值链伙伴的接口)。单纯的系统互联并不足以支撑这一目标。为了实现真正的同步，打通客户需求、供应不足等外部因素与内部生产之间的对接，企业必须开发集成度更高的系统(MES、ERP、传感器)，并且需要克服各自为政的企业文化。

(2) 协作机器人、数字孪生或增强现实等技术促使运营更精益、生产率更高方面：能够协助工人提升生产效率和产量、改善流程和产品质量的数字化技术正在迅速普及。未来五年，采用这些技术的企业数量有望翻番。工人和机器间的协作是重点发展领域，并诞生了数字孪生这种虚拟工厂的表现形式。增强现实的相关解决方案协助员工生产零缺陷的产品。

就利用数字化技术提高生产效率并改善流程来说，许多企业计划采用各类数字化技术来协助工人提高生产效率并改善流程。毫无疑问，数字化工厂的工作环境将发生天翻地覆的变化，而且一切已经悄然发生。企业为工人提供了包括移动 App 在内的各种工具，使其在需要的时候能够访问各类信息。实时质量检测也日益普及，这项技术使得工人能够及时认识到错误并进行纠正，而生产流程的准确性也会自动地进行反复核查。此外，部分企业正采用移动 App 来协助员工更好地开展远程协作。机器人和其他数字化技术还使得工人更加轻松、安全和高效。协作机器人不仅只是完成预先编程所规定的任务，工人们还能通过交互的方式"训练"这些机器人。他们无须耗费大量时间进行编程，只需重复自己的动作即可。我们发现，人机协作是发展的重点领域，也是企业需要密切关注的领域。尽管许多企业聚焦于提升流程的可视化和自动化，却很少有企业计划采用相应的技术来提高对于人机协作的接受程度。

随着无人驾驶技术的成熟和相关成本不断下降，部分企业已准备利用这项技术来提升效率并减少错误。如今的系统已远非按照预定路线进行自动循环取货那么简单，物流环节不仅朝着真正的无人化方向发展，而且还能通过互联系统识别需求，向自我制导的运输系统传达指令，实现实时响应。这些系统之间以及与联网的工作台和仓库之间互相传递信息数据，动态地应对供需的变化。

通过结合产品和生产线的数字孪生，能够在实际启动前模拟测试新的生产流程并进行优化。

目前，将产品、设备、整条生产线和工厂基础设施以数字化的方式呈现，即所谓的"数字孪生"已经成为可能。这项技术主要用于产品开发或生产规划阶段，能够提升开发流程的效率，改善质量，有助于利益相关方之间的信息共享。通过结合产品和生产线的数字孪生，能够在实际启动前模拟测试新的生产流程并进行优化。如果能与合作伙伴共同使用数字孪生，则能够让它们更好地优化自己的流程进行匹配。数字孪生也是虚拟现实、增强现实、远程维护等多种应用的基础。值得注意的是，目前最受欢迎的数字化工厂技术甚至是五年后最有可能采用的技术，仍然是以传统模式下的流水线为基础。在这种情况下，或许需要从根本上反思制造战略甚至是企业的生产模式(如模块化生产设备、柔性生产流程等)，但许多企业都不愿承担这种风险。我们认为，企业需要根据整体的业务战略和技术发展的情况，从全局的角度制定数字化战略。

(3) 企业通过预测性数据分析和机器学习等手段做出更明智的决策方面：人工智能和数据分析是数字化工厂的推动力，半数以上的调研对象企业已经采用了智能化算法来做出更合理的运营决策。工厂内部和企业生态系统内部的全面互联，以及信息的智能化应用，对于保持竞争力而言将不可或缺。

例如，通过数据分析支持决策方面：数据是数字化工厂的根本所在，需要投入巨资打造数据分析和系统整合方面的能力。通过传感器，未来的数字化工厂能够产生海量的数据。随着数据整合和内存方面的技术能力不断完善，数字化工厂与供应链生态体系的实时整合成为可能。通过机械设备产生的数据传输到 MRS 和 ERP 系统，甚至是供应商和客户，企业能够在整条供应链中实现关键供需数据的实时交互。在未来，数字化工厂将能够在客户需求不足的生产期间规划各类维护和停工检修安排，实现利润率的最优化。

实现工厂和整个企业生态体系内部的全面互联，以及对信息的智能化使用，将成为企业保持竞争力不可或缺的选项。在这个方面，许多企业都已经认识到了这一点，并大力发展其大数据能力。

在第四个维度即人才战略维度来说：

(1) 数字化生产意味着打造数字化劳动力：数字化工厂需要全新的工作方式。劳动力的组成将会发生变化，企业需要招聘和挽留相应的人才。数据科学家需要发现智能算法来提升运营表现，而人机智能交互也需要全新的技能。数字化培训项目以及招聘外部的“数字原住民”能确保成功打造数字化工厂。

数字化工厂需要截然不同的工作方式，企业因此也需要打造数字化的劳动力。企业需要调整员工的组成，需要相应地招聘和挽留人才。随着我们步入人机交互的新时代，人才对数字化工厂的影响力不容低估。

数字化工厂能协助企业面临老龄化社会的挑战。随着大批技术工人退休，大多数行业可能面临熟练劳动力短缺的局面。数字化能够从一定程度上弥补这种短缺。

为了确保有足够的工人具备数字化工厂所需的技能，企业需要与商界、政界和学术界积极合作，解决合格人才短缺的问题。当然，在培训和教育方面的投入代价不菲，但通过效率改善所带来的收入提升能抵消这方面的投入，而且还能让员工享受到由此带来的涨薪等福利。此外，人才所需具备的素质也在发生显著的变化。数字化工厂对流水线工人的需求将降低，转而需要更多的数据分析师和程序员。

(2) 数字化转型必须由高层挂帅、立即开始：企业的数字化转型需要高层的领导和指导。随着全球范围内的竞争对手迈上数字化之路，企业需要立即行动起来。

解决上述问题不仅仅是招聘更多的人才和培训现有员工这么简单。高层应该以身作则地领导整个数字化转型，并在整个企业中贯彻持续学习的精神。员工依然是整个生产环节的关键，在开展数字化转型的过程中，企业领导人需要与员工并肩战斗保持沟通，选择员工接受程度高的新技术进行推广，让他们摆脱高强度的重复劳动或减少错误的发生，从而赢得他们对新技术的信任，确保他们欣然使用这些新技术，并从上到下建立起以数字化为导向的企业文化。

普华永道思略特德国公司通过分析调研信息，提出了通向数字化工厂蓝图[47]的建议。

领先的工业企业已经在数字化工厂的建设和发展方面迈出了坚实的步伐，在提升生产效率的同时，能够迅速可靠地生产出更多定制化、高质量的产品服务于市场。

因此，对于许多还没有打算建设数字化工厂的企业而言，其最大阻碍是缺乏一套适应其企业的数字化愿景和企业文化。在普华永道看来，这正是数字化工厂先行者们不可获取的一大要素。数字化愿景不仅只是考虑各项技术，而且还定义了这些技术如何在整个产品生命周期和企业生态圈中相互配合。阻碍企业制定数字化工厂计划的其他因素还包括机会不定、经济效益不明、投资代价不菲。综合考虑这些因素，企业所需要的不仅仅是一套清晰的愿景，更需要一张切实可行的数字化路线图。普华永道制定了一套由"绘制数字化工厂战略、设立试点项目、确定所需能力、成为数据分析和互联方面的领先者、推动工厂向数字化转型和将数字化工厂与企业的数字生态圈结合"组成的六个环节数字化成功建设蓝图，可以协助企业制定或优化路线图，成功应对通向数字化工厂和工业 4.0 道路上的各项挑战。有鉴于此，结合本书作者实践体会，提出如下九大方面的策略或建议，通过不断夯实基础，实现数字化及其转型[7]。

（一）关于绘制数字化工厂战略

制定一套连贯的战略绝对是重中之重。数字化工厂涉及不同技术的采用，许多技术很容易临时仓促上马。对于各项技术如何匹配整体战略和运营目标，如何与其他现有技术配合，企业需要有明确的想法，数字化愿景也应该涵盖整个组织，让数字化工厂应该发挥 1+1>2 的作用。制定数字化工厂战略前，企业需要认识到自身目前的成熟度，确保人才和技术得到同等的重视，聚焦能够带来价值最大化的项目。最后，需要组建起一支由高层、中层以及车间工人组成的支持者队伍，共同推进战略的落地。

（二）明确管理决心与要求

制造业的数字化工厂建设是一个大的系统工程，并非几天、几个月就能建设好并投入使用的，需要一个较长的实施周期，不能跨越式建设。每个阶段都是以前一个阶段为基础，逐步推进的，而且很多问题并不是技术上的问题，而是管理、组织方式、观念的变革。

这是对管理者真正的考验。管理者需要痛下决心、付出耐心。而这同时也对数字化工厂的咨询顾问，提出了非常综合的要求：需要了解企业管理、懂技术实现、懂生产运营等。员工的士气也是一个重要考量。这是一个学习型的渐进过程，三方都必须深浸其中，才能推进全面的数字化建设。

（三）对数字化工厂核心要素的全面准确理解

数字化工厂规划核心要素数字化工厂的建设的核心要素可以归纳为工厂装备数字化、工厂物流数字化、设计研发数字化、生产过程数字化，如图 4-34 所示。通过这四个方面的建设，带动产品设计方法和工具的创新、企业管理模式的创新。工业 4.0 和数字化工厂的相关技术将促进产业链和价值链的分工重组，传统的行业界限将消失，并会产生各种新的业态和合作形式，形成自动化、信息化、一体化、精益化、集成化的数字化工厂。

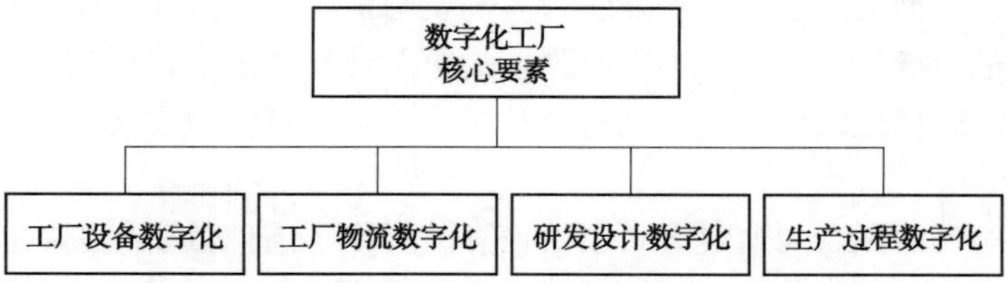

图 4-34　数字化工厂核心要素

原则上数字化工厂应由设计院按业主需求完成设计，并以成品方式提交给业主，但根据目前的实际情况，认为这不是最合理的方式。现在，主流的数字化工厂解决方案无一例外都会提到全周期这一概念，也就是说现在的数字化工厂的有效期应该是涵盖整个工厂运营直至报废期间，而目前设计方通常深度介入的只有早期采购及工厂建设那段相对很短的时期，大多数工程设计人员对工厂运维的详细信息几乎是全然不知，与业主相比对于工厂的关注点也完全不同，即使是完全按照业主所提要求，构筑出的数字化工厂结果可能也不会太理想。

在数字化工厂核心四要素中的工厂装备数字化，是数字化工厂建设的前提和基础，为设计、研发、生产等各个环节提供基础数据的支持。工控产品，如 PLC、伺服电机、传感器等仍然是数字化工厂不可或缺的部分。

在此基础上，工厂物流能够从被动感知变为主动感知，实现透明、安全和高效，包括产品运输过程跟踪，运输车辆跟踪定位，物料出库，物料配送上线等。更加重要和经常被切断的环节，来自上游的设计。通过设计研发数字化，从而实现设计、工艺、制造、检测等各业务的高度集成，包括 CAD/CAPP/CAE/CAM/PLM 的集成，虚拟仿真技术，MDB 模型的应用，产品全生命周期管理等。

生产过程的数字化主要是利用数字化的手段应对更复杂的车间生产过程管理，这其中最重要的是制造执行系统 MES 的建设以及 MES 与 ERP/PLM 和车间现场自动化控制系统的交互。MES 在智能制造领域的作用越来越明显。它既是一个相对独立的软件系统又是企业信息传递路由器，汇集市场与服务、产品设计、MRP/ERP、供应链等信息，并转化为详细的生产作业指令，从而实现复杂产品制造过程生产现场的管理与控制。MES 向上承接 ERP 下达的生产计划以及 PLM 经过仿真验证的产品 BOM，向下衔接车间现场 SCADA 控制系统，弥补了 ERP 与车间过程控制之间的真空，实现了工业 4.0 所强调的垂直方向上的集成以及贯穿价值链的端到端工程数字化集成。

(四) 关于科学的实施方法论

为控制风险、确保项目成功，具体开展数字化建设时应做好战略规划并落实好相应的保障措施。其中数字炼化建设的战略规划编制方法可以参考中海石油炼化有限责任公司(中海炼化)采用的方法，即分成信息化规划方法论(顶层设计)和专题设计方法论两方面。

数字炼化建设的顶层设计可分为现状调研与需求分析阶段、蓝图设计阶段和实施路线图规划阶段。具体实施数字炼化的建设及其转型升级时，需要不断夯实数字化基础，构建满足智慧炼化建设的核心技术构架体系，以使得包括信息资源在内的资源价值和资产价值最大化，实现“高效化、绿色低碳化”目标。

(五) 设立试点项目

数字化的经济效益有时并不容易量化，而且在初始阶段，团队只能提供非常有限的技术概念和演示，因此可能导致难以争取到资金和利益相关方的认可。

由于数字化工厂可能会给整个劳动力带来深远的变革，所以需要让工人加入试点工作中。

解决这些问题的手段就是试点。通过试点，企业能发现最适合自身的方式，将速赢的成效展现给整个组织并获得整个组织的认可，进而争取到资金用于大规模的推广。由于数字化工厂可能会给整个劳动力带来深远的变革，所以需要让工人加入试点工作中。

在一两处生产基地纵向整合从数字化工程设计到以实时数据为支撑的生产规划，是一种可行的试点方案。在主要的生产设备上安装传感器和执行装置，或者使用数据分析来探索预测性维护方案，也能取得初步的成效。还可以在特定的工厂中实现特定产品线的数字化，将其作为不断学习和优化的契机。当然，企业还可以考虑与初创企业、高校或行业组织等外部的数字化领先者合作，加快数字化创新的步伐。

（六）确定所需的能力

生产环节中什么最重要？更完善、自动化程度更高的物流？为工人提供及时、定制化的信息？传感器集成网络？作者认为，从能力的角度出发考虑这个问题能带来更大的价值。数字化工厂的目标并不是实施最酷炫的新装置，而是达成提升效率、改善质量或增强业务本身等特定的目标。应该根据试点中汲取的经验，从组织、人才、流程和技术四个战略的维度，结合企业的生产战略和整体业务目标，详细勾勒出数字化工厂所聚焦的能力以及工厂体系的架构。

（七）成为数据分析和互联方面的领先者

流程及质量改善、资源管理、预防性维护，在数字化工厂里，这些解决方案几乎总是与互联息息相关。传感器协助收集数据，在信息层进行分析，然后传回联网的物流设施和生产设备上实时调整生产。每家企业都需要熟练掌握能生成和传输数据的互联工具与系统，以及用于改善效率和质量的分析工具。

（八）推动工厂向数字化转型

通向数字化工厂之路是一条转型之路。如同其他转型一样，管理变革及其对员工的影响，是成功的关键。难以发现合格的人才、缺乏数字化的企业文化、部分员工不愿拥抱数字化变革，这些都是常见的挑战。

这些问题的解决之道在于及早与员工携手合作，对培训和继续教育开展投资，而这些投入会因为数字化工厂所带来的效率提升而被抵消。

数字化环境的培育必须要有领导层的全力支持。高层必须将数字化工厂战略视为工作的重点，摒弃保守主义的姿态加快项目的审批流程，从而让数字化团队加快推进转型进程。同时，还需要设计简练的汇报渠道，确保数字化团队侧重于各类增值活动而不是疲于应付各类行政要求。

（九）将数字化工厂与企业的数字生态圈结合

在推动数字化工厂的过程中，许多企业都将精力集中在各个工厂内部的纵向整合。在工厂内部实现 MES 和 ERP 系统的连接，确实能实现显著的改善。但作为数字化生态体系中的一部分，数字化工厂应该发挥更大的作用。当企业横向地将整条供应链上的供应商和客户信息与数字化工厂进行整合时，将能带来更大的效率提升。试想一下：你可以利用实时的短期客户需求调整规划和生产情况，灵活地根据客户的要求做出调整，以最小的成本换取最大的客户满意度。这种利用跟踪技术实现的纵向和横向整合战略不仅能让企业优化规划流程和生产执行，还能深化企业与具有战略意义的供应商和客户之间的纽带。

然而，这些工作只是一个起步。如果企业能在产品中整合数字化功能，就有可能打造出一系列的服务，将抽象的数据转化成具体的价值。生产流程本身也能通过多种途径将收集起来的数据转化为收入。在数字化工厂的深远影响下，企业能够拓展甚至是彻底改变目前的业务模式，不再只是注重生产环节，还能有机会在利润丰厚的售后市场中扩大份额，提升利润率，并进军全新的业务领域。

上述更多的是针对国外特别是离散工业智能制造提出的数字化建设、转型的成功思考、建议。其实这些思考、建议对国内制造业的数字化建设与转型升级也十分重要。

“中国制造 2025”由百余名院士、专家起草，经国务院审议、通过并已经上升为中国实施制造强国的国家战略，该战略也提出了相应的顶层计划和路线图。数字化工厂通过新一代信息技术，贯穿了流通、生产、管理等制造活动的各个环节，深度融合了工业化和信息化，是中国制造 2025 的重点发展方向之一。由于各级政府提供的财政激励和支持，企业对于数字化工厂的投资兴趣日益浓厚。近年来，中国在家电、工程机械、石化、消费品等众多行业涌现出了一大批数字化工厂的应用实例。

中国数字化工厂的蓬勃发展固然可喜，但普华永道也发现了一些问题。如，虽然许多企业迫切希望希望建设“一座类似于某企业的全自动工厂或‘智能化’工厂”，但这些企业中的绝大部分在如何定义“智能化”？是否有清晰的数字化工厂战略？是否有明确的各项评估指标？”等方面一脸茫然，根本就不能明确阐述它们希望中的数字化工厂是什么？只是寄希望于有现成的智能化工厂定义，能够毫不费力地直接照抄照搬。但是，数字化工厂的定义以及对成功的评判指标建立在多种因素之上，这非常重要，不可完全照抄照搬别人的。

如果采用普华永道提出的四个维度来说，那么首先在战略方面，应该调整或明确为“自上而下”：很多实际项目由于缺乏整体性的战略规划，导致对未来数字化的具体需求不甚明晰，对企业当前数字化水平认知不足，从而无法客观地判断两者间的差距，确定所需补强的能力。许多中国企业从软件（技术）和硬件（设备）的角度考虑数字化工厂的开发建设，依靠内部经验丰富的工程师和专业人员与外部供应商合作，通过对各类解决方案的整合来实现生产线上特定环节的自动化和跟踪。此举虽然有效，但在很多情况下并未解决“为什么要建设数字化工厂”这个根本性的战略层面问题。

因此，企业应该以自上而下的方式推进数字化工厂的建设，从战略、产品设计、运营模式变化等整体的角度考虑问题，根据自身的实际情况和目标来挑选合适的技术，而不是盲目地追求所谓的尖端技术。

在效益这个维度，需要“走出误区”。在某些特定的行业，尤其是在离散制造领域，数字化和自动化的程度取决于当前的基础设施、所生产的产品以及整个生产流程。要实现高度数字化或自动化，技术方面可能需要很长时间的积累方才可行。而从成本效益角度考虑，收回投资也需要很长一段时间。因此，如果纯粹从投资回报的角度考虑效益问题，将使得企业在面对数字化工厂时踌躇不前。在可持续发展日益受到重视、生产安全不断规范、劳动力红利逐步消失的今天，数字化工厂所实现的节能减排、人机交互、远程控制等紧跟当前形势下的要求，能带来显著的社会效益。

企业可以将一些定量指标，例如生产效率、单人产出、能耗、质量控制（次品率）、生产周期等，用于评估数字化工厂的效益。而减少人工作业、提升员工士气（工作不再无聊，而是更加有趣、附加值更高）和加大员工忠诚度等定性指标也能用于辅助评估。行业和企业本身诉求的不同也会对指标的选择产生一定的影响。除了生产效率、良品率、生产周期等常见指标外，某领先的纺织企业还选择了换产时间、用工人数等指标来衡量其数字化工厂的成效，而某工程机械巨头针对其示范车间则加入了生产误操作、物流效率等指标，解决自身痛点。

就技术维度而言，需要“全局考虑”。我国制造业的自动化和数字化发展时间相对较短，即使是在同一行业内，企业的自动化程度和技术路线也大相径庭。数据分布较为分散，难以获得数字化工厂所需要的产品全生命周期的系统性数据，同时使得标准的制定变得困难。在部分较为传统的行业中，我国企业争相计划实现数字化工厂的跨越式发展。但是工厂车间的设备落后，难以实时抓取和传输数据，这是这类企业不得不面对的主要问题。

同时，我国企业往往更注重单体设备的自动化率，忽略了生产体系是一个有机的整体，而且在 ERP、MES 和 PLM 等不同系统间的打通和整合方面也有待改进，能做到不同工厂间互联的更是凤毛麟角。因此，企业需要根据自身的数字化工厂战略制定技术路线图，分阶段地推行各种技术转型举措，从而将实施的风险降至最低，避免对业务和运营造成冲击。

在人才维度，建议考虑“产教融合”。数字化和自动化毫无疑问地会减少人工重复作业，改善工作环境，保障人身安全。但是制造业如果能够抓住此次机遇一改传统以来“工作环境欠佳”的形象，通过升级也可以吸引更多新型人才。数字化工厂将生产运营流程高度一体化，由此对技术人才提出了更高的要求，过去单一领域的专才将不再适用，取而代之的将是横跨多领域、学习能力更强、懂得数字化交付的复合型人才。

参照国外的先进经验，以课堂教育与实际工作相结合的职业教育体系能为产学合作制定数字化工厂培训项目指明了道路。

数字化工厂的转型需要多部门协调，往往需要顶层决策者对数字化有着较强的决心和较深的认识，能够指导整个企业制定数字化战略，带领企业顺利度过转型期，才能打造出成功的数字化工厂。

上述思考与建议，对于流程行业的数字化建设以及数字化转型升级工作同样如此。实施数字炼化及其升级工作，必须首先做好顶层设计，明确企业的发展愿景，利用科学的信息化智能化评估模型评估自身的真实状况，同时分析企业开展数字化建设的信息化需求以及差异情况，采用匹配但适度先进的技术以及科学高效的实施方法论。数字化建设的基础打牢了，取得实际效果了，转型升级才有价值、有可能。

第六节　数字化发展与升级

得益于信息技术的高速发展与应用的不断深化，信息化及其新技术已经从生产制造领域的辅助工具逐步上升为支撑力量，并在某些方面渐渐起到引领作用。互联网的广泛应用，改变了人类的生活方式，也给传统产业带来了革命性的变化。互联网使生产制造过程中各种设备和信息日益网络化，工业化和信息化的深度融合，形成新的生产方式、产业形态、商业模式和经济增长点，传统的制造业+互联网将走向数字化、网络化和智能化的制造——新一代智能制造[49]。

炼化企业均将信息化作为企业发展和转型升级的战略之一，在信息基础设施建设、信息系统应用、信息化人才培养等方面，结合云计算、大数据、物联网、移动互联网等新技术、新产品，制定向智能制造迈进、实现智能炼化到智慧炼化的顶层设计、实施策略以及路径与阶段目标。通过开展“原油资源敏捷优化、生产与销售全产业链协同优化以及 QHSE 的可视化监控与溯源”为主要核心内容的信息化实践，支持企业进一步提升生产能力、管控能力、经营能力和决策能力，并在质量、安全管控、节能环保、运营优化、集成应用等方面取得明显的实际效果，使企业的生产组织、运行方式、管理效率再上一个新台阶。

一、从智能制造角度看数字化的发展与升级

目前，智能制造在业界很热，一方面业界各大中小企业均对用数字化、网络化、智能化技术来提升、改造企业有巨大需求，需要以此来降低包括人工成本在的各种费用、消耗，也希望通过数字化、网络化、智能化技术来形成新的生产模式、新的生产手段(工具)以提高产品质量、效益和竞争力；而另一方面，新一轮的产业革命，特别是新一代信息技术的爆发式发展与制造业的不断深化融合、交互促进，使得数字化、网络化、智能化制造的发展变得势不可挡，世界各国竞相出台相应的国家发展战略与计划，智能制造成了各国竞争的焦点。

智能制造是制造技术与数字技术、AI 以及其他信息化新技术的高度融合的产物。它面向产品全生命周期(包括设计、制造、服务全过程)，具有信息感知、优化控制与决策和深度学习等功能，其目的就是“TQCS”，即为了实现交货期短、优质、低成本和绿色并服务用户[49]。智能制造的主要特征就在于“信息感知、优化决策、优化控制和深度学习功能”。其中，人工智能即 AI 及其深度学习是实现真正的智能制造的关键。

如本书第 2 章第一节所说，西方发达国家的工业化过程已经经历了机械化、自动化和数字化的发展历程，目前正在向智能化方向发展。在中国，2012 年国家发改委、工信部和财政部联合组织实施的“智能制造装备专项”，开启了中国发展智能制造的新征程。得益于近几年互联网技术在中国的快速发展与不断深化应用和普及，近几年申报国家智能制造专项的数字化工厂(车间)项目基本上都应用了互联网技术，所以中国的智能制造已经进入了数字化+互联网的新时期[49]。

2017 年 7 月 8 日国务院正式发布的《新一代人工智能发展规划》，给智能制造的下一步发展指明了方向、也找到了方法。新一代人工智能的重大突破以及 AI 在智能制造领域应用的不断探索、实践以及深入与扩大范围，智能制造的水平就会越来越高，数字化经过与互联网融合以后的进一步发展与升级，就会进入新一代智能制造阶段，这就是中国工程院院长周济等人总结、提炼的智能制造的进阶方式，认为可以结合信息化与制造业在不同阶段的融合特征，结合以往智能制造的相关范式，总结、归纳和提升出三个智能制造的基本范式，即：数字化制造、数字化网络化制造和数字化网络化智能化制造——新一代智能制造[49](见第二章第一节)。

所以，如果从智能制造角度看数字化的发展与升级，那么数字化是基础，数字化网络化是过程，之后如果加上人工智能这个要素，就可以实现或达到新一代智能制造，这是真正意义上的智能制造[50]。

也就是说，发展智能制造、实现数字化升级是一个分步完成的过程。

二、从数字炼化经智能炼化到智慧炼化

炼化是石油企业增加价值、增长利润的中心环节，是提高石油企业竞争力的重要领域[51]。受地缘政治、资源、全球气候变化、新能源和新技术的影响[52~57]，炼化工业正面临新的挑战与机遇，而这些挑战可以概括为“资源、能源、环境和安全”对炼化产业的约束问题[58]。

“两化融合”和深化互联网+应用等正在改变石化产品市场格局和用户消费行为，使市场竞争日趋激烈，炼化业务面临新的发展态势。

应对新态势，炼化企业在强化炼化一体化以及大型化、规模化发展和能源及资源多元化发展的同时，更加重视信息化对炼化业务能力提升和产品销售模式的创新。如前所述，信息化新技术(云计算、大数据、物联网、移动应用、社交媒体等)改变了炼化的"生产、销售和管理决策"等业务模式，推动着炼化企业的数字化转型。构建数字化炼厂和智能炼厂[2,9,13,25]，从生产、经营和管控等领域进行优化，提高炼厂生产经营效益，更加高效化和低碳绿色化，已经成为石化行业的重点工作。

从数字炼化走向智慧炼化，就是应用包括物联网、大数据、人工智能等新技术，实现横向上从原油生产、运输、仓储到炼化生产、油品仓储、物流、销售的整个供应链的协同优化，使生产和供应及时响应市场变化，实现智慧供应链；纵向上基于石油分子工程与管理技术，实现炼厂的计划优化、调度优化、全局在线优化。最终实现资源的敏捷优化，全产业链的协同优化，QHSE 的溯源与监控[5]。

如第三章第二节所述，根据对国内外炼化企业开展信息化智能化升级的案例分析，结合本书作者在炼化行业不同单位与层面(工程建设项目、计划投资、生产运营、研究和开发、信息管理等)锻炼与良好实践体会，提出炼化企业的智能工厂建设(智能炼化建设)目标是为了实现智慧炼化[6]。为了实现智慧炼化的目标，体现炼化企业产业链价值最大化，在具体实施策略上可以分成三个阶段[4,5,58]进行：

首先，数字炼化是基础，所以必须夯实数字化基础，建设、完善第一阶段的数字炼化工作。人、设备、操作运营数字化，流程自动化和管理信息化是数字炼化的核心应用。通过数字炼化建设将实现工厂运营可视化，提高生产与销售系统管理效率。

其次，智能炼化是核心。在实现了数字炼化建设后，正如智能制造的发展一样，数字炼化转型升级到第二阶段即智能炼化建设[59]阶段。核心的目标是炼化生产的高效化和绿色低碳化，而生产运营知识化和最优化是本阶段即智能炼化的主要应用。智能炼化强调企业模型体系建设，包括生产系统计划优化与调度优化模型、生产操作优化模型、设备预测性分析模型、仓储物流优化模型、客户聚类分析模型等。石油分子工程与管理、工业与销售大数据分析等是企业模型建立的新技术，也是目前炼化企业应用重点。

基于优化模型，智能炼化将实现生产计划、调度、操作的优化控制，实现设备全生命周期管理和可预测性维护，优化全厂用能系统，实现销售与物流一体化优化，建立智能加油站。

最后，智慧炼化是目标。第三阶段的目标是智慧炼化建设。炼化企业最终要实现全价值的优化，因此，需要建立智慧供应链。通过智慧供应链实现从市场销售到原油采购整个产业链各个环节的可视、协同和优化，实现价值链最大化。对于炼厂生产和产品销售，应从各环节成本优化出发，实现炼厂和销售各环节成本优化，包括生产可变成本管理与价值最大化，库存优化与销售价值的最大化。

通过以上分析，可以得出以下几点结论：

(1) 炼化工业面临着新的竞争态势，包括多变的市场、国内外炼化企业、能源替代者、产品质量升级压力、新技术应用等多方面，也即"资源、能源、环境和安全"对炼化产业的约束与制约问题，主要原因是信息化发展水平滞后于工业化发展水平，"两化融合"不深、不足。因此，苦练内功，找准原因创新发展，是企业生存的关键。而瞄准智慧炼化建设目标，实现炼化企业的数字化智能化全面发展与转型升级，是炼化企业应对约束挑战与新态势的最主要抓手和最重要突破口。

（2）运用信息化及其新技术，深化“两化融合”和互联网+应用，不断推动“生产模式、营销模式和管控决策模式”的变革，重塑“供应链、产业链和价值链”，对炼化产业进行改造、提升，使之焕发新的生机与活力。

（3）夯实数字化基础，保障数据获取与传输的高效性、准确性；制定统一的数据标准，保证数据的准确性、唯一性；技术与管理相结合，严把关，高要求，从数据源头到末尾过程控制。数字化基础向网络化、智能化发展，实施卓越数字炼化建设，既使得工程师们将以自动化、计算机、通信为主的计算资源与以炼化产业为主的物理资源深度融合、协同，使得系统在适应性、自主性、效率、可靠性、安全性、可用性以及效率、功能等诸方面大力发展，又带动管控决策系统向智能自主控制、智能优化决策和智能优化决策与控制的一体化发展方向迈进。

（4）智能炼化建设涉及工程、科研、原油采购与运输、炼化生产、仓储物流、销售等多个全部环节。卓越智能炼化建设可以“数字炼化为基础、智能化建立为核心、智慧化建设为目标”的分步策略，充分利用现有信息系统，集成、融合、整合各种信息资源与相关技术，实现信息资源价值最大化，通过信息技术提升炼化企业的综合竞争能力。

（5）智能炼化建设没有统一建设模式，需要结合各自企业信息化现状和发展愿景，采用科学的智能化全局性信息化评价模型、实施方法论完成顶层设计和实施策略、路线，并以经济效益为核心，突出典型的特质信息化系统建设并满足“资源高效化转化、过程清洁化即低碳绿色化”目标要求，实现短期速赢，达成新一代智能制造。

（6）炼化企业实施智慧炼化建设，一定会塑造炼化产业的新未来[58]。

参 考 文 献

[1] 曹湘洪．石油化工流程模拟技术进展及应用[M]．北京：中国石化出版社，2010.

[2] 王华，王喆，王岩，刘旭．数字化工厂发展现状及其在炼油企业的实现[J]．石油规划设计，2013，24(3)：1-6.

[3] 黄昌夏，戴霁明．数字化工厂通往未来制造．工业百条．知识自动化，2017-12-20.

[4] 吴青．炼化企业数字化工厂建设及其关键技术研究[J]．无机盐工业，2018：50(2)：1-7.

[5] 吴青．流程工业智慧炼化建设的研究与实践[J]．无机盐工业，2017：49(12)：1-8.

[6] 吴青．新态势下的炼化企业数字化转型——从数字炼化走向智慧炼化，中国过程系统工程年会论文集，昆明，2017：1215-1221.

[7] 吴青．卓越数字炼化建设概念与保障措施的研究[J]．炼油技术与工程，2018，48(10)：1-7.

[8] 刘黎黎，付国亮，韩璐璐．数字炼厂技术应用研究与探讨[J]．中国管理信息化，2014，17(20)：36-38.

[9] 王金庆．数字化工厂及其关键技术研究[D]．南京：南京航空航天大学，2001.

[10] 刘敬军，张申生，全春来，等．产品、过程、组织、资源集成多视图模型及管理研究[J]．计算机工程，1997，23(12).

[11] 吴青，万志红．特大型石化项目建设与地方经济和谐发展(中国海油炼油项目建设历程与成就)[C]//第九届中国项目管理大会．西安：中国(双法)项目管理研究委员会，2010：160-164.

[12] 吴青．信息化及其新技术对炼化产业变革影响的思考[J]．无机盐工业，2018，50(1)：1-7.

[13] 李海涛，赵小平．三维数字化工厂技术在中石油炼化企业中的应用[J]．中国信息界，2012，225(09)：44-47.

[14] 胡诚，陈方林，刘俊亮．空间数据共享与互操作技术探讨[J]．现代测绘，2003，12.
[15] R. Graf，W. Boeck，Defect Sensibility of N2-SFE Gas Mixtures With Equal Dielectric Strength [J]. Annual Report CEIDP，2000，12：422-425.
[16] 王建民．三维巷道建模及其应用研究[D]．太原：太原理工大学，2005.
[17] K. Kondo，PIGMOD：Parametric and Interactive Geometric Modeler for Mechanical Design [J]. Computer Aided Design，1990，20(10)：633-644.
[18] 庄亚明，何建敏．数字化工厂动态建模方法研究[J]．中国软科学，2002，2：106-110.
[19] 高洁，张浩，赵荣泳，等．数字化工厂软件系统的设计与关键技术研究[J]．制造业自动化，2004，9：9-12.
[20] 彭瑜．智能工厂、数字工厂及中国制造[J]．自动化博览，2015，1：28-31.
[21] F. Messer，F. Finkel，W. Boeck，Surface Charge Accumulation on HVDCGIS Spacers [J]. IEEE Int. Symp.，2002，11：421-425.
[22] 杨青生．基于 Open GL 的三维可视化研究[D]．西安：陕西师范大学，2002.
[23] 吴青．智慧炼化建设中工程项目全数字化交付探讨[J]．无机盐工业，2018，50(5)：1-6，12.
[24] 吴青，霍尼韦尔 MES 系统在中国海油惠州炼油项目的应用[J]．石油化工自动化，2010，3：40-44.
[25] 马冬泉，徐德生，李海燕，王晓荣．炼化企业中数字化工厂的建设与应用[J]，中国管理信息化，2015，18(19)：86-88.
[26] 王华，王岩，刘建，张佃敏．炼化信息化规划目标与重点方向[J]．石油规划设计，2017，28(1)：51-55.
[27] 陆平，张浩，马玉敏．数字化工厂及其与企业信息系统的集成[J]．成组技术与生产现代化，2005，2：22-24.
[28] 李玺，崔崇．数字化工厂技术及其应用[J]．炼油与化工，2016，27(5)：55-58.
[29] 樊军锋，智能工厂数字化交付初探．石油化工自动化[J]. 2017，53(3)：15-17.
[30] Wu Qing，Wan Zhihong. Construction of Mega Petrochemical Project and Development of Local Economy Snapshot and Achievement of CNOOC Huizhou Refinery Project，Proceedings 2011 Internation Conference on Business Management and Electronic Information，May 13-15，2011，Guangzhou，China. BMEI 2011，VOL1，P547-551.
[31] http：//www. aveva. com.
[32] 张国军，黄刚．数字化工厂技术的应用现状与趋势[J]．航空制造技术，2013，8：34-37.
[33] X. S. Gao. S. C. Chou，Solving Geometric Constraint Problems Ⅱ. A Symbolic Approach and Decision of Re-constructability [J]. Computer Aided Design，1998，30(2)：115-122.
[34] A. Verroust，F. Schonek，D. Roller，Rule-oriented Method for Parameterized Computer Aided Design [J]. Computer Aided Design，1992，24(10)：531-540.
[35] 寿海涛．数字化工厂与数字化交付[J]．石油化工设计，2017，34(1)：44-47.
[36] 谢冠锋．SPI 软件在自控仪表设计中的应用[J]．自动化与仪表，2012，27(05)：10-12.
[37] 吕松涛．应用数字化集成设计的项目管理实践[J]．中国勘察设计，2016(01)：88-91.
[38] 樊军锋．鹰图 Smart Plant Enterprise 之仪表设计管理初探[J]．石油化工自动化，2015，51(01)：9-13.
[39] 叶向东．数字化石油炼制和石油化工工厂建设初探[J]．石油化工自动化，2013，49(04)：1-4.
[40] 魏巍．数字化工厂中的 IT 技术及信息系统结构[J]．信息化建设，2015，8：116.
[41] 钱新华，顾祥勇．数字化工厂基础信息管理平台建设浅析[J]．中国勘察设计，2015，8：84-89.
[42] 梁惠卿．档案数字化、数字化档案和数字档案概念辨析[J]．档案管理．2013 (01)：38-40.
[43] 蔚敬斌．逆向工程技术及应用，机械管理开发，https：// wenku. baidu. com/ view/ b242ee4733687e21

af45a908. html.
[44] 高瑞民，白晓东，郑勇，王文慧，吴琰，王建涛．三维数字工厂协同指挥调度平台[J]．信息安全与技术，2015，6：91-93.
[45] 王博．华为创新 ICT 助力九江石化智能制造[J]．中国石化，2016，11：53.
[46] 曹巍，庞亚宾，张强．石油炼化企业物联网建设思考[J]．信息系统工程，2014.4.20：25-31.
[47] 庞亚宾，张强．无线技术在石化企业物联网中的应用，信息系统工程，2014.12.20：81-82.
[48] Ping Yi，Timothy Wong. Reinhard Geissbauer，Stefan Schrauf，数字化工厂 2020：塑造制造业的新未来，普华永道，2018-02-02.
[49] Zhou Ji，Li Peigen，Zhou Yanhong，Wang Baicun，Zang Jiyuan，Meng Liu. Toward New-Generation Intelligent Manufacturing [J]. Engineering，08 February 2018 [Epub ahead of print] doi：10.1016/j.eng.2018.01.002.
[50] 屈贤明．"智能制造发展战略思考"主题演讲，2017 中国"两化融合"大会"智能制造专题论坛"，国家会议中心，北京：2017 年 8 月 25 日．
[51] 左世海．大力推进炼化一体化提升中国石油炼化业务盈利能力[J]．北京石油管理干部学院学报，2011，18（1）：4-7.
[52] 覃伟中．积极推进智能制造是传统石化企业提质增效转型升级的有效途径[J]．当代石油石化，2016，24（6）：1-4.
[53] 王基铭．炼化工业发展现状及趋势[J]．当代石油石化，2014，（6）：1-7.
[54] James G. Speight. The Refinery of the Future. Gulf Professional Publishing. First edition 2011：preface ⅷ. [3].
[55] Rana MS，Súmano V，Ancheyta J，et al. A Review of Recent Advances on Process Technologies for Upgrading of Heavy Oils and Residua. Fuel，2007，86：1216-1231.
[56] Shanying Hu，G. Towler，(Frank) X. X. Zhu. Combine Molecular Modeling with Optimization to Stretch Refinery Operation. Ind. Eng. Chem. Res. 2002，41，825-841.
[57] 杨金华，邱茂鑫，郝宏娜，等．智能化——油气工业发展大趋势[J]．石油科技论坛，2016，（6）：36-42.
[58] 吴青．智慧炼化建设塑造炼化产业新未来[J]．炼油技术与工程，2018，48(10)：1-7.
[59] 吴青．流程工业卓越智能炼化建设的研究与实践[J]．无机盐工业，2018，50(8)：1-7.
[60] 孙丽丽．"2017 年中国石油炼制技术大会"大会报告，北京，2017.

附录：书中涉及中国海油对物料相关数据部分名称说明

物资相关数据：包括物资数据/物料主数据、各类信息系统中的业务单据和库存单据。

物资数据/物料主数据：根据物资标准(分类及属性模板)，定义的物资描述(并进行编码)，在业务信息系统中称为"物料主数据"。

业务单据：泛指除库存单据以外，使用物资数据生成的各类采购供应过程的业务数据，如工单预留、采购需求、采购订单、寻源单据等。

库存单据：仅指物资库存相关单据。

其他单据：如设备 BOM，生产 BOM，销售订单等。

其他总公司运维管理系统：指总公司统一运维管理的，除 SAP、采办系统外的其他系统，如合同系统、条码系统、进出口系统等。

所属单位运维管理系统：如 Maximo，MES 系统，自建仓储物流系统等。

第五章

智能炼化建设之智能化核心

近年来，全球各主要经济体都在大力推进制造业的复兴。随着云计算、大数据、物联网、移动应用以及工业 4.0、工业互联网等新一轮信息技术革命的发展，全球化的工业转型开始进入实质阶段。在中国，“两化融合”“互联网+”“中国制造 2025”等战略的相继出台，表明国家开始积极行动起来，把握新一轮发展机遇实现工业化的智能化转型升级。智能工厂作为工业智能化发展的重要实践模式，已经引发行业的广泛关注。但到底什么才是智能工厂？所有企业均能够采用一个模式吗？智能工厂的核心架构是怎样的？它能为企业的转型发展提供哪些支撑？行业企业要如何利用新技术才能确保智能工厂建设目标的实现的呢？等等这些都是企业比较关心的话题。

智能工厂是实现智能制造的重要载体，是指在数字化的基础上，利用物联网技术和监控技术与信息管理和服务融合，通过构建智能化生产系统、网络化分布生产设施，加强和提高生产过程可控性、减少生产线人工干预，合理计划排程、实现生产过程的智能化。与此同时，集智能手段和智能系统等新兴技术于一体，构建高效、节能、绿色、环保、舒适的人性化工厂。

智能工厂已经具有了自主能力，可采集、分析、判断、规划；通过整体可视技术进行推理预测，利用仿真及多媒体技术，将实境扩增展示设计与制造过程。系统中各组成部分可自行组成最佳系统结构，具备协调、重组及扩充特性，且具备了自我学习、自行维护能力。因此，智能工厂实现了人与机器的相互协调合作，其本质是人机交互。

由于产品制造工艺过程的明显差异，离散制造业和流程制造业(其特点与区别见第 4 章)在智能工厂建设的重点内容各不相同。例如，对于离散制造业而言，产品往往由多个零部件经过一系列不连续的工序装配而成，其过程包含很多变化和不确定因素，在一定程度上增加了离散型制造生产组织的难度和配套复杂性。企业常常按照主要的工艺流程安排生产设备的位置，以使物料的传输距离最小。面向订单的离散型制造企业具有多品种、小批量的特点，其工艺路线和设备的使用较灵活，因此，离散制造型企业更加重视生产的柔性，其智能工厂建设的重点是智能制造生产线。所以，因各个行业生产流程不同以及各个行业智能化情况的不同，智能工厂建设的模式也不同，但相互之间可以借鉴、互相促进。

第一节 离散工业智能工厂建设

随着新一轮工业革命的发展，工业转型的呼声日渐高涨。面对信息技术和工业技术的革新浪潮，德国人提出了工业 4.0 战略，美国人出台了先进制造业回流计划，中国加紧推进两化深度融合，并于 2015 年发布了中国制造 2025 战略。这些战略的核心都是利用新兴信息化技术来提升工业的智能化应用水平，进而提升工业在全球市场的竞争力。数字化工厂、智能工厂闪耀着迷人的色彩，制造业正在被其光芒所吸引。然而光辉之中，很多企业也被各种相互矛盾和相互纠缠的概念所迷茫，大家都渴望自己拥有一个洞开一切的神器。数字化工厂与智能工厂的确是一道有着清晰轨迹的光路，它在指引那些走向理解智能化工厂和工业 4.0 的必经之路。事实上，在上述这些战略发布之前，包括数字化工厂、智能工厂以及智能制造等概念业界也在谈论，有的似乎还很熟知。但不可忽视的是，往往很多企业在提及这些概念时，确实非常容易将这些概念混为一谈。

本书第二章第三节介绍了几个主要国家和国际跨国大公司的智能制造方面的国家战略或计划。其中，德国“工业 4.0”的两个主题即“智能工厂”和“智能生产”分的比较清晰：“智能工厂”重点研究智能化生产系统及网络化分布生产设施的实现；而“智能生产”的重点在于将人机互动、智能物流管理、机器人等先进技术应用于整个工业生产过程，从而形成高度灵活、个性化、网络化的产业链。无处不在的传感器、嵌入式终端系统、智能控制系统、通信设施通过 CPS 形成一个智能网络，从而实现横向、纵向和端到端的高度集成。因此，物联网和服务网是“工业 4.0”的两个基础。

上述智能生产涉及整个企业，包括生产、物流管理等宏观运营的层面，就是我们说的智能化工厂。它重点研究的“智能化生产系统及过程”，是指除了包括智能化的机床、机器人等生产设施以外，还包括对生产过程的智能管控，如果换成信息化术语，就是智能化的 MES 制造执行系统。而智能工厂重点研究的“以及网络分布式生产设施的实现”，是指将生产所用的生产设施(如机床、热处理设备、机器人、AGV、测量测试等各种数字化设备)，进行互联互通、智能化的管理，实现信息化系统与物理系统的深度融合，目前很多企业实施的 DNC/MDC(设备联网、设备监控系统)是其基础。所以，数字化工厂和工业 4.0 之间隔着一个智能工厂的距离。

一、智能工厂的基本概念

数字化工厂、数字炼化的概念、定义前面一章已经介绍过了。应该说，相比于传统工程设计成品，数字化工厂在数据整合、检索、提取等方面天然优势巨大，对于企业的后期运行、维护也有很大帮助，可以有效降低成本，提高管理效率，同时有了足够的数据信息作为基础，其后期开发的可能性更是无可限量的。如，对于工程设计与 EPC 来说，数字化工厂对于数据的整合、规范、集成等，特别是对设计 EPC 的优化管理十分有利。EPC 集成化的实现将极大地提高 EPC 业务能力和工作效率，数据的整合与配管设计(这些年一直在推进)的标准化模块化设计想法也是一致的，设计成品档次和质量的提升更有助于在当前局面下保持市场分额和增强竞争力，此外系统的使用方便的资料检索能力在施工阶段可大大提升现场施工管理效率，从而缩短工期并减少施工错误，节约成本。而对于业主来说，数字化工厂最初的设想就是提交给业主的成品文件。掌控资产全周期内的数据信息对业主来说是非常有吸引力的，而随着系统程序的不断升级和更新，数字化工厂更能为后续工厂的运行维护和安全管理等方面提供相关数据，辅助规划生产维护计划等(业主确实需要这些方面的帮助)。考虑到工厂运维期间安全的重要性以及数字化信息在这方面的天然优势，相信在不久的将来，数字化工厂这部分内容将会受到广泛关注，并成为海内外业主做出选择的一个重要依据。

数字化本身其实就是智能的一部分，是一个入口；而智能工厂是在数字化工厂的基础上附加了物联网技术和各种智能系统等新兴技术于一体，提高生产过程可控性、减少生产线人工干预。

数字化工厂是智能工厂的落脚点，而智能工厂又是工业 4.0 的基础和落脚点。只有实现了数字化工厂，才有可能实现工业 4.0。数字化工厂是在信息集成的基础上，对研发、制造、管理等各个环节进行全面的过程集成，构建数字化工厂是一项艰巨并且复杂的系统工程。

而任何复杂系统工程的实施都离不了系统建模、系统仿真、系统分析和优化，同样数字工厂也不能例外。首先要全面了解数字工厂，建立数字工厂的模型和参考架构，然后需要有一套完整的方法论、工具和流程对数字化工厂的各个阶段进行建模、规划、分析和优化。

从以上分析，就能分辨出智能工厂与智能制造不是一个概念，但其解决方案在某些方面有共同之处。表 5-1 为智能制造与智能工厂、数字化工厂的概念主要内容[1]。

表 5-1　智能制造与智能工厂、数字化工厂的概念

智能制造	数字化工厂	智能工厂
智能制造系统在制造过程中能进行智能活动，诸如分析、推理、判断、构思和决策等。通过人与智能机器的合作，去扩大、延伸和部分地取代技术专家在制造过程中的脑力劳动。它把制造自动化扩展到柔性化、智能化和高度集成化。 智能制造系统不只是"人工智能系统，而是人机一体化智能系统，是混合智能。系统可独立承担分析、判断、决策等任务，突出人在制造系统中的核心地位，同时在智能机器配合下，更好发挥人的潜能。机器智能和人的智能真正地集成在一起，互相配合，相得益彰。本质是人机一体化	(1)数字化工厂(DF)是由数字化模型、方法和工具构成的综合网络，包含仿真和3D/虚拟现实可视化，通过连续的数据管理集成在一起。数字化工厂集成了产品、过程和工厂模型数据库，通过先进的可视化、仿真和文档管理，以提高产品的质量和生产过程所涉及的质量和动态性能。 (2)数字化工厂是在计算机虚拟环境中，对整个生产过程进行仿真、评估和优化，并进一步扩展到整个产品生命周期的新型生产组织方式。是现代数字制造技术与计算机仿真技术相结合的产物，主要作为沟通产品设计和产品制造之间的桥梁。从定义中可以得出一个结论，数字化工厂的本质是实现信息的集成	智能工厂是在数字化工厂的基础上，利用物联网技术和监控技术加强信息管理服务，提高生产过程可控性、减少生产线人工干预，以及合理计划排程。同时，集初步智能手段和智能系统等新兴技术于一体，构建高效、节能、绿色、环保、舒适的人性化工厂，其本质是人机有效交互

日益激烈的市场竞争，要求制造企业在降低成本的同时，缩短供货时间，提高产品质量。面对这些挑战，制造企业需要改善内部管理，提高企业资源的使用效率。如果制造工厂不能按时生产出高质量的产品，如果生产制造的信息不能在需要的时间传递给需要的人，那么企业级的管理决策都只能基于猜测，这必然影响到整个企业的经营效益。因此，对于制造企业的经营管理者来说，一个实时的、有效的，并能和供应链紧密配合的工厂管理系统是必不可少的。目前智能工厂的智能制造离不开 MES(Manufacturing Execution System)，如何与企业供应链 LES(Logistics Execution System)、集团 GES(Group Execution System)或 ERP 衔接并进行管理，既全面提升企业的运行效率，又能从价值链的角度去模拟企业价值链的价值活动，达到对价值链的全面和重点关注，是智能工厂智能制造的方向。

综上，离散工业即非流程工业所说的智能工厂就是在数字化工厂的基础上，利用物联网技术和监控技术加强信息管理服务，提高生产过程可控性、减少生产线人工干预，以及合理计划排程。同时，集初步智能手段和智能系统等新兴技术于一体，构建高效、节能、绿色、环保、舒适的人性化工厂。

智能工厂已经具有了自主能力，可采集、分析、判断、规划；通过整体可视技术进行推理预测，利用仿真及多媒体技术，将实境扩增展示设计与制造过程。系统中各组成部分可自行组成最佳系统结构，具备协调、重组及扩充特性，且具备了自我学习、自行维护能力。因此，智能工厂实现了人与机器的相互协调合作，其本质是人机交互。

智能工厂由赛博空间中的虚拟数字工厂和物理系统中的实体工厂共同构成。其中，实体工厂部署有大量的车间、生产线、加工装备等，为制造过程提供硬件基础设施与制造资源，也是实际制造流程的最终载体；虚拟数字工厂则是在这些制造资源以及制造流程的数字化模型基础上，在实体工厂的生产之前，对整个制造流程进行全面的建模与验证。为了实现实体工厂与虚拟数字工厂之间的通信与融合，实体工厂的各制造单元中还配备有大量的智能元器件，用于制造过程中的工况感知与制造数据采集。在虚拟制造过程中，智能决策与管理系统对制造过程进行不断地迭代优化，使制造流程达到最优；在实际制造中，智能决策与管理系统则对制造过程进行实时的监控与调整，进而使得制造过程体现出自适应、自优化等智能化特征。

二、智能工厂的基本框架

由上述可知，智能工厂的基本框架体系中包括智能决策与管理系统、企业虚拟制造平台、智能制造车间等关键组成部分。

三、智能工厂建设总体原则

朱铎先[2]经过深入研究工业 4.0、中国制造 2025 等战略，结合十多年数字化车间建设的经验，认为制造企业应以中国制造 2025 为宗旨，以两化深度融合为突破口，参考德国工业 4.0 中的智能工厂模式及美国 GE 工业互联网等先进理念，结合企业实际情况，以人为本建设“设备自动化、人员高效化、管理信息化”的中国特色智能工厂，示意图见图 5-1。具体实施建议如下。

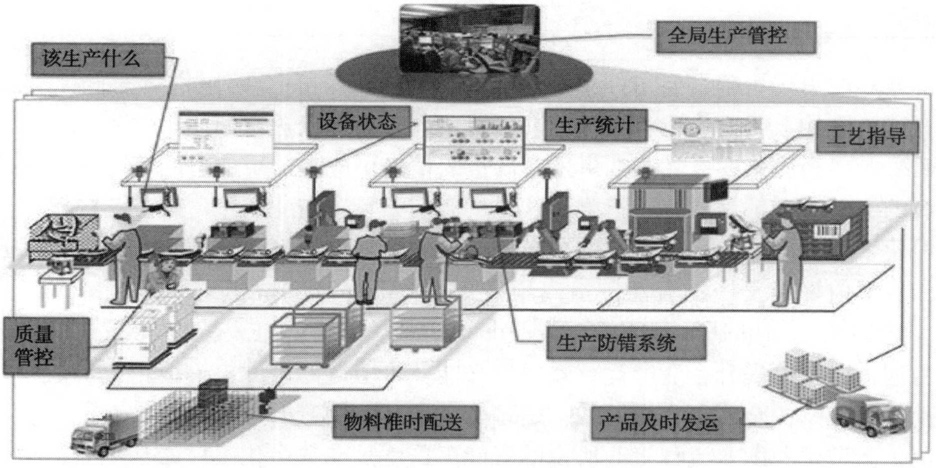

图 5-1　典型的智能工厂示意图[2]

（一）关于实施广度

参考德国工业 4.0 中对“智能工厂”的定义，即重点研究智能化生产系统及过程，以及网络化分布式生产设施的实现。其前半句“智能化生产系统及过程”，是指除了包括智能化的机床、机器人等生产设施以外，还包括对生产过程的智能化管控，站在信息化的角度，就是智能化的 MES 制造执行系统。而后半句“以及网络分布式生产设施的实现”，是指将生产所用的生产设施(如机床、热处理设备、机器人、AGV、测量测试等各种数字化设备),进行互联互通、智能化的管理,实现信息化系统与物理系统的深度融合。目前很多企业实施的DNC/MDC(设备联网、设备监控系统)是其重要的基础。

(二)关于实施深度

按照工业4.0战略的描述,理想状态的智能制造是一种高度自动化、高度信息化、高度网络化的生产模式,工厂内,人、机、料自主协同,自组织、高效运转;工厂间,通过端对端集成、横向集成,实现了价值链的共享、协作,效率、成本、质量、个性化都得到了质的飞跃。

对于中国制造企业而言,企业希望既要符合工业4.0或者是中国制造2025的发展方向,又要投资小、见效快、确保成功率,如何在两者之间平衡,是一个很现实也很重要的问题。

在本次智能化制造的革命中,朱铎先[2]建议企业一定要"着眼长远、立足当下",既要符合工业4.0的理念,体现出其主要特点,又要本着务实的原则实施工业4.0战略。比如,要汲取以前CIMS实施的经验与教训,不要过于理想化,不要过多强调自组织、自学习、自执行等高难度的智能技术,企业不是突破什么关键智能制造技术的研究单位,而是以创造效益为根本目的,要总体规划、分步实施,以效益为驱动,确保成功率。在自动化的基础上,实现信息化、网络化,在管理方面深挖潜力,充分发挥人的作用,构建具有适度智能的数字化、网络化、高效化、个性化的智能生产模式,切实做到明显的"提质增效"并以量化为指标,循序渐进,全面提升企业的竞争力。

(三)全局与系统的思想

智能工厂是个系统工程,举例来说,如果想要提高生产效率不能仅从某个单一环节来解决,也不能光靠购买大量的设备或者仅对工人加强管理去解决。实际上,如果生产计划都不准确,排产结果都是延期的,你怎么能够让工人保证按期交货?如果生产计划都是不科学的,本身就存在大量的等待时间,企业又怎么能怪工人不努力?在生产过程中,操作工与刀具、物料等生产准备人员本来就是并行协同的关系,如果一直延续以前串行的工作模式,出现"操作者很忙,机床很闲"的局面是在所难免的,单个工人身上已经很难挖掘潜力了,必须从生产流程、组织管理上进行优化管理;又如,如果信息化系统与生产设备脱节,不能充分发挥高端设备数字化通信、自动采集等方面的优势,所有的工作还靠人工输入,又怎么能保证数据的实时性、准确性、客观性?没有这些数据的支撑,又怎么能及时获知生产信息,及时作出科学的管理决策?如果不能对物料、刀具、量具、夹具等生产资源进行精益化的管控,不是积压就是短缺,这种粗放型的管理又如何能保证生产效率的提升与成本的降低?

数据是企业的财富,没有良好的信息化管理系统,没有自动化的数据采集系统,没有智能化的大数据分析,没有形象直观的展示系统,这些数据就白白丢失掉了,企业永远只能处于凭经验、拍脑袋的粗放型管理状态。因此,企业在智能工厂建设时一定要从全局思考,打造一个全面的、有体系的智能工厂管理系统,从各个方面进行优化、挖掘潜力,最大程度地提升企业的生产效率及管理水平。

四、智能工厂建设内容

朱铎先[2]提出了智能工厂建设"六维智能理论",可以作为离散工业智能工厂建设内容的重要参考。六个维度的"智能"打造中国特色的智能工厂包括智能计划排产、智能生产过程协同、智能设备互联互通、智能生产资源管控、智能质量过程控制、智能大数据分析与决策支持。该理论分别从计划源头、过程协同、设备底层、资源优化、质量控制、决策支持等6个方面着手，实现全面的精细化、精准化、自动化、信息化、网络化的智能化管理与控制，既很好地符合了德国智能工厂的定义，又能与美国工业互联网以及中国制造2025等理念完全吻合。

（一）智能计划排产

从计划源头上确保计划的科学化、精准化。通过集成，从ERP等上游系统读取主生产计划后，利用APS进行自动排产，按交货期、精益生产、生产周期、最优库存、同一装夹优先、已投产订单优先等多种高级排产算法，自动生成的生产计划可准确到每一道工序、每一台设备、每一分钟，并使交货期最短、生产效率最高、生产最均衡化。这是对整个生产过程进行科学的源头与基础。

（二）智能生产过程协同

为避免贵重的生产设备因操作工忙于找刀、找料、检验等辅助工作而造成设备有效利用率低的情况，企业要从生产准备过程上，实现物料、刀具、工装、工艺等的并行协同准备，实现车间级的协同制造，可明显提升机床的有效利用率。

另外，随着3D模型的普及，在生产过程中实现以3D模型为载体的信息共享，将CATIA、PRO/E、NX等多种数据格式的3D图形、工艺直接下发到现场，做到生产过程的无纸化，也可明显减少图纸转化与看图的时间，提升工人的劳动效率。

（三）智能的设备互联互通

无论是工业4.0、工业互联网，还是中国制造2025，其实质都是以CPS赛博物理系统为核心，通过信息化与生产设备等物理实体的深度融合，实现智能制造的生产模式。对企业来讲，将那些贵重的数控设备、机器人、自动化生产线等数字化设备，通过DNC/MDC的机床联网、数据采集、大数据分析、可视化展现、智能决策等功能，实现数字化生产设备的分布式网络化通讯、程序集中管理、设备状态的实时监控等，就是CPS赛博物理系统在制造企业中最典型的体现。

（四）智能生产资源管理

通过对生产资源(物料、刀具、量具、夹具等)进行出入库、查询、盘点、报损、并行准备、切削专家库、统计分析等功能，有效地避免因生产资源的积压与短缺，实现库存的精益化管理，可最大程度地减少因生产资源不足带来的生产延误，也可避免因生产资源的积压造成生产辅助成本的居高不下。

（五）智能质量过程管控

除了对生产过程中的质量问题进行及时的处理，分析出规律，减少质量问题的再次发生等技术手段以外，在生产过程中对生产设备的制造过程参数进行实时的采集、及时的干预，也是确保产品质量的一个重要手段。

通过工业互联网的形式对熔炼、压铸、热处理、涂装等数字化设备进行采集与管理，如采集设备基本状态，对各类工艺过程数据进行实时监测、动态预警、过程记录分析等功能，可实现对加工过程实时的、动态的、严格的工艺控制，确保产品生产过程完全受控。

当生产一段时间，质量出现一定的规律时，可以通过对工序过程的主要工艺参数与产品质量进行综合分析，为技术人员与管理人员进行工艺改进提供科学、量化的参考数据，在以后的生产过程中，减少不好的参数，确保最优的生产参数，从而保证产品的一致性与稳定性。

（六）智能决策支持

在整个生产过程中，系统运行着大量的生产数据以及设备的实时数据，如某企业一个车间一年的数据量就高10亿条以上，这是一种真正的工业大数据，这些数据都是企业宝贵的财富。对这些数据进行深入的挖掘与分析，系统自动生成各种直观的统计、分析报表，如计划制订情况、计划执行情况、质量情况、库存情况、设备情况等，可为相关人员决策提供帮助。这种基于大数据分析的决策支持，可以很好地帮助企业实现数字化、网络化、智能化的高效生产模式。

总之，通过以上6个方面智能的打造，可极大提升企业的计划科学化、生产过程协同化、生产设备与信息化的深度融合，并通过基于大数据分析的决策支持对企业进行透明化、量化的管理，可明显提升企业的生产效率与产品质量，最终形成一种很好的数字化、网络化的智能生产模式。

第二节　炼化行业智能工厂建设经验

作为加工工业中的一个大类，流程工业与离散工业有较大不同。炼油、石化、化工、冶金、造纸、制药、酿造、建筑、电力等原材料加工和能源工业行业属于流程工业，其特点是对生产原料按照一定的工艺流程，通过一系列设备和装置，连续不断地被加工处理成产品，原材料一般伴有化学、物理、相变等物性变化的过程。流程工业在国民经济中是占主导地位的行业，其发展状况直接影响国家的经济基础。

炼油与石油化工是化工过程中两个非常重要的与石油相关的行业，因为它们是提供能源、化学纤维，尤其是交通运输燃料和有机化工原料的最重要的流程工业。与其他化工过程一样，希望其设计和操作都处于最优状态。目前，计算机技术日益渗透到各个领域，同时为炼油与石油化工过程的最优设计和最优操作与控制创造了物质基础。

企业推行“两化深度融合”，其实质就是推行智能工厂建设。但是，属于典型流程工业的炼油化工企业如何建设智能工厂？由于没有统一的标准，业界对流程工业智能工厂的定义、认识、观点还不一致，大家还在探索、实践中。因此，在第一节介绍离散工业的智能制造、智能工厂基础上，再在本节先通过分析流程工业炼化企业在数字化升级、智能化实践中的一些案例，来获得炼化企业智能化升级即智能炼化建设的概念、构架、实践路径等，以期取得实效。

一、国外炼化企业智能炼化的探索与实践

国外炼化企业在充分体现安全、健康、环保和循环经济的理念下，正朝着“大型化、清洁化、一体化和智能化”等方向发展。在发展的过程中，主要面临如下挑战：①成本的持续增加以及需求的长期波动，企业及客户对于价格的变动敏感度持续提高；②效益提高与生产

平稳安全的矛盾；③全球经济一体化导致企业的经营环境更加复杂，供应链壁垒以及各环节的复杂度日益升高；④能源消费的增长趋缓，炼油与销售的利润空间缩小；⑤低碳时代的环境保护和节能减排的压力。

为突破发展瓶颈，国外炼化企业争相采用自动化技术、数字化技术、信息技术和与之相伴而生的现代管理技术手段和方法，结合自身实际取得了智能化建设的局部突破。其中ExxonMobil、BP、Shell 等世界知名的能源企业在智能化建设走在世界的前列，促进了企业运营和战略决策能力的提升，推动了企业发展。

在推进信息化智能化升级过程中，世界级领先的国际巨头(如 ExxonMobil、BP、Shell等)主要做到了以下几点：实现跨地域、上下游的供应链优化协同；强化生产过程的优化及智能化；注重环保、节能和安全的综合管理；在提升生产运营指挥的智能化水平等方面狠下功夫、全力推进。

（一）通过供应链集成优化，实现效益最大化

通过上中下游业务整合，快速响应原料和市场需求变化，信息实时一致；集成生产经营及生产管理业务，业务自动化程度及工作效率显著提高。相关企业的最佳实践应用情况如图 5-2所示。

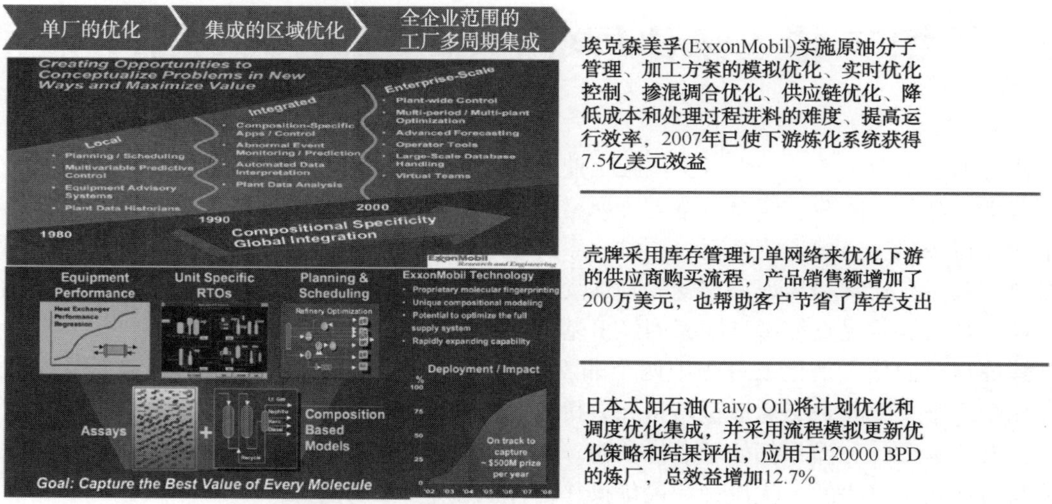

图 5-2　供应链集成优化最佳实践应用情况

其中，ExxonMobil 从 2003 年起开发“分子炼油”系统，采用分子指纹分析、在线优化、调合优化、供应链优化等技术，对工厂操作、供应链管理进行改进、优化，从原油开始就建立了分子“指纹信息”，其目标是：把正确的分子、在正确的时间、放到炼油生产过程正确位置上，从而使每桶原油产生最大的价值。系统主要包括：原油“指纹信息”光谱仪分析，加工方案的模拟优化，生产操作在线优化控制，物料掺混调合优化，采购—分送—仓储管理—车船运输整个供应链优化。系统投用后，ExxonMobil 按产品为炼化选择和配比合适的原料，2007 年已使下游炼化系统获得 7.5 亿美元效益，逐步实现从单厂的优化、集成的区域优化到全企业范围的工厂多周期集成。

（二）通过实施装置在线优化，提高生产敏捷性

本书第二章第四节已经介绍，此处不展开。

（三）强化能源规范管理与优化，实现节能减排

通过能源计划和指标分解，建立贯穿各个运行点的节能调度目标并监控跟踪；针对生产加工方案的变化，实时调整能源管网产耗，保证供给，优化能源运行；通过能源评价，建立与行业先进水平的对标，分析最佳实践，指导改进。相关企业的最佳实践应用情况如图 5-3 所示。

其中，VALERO 通过优化信息系统进行节能减排。对锅炉进行了建模，采用面向方程式的仿真和优化软件工具，以过程单元能源需求、由设备或环境法规所造成的能源要求和制度的约束为依据，优化燃料采购，蒸汽与电力的应用，产生年效益约 270 万美元，效益比对见表 5-2。

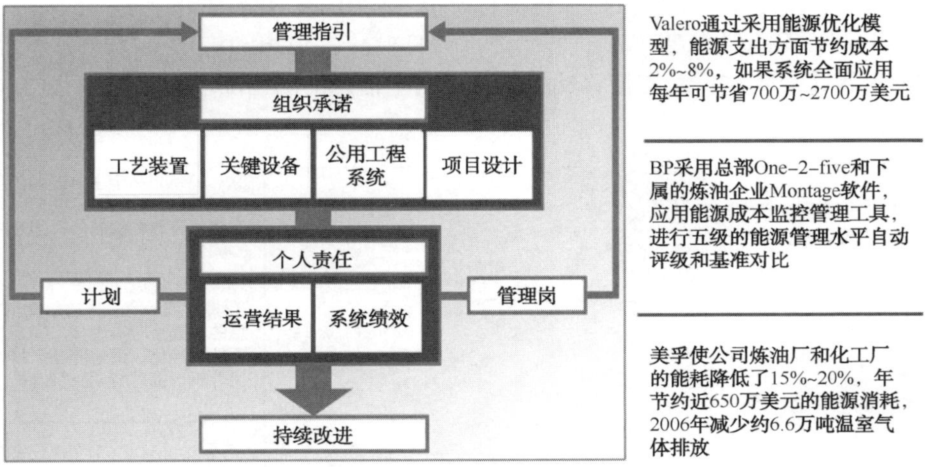

图 5-3　能源管理与优化最佳实践应用情况

表 5-2　VALERO 通过优化信息系统进行节能减排效益表

效益区域	结果	节省
汽电联合装置锅炉蒸汽负荷的分配	-1MM SCFD NG	$ 1.0MM/a
FCC 蒸汽轮机的负荷	-2MW	$ 0.5MM/a
最大程度地利用切换轮机	-1000hp	$ 0.4MM/a
更加审慎地维护热量的备用	-0.6MM SCFD	$ 0.8MM/a
	总计	$ 2.7MM/a

BP 从管理、技术两方面入手进行能源管理，通过对能源管理体系评估和对能源消耗指标的实时监控，找到改进方向，支撑了节能减排。

在管理方面，从组织结构、节能计划、人员配备、能源管理认知度、财务管理、供应管理、操作与维护、工艺设备、监控与报告和最终成效共 10 个关键领域共 20 个主要方面开展能源管理诊断，并根据诊断结果对企业能源管理水平自动评级（共分五级）和基准对比，自动生成诊断报告，指出企业能源管理最薄弱的三个方面，提出改进方向和措施。

在技术方面，在下属的部分炼油企业应用软件首先对来自 DCS、SCADA、PI 系统或数据仓库的相关能源数据进行实时采集、传输和存储，然后对不同类别、不同层面的历史能耗数据进行线性回归分析，并根据回归分析结果设定目标值；通过监控目标值与实际消耗数值

之间的差距变化发出报警信息，并提出未来的改进方向。

ExxonMobil 早在 1973~1999 年就取得超过 35%的节能效果。在 2000 年公司开始部署全球能源管理系统(GEMS)，通过对炼油、化工能量效率对标分析，发现仍有 15%~20%节能改进空间，从而确立新的节能目标，并通过最佳业务实践指导措施的制定和落实，如：修改大型冷冻压缩装置的控制策略，减少蒸汽轮机驱动装置的能耗；为喷射燃烧装置更换了蒸汽管道，减少了蒸汽用量；优化冷却水泵的操作，节约了抽水能耗；改进除氧蒸汽管理，降低了蒸汽损耗。这些最佳实践全部实施后预计每年将取得 500 万美元至 10 亿美元的效益，减少二氧化碳排放 10Mt。埃克森美孚的能源管理系统是公司能源管理和不断持续改进的重要支撑平台，在系统中已总结了 200 多个节能最佳实践和 12 类绩效衡量计算方法。

(四) 通过对 KPI 体系全局监控，提高科学决策能力

建立了上下一体的仪表盘，基于主题进行信息的统一组织和展示；实现基于角色、灵活、动态的可视化决策支持；支持移动应用，做到了信息的随用随取。相关企业的最佳实践应用情况如图 5-4 所示。

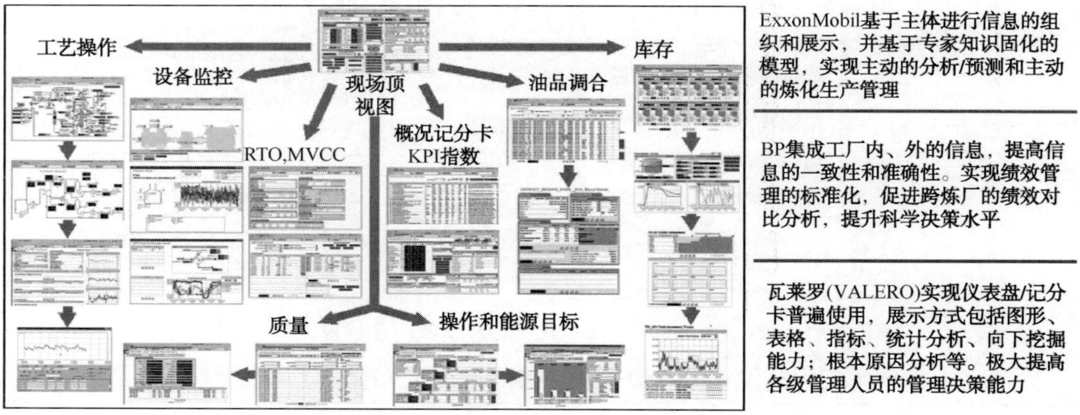

图 5-4　KPI 监控最佳实践应用情况

其中，ExxonMobil 从 2002 年开始，以区域性生产指挥中心为基础，在全球 26 个炼化实施生产可视化系统(DATA Visualization)。具体内容包括：

(1) 统一标准、统一平台，通过与企业生产执行(MES)、ERP、实时数据库等系统集成，实现生产经营信息的全方位集成；

(2) 实现对生产过程、装置运行、产品质量、物流配送、库存，以及生产运行绩效等进行动态跟踪；

(3) 实现对企业各种资源，如原油、原料、产品等进行实时监控，及时调整资源配置；

(4) 可视化展示使决策者和管理者实时跟踪生产计划的完成情况，第一时间掌握突发事件的细节，及时制订解决方案进行决策和管理，实现了生产的实时调度管理；

(5) 生产可视化系统的建立，支撑了企业一体化管控，提高了资源的利用率；

(6) 开展了移动应用，信息可在 IPHONE、IPAD 进行展示与分析，做到了信息的随用随取。

不同层面的管理人员基于统一信息系统平台，获得业务管理需要的信息，并实现可视化展现，确保信息的一致、完整、及时。

BP 炼油销售部门通过 iPlant 战略实施，进行业务与信息化的转型，实现 IT 建设的标准化和集成化，支持整体业务战略目标。具体内容包括：

(1) 集成工厂内、外的信息，提高信息的一致性和准确性；

(2) 实现绩效管理的标准化，促进跨炼化的绩效对比分析，提升科学决策水平。

VALERO 基于 SAP MII 集成平台，采用服务总线的设计模式，实现 SCADA、DCS、MES、SPC/SQC、LIMS、维修管理系统等的数据源的集成。并基于 ISA 95/88 的标准，建立了工厂模型，对工厂实时数据进行标准化管理和处理。具体内容包括 ：

(1) 实现了企业、炼化、操作员的多个层面用户的仪表盘管理。展示内容包括 HSE、工艺安全、运行吞吐量、罐区库存、能源记分卡 5 大类关键指标；

(2) 实现仪表盘、门户展示等的数据需要；实现仪表盘/记分卡普遍使用，展示方式包括图形、表格、指标、统计分析、向下挖掘能力、根本原因分析等；

(3) 采用按需配置、即配即用的设计模式，应对快速变化的业务需求。

(五) 建设企业级集成框架，支持卓越运营

HMEL 炼化是印度于 2009 年着手新建的 10Mt/a 加工能力的炼化。建设了基于 SOA 架构，开放式企业集成平台，具有良好的扩展性；引入工厂参考模型、行业数据标准，实现数据交互的标准化；实现从工厂实时数据到企业经营层面数据的全面整合与贯通；实现企业级应用系统的流程整合和业务协同；实现生产与经营层面各类异构系统的全面集成企业级集成框架。HMEL 炼化通过企业级集成架构建立，按需展现各角色在业务活动中的信息；展现的信息数出一门，准确、可靠；灵活、可扩展的信息系统架构可快速响应和支撑企业的业务变化；大量降低 IT 部门的运维成本。HMEL 炼化的企业级集成架构如图 5-5 所示。

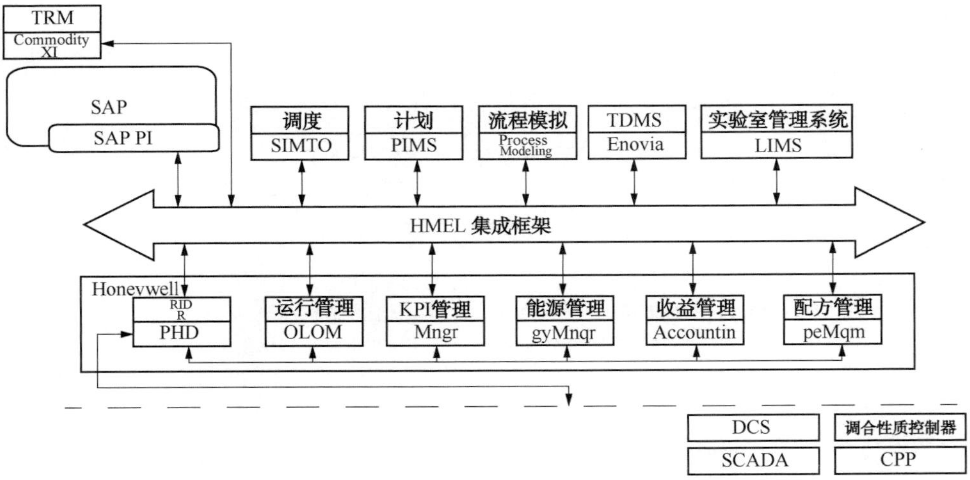

图 5-5　HMEL 企业级集成架构

二、国内石化行业对智能工厂建设的探索与实践

(一) 中国石化的探索

中国石化是国内最早进行智能工厂建设探索与实践的国有特大型炼油化工企业集团。以下为主要根据一些大会演讲材料等方式收集整理的相关材料[3,4]。

1. 关于智能工厂的模型与定义

中国石化智能工厂以卓越运营为目标，贯穿运营管理全过程，具备高度“自动化、数字化、可视化、模型化和集成化”的炼化工厂。通过技术变革和业务变革，让企业具有更加优异的感知、预测、协同和分析优化能力。模型框架包括六项核心业务、四个关键能力和 IT 支持体系。其中业务领域示意图如图 5-6 所示。

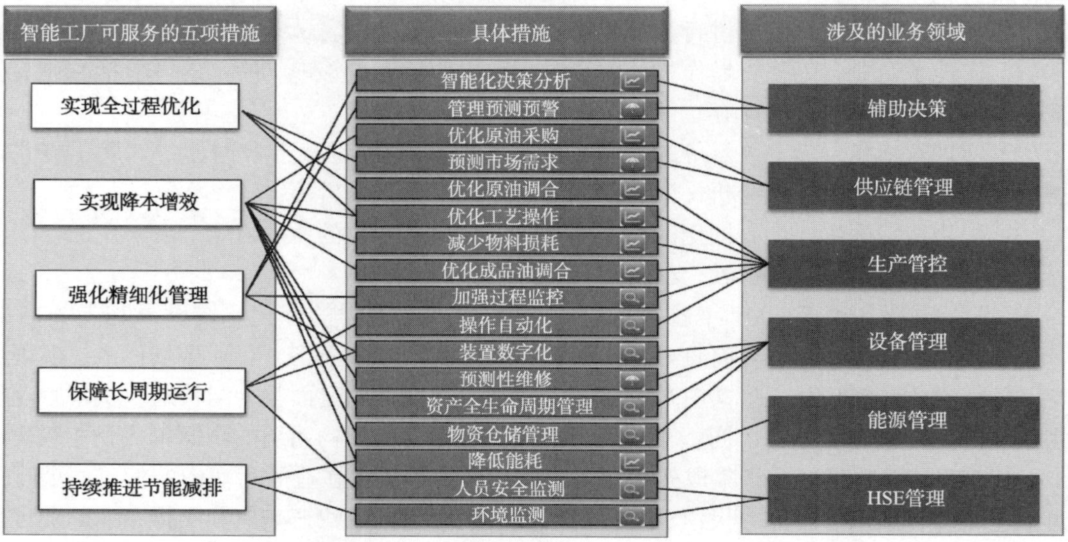

图 5-6　中国石化智能工厂涉及的业务领域

2. 业务最佳实践

根据国内外智能工厂最佳实践，结合中国石化智能工厂模型定义，对六项核心业务中四个关键能力进行了归纳，形成智能工厂业务最佳实践，如表 5-3 所示。

表 5-3　中国石化智能工厂业务最佳实践

	感知能力	预测能力	分析优化能力	协同能力
供应链管理	能够实时监控供应链各环节信息 实现跨各个单独业务领域流程的透明化	能够定量分析、辅助预测产品需求 能够准确分析、辅助预测原料/产品价格变化	通过分析销售数据，优化产品结构，优化原料采购，优化供应链计划 实现供应链一体化优化	实现灵活高效的产、供、销、存、运的企业内部协同和外部协同
生产管控	实现全面、实时的生产过程与操作过程监控 实现所有流程信息的数字化及历史数据的存储	基于模型的生产变化预测，能够快速预测产品质量 实现早期事件预警与生产过程的动态评估	实现物料平衡的高度精确，生产绩效动态分析 实现生产多层次优化集成及全厂在线优化	达到计划、调度、操作、工艺业务高效协同 实现远程专家支持
HSE 管理	实现生产安全、人员/车辆位置、环境排放的实时监控	实现安全状态预知工艺模拟，基于模型的风险预测	能够进行量化的风险分析 HSE 事故原因分析，排放趋势分析	实现全面 HSE 管控，包括 HSE 与生产操作协同，HSE 与供应链管理的协同

续表

	感知能力	预测能力	分析优化能力	协同能力
能源管理	实现实时全面监控能源消耗和能效水平	准确预测能源需求 实现各个单元内能效指标的定义、监控和管理	建立分析评价能源消耗的能力 实时优化能源消耗和供应	实现工艺、设备、工程高效协同，协助能源管理进行持续改进
设备管理	实现实时的设备状态监控和移动巡检	实现到期预警、预防性/预测性维修	实现基于风险的检测，基于状态的维修和故障根本原因分析	实况维修与生产、物资、HSE、承包商、财务全面协同，大修协同
辅助决策	实现领导随时能获取所关心的、准确的、完整的生产经营信息	对生产经营中存在问题、风险能够进行预警	能够对问题进行追溯分析	实现不同专业间信息共享，处理问题更综合

3. IT 支持体系

基于业务最佳实践所表现的感知、预测、分析优化、协同四项关键能力，提出了对 IT 支持体系的要求如下：

（1）实现多系统之间协同集成。主要包括：系统之间规范平滑的信息交换，一致的业务模型和标准化数据；如何降低系统连接的复杂性，支持异构系统之间的通信；有随机的消息触发机制，动态路由实现灵活的系统集成；提供统一的工作流引擎，实现跨业务域的流程等方面。

（2）对预测和分析优化支持。主要包括：不同层面的辅助决策能力，多场景的相关应用支持；生产分析优化；面向生产过程的实时分析和预测能力；提供信息的随用随取和界面的自定义配置；面向关系数据和非关系数据的样本的分析和应用；快速的信息搜索和定位、数据分析能力。

（3）实现全方位的信息感知。包括：多种途径和方式获得各种类型的业务流程信息；通过有线、无线媒介，和多种终端快速交换信息；快速实现新系统、终端设备的信息接入和发布；对实体的三维建模、提供虚拟现实环境。

（4）实现安全高效的 IT 基础支持。包括：全方位的网络覆盖能力，相应的网络安全策略，保证带宽；各种数据的统一存储和备份；保护硬件投资、弹性扩展基础设施环境；高效、敏捷的资源调度管理。

为满足关键能力对 IT 支持体系的要求，IT 支持体系需要构建基于 ESB+ODS 的企业级集成架构、融合工业分析设计、三维数字化、移动应用、商业智能等共享服务的 IT 技术平台，建设安全高效的 IT 基础平台，全面支撑四个关键能力的实现。

4. 建设基础条件

智能工厂是工厂基本实现自动化、数字化后的更高级阶段，是借助更先进的管理和技术手段，实现工厂运营的高效、绿色、安全、最优。从管理和技术上应具备以下条件：

（1）管理条件，如企业一把手高度重视；集中决策、统一运作、分级管理；标准统一、流程规范、职责清晰；机制长效、要求严格、措施细化、执行到位。

（2）技术条件，如工艺流程与技术是先进的；生产装置基本实现 DCS 控制、APC 控制；基础仪表覆盖较全，实时数采率达到较高水平；管理信息系统完备、运行良好；建立起完善的网络体系，生产、办公网安全隔离。

5. 总体架构

中国石化智能工厂是面向中国石化炼化企业的综合性建设项目，总体架构设计以中国石化智能工厂模型为依据，如图 5-7 所示。

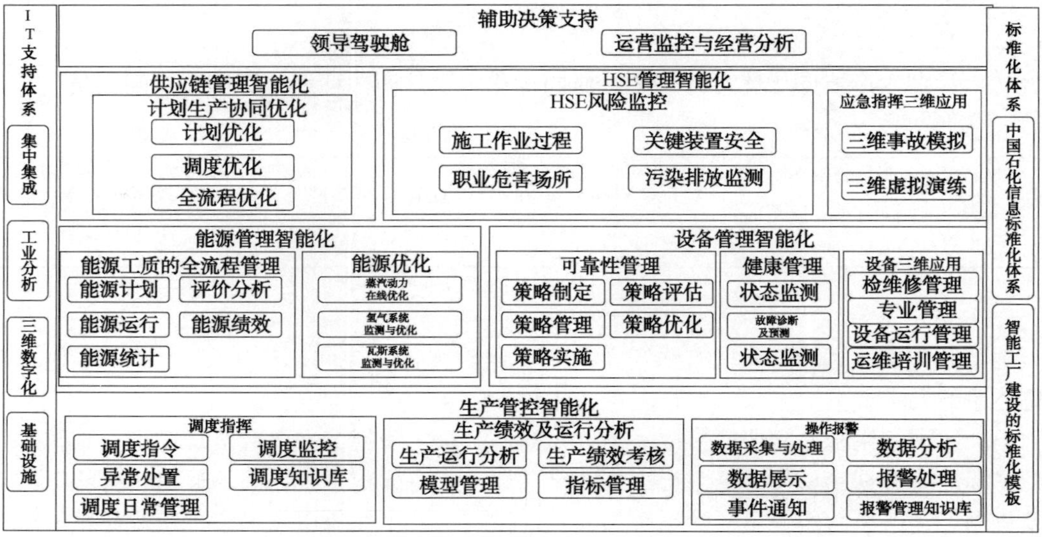

图 5-7　中国石化智能工厂总体架构

中国石化智能工厂总体架构由 6 个业务域智能化和 2 个技术体系组成。

1）六个业务域智能化

（1）辅助决策支持：提供及时、准确、可靠、一致的数据服务，实现信息的标准化、全面可视化，做到随用随取，进一步提高信息挖掘分析能力，提高信息价值。

（2）供应链管理智能化：建立计划生产协同优化环境，提升优化模型精度和综合度，使模型的数据更加可靠，模型优化结果更能贴近生产实际，实现企业效益最大化。

（3）HSE 管理智能化：以风险管控为核心，实现主要装置风险的监控预警与分析，提高风险防控能力；以事故主动预警与处置为主线，实现应急协同和快速辅助决策，提高应急指挥处置效率。

（4）能源管理智能化：建立全介质、全口径的能源的规范管理，形成从计划、执行监控、统计、绩效评价、考核的管理闭环，并实现蒸汽动力、氢气、瓦斯 3 类公用工程系统节能增效。

（5）设备管理智能化：建立维修策略闭环管理，促进设备可靠性（绩效）持续改善；以设备健康监控为核心，实现企业关键机组的故障智能诊断与预测；实现设备三维可视化管理。

（6）生产管控智能化：以平稳运行为核心，实现从计划、调度、操作、监控、统计到绩效的全生产过程管理的规范及在线处理，提升工业分析和预警能力，不断提升人员工艺与操作技能，提高生产敏捷性。

2）两个技术体系

（1）IT 支持体系：基于 SOA 架构，建成企业级集中集成平台，实现数据、服务、应用的集成共享；面向生产层面的预测、预警、分析需求，建立企业级工业分析服务单元；提供可靠基础设施环境，包括高速、智能、全面覆盖的网络和资源共享的云计算数据中心，保证生产网络的运行安全。

（2）标准化体系：为企业提供统一的、规范的、标准的主数据信息代码，实现主数据管理和主数据应用的标准化；形成智能工厂建设的标准化实施模板、实施方法论和运维模板。

6. 业务域系统设计

（1）计划生产协同优化。计划生产协同优化主要是面向计划、调度、车间人员，实现以效益为导向的生产组织模式，提升企业资源优化利用水平。

（2）功能架构。系统功能架构如图 5-8 所示。它包括三部分，一是生产计划优化，二是生产调度优化，三是计划生产协同管理平台。三者既有各自特定的作用，又相互关联。生产计划优化负责企业月度资源的优化配置，提供效益最大化的计划优化解决方案；生产调度优化负责将月度计划优化解决方案分解成可执行的旬或周作业计划，保证月度计划的落实；计划生产协同管理平台为生产计划优化、生产调度优化提供集成、协同的系统环境，保证计划、调度的协调统一。

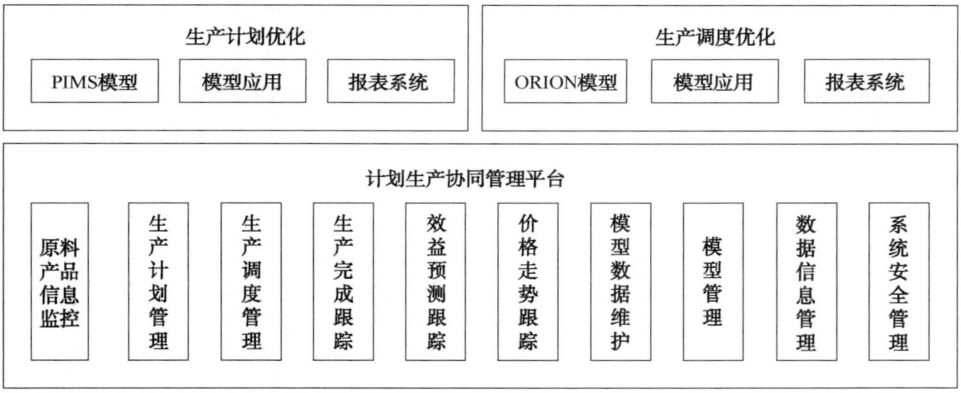

图 5-8 计划生产协同优化项目功能架构

主要功能描述如下：

1）生产计划优化

生产计划优化包括 PIMS 模型、模型应用、辅助系统。PIMS 模型是生产计划优化的核心，它模拟了企业供产销全过程的生产工艺和物流、信息流、资金流的相互关系，利用模型可对企业内外部资源进行优化配置，得到效益最大化的生产方案。PIMS 模型由 7 个主要模块组成，各自的功能和相互之间的关系如图 5-9 所示。

供应需求模块：该模块对企业的供销业务过程进行建模，一是描述企业需要购买的各种原料、公用工程，包括可购买原料的最小量、最大量、购买价格；二是描述企业需要销售的各种产品和公用工程，包括可销售产品的最小量、最大量、销售价格。该模块的输出是常减压装置模块、库存模块的输入。

常减压装置模块：该模块对常减压装置的加工过程进行建模，包括常减压装置的切割方案、各方案加工的原油、各方案产品的去向、各方案产品的收率和性质、装置进料性质的控制、装置的加工能力等。该模块的输出是二次加工装置模块、库存模块的输出。

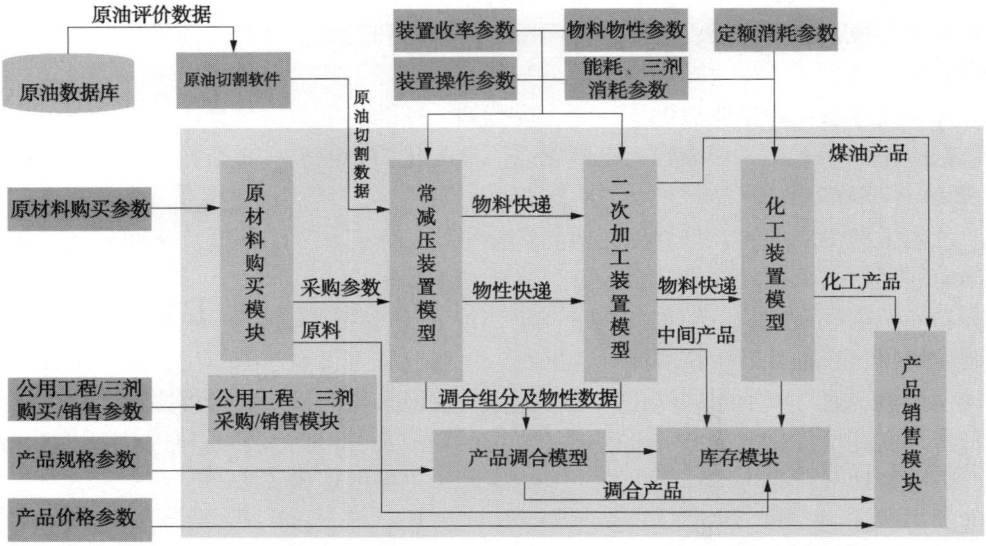

图 5-9　生产计划优化功能架构

二次加工装置模块：该模块按生产装置投入产出逻辑关系和数据关系建模，包括装置生产对原料性质的要求、装置常见的生产方案、装置进料性质变化对产出的影响规律等，描述的内容涉及装置进料性质、投入产出关系、公用工程消耗、产品收率与进料性质关系等。该模块的输出是油品调合模块、供应需求模块、库存模块的输入。

油品调合模块：该模块对油品调合的业务过程进行建模，描述的内容包括调合的产品、各产品的质量规格要求、各产品用到的调合组分、各调合组分和中间物料的性质、添加剂非线性影响等。该模块的输出是库存模块、供应需求模块的输入。

库存模块：该模块针对企业各种物料的库存进行建模，包括原料、中间品、产成品的期初库存、最小库存、最大库存、目标库存等；该模块还要定义生产周期，根据计划期不同阶段生产条件的变化，对计划期分段划分，以更真实地模拟生产实际。

公用工程模块：该模块针对企业公用工程的生产过程建模，描述蒸汽、电、各种工业水等的生产能力、需要的各种消耗等。该模块为一次装置、二次装置生产过程提供能源。

其他模块：物性递归和物性传递等模块，物性递归模块用于有多股物料混合进料的装置，以递归计算装置进料的性质；物性传递模块用于定义二次装置产品性质和原料性质的关系，实现物性从原料到产品的传递。

模型应用是利用建好的模型解决企业生产经营中的计划优化问题，提供最佳的解决方案，以指导生产，如生产计划优化、原油选购优化、开停工方案优化等。根据企业常见的生产工况，项目设计规范的测算案例应用模板，明确不同案例边界条件的格式、内容，为模型的应用提供支持。

辅助系统是配合 PIMS 模型应用开发的，用于对 PIMS 模型优化测算结果进行分析，生成各种报表和图形展示，报表的分类、格式、内容符合企业计划管理的需要，如外购原油表、产品产量表、装置负荷表、综合指标表、流程图、主要物料平衡表等。辅助系统生成的这些报表同时又是计划生产协同管理平台的数据源，作为生产计划进行发布。该系统具有以下功能和特点：

一是灵活的客户化配置和多样的输出风格定制：为业务人员提供丰富的输出配置选项，可基于业务人员自定义风格、样式生成各种所需的报告；

二是简单的操作方式：采用 Excel 电子表格作为应用环境，操作简单、方便；

三是宽泛的适用范围：同时支持单、多周期优化模型，且为多周期模型优化结果提供了从分周期报告、多周期汇总合并报告到各周期对比报告的完善的功能支持；

四是生成符合石油化工行业特点的丰富的报告：生成流程图和报告，报告包括综合汇总表、分类汇总表、单项类报表、对比表和平衡表等五大类报告。内容包括原料购买、装置负荷、产品产量、库存情况、公用工程消耗及成本、技术经济指标和效益分析、主要物料平衡等方面。

2）生产调度优化

生产调度优化包括 ORION 模型、模型应用和辅助系统。生产调度优化的核心是 ORION 模型，ORION 模型以 PIMS 模型提供的月度生产计划优化解决方案为基础，是模拟旬/周/日各种生产方案，预测原料、半成品、产成品产、运、销平衡衔接情况的辅助决策工具，和 PIMS 模型相比，ORION 模型的作用不是进行全局优化，而是将 PIMS 模型提供的月度全局优化解决方案分解成可执行的日运行方案，因此，PIMS 模型和 ORION 模型的协同应用是企业实现效益最大化的保证。ORION 模型由 7 个功能模块组成。

原油调度模块：该模块根据原油调度过程进行建模，由原油的收油事件、转罐事件和付油事件组成，具体描述原油进罐区的操作及原油进装置的次序，设定常减压装置进料的计划及质量指标要求。用户在系统事件屏幕中通过添加、删除和修改原油的收油事件、付油事件、转罐事件，实现用户的原油调度。

原油混炼模块：该模块根据蒸馏装置对进料组成和性质的要求进行建模，以原油资源、常减压进料、装置侧线产品收率及物性指标等作为约束，提供优化计算合理原油混炼比例的功能。

常减压装置模块：该模块对常减压装置的加工过程进行建模，包括常减压装置的切割方案、各方案加工的原油、各方案产品的去向、各方案产品的收率和性质、装置进料性质的控制、装置的加工能力等。为满足 PIMS 模型和 ORION 模型集成协同的需要，ORION 模型和 PIMS 模型的常减压装置模块要保持一致。

二次加工装置模块：该模块按生产装置投入产出逻辑关系和数据关系建模，包括装置生产对原料性质的要求、装置常见的生产方案、装置进料性质变化对产出的影响规律等，描述的内容涉及装置进料性质、投入产出关系、公用工程消耗、产品收率与进料性质关系等。为满足 PIMS 模型和 ORION 模型集成协同的需要，ORION 模型和 PIMS 模型的二次加工装置模块要保持一致。

油品调合模块：该模块将油品调合作为一个事件进行建模，根据计划得出的配方和调度系统得出的中间产品的流量、物性，油罐收付状态和罐存，调度做出一个详细的油品调合计划。安排什么时间进行产品调合、怎样最好的利用中间产品进行调合及哪些罐参加调合。

油品出厂模块：该模块对油品输送移动过程进行建模，为油品安排合理的去向，维护油品罐存、出厂的动态平衡。

系统平衡模型：该模块采用管理平衡算法，将硫、瓦斯、氢气和装置生产方案绑定，实现作业过程中硫、瓦斯、氢气的平衡。

模型应用是将建好的模型用于企业日常作业计划的安排，指导每天的生产。主要应用包括作业计划排产、原油收油安排、常减压装置安排、二次加工装置安排、油品调合安排、装置开停工安排等。作业计划可以是旬计划或周计划，细化到每天的安排，作业计划内容能满足预测每天利润、装置操作优化所需生产数据的要求。

辅助系统是配合 ORION 模型应用开发的，具有三个功能，一是提供导入 PIMS 模型数据、库存数据的接口，实现与 PIMS 模型及相关信息系统的数据集成；二是提供统一的事件安排操作界面，弥补 ORION 模型事件安排操作比较分散的弊端，方便用户使用；三是用于对 ORION 模型优化测算结果进行分类汇总、展示，报表分作业计划报表、平衡计划报表、油品报表三类；作业计划报表包括原油调度计划报表、原油加工计划报表、二次装置加工计划报表等；平衡计划报表包括全厂物料平衡报表、全厂硫平衡报表、全厂氢气平衡报表、全厂瓦斯平衡报表等；油品报表包油品调合报表、油品的变化趋势报表、油品变化趋势图、油品和罐存变化量报表等。辅助系统生成的这些报表同时又是计划生产协同管理平台的数据源，作为生产调度作业计划进行发布。

3）计划生产协同管理平台

计划生产协同管理平台支持生产计划、生产调度等相关生产部门协同工作模式，建立各部门之间信息传递的渠道和沟通机制，提供计划生产协同管理、计划完成和效益预测实时跟踪分析、模型维护自动处理、系统数据集成共享等功能，包括原料产品信息监控、生产计划管理、生产调度管理、计划完成跟踪、效益完成跟踪、价格走势跟踪、模型数据维护、模型管理、数据信息管理等模块。

7. 系统技术架构

系统技术架构如图 5-10 所示，技术架构为多层架构，分为数据采集层、数据库层、智能应用层和展示层。

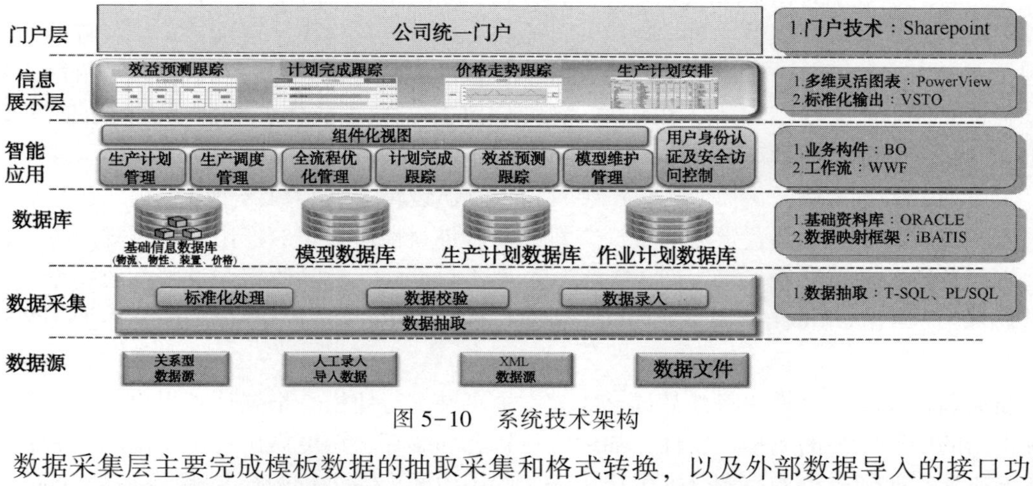

图 5-10 系统技术架构

数据采集层主要完成模板数据的抽取采集和格式转换，以及外部数据导入的接口功能；数据库层完成相关数据的分类贮存功能；智能应用层通过丰富而强大的中间件，提供实现绝大部分逻辑操作的服务功能；展示层通过多种优秀的第三方控件实现及时而灵活的数据展现功能。

在数据库层，系统数据库分为生产计划数据库、作业计划数据库、基础信息数据库、模型数据库等，生产计划数据、作业计划数据先分别借助 PIMS 模型、ORION 模型优化排产得到，然后通过各自报表系统生成计划表，再通过系统接口导入数据库；基础信息数据是来自 MES、ERP、LIMS、BW、TBM 等系统的投入产出、物料性质、公用工程消耗、辅料消耗、价格等方面的数据，系统统一与 ODS 建立接口来获取这些数据；模型数据先将模型上传到系统，再由系统专用工具解析到数据库。根据业务需要，系统可抽取并按一定规则对这些数据进行处理，最终在展示层进行多维度的展示。

8. 集成设计

例如，计划生产协同优化项目的数据集成：根据生产计划优化、生产调度优化及业务管理的需要进行设计，包括 PIMS 和 ORION 的集成，PIMS、ORION 和 RSIM 的集成，PIMS、ORION 和原油数据库的集成，PIMS、ORION 和与 MES、ERP、TBM、LIMS、BW 等信息系统的集成等，集成关系如图 5-11 所示。

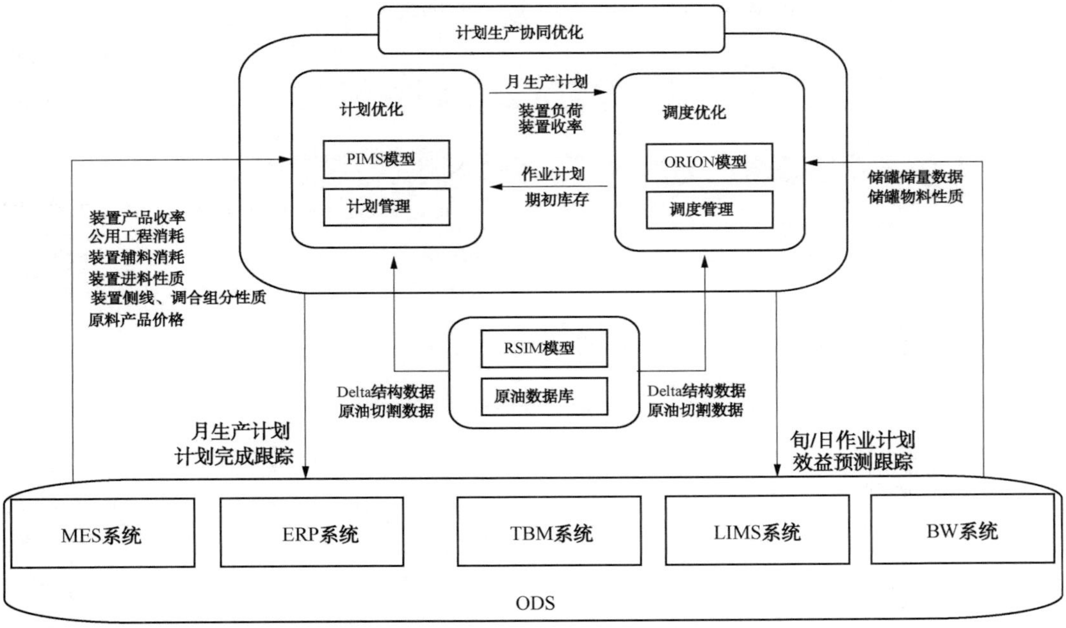

图 5-11 PIMS、ORION 和相关系统集成

9. 专业模块的设计与集成

包括：①调度指挥模块；②生产绩效及运行分析模块；③操作报警模块；④操作管理模块；⑤HSE 管控模块；⑥能源管理模块；⑦设备健康管理模块；⑧设备可靠性模块；⑨辅助决策。根据业务状况，每一个模块下又有许多子模块，需要将其集成起来。

10. 其他

（1）集中集成平台。集中集成平台作为智能工厂的基础，对技术架构的推演和设计实现有着极其重要的意义，集中集成平台担负着众多应用系统在数据集成、应用集成、页面集成的诸多功能，集中集成要完成设计技术规范、建设集中集成平台、系统运维管理等一系列工作，使得信息能够在现在和后续建设的系统中，实现灵活高效的进出，整体设计的技术高度要与现阶段先进的技术理念一致，技术实现手段上要在先进、成熟、稳定等诸多要素中取得很好的平衡。

（2）三维数字化设计。三维数字化平台将工厂三维模型、地理空间信息、业务数据有机融合，是三维数字化应用的数据支持、逻辑支持的可视化运行环境，为业务应用提供有效的支撑。三维数字化平台的技术架构自下而上分为四层：数据源、数据层、平台层、应用层，如图 5-12 所示。

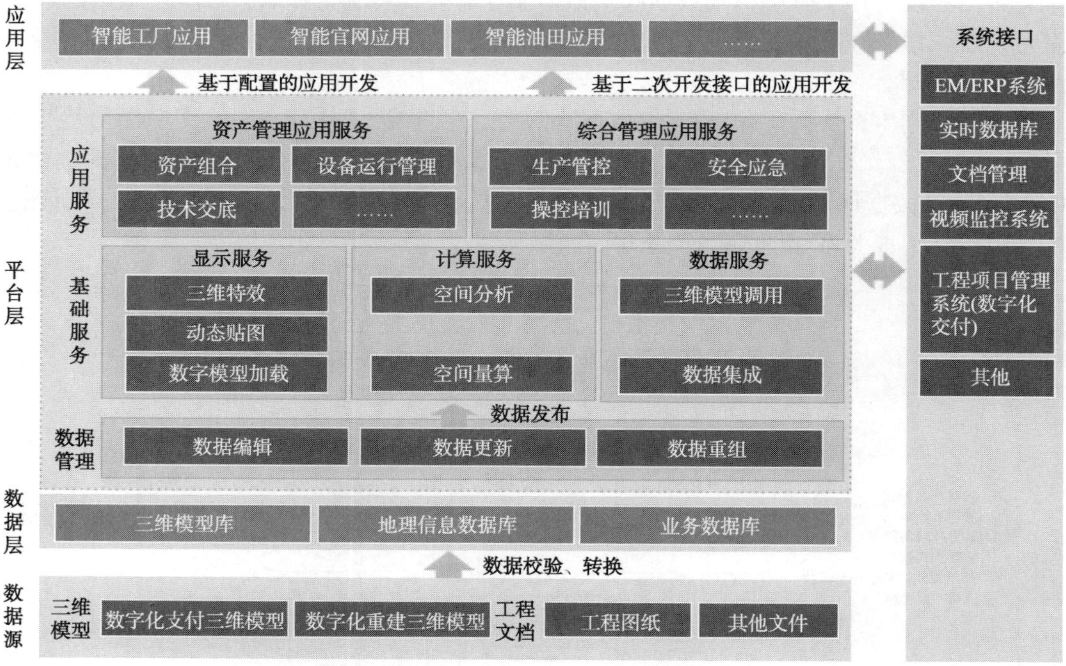

图 5-12　三维数字化平台总体架构

（3）工业分析设计。工业分析子系统架构说明了内部的层级位置关系和各个组件的支撑关系，其核心是以 Hadoop2. 0 为核心，辅助 R 语言的分析和展示功能。

（4）主数据管理与标准化设计。中国石化信息标准化框架由三个层次标准和两个支撑构成。三个层次为应用标准、数据标准、基础标准。两个支撑为：管理支撑即信息化标准管理规范；系统支撑即信息化标准管理系统。主数据管理见图 5-13。

（5）基础设施设计。智能工厂 IT 基础架构是根据企业近期及长期业务目标，现有及未来应用的信息化需求，通过整合已有的 IT 基础设施架构和环境及已确定的 IT 策略，设计和建设整体的 IT 基础设施架构，并定义相关 IT 架构功能的需求和部署计划。

现代工厂信息基础设施包含：互联网、外联网、办公局域网、数据中心网、电信网、生产网、监控网、安防报警网、服务器、存储、备份、操作系统、防病毒、防火墙、上网行为管理、AD 域、楼宇布线、厂区布线、行政有线电话、调度电话、集群对讲、扩音对讲、视频监控、周界报警、门禁系统等几十项系统。

智能工厂信息基础设施通过合并集成为八个系统：网络系统，数据中心系统，信息安全系统，统一运维支持系统，综合布线系统，融合通信系统，安防系统及配套工程等。

（6）信息安全方案。融合现有安全系统建设一个覆盖全面、重点突出、持续运行的信息安全保障体系。安全体系需要全面保卫网络和基础设施、边界和外部接入、计算环境、工业信息安全环境、数据和系统等方面内容。以管理网、企业生产网及工业控制网相互隔离为基

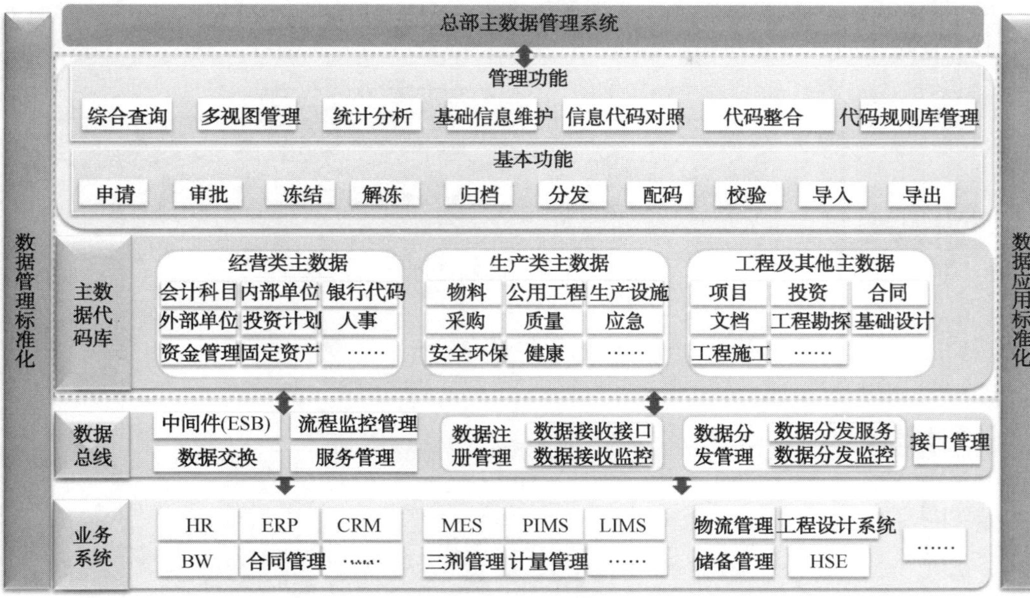

图 5-13 主数据管理平台

础，建立隔离区内部和外部区域的安全建设，达到外部抵御各类入侵和攻击，内部检测和控制企业生产网风险。实现信息资源的机密、完整、可用、不可抵赖和可审计性，基本做到“进不来、拿不走、改不了、看不懂、跑不了、可审计、打不垮”。

（二）其他探索

智能工厂建设是最近几年的热点、焦点，这既是国家的要求，更是企业自身的需求。所以国内不少大学、研究院所和企业（如中海石油炼化有限责任公司等）也都在进行这方面的研究、探索与实践。如中国科学院软件研究所刘伟[4]通过研究，认为石化智能工厂是面向石化生产的全产业链环节，将新一代信息技术与现有石化生产过程的工艺和设备运行技术以及人进行深度融合，实现工厂横向、纵向和端对端的高度集成，提升全面感知、预测预警、协同优化、科学决策的四项关键能力，以更加精细和动态的方式提升工厂运营管理水平，并推动形成新的制造和商业模式创新。刘伟还指出，石化智能工厂是构建一个以泛在感知和泛在智能服务为特征的新一代石化生产环境，将无处不在的传感器、智能硬件、控制系统、计算设施、信息终端通过 CPS（CPS，Cyber-Physical Systems）连接成一个智能网络，将企业、人、设备、服务之间能够互联互通，最大限度地开发、整合和利用各类信息资源、知识、智慧。

刘伟还提出了石化智能工厂的创新模式，包括构建生态圈、扩展价值链以及智能制造构架和实施路线图。所构建的生态圈示意图见图 5-14。图中，工厂运营生态圈石化周边生产企业形成以区域为核心的生产制造模式，将不同层次的物质集成、水集成、能量集成和信息集成，提高资源利用效率和保护环境。企业运营的部分专业服务和基础设施共享；产业制造生态圈面向石化产业链和价值链的全过程，实现企业间的协同和各种资源的共享与集成，更强调客户在供应链中的驱动作用，从“推动模式”转型为“拉动模式”；产品+增值服务”的生态圈更趋向客户个性化效用，更注重客户需求的全过程的服务，直接参与下游客户的产品研制过程，构建起以核心产品和服务为核心的“产品生态圈”。因此，新一代的制造环境为制造、管理和商业模式的创新提供支撑，深刻影响整个石化行业的生态模式，在优化核心能力的基础上，日益走向社会化和客户参与，行业内外的资源将重新整合。

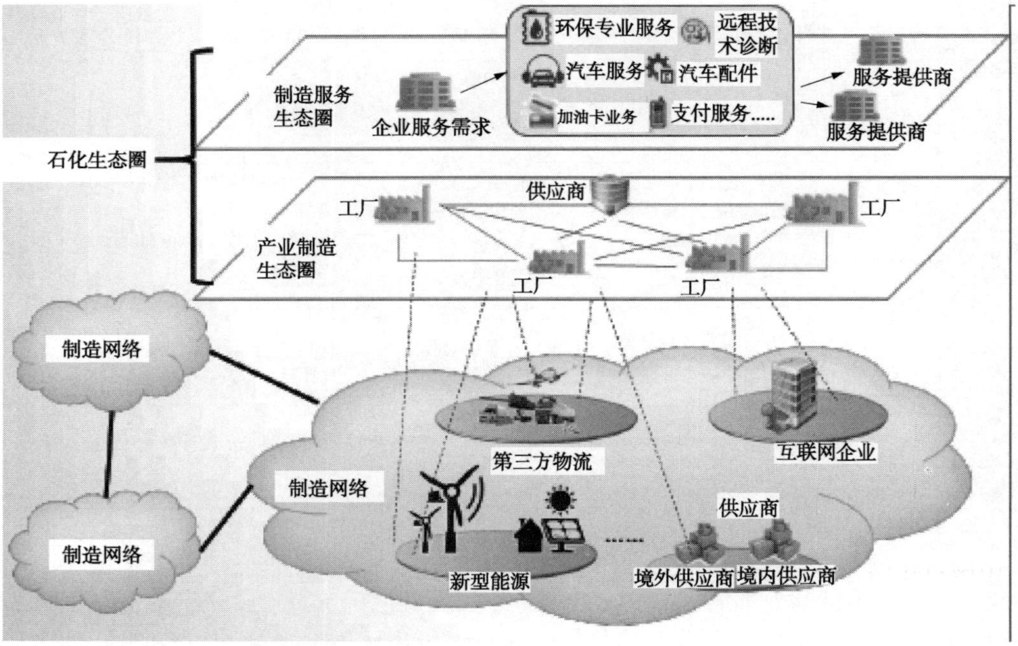

图 5-14　石化智能工厂的生态圈[4]

就价值链的扩展而言，工业 4.0 就是信息物理系统(CPS)支持下的横向、端到端、纵向业务协同集成，即通过价值链及网络实现企业间横向集成、贯穿整个价值链的端到端工程数字化集成和企业内部灵活组合的网络化制造体系纵向集成。石化智能工厂有三个面向：①面向炼油和化工生产管控一体化，即通过企业资源计划管理层、生产执行管理层和过程控制层互联，实现各层次的信息汇通和数据共享，实现物流、资金流和信息流的统一，实现全厂管控一体化；通过知识前置实现实时的事前预测，指导生产、优化工艺过程。②面向石化价值链的石化供应链协同一体化，即通过资源共享，最终实现从原油资源优化、原油配送、生产加工至成品油配送及销售的供应链全过程整体效益最大化。③面向石化工厂生命周期的设计运营一体化，即实现石化工厂从项目概念设计、施工设计、生产建造、运营改扩建的整个生命周期的管理，实现各专业设计系统的高度集成和知识共享，工艺特征间的关系可作为设计的约束条件，使各专业间充分关联联动。

石化智能工厂与数字化工厂在“自动化、数字化、可视化、模型化和集成化”五个方面的区别，见表 5-4，据此还提出了从 2017~2025 年的具体实施路线图。

表 5-4　石化智能工厂与数字化工厂的区别

特征	数字化工厂	石化智能工厂
自动化	实现绝大部分物料、生产运行和设备状态信息采集； 单元 APC 为主的控制系统，区域集成优化和高级复杂系统控制范围较小	无线传感器网络的普及应用，实现设备的全面监控与管理； 新型装备具有实时、在线连续的运行监控和预测分析能力，能够自我诊断、自我恢复，减少设备故障对石化生产的影响

续表

特征	数字化工厂	石化智能工厂
数字化	关注以数字化信息处理和服务为主的信息系统； 工业现场信息采集的数量、范围、种类、频率有限	通过覆盖工业现场的感知网络实现物理制造空间与信息空间的无缝对接，全面主动实时采集企业所有设备、环保、人员等信息； 可随时随地进行生产信息查询与处理，实现移动环境下的业务处理
可视化	三维设计和模拟仿真系统局部应用； 对生产环境的局部感知，无法全面、实时地了解企业整体情况	对生产环境全面感知，构建数字化工厂的全方位视图，可进行快速仿真和模拟，为决策指挥提供依据； 通过虚拟助理进行人机协同的智能分析，实现企业、人、设备、服务之间的高效互联
模型化	针对部分业务构建模型，模型分散在各系统内，相对独立； 各类模型无法共享，模型间缺乏有效关联	构建统一的智能工厂知识库，覆盖主要生产过程和环节，并具有自学习和更新能力； 分布式环境的多个智能体具有协商和协作能力
集成化	以信息集成和功能集成为主； 管理和控制间存在不可逾越的鸿沟	全面实现信息集成、功能集成、过程集成、知识集成以及跨企业集成； 多尺度的管理和控制的全面融合指导全生命周期的工厂运营

中国石化[3]于2012年9月启动了智能工厂(试点)总体规划。2013年，中国石化下属的燕山、镇海、茂名、九江四家企业的智能工厂试点项目被列为中国石化信息化四大示范工程之一，同年10月，完成可研评审，2014年10月，完成初步设计评审。智能工厂试点建设工作展开。根据中国石化试点经验，并结合以上研究，刘伟[4]提出技术核心是中国石化CPS建设的概念。所提出的中国石化CPS有四个技术特征，分别是：

(1) 全面态势感知。通过智能传感器、智能石化设备、工业级传感网等，实现物料、产品、设备、环境、人员信息的广泛采集和共享，改变现场作业方式，重点环节实现无人值守；突破传统专业之间的数据壁垒，使跨越时间、空间、物理环境的协同成为可能，实现对石化生产状态的深度认知，对数据资源的高效利用。

(2) 虚实共变。CPS根据来自物理系统的实时信息不断修正仿真模型参数以提高仿真精度；仿真结果又将通过CPS对物理系统的控制影响物理系统的行为。实现实时可靠的系统监视、隐患预测、智能调节、优化运行的能力。

(3) 自组织和自适应。中国石化CPS将石化工厂的行为和特征的知识理解固化成各类工艺、业务模型和规则，根据实际需求调度适用的模型来适应各种生产管理活动，实现对物理设备的局部控制和控制中心对参数的在线调整，具有自动排除各种系统故障、保证系统正常运行的能力。

(4) 实时并行计算。将综合中国石化生产中的工艺模型、业务模型、机理模型、优化模型、设备三维模型、专家知识等，突破传统集中式计算平台的约束，通过物理设备中嵌入的计算部件与中央监控系统的信息融合以及计算进程与物理进程的交互，使智能工厂具备大规模分布式实时计算的能力。

图5-15为中国石化CPS的体系结构。

随着今后技术的进一步发展，中国石化提出了新一代生产运营中心的概念：新一代生产营运中心不是物理集中，而是信息的一体化汇集，是企业所有管理经营信息的汇集点和决策

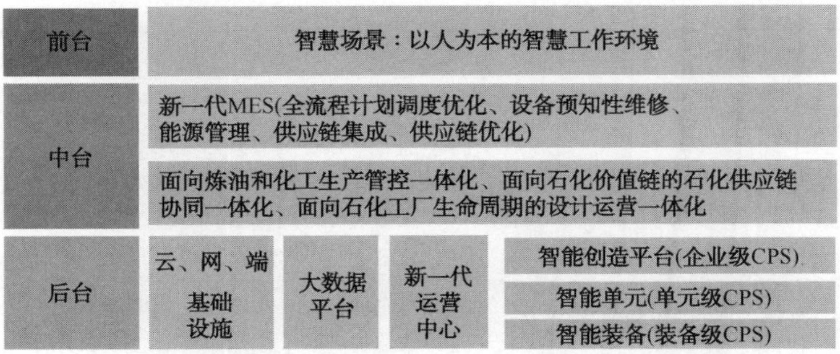

图 5-15　中国石化 CPS 的体系结构[4]

指令的发出点；运营中心运行的核心系统是充分集成且充满智能的 ERP/MES。

新一代生产运营中心的核心是软件资产的配置，作为管理决策人员和高级技术人员生产管理调度之需，也作为各级管理人员经营决策之用，包括：优化调度控制软件工具，数据分析预测工具，工艺知识库与工艺控制软件，决策支持软件，等等。

新一代生产运营中心依托一个云中心提供服务，基于完整的大数据平台，通过网络接收所有充分物联的数据信息。支撑中心有效运作的是大数据平台，便于企业信息共享、决策高效，实现与客户和合作伙伴之间更灵活、更赋有责任的协同制造。主要关键技术包括：

（1）多领域知识集成与知识自动化技术。针对指挥过程涉及的多源异构知识难以利用的问题，通过研究面向领域的知识模型的建模和集成方法和自动化处理架构，实现多领域间知识集成和协同。

（2）多通道用户界面交互技术。针对指挥过程中使用鼠标键盘的传统交互方式，提供自然语言、手写、手势、体感、情绪等多种交互方式，实现更自然、高效的人机交互。

（3）基于知识图谱的认知智能。针对信息海量、处理实时性要求高、数据包含价值高的特点，构建面向行业的知识图谱，实现对复杂问题的理解和推理。

新一代运营中心能够通过实时环境感知、海量信息的实时处理和人机协同的智能分析，将数据转化为信息，再将信息转化为业务价值，实现在正确的时间为正确的人提供正确的指导，从而实现人与环境的高度融合，从而创造数据价值。

第三节　智能炼化建设

当今时代，世界石化工业结构调整步伐加快，石化行业发展环境出现新变化，开始由以规模带动效益阶段转向以质量和效益提升竞争力阶段，产品结构向精品、高端方向转变，并高度重视节能减排、安全环保、绿色低碳的循环经济发展。

一、发展智能炼化的原动力

炼化产业经过几十年的发展，秉承“安全、健康、环保、绿色、低碳”和循环经济与可持续发展等理念，正朝着“大型化、清洁化、一体化、基地化、差异化、高价值和智能化”等方向发展。但也面临如下主要挑战：①市场和原料多变，产品数量(产品结构与分布)、产品质量以及生产成本与消耗的优化与控制；②提高效益与生产可靠、控制平稳和安全之间的矛盾；③全球经济一体化导致企业的经营环境更加复杂，供应链壁垒以及各环节的复杂度日益升高；④能源消费的增长趋缓，炼油与销售的利润空间缩小；⑤绿色、低碳时代的环保和节能减排的压力。上述挑战、问题可高度概括为“资源、能源、环境与安全”对炼化产业的约束与制约问题。这些约束与制约问题加快了炼化信息化智能化发展及其转型升级。此外，下述因素也是催生、加快炼化信息化智能化发展与转型升级的原动力[5]。

(一) 生产和服务模式的变化

主要的世界级跨国石油公司积极向综合性能源公司转变；拓展新能源业务，延伸石化产业链；提出建立能源互联网，集中利用分布式能源，通过智能网络进行整合分配，最大限度实现能源的有效利用；提出了扁平化的新型网络经济模式，分享节能效益；互联网技术和可再生能源联合打造的能源互联网，将改变能源的生产和社会分配方式，人们能以近乎零的边际成本生产绿色能源并通过物联网进行分享；欧美政府鼓励能源互联网的发展，其已成为一种新的商业模式，并促使能源企业改变传统经营模式。因此，价值链的变化导致企业追求实现智能工厂。

另外，炼油向化工转型[6]、石化产品技术开发向高性能、高附加值和专用化方向发展：精细化工更接近用户端，具有专用性强、技术密集、附加价值高、经济效益好的特点，成为炼油化工行业转型升级的方向。而云制造成为新的生产模式，炼油化工的生产模式和服务模式的变革，催生企业向智能化快速发展。

其中，云制造是一种面向服务的高效、低耗，基于知识的网络化的新制造模式，融合现在信息化制造技术、云技术、物联网等技术，把各类制造之间和制造能力集虚拟化、服务化并且进行统一的集中的智能化管理，从而通过网络和一个云制造平台中间件，将制造全生命周期的前期、中期、后期提供给用户，提供随时获取按需使用的优质廉价的服务。

与敏捷制造相比，云制造不受地理、企业规模约束；其联盟协作组织动态适应性较好、架构更加灵活扩展性更强；此外，云制造具有丰富的资源种类及海量的资源，强调业务过程经验和知识积累及共享；与网络化制造相比，云制造涉及生产、加工等核心业务，应用范围更广；云制造服务平台以云计算技术为支撑，伸缩性和扩展性更强。

(二) 管控链的不确定性

1. 不确定性因素

石化供应链的延伸增加了生产管控的不确定性。不确定性因素主要来自：

(1) 供应环节：主要为原料的多样性，包括新能源(页岩气、风能、太阳能等)勘探和开采的高风险、分布式能源(如可再生能源)的大规模接入带来的不确定性。

(2) 生产环节：原料的劣质化以及油品质量升级的要求，以及高附加值产品的多品种小批量生产方式，增加了生产过程管控的不确定。

(3) 销售环节：支付方式及客户需求模式的变化，需要探索发展新一代电子商务模式。

2. 降低生产不确定性

为解决不确定问题，可以通过全局优化和知识积累提升应变能力，降低生产不确定性：

(1) 通过对可控点进行有效的观测和实时管理控制，使其能有效跟踪不确定点，保证生产平稳运行。

(2) 将最大化设备正常运行率(可靠性)、持续降本并提升效率(原料、能源、维护)、最小化库存和最小化安全事故等因素综合考虑，通过业务深入协同，提升多目标优化能力，减少生产不确定性。

3. 基于知识的风险与不确定性管理

如针对快速多变的内外部环境，做出相应的风险与不确定性的动态预测并及时应变等。

(三) 能源环境的约束，促进炼化行业转型升级

炼油化工行业、石化工业是高耗能、高排放的行业之一，节能减排形势严峻，如图 5-16 所示。

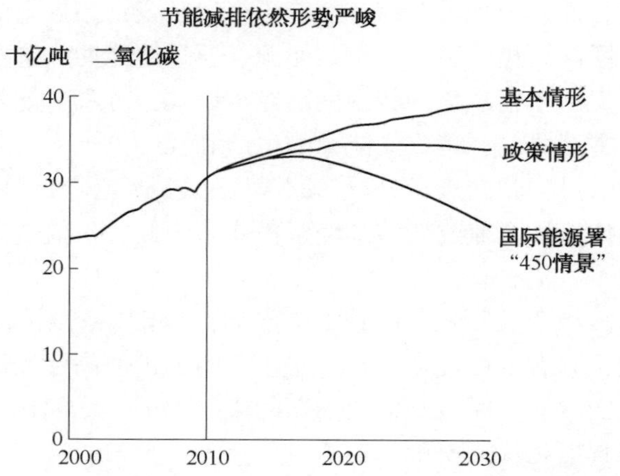

图 5-16　节能减排的严峻形势示意图(来源：BP2035 世界能源展望)

已经出台的国家和行业发展战略及规划，如《石化工业强国战略研究》、《工业转型升级规划(2011—2015 年)》、《石化和化学工业"十二五"发展规划》、《石化、冶金工业强国战略》和《中华人民共和国国民经济和社会发展第十二个五年规划纲要》均对此提出了相应的能源环境的约束指标，要求炼化行业加快转型升级步伐。在这些规划、战略中的相关要求如下：

在《石化工业强国战略研究》中，要求：①不断增加天然气等绿色低碳能源生产和使用；②不断强化生产过程清洁化、绿色化；③不断增产绿色石化产品；④不断加强循环经济发展

《工业转型升级规划(2011—2015 年)》则明确石化行业作为重点用能行业节能改造，同时大力发展化工新材料、高端石化产品、新型专用化学品、生物化工和节能环保等产业。

《石化和化学工业"十二五"发展规划》提道："以加快转变石化和化学工业发展方式为主线，加快产业转型升级，优化产业布局，增强科技创新能力，进一步加大节能减排、联合重组、淘汰落后、技术改造、安全生产、两化融合力度，提高资源能源综合利用效率，大力发展循环经济，实现石化和化学工业集约发展、清洁发展、低碳发展、安全发展和可持续发展。"

《石化、冶金工业强国战略》则以"创新驱动、质量为先、绿色发展、结构优化"为指导方针，促进信息化与工业化深度融合，积极用高新技术进行改造提升，强调努力提高产品质量，增强行业整体竞争力。

《中华人民共和国国民经济和社会发展第十二个五年规划纲要》要求“加强对重大环境风险源的动态监测与风险预警及控制，提高环境与健康风险评估能力”。

（四）信息化及控制技术与模式的发展与升级

本书第四章曾比较过流程工业与离散工业的区别。作为流程工业典型之一的炼化产业，来自世界不同产地或同一区块但性质变化的原油（石油）进入加工企业，经过预处理、混合[通常如此，由数种或数十种原油（料）混合]后进入第一套生产装置（如常减压装置），分离成多种中间物料供下游不同的装置、单元加工、处理。通过加工企业不同装置、单元的物理与化学反应，也就是通过“信息流”“能量流”的作用过程，“物质流”发生了变化，原油变成了中间产品和最后合格的成品如汽煤柴油、芳烃、润滑油、焦炭、硫黄等。炼化企业通常是由一系列不同装置、单元组成的，原油资源还受国际政治、军事、经济市场等因素影响而复杂多变，性质往往变化较大，生产条件、工况随之波动较大，加上产品市场也是变化多端、瞬息万变，炼化生产过程的各类参数需要随时调整，但由于原油（料）性质（特别是组成与结构）、设备性能参数、工艺参数、产品质量等数据信息难以做到实时或全面的监测、监控，炼化企业的测量（数字化）和建立数学模型较难，管控、决策优化也比较困难，且全系统、产业链的优化绝不是各装置、单元最优结果的简单叠加。

用信息化的语言来说，中国炼化企业的一些问题，表现在：

（1）炼化企业的生产运行层，主要以“物质流”为主，其中资源缺乏高效化转化，废弃物循环经济角度的利用还偏弱。生产过程对知识工程师的依赖较强，需要依靠其经验、知识进行操作调整与优化控制，所以整体上面向智能优化制造的工艺流程构效分析和认知能力还不足，且在 VR 应用方面弱。

（2）能效、安全、环境层面，以“能源流”为主，核心是 QHSE 的全生命周期的足迹的监控与溯源的缺乏和能效问题。

（3）信息感知层面，以“信息流”为主，原油（料）性质、装置加工过程部分特征参数无法“敏捷”、实时快速获取，信息化新技术如“云大物移”在生产环节、产品物流、流通轨迹监控、管控优化等的应用不深入，对复杂反应过程的认识缺乏深度；

（4）在企业经营决策层面，以“资金流”为主，其供应链采购信息与生产装置运行特性几乎没有什么关系、关联，产业链的分布与市场需求也不匹配，知识性工作的自动水水平较低，缺乏快速响应市场变化的商业决策机制。

（5）在系统支撑层面，整体生产效率较低，既表现为生产系统跨层次运行的效率较低，也表现为企业跨领域的运营效率较低，现有的系统难以自动化处理非结构数据以驱动智能、智慧决策，也难以支撑复杂的只是自动化系统以辅助人工决策。此外，大多数时候炼化企业对工业装置的发展水平更加关注或关注较多，而对于全生命运行周期内知识获取、凝练、决策等知识型工作关注少，特别是这些知识对于“资源高效化转化、过程低碳绿色化、产品生产与销售创新”等关注偏少。

工业过程控制主要集中在如何保证闭环控制回路稳定情况下，使被控变量尽可能跟踪好控制系统的设定值。自动控制与人工控制的作用不仅仅是使控制系统的输出很好地跟踪设定值，还要控制整个生产装置（单元、设备）或过程的运行过程实现运营优化，既保证反映生产过程绩效（质量、效率）指标最优、最高，又保证体现成本消耗（能耗、物耗、损失）最少、最小。RTO（实时优化）和 MPC（模型预测控制）在需要建立数学模型、进行过程优化的炼化行业是应用的发展趋势。

信息化新技术对炼化企业的“生产模式、管控模式和营销模式”的变革势不可挡。炼化企业面向生产过程的控制系统将逐渐发展为智能、自主的控制系统，是“QHSE 监控与溯源”的基础。该系统能够智能感知生产工况的变化并自适应决策控制回路的设定值，从而使得回路控制层的输出对设定值的跟踪及时、快捷，且对运营状况和控制系统的性能能够做到“可视化、远程、移动式、自动”监测、监控，确保生产加工过程的安全、可靠、优化且绿色低碳化运营，与其他的智能自主控制系统相互协同，能够实现全产业链协同优化。而在企业的管控决策层面，也将逐步发展成为智能优化决策系统以及智能自主控制与智能优化决策一体化的先进系统，从而为资源敏捷优化和全产业链的协同优化奠定坚实基础。这两个系统除了上述的智能自主的控制系统特点以外，由于它与智能决策系统实现了一体化成为一种新的先进系统，因此可以实现新一代的智能制造即智慧炼化目标：通过实时感知市场(原油、产品、能源等)信息、生产条件与实际运行工况等全局信息，按照“资源高效转化、过程低碳绿色化”的总原则，对包括“规划目标、计划调度、生产运行、生产与控制指令”等在内的全部目标进行系统优化。综合应用“人、机”决策系统协同以及“可视化、远程、移动”等手段监测监控决策过程的动态变化，结合自学习和自动化决策，实现动态环境的精准、实时、优化的决策。

以上内容构成了炼化企业智能化发展的原动力，也为智能化发展提供了技术保障。

二、智能炼化的定义

从第一节、第二节的介绍可以发现，离散工业如机械、汽车、航空、船舶、轻工、家用电器和电子信息等制造领域，其企业发展智能制造的核心目的与石化、钢铁、冶金、建材、纺织、造纸、医药、食品等流程制造领域的企业发展智能制造的核心目的是不一样的。离散制造业发展智能制造的内在动力、核心目的在于拓展产品价值空间，侧重从单台设备自动化和产品智能化入手，基于生产效率和产品效能的提升实现价值增长。而流程工业企业发展智能制造的核心目的、内在动力在于产品品质可控，基于品控需求从产品末端控制向全流程控制转变，侧重从生产数字化建设起步。

制造业利用信息化数字化技术加强信息管理，使工厂生产过程的一系列环节得以合理高效运行，提高效率，同时降低了对人工的依赖。而制造业是对原料进行加工或继续加工，其生产流程是呈现一种运动化的状况，可谓繁复，因此其建设智能炼化有着更高的要求，例如制造业智能工厂有着独立自主的特点，可以使生产流水线实现自动采集、分析、处理等功能。

石油、石化、化工、制药等连续生产过程的工业，其智能炼化的建设还更注重原料的选择、流程的优化、在线的控制等，这也是分析概念时要考虑的。

什么是智能炼化或智能炼化？业界并没与给出统一的定义。目前从科学研究和工程实施两个角度对智能工厂有两种不同的意见[7]，前者认为一个工厂生产过程既具有人类智能(或部分地)，又具有与人类实现其智能相似的过程与途径，就是智能工厂；后者认为一个工厂生产过程只要具有(或部分具有)人类智能就称为智能工厂，而不管实现其智能的过程与途径。实际上，技术发展到今天，上述两个观点都值得商榷。

20 世纪 80 年代，计算机集成制造系统(CIMS)在欧美国家曾风靡一时，但由于理论和实际差距太大，80 年代末，CIMS 技术在欧美等工业化国家开始降温。然而，从 90 年代至今，CIMS 的余温却一直影响着中国，在国家 863 计划中占得了一席之地，并催生了多个 CIMS 技术研究中心的建立和多个 CIMS 奖项的产生。不可否认，中国在这十几年 CIMS 技术的研究与实践中，在广度和深度上都丰富和扩展了原 CIM/CIMS 的内涵，注入了新的活力，比如提出了“智能化”是 CIMS 技术未来发展的美好前景[8]。

1989 年，D. A. Bourne 组织完成了首台智能加工工作站（IMW）的样机，促生了智能制造思想的形成，1993 年 4 月美国工程师协会（SME）召开的 IPC-93，提出了“智能制造、新技术、新市场、新动力”的口号；1990 年 6 月，日本通产省提出了“智制造系统”研究的 10 年计划，并从 1991 年正式实施；1991 年，韩国提出了“高级先进技术国家计划”用来实施“先进制造系统”的研究与开发。随着理论研究的深入和各类应用技术探索，目前国际上，实施智能化的不少关键技术已日臻成熟，并在部分应用中得到了实践，取得了较好的应用效果。可以说，智能化思想是继 CIMS 技术之后兴起的面向 21 世纪新的制造技术，也正是受这一思想的影响，拉开了世界各国争夺高科技前沿的序幕。中国在智能制造方面的大多数研究并不乐观，有些研究仍然停留在概念研究阶段，有所建树的也只是局限在人工智能和机器人等少数基础技术的研究方面，而对制造企业的全面“智能化”还仅仅限于 CIMS 理念的扩展上。

近 20 多年时间内，国内大多数企业信息化的重点是强化“专题应用”和消除“信息孤岛”。走得相对比较远的国有大中型企业，特别是石油石化、钢铁等能源行业，也基本上都是在基于 20 世纪 90 年代初美国 AMR 公司提出的信息化三层架构模型，开展各层面的信息化应用，相继开展了经营管理层的 ERP 系统、生产管理层的 MES 系统、PCS 层的 APC/RTO 应用，取得了显著的经济效益和社会效益，也同步提升了基础设施建设水平。然而，在现有信息化基础上怎样上一个台阶，面对已经初具规模的信息化应用和众多的应用系统，许多人都在困惑，“两化”深度融合之路该怎么走、深化应用该怎么开展。一个很现实的问题是企业面对信息系统产生的大量数据，仅仅依靠 BI 工具，简单地生成大量的展示图报表为管理决策层提供所谓的辅助支持（当然也可以称之为初级辅助决策系统），耗时、费力却没有得到管理层的认可和良好应用效果。因此，利用易工程化的前沿技术提升企业信息化建设能力，以信息“化”为手段，融合多学科智能技术解决方案，实现整个工厂生产经营过程的智能化、自动化和最优化应该是现阶段信息化发展乃至“两化”深度融合的必然选择。

智能化技术是一个多学科综合技术的集大成，涉及计算机、数字图像化、数据处理、机器学习、自动化、系统工程、统计决策、人工智能、建模、流程模拟等多个领域。通过各学科之间互相融合渗透、相辅相成，以信息“化”实现智能“化”的目的[7]。

目前智能工厂还没有形成公认的、统一的定义，从 20 世纪 90 年代初期“智能制造”思想提出至今，也正是受上述两个观点的影响，众多智能化工程纷纷出现，特别是一些从事自动化工程的公司，都宣称自己拥有智能化工厂的解决方案，有些企业仅仅依靠网络实现了部分数据的集成共享和部分流程协同，就冠以智能工厂的头衔。智能工厂的叫法也比较多，比如“智慧工厂”“智能制造技术及系统”等。2005 年，英特尔公司更形象地提出了“熄灯工厂”的建设理念。实际上，分析这些不同名称的文献描述，殊途同归，其核心都离不开“智能化”，其实施技术也都离不开各类学科的前沿技术。

“智能化”是智能工厂的核心。要给智能工厂下定义，首先得理解什么是“智能”和“智能化”？本书第二章曾提到，我国古代名人荀子（公元前 325～前 238 年）在其《荀子·正名》篇中说："知有所合，谓之智；能有所合，谓之能。""智能"是学习和求解问题的能力，是世界上实现目标的能力和计算部分。人、部分动物和某些机器都会有或出现各种各样和不同层级的智能。当然，也可以将智能概念理解为"解决问题、理性行动以及像人一样行动的能力"。"智能"也可以理解为一种根据外界条件的变化而确定正确行为的能力；"智能化"是指使对象具备灵敏准确的感知功能、正确的思维与判断功能以及行之有效的执行功能而进行工作，特征是能够对知识表达与应用[9]，也可以说是使工厂具有灵敏准确的感知能力、正确的思维判断能力以及行之有效的执行方法。以信息技术为核心的智能制造技术在企业应用，使制造过程具有更完善的判断与适应能力，提高产品质量和生产效率，节能减排，从而形成智能化工厂。智能化工厂是通过智能设备和模型驱动而构造的智能制造模式。智能化在企业的实现过程是建立和应用智能化系统，即利用现代通信技术、软件技术、计算机网络技术、智能控制技术等汇集而成的针对某一个方面应用的智能集合。在炼油企业智能化的层次包括操作执行智能化、生产运营智能化、决策支持智能化。所以，在实施智能工厂过程中，信息化应该是一种为实现智能化目的，集成各学科技术(含各学科技术内部的信息化应用)的手段，也就是未来智能工厂是以信息化为主导的一种制造模式。在这一模式下，通过信息化可以实现智能工厂的其他特征，比如可实现"智慧工厂""四化"特点中的"柔性化"、"敏捷化"和"智能化"。

中国石化自己曾高度概括了"智能工厂"的五个特征："自动化"、"可视化"、"信息化"、"模型化"和"数字化"[3,10]。这五个特征中，"信息化"是手段，其他四个"化"都是在信息化主导下的具体表现形式。有的文献中，总结智能工厂的运行特征为"泛在感知"、"高度集成"、模型驱动"、"自治能力"和"人机协同"，有异曲同工之妙。

但如果总结不同炼化企业智能化工厂建设的实践，实际上炼化企业的智能炼化特征应该有如下"八大"特征，即：

特征之一：自动化　自动化是前提。自动化是减轻人的劳动，强化、延伸、取代人的有关劳动的技术或手段，石化智能化工厂中生产的基础手段逐渐从手工操作发展到自动控制，从低级的单回路控制发展到高级复杂系统控制，从单元先进控制到区域集成优化。

特征之二：数字化　数字化是基础。数字化表现为可计算性和可度量性，是计算机、多媒体技术、软件技术、智能技术的基础，也是信息化的技术基础。从另外一个角度说，数字化要实现工程建设数字化、过程控制数字化、工业通信无线化、设备运维数字化、生产管理数字化、供应链数字化和决策支持数字化。

特征之三：可视化　可视化是方法。可视化的含义是将生产状态、工业视频等各类信息高度集中和融合，加强对空间信息的管理，为操作和决策人员提供对现场环境的感知，确保迅速准确地掌握所有信息和快速的决策。

特征之四：模型化　模型化是支撑。模型化是指通过利用生产运行数据和专家知识，将石化工厂的行为和特征的知识理解固化成各类工艺、业务模型和规则，实现人与制造系统的融合及人在其中智能的充分发挥。

特征之五：集成化　集成化是核心。集成化信息集成、数据集成、业务流程集成、供应链集成、价值链集成将不断地发展和完善，是指石化智能化工厂中的系统与现有石化生产过程的工艺过程和管理业务流程高度集成，实现石化生产各个管理环节和各工序间紧密衔接与集成，从全局角度实现整体优化。

特征之六：网络化 网络化是方式，实现总线网、以太网、内联网、外联网、无线互联网、物联网等多种网络更广泛的深度融合。

特征之七：智能化 智能化是目标，实现核心业务的智能化，包括智能产品、智能设计、智能控制、智能调度、智能管理、智能决策。

特征之八：绿色化 绿色化是要求，通过建设智能炼化使产品从设计、制造、使用整个产品生命周期中环境污染减少，使资源利用率提高，能源消耗降低。

中国石化李德芳[3]曾给出了智能炼化建设的两个定义：

(1) 从业务维度给出的定义：智能炼化(智能炼厂)是面向炼化生产的全产业链环节，将新一代信息技术与现有炼化生产过程的工艺和设备运行技术以及人进行深度融合，实现工厂横向、纵向和端对端的高度集成，提升全面感知、预测预警、协同优化、科学决策的四项关键能力，以更加精细和动态的方式提升工厂运营管理水平，并推动形成新的制造和商业模式创新。

(2) 从技术维度给出的定义：智能炼化是构建一个以泛在感知和泛在智能服务为特征的新一代炼化生产环境，将无处不在的传感器、智能硬件、控制系统、计算设施、信息终端通过 CPS 连接成一个智能网络，实现企业、人、设备、服务之间互联互通，最大限度地开发、整合和利用各类企业信息资源、知识、智慧。

夏茂森[7]从科学研究角度，对智能工厂(智能炼化，下同)也提出如下定义：生产工厂的各个环节，以一种高度柔性与高度集成的方式，通过信息系统来模拟生产经营专家的智能活动，对生产经营问题进行分析、判断、推理、构思和决策，取代或延伸生产经营环境中人的部分脑力劳动并对人类专家的智能活动进行收集、存贮、完善、共享、继承和发展。实现人类智能活动向信息系统智能活动的转化。

从工程实践角度出发，可以将智能炼化理解为：智能炼化是工厂重要、关键的业务环节，以信息化为手段，集成其他相关学科技术，使企业生产运营具有灵敏准确的感知能力、正确的思维判断能力以及有效的协同执行能力，业务流程闭环化、业务运作自动化、信息关联图像化。也可以理解为：智能炼化以信息化技术为主导，与其他相关学科技术相结合，实现工厂生产操作、生产管理、管理决策三个层面全部业务流程的闭环管理，继而实现整个工厂全部业务流程上下一体化业务运作的决策、执行自动化。

马孟模[11]认为，对于智能工厂(智能炼化)从不同角度看是有着不同理解的：从工程实践的方面来看，以信息化为基础，结合相关专业学科，使工厂能精确地感知和判断发生的状况，为企业合理运作、管理提供服务的智能系统即称作智能工厂。另外，以科学分析的方式定义智能炼化，则可以理解为：通过集成的生产方式，对生产加工过程的各个阶段以及经营运行等做出分析、判断和解决，并对人类的相关活动进行搜集加以运用，最终达到向智能信息化的转变就是智能炼化。

流程行业智能工厂建设是一项系统工程，从空间维度看，包括生产、工艺、设备、质量、仓储、物流、自动化、信息化等技术与系统；从时间维度看，包括产品研发、生产制造、供应链等维度。智能工厂建设旨在使企业的生产系统、信息系统、自动化系统和业务管理系统成为一个协同工作的整体，提升企业生产管控的整体绩效。

综上所述，本书作者[5,12,13]认为，智能炼化是在数字炼化基础上，以信息化为主导，将生产过程由自动化、数字化上升为知识化、最优化的过程。作为工厂信息化发展的新阶段，智能炼化是在数字炼化的基础上，利用物联网技术、设备监控等技术加强信息管理和服务；清晰掌握产销流程，提高生产过程可控性，减少生产流程各装置、单元的人工干预；即时、正确采集装置数据，合理编排并在线优化生产计划与调度(进度)，突出体现高效化。把绿色智能手段和智能系统等新技术集成，构建高效节能、绿色环保、环境舒适的人性化工厂，突出体现绿色低碳化。智能炼化已经具备了自主能力，可以采集、分析、判断、规划。通过整体可视技术进行推理预测，利用仿真技术以及多媒体技术，将实境扩增展示设计与生产过程。系统中各组成部分可以自行组成最佳系统结构，具备协调、重组、扩充特性。系统也部分具备了自我学习、自行维护能力。但是，本阶段生产模式转化期间所采用的信息化手段来改造或应用于生产模式时，还是更多地聚焦于分布式、网络化、虚拟化的生产框架，生产系统的自治性、协同性还有待进一步提高。

智能化是信息化的高级应用形式，其过程包括确定目标、收集数据、建立数学模型、预测结果与评判四个阶段。以自动化技术为基础，以信息技术为载体，通过将工厂各种活动信息的实时采集、传输、分析处理和综合应用，并使这些信息集成化、模型化、可视化，建立敏捷的反应体系，指导生产操作，支持生产运营，辅助管理决策。通过建立专家知识库和相关模型，使系统具有判断和调节能力，及时发现和纠正偏差，使生产操作和运行安全稳定。在资产生命周期内，在保证安全和正常操作的前提下，使装置在高负荷运行。将原材料采购、生产过程、产品销售相结合，建立一体化计划优化系统，提高预测能力，获得更高的边际利润。将绩效管理、能源优化、安全预警等协同管理，实现人、过程、物理资产和业务的整体协调，使企业整体处于最优状态。

三、智能炼化的整体思路

智能炼化建设，首先应该明确建设的目标，企业将运用此技术到达什么样的目的，怎样的效益；其次规划好实施的路线，因为智能工厂的建设并不是一个小问题，涉及许多方面，规划好步骤有利于一步步的实践；再次，需要制定好有效的建设策略，不同时期有不同的重点，而这也是智能化建设的关键点之一。

中海石油炼化有限责任公司(炼化公司)在开展中国海油炼化企业智慧炼化建设过程中采用的方法比较科学，可以借鉴。炼化公司采取了信息化规划方法论和专题设计方法论相结合的方法来开展工作。其智慧炼化建设项目的信息化顶层设计工作划分为三个阶段——现状调研与需求分析阶段、蓝图设计阶段和实施路线图规划阶段。

在现状调研与需求分析阶段，通过解读炼化公司十三五业务战略，分析业务现状和行业发展趋势，结合行业最佳实践的研究成果，分析得到炼化公司的业务需求；通过解读炼化公司十三五信息化规划，分析炼化公司信息化现状，并结合新兴技术的研究成果和炼化公司的业务需求，得到炼化公司信息化需求，同时开发了信息化智能化水平与能力及其升级的评估模型。

在蓝图设计阶段，以信息化需求分析结果为依据，制定炼化公司信息化愿景目标，包括业务架构、应用架构、数据架构、技术架构和 IT 管控架构的设计。

在实施路线图规划阶段，基于信息化愿景目标，在与先进系统进行差距分析的基础上，进行项目框架设计，进而开展项目设计，并制订实施计划。

在信息化顶层设计的基础上，针对智慧炼化、产供销存一体化平台、数字化销售、信息安全共四个专题，从功能架构、技术架构、解决方案、系统实施及系统收益等方面细化设计。图 5-17 是上述实施方法论的示意图。

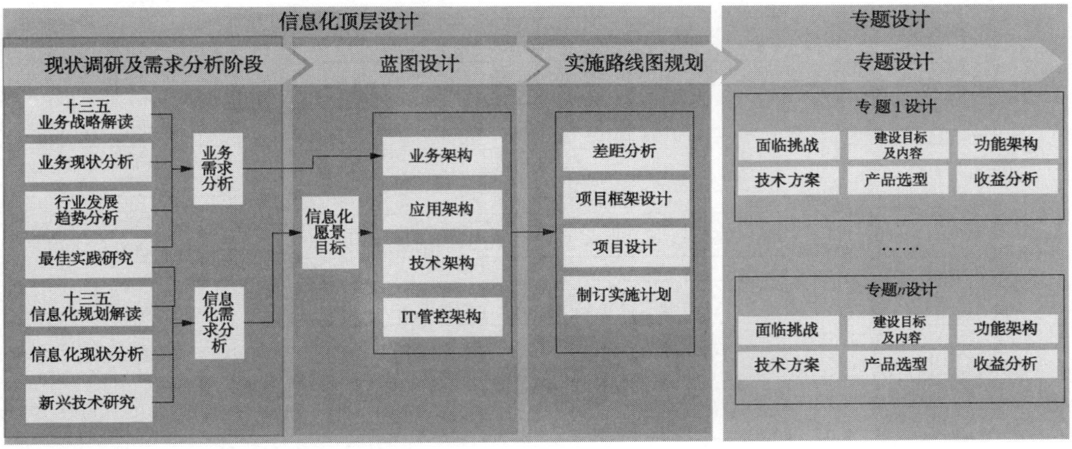

图 5-17 智能炼化建设方法论示意图

智能炼化建设的总体目标可以简述为“4-3-8-7-6”，即采用成熟的数字化、网络化、智能化和集成化的“四化”技术，围绕工程建设、生产管控、产品营销“三大”方面、“八大”核心业务(数字化交付、无缺陷开车、生产管控、设备运行、质量控制、能源供给、安全应急、产品营销)，采取工程项目信息化综合系统、关键装置优化控制、计划调度操作一体化管控[14]、能源优化减排、安全风险分级管控、生产绩效动态评估、产供销存一体化系统共“七大”关键措施，着力提升企业工程项目数字资产集成能力、生产管控与产供销存一体化的感知能力、预测能力、协同能力、分析优化能力及 IT 支撑能力共“六种”能力，为企业经营管理综合效益和竞争力提升提供了坚实的保障，并能够最终帮助企业实现高效、绿色、安全、最优的管理目标。

(一) “六层面”建设视角

对于流程工业企业这样一个复杂的系统，可以“化整为零”，从生产控制和生产组织两个维度切入，将智能工厂建设分为智能机构、智能检测、智能控制、智能操作、智能运营、智能决策六个层面[15]，分别寻找、匹配先进的装备、技术与系统，进行智能建设，如图 5-18 所示。

(1) 智能机构层：在适合的生产单元、工序中进行智能化操作改造，最大限度地利用机械臂、码垛机、巡检机器人、无人引导小车(AVG)、自动化仓储、定量装车等装备，替代人的体力劳动，提高生产运行的工作效率和质量。

(2) 智能检测层：对生产资源、运行状态的检测进行系统化的设计和建设，包括泄漏、火灾、消防、视频、电子巡更、一卡通、全球定位系统(GPS)、在线检测仪等内容，并实现这些系统的互联互通、智能联动，为安全的生产环境提供保障和服务。

(3) 智能控制层：对生产工艺的控制提供系统的解决方案，包括分布式控制系统(DCS)、数据监测控制与采集系统(SCADA)、控制回路比例积分微分(PID)性能评估等内容，实现生产工艺控制的高度自动化。

(4) 智能操作层：为生产、质量、设备、能源、安全等业务管理提供智能操作系统与平

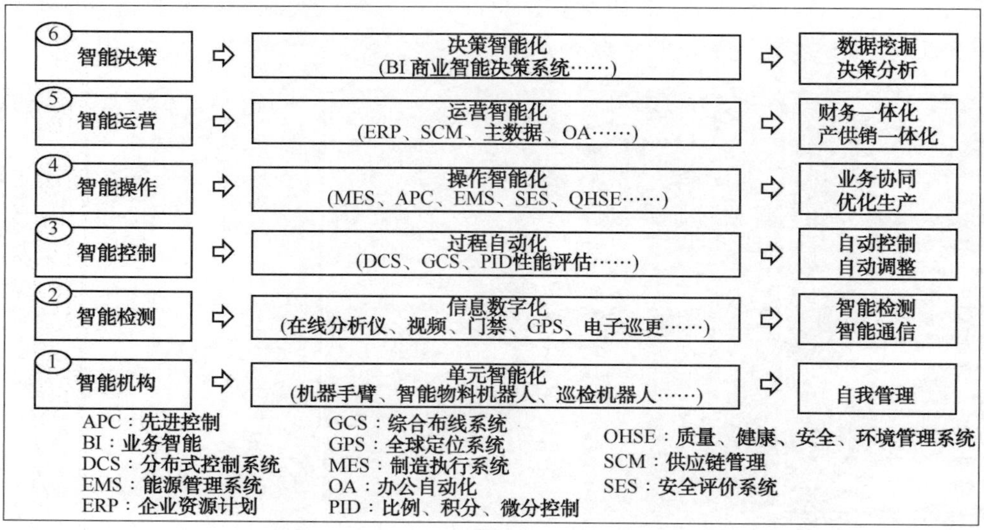

图 5-18　智能炼化的“六层面”建设

台，包括先进控制(APC)、仿真培训系统(OTS)、制造执行系统(MES)、能源管理系统(EMS)、企业资产管理系统(EAM)、安全评价系统(SES)、质量健康安全环境管理系统(QHSE)等内容，优化生产管控的业务流程，丰富操作优化的指导工具，提升生产操作的业务协同水平[16]。

(5) 智能运营层：为供应商关系管理、客户关系管理、企业资源计划、工程项目管理、科研管理等业务提供智能化服务平台，包括企业资源计划(ERP)、供应链管理系统(SCM)、客户关系管理系统(CRM)等内容。

(6) 智能决策层：构建企业级专家知识库，搭建面向主题的工业大数据分析决策平台，通过建立拟合不同模型研究不同关系，发现有用信息，用于分析原因解决问题；发现潜在价值，预见可能发生的某种“坏的未来”并且给出相关建议，即预测并提供解决方案。

(二)“四步骤”行动策略

流程工业是一个很大的范畴，不同行业差异很大，同一行业的企业差异也很大，且企业处在发展变化的不同阶段，所以每个具体企业建设智能工厂的基础条件、建设目标、建设内容，均应该具体问题具体分析，不能采取“一个模子”“一刀切”的实施方案。鉴于各企业的差异，提出了具有一定共性和普适性的智能工厂“四步骤”行动策略[15]。

第一步，立足自动化。以企业生产的工艺流程为主线，分析各设备、工序、工段、车间的仪表及自动化系统，对人工操作、机械控制等环节进行自动化改造，使数据自动采集率>90%，提升控制回路自控率，提升区域优化控制平稳率，在生产工艺过程控制层面，实现高度自动化与优化控制，充分挖掘装置产能，提升产品质量并降低物耗能耗。本阶段建设的关键是互通。

第二步，做足电子化。结合中国大多数企业管理还处在人工记录，开会制订方案，文本形成报告的管理阶段的实际情况，我们建议以流程梳理优化为抓手，规范、固化企业管理业务流程，并通过电子化的信息系统进行支撑，做到管控流程的透明和可追溯。本阶段建设的关键是适用。

第三步，特色数字化。通过建立企业的数字化模型，整合工厂设计的静态数据和工厂运行的业务数据，将 MES、ERP、EAM、全生命周期管理(PLM)、SCM、CRM、工厂设计等系统进行集成，建设以企业数字化模型为核心的业务应用及展示平台。本阶段建设的关键是集成。

第四步，逐鹿智能化。建立企业级知识库以及工厂长周期运行的历史数据，结合对计划、调度、操作、工艺等机理研究，分业务、分装置建立智能化决策、管控、操作一体化的优化平台。本阶段建设的关键是垂直。

四、智能炼化的系统构架

按照前面提到的定义，智能工厂由商业智能、运营智能、操作智能三个层次组成。这三个层次分别对应企业信息化三层集成模型中的 PCS、MES 和 ERP 三个层面的智能化，这一对应关系使工厂信息化的发展有了继承性。

智能炼化的系统结构由操作智能化、运营智能化、商业智能化组成[7,11,15]，同时这三种层次和企业信息化模型中的三个层次是相对应的：操作管理智能化对应 PCS 层，生产管理智能化对应 MES 层，商业智能对应 ERP 层。正是基于这样的理论，现代工厂信息化才能得以继承发展和创新。长久以来，国内企业一直坚持信息化建设与专题信息化应用的联合研发，并为此做出了巨大努力，例如加快控制技术的研究和实践、不断优化生产管理模式、大力提高系统深度运用等工作内容[17]。图 5-19 为智能炼化的基本架构与框架示意图。

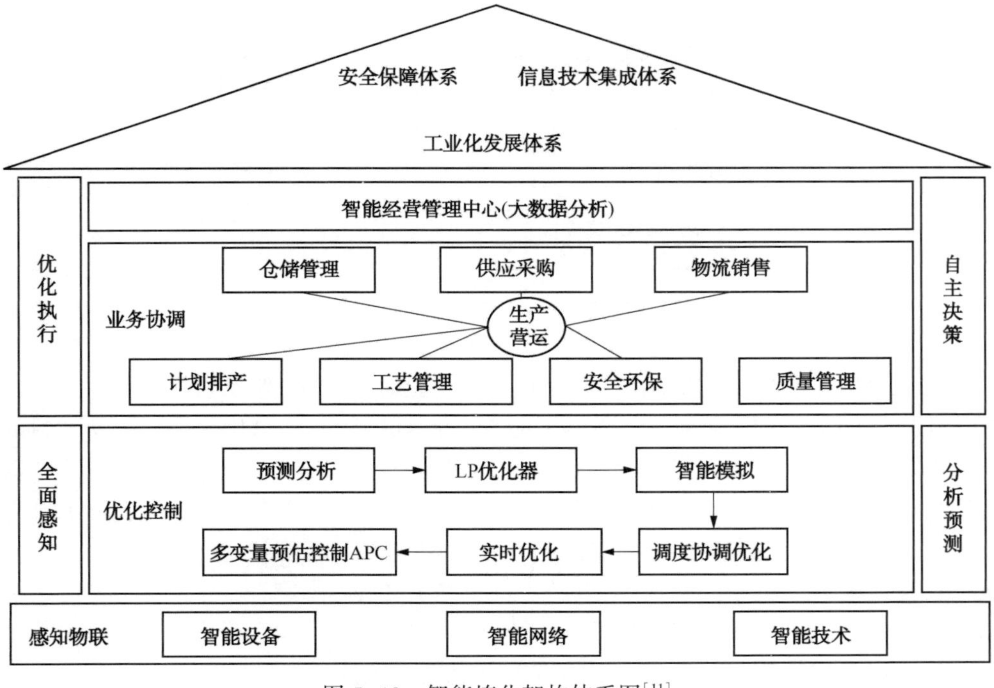

图 5-19 智能炼化架构体系图[11]

多年来，流程工业一直在努力进行的信息化建设分别对应于三个层面的专题信息化应用，PCS 层面，不断强化 APC/RTO(先进控制和实时优化)技术的推广与应用；MES 层面，大力推进 MES(生产管理)系统的建设；ERP 层面，大力推进 ERP 系统规范应用及深化应用工作，同时也有效开展了该层面综合展现系统的建设。然而，上述应用仅仅是完成了数据和信息的上行，没有实现数据和信息的下行，如图 5-20 所示。

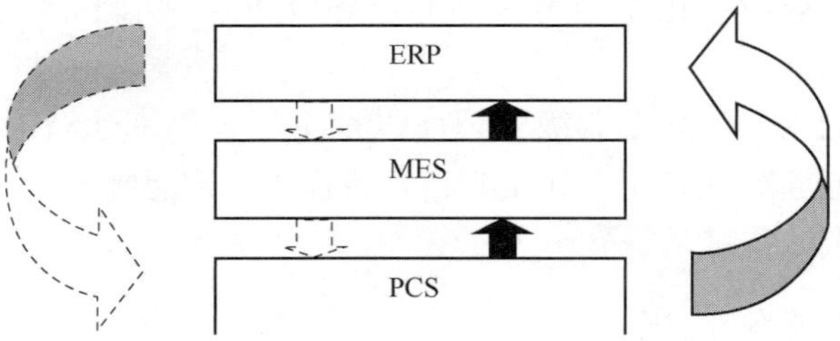

图 5-20　PCS-MES-ERP 三层面应用现状

只有完成了信息的下行，才能实现各层面的闭环管理，这是信息化建设的关键，也是信息化建设的难题，这一难题解决就是“智能工厂”建设的目标和任务。基于这个观点，夏茂森[7]认为实现了企业各个层面的闭环自动控制就是理想中的智能工厂。从上面的解释中可能感觉“智能工厂”没有神秘之处，然而，下行信息(指令信息)的获取方法和可信度至关重要。图 5-21 是一个改进后的智能工厂架构体系。

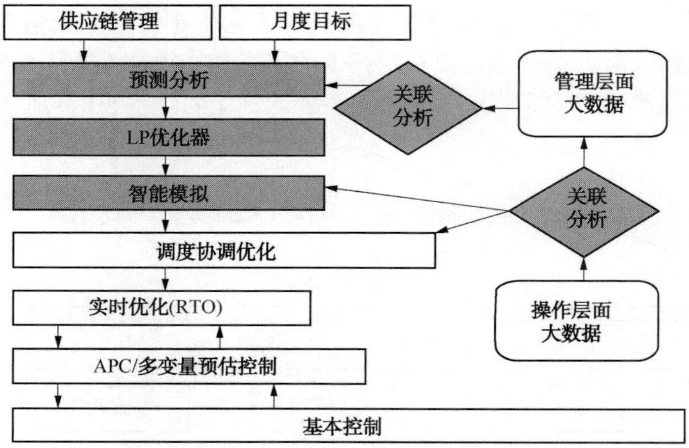

图 5-21　改进后的智能工厂架构体系[7]

但是，仅仅依靠在原来的信息化“三层次构架”基础上的“修修补补”，实际上越往智能化、智慧化发展的话将越来越难，因为毕竟这个三层次构架的信息化构架，当初的目的只是为了信息的集成与管理，还有很多功能或目标，如企业经营目标、资源计划、排产调度、运行绩效指标、生产操作指令、优化控制指令的提出、决策大多靠人工凭经验，而 ERP/MES/PCS 实际上无法做到无缝衔接。如定义所说，智能化实质上瞄准的是“资源高效化转化、过程低碳绿色化以及产品生产与营销的创新”，因此与其不断“修修补补”，不如实现系统构架的革新变革，以适应智能化、智慧化发展需要。

满足炼化产业智能化、智慧化发展需要的信息化系统构架，在信息化发展到今天的新时代，该系统构架可以考虑至少拥有以下功能平台和系统：①智能化的运行控制与优化系统；②智能化的优化决策系统；③炼厂绩效与 OHSE 监控与溯源系统；④炼化大数据管理平台(云平台)；⑤虚拟炼化企业系统。

虚拟炼化企业系统是技术发展到今天才有实现的可能。因为对于炼化企业来说，通常的新催化剂、新生产工艺等的研究只能靠实验室小试、中试、工业测线，实际生产中依赖生产现场的实际生产经验。虚拟炼化系统的建立，有望通过虚拟生产过程、工业云组成生产智能化优化系统，实现“物质流、能源流、信息流”相互作用的可视化的虚拟实验研究，节约大量的人力、物力、财力，更主要的是结果“实时、在线”。

这套系统构架可以实现炼化企业的经营目标、资源计划、排产调度、运行绩效指标、生产操作指令、优化控制指令的集成与优化，也可以据此实现“远程、移动、可视化”的监控与决策需要，达到“资源高效化转化、过程低碳绿色化以及产品生产与营销的创新”目的。

图 5-22 是设想的适合智能炼化(包括智慧炼化)建设需要的信息化系统构架示意图。

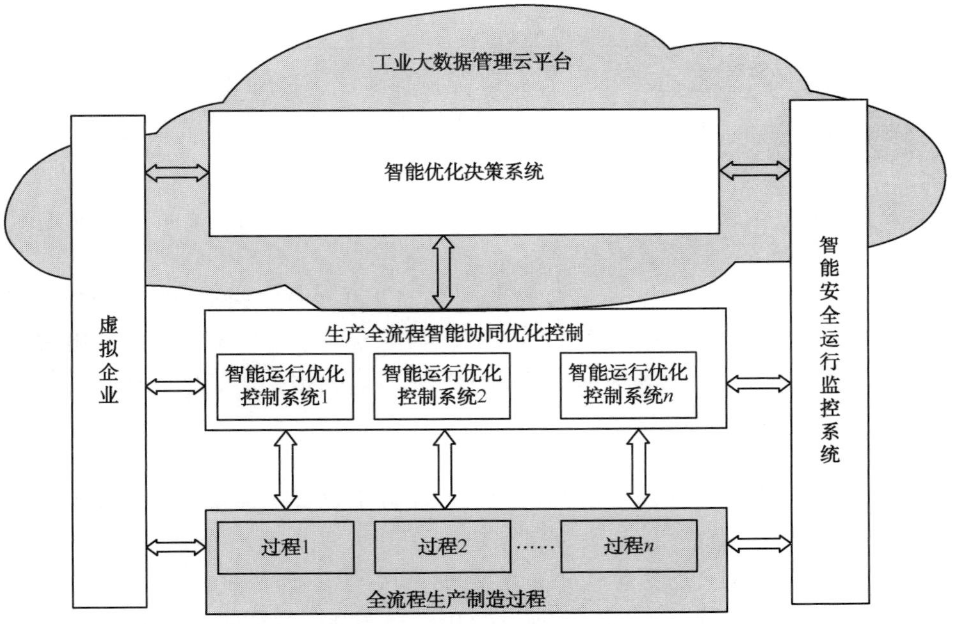

图 5-22 适合智能炼化(包括智慧炼化)需要的信息化系统构架示意图

五、智能炼化的功能模块

智能炼化建设内容主要包括：智能服务数据交换体系、智能化管控平台(三个)、智能业务应用系统(十大系统)。但是，过程模型库、算法库、数据集成等也十分重要。各功能模块[11,15]见图 5-23。

(一) 基于智能服务总线的数据交换体系

基于实时数据库、关系数据库，以及工程设计、工厂资源、生产动态、现场多媒体等信息融合技术与可视化技术，建立基于统一数据仓库的智能服务数据总线，实现生产管理系统、安全管理系统、能源管理系统、设备管理系统、质量管理系统、绩效管理系统等集成以及与 ERP 系统的互联互通，消除“信息孤岛”“应用孤岛”[18]。

数据交换系统包括：传输服务(安全/可靠的数据传输，同步/异步服务等)、仲裁服务(服务路由、格式转换、流程引擎等)以及协议服务(接入协议转换、接出协议转换)。

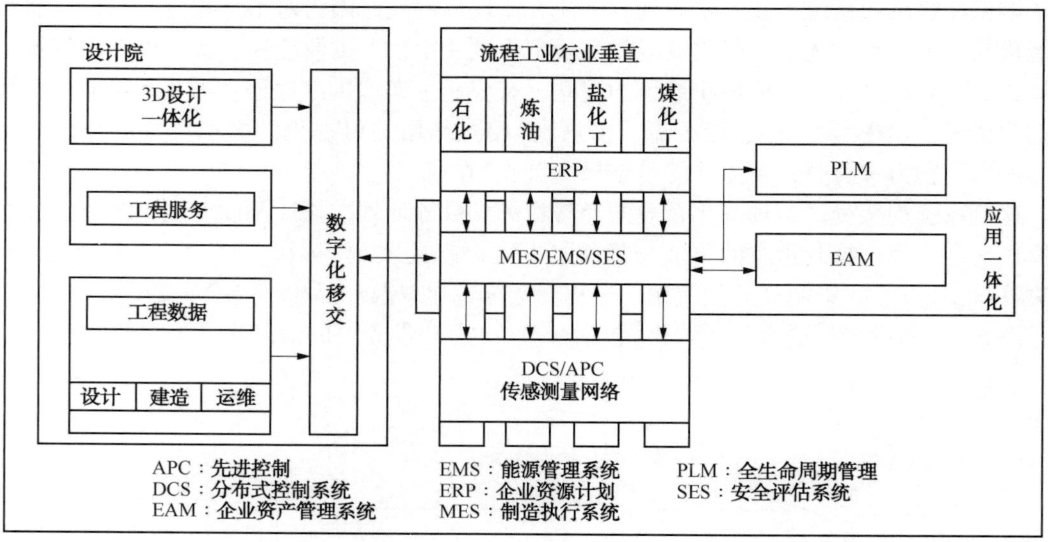

图 5-23　某智能工厂功能架构[15]

（二）智能服务平台

1. 生产过程自动化智能控制平台

以控制系统 DCS 为核心，包括 APC、安全仪表系统（SIS）、调制与编码策略（MCS）、机组综合控制系统（ITCC）、火灾报警系统（FAS）、全球分销系统（GDS）、闭路电视监测控制系统（CCTV）、电气自动化、三级计量、外操巡检定位、分析小屋、电气防误闭锁、大型机组设备健康等。

2. 企业生产管理智能服务平台

以 MES 为核心，包括企业级专家知识库、企业数字化资产模型、工作流引擎、优化分析模型库、分析算法库、智能报警服务、IT 工具集等。

3. 企业生产运营智能服务平台

以 ERP 为核心，包括企业主数据、业务分析模型、绩效评估体系、企业门户等。

（三）智能业务应用系统

根据示范情况以及实践探索，智能炼化的主要业务应用系统可以总结成"十大"核心智能系统，即工程数字化交付、过程控制自动化控制系统、实时数据库系统、先进控制优化系统、生产执行系统、能源管理系统、实验室信息管理系统、设备运行管理系统、安全风险分级管控与安全应急指挥系统、目标传导式绩效管理系统。当然，根据各家的情况的不同，具体的应用系统数量不一定必须有十个系统或只能十个系统，而且名称的叫法也不一定如此，各系统之间的界限也随各家的习惯有所不同，如，中海石油炼化公司就包含销售系统，且不止上述数量。

（四）过程模型库

建设一个拥有过程模型库能够作为理论研究以及实践的基本平台，也是创新的必要条件。这个模型库需要多个模型共同组成，如生产、工艺、产品、产品供需、材料等，这些模块相辅相成共同组成了流程工业的过程模型。这些模型主要包括：

（1）生产模型：主要用于展示生产过程中的设备的生产情况、运行状态等，作为能为系统生产给予合理可行的方式，是过程模型库是必不可少的组成部分。

(2) 工艺模型：能够对加工能力有影响的属性和工艺参数结合。

(3) 产品模型：主要功能是可以不断地分析在加工过程中产品特性的变化，便于各个生产过程的结合。

(4) 产品供需模型：主要用于描绘出生产需求与市场销售情况的关系。

(5) 设备材料模型：在加工过程中设备材料的性能属性会发生变化、改变，尤其是物理特性，本模型即为变化数据全程记录与还原[19]。其中：

Static Model PCS Unit：该类模型描述 PCS 层生产设备的静态信息，它包括装置名称、装置区域、装置类型、装置生产上限、装置生产下限、装置平均损耗等属性。动态输入信息库与动态输出信息库是相辅相成的。它们重点描述仿真过程中需要仿真的装置行为，例如流量变化、罐存变化等。

Dynamic Input Model Sim PCS Tank Input：该类模型描述 PCS 层罐的动态输入属性，它包括了罐名称 、时间标签 、罐初始罐存等属性 。

Dynamic Output Model Sim PCS Stream Output：该类模型描述了 PCS 层物料流股的动态输出属性，它包括了物料流股名称、时间、标签、物料流股上游仿真流量等属性。

(五) 算法库

算法库也是智能炼化建设初步试验系统的组成部分之一，其中包括：

(1) 仿真算法库：主要用于模式产品实际运作过程，判断生产操作过程中不同运行方式的合理性。

(2) 过程控制算法库：通过此算法库试验系统能够分析产品生产过程中控制方案对其的影响程度。

(3) 过程优化算法库：通过此算法库能够对产品生产过程的各个阶段进行设计、工艺、流程的优化。

(4) 辅助算法库：主要用于为工厂系统提供必要的计算方法。

(5) 专家知识库：指通过知识工程方法对曾经拥有的工程及管理方面的经验合理整合与利用。

一般常用的实时仿真算法，如亚当斯-莫尔顿隐式算法(Adams-Moulton，AM)、过程优化算法，如模拟退火(Simulated Annealing，SA)算法[20]、快速模拟退火计划 VFSA、遗传算法 GA 等其他算法[21-28]可以参考相关的专业书籍、文献。

(六) 数据集成平台

数据集成平台准确地说是一种集成环境，它是在网络的基础上形成的，其组成包括：

(1) 实时数据库系统平台：它能够按照所需要状态产生数据源，可以提供相应接口的测试情况、数据搜集、软件应用等测试环境，最终达到工厂生产过程控制和智能化相结合管理模式；

(2) 综合集成软件平台：作用在于为企业提供实际有用的信息，方便管理者做出合理的规划，对系统数据采用标准化管理，包括系统数据参考模型、接口标准以及远程访问标准等。

企业服务业务总线(EBS)：EBS 就是在 SOA 架构中实现服务间智能化集成与管理的中介，企业业务服务总线一种集成架构样式，能够支持提供者和服务用户之间通过由各种点对点连接构成的公共通信总线进行通信，EBS也是企业用来集成应用程序环境中服务的基础架构，是所有基于面向服务体系结构解决方案的重要组成部分。

数据仓库：数据仓库是一个环境，而不是一件产品，供用户用于决策支持的当前和历史数据。数据仓库技术是为了有效地把操作型数据集成到统一的环境中以提供决策型数据访问的各种技术和模块的总称。所做的一切都是为了让用户更快更方便查询所需要的信息，提供决策支持。数据仓库的组成包括：数据抽取、数据载入、信息发布系统、操作型数据和外界数据、数据集市、报表、查询、EIS工具、OLAP工具、数据挖掘工具、操纵平台、元数据、管理平台。总的来说，数据仓库是一个环境，为用户提供当前和历史数据便于用户制定决策。数据仓库主要包括数据载入、信息发布系统、操纵平台、管理平台等组成。数据仓库能够有效整合数据资源，形成数据的集成和统一，便于使用者方便快捷查询信息。

（七）其他

智能工厂的其他组成结构还需要包括优化计划、优化调度、数据协调、优化采购等方面内容流程，可以为工厂的研发、仿真、测试提供支持和参考。

在系统配置方面，应体现“经济、实用、统一”的原则，一方面要充分满足系统功能、性能方面的要求，另一方面要充分整合利用现有的资源，尽可能避免重复投资，实现资源的最优化配置。系统配置要遵循的原则，如：

（1）可靠性和适用性　系统自身必须具有很好的可靠性和适用性。

（2）先进性和成熟性　在选择产品时，保证产品技术成熟、经应用证明成熟可靠，在此基础上，尽量选择技术先进的产品，保证产品在较长时期内持续发挥作用。

（3）实用性和高性价比　在满足应用的前提下，优先选择实用性和性价比高的产品。

（4）标准性和开放性　在同等条件下，优先选用标准性和开放性较好的产品，适应发展的要求。

六、关键技术与实施考虑

（一）关键技术[29~33]

1. 工程设计数字化交付

第四章的第四节已经详细介绍了数字化交付问题[34]。

2. 复杂异构系统的互联互通

智能工厂的各信息系统包括基础自动化系统、三级计量、实时数据库系统、分析小屋、巡检定位系统、外操培训系统、在线污水监测系统、绩效考核系统、在线培训系统等，这些系统存在技术路线各异、数据与模型不统一等问题，已经形成了诸多应用孤岛，需要攻克异构系统集成的关键技术，实现系统的集成与互联互通。

3. 复杂过程动态特性优化控制策略设计

流程工业企业生产过程工艺复杂，各装置上下游工艺关联紧密，设备间的物料、能量耦合度高，对扰动十分敏感，局部干扰，往往会在整个生产流程传播。每个工序的设备、单元，甚至整个生产线，都有自身优化点、控制点及安全约束边界，而往往单个设备的优化操作点与整个生产线的全局优化点存在差异。如何协调优化各个工序的局部优化点使整个过程的趋于最佳优化点，是整个单元生产优化控制的关键问题。

4. 多层次、多尺度工厂统一进行建模

生产企业管理是一个复杂的多维系统，如何建立生产、设备、质量、安全、能源等多项专业管理在时间、空间多尺度上的模型以及实现模型一致映射，是考验应用系统实用性、灵活性的关键，需要攻克工厂统一建模的技术难题[15]。

5. 重大耗能设备能效的分析与优化

在企业生产中，由于缺乏加热炉、压缩机、泵等重大耗能设备的能效评估模型，导致对其的操作与控制智能凭经验进行，因此需要通过基于机理和数据联合建模的方法，绘制设备能效监察图，并通过实时计算值在线评估各台设备的当前能效，解决设备能效分析与负载优化难题。

6. 关键生产设备故障诊断与操作优化

关键设备一旦发生故障，不但造成巨大的经济损失，还有可能会引发安全事故。通过设备运行状态、巡检及检维修记录等信息，找到设备变化的规律，对设备潜在的故障进行预警，是智能工厂中提高设备运行效率的重要方法。

7. 区域定量风险分析及重大事故模拟

涉及危险化学品生产、储存的区域，要进行火灾、爆炸、泄漏、中毒等多种灾难事故的叠加风险分析、定量计算与可视化模拟等模型研究，并开发集安全风险容量、事故场景、多米诺效应等多种功能于一体的安全信息系统，技术难点是上述模型的研究仍需加强。

8. 绩效管理理念落地

在制订绩效管理方案的过程中，企业都根据自身特点融入了各类绩效管理理念，但在实际实施中，这些理念的大部分却没有得到有效贯彻、落实。通过指标量化细化分解使战略转化成指标是重要的技术难点。

在开展具体的智能化应用时，可以采取从下往上，易工程化、易在线自动化的难度逐渐增加。如对于三个层次的智能化应用，从各个层面智能化要解决的问题出发，探讨和审视实现技术的可行性[6]。

（二）实施考虑

1. 关于生产操作层智能化的考虑

人工操作运营控制系统中涉及的诸如回路控制、回路控制设定值决策、运营指标目标值范围决策、异常工况的诊断与处理，往往由知识工作者凭经验完成。所以，生产过程经常会出于非优化运行状态，也常常出现异常工况，不能做到"安稳长满优"运行。

在实际生产、控制过程中，工艺工程师会根据全厂、装置的综合生产指标，当前生产条件凭经验、知识给出生产运行指标的目标值范围；内操、运行工程师靠观测运行工况和相关数据同样凭经验去判断、处理生产操作异常。上述操作基本上是对单一工序而言，无法做到与其他控制回路、工序的协同优化，难以实现综合生产指标的优化，也难以决策出优化运行指标的目标值。如果生产条件、运行工况发生变化，往往难以及时、准确地预测、预判和处理异常工况。

图 5-24 是今后生产操作层面实现智能化以后设想的控制方式。

生产操作层智能化的目标是根据上一层（生产管理层）下达的调度指令，自动找出最佳操作目标，并按照这一目标实现装置的自动控制。该层面的先进过程控制（APC）技术是控制技术与计算机技术结合最早、应用最为成熟的技术之一，随着 20 世纪 70 年代动态矩阵

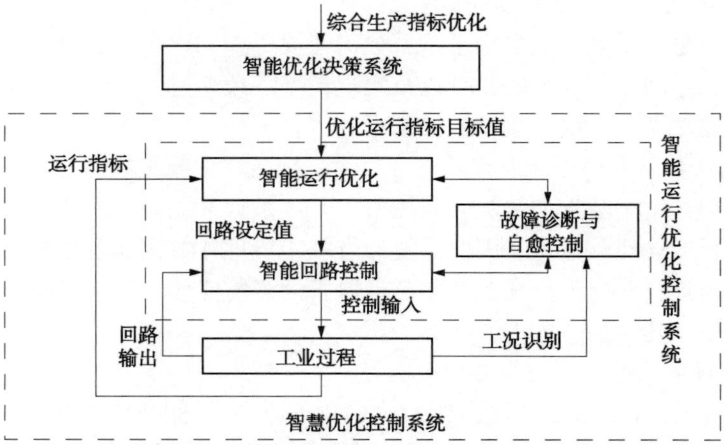

图 5-24　生产操作层面智能化的控制示意图

(DMC)算法在美国壳牌公司现场应用，开启了弱非线性对象控制的大门，其后，针对先进控制不能确定装置的最优工况及对应的生产参数，又催生了装置(或区域装置群)的在线、闭环实时优化(real-time optimization，RTO)技术，模拟和控制的紧密结合。在装置稳态模型的基础上，通过数据校正和更新模型参数，根据经济数据与约束条件进行模拟和优化，并将优化结果传送到先进控制系统。实现生产操作层面从实时优化到先进控制系统的自动、闭环控制，是该层面智能化的发展方向。目前国内区域装置群级的在线应用案例不是很多，但这一目标离我们已很近，因为基础技术已经非常成熟，且有单装置成功的应用案例，实施起来已经没有很大的难题。在实施过程中，为减少实时优化系统模型规模，可以根据企业规模和装置上下游之间的关联关系，分层次设计在线优化控制器，比如设立多个区域或装置群实时优化模型，在它们之上再建立协调在线优化控制器。

2. 关于生产管理层智能化的考虑

生产管理层智能化的建设目标是以增加企业生产管理的柔性而实施的单厂或多厂智能化管理，其研究对象是基于经营管理层下达的月度生产计划，根据生产环境和生产能力(条件)将月度计划分解成短期(周、日)作业计划，以调度令的形式下达到操作层。同时该层面的智能化应用要能根据实时生产情况的反馈，通过生产动态分析，及时修订生产作业计划，形成该层面完整的闭环控制。图 5-25 为生产管理层面智能化体系架构。图中，“智能模拟”根据上层下达的月度生产目标，进行全流程智能模拟，模拟结果在结合知识库、关联分析后得出的现状规则进行两重校验，给出短期作业计划。“调度协调优化”根据短期作业计划，结合优化命题库和来自生产操作层面“大数据集”关联分析后的现状规则，制定现阶段的短期操作目标，传递给“调度令管理系统”。

“模型可靠性技术”、“模型可实现性技术”和“关联挖掘分析技术”是该层面的重点核心技术。三个技术的有效实施可确保模型与实际物理过程的有效匹配。有了这三个技术，正如前述，我们的目标就不能简单定位在人工介入模式的智能化上了。该层面的智能化是解决执行层面的智能化问题，因此它是企业智能化的核心。

另外，现阶段离线运行的一些模型技术应用效果还是比较理想的，如国外的 KBC Petro-SIM 建模技术、Aspen Orion 行为过程建模技术，国内大专院校也针对性地开发了一些

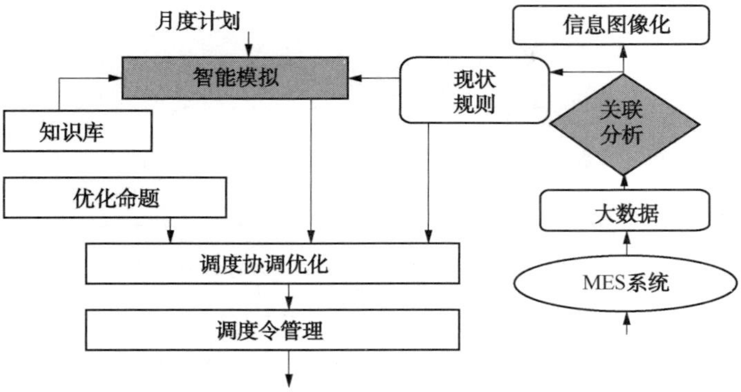

图 5-25 生产管理层面智能化体系架构[7]

机理模型、启发型模型等。我们完全可以在这些模型基础上增补中间环节，改造成能在线应用的模型。对炼化一体的大型石油加工企业，为降低计算能力和优化求解能力，可以进行层次性的智能模拟和调协调优化，比如可以先按板块或按专业管理开展，然后在其之上再建立更高层次的智能模拟和调度协调优化，模型降维以后，可靠性和可实现性等方面就相对有保障。相应地，“数据关联分析”按此方法处理，降低分析难度。另外，在上面技术实施的同时，亦可尝试机器学习技术的应用，近几年，有学者已在呼吁，没有机器学习技术的智能化不算智能化。

3. 关于经营管理层智能化的考虑

目前炼化企业的经营决策管理系统基本上是由经营决策系统、资源计划系统（ERP）、生产制造执行系统（MES）、供应链系统、能源管理系统等组成。没有实现智能化的时候，这些系统是实现经营决策、生产管理的信息化平台，其决策功能主要依赖知识工作者凭借经验、知识来进行决策。

经营管理层（或管理决策层）的任务是根据市场的需求预测、原料的供给情况、生产加工能力和生产环境的状态，利用系统工程的思想，确定企业的生产经营目标，制订企业的生产计划，协调企业各局部的生产过程，从而达到企业总体最优。该层面所面临的不确定因素比生产管理层更多，特别是面对瞬息万变的市场因素，智能化实施难度也很大。近几十年来，决策支持系统（DSS）的研究基本上都是针对该层面，文献也比较多，20 世纪 80 年代初期，DSS 增加了知识库和方法库，构成了三库系统或四库系统；80 年代末期，专家系统与 DSS 相结合，形成了智能决策支持系统（IDSS），它通过逻辑推理的手段充分应用人类知识处理复杂的决策问题，既能处理定量问题，又能处理定性问题，提高了 DSS 支持非结构化决策问题的能力；随着 90 年代数据仓库、联机处理、数据挖掘技术的提出和发展，商业智能技术成为信息化应用的热点，它囊括了上述几种新技术，数据仓库为决策支持系统提供面向主题集成的高质量数据，联机分析处理提供从多视角途径获取的辅助决策分析数据，而数据挖掘则侧重于识别和抽取数据仓库中隐含的、潜在的有用信息，丰富决策支持系统的知识系统。将这三者纳入决策支持系统基于知识的结构框架中，就产生了一种新型的决策支持系统——综合决策支持系统（SDSS）[30]。其逻辑结构如图 5-26 所示。

该系统架构既发挥了专家系统以知识推理形式解决定性分析问题的特点，又发挥了以模型计算为核心的解决定量分析问题的特点，从而做到了定性分析与定量分析的有机结合，使

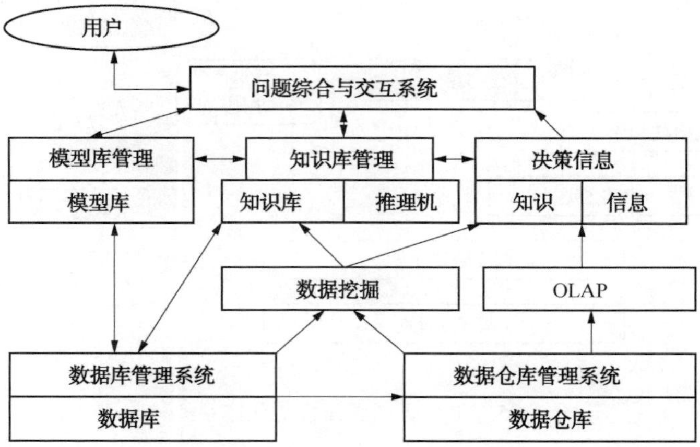

图 5-26　综合决策支持系统架构[7]

得计算机系统解决问题的能力和范围得到了很大的发展[23]。

尽管以上思路非常清晰，但离解决实际问题还有很大差距，多年来，现实中的不确定因素和技术的实施难度制约了该层面智能化技术的落地。因此，要实现该层面的智能化，一方面我们要借鉴学术上成熟的研究思路，另一方面也要从该层面急需解决的实际问题和现有技术的可工程化两个角度来规划，以求取得突破。

目前，该层面在现实中遇到的最大难题是计划不如变化快，瞬息万变的外部市场信息、物流动态和内部突发因素都会导致月度执行计划需要做出调整，但由于对信息三性(及时性、完整性和准确性)很难掌控，不但会使计划人员疲于应付，执行层面也难以适应。上述难题解决能力的核心体现在对信息三性的掌控能力，最终体现的是该层面决策支持系统的智能化能力，这是现阶段经营管理层智能化建设的研究和解决方向。

它实际上包括两部分内容，一是对第一手信息的掌控，二是对已掌控信息的加工处理(知识)。两者都要用三性来衡量。图 5-27 为基于上述思想设计的可工程化的经营管理层智能体系架构。

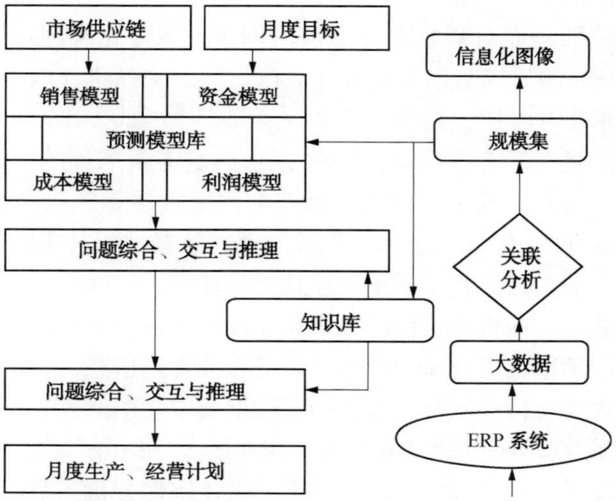

图 5-27　经营管理层智能化体系架构[7]

图 5-27 中，市场信息三性的保证可通过市场供应链管理系统实现，当然其不是简单的市场信息收集，也有预测，在此不展开讨论；内部信息三性的保证，一是由现有信息系统形成的数据库和数据仓库保证，二是由基于商业智能技术的大数据分析，通过主题分析和跨业务的关联分析生成的内部现有规则集来保证。知识三性的保证，一是要建设好两个库——预测模型库和知识库。对于预测模型库，销售模型库、资金模型库、成本模型库和利润模型库这四个库是该层面模型库中最基本的。二是由问题综合、推理机制和经营策略求解器来保证。

以上信息三性和知识三性的保证，环环相扣，每个环节都是一个比较复杂的系统，在此不展开具体讨论。从现阶段信息技术的发展来看，应该都是可实现的。

以上智能化体系的架构的设计，既继承了综合决策支持系统的思想，又结合实际，使智能优化决策支持系统的建设可实现工程化。经营管理层面的智能化，目前广泛的看法是为管理层提供决策的支持，是辅助用户做决策而不是代替用户做决策，目的在于提高决策的有效性而不是提高决策的效率。可以预言，随着技术的进步，特别是机器学习等技术的进步，替用户做决策并提高决策效率的在线、全自动智能化应用在未来 10 年内将有所突破，届时将可改变月度计划的不可变历史。

智能优化决策支持系统可以实时、自动获得市场需求变化、资源属性、生产工况等方面的信息和数据，能够智能感知“物质流、能量流、信息流”的状况。以“资源高效化转化、过程低碳绿色化和产品生产与营销创新”为目的，实现“经营目标、资源计划、排产调度、生产指令、优化控制指令等”的一体化、智能优化决策；远程、移动、可视化的监控决策，以及技术发展以后，系统具备自主学习、主动响应能力，人和智能化的优化决策系统能够协同，使得决策者在动态变化环境下还能够做到精准优化决策、自适应优化决策，优化配置资源，合理配置与循环利用能源，真正达到智慧炼化的目标。

七、中国海油智能炼化具体实践

结合中国海油炼化与销售一体化特点，并考虑独资、合资业务运营管理特点，应用先进信息技术，实施智能炼化建设的数字化智能化升级工作，从“数字炼化”经“智能炼化”迈向“智慧炼化”，实现中国海油炼化产业的整体转型升级与产业链内外优化的卓越运营，如表 5-5 所示。

表 5-5　中国海油智慧炼化建设各阶段目标

阶段	目标	核心	应用
数字炼化	实现可视化，提高工作效率	生产运营信息化、自动化	数字化员工、数字化资产、数字化操作
智能炼化	实现安稳长运行，降本增效	生产运营知识化、最优化、可追溯	智能生产管控、智能设备运维、智能物流、智能加油站、智能销售
智慧炼化	实现业务的全流程协同优化与效益最大化	一体化、全局优化与协同管控	资源敏捷优化、智慧供应链、价值链优化

第四章“智能炼化建设之数字基础”中已经说明了中海炼化的数字炼化目标、核心与应用，下面就中海炼化“智能炼化”的目标、核心与应用予以简单介绍。

（一）智能生产管控

智能生产管控建设的目标为基于生产系统优化模型，实现生产计划、调度、操作的优化控制。智能生产管控旨在解决以下业务问题：①原油优选过程中没有原油数据库支持；②缺乏生产计划执行情况数据的及时统计与分析，不能获得每天的生产完成情况；③集团和各级管理部门缺乏生产运营指标的全面了解和动态分析，影响生产过程决策；④缺乏物料平衡、能量平衡数据的自动采集，数据准确性与完整性差距大，影响日统计。

1. 各环节的智能管控要求

智能生产管控的实现需生产各个环节智能管控支撑：

(1) 历史趋势分析：基于生产实时操作数据的历史趋势分析，反应生产实时动态。

(2) 生产优化：建立机理模型与派生模型体系，基于分子炼油、反应动力学与热力学，建立原油分子数据库、生产操作优化模型和用能系统模型，支持生产优化。

(3) 数据挖掘分析：对生产绩效指标进行展示分析，对指标影响因素进行深入挖掘。

(4) 生产调度指挥：实现生产过程的可视化，为各级领导提供决策支持，同时分析生产系统与设备运行性能，辅助生产指挥。

2. 智能生产管控解决方案

(1) 主要系统：如原油分子数据库；生产调度指挥系统；产销协同系统；APC、RTO 等。

(2) 相关系统：如生产执行系统(MES)；APS；设备全生命周期管理；能源管理系统等。

(3) 智能设备：如集中调度指挥；数据标准化与数据安全等。

(4) 基础设施：如炼化物联网(IT/OT)；海油计算机广域网等。

3. 应用效果

预期应用效果如下：①基于分子炼油建立海油原油数据库，实现原油性质；②基于数字化操作，实现生产情况日统计与分析；③通过关键操作指标的历史数据分析，确定优化模型，实现生产操作与设备性能的优化；④计划与生产执行一体化，实现生产执行情况的日跟踪、周调整；⑤生产指标及关键环节的远程监控，实现专家远程支持，辅助生产指挥。

(二) 智能设备运维

智能设备运维的目标为基于设备运行性能分析，实现预防性维护，延长设备生命周期。智能设备运维旨在解决以下业务问题：①缺乏对关键设备运行性能的分析，不能及时发现设备潜在故障，实现预防性维修，减少非正常停工时间；②设备备品备件的库存不合理，部分产品备件库存量大，备品备件库存与采购急需优化，以降低成本；③生产控制中心操作人员需要对整个系统设备运行性能分析，这个方面得不到支持，影响生产指挥决策；④关键设备(例如大型机组)需要专家支持，但专家资源短缺。

(1) 智能设备运维的实现需要多方面智能化的支撑，包括：设备运行可视化、设备性能分析与报警、设备预防性维护、设备维护过程可视化以及资产配置优化和专家远程诊断等六大方面。

(2) 智能设备运维解决方案，包括设备性能优化系统、设备全生命周期管理系统、生产调度指挥系统(ROC)和专家远程诊断系统共四大方面。

(三) 智能物流

智能物流建设的目标为通过物流优化，实现油品库存优化，降低物流成本，提高物流效率。智能物流旨在解决需求预测不准确，无法实现资源配置的最优化等五大方面问题。

1. 智能物流的实现需物流各个环节智能管控支撑

（1）物流各环节可视化：物流各个环节操作的可视化，包括运输计划、运输过程与各节点的库存动态。

（2）销售预测：根据市场销售、库存等，进行准确的销售预测。

（3）库存预测：综合炼化、油库库存以及炼化计划、运输计划、出库预测信息，对各个油库库存进行预测。

（4）需求预测：根据历史销量、销售订单、库存预测等进行需求预测。

（5）资源配置优化：根据需求预测，实现资源配置优化。

（6）自动库存补货：从加油站获取需求、库存信息，完成自动库存补货，实现路径优化。

（7）一卡通管理：在成品油出入库管理，实现一卡通管理，确保出入库操作高效准确。

2. 智能物流解决方案

智能物流的解决方案主要包括一体化物流管理系统（一次物流优化；油库管理优化；二次物流优化）以及 MES 等相关系统和智能设备以及基础设施等四大方面（系统）。

（四）智能加油站

智能加油站的目标为基于生产系统优化模型，实现生产计划、调度、操作的优化。智能加油站旨在解决以下业务问题：由于地理与客流情况，单站销售量小，需要增加客流导入措施；与车主交互方式单调，不能有效将营销信息推送给有价值的客户；客户支付渠道单一（加油卡、现金、银行卡），缺乏互联网渠道，不能吸收年轻群体；缺乏非油品销售与促销手段，非油品销售占比小，影响加油站销售收入；现金管理方式落后，管理成本高。

1. 智能加油站的实现需要多方面智能化的支撑

以加油站为核心的生态圈，提供相关服务，包括油品、非油品、汽车服务、旅游服务、保险服务等；服务于加油站顾客和周边社区，提供包括生活用品、物资等消费服务；引导客户进站，为进站客户提供产品组合服务，并通过互联网+提供多渠道服务；全面信息化和自动化，提供客户自助服务，改善客户体验。

2. 智能加油站解决方案

主要系统：加油站管理系统；支付管理系统；客户关系管理系统。

相关系统：ERP；一体化物流管理系统（二次物流优化）。

智能设备：自动存款设备；POS 及自动计量设备。

基础设施：销售物联网（IT/OT）；海油计算机广域网。

（五）智能销售

智能销售建设的目标为应用互联网销售，实现销售模式创新，改善客户体验。

智能销售旨在解决以下业务问题：互联网销售在各业务领域应用，使海油更多的 B2B 客户需求 B2C 化油品批发利润空间降低，需要直击客户，减少中间环节；客户要求更精细的服务，包括对物流的动态监控，需要实现配送计划执行可视化。用户需求随市场变化波动大，需要实现用户需求的预测，并指导生产与销售计划；实现客户价值管理，提供个性化服务，提升高价值客户的忠诚度。

1. 智能销售的实现需销售各个环节的智能化支撑

(1) 建立以客户为中心的营销、销售、服务体系，实现客户与销售管理的精细化；

(2) 通过全渠道交互，互联网销售，拓展客户销售渠道；

(3) 通过电子商务，实现客户销售过程的电子化，使海油直接面对终端客户；

(4) 全面信息化和自动化，提供客户自助服务，改善客户体验。

2. 智能销售解决方案

(1) 主要系统：电子商务系统，客户关系管理系统。

(2) 相关系统：销售 ERP 系统，一体化物流系统(二次配送优化)。

(3) 智能设备：电子销售的业务流程设计，客户分级与价值。

(4) 基础设施：销售物联网(IT/OT)。

第四节　智能炼化的特质信息化系统简述

一、关于生产管控层面的主要信息化系统

对应炼化企业的基础设施层或者说炼化企业基层的生产控制层，生产作业受控即生产管控层面主要包括三大方面，即生产安排(调度指挥)、生产作业(操作层面的作业、巡检、报警等管理)以及生产绩效(操作与运行的绩效分析管理)。这个层面的信息化系统是以平稳运行为核心，实现从计划、调度、操作、监控、统计到绩效的全生产过程管理的规范及在线处理，提升工业分析和预警能力，不断提升人员工艺与操作技能，提高生产敏捷性。

(一) 关于生产安排方面的信息化系统

关于炼化企业的生产安排即调度指挥系统，不同的企业包含的内容各不相同，但核心内容应该主要包括生产作业计划与调度指令下达、调度监控、日常管理、异常操作处理、调度知识学习系统等方面。

调度指挥系统涉及操作、调度、统计各个层面及各个专业的信息，其集成的广度、深度及复杂度均较大。建立符合企业生产操作和调度指挥的业务模型，是保障项目成功的重要基础。业务建模主要是分析企业生产指挥的核心业务过程，实现逻辑抽象描述，完成业务建模，能够准确地描述企业内部的业务关系所构成的错综复杂信息资源关系。在业务模型基础上，将进一步抽象出系统的数据模型，该模型将是构建生产指挥系统的核心。通过该模型，将完整地描述生产指挥系统中所涉及的数据实体及实体之间的各类关联关系，为深层挖掘追溯及关联查询提供依据。

另外，调度知识学习系统方面，通过模拟专家的思维过程，解决需要专家才能解决的问题，它能对决策的过程作出解释，并有学习功能，即能自动增长解决问题所需的知识，使生产调度专家丰富而宝贵的经验和知识不受时间和空间的限制，得到最大限度的应用，既支持新员工的学习与培训，也能支持生产现场实际问题处理及生产主动预警。专家系统通常由人机交互界面、知识库、推理机、解释器、综合数据库、知识获取共六个部分构成。专家系

统的基本结构大部分为知识库和推理机。其中知识库中存放着求解问题所需的知识，推理机负责使用知识库中的知识去解决实际问题。知识库的建造需要知识工程师和领域专家相互合作把领域专家头脑中的知识整理出来，并用系统的知识方法存放在知识库中。当解决问题时，用户为系统提供一些已知数据，并可从系统处获得专家水平的结论。

中国石化的生产调度功能框架如图 5-28 所示。

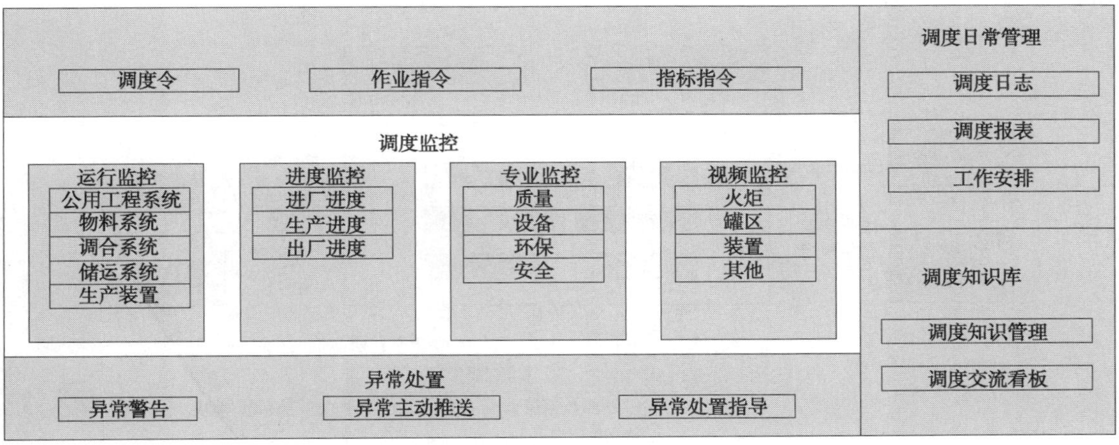

图 5-28　调度指挥系统功能框架图

生产安排(调度指挥系统)是基于智能工厂集中集成平台上一个综合应用，系统的技术架构如图 5-29 所示。

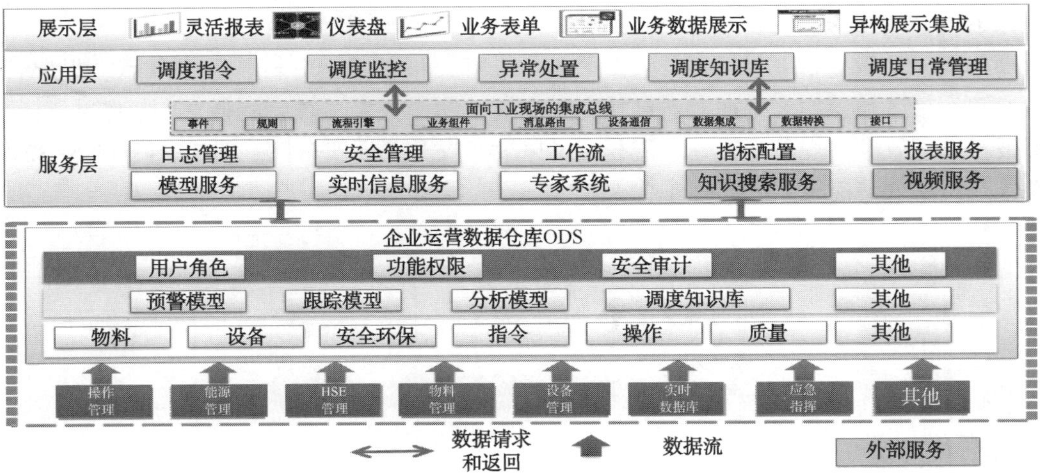

图 5-29　调度指挥系统技术架构

调度指挥系统技术架构包括数据层、服务层、应用层、展示层四个层次。在数据层，采用集成适配器等数据集成技术和工具，实现对生产管理数据、实时数据、衡器数据等各类数据的抽取及清洗，传送到企业运营数据仓库。服务层提供各应用模块可以共用的服务，为各个应用模块共享。应用层基于通用服务实现各综合应用的核心业务逻辑，并通过数据接口服务为调度指挥、生产绩效、领导驾驶舱、运营监控与经营分析等应用提供数据。在展示层，通过仪表盘、报表、表单等方式，经过处理的数据以丰富的展现形式为不同业务层面管理人员提供所需的各类信息，支撑企业的生产运营管理和分析，支撑生产调度例会。

调度指挥是生产执行层面的集中综合应用，位于生产层面各业务的顶端，通过对各业务系统的集成、建模、关联组织，提供生产运行的监控指挥应用，为生产操作和调度指挥提供支撑。与调度指挥相关的系统主要有计划调度操作一体化优化、操作管理、物料管理、能源管理、设备管理、HSE 管理、LIMS、实时数据库、应急指挥等。数据集成关系图如图 5-30 所示。

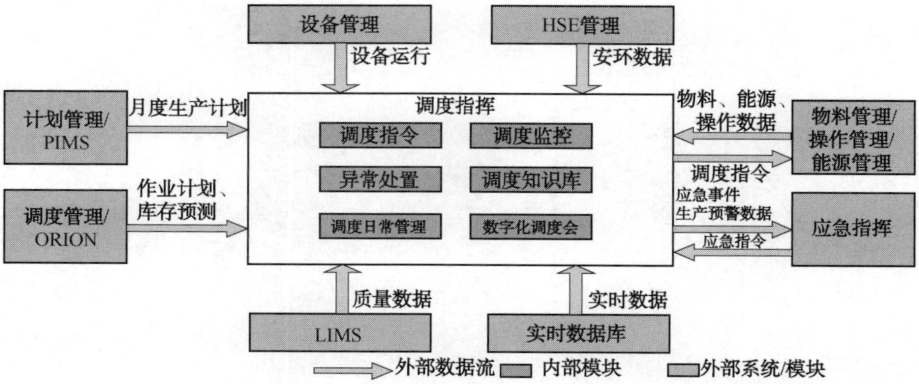

图 5-30　调度指挥系统数据集成关系图

（二）关于生产作业层次方面的信息化系统

生产作业层面如具体作业、巡检、报警等管理所对应的信息化系统包括报警管理、智能巡检等。

1. 操作报警管理

操作报警功能基本上包括报警数据采集与处理、报警数据分析、数据展示、报警管理、事件通知、报警知识库等方面。通过稳定且高效的操作报警系统，降低“干扰性”报警数量，提高报警处理效率，规范报警处理流程，可以大大提升工厂安全性。图 5-31、图 5-32 分别为操作报警系统功能框架图和技术构架。

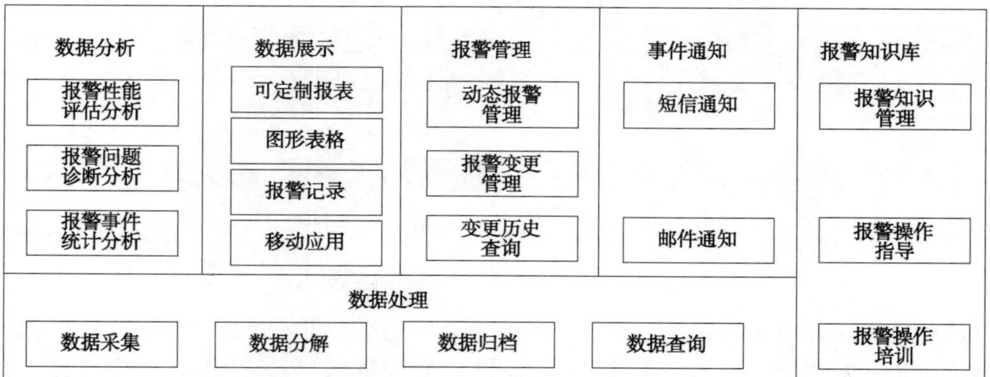

图 5-31　操作报警系统功能框架图

操作报警系统技术架构包括数据层、服务层、应用层、展示层四个层次。中国石化的操作报警系统，采用了一些关键技术，如：

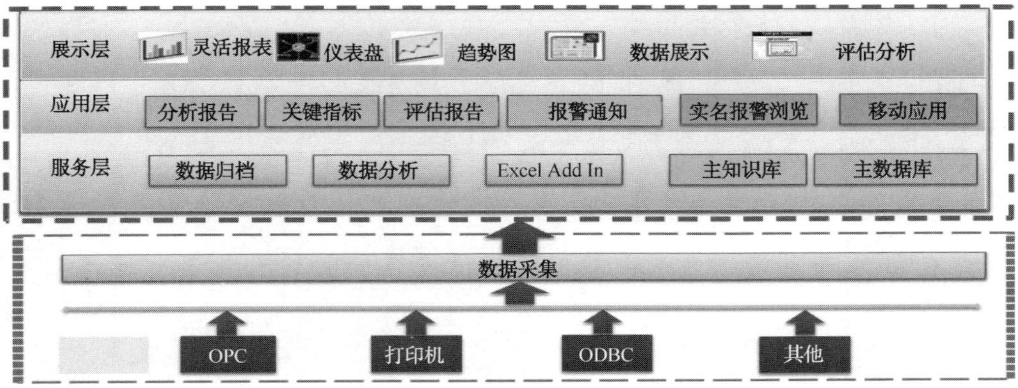

图 5-32 操作报警系统技术架构

(1) 多维度的报警性能分析。操作报警系统提供多种维度的报警性能分析手段，例如：报警分布统计、操作台报警统计、操作员干预统计、操作员干预率统计等，通过将分析结果同 EEMUA191，ISA-18.2 国际标准、国标报警管理最佳实践或企业设定的报警性能标准进行对比，快速标定出当前企业报警管理系统所处位置，与目标间的差距。使企业人员可以及时了解报警系统所处的状态及相关的问题，及时对报警系统进行优化改进。

(2) 多类型 DCS 报警数据的自动抽取。操作报警系统可通过串行连接、文件、OPC A&E、ODBC 等多种接口方式读取 DCS 的报警和事件信息，提取的数据可通过内置的规则器自动分解成事件类型、时间、报警点地址、优先级、报警解释说明、上下限等，并将报警数据存储到报警主数据库，便于数据的统计分析及查询。

2. 智能巡检系统(主要是与外操对应的信息化)

主要包括现场安全管理、智能巡检[35]、操作辅助支持等内容，实际实施时往往和生产绩效方面的合在一起。

智能巡检面向外操巡检作业，引入无线物联网技术，完成作业业务在智能终端的集成，提供现场安全管理、合规性巡检和操作辅助支持等功能。

(三) 关于生产绩效管理方面的信息化系统

为了提升生产运行水平，对于生产绩效方面的信息化系统主要包括生产运行分析、生产指标管理、质量管理和生产绩效管理。

面向企业的操作运行管理，实现对操作指令的逐级下达，逐级确认，监控操作执行过程，分析操作偏差，量化评价班组操作水平，支持班组考核，实现班组操作规范化及操作安全管理。功能构架和技术构架分别见图 5-33 和图 5-34。

操作管理采用四层技术架构，从底层至顶层分别是：数据集成、数据管理、应用服务和信息展示层，其中应用服务层、数据管理层和数据集成层构成了企业 MES 平台，与物料管理、能源管理、三剂管理及绩效管理共享使用。

中国石化在操作管理层面，采用了一系列重要、关键技术，如：基于无线网络的数据传输技术，基于 RFID 标签的数据读取等。

二、生产管理与监督层的主要信息化系统

对应企业与生产相关的工艺、设备、安全等专业的生产管理、监督层面的主要信息化系

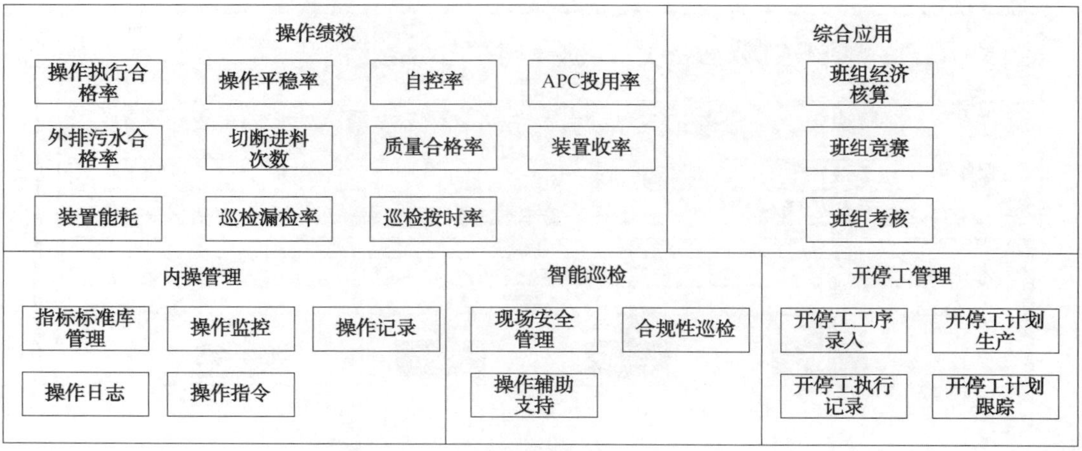

图 5-33　操作管理系统功能架构图

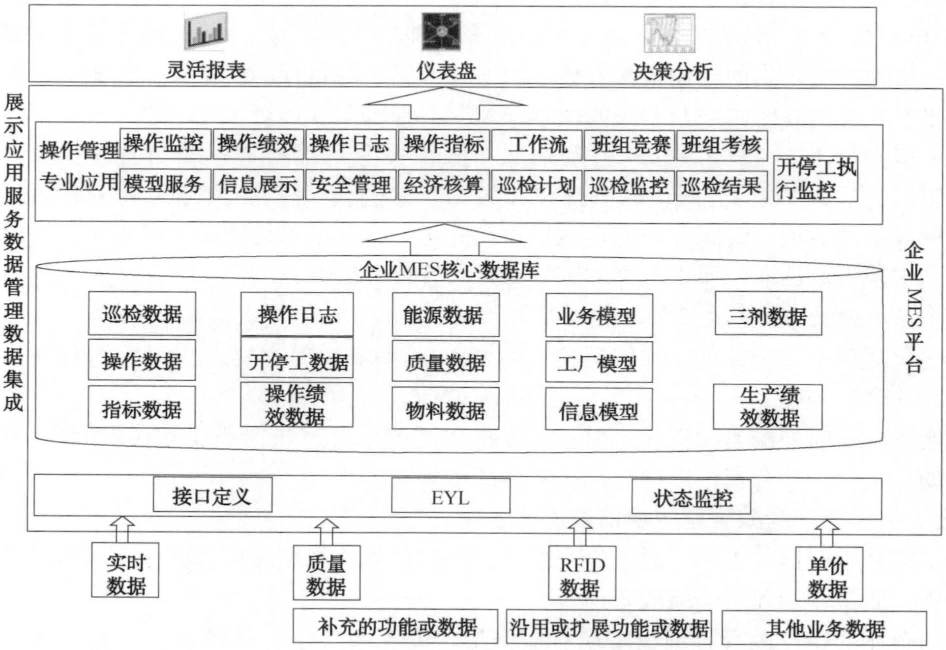

图 5-34　操作管理系统技术架构

统包括：智能工艺管理系统与智能能量管理系统、智能设备管理、智能化 HSE 管理系统和智能化三维工程管理系统。部分介绍如下：

（一）智能化 HSE 管理系统

智能化 HSE 管理系统是智能工厂建设项目中 HSE 管理业务域的主要信息化系统。HSE 的规范管理是 HSE 管理业务的基础业务模块，主要实现企业核心 HSE 管理业务的标准化、流程化、规范化和信息化，是企业实现 HSE 管理业务智能化应用的基础，智能化 HSE 管理突出“施工作业过程监控、关键装置风险监控、污染排放风险监控、职业卫生风险监控和事故模拟与虚拟演练”五大方面的建设。

智能化 HSE 管控总体功能架构、技术构架和管控数据集成见图 5-35～图 5-37。

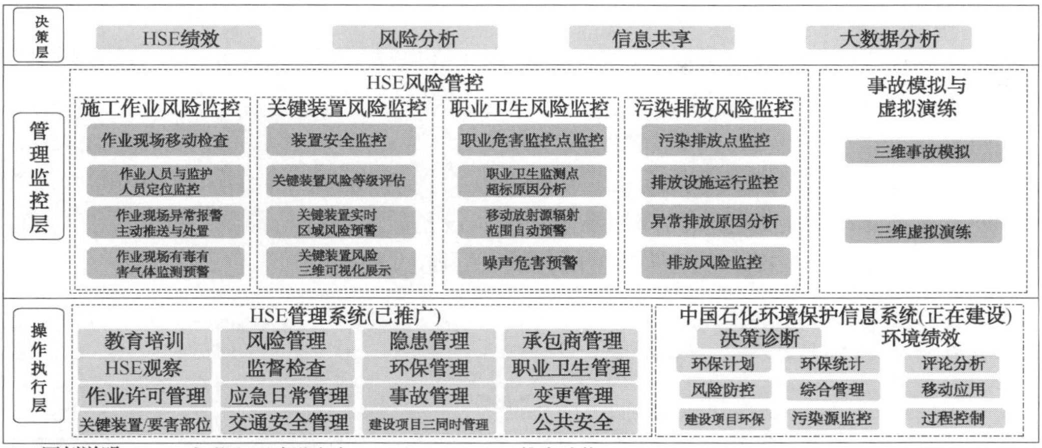

图例说明： 智能工厂建设内容 推广功能

备注：当前环境排放风险监控数据、应用基于HSE系统功能进行实施，后期根据环境保护信息系统试点推广。进行智能化应用扩展及提升，进一步实现自动化、模型化与集成化。

图 5-35 HSE 管控总体功能架构

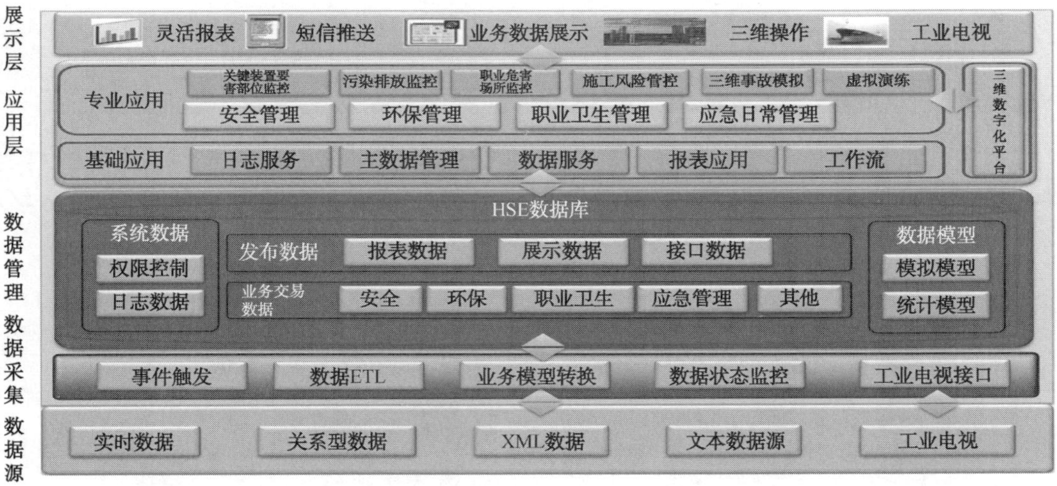

图 5-36 HSE 管控技术架构图

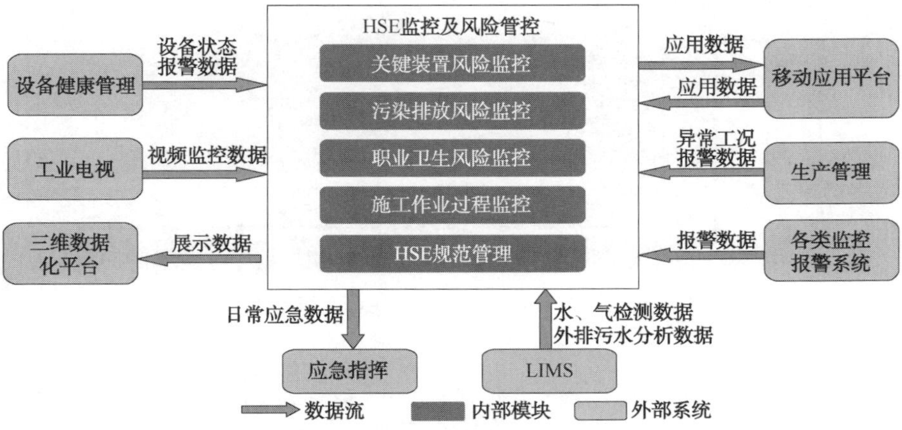

图 5-37 HSE 管控数据集成关系图

（二）智能设备管理系统

通常包括智能设备故障诊断与预测（健康）管理和智能设备可靠性管理、检维修管理、设备专业管理、设备运行管理和运维培训管理等。

1. 智能设备诊断与预测（健康）管理

通过设备故障智能诊断及预测系统建设，实现对关键机组故障的准确定位和寿命预测，为维修决策提供支持，提高企业预知性维修水平。设备故障诊断与预测系统的主要功能、技术构架见图 5-38、图 5-39。与其他系统的集成关系如图 5-40 所示。

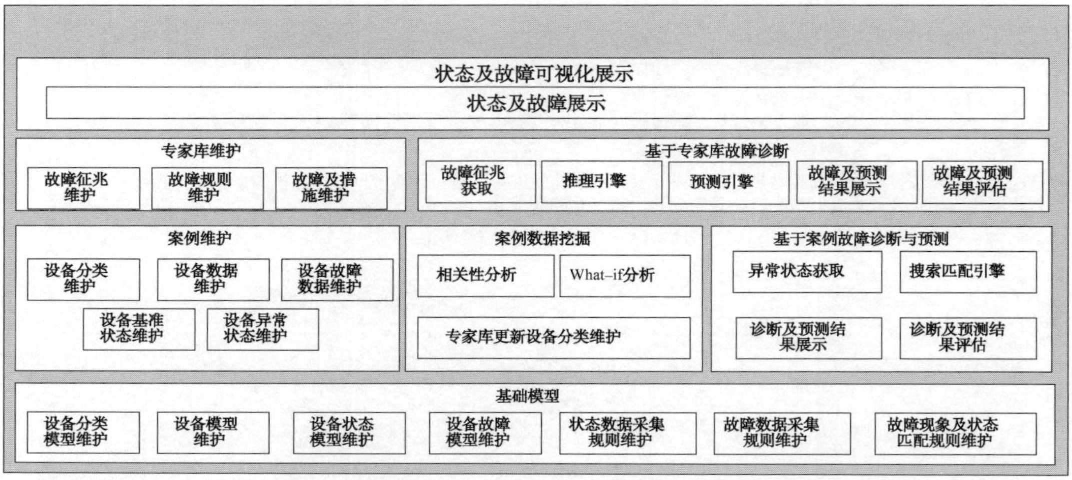

图 5-38　设备故障智能诊断及预测功能架构

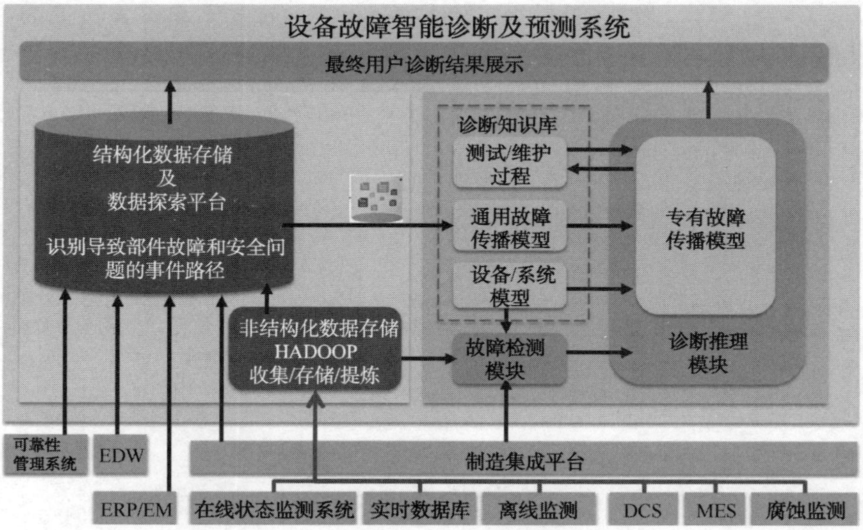

图 5-39　设备故障智能诊断及预测系统技术架构

2. 设备可靠性管理系统

设备可靠性管理系统的开发是集成企业现有的系统资源，结合手工录入，并引进先进成熟的商业化系统软件及自主开发相结合，支撑企业的设备可靠性管理应用。

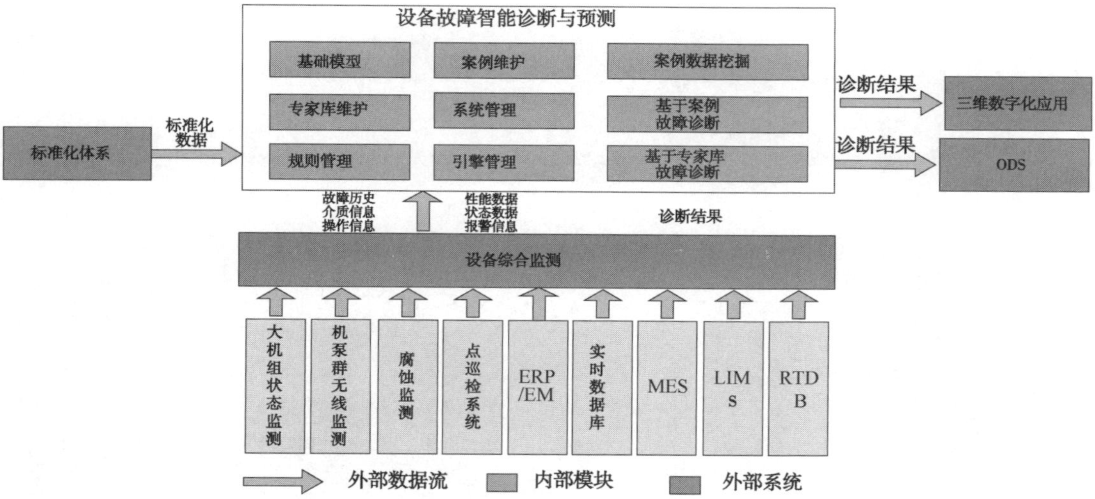

图 5-40 设备故障智能诊断及预测系统集成关系图

设备可靠性管理系统的目的，是要通过规范管理和技术改进，涵盖风险管理、质量保证、ITPM 管理(检验、测试和预防性维修)、缺陷管理、变更管理、绩效评估及持续改进要素，实现设备风险评估与管控的闭路循环及可靠性管理，实现业务的表单化、流程化和规范化，促进试点企业长周期运行。

炼化设备可靠性管理体系包括风险管理、运行管理、检验测试及维修(ITPM)、设防管理、缺陷管理、变更管理、质量管理、可靠性策略共 8 个一级模块，每个一级模块下还相应设置许多子模块，系统整体功能与技术架构如图 5-41、图 5-42 所示，系统集成见图 5-43。

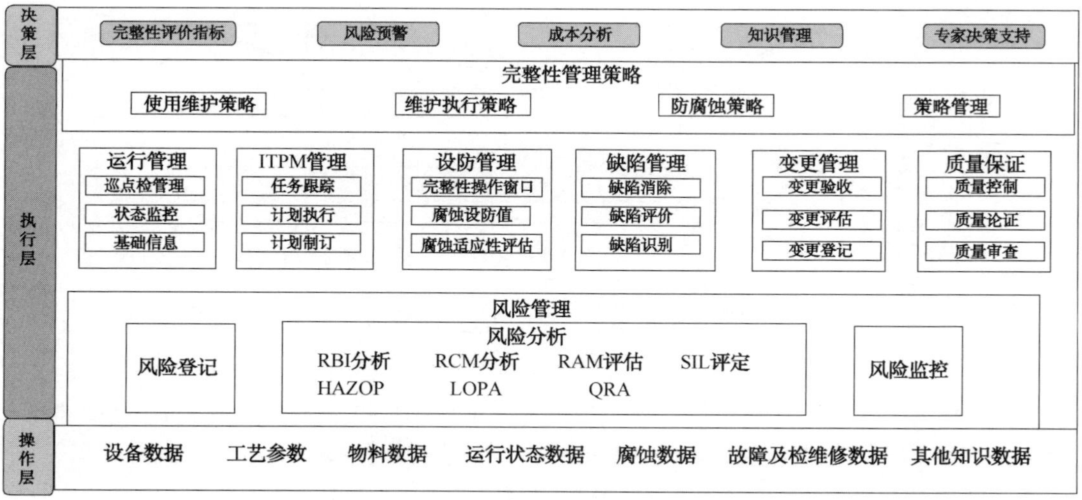

图 5-41 设备可靠性功能架构

3. 检维修管理

检维修管理可以结合到三维工程数据系统，它主要包括以下几个方面的内容：

(1) 检修计划编制：在三维场景中，最终用户选择待检修的设备，调取 EM 系统的编制检修计划界面，在 EM 系统中编制检修计划并完成业务流程操作。

图 5-42　设备可靠性技术架构

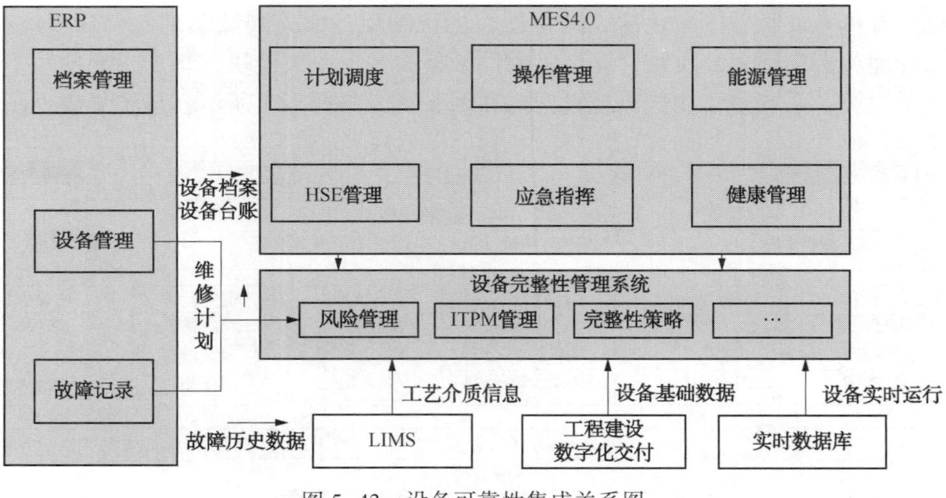

图 5-43　设备可靠性集成关系图

（2）检修方案编制：在三维场景中，最终用户可以制订吊装方案、脚手架方案、检修工序方案，并在三维数字化平台上实现方案的审批。吊装方案指按照吊车参数制作吊车三维模型，在三维场景中对设备吊装过程进行模拟，自动进行碰撞检查；脚手架方案指在三维场景中测量距离，模拟搭建脚手架，制订脚手架方案；检修工序方案指在三维场景中以标签形式对检修对象、检修内容等进行标记，实现检修工序的可视化。

（3）检修记录管理：在三维场景中，最终用户选择需要检修的设备，调取 EM 系统的编制检修记录界面，在 EM 系统中编制检修记录并完成业务流程操作。

（4）辅助工作量计算：最终用户利用三维空间数据，在三维场景中执行粉刷面积计算和开挖土方计算等操作，辅助工作量结算。粉刷面积计算指在三维场景中选择需防腐涂漆的管线，自动计算粉刷面积(表面积)；开挖土方计算指在三维场景中选择动土施工的区域，根据开挖区域的形状和深度，自动计算动土体积。

4. 设备专业管理

设备专业管理包括以下系统：

(1) 资产实物管理：在三维场景中，建立设备与资产的关联关系(设备编码与资产编号的关系)，实现可视化的资产管理；在三维场景中，最终用户选择资产后，调取 EM 系统的资产管理相关功能(如资产变更等)，在 EM 系统中完成业务流程操作。

(2) 动土作业管理：在三维场景中，最终用户可以查看地下管线信息，进行开挖分析，制订动土作业方案，将动土作业方案以工作包的形式在三维数字化平台中进行审批，作业方案审批确认后，在三维数字化平台上提报、审批动土作业许可证。

(3) 腐蚀管理：设备员在三维场景中标识定点测厚点；最终用户通过管线号或设备位号快速定位到管线或设备的三维模型，当选取设备/管线时，系统自动从 EM 系统中读取测厚点信息并在三维模型上直观展现测厚结果。

(4) 特种设备检验管理：检验厂商通过浏览三维场景，直观查看需要检验的特种设备位置及该设备的相关信息，如：历史检验报告、设备随机资料、竣工图等，可以减少检验人员到现场查看设备的次数或无须到现场查看，有助于辅助检验技术交底。

(5) 长输管线隐患管理：最终用户不仅可以进入“长输线管理的三维场景中”制定巡检路线，也可以通过系统直观查看巡检路线的周边环境因素；通过 GPS 对巡检人员进行定位，实现在三维场景中直观展现巡检人员的实际巡检路线；巡检人员在巡检过程中可以标识报警监测点的具体位置、报警信息以及巡检数据的(如资料、图像等)实时传输，并将信息在三维场景中展现。

5. 设备运行管理

设备运行管理系统包括：

(1)运行参数及报警信息展示：在三维场景中选取设备模型，不仅可以查看该设备的温度、压力、液位、振动等运行数据、设计参数、趋势图，也可以利用设计参数与实时监控数据的比对，直观展现报警信息。

(2)视频监控：在三维场景中，最终用户不仅可以标识监控设备，也可以通过“视频监控调用”快速调取一个或多个监控视频，采用浮动窗口的方式，展现监控画面。

6. 运维培训管理

运维培训管理至少包括以下内容：

(1) 吊装方案培训：在三维场景中，制作吊装方案的动画，对检维修人员进行吊装方案的培训。

(2) 脚手架方案培训：在三维场景中，制作脚手架方案的动画，对检维修人员进行脚手架方案的培训。

(3) 检修工序方案培训：在三维场景中，制作检修工序方案的动画，对检维修人员进行检修工序方案的培训。

(4) 设备拆装培训：在三维场景中，制作设备内部结构的动画，对检维修人员进行设备拆装方案的培训。

7. 全生命周期的数据管理

（1）数据关联查询：平台中可以进行石化业务相关的数据查询、三维空间分析、对于能源行业的地理对象进行精确空间计算，提升工程设计的质量和精度。平台将海量信息合理地组织起来，把现实世界中的对象的空间位置和相关属性有机的结合起来，避免了在施工规划及建设过程中人工查阅大量信息，并且工作人员获得到的信息也更加可靠和准确。借助三维平台特有分析功能和可视化表达、进行各种辅助决策，满足生产、科研、管理、决策等对三维空间信息的可视化需求。数据包括工程建设阶段和生产运营阶段两大类。平台将所有文档、图纸、设备位号、仪表位号、管道位号、相关的属性以及所有关联项建立关联，并对数据进行校验，并且对生产运营数据进行收集和管理。

（2）生产运维阶段的数据分类管理：三维平台中可以对生产运维工作相关的数据形式按照不同的分类方式进行统一管理，便于在整个系统应用过程中的数据查询分析和使用。允许客户能够便捷地创建各类信息，并不断扩展信息分类，来规划系统的数据、功能、展示，更好地管理好企业的各方面信息。

（3）工程建设阶段的数据查询：工程建设阶段的数据查询功能，开放给用户在工程建设管理过程中相关的数据查询工具，方便工程建设的有效把控，为工程建设提供数据依据。平台允许用户运用多种信息检索方式查找系统数据：树形分类结构检索、编码快速检索、基于表单的查询检索、全文检索、关联关系检索等。

（三）智能能量管理系统

中国石化的能源管理与优化系统由能源管理、蒸汽动力在线优化、氢气系统监测与优化调度、瓦斯系统监测与优化调度共四个子系统组成。系统功能架构如图 5-44 所示。

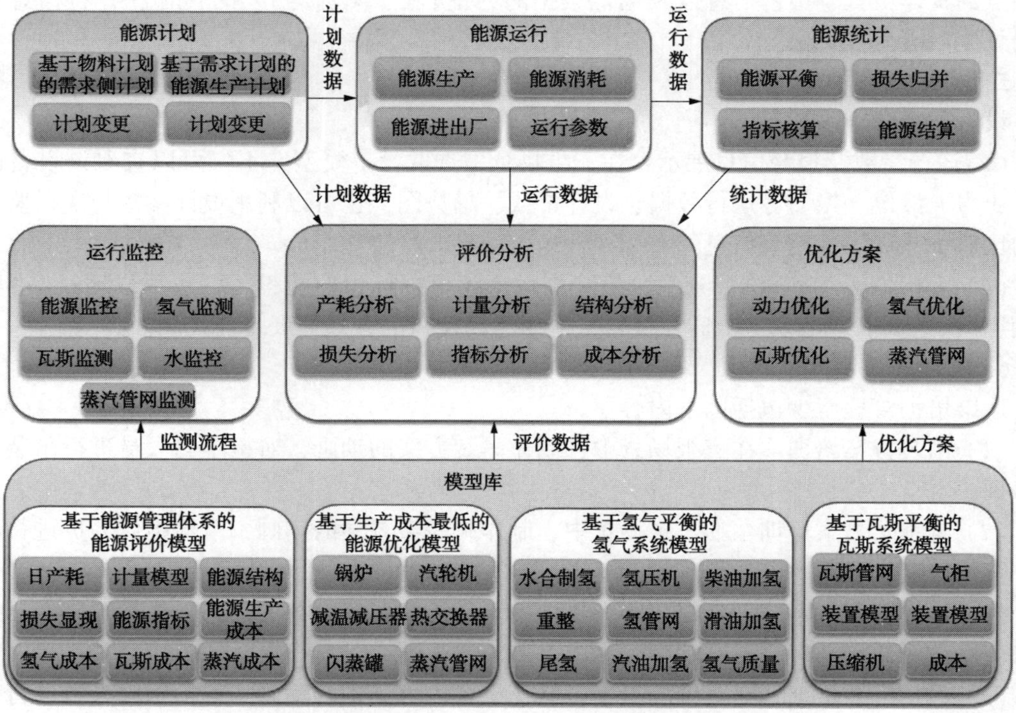

图 5-44　能源管理与优化功能架构图

1. 能源管理

能源管理是制定标准的能源供应、生产、输送、转换、消耗管理流程与规范，收集与管理能源全流程信息，进行基准能耗分析、能源评价、节能改进研究，对能源核心业务各个环节精细化管理，功能包括能源计划、能源运行、能源统计和评价分析。

2. 蒸汽动力在线优化

公用工程优化软件的能量优化以严格的公用工程系统模型为核心，考虑现场设备的各种约束条件和公用工程的价格因素，采用混合整数线性规划方法（MILP）进行优化，找出最经济性的公用工程系统生产运行方案。

以能源生产成本最低为目标，对动力系统燃料、设备负荷、动力生产进行在线优化，实现数据管理、优化建模、动力优化、管网优化和优化结果展现。

公用工程优化软件的核心是一个多周期、混合整数线性规划优化器，它针对公用工程装置的最佳配置和负荷提供建议。在给定的约束条件下优化运行驱动系统实现最低成本操作。蒸汽、电和燃料公用工程系统的模型拥有两个数学表达。第一个是用于整理过程的精确热动力模型，第二个是 MILP 优化器使用的线性形式。线性形式会自动生成，并且，严格的公用工程系统模型的任何变化会自动更新至线性模型中。调节后，优化器用来确定装置的最优配置。在线数据校正的流量用来设定当前蒸汽、燃料和电力需求。MILP 优化器计算由用户界定的设备限制条件下（确定设备开/关），公用工程系统的最优配置和最优公用流量，同时对设定点决策进行计算。

3. 氢气系统监测与优化调度

氢网络的模拟主要包括对氢网络中各个单元的模型建立及方程求解。氢气系统中涉及的单元可按其性质分为以下几种：产氢单元、耗氢单元、提纯单元、压缩机单元、管网单元、杂质脱除单元和混合/分流单元。为了提高优化计算效率，避免出现无法求解的情况，有些装置的模型为简化优化模型，其模型从装置的详细模型的模拟结果为依据简化而来但保证一定的精度。

以氢气系统整体运行最优、资源优化配置为目标，建设氢气系统监测与优化调度系统，实现氢气系统的在线监测、氢气成本的在线核算、操作优化指导、氢气系统的调度优化。

4. 瓦斯管网优化系统

管网计算与模拟技术应用于对瓦斯管网进行模拟计算，包含两方面的内容，即多相流水力学计算和管网计算。多相流流动技术的核心内容是水力学计算，一个完整的多相流水力学模型应包括流型判断、持液率和压降计算。多相流水力学研究是进行复杂管网模拟的基础。

瓦斯系统监测与优化调度以瓦斯系统整体运行最优、减少火炬排放为目标，建设氢气系统监测与优化调度系统，实现瓦斯系统在线监测、瓦斯系统操作优化指导、瓦斯系统调度优化。

能源管理系统企业层面技术架构从底层至顶层分别是：数据集成、数据管理、应用服务层、信息展示层。图 5-45 为技术构架示意图，图 5-46 为系统集成图。

（四）三维数字化设计系统

三维数字化平台将工厂三维模型、地理空间信息、业务数据有机融合，是三维数字化应用的数据支持、逻辑支持的可视化运行环境，为业务应用提供有效的支撑。本书第二章已经介绍过部分应用，图 5-47 为系统功能图。

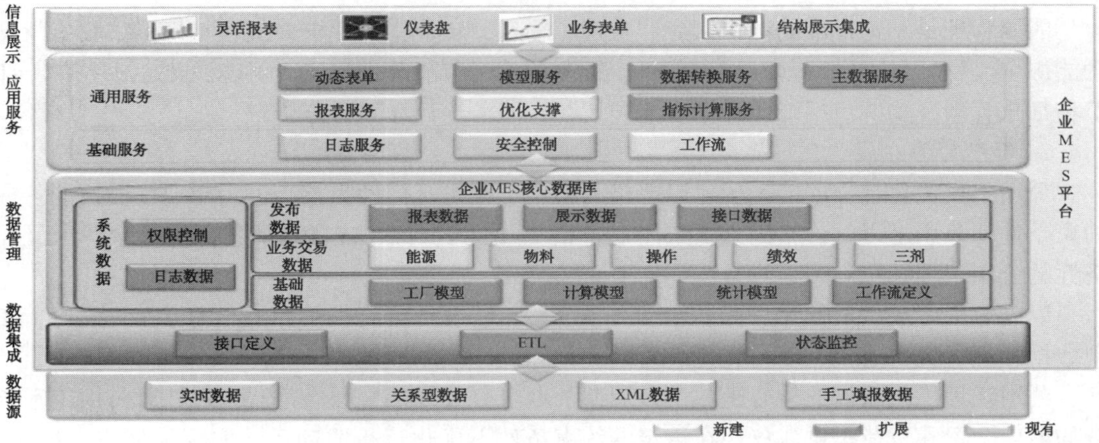

图 5-45　能源管理系统企业层面技术架构图

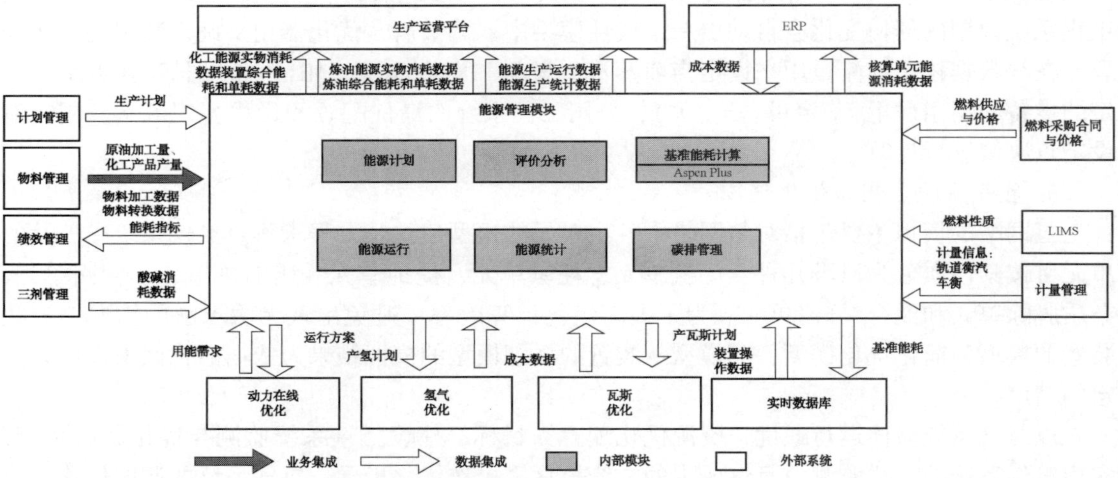

图 5-46　能源管理系统企业层面系统数据集成关系图

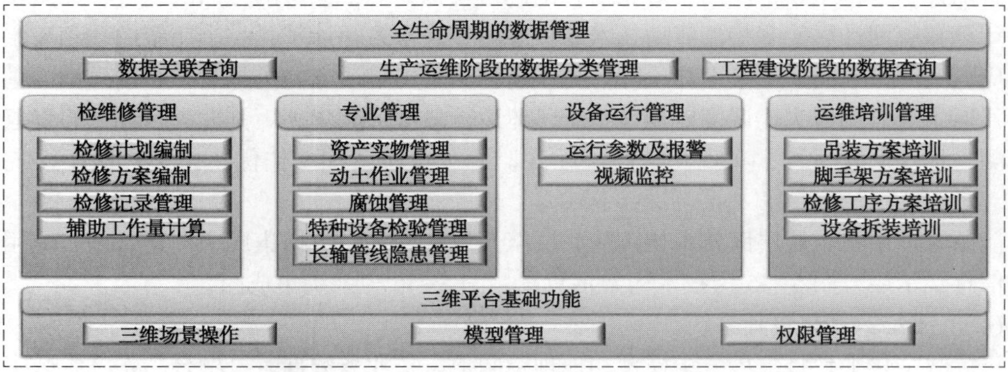

图 5-47　系统功能结构图

三、智能化供应链管理与辅助决策系统

（一）关于供应链管理与优化

智能化的供应链管理系统主要包括计划优化、调度优化、全流程优化等方面，这涉及计划生产协同优化、供产销存一体化优化等系统。其中有一些关键技术，如以计划生产协同管理平台为纽带，通过各模型与协同平台的数据交互，实现PIMS模型、ORION模型、RSIM模型共三个模型的数据集成，由此，一方面可保证PIMS模与ORION模型的数据同源、同步更新，另一方面，PIMS模型、ORION模型得益于RSIM模型的数据支撑，模型精度和预测效果将会大大改善。PIMS模型的结构和数据是模型的两大基石，数据维护情况关系着模型的预测精度。为此中国石化开发一种全新的模型数据维护方法，以替代目前的手工维护方法，利用信息系统集成，构建MES、ERP、LIMS、RSIM等系统共同为PIMS提供数据支撑的环境，实现模型数据维护自动化、常态化、便捷化，使模型与企业最新的生产工艺、生产经营状况保持一致，提高模型的预测精度。此外，中国石化还研究利用PIMS软件的高级应用功能，在PIMS模型中构建分析专用的模型结构，增强模型的分析功能，使模型在优化求解得到效益最大化地解决方案的同时，能对重要变量参数（如原油资源、原油加工量、装置负荷、产品价格）变化对效益的影响进行分析，确保PIMS模型优化结果的可靠性。

（二）关于业务建模

智能工厂辅助决策系统是基于数据仓库（EDW）、企业操作数据存储（ODS）和移动应用平台而建设的。就业务建模而言，就是创建业务模型，是进行需求分析的依据。涉及企业内各个层面的数据信息，其信息集成的广度、深度及复杂度具有较大挑战性。建立符合辅助决策系统的业务模型，是保障项目成功的重要基础。

分析炼化企业生产运营和经营管理的核心业务过程，对在企业各个生产经营级别所实现的业务分别进行处理，实现逻辑抽象描述，完成业务建模。通过建立辅助决策系统的业务模型，能够准确详细地描述企业内部各个生产经营级别、企业之间的业务关系所构成的错综复杂信息资源需求。在辅助决策系统业务模型基础上，将进一步抽象出系统的数据模型，该模型将是构建辅助决策系统的核心。通过该模型，将完整地描述辅助决策系统中所涉及的数据实体之间的各类关联关系，为辅助决策系统的深层挖掘追溯及关联查询提供依据。

（三）关于信息展示

在辅助决策系统中，企业主要采用BO作为主要信息展示开发工具。企业可以采取多种方式来展示信息，如：①直观展示：采用直方图、趋势图、饼图等多种方式直观地展示生产运营情况。②数据分析：能够使用下钻、综合等方式进行数据分析，能够从不同的角度查看信息，查找问题发生的原因。③灵活定制：不同角色在不同时间所关注的内容不同，允许根据需要定制展现内容和展现方式。

Business Objects商务智能平台为客户提供了一个可扩展的基础设施平台，使信息得以准确及时地传递，提高了企业的洞察力。图形展示主要通过BO水晶易表工具满足，格式化报表则主要通过CrystalReports或Webi实现，数据分析则主要通过BW Query工具满足，而预测分析则推荐使用BO Predictive Analysis。

（四）关于数据追溯及关联技术

在进行数据分析过程中，需要用到数据追溯和关联技术。该技术用于进行数据细分或关

联检查，分析问题发生的原因。

数据追溯和关联主要包括如下几种情形：①时间粒度的数据追溯，如从月度的装置加工量出发，检查每日的装置加工量；②管理范围的数据追溯，如从企业的能耗情况出发，检查该企业每套装置的能耗情况；③不同专业之间的数据关联，如在分析能耗时发现有异常，检查装置加工量的情况。

实现数据追溯和关联的技术主要有如下四类：①利用 SharePoint 的标准追溯功能，可轻松实现时间维度、组织架构、客户和供应商等维度的追溯。②利用 SharePoint 的下钻功能。在分析监控模型中，定义相应的层次结构，如企业-车间-装置，可以直接支持数据的下钻，即时间粒度和管理范围的数据追溯。③利用 BW 分析报表和 SharePoint 的穿透功能，实现从指标到明细的追溯分析。④利用 Web 页面的导航技术，定义数据追溯和关联模型，明确页面之间的导航关系。

（五）关于界面配置与集成

辅助决策系统同时关注多个业务领域。不同部门和不同管理级别关注的领域不同，需要将以不同方式展现的不同信息集成到同一个界面上，如财务状况、原油采购、库存情况、生产进度、装置实时信息、地理信息、工业电视监控等。

不同角色的用户关注的信息不同。系统支持根据不同的角色，如对企业不同级别的领导或部门，展现不同的信息。

同一个用户，在不同时间的关注点可能不同。系统基于 SharePoint 界面集成支持用户对展现的信息进行定制，包括调整展现的组织，增加或删除要展现的指标等。

参 考 文 献

[1] e-works 整理．数字化工厂、智能工厂和智能制造，e-works，2015-7-21.

[2] 朱铎先．http：//blog. e-works. net. cn/682126 .

[3] 李德芳．中国石化两化深度融合工作进展[C]//工信部石化行业智能制造现场经验交流会，2015，江西九江．

[4] 刘伟．智能工厂思考及实践，石油石化行业企业信息化高级论坛，北京：2016.

[5] 吴青．我国炼油化工企业智能化转型升级的研究与应用[J]. 无机盐工业，2018，50(6)：1-5，12.

[6] 吴青．中国海油炼化产业转型升级的"COAL"策略研究与实践[J]. 当代石油石化，2017，11：1-7，14.

[7] 夏茂森．流程工业智能工厂建设技术的研究[J]. 信息技术与信息化，2013，6：46-52.

[8] 姚建初．面向 CIPS 的智能集成优化设计系统研究[J]. 计算机集成制造系统，2000，6(5)：69-74.

[9] 王华．炼油企业生产过程的信息化与智能化[J]. 计算机与应用化学，2013，30(11)：1367-1370.

[10] 李德芳．中国石化信息化建设"十二五"规划．2010-12.

[11] 马孟模．流程工业智能工厂建设技术应用探究[J]. 工业控制计算机，2017，30(3)：53-57.

[12] 吴青．流程工业智慧炼化建设的研究与实践[J]. 无机盐工业，2017，49(12)：1-8.

[13] 吴青．卓越智能炼化建设的研究与实践[J]. 无机盐工业，2018，50(5)：1-6，12.

[14] 覃伟中，冯玉仲，陈定江，等．面向智能工厂的炼化企业生产运营信息化集成模式研究[J]. 清华大学学报(自然科学版)，2015，4：373-377.

[15] 施一明．流程工业智能工厂建设的探索与实践[J]. 中兴通讯，2016，22(5)：31-35.

[16] 邬仲臻，冯毅萍，王继帅，等．一种基于仿真的流程工业生产调度闭环优化方法[J]. 化工自动化及仪表，2011(4)：369-374.

[17] 方红飞，荣冈，冯毅萍．动态模拟在流程工业智能工厂实验系统中的应用[J]．信息与控制，2006(3)：362-367.
[18] LI D F，LIU L，ZHU W，et al. Material-Flow Modeling Technology and Its Application in Manufacturing Excution System of Petrochemical Industry[J]. Chinese Journal Chemical Engineering，2008，16(1)：71-78.
[19] 薛峰，梁锋，徐书勋，等．基于 Spring MVC 框架的 Web 研究与应用[J]．合肥工业大学学报，自然科学版，2012(3)：337-340.
[20] Arts E，Korst J. Simulated annealing and boltzmann machine[M]. New York ：Wiley & Sons，1989.
[21] Ingber L. Very fast simulated annealing [J]. Math Conput Modeling，1989，12 ：967 -973.
[22] 杨辉．重力、地震联合反演基岩密度及综合解释[J]．石油地球物理勘探，1998，33(4)：36 -41.
[23] 康立山．非数值并行算法——模拟退火算法[M]．北京：科学出版社，1994.
[24] Kirkpatrick S，Gelatt C D. Vecchi M P. Optimization by simulated annealling[J]. Science，1983，220：671 -680.
[25] 张霖斌，姚振兴，纪晨，等．快速模拟退火算法及应用[J]．石油地球物理勘探，1997，32(5)：654 -660.
[26] 师学明，王家映．一维层状介质大地电磁测深模拟退火法反演法[J]．地球科学，1998，23(5)：542 -546.
[27] 陈华根，吴健生，王家林，等，模拟退火算法机理[J]．研究同济大学学报(自然科学版)，2004，32(6)：802-805.
[28] 陈华根，吴健生，王家林．改进的重力模拟退火反演研究[J]．吉林大学学报(地球科学版)，2002，(3)：294-303.
[29] 贾伟，朱建新，高增梁，等．区域定量分析评价方法及其在化工园区中的运用[J]．中国安全科学学报，2009，15(5)：140-146.
[30] 杨帆，刘守义．综合决策支持系统之现状及发展趋势[J]．电脑开发与应用，2005，18(5)：43-44.
[31] 王永恒，叶小岭，訾燕．基于数据仓库的 OLAP 技术在决策支持系统中的应用研究[A]．第 13 届全国计算机、网络在现代科学技术领域的应用学术会议论文集[C]，2007.
[32] 顾硕．霍尼韦尔打造流程工业的智能工厂[J]．自动化博览，2015(1)：36.
[33] 江鸿章，论国柱，李刚．石化行业 3D 智能工厂建设技术探讨[J]．科技与创新，2015(12)：63-64.
[34] 吴青．智慧炼化建设中的工程全数字化交付的探索[J]．无机盐工业，2018，50(5)：1-7.
[35] 吴青，周通．智能巡检系统在催化裂化装置上的应用[J]．第十届全国信息技术化工应用年会论文集，2005.

附：本节缩写词表

(1) APC：Advanced Process Control，先进过程控制
(2) CA：Certification Authority，认证机构
(3) CIM：Computer Integrated Manufacturing，计算机集成制造，是一种理念
(4) CIMS：Computer Integrated Manufacturing Systems，计算机集成制造系统
(5) DSS：Decision Support System，决策支持系统
(6) ERP：Enterprise Resource Planning，企业资源计划
(7) ESB：Enterprise Service Bus，企业服务总线
(8) Hadoop：Google，大数据论文在开源社区的具体实现
(9) IDSS：Intelligent Decision Support System，智能决策支持系统
(10) ITIL：Information Technology Infrastructure Library，信息技术基础架构库
(11) ITSM：IT Service Management IT，服务管理

（12）LIMS：Laboratory Information Management System，实验室信息管理系统
（13）MES：Manufacturing Execution System，制造执行系统，俗称生产管理系统
（14）ODS：Operational data Store，企业运营数据仓库
（15）OLAP：On-Line Analytical Processing，联机分析处理
（16）PCS：Process Control System，过程控制系统
（17）PKI：Public Key Infrastructure，公开密钥基础设施
（18）RTDB：Real Time Database，实时数据库
（19）RTO：Real-time Optimization，实时优化技术
（20）SDSS：Integrated Decision Support System，综合决策支持系统
（21）SMES：中国石化炼化企业生产执行系统
（22）SOA：Service-Oriented Architecture，面向服务的体系结构
（23）TBM：全面预算管理系统

第六章

智能炼化建设之智慧化目标

第一节 智慧炼化

由于互联网、“云大物移”即云计算、大数据、物联网、移动通信等新型信息技术的涌现和跨越式发展，工业生产经历了集中自动化生产模式和数字化生产模式，目前正逐步向工业化与信息化融合的生产模式转型。同时，随着信息物理系统(cyber-physical systems, CPS)[1]、人-信息物理系统(HCPS)[2]的发展与不断融合，加上近年来我国创建智慧城市取得一定进展，“智慧”这一概念正逐步渗透到工业领域，而产业资源虚拟化、生产过程信息化、制造产业服务化等智能制造过程的“热词”，结合智能化、智慧化提升，勾勒出了我国正加速推进工业化与信息化进程，并促进工业企业向智能化、智慧化方向转型升级的情景。此外，由德国主导的“工业4.0”[3]影响的日益扩大，又大大地推动了我国工业园区和工业企业智慧化的进程。

IBM提出：“智慧城市”概念比较早，该概念提出后，国内外对此概念的接受程度相对较高。受此影响，目前“智慧工厂”中智慧的含义在很多情况下是IBM“智慧城市”概念的延伸和延续。德国政府在《高技术战略2020》计划中提出“工业4.0”作为未来十大项目之一；美国通用电气(GE)公司提出“工业互联网”概念；中国科技自动化联盟提出“智慧工厂1.0”概念。无论以上哪种概念，都旨在利用新兴技术，推动工业智能化发展。智慧工厂的核心是“智慧”，它是基于数字化、自动化，但高于数字化和自动化，主要利用各种信息化技术手段实现一定范围内应用对象全面自主、自动、自适应、自决策，一定程度上尽可能取代人在多个环节的作用，解放劳动力。这是未来工业发展的新模式，目前尚处于探索阶段，尚未形成较为完整的理论体系和操作模式。一方面是因为技术和非技术层面都存在一些不可忽视的问题亟待解决。在技术层面上，如海量数据压缩处理和传输速度仍然存在一定问题；CPS还没发展到使人们身边的各种物体具有计算、通信、精确控制、远程协作和自组织功能；机器与机器之间的通信(Machine To Machine)、机器与人的协同以及机器的自校正配置还有很多问题。非技术层面上，存在通信和数据格式不统一、实施部门不统一、上下游供应链难以对接等问题。另一方面因为“智慧”在不同的领域、不同的角度理解的内涵均有所不同，“智慧”的建立是一个多学科交叉融合、多尺度层面贯穿、多目标综合决策的复杂问题，如何抓住主要矛盾化繁为简，还需要不断地研究和探索。

智慧炼化的建立要求将整个系统内所有的资源、信息、物事、人和对这一切的服务全部互联，内部互联的同时还要进一步实现外部互联，减少用工甚至达到“无人”管理状态[4,5]。

对智慧炼化[6]的理解也可以从近几年的工厂生产模式的演变中看出端倪。在生产模式转型期间，国外特别是西方发达国家于20世纪下半叶相继提出柔性制造(Flexible Manufacturing Systerm, FMS)、计算机集成制造系统(Computer Integrated Manufacturing Systerm, CIMS)、准时生产(Just InTime, JIT)、精良生产(Lean Production, LP)、虚拟制造系统(Virtual Manufacturing System, MS)、网络化制造(Networked Manufacturing, NM)及智能制造系统(Intelligent Manufacturing System, IMS)、敏捷制造(Agile Manufacturing, AM)、全能制造系

统(Holonic Manufacturing Systems，HMS)等现代制造技术与制造模式。到20世纪末，制造业掀起了一场新的现代制造技术革命，如美国等发达国家正式提出“现代制造技术(Modern Manufacturing Technology，MMT)”或“先进制造技术(Advanced Manufacturing Technology，AMT)”、“智能制造技术(Intelligent Manufacturing Technology，IMT)”、无污染过程工业制造技术(Clean Manufacturing in Process Industries)、21世纪全球同步集成制造技术(Global Manufacturing 21)、自律性制造系统(Holonic Development)和知识系统化(Systematization of Knowledge)等概念，并作为国家优先发展的关键技术。这些制造模式主要集中于分布式、网络化、虚拟化生产框架[7]。为提高生产系统的自治性和协同性，多智能体技术和人工智能技术相继被引入制造系统的设计研究中[8,9]。近年来，云制造(Cloud-Manufacturing，CM)作为面向服务的新型制造模式[10]，进一步将智能制造系统及关键技术研究的焦点移至服务领域，将生产决策、管理、控制等功能的智能化研究，以及不同产业智能制造的应用模式研究与面向服务的产业模式相结合。

面对制造模式的逐步转型升级，智能制造的本质仍是关注智能机器与人在生产过程中的融合，旨在使机器具备分析、推理、判断、构思和决策等能力[11,12]，因此需要进一步对智慧炼化的设计、管理及运行进行深入研究。智慧炼化领域研究需要在智能制造的背景下，在综合考虑行业特征、技术现状和定制化生产的市场需求上设计工厂架构、研究关键技术、开发应用系统并设计应用模式。

智慧化工厂(智慧炼化)是从数字化工厂(数字炼化)、智能化工厂(智能炼化)发展起来的，特别是与智能化工厂(智能炼化)相比，在某些方面表面上有雷同，但细节方面还是有区别的，分述如下。

一、关于智慧炼化的概念与主要功能

可以从两方面来理解智慧炼化的概念[6]。

第一种方法是从智能优化制造[13]和新一代智能制造[2]角度来理解。从智能优化制造以及新一代智能制造角度来说，智慧炼化是智能现代制造的第三阶段，是在数字炼化基础上，经过智能炼化建设，通过信息化手段特别是新一代人工智能等新技术去改造或应用于制造模式的改变或转型，在分布式、网络化、虚拟化的生产框架中，有针对性地解决生产系统的自治性、协同性问题，实现“人、机、物”的协调与一体化。在这个阶段，重点关注“人”在制造系统中的突出与核心地位，强调发挥人的潜能，并将人的智能与机器的智能真正有机地集成在一起，互相配合、相得益彰。在智能现代制造过程中，集成进行人与机器的智能活动，如分析、推理、判断、构思、决策等，通过人机合作，去扩大、延伸和部分取代技术专家在制造过程中的脑力劳动，把制造自动化扩展到柔性化、智能化和高度集成化，并独立承担分析、判断、决策任务，达到智能优化制造和新一代智能制造，这是第一种理解的智慧炼化。

另外一种理解方法可以从人们都熟悉的现代企业信息化的三层结构去理解。现代企业信息化的三层结构从下至上为：过程控制系统(Process Control System，PCS)层级、中间层级的制造执行系统(Manufacturing Executive System，MES)和处于顶层的企业资源规划(Enterprise Resource Planning，ERP)。以ISA95和IEC62264标准下的上述三层结构为原型[14]，参考由生产、维护、质量和库存等运行管理系统共同构成的制造运行管理(Manufacturing Operation Management，MOM)体系结构[15~17]，将生产运行管理功能与实际生产场景紧密连接起来，同时考虑到在新的企业竞争环境和技术背景下，现代工厂的智能化逐渐聚焦于将物联网、大数据、云计算等新一代信息技术与产品全生命周期管理(Product Lifecycle Management，PLM)相融合，使工厂具备自组织、自律、自学习和自适应能力的现实状况。对比于现代工厂的生产、服务和运行模式，智慧炼化的几项智能化、智慧化的主要差异以及功能性定义[6]如下。

(1) 智能炼化更多地在于生产过程的信息化以及完善从下往上(由 PCS 到 MES 再到 ERP)的信息化过程，而智慧炼化则是在智能炼化的基础上，更多地完善三层级之间的协同与优化，特别是强调了从上到下(由 ERP 下到 MES 再下到 PCS)的信息化闭环。此外，智慧炼化还同时考虑产业资源虚拟化与制造产业服务化与生产过程信息化之间的协同与优化。

(2) 智能炼化和智慧炼化的基础均为数字化炼化，它们均是借助信息化的力量，促进生产模式的转变。但其促进生产模式转变的方式，有一些区别。智慧炼化除了采用智能炼化的手段、方式外，更多地加入了一些诸如多智体、人工智能等方式促进了生产过程的自治性、协同性等，特别是拥有“全供应链的资源敏捷优化”、“全产业链的协同优化”和“QHSE 的监控与溯源”等显著特点。

(3) 智能炼化和智慧炼化所采用的信息化手段与所实施的项目在很多情况下是相似的。如两者的信息化项目的称谓基本相同或雷同，但在应用方面还是有些变化或不同，通常智慧炼化的信息化项目的应用会更加深入。例如：在企业决策智能化方面，如何做好控制与仿真优化协同支撑？对于企业生产运行而言，仿真具有模拟、验证与分析三个作用，即模拟生产流程、验证决策方案、分析数据可视化，可以充当优化方案与控制指令协同的媒介。最新的方法是采用虚拟/现实的方法来开展，中国海油拟开展清洁汽油与高价值芳烃智能制造虚拟/现实的高仿真研究用于企业决策。

(4) 智慧炼化的功能性信息化定义体现在以下六方面：

① 三网信息全面感知方面。作为 CPS 的关键特征，物联网、服务网络和信息网络的融合成为智能实现的根本，而信息获取、异构信息存储和分析(三网信息全面感知与规范集成综合分析)成为智慧炼化的关键技术研究内容。

② 数据驱动知识自动化与信息资源集成管理。从数据中挖掘知识，以知识驱动生产管控的智能化是将人工智能与数据挖掘技术引入智慧炼化研究的核心思想，如数据挖掘技术可应用于故障诊断、质量提升和调度规则挖掘等[18]。其中，将挖掘得到的模型、经验等知识封装并集成管理也是智慧炼化的关键研究内容。

③ 服务资源智能匹配，确保人机交互友好便携。广义上讲，除人力、物料、设备等实体资源外，模型资源、算法资源均属服务资源。针对生产过程的动态变化以及定制化生产的需求，炼化需对分散资源进行智能匹配，同时面向不同用户开发便携友好的交互平台，从而提供优质、高效的企业服务。

④ 生产操作机器换人，精益生产节能降耗。所谓机器换人是指由机器将人们从简单的体力劳动提升至决策控制活动，而非简单地由机器替换人力。智慧炼化对此提出了更高的要求，即通过引入新能源、新材料技术、新型制造单元技术和工业机器人等，实现高精度、高效率、高安全保障、低消耗、低管理费用的精益生产和环境友好型生产。

⑤ 工业网络安全防护，生产安全评估、预警、应急系统一体化集成。基于传统企业的安全生产理念，近年工业网络安全防护成为重要的研究课题[19]。不同行业需根据各自生产流程进行一体化安全防护，以避免生产故障、操作失误及网络瘫痪带来的经济损失。

⑥ 物流运输、设备维护等重点环节的智能化，可在 MES 的基础上进行拓展和实现，并进一步丰富 MOM 活动模型的内涵与外延。

二、智慧炼化的参考模型

智能制造和智慧炼化是企业和研究机构的研究焦点和载体，基于智慧炼化的功能性定义，其功能需求为现代工厂带来的变革不仅是技术、系统和应用模式的改变，还包括工厂组成域概念、关系和工厂运行思维的转变。工厂设计分为概念设计、架构设计、流程设计和实施方案设计 4 个阶段，张益等[12]通过对近几年智慧炼化方面视角各异的各类研究成果的综合研究，提出了智慧炼化的概念设计。

(一) 智慧炼化组成域

结合“人、机、料、法、环、测”(5M1E，Man，Machine，Material，Method，Measure，Environment)以及 RAMI4.0 中纵向维度的构成，可将知识、功能、信息等定义为企业虚拟资源；企业的实体资源包括人力、机器、物料等。实体资源依据空间尺度的不同进行划分，对应 RAMI 4.0 的水平维度，上述统一定义为资源域；RAMI 4.0 纵向维度中资源的集成、交互需由相关架构和规范等决定，将其定义为组织域；工厂本身作为制造产业链中的服务单元，其对应 RAMI4.0 全生命周期维度的各阶段均可视为服务环节。结合面向服务架构低耦合和灵活的特征，将智慧炼化中的服务角色和服务内容定义为服务域。由此，可将组成域及其内在联系以图 6-1 的形式展示。

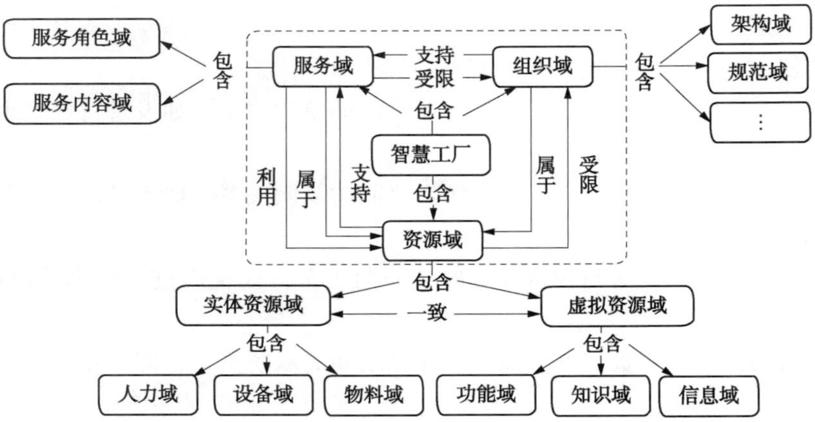

图 6-1 智慧炼化组成域层级映射关系

(二) 组成域层次映射模型

在工厂中，各组成域之间以及内部均存在复杂的耦合关系，生产流程中各个环节均可以视作由各组成域中的部分映射关系组成。下面主要分析资源域及服务域的内在联系，形成较为全面、完备且具备行业内广泛参考价值的抽象框架。

1. 资源域内的层次模型

资源域包括工厂中各基础资源按空间尺度、生产工序和应用需求等定义的映射关系，有助于工厂明确生产中各单元的角色和职能，以及资源交互的关系网络。更重要的是，资源域阐述了实体资源与虚拟资源一致协同的关系，即解释了 CPS 中提出的物理信息融合的思想。智慧炼化资源域内层级映射参考模型见图 6-2。

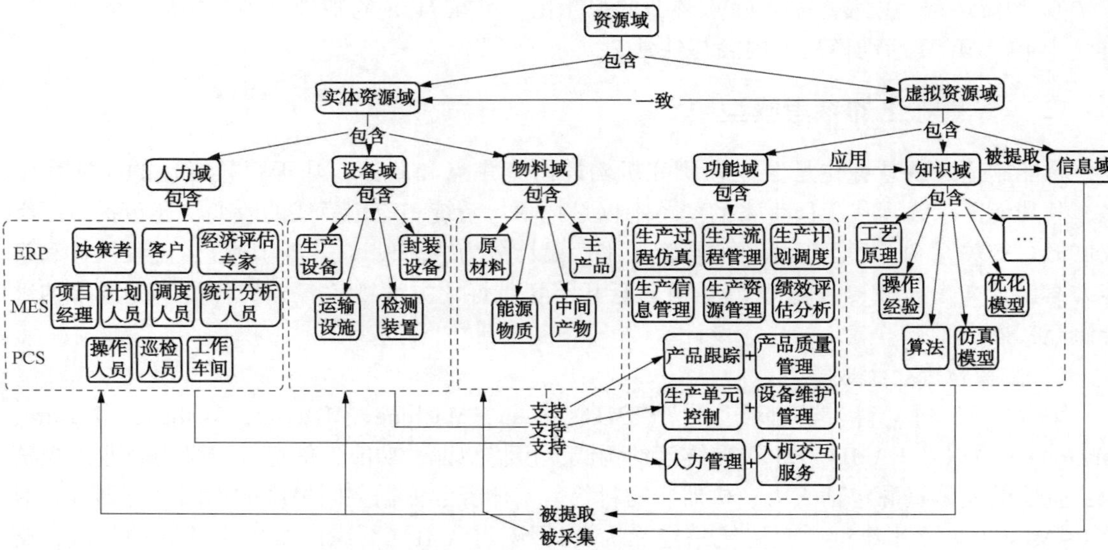

图 6-2　资源域内层级映射参考模型

1）映射关系

（1）包含关系：指父领域与子领域之间的单向关系，如资源域<包含>实体资源域与虚拟资源域。

（2）支持关系：指资源域与功能域之间的单向关系，如人力资源<支持>人力管理功能和交互服务功能。

（3）被提取关系：指知识域与实体资源域之间的单向关系，如设备机理知识和仿真模型<被提取>自设备域。

（4）被采集关系：指信息域与实体资源域之间的单向关系，如人员位置信息和操作记录<被采集>自人力域。

（5）应用关系：指功能域与知识域之间的单向关系，如生产过程仿真功能<应用>设备机理知识和仿真模型。

（6）一致关系：指实体资源域与虚拟资源域之间的双向关系，即相互映射、协同、保持一致。

2）基本原理

在资源域内的映射关系中，人力域和设备域根据 RAMI 4.0 中的水平维度进行划分，同时与 ISA95 定义的三层架构相对应，明确了角色定位及职能分工。人力域、设备域和物料域分别支持功能域中的两项基本功能，同时也间接支持其他功能。信息资源作为直接可获得资源，由于其异构性，未在模型中进行细分。而知识资源作为间接资源，可从实体资源提取也可由信息资源挖掘获得，知识可进一步应用于各功能模块，因此虚拟资源内部形成链状关联。

2. 服务域内的层次模型

基于面向服务架构（Service Oriented Architecture，SOA），智慧炼化以制造资源和生产活动作为服务，通过信息网络与服务网络的融合最大程度地降低工厂各功能资源、知识资源之间的耦合程度，将生产过程分解为服务的请求、匹配和处理的独立过程，从而优化企业资源配置、提升生产效率和产品质量。智慧炼化服务域内的层级参考模型如图 6-3 所示。

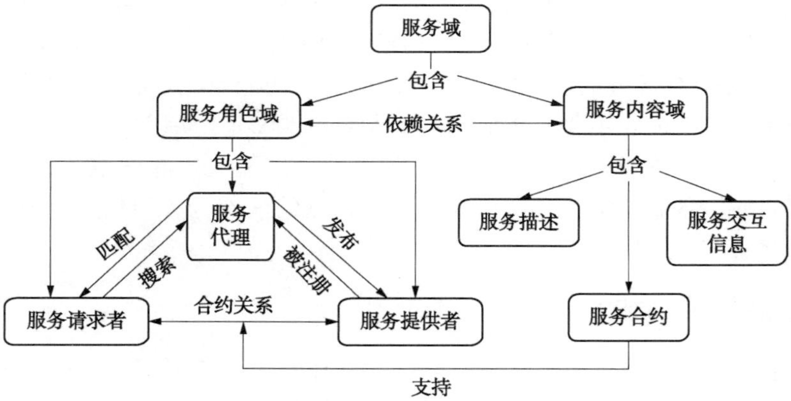

图 6-3 服务域内的层级映射参考模型

1）映射关系

（1）匹配关系：指服务代理与服务请求者之间的单向关系，即服务代理为服务请求者<匹配>合适的服务。

（2）搜索关系：指服务请求者与服务代理之间的单向关系，即服务请求者请求服务代理<搜索>服务。

（3）发布关系：指服务代理与服务提供者之间的单向关系，即服务代理<发布>服务提供者的服务信息。

（4）被注册关系：指服务提供者与服务代理之间的单向关系，即服务提供者经由服务代理<被注册>。

（5）合约关系：指服务提供者与服务请求者之间的双向关系，即服务匹配后在服务期间受合约规范。

（6）依赖关系：指服务角色域与服务内容域之间的双向关系，即服务角色间的交互依赖于服务内容，服务内容由服务角色的匹配关系决定。

2）基本原理

在服务域内的映射关系中，以服务代理为核心展开了服务注册发布、服务搜索匹配及服务组合等运算任务，将工厂中的制造环节与资源解耦，在服务规范和协议的框架下满足定制化的服务需求，形成完整的服务处理流程。

以上资源域及服务域构成了参考模型的两大基石，而组织域则明确了资源域和服务域的架构与组织规范，为参考模型应用于不同行业工厂设计的拓展提供了支撑。由于组织域由行业特征和资源构成决定，在此不详细讨论。以上参考模型在概念上或许仍有缺失，但其清晰阐明了智慧炼化的三大基本构成，不局限于企业层级架构和功能需求，将组成域之间的映射关系进行了直观展示，可以作为参考架构设计和关键技术研究的概念蓝本。

三、参考模型的充分性验证

张益等[12]对其提出的上述参考模型进行了充分性验证，即参考模型组成域和关系模型对已有标准架构及活动模型的可解释性，也可看作是该参考模型对国际标准架构的包含性和归纳性。以上述参考模型为原型，选择MOM作为分析对象，对应于以生产控制为核心的生产、维护、质量、库存4项运行管理系统，依次分析其在参考模型各组成域中的内涵。分析结果表明，参考模型可充分解释4项运行管理系统的各项功能、信息流模型和服务网络中的定位。然而，在MOM各部分的诠释中，没有任何一个功能单元或交互环节体现了“服务代理”的概念，原因在于MOM主要以集成生产控制系统为核心，只关注相关功能模块的边界和信息流的定义，并未体现智能制造中面向服务的生产模式。除此以外，MOM中体现的13项功能及其间的信息流模型，虽为组成域中各领域的一部分，但仍具有延展性。该参考模型对MOM的充分性得以论证。

四、智慧炼化关键技术

智慧炼化建设除了实现“感知、建模、优化、控制、决策”的智能化外，还要从PCS层到ERP层，从原油选择到产品销售、设备全生命周期的维修维护等的全流程协同优化等，即“资源敏捷优化与先进计划管理”“全产业链的协同优化”“QHSE的监控与溯源”等，以达到“资源高效化转化、过程低碳清洁化和产品生产与营销创新”的目的。

为保证参考模型在实际工厂的生产模式及技术转型中具有实用性和有效性，以参考模型组成域为骨架，分析支撑参考模型内在联系中各个环节所依赖的关键技术[20,21]，包括5个主要方面及基础支撑技术与平台[12]。其中：资源域内探讨实体资源虚拟化、知识驱动自动化和企业决策智能化的关键技术，服务域内梳理以面向服务生产模式为背景的技术研究现状，组织域中分析智慧炼化参考架构及标准制定和完善的发展前景，为相关研究人员提供参考。

（一）实体资源虚拟化：环境感知、智能控制与网络安全

智能感知是智慧炼化建设的先决条件。炼化工业生产过程比较特殊，除了高温高压、易燃易爆外，还具有反应机理复杂、数据数量庞大且数据类型复杂等特点，因此，智能感知的研究范围广、难度大。基于机器视觉、光谱、质谱等非接触式的信息感知技术，海量多源异类数据的智能信息处理技术，面向大数据的关键参数智能软测量技术与智能化装置等，其智能性主要体现在智能感知与传感技术方面、多功能性方面和网络化特点方面。其中，智能感知与传感技术方面，能够对实时感知的各类数据进行在线处理，自适应调整感知策略和优化工况参数的检测质量，并可以对实时工况数据进行智能识别，自动进行工况分类和异常检测、感知终端故障自检和报警。多功能性是指感知终端自带的多功能算法库并可以在线更新核心的算法模块，使其适合不同的监测、监控对象。也可以针对不同工况参数检测的需要与特点，采取并行计算模式同时实现多种感知任务。而网络化是指可以通过以太网自动动态组网，实现生产过程不同工况的多维度、多视角协同感知。

另外，虚拟生产过程采用的可视化技术呈现全时空的定量信息，为深度揭示反应机理、实现精准与精细控制提供了全新的思路与方法。

制造业中环境泛在感知网络包括工业现场级传感器网络、面向物流管理的无线射频识别(Radio Frequeney IDentifier，RFID)网络、工厂控制网络和企业信息互联网四部分。无线传感器网络(Wireless Sensor Networks，WSNs)在工业生产中的合理应用，可以降低操作失误率、提高生产效率，并提供具有可靠性和保障性的信息服务，但存在于生产环境、服务需

求、信息传输中的不确定因素以及信息感知、存储和运算能力的约束是其应用过程中的主要问题[22]。

1. 机器视觉感知与控制关键技术

机器视觉感知与控制技术是解决智慧炼化环境感知和自主控制技术难题的关键。机器视觉检测与控制技术是采用机器视觉、机器手代替人眼、人脑、人手来进行检测、测量、分析、判断和决策控制的智能测控技术[23]，是人类模仿自身视觉感知能力实现自动化测量和控制的重要手段，能够同时满足智慧炼化环境感知和自主控制的多项需求。机器视觉感知控制技术可用于智慧炼化中的精密制造自动化生产线、智能机器人、在线检测装备[24]、细微操作、工程机械、虚拟现实产品设计[25]等多个领域，在提高航空航天[26]、军工、汽车、电子、精密仪器等行业自动化加工制造水平，保障产品质量等方面发挥巨大作用。因此，机器视觉感知控制技术是工业 4.0 框架中不可或缺的重要组成部分。

1）智慧炼化中的机器视觉感知控制系统方案

智慧炼化属于复杂系统，应用环境特殊，对机器视觉感知控制技术的准确率、实时性、重复性有着极高的要求。智慧炼化机器视觉感知控制系统方案如图 6-4 所示。在该系统方案中，根据应用需求，首先设计智能视觉成像系统和自动化图像获取机构，自动获取检测对象的高质量图像；获取的图像经过去噪增强、分割、配准融合、拼接等图像预处理步骤，改善获取图像质量；然后采用目标定位与分割算法、目标检测与识别算法，智能分类与判别等图像处理过程，实现对检测对象的识别、检测、分析、测量。同时，从图像处理中得到的目标位置信息可用于基于视觉的高速运动精确位置与恰当力的优化控制。

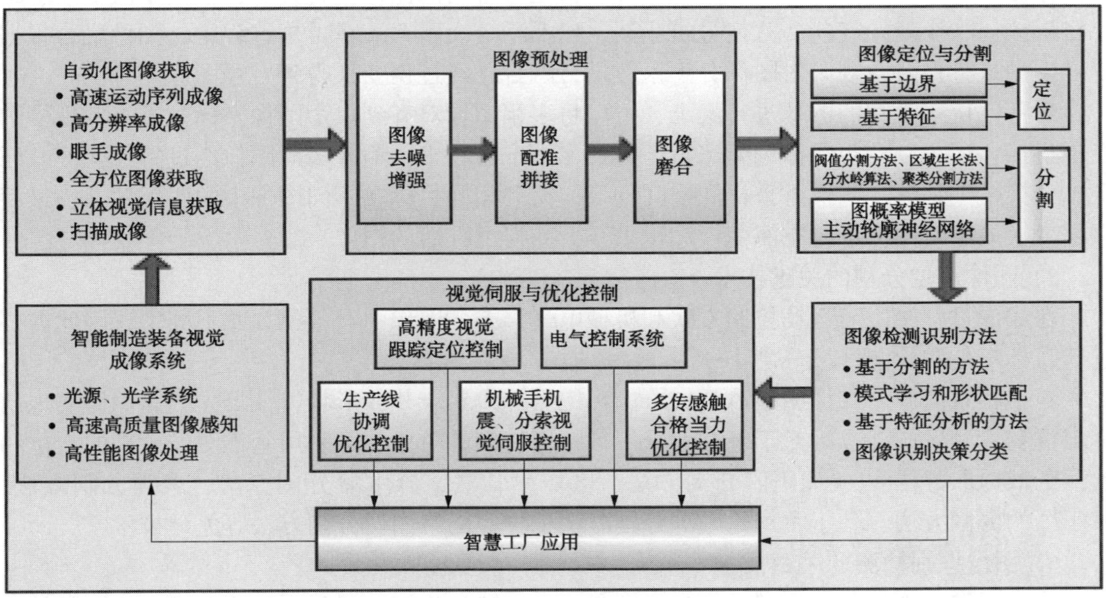

图 6-4 智慧炼化中的机器视觉感知控制系统方案[21]

2）工业成像系统的关键技术

工业成像系统包括光学、成像、处理三部分。其中，光学部分由光源、光学系统构成，光源主要用于在成像对象表面上产生光场，常用的光源包括发光二级管(LED)光源、结构光等；光学系统主要实现光路控制，并将光信号聚焦到成像平面上。成像部分主要由图像传感器构成，将入射光转化为电信号，并经过放大、调理、A/D 转换和读出，就可以得到数字图像[27]。处理部分由通信电路、图像处理器和处理算法构成，获取的图像通过通信电路和协议传输到图像处理器中，并采用图像处理算法进行实时处理，提取出视觉信息用于智能制造装备的检测和控制。

3）自动图像获取的关键技术

精密成像机构是自动图像获取的关键，它可以实现对成像位置、视角、分辨率、质量、数量等参数的精密控制。为适应不同成像对象和装备机械结构，提出了多种自动图像获取方法和精密成像机构，主要包括：高速运动序列图像获取、位置触发成像、显微成像、眼手图像获取、全方位图像获取、立体视觉成像[28]、线扫描成像、点云成像等关键技术。

4）图像预处理的关键技术

图像预处理方法主要包括去噪、增强、配准、融合、拼接，通过图像预处理可提高图像质量，降低图像识别和分类的难度，从而保证检测控制的精度。

图像去噪增强主要用于消除获取图像中包含的盐椒、高斯等多种噪声，并通过特征结构增强改善可能存在的对比度低、边界模糊和运动模糊等现象[29]。常用的去噪方法包括空间域滤波方法、变换域滤波方法、基于偏微分的和基于相似性的图像去噪方法，以及全变分图像去噪等。常用的图像增强方法包括直方图均衡化、匹配、校正，图像锐化方法[30]，基于视觉模型的增强方法[31]，运动模糊去除方法等。

多源图像融合可以去除冗余信息，提高单幅图像所包含的信息量。图像融合[32]主要基于图像分解和重构。其中，多分辨率图像分析是最常用的图像分解方法，包括小波变换、金字塔形或树状小波帧变换、几何分析小波，以及稀疏表示等。在重构过程中，图像融合根据统计模型或其他融合规则对图像分解系数进行融合，经过逆变换得到融合图像。

对不同位置获取的图像进行配准，可以将多幅图像对齐到单个图像坐标系下，实现多幅图像拼接，还可以实现图像偏差测量。在图像配准过程中，输入多源图像经过特征检测、匹配、变换模型估计、图像重采样和空间变换，得到相同目标在不同图像中的匹配关系，最后根据变换模型对图像进行空间变换和重采样，获得配准后的图像。

5）图像定位分割的关键技术

在成像过程中由于运动控制方式和机械电气误差，图像中对象位置并不固定，因此需要进行目标定位和检测区域分割。

对于背景简单、特征明显对象，可以利用目标边界、几何形状特征等先验知识，实现目标定位和检测区域提取。对于复杂背景下且特征模糊的对象，可采用基于图像分割的定位和检测区域提取方法[33]，如阈值分割方法、区域生长法、分水岭分割算法、聚类分割方法、基于图的分割方法、基于主动轮廓的分割方法、神经网络图像分割方法等关键技术。

6）图像识别检测的关键技术

通过图像识别检测，可实现目标识别和分类、缺陷检测、视觉测量等功能，从而满足智慧炼化多样化的应用需求。

图像识别可通过对分割后图像特征分析、序列图像运动分析和模式匹配等方法实现。识别目标多表现为灰度或纹理均匀的闭合区域，利用检测对象轮廓等不变性特征和形状、面积、灰度、纹理等先验信息，对分割后图像进行特征分析，即可实现图像识别。在基于模式匹配的识别方法中，模式可以用点集、轮廓、骨架来表示[34]，匹配过程可采用动态规划、最优化、最大似然、图匹配方法、Patmax 方法等[35]，得到对象位移、旋转、尺度、形变等参数。

图像检测可实现对缺陷、特定结构及特征的检测，由于检测目标在尺寸、灰度、纹理等特征方面与背景差异较大，因此图像检测主要通过特征分析实现。针对不同应用，多种特征分析方法被提出，主要包括基于纹理分析的检测方法、基于局部特征的检测算法、基于模板匹配的缺陷检测方法等。

图像分类是实现图像识别、检测、决策的关键，其精度直接决定最终检测识别结果。常用的分类方法包括模糊方法、神经网络方法、支持向量机、极限学习机、深度学习等机器学习方法。机器学习方法能够模仿人的学习能力，处理非线性等复杂问题，提高图像分类决策的智能化程度。然而当前主要问题在于图像分类精度不理想，特别是对于复杂高维数据、非均衡数据集等，同时图像空间域与特征域的建模也是一大难点。

7）视觉伺服与优化控制的关键技术

智慧炼化根据视觉检测识别和位置测量结果，引导精密伺服运动控制系统可控制机器人完成定位、抓取、分拣、组装、灌装、装配等复杂自适应作业。视觉伺服运动控制基本原理如图 6-5 所示。视觉控制率根据视觉误差产生控制量，驱动机器人的关节运动，完成给定作业。其中，视觉误差定义为给定特征向量和视觉信息反馈之间的差值。

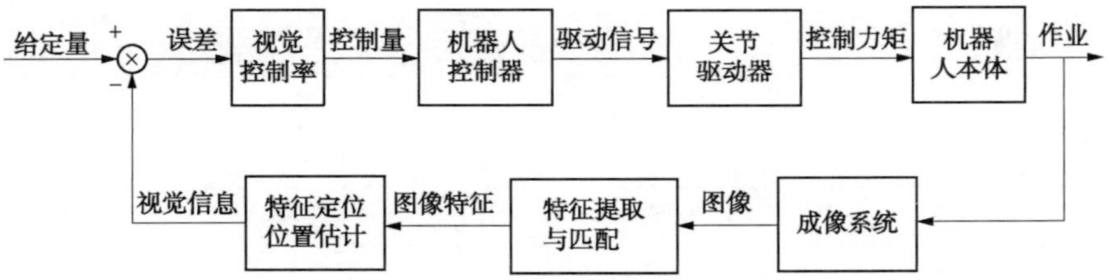

图 6-5　视觉伺服运动控制基本原理[21]

在反馈环节，通过成像参数、控制对象模型等信息，将当前图像特征的测量值转化为与给定特征向量同类型的测量值。根据特征向量类型，可分为基于位置的视觉伺服(PBVS)、基于图像的视觉伺服(IBVS)、混合视觉伺服和直接视觉伺服等[36,37]。其中，PBVS 采用机器人末端空间位姿作为反馈，IBVS 将图像特征作为反馈，而混合视觉伺服则将一种扩展图像坐标特征作为反馈。针对传统方法未充分利用图像信息这一不足，直接视觉伺服方法将整幅图像作为反馈，通过最优化方法得到视觉伺服中的位姿信息，改善视觉伺服的精度和鲁棒性。与其他控制方法相比，视觉伺服控制的主要难点在于视觉反馈信息的测量和视觉控制率的确立。

在智慧炼化中，智能制造系统需要自动化生产线上多种智能制造装备协同工作，是一种典型的高阶、非线性、强耦合的多变量系统。针对这一难题，可采用多机器人手眼协调控制，将机器人逆运动学分析、轨迹规划、多机器人协同控制、力/位混合控制、多感知控制等智能控制技术用于视觉伺服中，实现多机器人关节空间的协同视觉伺服控制，提高控制精度和智能化程度。

2. 机器感知控制的云计算平台

在智慧炼化中，机器感知控制技术主要用于解决特定的制造作业，如目标识别和位姿测量，产品质量和缺陷检测、物理量测量、目标三维建模、视觉伺服作业等。在这些应用中，由于实时获取的图像本身数据量较大，且图像处理过程通常较为复杂，导致整个信息处理过程计算量复杂度极高，采用传统的装备侧运算资源难以满足上述应用对于实时性的要求。针对这一难题，在工业4.0框架下，智能制造过程中获取的实时图像数据通过高速通信网络传输到云计算平台中，利用云端极强的运算能力和计算负载平衡方法，可以满足各种机器感知控制算法应用的实时性、检测控制精度、稳定性极高的需求。

智慧炼化中的机器视觉感知控制的云计算平台可采用如图6-6所示的系统方案，该云平台主要由三部分构成[37]，分别为装备抽象层、机器视觉感知控制算法层和智能制造数据库。装备抽象层主要对各种制造装备进行抽象，得到装备的成像系统模型、控制系统模型等，作为环境感知和自主控制的基础。算法层主要包括各种图像去噪增强、配准融合、目标定位、检测区域分割、目标识别、特征检测、机器学习、视觉伺服控制等信息处理方法，实现从获取的图像中提取出目标的位姿、特征、类型等信息，满足智慧炼化各种应用对于信息服务的需求。智能制造数据库主要包括感知和控制目标数据库、图像处理流程数据库等，主要用于存储、配置和统计制造过程中的物流、制造参数、信息处理流程等，是实现柔性制造和高质量定制产品制造的关键。

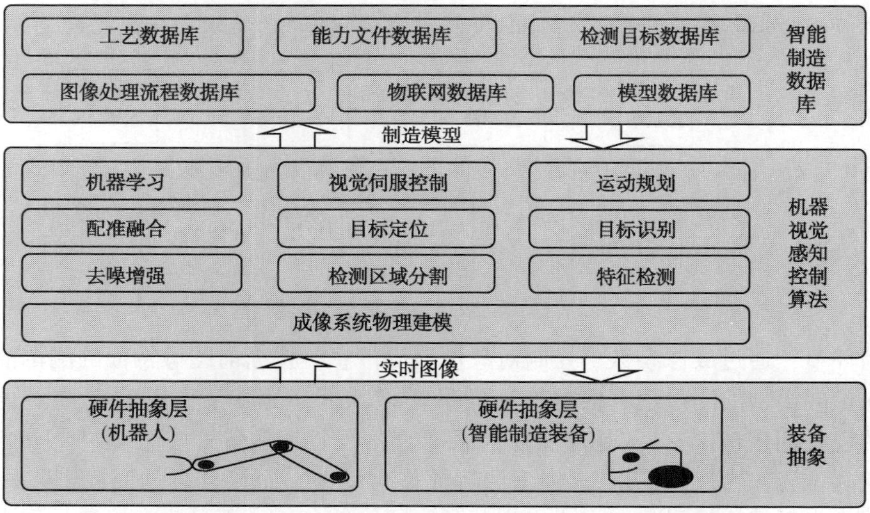

图6-6 智慧炼化的机器视觉感知控制云计算平台系统设计[21]

与传统的机器视觉感知控制系统相比，上述基于云平台的实现可以大幅度提高系统的可扩展性、可重构性等，同时也降低了系统开发的难度和成本，有利于在智慧炼化中普遍推广应用机器视觉感知控制技术，提高环境感知和自主控制的智能化程度。

在上述平台方案中，王耀南和陈铁健[22]认为还有以下关键技术难题有待进一步研究。

1）先进工业成像技术

当前采用的成像技术大多局限于可见光成像，导致在某些应用中获得的图像特异性差，不能够全面体现被检对象特征。为此需要从光源频谱控制、先进阵列感知、信号调理等方面全面研究成像技术，探索不同类型对象与电磁波相互作用和成像的新现象、新原理、新方法。将多种先进成像技术，如高光谱成像、激光扫描成像、干涉/衍射成像、层析成像、太赫兹成像、电容成像等应用于工业视觉检测和控制，丰富视觉感知手段。

2）云计算平台负载平衡技术

图像大数据与其他信息不同，具有流数据的特点，如何在云计算平台中实现对制造过程获取的图像大数据进行实时处理一直是困扰智能制造的一个技术难题。因此，研究云计算平台中的负载平衡技术，将图像处理步骤分散到各个节点中，结合流数据处理特点，实现并行图像处理，成为解决这一难题的关键。

3）云计算平台中的自动化图像处理流程设计

图像处理过程通常由多个图像处理步骤构成，而每个步骤都可以采用多种处理算法，同时由于不同应用图像特征和任务目标各异，造成图像处理流程设计困难。为解决这一难题，需研究自动化图像处理流程设计方法。首先，分析不同图像处理算法的特点，以及达到的处理效果，并分析参数对于图像处理结果的影响；然后，根据任务、先验知识和图像特征，选择最优图像处理算法和参数，实现自动化图像处理流程设计。

4）智慧炼化机器鲁棒感知控制的高稳定性、高可靠性和适应性研究

由于机器感知图像信息属于非线性多维信息，在应用中存在多种不确定性，限制了智慧炼化制造装备的稳定性和可靠性。为此需要研究机器感知应用的稳定性、可靠性控制方法以及误差控制方法，消除不确定性，提高智慧炼化的自适应能力。

5）智慧炼化机器深度学习技术研究

建立智能化炼化是企业未来发展的需要。不论是炼化行业还是其他行业，最初的生产都是大批量生产，随着技术及时代的发展，市场上产品同质化越来越严重；另外客户的个性化需求逐渐增强，迫使企业由大批量生产转向多品种小批量生产，更进一步，将逐步转向个性化定制生产。市场需求的变化使得各行各业逐步开始进行转型升级，要求生产线具有高度的柔性，能够进行模块化的组合，以满足生产不同产品的需求。与此同时，为了响应客户的需求，需要及时对客户的信息进行收集、处理及反馈，也促使企业开始关注自身的数字化、信息化建设，各种实用的系统逐步上线；为了更进一步提升生产效率，使得设备与设备之间、设备与人之间要有信息互通和良好的交互，又要求利用相关技术实现互联。在工业 4.0 概念中，对于智能化要求的描述是设备自适应柔性制造、信息感知及端到端沟通，并具有预警和自诊断能力。为此，需研究深度学习的机器感知和机器认知，以提高智慧炼化的自适应柔性制造能力。

3. 泛在感知网络的构建和运行

无线通信技术、分布式计算、嵌入式系统、信息融合和安全防护等技术以及网络通信协议和网络服务支持策略的设计是普适环境下的关键技术[38]。作为物联网技术的关键，RFID 网络也可以支持对生产信息的动态跟踪[39]。另外，受工艺流程和设备规模的限制，流程工业中感知设施大多仍采用复杂的有线测量设备，存在生产动态信息不完备和时滞现象，面临连续型生产海量信息的存储等问题。

4. 企业网络互联与安全防护技术

工业控制系统无线网络安全防护问题同样受到越来越多的关注，构建鲁棒性强、保障性高的安全体系[40]尤为重要。值得关注的研究趋势包括：

（1）工业网络全互联体系架构的搭建和相关标准化工作。

（2）网络、感知网络与互联网的全面互联集成。

（3）泛在感知网络基础设施的实现。对应于图 6-4 的参考模型，泛在感知的本质是对

各实体资源所映射信息的全面采集，并为信息资源在知识和功能之间的传递提供互联互通渠道，最终实现实体资源与虚拟资源的“一致关系”。

（二）知识驱动自动化：工业数据挖掘分析及知识管理

正如参考模型中所展示的，知识资源可由实体资源直接提取获得，包括静态工艺机理知识、设备数字化模型等；另一部分知识资源需间接通过数据处理、信息挖掘分析后方可获得，包括产品质量评估模型、故障诊断模型、复杂工艺过程辨识模型等。

除了知识驱动自动化外，特别需要关注人工智能驱动自动化的进展。如前所述，AI 特别是新一代 AI 作为引领未来的战略性技术，推动人类社会变革、智能化进步，深刻影响、改变着人类的学习、工作和生活方式。智能化是智慧炼化建设的核心，对知识的自动处理和应用是实现智能化的关键。所以，必须关注、研究工业过程知识的灵敏感知与表达、表示，包括大数据环境下多源、多维、多时空尺度知识的获取，非结构化知识的一致性描述，知识代码化与知识库构建；工业过程知识的关联，包括动态知识增量式关联和挖掘、知识关联的结构等。

1. 数据驱动的企业决策及生产管理

以工业数据通过挖掘分析手段驱动原有的生产管理功能是炼化生产智能化的重要研究内容之一。其中：赵卫东等[41]从流程日志数据本身出发分析挖掘方法，以改善流程结构、优化资源配置；而王明微等中外学者[42~46]分别将主成分分析法（Principal Components Analysis，PCA）、核密度估计（Kernel Density Estimates，KDE）、贝叶斯网络和支持向量机（Support Vector Machine，SVM）等方法应用于故障诊断、质量控制、不确定性调度优化、操作经验规则挖掘和工况监测的研究中，提出将数据分析得到的结果与生产管理功能有机融合的技术手段，即经数据提炼得到可提高生产智能性的知识资源。

2. 基于本体的知识管理及系统重构

企业知识管理从商业视角、知识协同视角和技术流程视角等不同视角有不同的定义[47]。对制造业而言，一般认为知识管理即对信息性、原理性和操作性知识进行表达、组织、传播和利用[48]。因为本体在企业应用方面可以集成异构数据源、支持建模过程，所以利用基于本体的网络本体语言（Web Ontology Language，OWL）对工厂领域知识进行描述，是目前的主流知识表达和组织方法。文献[49]针对分布式制造环境提出基于本体的两层知识建模方法，文献[50]结合基于智能体的柔性制造系统，基于本体对智能体进行重构，从而解放了部分人力。对于 PLM 知识管理，文献[51]提出一种模型驱动的本体方法，以实现知识组织和共享，类似地，服务信息作为信息性知识的一种，其描述也可用 OWL 建模表达[52]。

（三）企业决策智能化：控制、仿真、优化协同支撑

作为生产运行管理的功能核心，优化、仿真与控制分别对应企业决策的制定、验证和执行环节，三者技术研究成果的集成应用可为企业决策提供充足的知识资源，从而协同支撑决策的智能化。

1. 集成控制及仿真的动态优化方法

在生产计划调度优化方面，Grossmann 等和 Li 等结合鲁棒优化及机会约束规划等方法对离散工业和流程工业中的不确定性优化、动态优化方法进行了研究[53,54]；Chu 和 You 等分别进行了计划与调度优化集成，以及仿真和控制操作优化集成的研究示范[55,56]。类似地，生产运行中的优化问题还包括操作优化、供应链优化以及设备维护计划优化等。所研究的智慧性则体现在，上述模型和算法资源可被封装作为知识库资源，来支持生产系统动态配置优化模型和运算资源。

2. 工业设计及生产流程仿真平台

在实际生产中，上述优化模型经过仿真验证后方可实施，仿真功能的引入可以降低决策成本并增强信息的直观性和交互性。对于制造业流水线生产、库存管理、物料运输、机理过程等方面的仿真，一般采用的仿真技术包括离散事件仿真(Discrete Event Simulation，DES)、基于智能体的仿真、Petri 网仿真、分布式仿真和混合式仿真等[57]，结合不同的行业特征和生产流程，可定制化开发可配置的仿真平台。对于工厂设计及产品设计，一般采用虚拟仿真技术(包括三维建模技术)进行模拟仿真。以流程工业为例，ASPEN HYSYS 工艺流程模拟软件针对石化工业流程提供了组件可配置、流程可自定义的机理仿真平台；文献[58,59]对智慧炼化流程模拟仿真平台及虚拟现实仿真平台进行了示范性设计和开发研究。

3. 可重构的工业控制网络

经仿真验证后，生产计划及调度指令将被依次分解，而后可直接下达至生产车间及设备。工业现场以现代控制理论和预测控制为主要控制算法，目前的研究关注在于：构建分布式控制网络及适应性控制系统，提高设备及生产控制系统的自维护性和鲁棒性；控制模型重组和基于软件定义的可重构工业控制网络研究；制定控制器互联、分布式可编程和控制系统规范等。

最终，在不确定的工业生产过程中，优化、仿真与控制三者以信息交互为核心，协同进行安全监测、预防、减缓和应急防护，从而提高企业的决策效率和智能性。

(四) 面向服务的生产模式：服务资源注册、组合及匹配

借鉴 IT 领域的 SOA，工业生产的实体资源以及信息、知识、功能等资源均可视为 CPS 平台中服务网络的服务资源。该生产模式的核心是将系统中的特定环境、流程及状态等活动进行规范描述和独立封装，并统一抽象化为服务。

1. 面向服务制造系统架构的构建与应用

AW Colombo 提出一种动态可重构的面向服务制造系统架构[60]；得益于云计算技术的发展，云制造生产模式及技术体系相继被提出[61]，进一步明确了面向服务制造模式的体系架构、关键技术和部分行业领域中的应用模式。近几年的相关研究成果主要集中于云制造的集成应用模式[62]、服务组合方法[63,64]、服务搜索匹配方法[65,66]、平台开发环境和开发方法[67,68]等，而且已有中小型企业[69]进行面向服务应用模式的尝试。

2. 基于服务模式的决策及生产管理

以企业决策过程为例，面向服务的生产模式改变了其工作流程和资源组织方式[70]。决策者可事先通过交互界面配置参数重构控制器、仿真模型及优化模型，将模型通过注册中心注册并发布，为决策支持类服务。当生产计划调度或设备维修部门提出计划调整或设备维修等需求时，需对相应的服务资源(知识资源)进行搜索，并根据实时工况进行服务匹配。以上流程即是面向服务生产模式的一种应用场景，其中服务信息交互则需采用语义化描述等知识管理技术。

(五) 智慧炼化参考架构、标准与规范

基于物联网与服务网络的融合，智慧炼化的参考架构设计思想并不唯一，其中如上所述，面向服务生产模式成为智慧炼化的主流架构设计思想，然而即使遵循同一设计思想，得到的参考架构也不唯一。

1. 智慧炼化参考架构设计

正如前文提及的云制造参考架构、RAM14.0参考架构，以及如今在半导体产业、石化行业等试行的离散工业和流程工业的智慧炼化参考架构，其关注的领域概念虽均与上述提出的参考模型吻合，但对智慧炼化的建设和运行而言，具体采用何种架构还需结合行业特征和工厂规模等因素来决定。

2. 智慧炼化技术体系及实施的标准化

以参考模型为蓝本、参考架构为骨架，层级架构间的交互和层级内功能的实施均需遵循一定的标准及规范。例如，应用于过程控制和制造业自动化系统，信息交互可遵循OPC UA统一体系结构标准(IEC62541)[71]，信息规范可遵循标准数据元素类型及相关分类模式(IEC 61360)[72]，功能与信息管理可以采用现场设备集成(Field Device Integration，FDI)技术，描述生产过程中的设备或工艺过程可考虑采用IEC 62714中提出的自动化标记语言(Automation Markup Language，Automation ML)[73]，以促进设备制造商与运营商之间的数据交换与集成。除此之外，相关标准和规范仍需进一步补充和完善，如对数据采集标准、控制标准与接口标准等的规范化和通用化。

(六) 智慧炼化基础支撑技术及平台

作为智慧炼化的基础支撑，一系列关键技术在二级组成域内部正迅速发展，如新型材料加工技术、新材料/新能源技术[74]、工业机器人、穿戴设备等均在改变原有工厂的人员域、设备域和知识域的内涵。而在智慧炼化的实施及模型、技术的应用验证方面，软件平台的设计与开发需求也是关键的研究课题之一。目前，需要考虑研发的软件平台包括工业物联网语义化编程平台、装备及产品模块化制造设计平台、网络化信息交互与实时控制系统设计平台、工业能效在线监测分析评估软件、企业决策支持系统等。上述研究重点也将逐步在流程工业和离散行业中进行应用验证，电子及半导体行业、生物制药行业和食品饮品行业也将成为应用示范研究的主要领域。

五、应用案例

从工厂概念设计出发，将上述所提的参考模型进一步应用于实际工厂设计的后续阶段[12]。以流程工业中的石化工厂设计为例，依次分析工厂设计的四阶段设计思想，通过七个关键步骤逐步建立石化领域智慧炼化的实施架构。

(一) 工厂概念设计

工厂概念设计属于第一阶段。

1. 组成域基本内涵定位

在工厂设计起步或工厂转型方案的设计中，需要优先对资源域进行内涵定位。石化工厂资源域内涵如下：①实体资源：人员、设备(管网、油罐、阀门、旋转设备、裂解炉、分离塔等)、物料(C_2/C_3、混合原油、水电气风等能源介质、乙烯等裂解产品)；②虚拟资源：功能(同图6-1的功能域内涵)、知识(专家经验、生产计划调度优化模型、重点装置机理仿真模型、模型算法资源)、信息(生产实时数据、巡检信息、产品物流信息等)。

2. 服务域的内涵定位

其定位需从厂内服务网络和厂间服务网络两方面进行，然后针对不同服务内容确定相应的组织域内涵。第一阶段可将行业现行基本标准及规范定义为组织域内涵。

(二)工厂架构设计

这是第二阶段。

1. 资源域：以其为核心搭建工厂架构雏形

基于工厂资源域内参考模型，实体与虚拟资源间需要保持一致，因此可从实体资源层开始，自下而上搭建工厂架构雏形，见图6-7。

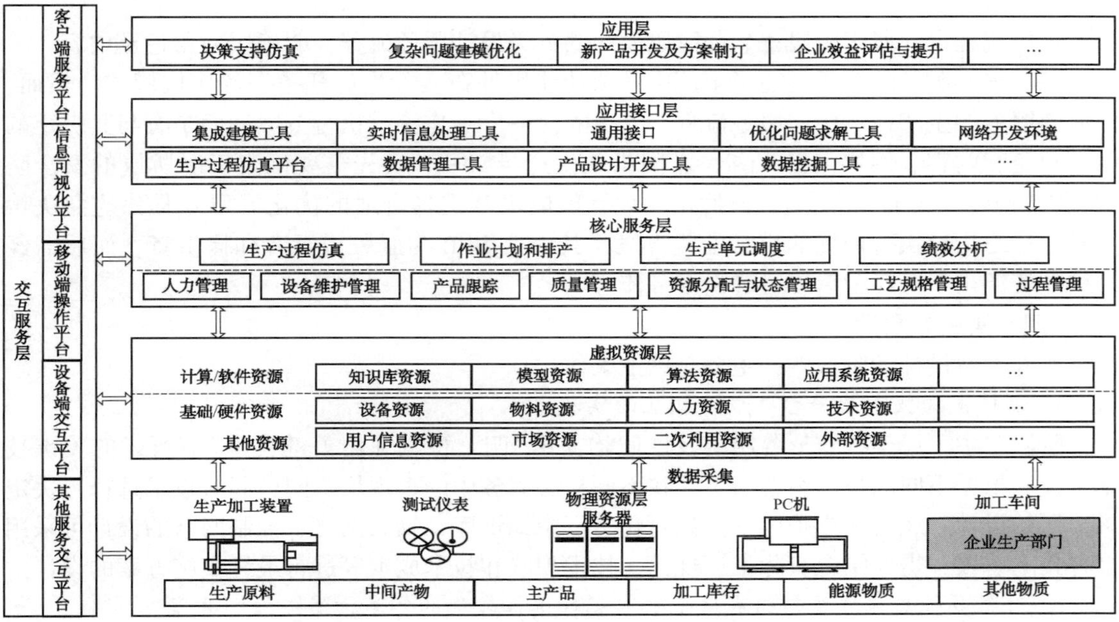

图6-7 智慧炼化参考层级架构[12]

智慧炼化参考架构依次包括虚拟资源层、核心服务层、功能组件层/应用接口层、应用层和交互服务层。该参考架构将各组成域内涵映射为完整的工厂组织架构，并充分呼应了智慧制造系统(Intelligent Manufacturing Systems，IMS)的7项特征[75]，即信息驱动、知识驱动、系统自治、自组织、自维护、虚拟制造和人机协同。

2. 服务域：结合服务网络中的定位，确定核心服务

结合工厂的实体资源基础和技术优势等确定工厂可提供的核心服务，同时需明确其在服务网络中的服务需求。由于服务网络包括厂间和厂内两部分，首先以厂间网络如某石化厂主营生产烯烃产品为例，该厂可与上下游工厂协同生产、集成物流与公用工程优化，来提高企业综合效益和产品质量；对厂内服务网络而言，根据不同的生产需求或质量要求，工厂生产网络需要具备柔性，以对突发事件进行服务资源的合理高效匹配。其中生产安全应急防护即为核心服务之一，后续将以此为例进行分析。

3. 组织域：以核心服务为主，丰富组织域内涵

工厂中每一项核心服务均需遵循规范的服务流程并受限于国际标准、行业标准和多项操作规范，即本书所定义的组织域内涵。以生产安全应急防护为例，其相关的组织域内涵包括：

(1)国际标准：包括安全相关电气/电子/可编程电子系统的功能安全标准(IEC61508)[76]、流程工业领域安全仪表系统的功能安全标准(IEC61511)[77]、工业控制系

统现场总线通信标准(IEC61158)、工业通信网络协议(IEC61784)等。

(2) 国家标准：包括危险化学品重大危险源辨识(GB18218)、安全标识及其使用导则(GB2894)、化学品分类和危险性公示(GBl3690)等。

(3) 操作规范：包括企业安全生产标准化基本规范(AQ/T9006)、危险化学品从业单位安全标准化通用规范(AQ3013)、石油行业安全生产标准化导则、管道储运规范(AQ2045)等。

(三) 工厂流程设计

工厂流程设计属于阶段三。此阶段面向服务为设计服务流程，明确服务角色及内容。

各项核心服务的流程阐述了工厂中各项功能组件在实际生产任务中的应用模式。然而，在面向服务的生产模式中，服务流程并非孤立为一个工作流或执行方案，而是有与其绑定的服务角色和内容。例如，工厂内 A 车间出现生产异常后，首先需要确定工况所属的安全防护等级(预防、缓解、应急)，然后由知识管理模块 B 选择合适的优化模型 C 提供应急决策服务，最终指导执行最优的异常处置方案，其中 A 和 B 为服务需求者和提供者，而后需经过模型资源与工况匹配后方可确定服务流程。

(四) 实施方案设计

实施方案设计即阶段四，主要有以下工作：

1. 选择支撑技术及平台，设计相应的实施方案

阶段二中工厂架构雏形各层内及层间均需由“四、智慧炼化关键技术”节所述的关键技术支撑。根据不同的技术组合，工厂在不同核心服务中的表现均不同，同时技术选择也决定了工厂的设计、运行和维护成本。如石化工厂中知识库、物联网络、控制网络的设计可采用多种技术手段，需要结合实际工厂规模、技术现状和技术成本等进行最终实施方案的设计。

2. 对照多种实施方案与组成域基本内涵，选择较优的实施方案或转型方案

对于同一个工厂概念模型、架构流程和应用模式，不同的技术选择可构成多种实施方案，此时可将本书所提概念设计参考模型作为方案取舍的衡量依据，根据概念吻合度、方案可行性和技术维护成本等，因地制宜地选择较优的实施方案。

六、小结

张益等[12]提出了基于资源域、服务域和组织域的智慧炼化概念参考模型，该模型与近年关于智慧炼化关键技术的研究内容相映射。结合国内外制造企业在智慧炼化领域的技术研究和应用尝试成果，贯彻智慧炼化的体系架构及先进制造模式过程中仍存在许多挑战，主要表现在以下几方面：

(1) 重点领域技术体系标准化研究。目前标准化研究仍在推进中，近日《中国制造 2025 重点领域技术路线图》已正式发布，其在具备战略意义的同时，亟需在各重点领域中明确服务于制造业的研究任务并建立相应的标准体系。将研究重点落足于智慧炼化的标准化，从技术背景、生产模式和工厂构成的本源出发，定义其组成域、核心模型及技术体系，构建智慧炼化的参考体系架构、功能及流程的参考模型，从而驱动同行业领域内的工厂信息互通、制造协同和服务交互。

(2) 关键技术与制造业有机结合。关键技术研究不仅指以信息化技术为主体的集成及应用等方面的研究，还包括传统学科方面的控制理论、机械技术、材料与能源等研究的深入探

索。需要明确的是，智慧炼化内的技术研究不只局限于某几方面关键技术，还需聚焦于不同行业的特点，因地制宜地寻求多方技术支持。

(3) 传统制造业的转型尝试及示范行业的应用验证。智慧炼化的功能定义和技术体系并不能直接应用于各种行业的生产管理。例如部分传统制造业工厂自动化水平较低、设备落后、管理模式呆板，难以应用本文所述的关键技术，需要进行转型尝试。对于石化行业等流程工业，以及电子、汽车等离散制造业，开放思维的智慧炼化技术应用验证将对技术研究本身具有推动作用。

目前，以智慧炼化为核心的技术研究成果可依据不同的功能架构形成一定的技术体系，以参考模型为原型的技术研究将更明确工厂各项技术和资源的角色与定位，有助于进一步拓展智慧炼化技术体系，推动智慧炼化的标准化进程，这些都是下一步需要研究的工作。

第二节 智慧化特质的信息化系统

如前所述，按照德国的说法，世界工业发展经历了4个阶段，即从工业1.0到工业4.0。工业1.0为工业规模化发展阶段，主要表现为装置的改造与扩建，工艺包的升级等，体现在石化行业就是业务规模化、工艺不断创新、炼化收益不断提升；工业2.0为工业自动化发展阶段，主要表现为DCS、PLC、APC等系统生产装置中不断应用，自动化控制技术不断发展，推动手工工艺控制与操作向装置自动化控制转变；工业3.0为数字化发展阶段，主要表现为信息技术融入炼化领域，并推动各项业务信息化、数字化；工业4.0为智能化发展阶段，基于各种模型、互联网等新兴技术，借助自控手段，以及数字化操作与管理，实现智能化。工业智能化不仅指装置的优化，还包括区域的优化、全工厂的优化以及整个产业链的优化。工业智能化最终实现以客户为中心的智能研发、智能炼化(生产)、智能物流、智能服务、智能营销。

建立在数字化炼化基础上的智能炼化实现了人与机器的相互协调即人机交互。企业由数字化向智能化转变时，信息技术起到了非常大的推动作用，各种信息技术的应用贯穿于企业运营的方方面面。

借助信息技术，智能制造企业的制造过程具有更完善的判断与适应能力，可以提高产品质量和生产效率，降本增效、节能减排，从而实现智能化炼化建设目标。智能化炼化是通过智能设备和模型驱动而构造的智能制造模式。智能化在企业的实现过程是建立和应用智能化系统，即利用现代通信技术、软件技术、计算机网络技术、智能控制技术等汇集而成的针对某一个方面应用的智能集合。在炼油企业智能化的层次包括操作执行智能化、生产运营智能化、决策支持智能化。

信息化的高级应用形式是智能化，其过程包括确立目标、收集数据、建立数学模型以及预测结果与评判等四个阶段。以自动化技术为基础，以信息技术为载体，通过将炼厂的各种活动信息进行实时采集、传输、分析处理和综合应用，并使这些信息集成化、模型化、可视化，可以建立起敏捷的反应体系，用于指导、支持生产操作、生产运营和辅助管理决策。通过建立专家知识库和相关模型，使系统具有判断和调节能力，及时发现和纠正偏差，使生产操作和运行安全稳定。在资产生命周期内，在保证安全和正常操作的前提下，使装置在高负荷下运行。将原材料采购、生产过程、产品销售相结合，建立一体化计划优化系统，提高预测能力，获得更高的边际利润。将绩效管理、能源优化、安全预警等协同管理，实现人、过程、物理资产和业务的整体协调，使企业整体处于最优状态。通过这些过程，分别在经营决策层面、生产运行层面、能效安环层面以及信息集成层面采用信息化新技术，实现面向需求驱动的智慧决策和智慧生产，保证资金流、物质流、能量流和信息流“四流合一”，这就是智慧炼化。

按照中海炼化的认识[6]，炼化企业的数字化、智能化和智慧化由于目标不同、核心内容不同，应用方面也有不同，而这也正是可以区分智能炼化与智慧炼化的不同之处。中海炼化的智慧炼化不同阶段目标见表5-5。

由于要实现或达到的目标不同，采取的手段或方法也就不同，因此，相应的信息化系统也有所不同，当然，不少信息化系统还是有很多相同之处的，毕竟从数字化到智能化再到智慧化的过程，是逐步推进的，是有历史传承、相互之间联系较深的。除了第5章介绍的智能化特质的信息系统化外，其他智能与智慧化特质的信息化系统再介绍如下。

一、石油分子工程与分子管理

（一）概述

为了应对以下挑战：石油资源总量逐渐减少，现有资源和可利用资源又呈现重质化、劣质化趋势，开采成本不断增加或上升；人类社会进步和生活水平的提高要求石油炼制者提供满足更严格环保法规排放需要的、更多的轻质油品和其他高质量清洁产品；石油炼制者既要适应降低成本、清洁生产和不断提升竞争力的内部需要，还要承受其他清洁替代燃料与可再生能源（如生物燃料等）的外部挤压与冲击。为充分利用好宝贵的石油资源，做到绿色、高效和高选择性地实现资源价值最大化和成本最小化，吴青提出了石油分子工程与分子管理[78~81]。

石油是由大量烃类和非烃类化合物组成的极其复杂的混合物。虽然目前技术尚无法实现石油及其馏分（尤其是沸程为柴油以上的馏分）全部单体化合物分子的一一分离与鉴别，而建立在馏分概念上的炼油工艺与催化剂依然是主流技术，并且不断取得发展与进步。但从认识客观事物的规律来说，科学发展是无止境的，尤其是现代分析技术和计算化学的飞速发展，为石油这个复杂化合物的混合体进行分子炼油提供了可能[82]。

石油分子工程与分子管理通过加深对石油资源分子水平上的认识，并深入研究石油及其分子组成的转化规律，同时借助计算机与信息化技术，一方面可以优化原料组成、有针对性地开发最适合的催化剂并设计一系列合理反应路径和反应条件，达到原料、催化剂、工艺以及反应器的最佳匹配；另一方面，可以实现包括原油在内的资源敏捷优化，原油选择、加工、销售全产业链的协同优化，以及全产业链过程质量、安全、环保的监管与溯源。从而真正实现超越传统石油粗放认知体系的“分子炼油”，促进炼油化工新技术取得突破性的跨越式进展，并推动行业（产业）的重大技术进步。

分子工程（Molecular Engineering）概念最早由 A. Von Hippel[83] 于1956年提出，其定义是：分子工程是一种解决工程问题的新的思维模式。有别于解决工程应用问题的传统方法，分子工程(学)立足当前实际应用，从材料的原子和分子构造出发，来实现最终产品的合成(工艺路线)，而并非使用预制材料(模块)并试图设计符合物质宏观特性的工程应用。这种思考问题的模式能够让工程师建立起与科学之间更加直接深入的联系，成为真正的“合作伙伴”，以达到对知识的融会贯通与灵活运用。工程师可以根据物质的理想属性及其基本特质来构筑或设想一个方案，然后再通过实验来验证该设想的可行性；同时还可以根据一些基本定律和原则，像下围棋一样，把基础粒子作为棋子，来设计、构思并验证不同的工程解决方案；甚至可以利用敏锐的洞察力进行选择，预见材料的固有局限性，并实现其真实性能的充分利用。

60多年以来，分子工程的概念已经在很多研究或学科建设中被采纳，其内涵也在不断地变化和发展[84~90]。北京大学唐有祺教授[91,92]认为，分子工程学以功能为导向，进行结构的设计和研制，其研究对象不再局限于单个化合物，而是把着重点放在功能体系上；它更加重视功能，以及贯通性能、结构和制备三者之间关系的原理。华东理工大学胡英教授[93]认为，分子工程从分子水平研究产品的设计和开发以及过程的设计和开发问题，其基础是分子结构和热力学性质、传递性质以及反应动力学之间的定量关系，研究这些关系分别是分子热力学、分子传递现象和分子动力学的任务。美国芝加哥大学[94]则认为，分子工程的提出是基于这样一个概念，即要把演绎于物理、化学、生物学中的分子水平的科学转化为对解决人类社会重大问题具有重要意义的新技术和新方法，同时持续促进分子水平科学获得创造性的应用。因此，分子工程是工程研究和教育的新理念，它综合多学科的知识技能，强调学科交叉和解决问题，打破工程学科分割的传统。

2002年，日本学者Sanada[95]提出了煤分子工程，他以不同层次上的煤组成结构及其反应性关系为基础，研究实现煤的高效和高选择性转化技术和工艺的途径与方法的一门工程学科，即，通过“分子—产品—过程”三位一体的多尺度集成的方法来解决煤洁净利用过程的效率、环境及效益等问题。随后，谢克昌教授[96]在中国推广了煤分子工程的概念与应用。

美国学者Marshall和Rodgers[97,98]发明了傅里叶变换-离子回旋共振质谱(FT-ICR-MS)技术，据此可以实现对重质油组成的深入分析表征即能够精细分析出石油组成。在此基础上，他们提出了石油组学(Petrolomics)的概念，即石油组学专门在分子层面研究石油化学组成与其物理、化学性质及加工性能关系，实际上它是将最新的分析技术与计算技术有机地结合在一起并应用于石油分析的专门技术[99~102]，详细的组成与结构分析是其最基础也是最关键的技术。

分子炼油的概念首次传入中国，最早见之于2006年中国科学院何鸣元院士接受《科技日报》记者的采访稿，认为分子炼油是一种新的理念，主要倡导从分子水平考虑炼油过程。2011年，中国科学院白春礼院士再次向《科学世界》记者提及分子炼油，但仍未对其做出清晰、明确的定义。

中国石油大学认为，分子炼油就是从分子水平来认识石油加工过程、准确预测产品性质、优化工艺和加工流程，提升每个分子的价值，实现“宜烯则烯、宜芳则芳、宜油则油”的生产理念。其解释是，分子炼油一方面是从分子水平上了解和区分原油，另一方面是从分子水平上更精确地裁剪原油的碳链，做到市场需要什么，就生产什么。2013年，中国石油大学提出了分子组合与转化概念(Molecular Combination & Conversion，MCC)，认为MCC是“石油组学”在炼油和化工领域的具体实践，是实现“分子炼油”的技术途径，且认为相对“石油组学”“分子炼油”两个概念，MCC概念更侧重技术层面，但不单纯是一项技术，而是解决方案，即从分子水平实现炼化增效的组合技术方案。

吴青[78~81]在综合分析了化学与化学工程学科关于分子工程相关概念[83~94]特别是能源工业煤分子工程[95,96]、石油组学[97~102]、分子炼油等概念，并结合石油加工与相关工业领域有关技术的进展后，提出了石油分子工程与分子管理的概念，石油分子工程是对石油及其馏分在分子水平上研究其性质、组成、结构及反应性能的相互关系，并以此为基础对石油及其馏分如何精准和高效地转化为当今技术所能使用的能源或产品而开展研究、应用的一门工程学科；石油分子管理则定义为对石油分子工程进行优化利用的技术。

石油分子工程及其管理属于新兴的工程学科，通过对石油及其馏分的分析表征、模拟与识别，获得石油及其馏分在分子水平上的各种信息；将直接获取或重构获得的分子信息与石油及其馏分的物化性质及反应性相关联，从而建立分子动力学模型，并模拟石油炼制加工反应过程；预测、关联反应产物分布及其产物性质；为原料优化，催化剂开发、表征、设计、筛选、使用，石油炼制工艺过程操作管理与优化，以及新的工艺过程开发等提供有益的指导与帮助，提升石油炼制的效率与效益。

因此，为了实现石油资源价值最大化和加工成本最小化，从石油分子工程与分子管理的理念出发，一方面，需要具备“分子水平—加工过程—目的产品—循环利用”的全局思维与集成解决方案；另一方面，它也是随着石油及其馏分的分析表征、模拟、识别与分子重构技术水平和先进控制、信息化技术水平以及催化剂与石油炼制新工艺等技术的进步而不断进步的。

综上所述，通俗来说，石油分子工程与分子管理就是从分子层次来认识石油、利用石油和用好石油。

（二）主要内容与技术构架

1. 主要内容

石油分子工程的关键点是石油及其馏分的分子水平技术表征、石油及其馏分分子重构、分子信息与反应性相关联的研究与应用。石油分子管理的核心主要是如何实施优化利用，在对石油及其馏分分子水平研究其组成、结构与性质及反应性能的相互关系基础上，充分利用每一种或每一类分子的特点，对石油资源优化利用的技术与工艺，以体现资源与资产两方面的价值最大化，其关键点是生产过程与整体(全厂)的模拟与优化。

2. 核心技术

1）石油及其馏分分子水平的分析表征技术

国内外对石油进行分析表征的研究与开发大致按照两条主线[103]：一条是在原有的油品族组成和结构族组成分析基础上，通过当代更为先进的分离和检测方法，对油品的化学组成进行更为详细地表征，即油品的分子水平表征技术，其目的是为开发分子炼油新技术提供理论和数据支持，以求索研发变革性的炼油新技术[104]；另一条主线则是采用新的分析手段，快速、实时地在线测定炼油工业过程各种物料的关键物化性质，即现代工业过程分析技术，其目的是为先进过程控制和优化技术提供更快、更全面的分析数据，从而实现炼油装置的平稳、优化运行[105]。

对于石油的分析表征来说，所需要的信息越详细，分析的难度越大[106,107]。可以根据现有分析技术所提供信息的详细程度状况，将其分为三个层级，如图6-8所示。第一个层级为族组成，即饱和烃、芳烃、胶质、沥青质的含量测定分析；第二个层级为化合物类型的分析，可得到不同环数环烷烃和芳烃的分布；第三个层级为石油及其馏分的分子水平表征，得到更加详细的组成信息，如详细的化合物类型和碳数分布及部分单体化合物分布。

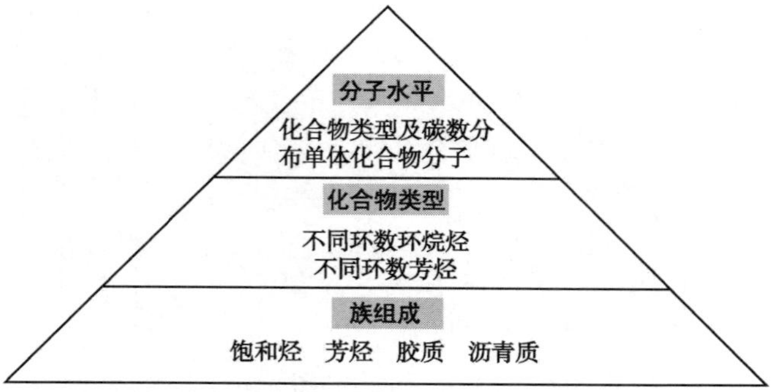

图 6-8 石油及其馏分的结构与组成信息的分类

石油及其馏分的分子组成从根本上决定了石油及其产品的物化性质及反应性能。石油炼制过程中，烃类、非烃类(硫、氮等化合物)会发生及其复杂的化学反应，不同的加工工艺、催化剂以及操作参数的变化都对其化学反应过程具有较大影响，从而影响目标产品的组成和性质(质量)。只有在分子水平上深入认识石油组成，才能有针对性地通过设计一系列化学反应并选择合理反应条件，通过复杂化学反应网络调变，使每一个石油分子的价值最大化。因此，如何突破对石油性质、组成的粗放认知，获得石油及其馏分分子水平上的精细组成信息，也即石油及其馏分分子水平表征技术的开发与利用，是实现石油分子工程的基础与关键。为了提高对石油分子组成的认识水平，为催化剂的设计和工艺条件的优化提供技术支持，进而实现石油分子工程与分子管理目标，需要统筹利用各种先进的石油分析表征仪器与技术，建立先进的石油及其馏分分子信息的表征技术平台，并针对所建立的各种分子表征技术，开发石油分子识别和定量的数据分析系统，实现数据处理的自动化，以提高数据处理的效率和准确性。

2）石油及其馏分的分子重构与分子信息描述

随着计算机模拟技术的发展，组成模拟方法在石油分子组成的研究中发挥越来越重要的作用。该方法称为石油及其馏分的分子重构，是从石油的一些有限的常规分析数据出发，利用各种数学工具经过模拟计算得到一套等效的虚拟分子来表示石油的分子组成。这种模拟方法有效地回避了烦琐昂贵的石油分子组成分析表征过程，只根据常规的分析数据就能快速计算得到各类石油的分子组成数据。

石油及其馏分的分子重构技术发展关键在于三个方面：一是如何选定合适方法来表示石油中大量组成复杂的分子，即石油分子信息描述与信息库的建立；二是如何准确地计算各石油分子的物性，以及选取合理的混合规则确定石油的各项宏观平均物性；三是如何对石油的分子组成进行合理和准确的定量计算，实现从物性到分子组成的转变。

石油分子信息库的建设是一个十分重要的基础工作，是石油分子工程与管理的基础。通过整理、收集石油及其馏分、石油产品中的主要分子，采取特定的分类方法以及对分子骨架结构的信息化编码规则，辅以单个物料数据(如密度、沸点等基本物性以及辛烷值、十六烷值等使用性质)的收集与计算、单体热力学数据(如热焓 H、吉布斯自由能 G、比热 Cp)的收集与计算，通过相应的分子信息维护形成石油分子信息库。分子骨架结构的信息化编码规则有很多种方法，例如，键-电子(BOND-ELECTRON，BE)图论(GRAPH-THEORY)矩阵法[108,109](见图 6-9)和结构导向(SOL)向量法[110](见图 6-10)等。

	C_1	C_2	C_3	C_4	C_5	H_1	H_2	H_3	H_4	H_5	H_6	H_7	H_8	H_9	H_{10}	H_{11}	H_{12}
C_1	0	1	0	0	0	1	1	1	0	0	0	0	0	0	0	0	0
C_2	1	0	1	0	0	0	0	0	1	1	0	0	0	0	0	0	0
C_3	0	1	0	1	0	0	0	0	0	0	1	1	0	0	0	0	0
C_4	0	0	1	0	1	0	0	0	0	0	0	0	1	1	0	0	0
C_5	0	0	0	1	0	0	0	0	0	0	0	0	0	0	1	1	1
H_1	1	0	0	0	0	0	0	0	0	0	0	0	0	0	0	0	0
H_2	1	0	0	0	0	0	0	0	0	0	0	0	0	0	0	0	0
H_3	1	0	0	0	0	0	0	0	0	0	0	0	0	0	0	0	0
H_4	0	1	0	0	0	0	0	0	0	0	0	0	0	0	0	0	0
H_5	0	1	0	0	0	0	0	0	0	0	0	0	0	0	0	0	0
H_6	0	0	1	0	0	0	0	0	0	0	0	0	0	0	0	0	0
H_7	0	0	1	0	0	0	0	0	0	0	0	0	0	0	0	0	0
H_8	0	0	0	1	0	0	0	0	0	0	0	0	0	0	0	0	0
H_9	0	0	0	1	0	0	0	0	0	0	0	0	0	0	0	0	0
H_{10}	0	0	0	0	1	0	0	0	0	0	0	0	0	0	0	0	0
H_{11}	0	0	0	0	1	0	0	0	0	0	0	0	0	0	0	0	0
H_{12}	0	0	0	0	1	0	0	0	0	0	0	0	0	0	0	0	0

图 6-9　戊烷分子的 BE 图论矩阵表达

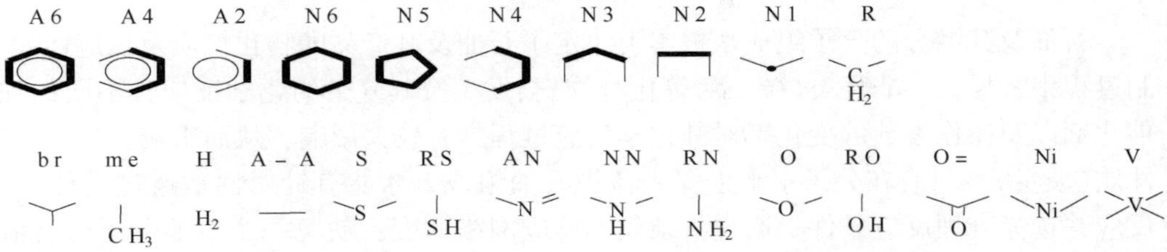

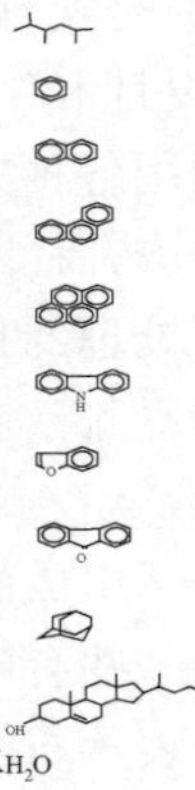

	A6	A4	A2	N6	N5	N4	N3	N2	N1	R	br	me	H	A_A	S	RS	AN	NN	RN	O	RO	O=
3,3,5-三甲基己烷 2,3,5-Trimethyl hexane	0	0	0	0	0	0	0	0	0	9	3	0	1	0	0	0	0	0	0	0	0	0
苯 Benzene	1	0	0	0	0	0	0	0	0	0	0	0	0	0	0	0	0	0	0	0	0	0
萘 Naphthalene	1	1	0	0	0	0	0	0	0	0	0	0	0	0	0	0	0	0	0	0	0	0
菲 Phenanthrene	1	2	0	0	0	0	0	0	0	0	0	0	0	0	0	0	0	0	0	0	0	0
芘 Pyrene	1	2	1	0	0	0	0	0	0	0	0	0	0	0	0	0	0	0	0	0	0	0
咔唑Carbazol	2	0	0	0	0	0	0	0	1	0	0	0	0	1	0	0	0	1	0	0	0	0
苯并呋喃 Benzofuran	1	0	0	0	0	0	1	0	0	0	0	0	-1	0	0	0	0	0	0	1	0	0
二苯并呋喃 Fluoranone	2	0	0	0	0	0	0	0	1	0	0	0	0	1	0	0	0	0	0	0	0	1
金刚烷 Adamantane	0	0	0	1	0	0	1	0	1	0	0	0	0	0	0	0	0	0	0	0	0	0
胆固醇 Cholesterol	0	0	0	1	0	2	1	0	0	10	2	2	-1	0	0	0	0	0	0	0	1	0
水H_2O	0	0	0	0	0	0	0	0	0	0	0	0	1	0	0	0	0	0	0	0	1	0

图 6-10　结构导向向量法的化合物分子信息描述

3）石油及其馏分分子信息与反应性的关系

石油的组成及各组分在石油加工中的转化规律是目前石油加工工艺中最重要的理论基础之一，直接影响到新加工工艺的开发、加工路线的改进、产品质量的提高、新型催化剂的研制以及各加工工艺的优化组合等。石油及其各组分转化规律研究总体上分为两个层次，即，亚组份(馏分)层次与分子水平层次。

石油馏分包括石脑油馏分、煤柴油馏分、减压瓦斯油(VGO)馏分和渣油馏分等，随着原油重质化、劣质化以及环保要求的日益严格，以馏分为基础的传统加工工艺和方案已很难满足生产要求。从分子角度来看，石油是由单个分子组成的混合物，其分子组成包括链烷烃、环烷烃、烯烃、芳香烃、含硫氮氧化合物及含金属化合物等几大类，深入研究这些组分在各种加工过程(如催化裂化、加氢裂化、热转化)中的转化规律，对于加工工艺的改进和产品质量提高具有十分重要的作用。随着人们对石油组成分子水平认识的不断深入，基于分子组成和反应机理的石油炼制过程化学反应规则库得以建立，实现了石油及其馏分分子信息与反应性的关联，并且可以采用虚拟组分代替性质相近的一系列组分，利用计算机软件实现反应网络的自动生成。

(1) 化学反应及其机理归类。石油加工过程涉及的众多的化学反应与反应机理归纳见表 6-1。

表 6-1 石油炼制过程主要化学反应与机理名称汇总[80]

反应路径汇总表	反应机理汇总表
Isomerization 异构化反应	Bond fission 键断裂
Cyclization 环化反应	Radical hydrogen abstraction 自由基夺氢
Hydrogenolysis 氢解反应	Radical *b*-scission 自由基 *b*-位断链
Cracking 裂化反应	Radical addition 自由基加成
Double bond shift 双键转移反应	Radical termination 自由基终止
Hydrogenation 加氢反应	Ionic isomerization 离子异构化
Hydrodesulfurization 加氢脱硫反应	Ionic hydride shift 离子型氢化物转移
Denitrogenation 脱氮反应	Ionic methyl shift 离子型甲基转移
Ring saturation 环饱和反应	Ionic *b*-scission 离子 *b*-位断链
Dealkylation 脱烷基反应	Ionic hydrogen abstraction 离子夺氢
Side chain cracking 侧链裂解反应	Ionic protonation 离子质子化
Ring closure 闭环反应	Ionic deprotonation 离子脱质子化
Ring opening 开环反应	Ionic ring closure 离子闭环
Ring isomerization 环异构化反应	Ionic ring expansion 离子扩环
	Ionic addition 离子加成
	Hydrogenation 加氢
	Dehydrogenation 脱氢
	Hydrogenolysis 氢解

(2) 化学反应规则库。表 6-2 为石油炼制过程化学反应规则库的主要内容。

表 6-2 石油炼制过程化学反应规则库[80]

反应系(族)	反应规律
金属反应系(族)	
脱氢反应	饱和化合物(链烷烃和环烷烃)的所有位置或有限的随机选择的位置上发生 在异构烷烃的支链、β-位支链和含支链环烷烃的支链、β-位支链上发生
加氢反应	在烯烃和含双键环烷烃的所有双键位置上发生
饱和反应	芳香环逐一饱和，生成环烷烃
芳构化反应	允许所有的六元环烷烃芳构化
氢解反应	只形成轻质气体(C_1 和 C_2)

续表

反应系(族)	反应规律
酸反应系(族)	
质子化裂解和夺氢反应	对于饱和化合物(链烷烃和环烷烃)是确定性的(有限数量)或随机的(所有位置上均有可能) 在异构烷烃的支链、β-位支链、烯丙基、β-位烯丙基以及含支链、烯丙基环烷烃的支链、β-位支链、烯丙基、β-位烯丙基位置上发生
氢化物迁移反应，甲基迁移反应，异构化反应，扩环反应，缩环反应	根据碳数确定的有限数量的反应 对于低酸度过程异构化反应不会形成孪位支链 异构化反应通常导致支链的增加或侧链的延长 只会从一个不太稳定的离子形成更加稳定的离子(1°→2°→3°)
β-位断链	对于低酸度过程和高碳数分子只允许 A(3° to 3°)和 B(2° to 3°)型的裂化反应 不会形成乙烯基(C═C═C)化合物
闭环反应	闭环形成五元或六元环烷环
开环反应	只开环形成稳定离子
环增长反应	只允许 $C_1 \leqslant C_N \leqslant C_4$
热反应系(族)	
起始反应和夺氢反应	对于饱和化合物(链烷烃和环烷烃)是确定性的(有限数量)或随机的(所有位置上均有可能) 在异构烷烃的支链、β-位支链、烯丙基、β-位烯丙基以及含支链、烯丙基环烷烃的支链、β-位支链、烯丙基、β-位烯丙基位置上发生
自由基异构化反应以及扩环、缩环反应	根据碳数确定的有限数量的反应 对于低温过程异构化反应不会形成孪位支链 异构化反应通常导致支链的增加或侧链的延长 只会从一个不太稳定的自由基形成更加稳定的自由基(1°→2°→3°)
β-位断链	允许β-位断开成烯丙基、支链或β-位支链自由基 不会形成乙烯基(C═C═C)化合物
闭环反应	闭环形成五元或六元环烷环
开环反应	只开环形成稳定的自由基
环增长反应	只允许 $C_1 \leqslant C_N \leqslant C_4$

对于石油加工过程，上述反应规则需要用信息化的方式来表达。为了简便过程，可以分别对反应分子和产物分子制定相应的选择规则和生成规则。

例如，图 6-11 是多环芳烃的饱和过程。对于多环芳烃饱和，反应分子选择规则是二环及以上芳烃；产物分子的生成规则是芳环逐个被饱和。采用 SOL 向量法，则多环芳烃饱和的反应规则可以被描述为：

反应分子选择规则：A4≥1

产物分子生成规则：A4←A4-1；N4←N4+1

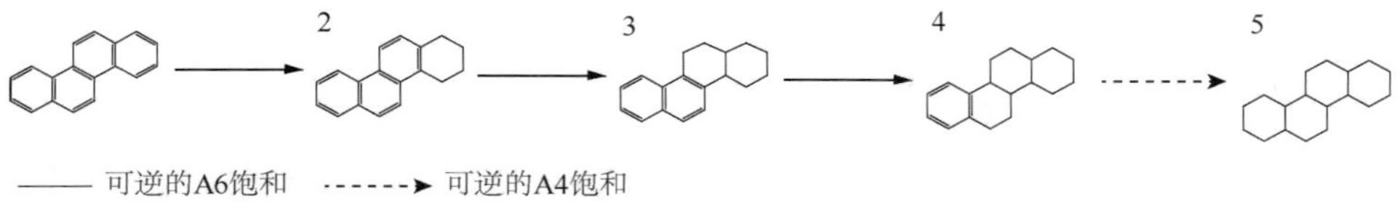

图 6-11　多环芳烃饱和反应规则

(3) 化学反应的信息化表述[79,80]。可以采取多种方法对化学反应过程进行信息化表述。例如，加氢反应的键-电子图论矩阵模式表述如图 6-12 所示。

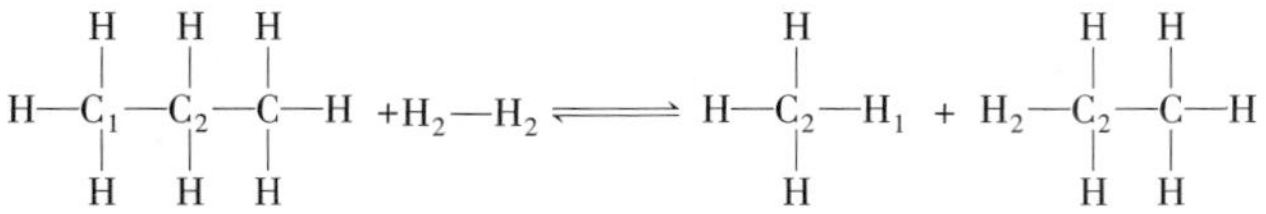

图 6-12　化学反应的键-电子图论矩阵模式表达

键-电子矩阵模式表述为：

反应物矩阵

	C_1	C_2	H_1	H_2
C_1	0	1	0	0
C_2	1	0	0	0
H_1	0	0	0	1
H_2	0	0	1	0

\+

反应矩阵

	C_1	C_2	H_1	H_2
C_1	0	-1	1	0
C_2	-1	0	0	1
H_1	1	0	0	1
H_2	0	1	-1	0

=

产物矩阵

	C_1	C_2	H_1	H_2
C_1	0	0	1	0
C_2	0	0	0	1
H_1	1	0	0	0
H_2	0	1	0	0

(4) 化学反应网络生成。用虚拟组分代替性质相近的一系列组分，建立集总模型反应网络，列出所有可能的化学反应路径。由于反应类型、反应机理和反应深度的不同，反应网络中的基元反应数量十分庞大，对此，可以利用计算机软件来实现反应网络的自动生成。

首先是原料分子结构的设置，访问石油分子信息库，对分子骨架结构及其原子连接方式进行解析，建立模型化合物；其次，访问化学反应规则库，设置反应搜索深度并搜索出可能发生的化学反应过程；最后，综合考察体系中串/并行反应，以及中间产物和产物分子的输出，对冗余反应进行分析与筛选，即可实现分子水平模型反应网络的自动生成。

4）分子动力学模型与计算

以虚拟组分代替性质相近的一系列组分，建立分子模型，通过化学反应规则库中反应分子选择规则和产物分子生成规则的限定，即可构建化学加工过程的反应网络，但仅仅依靠反应网络不足有阐明复杂的石油加工过程，还需要有更多相关的速率及平衡常数等信息，即，分子动力学模型的建立与计算。

分子动力学模型与计算基本步骤为：建立分子动力学模型，进行转化过程的定量计算，确定动力学参数，并判断最可能的反应路径。动力学计算软件主要涉及以下内容：

数据的输入，包括：

(1) 分子信息库访问接口软件，读取单体化合物、特征化合物或模型化合物的物性及热力学/动力学基础数据；

(2) 反应动力学设置模块，设置工艺条件、催化剂物化性质、反应速率方程以及动力学参数初值等；

（3）反应器模拟模块，进行物料与催化剂接触形式和催化剂床层的设置。

数据输出，包括：

（1）线性自由能计算模块，获得各反应的热力学参数，以及动力学/热力学的参数关联；

（2）大规模微分方程组求解模块，求解刚性微分方程组，获得各反应的反应速率，并对产物组成进行模拟计算；

（3）动力学参数校正模块，通过输入产物组成分析数据、设置动力学参数阈值，进行分布式并行优化计算。

如此大量的计算，在最新的云计算环境下，可以提供大量分布式计算核心，并利于计算结果的存储、分析与展示。

3. *石油分子工程与分子管理的主要构架*

石油分子工程与分子管理的主要构成示意图见图6-13。

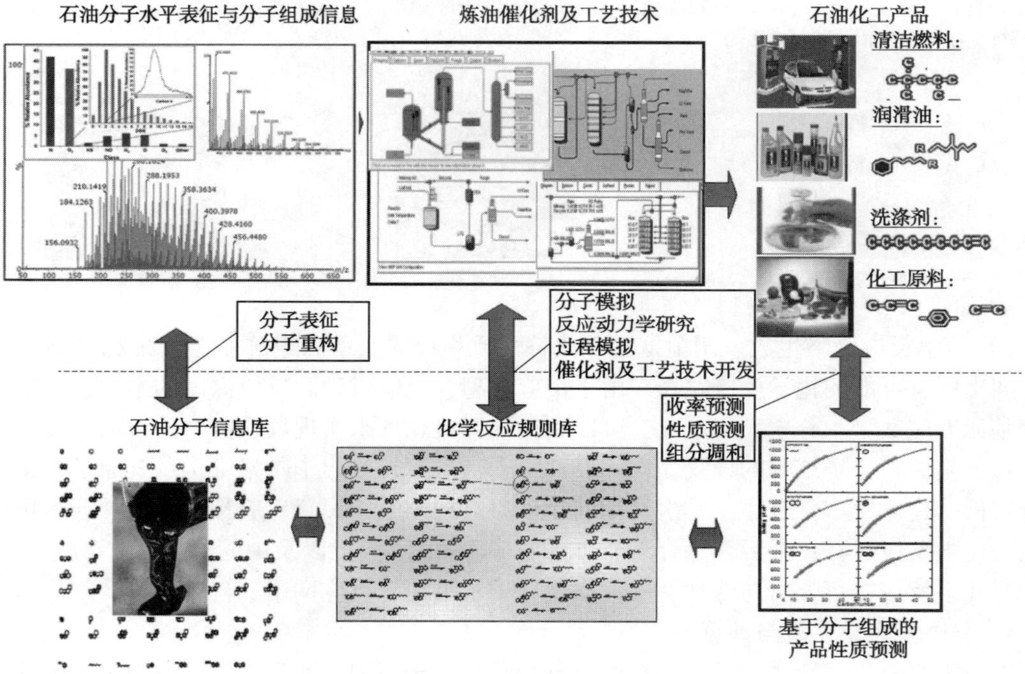

图6-13　石油分子工程与分子管理的主要技术构成示意

（1）石油及其馏分的分子水平表征，尽可能详细地获得石油的分子信息，如单体化合物、族组成和结构组成等信息。如果没有实测数据，也可以通过“分子重构”的方法“构造”出石油馏分的分子结构与组成。

（2）利用分子水平表征技术与分子重构技术获得的石油详细分子组成信息，辅以单个物料数据的收集与计算、单体热力学数据的收集与计算，通过相应的分子信息维护形成石油分子信息库；

（3）基于石油分子信息库建立石油炼制过程的化学反应规则库，并通过分子模拟、反应动力学研究和过程模拟指导催化剂及工艺技术的开发，或进行基于分子组成的产品收率及性质预测。

（4）通过全流程、全产业链的协调优化，实现实现石油资源价值最大化和资产价值最大化。

石油分子工程及其管理的主要软件与炼化生产信息化体系融合的简要示意图[80]见图 6-14。

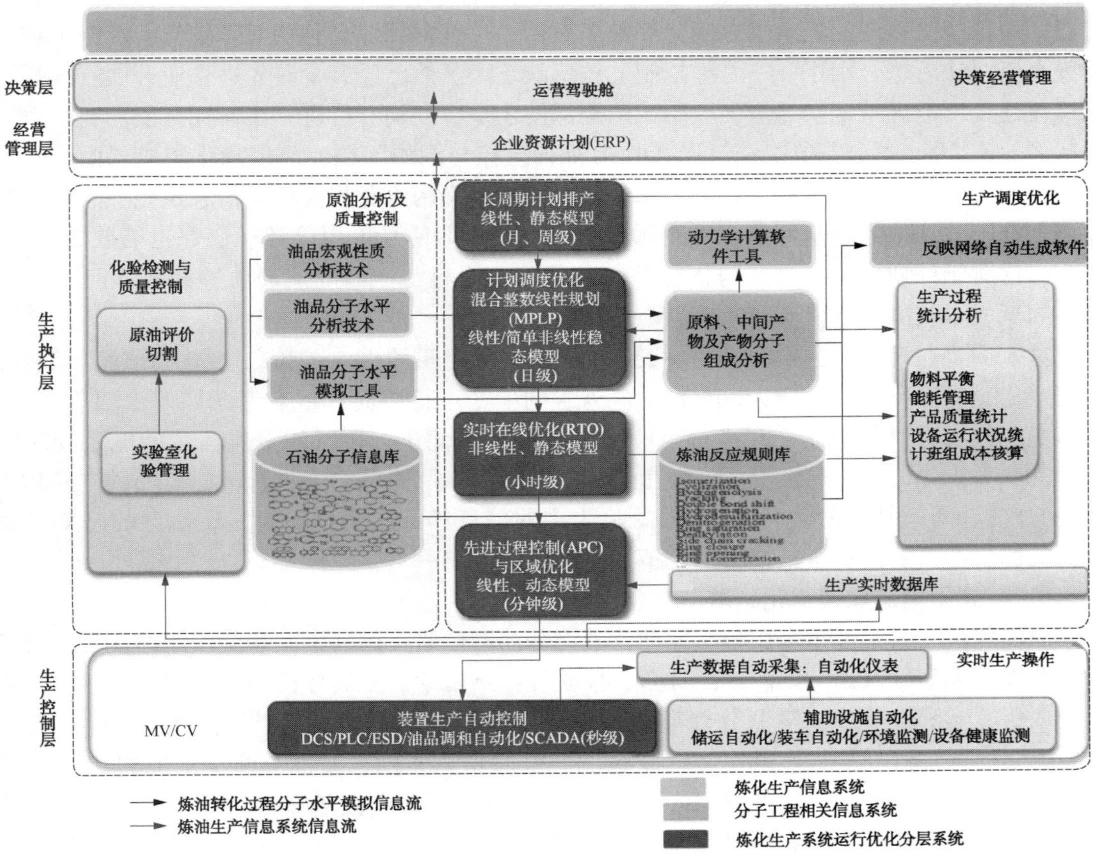

图 6-14　石油分子工程及其管理的软件与生产信息化体系融合图

4. *石油分子工程与分子管理的主要应用领域*

石油分子工程与分子管理从石油分子组成出发，转变过去粗放型的馏分加工为精细化的分子反应，实现每一种或每一类分子的价值最大化。由于其所蕴含的巨大经济效益，石油分子工程与分子管理在优化资源配置、推动技术进步、提高产品质量和提升企业核心竞争力方面具有重要的现实意义和广阔的应用前景。概括来说，石油分子工程与分子管理的主要应用领域包括：原油分子信息库与新型原油快评，分子重构技术与汽柴油分子级水平的精准调合，分子模型重构技术与分子动力学模型及优化，以及新工艺的开发和新催化材料的研制等，主要内容将在本书作者即将出版的《石油分子工程》中予以专门介绍、论述。

二、资源敏捷优化与先进计划系统

推动炼化企业的生产、管理和营销模式变革，需要实施智慧炼化建设。站在炼化企业智能优化制造即智慧炼化角度，为实现模式变革，炼化企业还要设法面对和解决以下问题。

炼化企业在经营决策层面，还存在诸如原油(供应链)采购较少考虑企业装置运行特性；产业链分布与市场需求时有脱节，不同区域、不同时期对产品的需求不一样，如何很好匹配？以及现有或新上的各类管理系统不能很好集成，缺乏知识驱动，最后形成不少信息孤岛等问题。在生产运行层面，存在的主要问题包括：一是精准优化控制水平不高。生产过程价值链模型化很困难，导致资源优化配置水平较低，计划、调度和生产装置之间优化缺乏有效协同，知识型工作者的经验难以固化和推广应用。二是资源综合利用效率较低，资源本身以及废弃资源缺乏综合利用。三是虚拟制造技术缺乏。虽然已经有少些先进企业开展三维数字化炼化建设，但虚拟现实与增强应用无论是深度还是广度均有待进一步研究开发。在能效安环层面，需要面对能源利用率较低、QHSE 如何监控与溯源问题。而信息化集成层面，如何解决物料属性无法快速获取、如何加深、加大物联网应用以及如何增强信息系统集成性问题等，是比较迫切的问题。例如，原油评价周期很长，即使是采用简评、快评也需要 2~3 周时间，这对于计划采购、排产与优化等影响很大；原料与产品的流通轨迹缺乏实时感知数据，物流成本较高，供货不及时等。

这就需要在现金流为主的经营决策层面，考虑如何重塑供应链和产业链，如何主动响应市场变化，准确决策商业行为。在物质流为主的生产运行层面，重点考虑如何重塑价值链，如何实现单元价值链描述，并进行企业级全流程整体优化。在以能量流为主的能效安环层面，既要考虑如何监控与溯源，还要考虑如何降本增效、确保 QHSE 合格，实现供应链和产业链的永续(可持续)发展。而在以信息流为主的信息集成层面，如何实现信息的感知和集成，支撑生产、管理和营销模式的变革。

(一) 关于资源敏捷优化系统

原油评价主要是通过全面分析原油及其馏分油的性质，达到全面掌握该原油性质，确定该原油加工方案以及据此预测产品分布、性质等特点目的。原油评价的内容包括原油的一般性质分析、实沸点蒸馏、窄馏分性质分析，以及宽馏分性质分析等[111]，涉及汽油、石脑油、喷气燃料、灯油、重整料、裂解原料、液蜡原料、柴油、蜡油、润滑油原料以及渣油等。每个馏分油的分析项目都有 10 多项，有些分析项目如汽油的辛烷值、柴油的十六烷值等，需要较多的油样，而且所涉及的仪器价格昂贵、分析时间长。随着进口原油品种的增加、炼厂加工方案调整频次的加快，传统原油评价样品用量多、分析时间长、工作量大等缺陷逐渐暴露出来。特别是"机会原油"的加工，对原油评价的速度提出了更高的要求。开展馏分油的物性关联研究工作，寻找物性之间的相互关系，可以达到由已知的物性预测未知性质的目的。这样可以减少馏分油的分析项目，降低分析油品用量，无疑可以加快原油评价的速度。另外，原油评价数据库是企业 PIMS、RPMS 等计划优化系统运行的基础，由于种种情况，数据库中的物性数据常常不够完整，不能全面满足企业计划排产与生产优化的需要，而使用馏分油的物性关联模型可以起到物性数据补齐的作用。各国学者在馏分油性质关联方面进行了大量的研究，寻找各物性之间的内在关联性，建立了许许多多由简单易得的分析项目关联其他物性的关联模型[112~115]。原油分子信息库、原油快评、分子重构技术是实现资源敏捷优化的基础[116]。

1. 现代光谱分析技术在原油快评中的应用

如上所述，原油评价十分重要，但由于工作内容多、分析工作量很大且受分析手段限制，很多分析项目耗时较长，无法满足现代化炼油厂对原油快速性能、质量检测的要求，因此急需开发快速原油评价技术，提高炼油厂效益。

现代光谱分析技术具有分析速度快、操作简便，且一次能够检测多个指标的优点，已经应用于石油产品质量控制和炼油厂在线调合。目前，我国正在开展的原油红外光谱快速评价技术研究，并得到部分推广使用。从初步推广使用效果来看，该技术能有效弥补传统原油评价耗时长、无法满足实时观测等缺点，可在短时间内获得原油基础性质数据，可用于原油快速检测、原油在线调合、炼厂产品先进控制等方面。

1）原油光谱评价技术

目前，用于原油评价的光谱技术有近红外光谱分析技术和中红外光谱分析技术，前者已经得到商业化应用，后者处于研究阶段。

（1）原油近红外光谱快速评价技术　有多元校正技术、拓扑技术、数据库识别和定量技术。

① 近红外光谱多元校正技术。该技术过程是首先采集一定数量且有代表性的样品。一部分作为校正集，用于建立模型；另一部分作为验证集，用于验证模型。模型的建立：测定校正集样品的近红外光谱数据（x）和性质指标（y）；随后对近红外光谱数据 x 进行预处理，提取其特征变量（x'）；然后利用多元校正方法计算特征变量（x'）与原油性质指标（y）之间的关系（模型），即 $y=f(x')$。模型的验证：测定验证集样品的近红外光谱数据和性质指标；将近红外光谱数据导入校正集所建立的模型中，计算验证集样品的性质指标，并与实验室标准方法测定结果进行比较，验证模型的准确性。在实际使用时，直接测定原油的近红外光谱，利用所建立的模型，直接预测原油的性质指标。如果建立了多个性质指标的模型，则可以实现采集一次近红外光谱，可以同时测定多个性质指标，实现原油的快速评价的目标。

石油化工科学研究院（石科院，RIPP）的褚小立博士[117~119]采用傅里叶变换近红外光谱仪（型号为 Thermo Antaris II），结合偏最小二乘法（PLS），利用 RIPP 化学计量学光谱分析软件 3.0，建立了原油密度、硫、氮、残炭、蜡、胶质、沥青质和 TBP 共 8 个指标的定量模型，分析结果表明，分析偏差与标准方法规定的再现性要求接近，说明近红外光谱测定结果与标准方法测定结果基本一致，可以用于原油上述指标的快速测定。

褚小立[118]采用移动相关系数法，建立了近红外光谱数据库识别和拟合定量技术，实现原油种类快速识别、混兑原油基本性质的测定、原油混兑比例的测定以及未知种类混兑原油的快速评价；并对中国石化石油化工科学研究院近红外原油快速评价系统进行了二次开发，建立了炼油厂专用的近红外原油光谱数据库，以库光谱拟合及识别相结合的方式建立快速评价分析模型；将二次开发后快速评价系统应用于两家炼油厂，对其加工原油进行种类识别及性质预测。结果表明，在数据库完善的情况下，炼油厂加工的原油可以被完全识别，两个炼油厂加工原油的密度、酸值、硫含量和残炭性质的预测标准偏差较小，分析重复性与标准方法相当[120]。

② 拓扑定量技术。近红外光谱拓扑（TP）方法是一种基于拓扑学（模式识别）基础上的非回归方法，是基于“光谱相同，则样品相同；样品相同，则性质相同”的原理，这与数据库定量原理基本相同。其过程：从样品的近红外光谱中提取特征信息变量，制定特征编码，采用一定的检索方法在拓扑数据库中寻找最为接近的库样品，直接给出样品的性质。预测未知样品时，首先根据建立的编码原则，由近红外光谱提取特征变量进行编码，在拓扑数据库中寻找，如果能够找到完全一致的编码，则该库样品的性质为该样品的性质；如果没有一致的

编码，则寻找与编码接近最为接近的几个样品进行拟合，计算得到该样品的性质。

王艳斌等人[121]采用Intertek公司的拓扑建模技术（软件为PT5）测定原油实沸点蒸馏收率；根据该结果通过H/CAMS软件计算其侧线物料收率，该测定值与中国石油广西石化生产报表中各个侧线的收率数据一致，说明近红外光谱法结合拓扑建模方法，可以用于炼厂的优化控制过程。

（2）中红外光谱原油评价技术　目前，中红外光谱原油评价技术正处于研究阶段，从文献报道来看，有多元校正定量技术和二维识别技术。

中红外光谱多元校正技术过程与近红外光谱多元校正过程完全相同，唯一不同的是前者采用原油中红外光谱数据，后者采用近红外光谱数据，从而导致建模参数不同。2011～2012年，李敬岩[122,123]收集了国内外具有代表性的原油样本，采用Thermo公司Nicolet-6700型傅里叶变换红外光谱仪，利用RIPP化学计量学光谱分析软件3.0，建立了原油密度和硫含量的中红外光谱PLS模型。密度的RMSEC和SEP分别为0.0051g/cm^3、0.0044g/cm^3，硫含量的RMSEC和SEP分别为0.18%、0.16%，均接近于标准方法的误差要求。说明可以采用中红外光谱结合PLS方法，可以准确测定原油密度和硫含量，测试结果与标准方法测定结果一致。

2015年李敬岩[124]研究了手持式红外光谱仪测定原油理化指标的可行性。收集了国内外具有代表性的原油样本200种，采用手持式红外光谱仪（阵列检测器）。PLS建模软件为RIPP化学计量学光谱分析软件3.0。结果表明，小型红外光谱仪虽然分辨率低、信息有限，但通过化学计量学算法，可以准确测定预测原油密度、酸值、硫含量、残炭值、氮含量、蜡含量、胶质和沥青质含量，能满足原油重要性质快速评价的要求，在一定场合可以替代标准方法用于原油密度、酸值和元素硫含量的快速预测。

2016年陈瀑[125]比较了拉曼、中红外光谱以及近红外光谱三种光谱技术评价原油性能。采用同一批次的原油样品（53个），相同的化学计量学软件和PLS方法，比较了三种光谱的重复性、建模准确性。考察结果表明：①从光谱重复性结果来看，拉曼光谱因荧光干扰大，重复性差，相关系数小；中红外光谱和近红外光谱的重复性好，相关系数接近，近红外光谱重复性最高；②从原油的密度、残碳和蜡三个质量指标模型分析偏差来看，拉曼光谱因荧光干扰导致测试误差大，近红外光谱与中红外光谱测试误差小，基本一致。这进一步验证了可以采用中红外光谱分析技术，结合PLS方法，准确测定原油的理化指标，其分析精度与近红外光谱近似。

2011年李敬岩[126]介绍了二维红外相关光谱分析技术。如图6-15所示，样品在外部微扰（如电、热、磁、化学、声音或机械的拉伸）作用下，其红外光谱（吸光度和波数位置）等会发生变化；测定微扰诱发产生动态的光谱信号，得到二维红外光谱。从波数最低的采样点选择一个移动窗口的宽度，计算该窗口内的两样品的吸光度的相关系数；然后将移动窗口向波数高方向移动若干个采样点，作为下一个移动窗口，计算此移动窗口相关系数，得到二维相关光谱。

2013年李敬岩[127]以质量分数1%、2%、3%、5%向425#原油中添加221#原油，得到4种不同混合比例的混合原油。采用Thermo Nicolet-6700傅里叶变换红外光谱仪，以温度扰动作为引发条件，分别测定每个原油样品在30℃、40℃、50℃、60℃的红外光谱。采用二维红外相关光谱识别两种原油，并与一维红外相关光谱识别结果进行比较。结果表明，传统

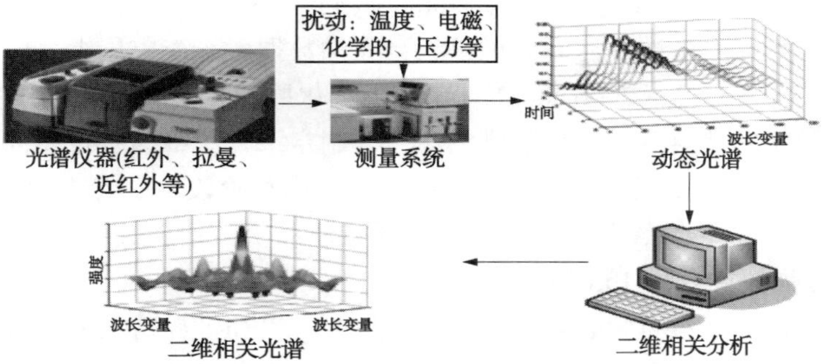

图 6-15　获取二维相关光谱的原理示意图

一维红外相关光谱方法能识别的最低混合比例为 5%，而二维红外光相关谱方法能识别的最低混合比例可以达到 2%，识别能力进一步提高，说明二维红外光谱识别能力优于一维红外光谱。

2）原油光谱快速评价应用现状

（1）中国石油天然气集团公司　2010 年 2 月 22 日，我国首个近红外原油快速评价系统在中国石油大连石化正式运行[128]。大连石化原油评价实验室是中国石油三大原油评价重点实验室之一。2014 年 5 月 23 日[129]，中国石油原油评价重点实验室在大庆通过一期投资和运行评估验收。该实验室于 2008～2010 年完成了第一期投资，建立了北京数据中心和独山子石化、大连石化、大庆油田工程公司三个重点实验室。2011 年重点实验室挂牌运行，至今已完成 445 个原油评价，建立了中国石油原油评价数据库和原油快速评价系统，实现了原油快速评价。在独山子石化、大连石化、大庆油田工程公司形成了较完备的标准原油评价实验室，每年针对国内外重点原油品种进行评价，为中石油 27 个加工企业提供了原油评价的准确数据。截至 2016 年 11 月[130,131]，中国石油原油评价重点实验室的原油评价数据库包含了 2000 多个国内外原油数据，在国内首次建立了近红外原油快速评价方法。中国石油原油评价重点实验室依托石油化工研究院、大连石化公司、独山子石化公司和大庆油田公司建立，是“跨上下游”“跨企业、科研单位”的综合服务型平台，主要开展传统原油评价、原油快速评价和原油数据共享三大领域的科研开发和技术服务，并通过原油数据中心网站向中国石油分享，32 家单位已获得授权。实验室 2010 年建成以来，在国内首次建立近红外原油快速评价方法，建立了相应的原油快速评价光谱数据库，已拥有 1000 多个原油样本及其光谱。原油快速评价技术，能有效弥补传统原油评价耗时长、无法满足实时观测等缺点，可在 30 分钟内获得原油基础性质数据，广泛应用于原油快速检测、原油在线调合、炼厂先进控制技术等方面，是建设数字化炼厂的必要条件之一。近年来，原油快速评价技术在大连石化、广西石化、四川石化等实现生产应用，共分析项目近 200 项，分析数据 5000 多项。快速评价技术提高了原油评价频次、降低了原油评价费用，为企业降本增效提供了重要支撑，仅广西石化就实现近 2000 万元的经济效益。

（2）中国石油化工股份有限公司　早期，中国石化曾采用引进的 Chevron 原油数据库和 H/CAMS 原油切割软件，为各类供应链优化模型提供原油数据服务，但存在数据更新、使用权限等问题。

2004 年 2 月，中国石化启动中国石化原油评价数据库系统[132]建设项目，开发具有自主知识产权的原油评价数据库及切割软件。2004 年 9 月，中国石化成立了原油评价委员会，下设原油数据评价组、原油数据库系统维护组、原油数据库系统应用组，中国石化原油数据库系统正式进入了开发阶段。2006 年 12 月，中国石化原油评价数据库系统完成开发阶段的项目验收，历经两年的项目开发工作圆满结束，并制定下发了中国石化原油评价与数据库系统管理办法，由此，中国石化原油数据库系统也由开发阶段转为维护和应用阶段。截至 2010 年，中国石化原油评价数据库中共有 197 套原油评价数据，其中自评价的原油数据 64 套，CHERVON 数据原始移库 133 套。

（3）南京富岛信息工程有限公司(简称富岛科技)[133]和世界著名的大公司 Intertek、Haverly、ABB、Honeywell、Invensys、AspenTech 都建立了长期广泛的合作关系，其中和 Haverly、Intertek 均为排他性战略合作伙伴。从 Intertek 公司引进了原油快速评价系统，从 Haverly 公司引进 H/CAMS 和 Chevron 数据库。

英国 Intertek 公司属全球最大的检测标准服务商，占世界原油评价 40%份额，拥有四个国际性的原油评价中心，每年进行 700 个原油的评价工作；目前在 118 个国家有 217 个实验室，为全球石油及其他相关企业提供全年不中断的专业服务。Haverly 公司的 H/CAMS 和 Chevron 数据库被业界公认为世界上最佳和最完整的原油评价管理系统。

富岛科技的原油快速评价系统简介如下：

原油样品经原油预处理系统脱水、除杂后，恒温进入近红外光谱仪进行扫描；获得近红外光谱后，采用 PT5Crude 软件与光谱库结合建立的拓扑学模型进行样品光谱分析、计算，得到原油样品的密度、实沸点、硫含量、酸值等关键性质数据；将原油样品性质数据输入原油评价数据管理软件，结合历史数据库中的关键性质相似的同名原油，经计算即可获得该原油样品的详细原油评价数据，耗时不超过 30min。

原油快速评价系统[134]目前支持分析原油性质包括原油的密度、硫含量、氮含量、酸值、倾点、18 个实沸点收率、常减压侧线收率等；也可提供常减压侧线馏分的一些主要性质，如：乙烯料的正构烷烃含量、重整料的芳潜、重油四组分(饱和烃、芳烃、胶质、沥青质)。原油快速评价系统提供原油性质数据给原油优化调合系统，用于校正和更新组分跟踪结果、实时计算罐内原油性质、优化调合配方。同时，提供各采样点的原油性质数据给 LIMS 系统，用于全厂实验室分析数据的统一管理；也可以帮助生产部门及时了解当前进装置的原油性质，然后根据生产需要考虑调整工艺方案。

3）小结与建议

借助于多元校正技术和数据库技术等先进分析技术，近红外光谱和中红外光谱可以用于原油快速评价，弥补传统原油评价的不足，提高炼油生产效益，降低生产成本。近红外光谱原油评价已经非常得到推广应用，中红外光谱原油评价技术正在研发阶段。对于光谱法原油快速评价，应注意以下几方面。

（1）选择合适的光谱技术。

目前，用于原油快速评价的光谱技术有近红外光谱技术和中红外光谱技术，两种技术各有优缺点。

从信号特征性来看，中红外光谱比近红外光谱更丰富，特征性更强。近红外光谱属于含氢(X—H)基团的倍频吸收峰，对于非含氢基团响应较小；而中红外光谱分子基频振动吸收，不仅对含氢基团有吸收，而且对原油中非氢基团，比如 C—C、C═C、C—O、C═O、

C—S、C—N、C ═O—O 等均有较强的响应。从理论上分析，中红外光谱技术可以测定近红外光谱技术不能测定的一些指标，比如酸值；中红外光谱信息更丰富，其识别功能优于近红外光谱。

从信号质量来看，近红外光谱优于中红外光谱。近红外光谱属于宽峰，而中红外光谱属于尖峰；前者信号弱，信噪比高；后者信号强，信噪比小；近红外光谱受水分以及环境的影响不如中红外光谱严重。

从分析技术来看，二者采用的分析技术基本相同，可以采用多元校正、数据库技术。另外，中红外光谱还可以采用工作曲线法，进行定量分析。从准确性分析来，二者基本相当，均能够满足原油快速评价分析精度要求。

从模型传递来看，近红外光谱技术需要考虑进行模型传递。所谓模型传递指同一个样品在不同仪器之间测定的光谱存在细微的差异；该差异造成了将一台仪器建立的模型直接预测不同仪器的光谱时，分析准确性下降，甚至分析准确性无法满足要求。此时，需要采用模型传递技术，修正两台仪器之间测试结果，使不同仪器之间的模型共享。近红外光谱仪器信号弱，仪器之间的细微变化对模型影响较大，需要采用模型传递技术。而中红外光谱信号强，特征性强，可以采用内标物实时标定光谱，因此不同仪器之间的差异对模型影响较小，甚至无影响。

通过上述分析，需要综合上述因素全面考虑选择光谱技术时。如果选用近红外光谱仪器时，除了优选仪器的重复性、稳定性等指标外，还需要对仪器的一致性指标进行优选，优选已经具有解决模型传递案例的仪器。如果选用中红外光谱仪器时，需要重点考察仪器的重复性、信噪比、稳定性、以及光谱自校正能力等指标，同时还需要考察采样系统。

（2）采用合适的分析技术和软件。

如果待测样本处于模型范围内，则可以利用多元校正技术进行定量检测；如果待测样本处于模型范围外，需要进行模型更新和维护。数据库定量技术可以避免多元校正模型不适应的定量问题，但也存在数据库的更新和维护。如果一旦数据库中光谱特征提取不当，所建立的光谱数据库稳健性差或适应差，则定量分析误差大。因此，需要针对光谱数据选择合适数据库定量技术。

分析软件目前有国产化的软件，比如 RIPP 化学计量学软件，也有国外的 Intertek 的 PT5 软件。每个软件各有其特点，需要针对用户需求，优选合适的软件，或者借鉴。

（3）数据库的建立和维护。

目前已经有许多商业原油数据库（Chevron，BP，Shell），可以引进其数据库，然后再根据炼油厂进行补充和完善。在引进数据库时，需要考虑以下几点：

数据库的原油种类和理化指标等数据内容是否满足用户要求；

数据库的光谱对仪器和软件的要求是否满足用户要求；

数据库的更新和维护是否满足用户要求；

数据库的兼容性和接口是否满足装置要求；

数据库是否可扩展使用。

2. 关于核磁共振（NMR）技术及其应用

1）概述

20 世纪 50 年代，核磁共振（NMR）技术开始在炼油化工领域应用。经过几十年的发展，

NMR 技术已经成为当代石油化工领域中分析表征的一种重要的谱学研究手段。

NMR 技术能分析的炼油装置原料(物料)、产品包括：常减压装置、催化裂化装置、连续重整装置、加氢精制装置、加氢裂化装置等，几乎已经覆盖了全部一次、二次加工装置。

实施炼厂物性全过程智能分析，一般采用“1+N”模式进行快速分析，即核心装置(如常减压装置)采用在线分析对各物料进行实时分析和监控，及时反馈物性变化及产品质量情况，并根据监测结果及时对生产方案进行调整优化，其余物料采用离线分析，掌握物性变化情况，实现分析数据共享，及质量实时全面有效监管，确保全厂平稳操作，减少质量过剩，降低不合格产品出现的概率，减少化验分析人员投入，提高全厂效益。

2）应用

中国石化九江石化分公司(以下简称九江石化)是目前应用 NMR 技术比较全面的炼化企业，其 NMR 技术与服务由北京泓泰天诚科技有限公司[135]提供。

2015 年年底九江石化启动了 NMR 在线分析仪离线应用项目，采用在线 NMR 在线分析仪离线分析原油、4#加氢柴油、催化裂化原料油、加氢裂化原料油 4 种物料 63 个物性，并于 2017 年年初项目顺利验收。

2016 年 3 月份启动的 NMR 离线分析项目，延续之前 4 种物料 63 个物性日常分析，双方合作建立了 16 种物料 131 个物性模型，自主开发建立了催化汽油、重整汽油等辛烷值模型，柴油加氢原料、精制柴油等十六烷值模型，以及催化原料、加裂原料等重油四组分模型。

(1)在线分析仪的离线应用　2016 年 5 月起，通过对原油、4#加氢柴油、催化裂化原料油、加氢裂化原料油四种物料进行多组验证后，发现核磁分析结果与样品实际结果的偏差基本上都能满足再现性误差要求的范围，因此对四股物料的分析模型进行上线，用于几种物料各性质的日常分析。

(2) 离线分析　2017 年 4 月起九江石化利用离线设备，实现对 16 股物料的近百个关键物性进行分析并建模。

(3) 在线分析　2017 年 7 月末起，各在线分析模型已完成了初步的校验，并经过验证，证明分析结果准确可靠，可实现对各物料质量进行实时监控，同时为全流程优化应用提供数据支撑。

(4) 离线分析仪的拓展应用　鉴于之前在线和离线项目取得的良好成果，九江石化对 NMR 分析技术进行进一步地拓展应用，目前进展顺利。

3）关于 NMR 技术与 NIR 技术的对比

(1) 关于技术原理　NMR(核磁共振)技术为直接原子分析技术，直接测定物质的分子结构来确定物质的性质，是线性测量。其原理是：通过氢原子在磁场中共振，得到样品中不同氢原子的特征图谱，在 NMR 谱图中，分子结构唯一，决定了各组分的谱峰在谱图中的位置是固定的，并且峰高度直接反映了组分的含量。

NIR(近红外)技术为间接分子分析技术，分析得到特征吸收图谱，同一样品谱峰的位置和形状与分子结构没有直接对应关系，是非线性测量。其原理是：通过对含有 C—H、N—H、O—H 和 S—H 化学键的化合物作组分分析。在 700~2500nm 的近红外波长范围内，含有上述化合键的物质会产生吸收。这些谐波的组合构成了被测物质在近红外光谱带内的特征吸收谱图。

NMR、IR 等波谱分析技术其波长示意图，见图 6-16。

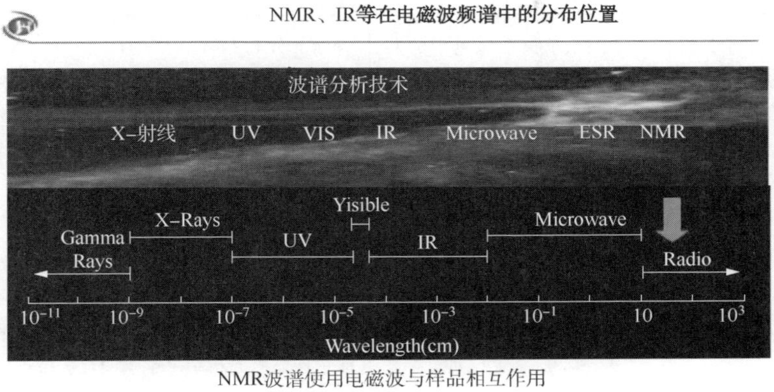

图 6-16 NMR、IR 等波谱分析所用波长示意图

（2）关于对原油数据库的依赖情况　由于 NMR 和 NIR 技术原理不同，决定了两者所需原油图谱库的大小不同。

NMR 是直接分析，并且是线性测量。无须大量原油数据库。根据燕山石化及九江石化实施经验来看，只需 20~40 组原油分析数据，即可建立精确的原油 NMR 分析模型，无须购买大量原油数据库，后期模型维护工作量非常小。

NIR 是间接分析，并且是非线性测量。需要大量原油数据库。根据近红外实施几个案例来看，现场需要提供近百组原油分析数据（甚至更多，九江石化重整在线近红外分析，需要提供 120 组分析数据），同时还需要购买大量原油数据库，方能建立 NIR 分析模型，同时后期模型维护工作量非常大。

（3）其他　关于对分析表征的影响因素、维护工作量等的综合对比，见表 6-3。

表 6-3　核磁共振（NMR）技术与近红外光谱（NIR）技术比较

对比项	NMR 技术	NIR 技术
硬件设备	离线分析时，无须预处理系统，在线分析时，需要预处理系统	离线、在线分析时，均需要有预处理系统。目前近红外在国内没有在线检测原油案例
清洗剂	无清洗剂	预处理需要清洗剂（甲苯、丙酮）（离线应用时需要）
应用范围	原油及其各馏分油等多个介质均能在线、离线分析	只能在线分析汽油，柴油和原油只能离线分析
取样量	3~5mL（离线分析时）	150mL（离线分析时）
分析时间	分析时间 2min 以内	分析时间 5min 以内
水分影响	不受水分影响，可直接测水含量	受水分影响较大，需要脱水
分析激励	永久磁体。NMR 分析仪用永久磁体，无需更换，可长期稳定工作，技术成熟	近红外光源。NIR 使用近红外光源，工作寿命约 8000h，随时间衰减，需要定期更换，每次更换光源时需要对系统和模型进行重新校正

续表

对比项	NMR 技术	NIR 技术
分析原理	原子分析技术，^{1}H 原子核在磁场中的共振。NMR 是一项高端的实验分析技术，它直接测量的样品的微观结构信息，信号与结构一一对应。利用微观结构与宏观特性的对应关系直接反映样品属性	分子分析技术，O—H，C—H，N—H 基团的振动。NIR 是间接分析技术，不是实验室直接分析技术，技术传统，同一样品谱峰的位置和形状与分子结构没有直接对应关系，分析信号受样品温度、水分含量、颜色、气泡、固体颗粒物等各种外部因素影响
介入性	非介入性分析技术。NMR 是电磁扫描，分析器件无须介入到样品内部，可以方便地分析原油、稠油等不透明的液体物流，投用率高，结果准确，不需要经常对设备做维护	介入性分析技术，分析光需介入到样品内部，并被样品吸收。NIR 的分析器件需和样品接触，光学窗口需要反复清洗，分析结果容易受样品光学特性影响，有色和深色样品对分析结果影响明显，维护强度大
可靠性	可靠性高。NMR 标准曲线简单，波谱信号和分析参数间存在着直接对应关系，不需要数据库，用户不需要对模型进行任何维护	可靠性一般。NIR 模型需要不断维护，需要专业背景的化学分析工程师铜鼓传统分析来建立相应的数据库，后期工作量大
影响因素	NMR 对原油中的 Fe、Ni 和 V 等顺磁性金属含量特别敏感，对油样的黏度也比较敏感，永磁铁也会慢慢退磁进而影响谱仪的稳定，这些都会影响 NMR 的准确性和稳定性	NIR 无这方面的影响
颗粒与泡沫	无须除泡，简单过滤。精度要求：100μm。NMR 技术分析结果不受颗粒和气泡的影响，实验基本无需过滤	需除泡，也需要粗细多种过滤。精度要求：2μm。NIR 技术是光学技术，颗粒和气泡会导致强烈的散射，严重影响实验结果
样品温度	控制样品温度±5℃。只要确保温度变化时不造成样品挥发或凝固，不会影响分析结果	温度必须严格控制。NIR 分析中，微弱温度的变化会引起谱图的位置和峰的形状都会发生变化。NIR 分析样品必须置于一恒定的温度条件下，控温元器件需要定期校准，以保证分析结果的可靠
湿度/水分	无影响。NMR 技术中水的吸收位置是固定的、唯一的，在模型操作时可剔除，不影响分析结果	需要严格控制，样品中不允许水存在。NIR 分析技术，样品中的水在整个 NIR 谱区有很强的信号吸收，没有规律，严重影响 NIR 结果精度和可用性。NIR 的预处理系统中，必须要严格滤除样品中的水
样品池	固定的 5mm、8mm 管	样品池/探头
校正与模型	线性关系。直接关联 NMR 谱图信号与常规化验值，并且模型通用。NMR 各个峰区域清晰可分，无叠加，响应线性，易于建模，模型所需样品少，后期用户对建模无需维护，只要 NMR 分析仪型号相同，模型通用	非线性关系，间接分析、间接关联。NIR 谱图做复杂反卷积和统计学处理，模型基本不通用。NIR 各个波段有叠加，建立模型之前要反卷积处理，过程复杂，建模所需样品多，后期用户对模型需不断维护，模型基本不通用，参数范围变化大的样品需要分段建模，维护工作量很大

续表

对比项	NMR 技术	NIR 技术
维护与运行费	维护工作量低、强度小、运行费用可确定。NMR 技术样品处理简单，维护量少，运行零耗材、零排放。可和用户签订年度服务协议，确保硬件、软件和模型的正常工作	维护工作量高、强度大、运行费用难确定。NIR 技术要求严格的样品预处理，复杂的应用模型、大量的样品支持模型的升级和更新；不同用户模型不能传递，使用过程中模型随时都有可能需要校正，实验室常规分析和模型维护工作量很大，成本不可预估，维护劳动强度也不可预估或成本高企难接受
对人体影响	无任何影响。NMR 分析仪工作频率为 60MHz，发射的电磁波波长为 5×10^{6} μm，属于无线电波，远远大于可能对人体造成伤害的波长范围(一般波长小于 0.2μm 的 X 射线、T 射线等种类的电磁波才会对人体有一定的危害)	无任何影响

3. 关于分子重构技术及其应用

采用石油分子工程与分子管理理念，将组成与结构表征、物性关联、分子重构[136,137]等方法获得的原油信息，按照一定的规则、方法建立原油分子信息库，并构建原油快评技术，可以实现原油以及汽柴油分子级水平的精准调合，主要内容将在本书作者即将出版的《炼油强化技术——石油分子工程》中予以专门介绍、论述。

(二) 关于计划排产与先进计划系统

对于炼油企业来讲，供应链是从原材料采购开始，经过生产加工，到产品销售的全过程。供应链管理与优化，就是统筹安排原油采购、生产和销售，提高供应链的敏捷性和灵活性，提高经济效益。实现供应链优化的途径是建立先进计划系统(Advanced Planning System, APS)。APS 是基于线性规划，建立从原料采购，生产加工到产品销售整个流程的计划模型，根据企业自身的生产工艺流程、装置基础数据、产品质量要求、产品销售价格等约束条件，制订出效益最大化的生产计划。对于集团企业，通过集成单厂模型及运输网络建立总部模型，以整体效益最大化为目标制订总体计划，根据市场需求合理分配原油资源，有效利用资产能力，优化产品组合，实现总体优化。通过与生产管理系统的集成，实现“计划—生产—统计”闭环管理，提高供应链管理的准确性和可视化。

1. 关于 ASPEN 的 PIMS 系统

1）概述

Aspen 公司的 PIMS 系统主要用于企业构建生产计划模型，目的是从原油选择、排产、加工到产品出厂进行整体优化。一般地，炼化企业的计划系统的业务目标是制订最优的生产计划，以实现全厂利润的最大化。

2）主要内容

ASPEN 的 PIMS 系统主要包括以下内容：

(1) 制定优化的、合理可行的生产计划，包括年度、季度和月度生产计划等；

(2) 更好的原料评估和选择，优化原油结构，优选原油品种，优选某些原料如乙烯原料；

(3) 对国际原油市场上的现货原油进行加工效益的评估；

(4) 及时了解、掌握计划执行情况，灵活、方便地调整生产计划；

(5) 制订多周期的生产计划；

(6) 与合作企业的 PIMS 模型有机结合，制订多厂生产计划，实现多厂多周期优化，生成代表上级母公司的总体生产经营方案；

(7) 提高生产利润；

(8) 优化产品结构；

(9) 降低生成成本；

(10) 优化资产配置；

(11) 在装置需要检修时，合理安排库存，确定最佳的检修计划；

(12) 长期投资计划；

(13) 技术评估，如催化剂或工艺专利商；

(14) 两家或多家企业之间的计划优化系统集成；

(15) 指导、制定合作企业之间的互供产品价格。

为实现上述目标，美国 ASPEN 公司提供的相关软件包括：

Aspen PIMS-Base 基本系统：

① Aspen PIMS；

② Aspen PPIMS(multi-period)；

③ Aspen Blend Model Library；

④ Aspen PIMS Mixed Integer Programming(MIP)；

⑤ Aspen PIMS Simulator Interface(SI)；

⑥ Aspen PIMS Express Optimizer；

⑦ Aspen Report Writer。

Aspen MPIMS：

① Aspen MPIMS(Multi-plant and single-period)；

② Aspen XPIMS(Multi-plant and multi-period)。

Aspen MPIMS 可用于两家或多家企业之间的多厂、多周期集成模型。例如，中海炼化公司就利用 Aspen MPIMS 用于中海油惠州石化公司(简称惠炼)和中海壳牌化工有限公司(简称 CSPC)之间多厂、多周期集成模型，包括：

(1) 单周期 PIMS 模型；

(2) 多周期 PIMS 模型；

(3) 单周期、多厂 PIMS 模型(如，惠炼和 CSPC 的集成模型)；

(4) 多周期、多厂 PIMS 模型(如，惠炼和 CSPC 的集成模型)。

3) 关于模型

(1) 基本模型　在中国海油惠州石化一期的 PIMS 系统中，建立一个涵盖惠州炼油 16 套炼油生产装置、公用工程和油品调合、原料购买、产品销售、燃料油、燃料气、氢气等的计划优化模型。基于中海炼化惠州炼油(惠炼)提供的数据，建立主要二次加工装置(催化重整、催化裂化、延迟焦化、高压加氢、中压加氢、汽柴油加氢、芳烃联合(PX)等装置)的简单反应模型(Delta-Base 模型)，这些模型能够计算原料和关键操作条件发生变化时收率的变化。如果已知原料物性和主要操作条件，计划人员可以利用这个模型计算工艺单元的收率。

基于以上，中国海油建立了惠州石化和中海壳牌(CSPC)之间集成多厂、多周期模型，用于两个企业之间的一体化整合。

ASPEN 模型的具体内容包括：

① 每个工艺单元的物流和组分的定义；

② 原料的进料特征和收率数据；

③ 每个工艺单元的关键约束；

④ 关键公用工程消耗的定义；

⑤ 每种进料、产品和公用工程的价格输入；

⑥ 标准用户文档(PIMS 相关的内部表格)。

Aspen PIMS 可以用于提供短期的生产计划，也可以提供长期规划建议指导，用于每年的财务预算计划。计划的时间范围可以由用户定义，并且可以包含随时间发生变化。

通过使用 Aspen PPIMS 模块，用户可以在模型中考虑时间相关的因素，例如工厂检修，市场规划，变动的价格以及金钱的时间价值。

基于市场价格(卖出市场价格和买入市场价格，包括最终产品的销售价格和原料的采购价格)以及生产成本，Aspen MPIMS 可以帮助指导制定互供产品价格。

(2) 关于模型的二次开发　为更好地实施 Aspen PIMS 项目，一般需要在 Aspen PIMS 模型建立的基础上进行二次开发。例如，中海油在惠炼的模型实施二次开发的具体内容包括：

① 开发雪佛龙原油评价数据库及常减压模拟切割系统与 Aspen PIMS 接口；

② 开发实时数据库及 LIMS 系统与 Aspen PIMS 接口；

③ 开发递归程序，实现主要二次加工装置的反应模型通过与实时数据库、LIMS 系统关联，自动找出原料物性变化和装置主要操作条件发生变化时，装置收率的变化的参数；

④ 开发递归程序，实现主要二次加工装置的反应模型通过与实时数据库、LIMS 系统关联，自动找出原料物性变化和装置主要操作条件发生变化时，找出物料性质变化；

⑤ 根据惠州炼油实际需求，提供一个报表客户化工具；

⑥ 实现与 MES 系统数据共享集成，包括物料平衡、实时数据库数据、调度系统的数据更新；能与物料平衡、生产调度与优化等系统集成，动态跟踪计划执行情况，为适时调整生产计划提供可靠数据；

⑦ 具备将已经确定的生产计划发布至综合信息平台的功能，具备与 ERP 系统的接口，可将生产计划导入 PP 等模块；

⑧ 对于所有需要连接的外部系统，在利用已有接口的情况下，需要提供接口通信方法及所需数据的详细表结构，不存在接口的情况下，共同协商建立中间表，根据各自所需进行读写。

2. Honeywell 的计划优化系统 RPMS

1）系统功能

(1) 关于建模：

① 多时间段(多周期)建模　是制订年度运行计划、确定长期战略规划的重要工具，

RPMS 多时间段处理器支持跨越多时间段的建模，时间段的长度由用户设定。这一特性在很多应用中相当有用，如库存管理、资金流的分析和在整个生产计划内的各时间段处理量的变化。

② 混合整数规划 RPMS 允许用户使用混合整数规划技术进行辅助决策。这一技术可以用来表示原材料采购、产品销售、装置最低处理量、最低调合组分百分比的决策变量。例如：利用混合整数规划，用户可以设置采购某种原料的最低采购量不应低于某一值，如果低于这一值就不采购；或从经济效益的角度设定装置最低加工处理量，如果低于该处理量，系统会建议关停生产装置不生产。MIP 混合整数规划是 RPMS 的标准配置，客户无需另外支付额外成本。

③ 投资模型 在 RPMS 的系统数据库中，包含了炼化行业各种生产设备的投资-产品关系模型。这些模型使得 RPMS 能够将投资决策（例如修建新设备，脱瓶颈）与优化过程相结合。

④ 分布递归 RPMS 通过分布式递归和物性误差跟踪改善原料流的选择，这样可以使 LP 能够“看到”在“池（pools）”中流股物性的差异，从而改进对进料的选择。分布式递归方法使得 RPMS 能够将原料的变化与产品性质的变化相关联起来。RPMS 能够自动生成必要的行或列来追踪相关的流股及所有这些流股可能的去向。在这一方面，其他相关产品只能用手工定义行及列，对于一些没有经验的用户，由于误差分配表建立不够完善，使得模型计算结果完全不正确。

⑤ 连续线性规划 RPMS 为处理非线性问题和其他难于收敛的模型（例如由重整汽油引入的模型）提供了一个非常有用的工具。这种专门的递归技术称作“连续的线性规划”（SLP），可以自动地动态地修正迭代时的步长。

⑥ “池”技术 不管是“显式池”（explicit pooling）技术还是“隐式池”（implicit polling）技术 RPMS 在处理流程工业中混合难题（pooling problems）的技术是独一无二的。其中包括的技术有：

i. 在同一模型中包含了不同原油的不同切割方案；不同装置不同加工方案下的侧线产品收率。

ii. 可以灵活地按装置或按流股对产品流股进行混合及分隔操作。

iii. 可以在进下游装置或进行后续处理前，把多股物流进行强制混合，并跟踪混合物料的性质对下游装置或后续处理的影响。

iv. “隐式池”技术可以按原先的比例把混合料分配给下游装置或后续操作，而不需要真正地对多个流股进行混合。

（2）系统组成：

① 化工装置数据库 RPMS 化工装置数据库涵盖了大量石化生产过程中的生产装置及产品，可用于单纯的化工过程研究或与炼油数据库结合起来用于石化过程研究。数据库中包含了 100 多个化工过程单元及其相应的投资成本。产品包括了合成纤维、合成橡胶、树脂、塑料、溶剂、可塑剂和肥料等。

② 炼油装置数据库 RPMS 提供一个动态的炼油过程生产装置数据库，其中包括了绝大多数的大型炼化生产装置及投资-产能关系数据。数据库中包含了基于体积和重量的过程装置模型，用户可以灵活地定制炼厂模型、中间馏分、燃料油和大多数炼厂中间产品的质量

数据。

③ 数据工厂　RPMS 的数据工厂是一个集成的微软 EXCEL 应用，用于以 EXCLE 表格形式显示和操作 RPMS 模型数据。EXCEL 电子表格的常用功能在数据工厂中都能实现，例如增加和删除一行一列、执行计算、工作表间拷贝和粘贴、改变外观和打印等。这种基于表格的查看方式完善了 GUI 的面向对象的模型数据的查看方式。用不同的方法或视角来描述数据，可能会更有利于发现一些隐藏的错误。数据工厂可以授权某些用户可以查看或修改系统中的某些画面或菜单，而其他用户则不能。

④ 报表工厂　RPMS 的报表工厂是一个集成的微软 EXCEL 应用，用 EXCLE 表格形式生成 RPMS PEEK 报表和 BASIC 报表，以及用户自定义的报表。用户自定义的报表可以使用常用电子表格功能开发，报表工厂中包含了一个函数库，用于处理与 GAMMA 相关信息。报表工厂是一个功能强大的工具，能以任何想得到的格式产生报表。

⑤ 项目管理界面　每当 RPMS 启动时，项目管理窗口自动激活，窗口中列出了所有 RPMS 内的模型和案例(case)。这一界面是 RPMS 系统主要的模型和案例管理工具，通过此界面可以处理模型和案例的创建、激活和删除。项目管理窗口为所有 RPMS 模型提供了一个文件柜式的视图。

⑥ 在线帮助系统　对于 RPMS 系统中的任何一个功能，都可以通过点击鼠标得到在线帮助。典型的在线帮助窗口由以下两部分组成：对 RPMS 中的表的作用作简要说明部分；以及表中每一行每一列作用的详细说明部分。

(3) 报表　除了用 RPMS-EXCLE 工厂提供的报表以外，RPMS 提供了许多其他报表方式：

① 求解结果分析报表，优化模型运行后系统自动生成。这些报表以一定的格式显示 RPMS 系统信息，为用户了解模型提供了大量有用的信息；

② 新设备投资报表，用来处理新设备的建设；

③ 物料和经济平衡报表，这些报表可以以重量为单位，也可以以体积为单位；

④ 总的经济汇总报表，以前报表中有关成本信息的整合与摘要；

⑤ 物料的生产与消耗报表，包括生产装置操作情况摘要和汇总信息；

⑥ 特别的分类汇总，显示特定项的相关信息，例如氢平衡和硫平衡；

⑦ LP 模型执行报表，这些报表为模型调试提供了有用的信息。

通过 GUI 用户任何时候都可以检查、显示和浏览标准报表。因此，RPMS 被许多综合性的石化企业做为原油选择、计划排产、投资规划的工具。

2) 目标或要达到的效果

例如，中海油在惠炼的总目标是建立符合惠炼实际情况的生产和经营模型，生成最佳生产运行方案，为生产经营提供采购、销售、装置运行、操作条件等最佳决策，使公司的经济效益达到最大化。

(1) 最佳生产方案包括：最佳原料购置方案；装置的最佳组合方案；装置的最佳运行方案；中间产品的最佳组合方案；最佳产品销售方案。

(2) 减少人力、缩短排产计划的时间。

(3) 通过对比多种方案，为决策提供依据。

3）建立模型

（1）信息支持　建立 RPIMS，需要提供必要信息，这些信息软件供应商会提出具体需求。

（2）生产计划优化模型建立：

① 模型数据的收集　RPMS 建模过程中所用到的生产类等各类数据，要按照建模要求的数据格式和要求，准确、完整地以电子文档的形式提供。这些数据主要包括：各物料的代码（三个字符），包括购买的原料、销售的产品、购买的公用工程、销售的公用工程、中间产品；定义各物料的命名规则，计量单位；详细的流程框图；各物料的最大、最小的库存量限制；拟使用的原油及其分析（甲方提供）；原油切割流程图（包括操作模式）；产品调合的配方；如果是质量调合，则给出调合产品的组分、质量指标及各组分的物性数据；产品价格及约束；原料价格及约束等。此外，还包括：包括多种苛刻工艺过程在内的所有工艺单元收率数据；公用工程费用及所有工艺单元的需求（量）；所有工艺单元的生产能力约束。

所提供的原油数据为常减压装置加工处理原油时的各侧线收率及对应的物性数据，如密度、API 度、干馏点、硫含量及其他微量组分的含量。在建模之前，用户必须提供原油分析数据，各切割馏分要求的收率及其物性。在建模时发现缺少的任何数据均按照乙方的经验进行估算，并在用户能提供该数据之前当成是可接受的数据。

RPMS 只使用模型需要的物性数据。所有调合组分都必须具有适当的物性以计算最终的调合质量。因此甲方需要提供的物性数据尽可能的完整、准确，尤其是涉及到调合产品质量的物性数据。如 RVP、辛烷值、硫含量、倾点等。

另外，许多工艺单元的收率及产品质量取决于进料的质量。例如，重整的收率经常取决于进料中的环烷烃与芳烃的含量之和；与此类似，加氢处理单元的耗氢量可能与进料中的硫含量有关。

有些物性不能按线性关系调合。在这类情况下，如果用户能给出常用的线性调合系（指）数，是有帮助的。

所有流股都必须有比重或 API 重度数据。

② 计划优化模型的建立　在收集的生产数据的基础上，Honeywell 开始建立生产计划优化模型。

在 RPMS 中，也对公用工程装置进行相应的建模。对于原料（如原油、天然气、甲醇）以及产品调合、产品销售的信息和物性数据，也按照相关要求进行建模。

（3）报表　有关计算结构的报表，Honeywell 提供 RPMS 标准报表，RPMS 的标准报表包括：原料的购买；产品的销售；公用工程的购买；公用工程的销售；装置的加工量；产品的调合；装置各侧线的配置；各公用工程的配置；生产工艺装置；各物流的性质；物性递归计算的日志报告；其他标准报表等；开发符合惠炼要求的报表（客户定制报表）。

（4）模型的调试　主要内容包括：物料平衡；公用工程平衡；操作模式；物料性质；调合方法（配方）。在模型调试期间，一般以业主最近三个月的历史计划数据和模型计算得到的结果进行比较，并对模型计算得到的结果作出合理的评价。

项目新增加以下服务：将计划结果与实际结果进行对比分析，从 LIMS 和物料平衡系统中导出物料和性质，进行回归，找出数据变化规律的应用程序。

4）数据接口

（1）RPMS 提供与 ERP 系统的接口，并将物料平衡结果的数据导入计划系统中。

（2）原油数据库及其管理软件。RPMS 采用第三方原油数据库及其管理软件。如惠炼的原油数据库采用 CHEVRON LIBRARY 产品及服务，故相应管理软件采用 H/CAMS 产品及服务。

（3）生产调度系统，采用第三方服务，如惠炼的生产调度系统采用 ASPEN 的 Orion 系统，为此，需要相关的接口服务系统。

3. 生产调度系统（ASPEN 公司的 ORION 系统）

ASPEN 公司的 ORION 系统是国内炼化企业普遍采用的生产调度专用系统。生产调度系统的功能详细设计包括业务目标、项目范围、系统功能设计等内容。通过功能设计可以为后续的项目模型的建立做准备，从而实现模型中的数据接口、模型要素、装置计算模型、用户报告、调度逻辑和用户计算。下面以中海油惠州石化（简称惠炼）（一期）的部分内容来说明。

1）业务目标

以先进的调度管理理念为指导，结合惠炼的具体情况，建立具有模拟、优化功能的调度系统。调度管理包括原油进厂的调度作业计划、油品调合计划、中间产品调度、油品动态移动关系可视化分析等。

生产调度与优化系统是面向生产调度层面，追求生产安排的可执行性，涵盖油轮到港、原油进厂、生产加工、物料存储、产品调合以及产品出厂等生产环节，可将月度计划分解成可执行的作业安排。

2）系统功能设计

如全厂流程说明、日常调度、专项调度和系统功能设计等，限于篇幅。相关内容从略。

3）业务报表输出

业务报表输出包括符合炼厂业务需求的调度计划业务报表系统，用户可以灵活配置报表，可以将报表转化成 Excel、HTML、Txt 格式进行，以供发布使用。

4）系统集成

系统集成主要包括以下几个方面：生产计划接口、物料平衡系统接口、原油评价数据接口、每日罐存量接口、油品移动计划接口（油品发运和接收）、实验室数据接口以及实时数据库接口。

三、全产业链协同优化

（一）智能运营

运营智能是从全局角度协调与整合整个产业链的物流、资金流和信息流等资源，实现人、财、物集中统一管理，有效降低生产成本，促进产品竞争力的提高，实现全面受控、实时反馈、动态协调、效益最佳。在企业操作执行层、生产运行层、经营管理层、决策层建立相应的模型和评价指标，利用集成技术打通相应的业务流程，为模型和指标提供准确的数据，实时模拟计算和评价企业生产运营绩效，为企业改进提供指导和措施。利用桌面炼厂等技术制订业务发展规划，使炼厂能适应加工组成和性质变化较大的原油，并且可大幅度改变产品分布，能经济有效地满足市场需求或价格的变化。实时跟踪分析生进度，保证按时按量完成生产计划；快速调度排产应对突发事件，保证生产安全；实现全厂日物料平衡，减少物料损失，提高综合商品率；实现水、电、气、风等公用工程的监测、分析、优化，降低加工能耗。准确评估和分析企业运营的瓶颈，实现资产利用率最大化，保证购建的资产具有较高的回报率。以降低企业运行维护成本为目标，通过信息化预测手段，合理安排维修计划及相关资源，降低维护成本，提高资产可用率。以关键绩效指标(KPI)为衡量企业运营状况的依据，进行企业绩效量化管理，对财务相关和业务相关指标进行跟踪和监督。例如，中国石化建立了集团级生产营运指挥系统，整合了上中下游各板块生产调度系统，覆盖了11家油田企业、47家炼油化工企业、管道储运分公司、19家省市销售公司，实现了总部和企业生产运行主要环节的动态跟踪、协调指挥，在做大总量、优化产品结构、调节库存、协调油轮运行等方面取得显著经济效益。

(二) 关于生产过程优化以及生产、销售的全流程协同优化

1. 炼化生产全流程协同管控技术(平台)

根据中国海油建设“数字海油”的总体要求，紧紧围绕中海炼化和中海油惠州石化“智慧炼化”发展战略和业务需求，按照惠州石化“一个平台，两个网络，三层应用”建设规划，以“一个平台”思路，打造生产全流程协同信息化平台[138]。

1）平台结构

生产全流程协同信息化平台对惠州石化现有信息系统数据进行规划、整合，消除“信息孤岛”，在一体化数据中心的基础上建立统一的生产全流程协同信息平台，因此，核心是整合。生产全流程协同信息平台结构图见图6-17。

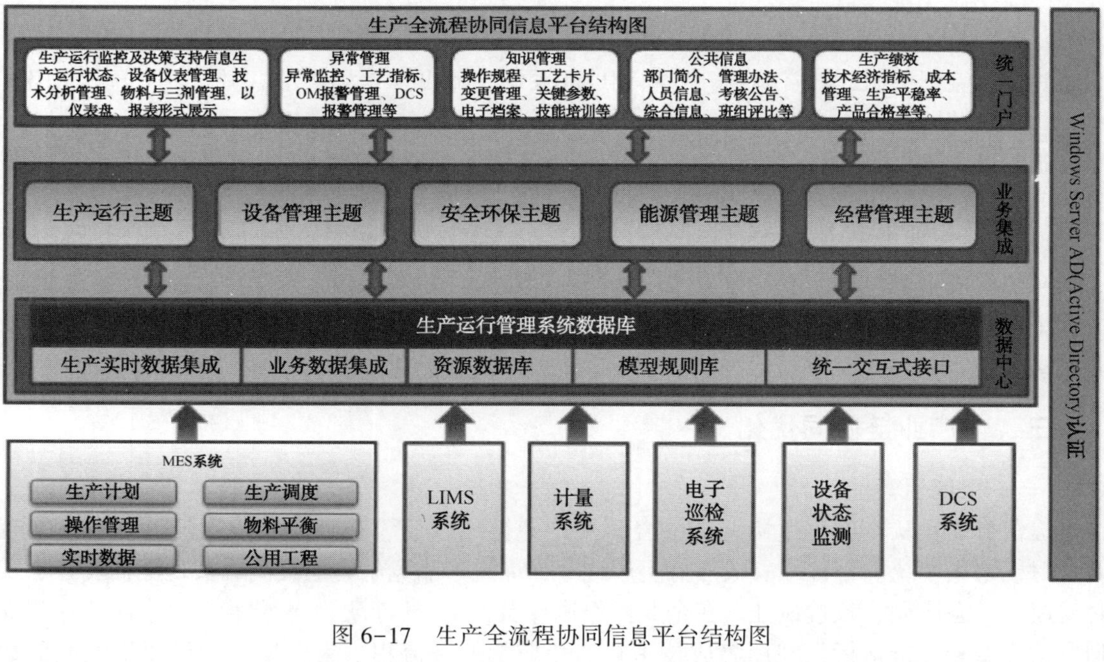

图6-17 生产全流程协同信息平台结构图

2）功能模块

生产全流程协同信息化平台，坚持“业务需求驱动、统一规划开发”的原则，遵循“统一组织、典型设计、有效试点、分步推广”的路线，共实现5大主题25类161个功能模块。

每一个模块(子模块)，均有很鲜明的海油特色或特点。例如，操作规程子模块，按照公司"六有"工作法，建立操作规程管理模块，对3306项操作规程执行信息化管控，现场工作严格执行销项作业，通过信息系统固化销项操作理念和流程，使其高效规范运行理。其中，"六有"工作法是指：工作有计划，任何工作开展前必须制订详细工作计划，确保工作按时间节点稳步推进；执行有方案，每项工作都必须有具体的执行方案，保证工作效果，防止工作偏差；操作有确认，任何操作都做到消项操作，步步确认；变更有记录，任何工作变更都必须有痕迹，可追溯；判断有数据，无论生产操作还是经营管理，做出任何判断都必须有强大的数据支持与分析；事后有总结，每完成一项工作都必须有总结，形成知识积累。

销项作业、销项作业理念[139]是指"风险评估、有效隔离、消项作业、清场恢复"，销项作业主要包含标准作业库、作业申请、作业确认、作业销项、作业关闭等功能。其中数字化标准作业库、通过网络实时传输数据、内外协同审核确认等功能属国内首创。图6-18是销项作业功能业务流程图。图6-19是通过SAP与ERP实现集成的设备管理主题。

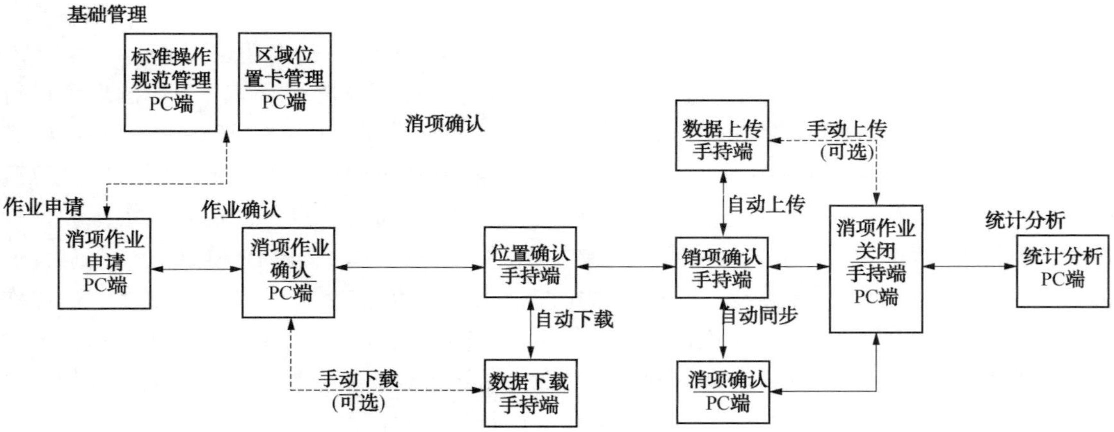

图6-18 销项作业功能业务流程图

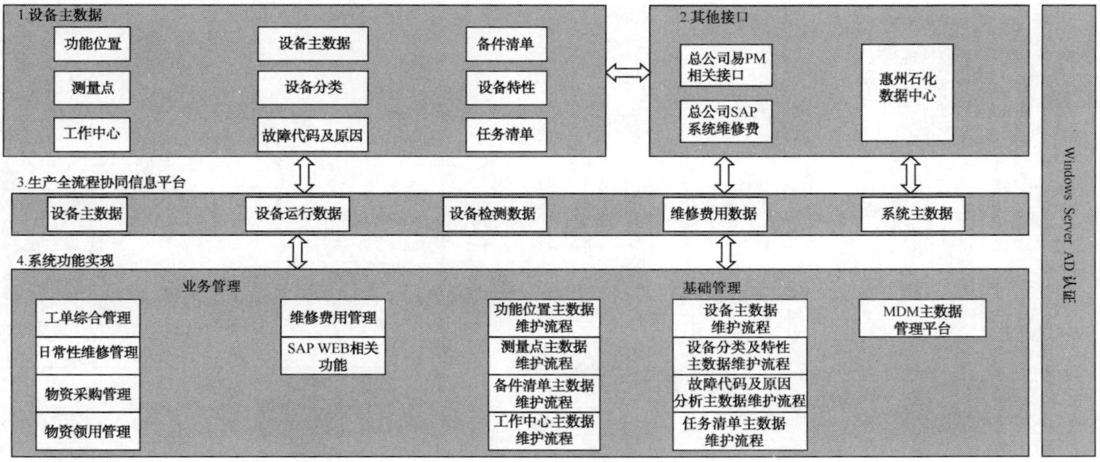

图6-19 通过SAP与ERP实现集成的设备管理主题

图 6-20 生产作业受控的专业应用系统的系统构架示意图。

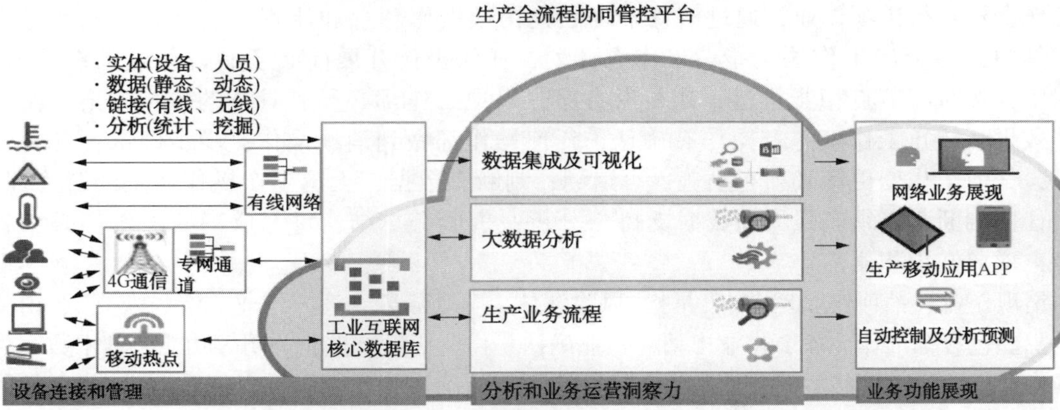

图 6-20　生产全流程协同作业管控平台系统构成示意图

在本平台上，实现了“大数据平台(平台)+APN 网络(网)+手持终端、RFID 卡、蓝牙外设(硬)+管控软件(软)”的集成。这个平台，也是根据工业互联网+“六有”工作法理念进行设计，可以实现作业许可、销项操作和装置巡检等现场工作的“五定”管理，从而确保生产安全受控。“五定”管理也是中海油独创的一种特色管理方法，其中的“五定”是指：①定点：即基于智能化手持终端、实时通信网络、RFID、GPS 的正确的地点。②定时：按作业计划按时(正确的时间)作业。③定人：通过门禁、HR(含人员资质)、RFID 确认人员信息，保证是正确的人去作业。④定路线：作业按预定路线执行，实现二维、三维动态展示，确保作正确的事。⑤定标准：要求作业执行规范动作，如标准消项卡、作业卡，将原本以人的经验为核心的操作变更为标准动作，即正确的标准。同时设置信息安全保护方案和断点续传、离线模式等的冗余手段保证系统在恶劣工控下稳定运行(运行保障)。

作业许可主要包含 JHA 分析、作业预约、申请、现场审核、批准、执行、评价、关闭流程。其中内外协同审核确认、通过网络实时传输数据、限定作业人员资质、与销项作业操作卡联动等功能属中海油独有。图 6-21 为作业许可业务流程图。

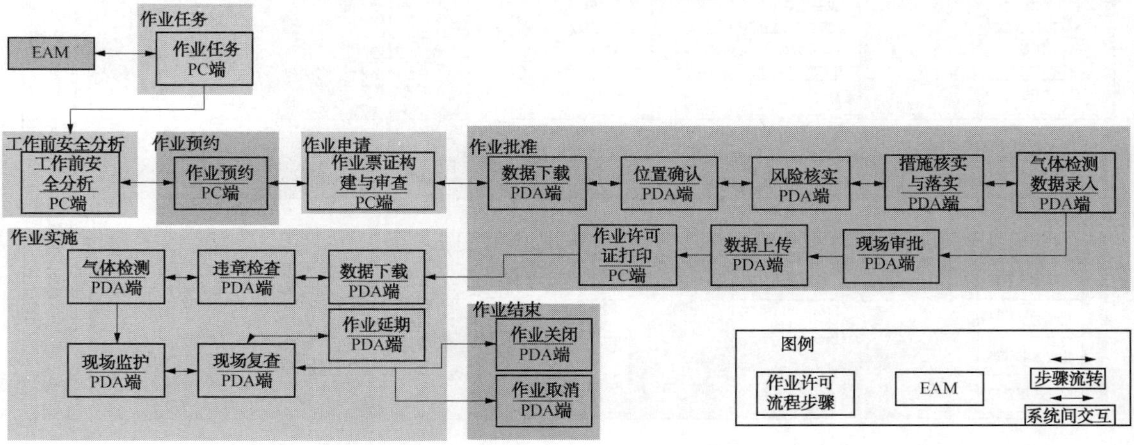

图 6-21　作业许可业务流程图

关于巡检管理，主要实现工艺巡检与设备巡检、隐患排查、异常报警，现场 DCS 数据查看及 GPS 路线展示。管理人员可以根据 GIS 可视化展示，实时监控巡检情况，生产数据分析报表。

中海油惠炼对 SKF 测温测振仪进行改造，使之可与智能化生产作业受控系统手持终端通过蓝牙点对点连接，同时也对企业工业互联网感知设备延伸验证了可行性，并积累了技术经验。目前国内通过网络实时传输数据的巡检系统实现案例较少，安全管控较本系统差。惠炼通过蓝牙模块开发感知设备，实施集成化工业互联网平台，这在国内案例极少。

3）主要特点

（1）全生产过程感知　以“工业互联网”、“工业大数据”双平台为基础，通过信息资源规划、信息整合、各类感知设备等技术手段，建立“软”（手持段、服务端标准化软件）、“硬”（智能移动设备、蓝牙感知模块）、“网”（基于有线、无线、4G 专网的信息网络）、“平台”（企业大数据集成平台）四位一体的信息化管理体系，将信息技术与生产智能管理理念高效整合落地，构建生产全流程协同信息平台以及生产数据全面感知体系，推动炼化生产管理方式变更。实现了生产异常的及时预警和快速响应，生产作业、技术管理、安全环保实行闭环控制，生产作业步步确认、消项操作，日常工作体系化、科学化，生产绩效即时显现、监控与考核。

（2）全业务领域覆盖　生产数据主题式建模与集成整合，实现生产管理全业务领域覆盖。生产全流程协同信息平台以生产管理实际需求推动信息系统的研发，建立了一个上下贯通，集生产操作管理与生产物流管理于一体、智能化的全流程生产管理信息平台，实现生产运行、设备管理、能源管理、安全环保、经营管理共五大类主题智能化管理与建模分析、挖掘应用，覆盖生产管理全范围，是典型的“业务驱动，IT 引领”。

基于 MQ 技术，通过统一数据交换标准保证已有系统数据、业务整合的规范性，实现了系统间数据的“即插即用”式接入与获取。实现 ERP、MES、DCS、LIMS、SIS、PLC、LDAR、大机组、机泵群等各级系统数据，建立企业数据服务总线和一体化企业数据中心。

（3）全生命周期管理　建立“集成化、一站式、易扩展”主题应用，实现生产过程全生命周期管理。

结合企业管理学、工业工程学、经济学、心理学先进方法，集成惠州石化以“全员成本目标管理”“六有工作法”“消项操作法”“异常管理”等为核心的生产管理理念与优秀实践，形成了企业主题式管理集成创新模式，将生产过程与企业安全生产和员工个人安全、利益紧密结合，实现了全员参与、全过程感知、全生命周期管控的生产运营、设备管理、安全环保、节能减排、经营管理五大主题应用，支持了企业“绿色生产、卓越运营”目标的实现。

厚平台，易应用，形成“集成化、一站式、易扩展”五大主题应用表现形式，即以实时互动、内部管理深度整合、满足个性化需求的新一代门户，取代原有功能单一、模式固定的门户系统，根据所属单位、所在部门、所在岗位自动跳转至个性化主页，从纵向组织机构、横向项目导向，深度整合展现个人动态数据。使各级生产管理参与者聚焦自身管理侧重，将传统的信息管理模式转变为更加敏捷、符合公司业务需要的“集成化、一站式”管理构架。

厚平台：在整合内部生产系统和业务运营系统的实时数据、业务的基础上，形成企业统一数据仓库与生产运营信息平台，各外围系统通过统一数据交换平台以“即插式”方式纳入信息平台。

易应用：各业务系统通过统一的数据交换平台调用整合信息平台数据，保证“数出一门”，通过数据仓库实现生产技术管理的多维度展现和个性化分析。

（4）全流程集成优化　建立生产指标动态定义与动态建模体系，实现生产动态优化管理体系。

建立可分级多维钻取的指标库，并实现可全员参与的动态建模分析及挖掘体系。通过各项监控及预测模型，可以对装置新型动态优化调整，积累装置调整过程中的指实际经验，规避相关调整所带来的潜在风险，更有利于科学地指导全厂生产安排、调整。

指标及分析模型动态优化管理体系中，指标体系由公司生产指挥部门统一建立，分析模型根据不同等级，可由公司、运行部统一建模或个人单独建模，为整体公司生产过程管控提供全员、全方位的支持，组织起全员参与、全过程管理的的生产动态优化。

（5）全方位资源支撑　为将信息化建设与装置生产经营管理相结合，贴近生产运行与用户需求，解决信息系统智能应用落地的问题，借鉴“PDCA”“螺旋形开发”方法，融入管理心理学、生产需求计划评价与激励策略，提出了基于价值耦合的“单环多旋”开发方法。

2. 生产、销售的协同优化系统

本部分内容，详见第7章第二节“二、炼厂生产计划与调度排产协同解决方案（系统）”。

（三）关于先进控制（APC）技术

1. 概述

先进控制系统（Advanced Process Control，APC）在流程行业得到了广泛应用。APC是一种基于模型，以系统辨识、最优控制、最优估计等为基础的一种智能控制系统，可以改善过程动态控制的性能，减少过程变量的波动幅度，在优化目标值附近操作。先进控制是在DCS的基础上，根据实时数据进行模拟、运算和预测，对原有控制进行一定程度的优化，实现一组变量乃至整个装置的优化操作，达到增强装置运行的稳定性和安全性、保证产品质量的一致性、提高目标产品收率、增加装置处理量、降低运行成本等目的。

据统计，投资的70%用于DCS系统，只能换回15%的效益，但是，如果增加10%投资于先进控制，则可以换回35%的效益。目前全球投用先进控制的一般投资回报率为10美元/1美元，如对于1Mt/a重油催化裂化装置，实施先进控制后的经济效益约为170万美元/年[140~143]。

目前，比较流行的先进控制商品化软件包主要是国外的，如，美国DMC公司的DMC软件系统；美国Setpoint公司的IDCOM-M、SMCA；美国Honeywell Profimatics公司的RMPCT；美国Aspen公司的DMCplus；法国Adersa公司的PFC以及加拿大Treiber Controls公司的OPC等[144]。

国内有关方面通过多年不懈的努力，在优化控制领域里从理论到应用都有所创新和突破，如开发的相关积分优化理论和应用技术[145]，该项创新技术在反应过程优化的初步试用中显示了其独到的效果，已在青岛石化催化裂化反应器优化操作中连续多年使用，提高液收1%以上；在洛阳的芳烃装置的歧化反应器、异构化反应器长期应用，提高了三苯收率1%以上，正在石化系统推广应用。中石化燕山石化公司历时五年建成的乙烯APC系统是中国石化第一套乙烯全流程先进过程控制系统，该系统自动将装置总处理量实时推向最大化，每年可提高产量2%左右。

先进控制技术应用发展趋势：先进控制也是石化智能化建设的重要组成部分，目前其技术及软件产品已非常成熟，应用领域不断扩大。除了在装置上推广应用以外，今后其应用发展方向应该是"以节能减排"为主题，适用环保要求的 APC 应用。

（1）在石油化工行业，随着对环境保护措施的不断落实，对油品的要求也越来越高。为解决这个越来越突出的矛盾，实施油品在线调合势在必行。

（2）在流程行业的蒸汽动力系统等公用工程方面，以节能降耗、减少操作成本为目标的先进控制的应用必将越来越广泛。蒸汽动力系统结构庞大，设备多样化，人工操作强度大。先进控制实施后不但可大幅度降低操作人员劳动强度，减少系统操作成本，而且可达到节能降耗，挖潜增效之目的。

（3）由石化行业拓展到其他领域，如热电生产、造纸等行业，生产过程多变量特征明显，适于推广先进控制的应用。在国外已有成功案例。

2. 先进控制原理

在过程控制领域中，PID[比例（Proportion）、积分（Integration）、微分（Differentiation）]控制算法因其简单实用，鲁棒性强而得到了广泛应用，但对于非常复杂的生产过程，因其本身的非线性、耦合和时滞以及其他干扰的影响，使得 PID 算法已不能保证较好的控制性能。在生产实际的要求下，特别是现代控制理论的日臻成熟和计算机技术的飞速发展，形成了把生产工艺、计算机、仪表以及过程控制理论有机结合在一起的新型的先进控制方法。先进控制是对那些不同于常规单回路控制，具有较好控制效果的控制策略的统称。先进控制包括：自适应控制、模型预测控制、鲁棒控制、解耦控制、神经网络控制等以及其组合。其中模型预测控制[146]（MPC，Model Predictive Control）以其良好的控制性能、较好的鲁棒性、较强的克服纯滞后影响能力，在催化裂化等装置中取得了成功的应用。

预测控制有多个类别，几十种算法，但它们均具有相似的基本结构和共同的工作原理。图 6-22 是预测控制系统的一般性结构图。首先获得对象的模型，然后根据现在和过去的控制、输出信息，预测未来有限步的输出 y_m 。因实际输入与预计输出存在误差，将此误差加进预计输出形成系统的预测输出，然后把此预测值与经柔化其作用后的参考输入，引入目标函数，通过优化的方法，计算使目标函数最小的未来一步或多步控制量 u，并实施一步控制，使系统的预测输出接近实际输出 y，实际输出跟踪给定输入。获得下一时刻的输出之后，重新进行下一时刻的预测、优化和实施，如此周而复始。模型预测控制可以概括为预测模型、滚动优化和反馈修正三个步骤[70]。具体可以参考专业书籍、资料[147]。

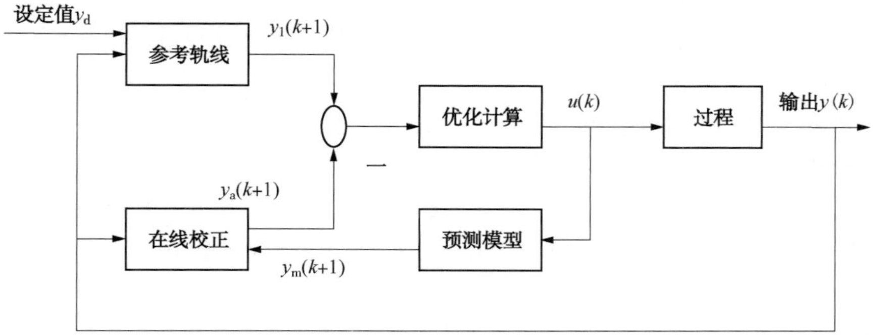

图 6-22 模型预测控制结构图

3. 先进控制技术实施

使用先进控制技术对原因控制系统优化，其中较多的应用是对部分单元进行优化，如：反应-再生系统控制优化、分馏系统控制优化和吸收稳定系统控制优化。具体可以参考专业书籍、资料[147]。

（四）关于实时优化（RTO）技术

实时优化（Real Time Optimization，RTO）是集离线分析、实时优化、数据调理、在线性能监控等多种功能于一身的先进优化控制技术。其“what-if”模拟分析方法，可以对假定的各种变化因素进行分析，给生产计划和调度提供最优的决策；实时优化功能将决策信息快速用于生产干预，解决企业快速响应市场问题；实现了根据实时数据库进行有关数据的持续调校，不断更新模型中的数据，使模型中的数据与生产实际同步运行；与生产调度和生产计划优化相辅相成，在生产操作管理和控制过程中强力配合，使优化效果达到最佳，实现了管理目标与生产技术指标的综合控制，大幅提高了生产管理水平。

先进控制系统能够增强装置生产的抗干扰能力和约束处理能力，降低生产工艺的波动，充分挖掘装置的工艺和设备能力，进而实现卡边操作，得到可观的经济效益回报。通过对生产过程中所有被控变量进行监测和控制，先进控制系统能够增强生产的稳定性，降低操作人员对生产的监测和干预强度。

1. RTO技术的主要功能与意义

实时优化技术是指当装置内部或外部条件发生改变时，综合考虑装置的操作范围、约束条件等，根据得到的各种信息，利用计算机周期性的完成优化计算，同时由于进行优化作用的计算机与生产装置有直接联系．所以可以将优化结果直接传递给控制器，最终实现经济效益的最大化[148]。整个优化过程中从最初的数据采集，到模型更新、优化计算以及最后解的执行，都在一个闭环内自动执行，不需要人工的参与。

进入21世纪以来，随着计算机软硬件技术的飞速发展，实时优化理论的逐渐成熟完善以及国内外流程工业市场竞争的日趋激烈，使得实时优化技术在流程工业中得到了前所未有的发展。各大公司开始投入大量的人力、物力、财力，研究出许多优秀的实时优化软件并在石油、化工、钢铁等企业中都取得了较好的应用效果。如Honeywell公司的ProfixMax、AspenTech公司的RT-Opt、Simulation Science公司的ROMeo等。而且实时优化技术的应用领域也在不断的扩展，从天然气加工、原料蒸馏和分馏、催化裂化到硫回收、乙烯装置、炼厂装置等[149,150]。鉴于石油化工行业作为我国国民经济的基础占国民生产总值20%以上，应用实时优化技术意味着更多的经济收益，因此实时优化技术的研究与进展对我国流程工业和相关方面的发展都具有重要意义[151]。

RTO技术的主要功能和意义在于[152]：

（1）当原料、设备、市场等因素发生变化时．能够及时对操作参数做出调整，使生产过程始终维持在最佳操作工况。

（2）周期性更新一些关键参数的工艺值，增加产量，提高产品质量，使整个装置的经济效益达到最大化。

（3）通过对经济目标函数的设置，实现节能减排的目的。

（4）通过检测、预警等功能，能够监督设备的性能，早期识别操作中的问题。

(5) 深化设计人员、工艺人员、操作人员对整个过程的了解，有利于进一步完成整个工艺过程和操作策略。

2. 实时优化方法

流程工业主要包括规划、调度、工程级优化、实时优化、模型预测控制以及基本调节控制六个部分。其中，规划层和调度层是用于供应链决策，工程级优化层是针对一个或者若干个产品生产线的组合优化，即整体优化，实时优化是面向具体的某个生产流程进行操作上的优化，运行周期从几周到几小时视情况而定，MPC 用于具体执行实时优化层给出的最优设定点，基本调节控制层连续运行用于消除扰动对过程产生的影响。

实时优化 RTO、动态实时优化(Dynamic RTO，DRTO)等技术的具体实施方法，可参阅相关的专业书籍。

3. RTO 应用

实时优化技术处于流程生产过程的第三层[153,154](见图 6-23)，起到对流程过程中的优化变量进行优化并将优化结果传递给 APC 的作用，运行周期为几分钟至几小时。

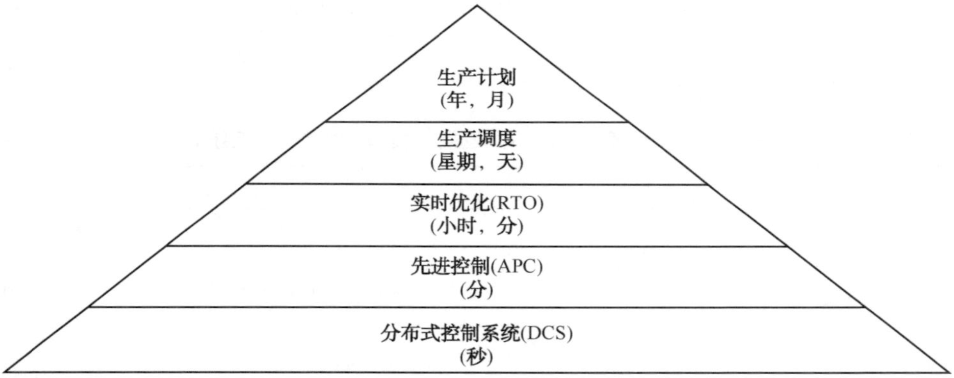

图 6-23 流程生产过程分层结构图

目前随着 RTO 理论的日趋成熟，计算机软、硬件和网络技术的迅猛发展，过程控制系统供应商、软件开发公司和高校投入了大量的人力、物力，研究和开发了多款实时优化系统，如华东理工大学开发的乙烯实时优化系统[155]、浙江大学开发的 PTA(pure terephthalic acid，精对苯二甲酸)实时优化系统[156,157]、北京优化佳控制技术有限公司开发的相关积分法催化裂化实时优化控制系统[158]、AspenTech 公司的 RT-OPT、Schneider Electric 公司的 ROMeo 和 Honeywell 公司的 ProfitMax 等。RTO 的应用领域涉及乙烯装置、原油蒸馏和分馏、催化裂化、连续重整等。

综上所述，实时优化是模拟和控制的紧密结合，它以生产过程的实时数据为基础，通过数据校正和模型参数更新，并根据经济数据与约束条件进行模拟和优化，最后将结果传送到相关控制系统。实时优化分为在线实时优化、闭环实时优化。实时优化的基础是获得实时的生产信息，包括设备数据、物性数据和约束条件等，其核心是精确的模型和准确的算法，可以根据装置运行数据自动实现模型的在线修正。实时优化的结果是优化后的控制参数或者决策、命令，对操作变量和控制参数进行实时调整，保证生产过程的平稳操作和产品最优、效益最大。因此，RTO 是智慧炼化应用和发展的重点之一。

（五）关于流程模拟

流程模拟[159]是综合热力学方法、单元操作原理、化学反应等基础科学，利用计算机建立数学模型，进行物流平衡、能量平衡、相平衡等计算，以模拟过程的性能（系统内各装置特性及各装置间关系），发现瓶颈，给出优化方案。流程模拟包括装置级、区域级、全厂级。流程模拟与先进控制、优化控制紧密结合，可以为前者提供模型和方案。

近年来模拟技术应用于分子尺度的过程研究，出现了分子模拟技术，研究结构-性能关系。分子模拟可以分为两个方向：①分子产品工程，找寻复杂分子结构-分子活性关系，如药物、溶剂、生物分子等。②配方产品工程，找寻形态结构-产品性能关系，如催化剂微孔结构/活性成分配置/反应活性的关系。

1. 概况

流程模拟技术是一种采用数学方法来描述过程的静态/动态特性，通过计算机进行物料平衡、热平衡、化学平衡、压力平衡等计算，对生产过程进行模拟的过程[160]。可以将流程模拟系统定义为过程工程理论、系统工程理论、计算数学理论同计算机系统软件相结合而建立起来的一种计算机综合软件系统，专门用于模拟流程工业的过程和设备以及整个流程系统。

流程模拟系统不同发展阶段与代表软件（系统）见表6-4。

表6-4　流程模拟系统不同发展阶段与代表软件（系统）

项　目	特　点	代表	
		单位	名称
第一代（20世纪60年代）	不完善的数据库，简单的数学模型，物料、能量计算	Kellogg University of Houston	Flexible System CHESS
第二代（20世纪70年代）	较完善的数据库，复杂而精确的数学模型，物料、能量、设备计算	Monsanto Simulation Sciences（SIMSCI）	FLOWTRAN PROCESS
第三代（20世纪80年代）	较完善的数据库，复杂而精确的数学模型，物料、能量、设备计算，经济评价，工况分析	Aspen Technology Hyprotech	Aspen Plus HYSIM
第四代（20世纪90年代）	较完善的数据库，复杂而精确的数学模型，物料、能量、设备计算，经济评价，工况分析，稳态和动态集成，从离线到在线	Hyprotech Aspen Technology SIMSCI	HYSYS Aspen Custom Modeler，Aspen Dynamics，Polymers Plus ProVision

2. 流程模拟方法

流程模拟有4种分类方法[161]，见图6-24。

如图所示，流程模拟系统如果按照模拟对象时态可分为稳态流程模拟系统和动态流程模拟系统。如果按照应用范围来划分，可以分为专用流程模拟系统和通用流程模拟系统。如果按照模拟方法来分，则可分为序贯模块法模拟系统、联立方程法模拟系统和联立模块法模拟系统。按照软件结构分的话，则可以分为灵活结构和固定结构两类。

稳态流程模拟一直沿着序贯模块法和联立方程法两条平行的路线发展[162]。其中，序贯模块法（Sequential-Modular Method，简称SM法）在模拟过程中，将物料流抽象成物质流和能量流，加工过程抽象成信息流图，然后按照信息流图中物流或能流的流向，依次对模块进行计算，把前一个的输出作为后一个的输入，遇到循环流进行迭代收敛，直到全部完成完成模拟。

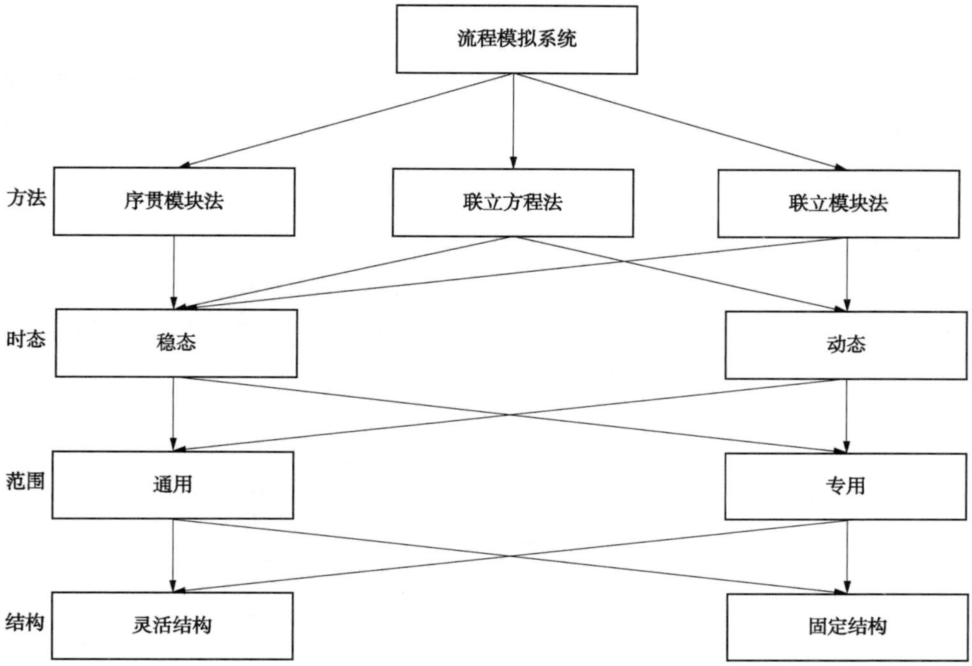

图 6-24　流程模拟系统分类图

联立方程法(Equation-Oriented Method，简称 EO 法)是为了克服 SM 法的不足而提出的。它主要针对过程系统模拟，所列的全部方程同时联立求解。这些方程式可以是物料平衡方程、能量平衡方程和热力学平衡关系，也可以是状态方程、约束方程和控制方程。因为是方程联立求解，只要方程数目和性质与所求变量先更协调，就不用收敛模块了，因此它所解决的问题范围比序贯模块法广泛，收敛效率也高。

联立模块法[163]的基本思想是用近似的线性模型来代替各单元过程的严格模型，使传统模型成为一个线性方程组，可以采用较为简单的方法求解，它相当于结合了序贯模块法和联立方程法两者的优点。

动态模拟系统比稳态流程模拟系统发展稍晚，但发展比较迅速。动态模拟与稳态模拟相比有一些不同，如：①动态模拟不但模拟其稳态点的状态，而且还模拟了到达稳态点的动态过程(包括开停工以及干扰事故)；②动态模拟还模拟装置的控制系统及操作环境，如常规控制、DCS 操作等；③动态仿真模拟装置运转状态随时间变化，因此中间步骤物料的积累以及物流的过程滞后都是仿真的内容；④动态模拟一般不用迭代计算，并力求数值解的稳定性。

专用流程模拟系统是专门开发的系统，用于特定流程的模拟研究，因此使用的局限性很大[164,165]。通用流程模拟系统是指对各种流程均可适合的流程模拟系统，其系统考虑了各种不同工况，故系统与专用软件相比要复杂、庞大得多。

对于固定结构系统的执行来说，无论是模拟哪种过程，其执行逻辑都是相同的，即无论问题大小，都需要把所有模块(单元模块、热力学模型)一次调入内存，根据模拟问题和用户选择调用有关模块进行计算，由于占有内存很大，故运算速度慢。灵活结构系统对不同过程有不同的执行程序(可由用户编写或软件自动产生)。自动生成的执行程序是一种面向问题语言 POL(Problem-Oriented Language)被直接解释成执行代码或 POL 一次产生高级语言程序，然后编译、连接、执行。固定结构系统缺乏灵活性，且过于复杂；灵活结构系统程序仅装入实际需要的模块，数据存储空间按实际需要分配，因此灵活性大、执行速度快，但解释或编译、连接需要增加额外的开销。

3. 流程模拟技术(软件)

化工过程模拟程序系统常简称为流程模拟软件，它是一种综合性计算机程序系统，用于单元过程以及这些单元过程所组成的整个化工过程系统的模拟计算。流程模拟软件的组成一般由输人输出模块、单元操作模块、物性数据库、算法子程序模块、单元设备估算模块、成本估算、经济评价模块和主控模块等几个部分组成，其相互关系见图 6-25[123]。

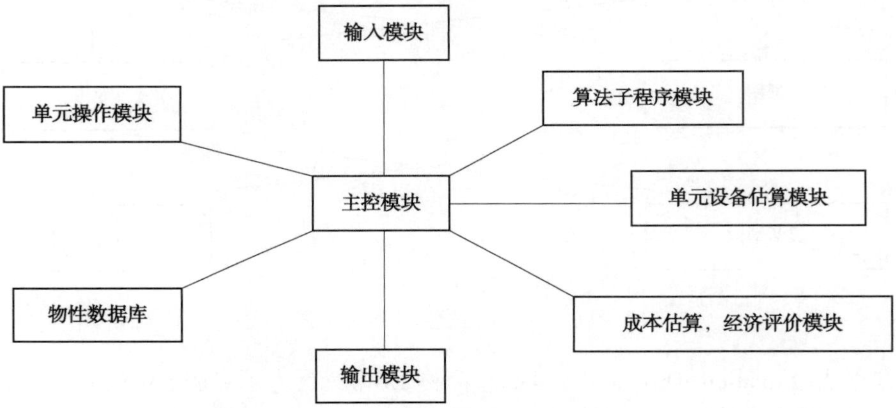

图 6-25　通用流程模拟软件的结构

用于流程模拟的主流模拟软件包括美国 Aspen Technology 公司 Aspen Plus 系列化软件、美国 Simulation Sciences 公司的 Pro/Ⅱ 流程模拟软件、美国 Chemstations 公司的系列 ChemCAD 软件、加拿大 VMG 集团(Virtual Materials Group)的化工流程模拟软件 VMGSim 和 VMGThermo 软件、WinSim 公司的 Design Ⅱ 模拟软件、KBC Advanced Technology 的 Petro-Sim 模拟软件等。

4. 物性系统

物性系统在流程模拟系统中具有重要的意义。一方面，模拟质量的好坏显然首先取决于数学模型的质量，但最终却受物性数据的准确程度限制。另一方面，在整个模拟计算中，物性的计算占有举足轻重的地位。物性估算方法是化工热力学的主要课题，可参见专业书籍。

5. 发展趋势

流程模拟技术经过几十年的发展，已趋于成熟，特别是稳态流程模拟技术。稳态流程模拟技术适用于天然气加工、石油炼制、石油化工、化学工业、轻工、医药等过程工业的新过程设计、流程筛选、过程改造、发现过程瓶颈以及脱瓶颈分析，过程设备设计和核算，经济评价，过程优化等，已在过程设计、过程开发、过程改造、计算机辅助操作等领域发挥出越来越大的作用。可以说，没有现代的模拟技术，就没有现在的流程工业。流程模拟技术是推动企业技术进步和提高经济效益的重要手段和工具，是信息化带动工业化的支撑技术，是实现数字化工厂不可缺少的技术。

随着科学技术的发展，特别是信息技术、计算机技术、应用数学、化学工程的长足进步，流程模拟技术也得到了不断发展。随着这些技术的不断发展，流程模拟技术越来越强。以下几个方面是流程模拟技术的发展趋势，如：①扩大可模拟物系的范围；②向动态模拟发展；③稳态模拟与动态模拟的结合；④开发新的模型；⑤流程模拟技术和先进拉制技术结合；⑥流程模拟技术和计划优化结合；⑦流程模拟技术和仿真培训结合；⑧实时优化；⑨流场计算；⑩反应器模拟及全流程模拟；⑪软件的智能化；⑫基于 Web 的远程应用。

（六）关于仿真技术

仿真培训是指模仿真实的工作条件建设专门的培训试验室或人工环境，按照真实的情境来学习和训练如何处理工作中的实际问题。目前利用计算机技术与网络通信技术建立仿真培训系统，通过系统培训操作员工已经成为炼油企业岗位培训的主流。在仿真培训系统通过对操作者、操作对象、操作流程、安全用具等做出约定，并把这些规则预先植入仿真系统。当在系统使用过程中任何违背了安全法则的情况出现时，都会提出报警并通知操作者，拒绝执行错误的动作。在仿真培训系统上反复演练工厂的开/停车、事故处理等操作，分析生产状态，判断事故“真相”，采取处理措施，这样不仅安全可靠，还可以大大提高操作工的事故预见性能力，积累处理各种生产情况的操作经验。通过仿真培训，可以缩短工人的技术培训时间，提高在岗职工技术素质和处理事故的应变能力。

数字炼化、智能炼化中的二维、三维培训以及利用虚拟现实来进行仿真培训是今后的发展趋势。

四、QHSE 的溯源与监控

（一）网络安全技术

石化智能化工厂需要大型的网络系统，石化企业已试用安全工业隔离网关。在工业控制网络同企业管理网络之间可采用照相数据传送技术，DCS 要上传的数据由专门的数据采集计算机采集，并且将这些数据显示在计算机的屏幕上。另外有一个摄像头将屏幕上显示的实时数据自动拍摄下来，拍下来的数据画面经过智能机器阅读系统的自动解读后得到要上传的数据，通过局域网送到实时数据库和办公网上。这样，局域网和 DCS 之间完全没有网络的物理连接，病毒和黑客不可能通过网络串到 DCS 中。无论病毒如何变化，都可以从本质上保证 DCS 的安全。

另一种是安全工业隔离网关 Psafetylink，主要起到在工业控制网络同企业管理网络之间隔离，安全隔离网关采用物理隔离和安全通道隔离，将以太网进行物理级安全隔离，安全通道隔离即通过专用通信硬件和私有不可路由协议等安全机制来实现内外部网络的隔离和数据交换，有效地把内外部网络隔离开来，而且高效地实现了内外网数据的安全交换。

本章第三节将专门介绍工控信息安全。

（二）智能化生产作业受控系统

安全生产是企业绩效的前提条件，是企业竞争力的本质核心，关系企业生存发展和社会稳定大局。据统计，88%生产过程及人员的意外事件、伤害及事故都是由不安全行为和动作造成的，环境、设备问题仅占 12%。如何规范人员的行为，通过信息化手段，将原本由经验进行的操作变成安全标准的规范动作，建立多地点、多人协同安全执行平台，是智能化生产作业受控系统要解决的首要问题。

就作业许可而言，国家要求必须办理作业许可的项目分为 8 项，包括：①用火作业许可(分特级、一级、二级)；②进入受限空间许可；③高处作业许可(分一级、二级、三级、特级)；④起重作业许可；⑤临时用电许可；⑥破土作业许可；⑦盲板作业许可；⑧占道申请许可。惠州石化细化后又增加了 7 项，即：⑨通用作业许可；⑩射线作业许可；⑪能量隔离证；⑫动设备检修作业许可；⑬静设备检修作业许可；⑭仪表检修作业许可；⑮装置进车许可。其中，通用作业许可是指检修单位、维保单位、服务商等进入生产区域进行的设备防腐、装置场地清理、设备清洁(不含高压变配电设备)、打水泥地坪、厂区绿化作业等安全风险不高的各类一般性作业，即专项作业许可证管控以外的作业。

中海油对智能化生产作业受控系统的主旨要求，体现在如何在"正确的时间与正确的地点，由正确的人、按照正确的标准去做正确的事"方面。为此要：

(1) 确保有资质的员工按步骤、时间和规定路线进行现场操作；

(2) 避免相关责任人不去现场确认、代签情况，人员到现场进行有效监控；

(3) 建立生产作业二维、三维实时地图展示，精确定位。

此外，还必须：

(1) 降低人为经验不足、言语传达失误带来的风险；

(2) 保证危害因素辨识全面，安全措施落实到位；

(3) 建立标准化操作法的知识库与动作的执行、现场确认管控设备；

(4) 建立支持泛在感知的技术体系；

(5) 建立工作异常判断依据与异常管理闭环流程。

智能化生产作业受控系统以中海油独有的"六有工作法""销项操作法""作业许可管理""五定管理"为应用核心，以"作业风险评估库"和"承包商管理"为辅助手段，结合物联网及信息化技术，固化制度和流程。

现场作业安全管理基本要求，是通过"五想五不干"的安全行为准则、"风险评估、有效隔离、销项作业、清场恢复"的"十六字"作业方针和"安全六要素"而体现的，其中安全六要素是对"十六字"作业方针的内涵扩展，包括"周边警戒"要素即作业区域布设好警戒墩、隔离带、警示灯、警示牌、作业票证台，将作业影响区域与非作业区域物理隔离，禁止无关人员进入；"能量隔离"要素即确认危险介质和能量已经全部释放或有效隔离，做好上锁挂牌、沟井覆盖、易燃物清除等工作；"现场确认"即对照风险辨识、作业方案，逐项现场检查确认各项措施落实、应急准备情况，并签字确认；"班前提醒"即将作业风险、安全措施、注意事项等内容向参与作业每个人宣讲，作业人员签字确认；"全程监护"即清楚作业风险和安全措施，忠于职守，及时纠正和制止不安全行为、违章作业和野蛮施工，保障作业全过程安全受控；"作业关闭"即每日作业结束前，整理现场工机具、材料设备摆放、清理当日施工垃圾和边角料、检查现场是否有遗留隐患，并对作业安全、文明、质量、进度情况总结评价。生产作业许可流程见图 6-21。

智能化生产作业受控系统实现了生产现场作业管理的标准化、信息化、智能化，流程化。在国内首创生产作业许可、销项操作、现场巡检、隐患管理、盲板管理等的"多合一"

智能管理系统，采用工业互联网技术，通过企业4G专网、防爆手持终端、RFID技术、蓝牙外设，改变以前现场作业监管难、协同难的局面，实现现场作业动态监管，销项操作内外操协同，巡检数据实时监控，使原本以人员经验为基础、以责任心为约束、作业情况事后统计的传统作业管理方式，转变为以信息系统平台为核心、以智能设备为约束、生产作业实时协同的智能化生产作业管控新模式。

本系统于2017年7月全部完成开发任务并在中海油惠州石化一期全面使用，应用的结果很好：安全管控效果显著；生产平稳率99.9%；各项可记录伤害事故为0，目前已经推向惠州石化二期。

（三）智慧炼化综合管理系统

某智慧园区内智慧炼化运用地理信息三维建模、激光点云成像、360度场景建模和一些基于物联网的技术方法，开发、设计了一套直观可视、决策迅速的智慧工厂综合管理系统[3]，以下以其中的部分来说明QHSE的溯源与监控。

智慧炼化的雏形是三维数字化炼化的建立，主要采用三维设计技术来实现。近年来陆续出现了一些应用于工程设计、工程数字化移交、企业培训的三维数字化平台[166]，如美国INGTERGRAPH公司的SMART-PLANT 3D、AUTODESK公司的AutoCAD Plant 3D、英国AVEVA公司的PDMS等。这些平台主要应用于工厂的设计、造价管理等方面，比较难以呈现实际场景，在实际应用中较为少见。这些软件平台在宏观方面管理和应用也相对较少，三维数据和现实场景结合较差，用于作为智慧炼化的建模平台不是很理想，在大区域尺度的园区层面则更为不利。

虚拟现实技术是近年来备受关注的高新技术，它是通过电脑建模虚拟产生一个三维空间的虚拟世界，为使用者提供视觉、听觉等感官体验，让使用者感觉身临其境。采用虚拟现实结合地理信息系统的技术来建模与上述三维数字化平台采用的方法和思路不一致，其针对对象主要是已经建设完成的企业，当然模型库逐步丰富的情况下也可用于设计。它采用基于地理信息（GIS）的地形数据、三维影像、激光影像、360°图景实现三维仿真建模。优点在于可视化方面真实度极高，用户可以方便地在场景内以多种方式漫游，查看各种信息，同时可方便结合其他软件平台调用和共享多种数据信息；缺点在于数据量庞大，需要较好的硬件环境进行支撑。

1. 化工行业工厂虚拟现实建模难点分析

1）化工企业管线和设备数量巨大

化工类企业与传统的制造业相比，生产流水线上管道和设备种类多、数量多、接口多，相互交错链接，系统异常复杂，每一套化工装置、设施的三维模型都需要由5万~20万的多边形组成。对各种化工装置、设施建立准确的计算机三维模型是制作三维动画的基础。如果要全面真实的三维模拟需要消耗非常多的精力进行设备建模，同时要根据设计原始信息进行对象定义和匹配，工作量大。

由于三维模型不仅有模型文件还有纹理文件，同时与此相匹配的实时影像、传感器等信号将进一步加大数据量，这些大数据要实现高速率传输对网路频宽等方面构成了严厉的挑战。如放大到整个园区范围，动辄几十上百平方公里的区域内真实的三维场景模型将使得最终数据量级达到超高级别。对用户在客户端快速浏览调度形成一定挑战。

2）智慧园区和智慧炼化涉及领域多

从园区管理者的角度来看，智慧园区要做的是宏观层面的企业服务和企业管理。涉及入园企业土地管理、项目管理、安防监控、污染监控、信息统计和展示、除工业外生活和商业相关的交通管理、社区管理等多个方面。从企业管理者的角度来看，智慧炼化必须能够实现生产安排、实时调度、实现全厂全流程监控、预警预报等功能，同时结合 MES 和 CPS 系统实现整个工厂的智能化。这一切都将在基于虚拟现实方法建立的三维模型上实现，对当前的虚拟现实技术是一个挑战。同时，不同方面软硬件系统如何进行集成，如何统一架构在基于虚拟现实的平台上，让管理者更直观、可视、方便地进行决策，实现科学化、精细化、智能化的管理模式，还有待进一步研究。

3）数据采集、组织和管理难度大

数据采集是利用数据获取技术将一定区域内的有关数据进行采集与处理，按照数据的组织和管理要求录入系统。其中数据包括空间数据与属性数据两大类。空间数据包括了基础地理、空间数据、园区概貌、建筑厂房分布等有空间位置的信息；属性数据不仅有空间数据相关的属性信息，而且包括了其他管理信息。

数据组织和管理的难度在于，园区和企业的数据类型多样，有结构化的属性数据，如文本数据，区域规划等图件、图像数据，视频、图片等多媒体数据；有非结构化的空间数据，如水管、线缆等管网数据，道路、规划用地等地理信息数据。这些数据具有数据量大、数据结构复杂的特点。同时，数据源具有分散性异构性，它们在逻辑上属于同一系统，物理上分散在由计算机网络连接的多个场所。因此，如何对这些多源异构数据进行集成和管理，在实现资源共享的同时还要提高服务器端数据库的运行效率；如何对这些数据进行传输加速以减轻网络负担；如何对已有各类系统进行集成以降低建设成本，这些都是建模必须考虑的问题。

4）三维图形技术尚需改进

目前，该技术已经较为成熟，其关键是如何实现“实时”生成。为了达到实时生成、实时显示的目的，图形的刷新率至少须保证不能低于 15 帧/秒，如果能高于 30 帧/秒效果将更好。在不降低图形质量的前提下，如何提高刷新频率将是该技术的研究内容。同时虚拟现实本身存在追踪必须精确、延迟必须降到最低等难点问题，为了给用户最好的图像视觉效果还需要对图像处理引擎进行改进。

2. 智慧炼化信息系统建设流程

系统的建立主要包括 5 个主要过程：一是数据获取，二是数据模型图生产，三是信息采集，四是平台开发，五是应用系统建设。这五个流程涉及具体数字化建模和数据交换标准和规范。

1）数据标准及规范

该信息系统采用国际、国家标准的软件开发、软件测试及验收过程模式，遵循 J2EE 规范开发系统，要求基于开放的软硬件平台开发并满足基于 CA 的身份认证体系。系统拥有海量数据存储和管理能力，能够支持存储设备进行容量的平滑升级，MTBF 大于 25000h，文本信息交换的响应时间应控制在 0.5s 以内，采用消息中间件对数据交换进行管理，图片、声音等数字信息交换响应时间控制在 8s 以内，地图查询定位响应时间不超过 5s，视频信息相应任务时间不超过 10s。

在三维建模方面，数字地图精度为1∶500，数字高程模型(DEM)数据格网间距0.25m，1∶500数字正射影像的地面分辨率为0.05m。同时对建筑、工业设备、道路、绿化、水系等方面从建模精度(分三级，最高精度下一级模型控制在1000~2000个平面)、纹理贴图、模型命名等都设计了详细的规范，在此不做一一列举。

2）数据获取

园区和厂区一般面积都很大，大范围内一般采用无人机辅助航空摄影技术和移动道路测量系统(机动车上装配全球定位系统、视频系统、惯性导航系统或航位推算系统等先进的传感器和设备，在车辆的高速行进之中，快速采集道路及道路两旁地物的空间位置数据和属性数据)，获取高分辨率的影像数据[167]。在厂区和厂房内部的局部区域，采用激光点云监测[168]和360全景扫描的方法获取更为精细的设备、管线等数据。上述几种方法都是三维地理信息建模运用的技术，这里不做详述。

3）数据模型图生产

主要利用采集到的影像数据，进行地形地貌三维建模，反映园区和企业的地表等各类信息。同时对区域内的建筑、公共设施、工业设备及其他的重要物体和标志进行精细三维建模，结合地形地貌展现出整体的三维场景。此外，还要对贯穿园区、企业的地下管线和地下空间设施进行建模，包括给排水、供气供热供电、工业、网络等各类管线系统，要建设地下管线三维模型数据库，真实反映管线位置、类型、空间拓扑关系等，并将其属性信息录入，能够进行查询、分析和统计。

4）信息采集

主要采取实地调研的方式，采集园区和企业内建筑、居民地及附属物、交通及附属设施、管线和化工设备及附属设施、水系及附属设施、植被等的属性信息，包括名称、地址、门牌号、单元过程名称、设备名称、产能等各类用户想要获取的基本信息，这些信息随后将附在已经建成的模型上。

5）平台开发

三维模型建立后，必须有运行平台承载才能直观的展示在用户面前，实现对模型上所有目标的交互浏览、飞行管理、信息搜索与查询、观察与分析等功能[169]。张志强等人[170]研发的基于WEB全模式的二维、三维一体化管理平台，系统采用了基于J2EE的三层架构体系，不仅能够提供水平的扩展(增加更多的机器)，而且可以将现有系统从低端的PC服务器扩展到高端的主机平台，具有更强的扩展能力。

系统开发环境为Visual Studio 2010、c/c#、QT和java script，运行环境为windows 2008 server，采用SQL server作为数据库。同时依靠GIS平台软件和WEBGIS平台作为支撑。系统在性能方面达到了较高标准，具有海量数据存储和管理能力，支持存储设备容量的平滑升级；具有良好的并发响应能力。

6）应用系统开发

前述流程主要开发了三维可视的智慧园区信息平台，如何在此平台上延伸开发和对接一系列的基于地理信息、位置信息的应用系统，才是智慧园区信息系统建立的关键所在。由于平台是开放式的，则应用系统数量并不做限制，应用系统代表了园区和企业智能化所需要实现的一个个具体功能点，可方便地进行独立开发和拓展。

3. 部分功能分析

1）基础操作及信息查询统计

根据浏览需求，用户可以在系统中三维交互浏览和飞行管理，实现平移、缩放、旋转、定点漫游、快速定位等功能。同时，让操作者实现可视、可写、可读、可画、可量、可链接、可挖掘、可查询统计等诸多功能。用户可以选择不同类型的子企业、建筑，不同土地类型、环境状况等，系统会自动根据用户选择的分类将分层标注的三维地图显示出来，满足精细分类下的浏览需求。

2）安防监控与预警预报

结合智能摄像头、传感器、控制开关等使用，该系统可配置各种安防报警（如图像识别报警、红外报警、电子围栏、报警开关等），报警信号直接输入前端监控主机。统计区域内所有的视频监控点，并对室内和室外的监控、安全和环保的监控、预警预报的监控，交通道路的监控进行详细分类，然后通过在三维地图和二维地图上直接调用摄像头。同时，会对烟雾、火光、人车流等特殊信息进行自动智能识别，随时开启预警预报功能，提醒反馈给操作者。

系统在报警发生时能切换出相应部位的视音频及报警信息，提醒值班人员快速处理，并进行记录；对某些特定监控点，可实现视频移动侦测功能；系统还应支持与其他业务系统进行报警联动接口。可同时联动多个设备，结合防区管理可发挥强大的作用。自由组合动作轻松设计各种联动策略，可应对不同场合的安防解决方案。

系统拥有预案分析功能，当厂区内万一发生重大环境污染事件或者化工原料泄漏等事件后，迅速"定位"到事发地点，在三维地图上"自动划定"警示区域和范围。方便领导迅速调度人员，布置方案。同时，根据周边地形条件，从预案数据库中选择相对合理的建议方案供领导选择和决策。

3）环境排污监测

结合环境在线监测系统对厂区内监测点位在地图上的位置进行标注，同时对这些监测设施的类别、功能、位置等基本信息进行"记录"，可实现新增设施的"添加"、"删除"，新增设施的"信息录入"，管理和"数据接入"，同时如果允许可"远程调控"这些监测实施的开关时间等。

4）工厂流程设备实时监测

工厂如果能够在一些单元过程和工段设备上使用传感器、电子标签（RFID）、带联网功能的智能机电模块几种智能设备，其智能化程度将达到较高水平。目前看来，国内大部分工厂企业还达不到这一要求。

化工厂内部部分车间往往设备繁多，管线复杂，如何能够快速、实时、可视地对主要设备生产状况进行监测，对设备现场状况进行无死角监控，有着非常重要的意义。本系统采用360度全景扫描的技术[76]，在大型厂房内布置若干观测点，实现所有关键设备的实时监控，远程即可实现观测、查询、控制和故障检测。同时，由于放弃了三维建模的方式，观测效果更直观，每个场景数据量极小，传输速度非常快。结合基于三维地理信息的三维智慧炼化系统，可实现厂房内外全流程的覆盖。

5）地下管网管理

通过该系统，无须实地挖掘管道，在电脑上即可查看管道的材质、埋深、管径、历史年代、距离等信息。利用线段将管线切成一个剖面，在这个剖面上可以清晰直观地看到管线的纵横断面情况和各条管线的地下铺设情况，包括距离地面的高度，以及各管线的距离等信息。

结合实际管道中设置的传感器，配合周期性智能的管道探伤设备，可以实现软硬件的良好结合，对输油输气、供水排水管道的安全防护起到重要作用，可实现对数字管线的进一步升级。

此外，智慧炼化信息系统还可以集成一系列原来企业内 ERP 系统、生产调度系统、DCS 控制系统等功能，使得原先只能局限于数字查看和平面展示的功能实现三维可视化，对操作者而言将是一种更为直观、有效的管理方法，有着巨大的发展空间。

6）质量的监控与溯源

在本书中，此处的"质量"可以包含两层含义。第一层含义是指设备与工程建设(施工)质量。采用数字化交付的工程建设项目、计算机化维修管理系统等的系统，可以很方便地做到设备和工程质量的监控原溯源，这比较好理解。质量的第二层含义是指炼化企业的原油、中间物料以及最后成品油，如汽油、煤油、柴油的质量。采用石油分子工程与石油分子管理技术(数据关联、分子重构等技术)或其他表征技术，可以获得原油(中间物料)性质。从这个角度，进料的性质也就是"质量"是"可视"的。混合原油性质(质量)已知即"可视"，则经过常减压装置后的各测线物料的性质容易获取，所以是"可视"的，考虑中间罐的物料性质后，进入二次加工装置的进料性质也就能做到"可视"。采用石油分子工程技术，建立二次加工装置的分子动力学模型，能够获得二次加工装置后的物料平衡(数量)和性质(质量)，这样也就做到了产品性质的"可视"。通过分子精准调合，最后的成品油的质量也就能够方便地获取，实现了质量的"可视"过程；而整个加工过程，也就是体现了"质量的监控与溯源"的概念。这也是石油分子工程中原油分子重构、产品分子级精准调合的核心体现。

(四) 石化节能、降耗、环保技术

主要涉及以下技术：

(1) 生产装置健康监控技术。石化企业加强对生产设备的监测，尤其是对强腐蚀设备、高速旋转设备等高危设备，实现在线精确测量，这是故障预测和诊断的关键。开发故障预测和诊断模型及方法，提高故障检测的及时性和鲁棒性，以及故障定位的准确性，防止误报和漏报，及时消除隐患，以提高系统的可靠性和安全性。采用设备管理系统和多元统计过程监控(MSPM)对高压、强腐蚀、高速旋转等设备进行在线监测和分析，有利于设备的安全运行。

(2) 降低能源成本。在波动的能源价格与日益严格的法规情况下，能源效率将成为石油石化等行业在未来几十年所面对的最大问题。举例来说，能源成本通常占据了非原料炼油厂运营成本的 50%~60%，制浆和石化造纸企业成本的 25%~40%；使用控制能源管理解决方案，能够帮助企业建立一个全面的能源管理战略，将能源成本降低最高达 25%，提升企业的竞争优势。

(3) SIS 智能安全仪表。为保证安全生产，在危险场所设置了可燃气体或有毒气体检测与报警系统，全厂还设置了火灾报警控制系统，并与可燃气体报警系统集成综合安全检测与报警系统。对于重要的工艺装置也开展了控制与检测的安全等级评估工作。现代石化企业中的安全控制系统将向着仪表控制、安全仪表及信息管理系统一体化的方向发展。智能化安全仪表控制系统将会得到广泛应用。

（4）自动化控制系统和信息化的集成对促进工艺优化、能耗降低、产量质量提升、节能减排起到了重要作用。

我国石油石化行业目前已经加快了信息化系统推广的速度，通过信息化与自动化集成手段提高管理水平、提高资源利用率、节约能源、降低生产成本，从而形成石油石化行业节能减排系统化工程。另外，通过生产控制信息化，促进工艺优化、能耗降低、产量质量提升，从而助力节能减排。这方面主要靠 MES（制造执行管理）系统以及各石油石化细分领域的自动控制系统实现。

为了进一步提高石化信息化和自动化应用水平，中国石化对“智能炼化试点”方案的规划已经通过审定，预计未来 10 年中：“智能、智慧炼化”的试点会以工厂经营管理与生产过程的“实时化、自动化、模型化、可视化、智能化”为发展目标，将实现计划调度、能源管理、安全环保、装置操作、IT 管控的智能化与智慧化，一批具有国际先进水平的智慧炼化企业将在中国诞生、成长。

第三节　工控与信息安全策略及设施

一、信息安全管理及策略

（一）信息安全管理原则

1. 信息安全管理的内容

信息安全管理是指通过维护信息的机密性、完整性和可用性来管理和保护信息资产，是对信息安全保障进行指导、规范和管理的一系列活动和过程。

1）信息安全风险管理

信息安全管理是一个过程，而不是一个产品，其本质是风险管理。信息安全风险管理可以看成是一个不断降低安全风险的过程，最终目的是使安全风险降低到一个可接受的程度，使用户和决策者可以接受剩余的风险。信息安全风险管理贯穿信息系统生命周期的全部过程。信息系统生命周期包括规划、设计、组建、运行和升级五个阶段。每个阶段都存在相关风险，需要采用同样的信息安全风险管理的方法加以控制。

信息安全风险管理是为保护信息及其相关资产，指导和控制一个组织相关信息安全风险的协调活动。我国《信息安全风险管理指南》指出，信息安全风险管理包括对象确立、风险评估、风险控制、审核批准、监控与审查、沟通与咨询六个方面，其中前四项是信息安全风险管理的四个基本步骤，监控与审查和沟通与咨询则贯穿于前四个步骤中。

2）设施的安全管理

设施的安全管理包括网络的安全管理、硬件设施的安全管理、保密设备的安全管理、场地的安全管理等。

（1）网络的安全管理。信息管理网络是一个用于收集、传输、处理和存储有关信息系统与网络的维护、运行和管理信息的、高度自动化网络化的综合管理系统。它包括性能管理、配置管理、故障管理、计费管理、安全管理等功能。而安全管理又包括系统的安全管理、安全服务管理、安全机制管理、安全事件处理管理、安全审计管理、安全恢复管理等。

（2）硬件设施的安全管理。对硬件设施的安全管理主要考虑配置管理、使用管理、维修管理、存储管理、网络连接管理。常见的网络设备需要防止电磁辐射、电磁泄漏和自然老化。对集线器、交换机、网关设备或路由器，还需防止受到拒绝服务、访问控制、后门缺陷等威胁。对传输介质还需防止电磁干扰、搭线窃听和人为破坏，对卫星信道、微波接力信道等需防止对信道的窃听及人为破坏。

（3）对保密设备主要包括保密性能指标的管理、工作状态的管理、保密设备类型、数量、分配、使用者状况的管理、密钥的管理。

（4）场地设施的安全管理。机房和场地设施的安全管理需要满足防水、防火、防静电、防雷击、防辐射、防盗窃等国家标准。人员出入控制，需要根据安全等级和涉密范围，采取必要的技术与行政措施，对人员进入和退出的时间及进入理由进行登记等。电磁辐射防护，需要根据技术上的可行性与经济上的合理性，采取设备防护、建筑物防护、区域性防护、磁场防护。

3）信息的安全管理

根据信息化建设发展的需要，信息包括三个层次的内容：一是在网络和系统中被采集、传输、处理和存储的对象，如技术文档、存储介质、各种信息等；二是指使用的各种软件；三是安全管理手段的密钥和口令等信息。

软件设施的安全管理。对软件设施的安全管理主要考虑配置管理、使用和维护管理、开发管理、病毒管理。软件设施主要包括操作系统、数据库系统、应用软件、网络管理软件以及网络协议等。操作系统是整个计算机系统的基石，由于它的安全等级不高，需要提供不同安全等级的保护。对数据库系统，需要加强数据库的安全性，并采用加密技术对数据库中的敏感数据加密。目前使用最广泛的网络通信协议是 TCP/IP 协议。由于存在许多安全设计缺陷，常常面临许多威胁。网络管理软件是安全管理的重要组成部分，常用的有：HP 公司的 OpenView，IBM 公司的 NetView，SUN 公司的 NetManager 等，也需要额外的安全措施。

存储介质的安全管理。存储介质包括：纸介质、磁盘、光盘、磁带、录音/录像带等，它们的安全对信息系统的恢复、信息的保密、防病毒起着十分关键的作用。对不同类别的存储介质，安全管理要求也不尽相同。对存储介质的安全管理主要考虑存储管理、使用管理、复制和销毁管理、涉密介质的安全管理。技术文档的安全管理。技术文档是系统或网络在设计、开发、运行和维护中所有技术问题的文字描述。技术文档按其内容的涉密程度进行分级管理，一般分为绝密级、机密级、秘密级和公开级。对技术文档的安全管理主要考虑文档的使用、备份、借阅、销毁等方面，需要建立严格的管理制度和相关负责人。

密钥和口令的安全管理。密钥是加密解密算法的关键，密钥管理就是对密钥的生成、检验、分配、保存、使用、注入、更换和销毁等过程所进行的管理。口令是进行设备管理的一种有效手段，对口令的产生、传送、使用、存储、更换均需要有效的管理和控制。

4）运行的安全管理

信息系统和网络在运行中的安全状态也是需要考虑的问题，目前常常关注安全审计和安全恢复两个安全管理问题。

安全审计。安全审计是指对系统或网络运行中有关安全的情况和事件进行记录、分析并采取相应措施的管理活动。目前主要对操作系统及各种关键应用软件进行审计。安全审计工作应该由各级安全机构负责实施管理，安全审计可以采用人工、半自动或自动智能三种方式。人工审计一般通过审计员查看、分析、处理审计记录；半自动审计一般由计算机自动分析处理，再由审计员作出决策和处理；自动智能审计一般由计算机完成分析处理，并借助专家系统作出判断，更能满足不同应用环境的需求。

安全恢复。安全恢复是指网络和信息系统在收到灾难性打击或破坏时，为使网络和信息系统迅速恢复正常，并使损失降低到最小而进行的一系列活动。安全恢复的管理主要包括安全恢复策略的确立、安全恢复计划的制订、安全恢复计划的测试和维护、安全恢复计划的执行。

2. 信息安全管理的原则

信息安全管理应遵循统一的安全管理原则。

1）分权制衡原则

在信息系统中，对所有权限应该进行适当地划分，使每个授权主体只能拥有其中的一部分权限，使它们之间相互制约、相互监督，共同保证信息系统的安全。如果一个授权主体分配的权限过大，无人监督和制约，就隐含了“滥用权力”“一言九鼎”的安全隐患。

2）最小化原则

受保护的敏感信息只能在一定范围内被共享，履行工作职责和职能的安全主体，在法律和相关安全策略允许的前提下，为满足工作需要，仅被授予其访问信息的适当权限，称为最小化原则。敏感信息的“知情权”一定要加以限制，是在“满足工作需要”前提下的一种限制性开放。

3）安全隔离原则

隔离和控制是实现信息安全的基本方法，而隔离是进行控制的基础。信息安全的一个基本策略就是将信息的主体与客体分离，按照一定的安全策略，在可控和安全的前提下实施主体对客体的访问。

4）动态原则

根据环境的改变和技术的进步，提高系统的保护能力。信息安全管理的动态性原则来源于风险的动态性。信息系统的风险并不是一成不变的，它是随着时间而动态变化的。比如操作系统有新的威胁的产生、物理设备随着运转时间的延长其失效的概率加大、信息系统的各组成部分的风险比重随着组织业务的变化而使总的风险构成发生变化等。风险的这些变化促使采取相应的安全管理措施，即动态的安全管理，如当业务变更和优先权变化时要进行新的风险评估等。

5）均衡防护原则

根据“木捅原理”，整个系统的安全强度取决于最弱的一环，片面追求某个方面的安全强度对整个系统没有实际意义。“木桶原则”，即对信息均衡、全面地进行保护。“木桶的最大容积取决于最短的一块木板”，攻击者必然在系统中最薄弱的地方进行攻击。因此，充分、全面、完整地对系统的安全漏洞和安全威胁进行分析、评估和检测（包括模拟攻击），是设计信息安全系统的必要前提条件。安全机制和安全服务设计的首要目的是防止最常用的攻击手段；根本目标是提高整个系统的“安全最低点”的安全性能。

6）整体性原则

没有百分之百的信息安全，因此要求在网络被攻击、破坏事件的情况下，必须尽可能快地恢复网络的服务，减少损失。所以信息安全系统应该包括三种机制：安全防护机制、安全监测机制、安全恢复机制。安全防护机制是根据具体系统存在的各种安全漏洞和安全威胁采取相应的防护措施，避免非法攻击的进行；安全监测机制是监测系统的运行情况，及时发现和制止对系统进行的各种攻击；安全恢复机制是在安全防护机制失效的情况下，进行应急处理和尽量、及时地恢复信息，减少攻击的破坏程度。

7）有效性与实用性原则

如何在确保安全性的基础上，把安全处理的运算量减小或分摊，减少用户记忆、存储工作和安全服务器的存储量、计算量，应该是一个信息安全设计者主要解决的问题。

8）安全性评价原则

即实用安全性与用户需求和应用环境紧密相关。评价系统是否安全，没有绝对的评判标准和衡量指标，只能决定于系统的用户需求和具体的应用环境，比如系统的规模和范围（比如，局部性的中小型网络和全国范围的大型网络对信息安全的需求肯定是不同的）；或者系统的性质和信息的重要程度（比如，商业性的信息网络、电子金融性质的通信网络、行政公文性质的管理系统等对安全的需求也各不相同）。另外，具体的用户会根据实际应用提出一定的需求，比如，强调运算实时性或注重信息完整性和真实性等。

9）等级性原则

良好的信息安全系统必然是分为不同级别的，包括：对信息保密程度分级（绝密、机密、秘密、普密）；对用户操作权限分级（面向个人及面向群组），对网络安全程度分级（安全子网和安全区域），对系统实现结构的分级（应用层、网络层、链路层等），从而针对不同级别的安全对象，提供全面的、可选的安全算法和安全体制，以满足网络中不同层次的各种实际需求。

10）设计为本原则

在网络进行总体设计时考虑安全系统的设计，二者合二为一。避免因考虑不周，出了问题之后拆东墙补西墙，不仅造成经济上的巨大损失，而且也会对国家、集体和个人造成无法挽回的损失。由于安全问题是一个相当复杂的问题，因此必须群策群力搞好设计，才能保证安全性。

（二）生命周期安全策略

1. 信息安全规划阶段

在这个阶段必须根据用户的网络需求，制定网络信息安全性策略。安全策略应说明网络信息安全要达到的目标、目的，它是战略上的概念，不会对技术和设备提出具体要求，但提供了选择技术、设备的标准，为网络信息安全整体防护提供了框架，为行动指出方向，使得整个网络信息安全生命周期的活动具有一致性。

另一项重要任务是，基于信息安全需求，在安全策略指导下，制定信息安全内容模型。具体问题具体分析，根据具体需求提出保护内容模型。

2. 信息安全设计阶段

在这个阶段，要依据信息安全策略，在安全内容模型基础上对信息安全进行总体设计，确订安全技术模型、网络攻击模型和信息安全整体解决方案。在制定安全技术模型过程中，要有取有舍地选择技术项。取舍的标准是两个平衡，要以尽量小的网络性能代价和经济投资达到网络信息安全策略的要求。选取过程中要注意两点：一是网络安全技术不可求全，二是对网络安全内容的保护要有重点。提供的安全过多，就会有重叠保护现象发生，不仅不经济，还增加了网络系统的复杂性，带来新的安全漏洞，网络信息安全界有句话叫"越简单越安全"。安全保护内容要重点突出也是安全设计的一个重要原则，事实上对网络进行全面保护是不可能，也是没有必要的，每个网络用户群体的安全要求都是不同的，每个网络都具有自己独有的特殊性，对体现用户要求，体现网络的特殊性的内容就要重点保护。

制定安全攻击模型需要有丰富的安全知识、从业经验和创造性的思维，不仅要提供所有已知的攻击方式，还要想象可能遭遇的、未知的攻击方式。这不容易做到，但内容丰富，条理清晰的攻击模型会给予相当丰厚的回报。

3. 信息安全组建阶段

这个阶段可分为两个时期，前一时期测试网络设备，选择网络备，制定投资计划，形成信息网络安全整体解决方案；后一时期具体安装，调试运行网络信息安全设备。

在前一时期中，要使用、维护安全设备库，选择安全设备并最终产生全面网络信息安全整体解决方案。安全设备的可选范围非常广，功能差别、性能差距和价格差距都非常大，而且安全设备的专业性又非常强，非专业人员很难区分，这一切都增加了选择网络安全设备的难度；同时设备选取直接和网络投资挂钩并决定今后的网络性能和安全性，所以选择安全设备是件既困难又重要的事情。如果使用网络信息安全设备库就能很好地解决这一问题，但必要的市场调研还是不可缺少，毕竟网络技术发展太快，几乎每天都有新的网络安全设备面世。不过有设备库作为比较的标准，就能很快地了解、掌握新设备的功能和性能。在选择设备时要以实用为标准，以两个平衡为指导思想。

重点强调网络信息安全设备的测试和评估。网络设备测试是件非常有意义的事情，但很少有人去做，因为它不仅需要很丰富的技术经验，还需要一定的经济投资。成功的设备测试可以提供帮助，既可以有科学依据地选择真正适合网络特点的，经济、实用的网络设备，而且在网络运行、升级阶段也起着非常重要的作用。对于任何网络设备，都可以通过它的提供商或第三方测试机构得到它的各种性能指标，为什么还要自己进行测试，原因是这些性能指标的可信度，设备供应商不会说自己的设备不好，第三方测试机构的利润主要来源于设备供应商，测试机构怎么会说自己的衣食父母不好呢？另外，还有技术上的原因，网络设备的性能是在与其他设备交互操作过程中体现出来，也就是说同一个设备，与同种类但来自不同厂家的设备交互，表现出性能可能不同，同一个设备在不同网络负载模式下表现出的性能差距更大。总之，设备提供的性能与运行环境有密切关系。从外界得到的设备性能指标多数都是在最优化、适合设备的网络环境中测试得到的，即使设备是在基准模式下或最大载模式下测试的，它的性能指标也不可全信，因为运行网络肯定不同于测试网络，在运行网络中的性能也许会很差，也许会更好。

组建阶段的后一时期就是具体施工，安装、测试网络信息安全系统。设备提供商会给予充分的帮助并负责设备的安装和调试，这一阶段的任务是学会设备的安装和调试。

4. 信息安全运行阶段

如果将网络信息安全按事件发展的顺序分为安全准备、安全预防、安全检测和安全恢复的话，前面只是完成了安全准备、安全预防，现在才进入实战阶段，这也是检验前期安全预防工作成果，体现安全投资价值的阶段。

网络信息安全是一个动态过程，不能因为进行了周密的防范就高枕无忧了，安全防范措施需要动态维护。所以这一阶段任务不只是被动地维护，应急处理，还需要周期性地主动检测和更新保护措施。如端口扫描，检查是否有安全漏洞；检查安全日志，看是否有没成功的侵犯行为；性能测试，主要针对内部网络设备，检查网络是否由于业务的变化，产生了瓶颈以及网络带宽的使用情况。若有网络信息安全内容模型、技术模型，主动测试就简单了很多，按照安全内容模型逐条地检验网络信息安全设备，看这些设备是否提供了安全技术模型所列的各项内容。

这一阶段还有一项重要任务，收集、整理最新的网络安全漏洞信息，特别注意和自己系统有关的漏洞报告。网络信息安全不是一己之力能实现的，也不能等到自己遭受损失后才去弥补，要多借鉴别人经验，从别人的失败中吸取教训。目前国际上有专门机构收集各类系统的安全漏洞，核实后在网络上公开发布，漏洞系统的提供商会尽快提供解决方案——打补丁或升级系统。绝对没有漏洞的系统不存在，实现安全最重要的是尽早发现并弥补漏洞，所以收集最新安全漏洞信息就非常重要，应该是网络信息安全维护人员的一种习惯行为。

5. 信息安全升级阶段

网络信息安全升级来自两方面，一是网络系统升级，如添加网络设备、扩展网段或添加新的应用系统等行为引起的；二是网络信息安全系统自身的升级。如果网络信息安全在规划、设计阶段做得非常灵活并考虑到系统的升级，那么网络系统升级对信息安全的影响就不会很大，在网络信息安全方面做的工作只是修改系统配置，改变运行参数或是对已有安全设备进行重新组合。设计阶段做的工作如果不是很细，或者网络系统改变很大，就要增加网络安全投资、添加新技术、引进新设备。网络系统没有变化，网络信息安全系统自身升级的原因也很多，如在已有网络系统中发现新的安全漏洞，发生由技术原因引起的信息泄密事件，网络系统被非授权人访问事件等。

网络信息安全升级是经常性的行为，但不能因为频度高而粗心大意，草草了事。每次的安全升级不仅要满足眼前的安全需求变化，还要力争便于下一次的网络安全升级。这就要求在升级网络时，不仅仅是增加网络设备或改变网络设备的设置，如果有必要的话，还有修改、升级网络信息安全策略，安全内容模型、安全技术模型、安全攻击模型、设备库和网络信息安全解决方案。这样，对网络信息安全做的任何工作都有迹可循，方便以后工作。网络信息安全是个系统，在进行安全升级过程中，不可以采取哪漏补哪的方法，要全面考虑、维护网络信息安全性，否则就会疲于应付陷入被动。所做的任何动作都要有计划，有测试、有记录、有回报，要将每次安全漏洞的修复、弥补都当作是一次安全统的检验和安全系统的升级。

（三）信息安全预警通报

随着信息化的高速发展和网络在人们生活、工作中的应用、普及，人们的安全意识也大大提高，对网络安全产品的需求也日益紧迫和严格。用户对于安全管理系统不满足于仅仅在出错时弹出一个对话框，而是希望系统在监控过往信息的同时能够对数据进行分析、消化，并以一种更加人性化的方式将网络上存在的安全风险准确地告知用户。

一般来说，人们认为网络安全技术基本上就是“老三样”：防火墙、杀毒和入侵检测。

随着网络安全与网络攻击的博弈，人们发现入侵检测也不能完全达到网络安全预警的期望值，有资料表明相当一部分网络安全问题是由“内鬼”或“非恶意触发”引起的。此外，网络安全防护还有一个特殊的问题就是“要在网络的内外两侧同时作战”。因而，有人就开始把目光转向安全审计、态势感知、证书认证、可信模块等其他技术领域，希望寻找到第四种、第五种以至于第 N 种技术元素，以达到网络安全预警的初衷——“防患于未然”。

预测、预警本质上都属于试图通过对某一或某类事件的异常跟踪，发现特定进程发展到某一预设阶段，就采取“中止”、“隔离”或“清除”等措施制止不良事态继续蔓延，并即时上报，通过警报体系预报疑似对象的特点与特征。对于这类立足进程跟踪的“提前量判断”举措，可称之为“预”的能力。尽管凡“预立”之事总免不了“虚警”的困扰，但从目前看来，仍不失为从系统全局层面最大程度降低危害的可取举措之一。

一般认为网络安全预警系统的近期建设目标，需要具备“数据挖掘、信息融合、态势感知、应急响应”四大重要功能。数据挖掘，就是要从海量信息的检测中，提取出预警系统所需要的病毒、木马、蠕虫、恶意代码等特征信息，从被染网络安全防范系统中汇总出基本态势信息。信息融合，就是对提取和汇总出来的信息进行多级别、多方面、多层次的处理，从而得到完整性、实时性、统一性的可供决策处理的信息形态。态势感知，就是对当前和未来一段时间内网络安全状态进行预设指标的定量和定性的评价，通过感知主动地做出决策，提高自身的安全防护强度。应急响应，就是在得到网络安全预警信息后迅速通知网络管理者，管理者在辅助决策工具的协助下，做出是否启动什么样的应急处理预案的决定。这四个功能，形成了网络预警系统的一个“闭合环链”，使信息网络具备了基于“主动实时发现”的多维协同防护机制和能力。

（四）信息安全检查考核

1. 信息安全检查的概述

信息安全检查是一个统称的概念。用来概括信息系统风险评估、等级保护测评和涉密系统测评三项信息安全方面的测试检测工作。信息系统风险评估、等级保护测评和涉密系统测评这三种实现信息安全的方法都是当前我国进行信息安全保障工作的重要内容和手段，信息安全测试检测概念的提出对于规范和明确信息安全日常工作具有重要作用。

通常来讲，信息安全测试检查包含风险评估、等级保护测评以及涉密系统测评。

1）风险评估

风险评估是对信息及信息处理设施的威胁、影响、脆弱性及三者发生的可能性的评估。它是确认安全风险及其大小的过程，即利用定性或定量的方法，借助于风险评估工具，确定信息资产的风险等级和优先风险控制。

2）信息安全等级保护

信息安全等级保护广义上为涉及该工作的标准、产品、系统、信息等均依据等级保护思想的安全工作；狭义上一般指信息系统安全等级保护，是指对国家安全、法人和其他组织及公民的专有信息以及公开信息和存储、传输、处理这些信息的信息系统分等级实行安全保护，对信息系统中使用的信息安全产品实行按等级管理，对信息系统中发生的信息安全事件分等级响应、处置的综合性工作。

3）涉密信息系统测评

涉密信息系统测评主要有两种形式，即自我检测和检查评估。一般意义上的委托评估从保密管理的要求来看不适用于涉密信息系统。自我检测是涉密信息系统拥有者主要进行的日常的检查测评，是保障涉密信息系统日常安全的重要手段。

2. 信息安全检查的重要性

信息安全测试检查作为保障信息安全的重要措施有着不可替代的作用。合理有效的测试检查可以发现信息系统中存在的问题，防患于未然。

1）信息安全风险评估的意义和作用

风险评估是信息系统安全的基础性工作，它是观察过程的一个持续的工作，是分级防护和突出重点的具体体现。等级保护的出发点就是要突出重点，要突出重点要害部位，分级负责，分层实施。加强风险评估工作是当前信息安全工作的客观需要和紧迫需求。风险评估对信息系统生命周期的支持，生命周期有几个阶段，有规划和启动阶段，设计开发或采购阶段等等。信息系统在设计阶段的时候，现在大家很关注的还是在设计阶段，国家对这方面也做了很多的工作。

信息系统安全风险评估的总体目标是认清信息安全环境、信息安全状况，有助于达成公式，明确责任，采取或完善安全保障措施，使其更加经济有效，并使信息安全策略保持一致性和持续性，这是一个非常重要的问题。检查性的评估，都是为了使信息安全评估策略贯彻得到始终如一的支持。

2）信息安全等级保护测评的意义

当前信息系统安全保护等级的划分共分为五级，分别为自主保护级、指导保护级、监督保护级、强制保护级以及专控保护级。

实施信息安全等级保护意义重大，不仅有利于在信息化建设过程中同步建设信息安全设施，保障信息安全与信息化建设协调发展，而且为信息系统安全建设和管理提供了系统性、针对性、可行性的指导和服务，有效控制了信息安全建设成本。同时，信息安全等级保护对信息安全资源的配置进行了优化，重点保障了关系国家安全、经济命脉、社会稳定等方面的重要信息系统的安全。需要重点提到的是，信息安全等级保护明确了国家、法人和其他组织、公民的信息安全责任，进一步加强了信息安全管理。

3）涉密系统测评的意义

涉密系统测评有利于保障涉密系统在运行过程中的持续性，对于日常系统运行风险有良好的防范作用，另外涉密系统测评可以保护涉密信息的安全性，降低信息安全风险。

（五）信息安全事件处置

1. 信息安全事件发生的必然性

网络与信息安全事件，可理解为是由网络和信息系统直接或间接产生的，对“国家安全、社会稳定、经济发展、公众利益”造成或可能造成严重危害的事件。随着社会信息化发展的深入广泛，网络与信息安全的问题越来越被人们关注。在信息社会中的网络与信息安全事件也是必然要发生的。信息安全问题是不可回避而又必须直接面对的现实问题。从已发生的网络与信息安全事件分析可见，产生信息安全事件的原发因素有以经济利益为目的和非经济利益目的两大类。以经济利益为目的的信息安全事件制造者的技术越来越高明、手段越来越隐蔽；非经济利益目的的信息安全事件制造者更是鱼龙混杂，情况和背景极其复杂。

网络与信息安全事件具有无征兆突发、可迅速扩散、大范围传播、危害程度难以估测等特征。所以，正确应对和科学处置网络与信息安全事件就显得十分必要和重要。

2. 网络与信息安全事件应急处置体系

建立完备的网络与信息安全事件应急处置体系是有效应对重大网络与信息安全事件的必要保证。

全球信息化打破了传统的地域概念，使信息系统安全问题较之其他安全问题更为错综复杂。它不单是一个纯技术问题、产业问题、经济问题或军事问题，而是一个涉及各行业、各层面的综合社会问题。信息系统安全问题的解决是一个社会系统工程，需要由国家统一指挥、多部门密切配合。对于造成或可能造成严重危害"国家安全、社会稳定、经济发展、公众利益"的网络和信息安全重大事件，必须建立完备的"国家网络与信息安全事件应急处置体系"，实施组织应对和应急处置。必须遵循"在党中央、国务院的统一领导下，坚持统一指挥、密切协同、快速反应、科学处置；坚持预防与处置相结合，以预防为主；坚持谁主管谁负责、谁运行谁负责等原则，充分发挥各方面力量，共同做好网络与信息安全事件的预防和处置工作"的指导思想开展各项工作。要在组织体制、运行机制、法制基础和保障系统等方面建立健全国家网络与信息安全事件应急处置体系。

首先要统一认识，完善法律法规。信息安全是一个新问题，对信息安全事件的认识需要统一标准，并在统一的标准下按照共同法规一致行动。《中华人民共和国突发事件应对法》是指导各地区、各部门应对网络与信息安全事件应急处置的法律依据和行动准则。目前国家标准对信息安全事件做了分级分类的规定。(GB/Z 20986—2007)按信息安全事件的起因、表现、结果等把网络与信息安全事件分为有害程序事件、网络攻击事件、信息破坏事件、信息内容安全事件、设备设施故障和灾害性事件等6类30种。《中华人民共和国突发事件应对法》规定"突发事件的分级标准"和"预警级别的划分标准"由国务院或者国务院确定的部门制定。考虑到信息系统的重要程度、系统损失和社会影响等因素，将网络与信息安全事件分为四级：Ⅰ级(特别重大网络与信息安全事件)、Ⅱ级(重大网络与信息安全事件)、Ⅲ级(较大网络与信息安全事件)，Ⅳ级(一般网络与信息安全事件)。这种分级方式与《中华人民共和国突发事件应对法》对"安全事件"按照社会危害程度、影响范围等因素分为特别重大、重大、较大和一般的四级分级相符合。

其次要落实组织和制度。一是重大网络与信息安全事件的应急处置工作，应列入国家重大突发事件应对体系中建设规划，建立专业的网络与信息安全事件应急预案，建设国家、地区(部门)和企事业单位的三级应急处置组织指挥体系。二是在组织应对网络与信息安全事件工作中，要建立常设或非常设的统一、灵敏、协调的组织机构，负责统一指挥、协调特别重大网络与信息安全事件的应急处置工作。综合分析、研判网络与信息安全形势，制订应急处置预案，指导协调有关应急技术支撑队伍开展工作。三是地方人民政府和国家机关部门对本行政区域内的网络与信息安全事件的应对工作负责，负责本区域自建自管信息系统网络与信息安全事件的预防、监测、报告和应急处置工作，并配合有关部门做好本行政区域内其他网络与信息安全事件的处置工作。四是建立国家网络与信息安全应急专家咨询机制，为网络与信息安全事件的预防和处置提供技术咨询。五是建立网络与信息安全信息通报机制，向社会公布信息安全事件接警窗口渠道，广泛收集重要的网络与信息安全事件监测预警信息，为专业研判网络与信息安全事件部门提供情报信息。六是建立健全规章制度，明确职责和运行规则，做到科学、有序、无缝隙连接高效运行。

应急技术支援力量是处置信息安全事件工作中必不可少的技术保证。网络与信息安全事件的起源、传播、危害及防范、处置等都表现出专业性、技术性和对抗性非常突出的特征，必须要有专业的应急技术队伍实施技术保障工作，才能科学有效地处置网络与信息安全事件，最大限度地维护网络与信息系统安全，最大限度地降低危害和损失。要建立国家、地方（部门）和企事业单位的三级应急技术支援保障体系，分别承担网络与信息安全事件的应急技术支援工作。主要负责网络与信息安全事件的监测、发现、报告，担负网络与信息安全形势分析研判，协助事发单位（地区）或负责本地区、本部门做好控制事态、防止蔓延、消除隐患、系统加固和恢复等工作。协助相关部门开展网络与信息安全事件调查和评估工作，并根据事件处理需要开展与国际组织间的网络与信息安全技术协调工作。

二、工控安全设施

（一）网络安全设施

1. *边界防护*

1）边界防护的意义

人们为了解决资源的共享而建立了网络，然而全世界的计算机真的联成了网络，安全却成了问题。因为在网络上，你不清楚对方在哪里，泄密、攻击、病毒等，越来越多的不安全因素让网络管理者难以安宁，所以把有安全需求的网络与不安全的网络分开，是没有办法的选择。分离形成了网络的“孤岛”，没有了连接，安全问题自然消失了。但是没有连接，业务也无法互通，网络孤岛的资源在各种网络上信息共享需求日益强烈，比如：政府的内网与外网，需要面对公众服务；银行的数据网与互联网，需要支持网上交易等。把不同安全级别的网络相连接，就产生了网络边界。防止来自网络外界的入侵就要在网络边界上建立可靠的安全防御措施。

2）网络边界上的安全问题

非安全网络互联带来的安全问题与网络内部的安全问题是截然不同的，主要的原因是攻击者不可控，攻击是不可溯源的，也没有办法去“封杀”，一般来说网络边界上的安全问题主要有下面几个方面：

（1）信息泄密：网络上的资源是可以共享的，但没有授权的人得到了他不该得到的资源，信息就泄露了。一般信息泄密有两种方式：一是攻击者（非授权人员）进入了网络，获取了信息，这是从网络内部的泄密。二是合法使用者在进行正常业务往来时，信息被外人获得，这是从网络外部的泄密。

（2）入侵者的攻击：互联网是世界级的大众网络，网络上有各种势力与团体。入侵就是有人通过互联网进入你的网络（或其他渠道），篡改数据，或实施破坏行为，造成你网络业务的瘫痪。这种攻击是主动的、有目的，甚至是有组织的行为。

（3）网络病毒：与非安全网络的业务互联，难免在通信中带来病毒，一旦在你的网络中发作，业务将受到巨大冲击。病毒的传播与发作一般有不确定的随机特性。这是“无对手”“无意识”的攻击行为。

（4）木马入侵：木马的发展是一种新型的攻击行为，它在传播时象病毒一样自由扩散，没有主动的迹象，但进入你的网络后，便主动与它的“主子”联络，从而让“主子”来控制你的机器，既可以盗用你的网络信息，也可以利用你的系统资源为他工作，比较典型的就是“僵尸网络”。

3）网络边界上最容易受到的攻击方式

在网络边界上，最容易受到的攻击方式有下面几种：

（1）黑客入侵：入侵的过程是隐秘的，造成的后果是窃取数据与系统破坏。木马的入侵也属于黑客的一种，只是入侵的方式采用的病毒传播，达到的效果与黑客一样。

（2）病毒入侵：病毒就是网络的蛀虫与垃圾，大量的自我繁殖，侵占系统与网络资源，导致系统性能下降。病毒对网关没有影响，就像“走私”团伙，一旦进入网络内部，便成为可怕的“瘟疫”，病毒的入侵方式就像“水”的渗透一样，看似漫无目的，实则无孔不入。

（3）网络攻击：网络攻击是针对网络边界设备或系统服务器的，主要目的是中断网络与外界的连接，比如DOS攻击，虽然不破坏网络内部的数据，但阻塞了应用的带宽，可以说是一种公开的攻击，攻击的目的一般是造成你服务的中断。

4）网络边界防护技术

网络边界一直是攻防对抗的前沿阵地。边界防护技术也在不断对抗中逐渐成熟：

（1）防火墙技术。网络隔离最初的形式是网段的隔离，因为不同的网段之间的通信是通过路由器连通的，要限制某些网段之间不互通，或有条件地互通，就出现了访问控制技术，也就出现了防火墙，防火墙是不同网络互联时最初的安全网关。防火墙的作用就是建起了网络的“城门”，把住了进入网络的必经通道。防火墙的缺点是：不能对应用层识别，面对隐藏在应用中的病毒、木马都好无办法。

（2）多重安全网关技术。若一道防火墙不能解决各个层面的安全防护，那就多上几道安全网关，如用于应用层入侵的IPS、用于对付病毒的防病毒产品、用于对付DDOS攻击的专用防火墙技。多重安全网关的安全性显然比防火墙要好些，对各种常见的入侵与病毒都可以抵御。但是大多的多重安全网关都是通过特征识别来确认入侵的，这种方式速度快，不会带来明显的网络延迟，但也有它本身的固有缺陷，首先，应用特征的更新一般较快，目前最长也以周计算，所以网关要及时地“特征库升级”；其次，很多黑客的攻击利用“正常”的通信，分散迂回进入，没有明显的特征，安全网关对于这类攻击能力很有限；最后，安全网关再多，也只是若干个检查站，一旦“混入”，进入大门内部，网关就没有作用了。

（3）网闸技术。网闸的安全思路来自于“不同时连接”。不同时连接两个网络，通过一个中间缓冲区来“摆渡”业务数据，业务实现了互通，“不连接”原则上入侵的可能性就小多了。后来网闸设计中出现了存储通道技术、单向通道技术等，但都不能保证数据的“单纯性”。

（4）数据交换网技术。数据交换网技术是基于缓冲区隔离的思想，把城门处修建了一个“数据交易市场”，形成两个缓冲区的隔离。在防止内部网络数据泄密的同时，保证数据的完整性，即没有授权的人不能修改数据，防止授权用户错误的修改，以及内外数据的一致性。数据交换网技术比其他边界安全技术有显著的优势：①综合了使用多重安全网关与网闸，采用多层次的安全“关卡”；②有了缓冲空间，可以增加安全监控与审计，用专家来对付黑客的入侵，边界处于可控制的范围内，任何蛛丝马迹、风吹草动都逃不过监控者的眼睛；③业务的代理保证数据的完整性，业务代理也让外来的访问者止步于网络的交换区，所有的需求由服务人员提供，就像是来访的人只能在固定的接待区洽谈业务，不能进入到内部的办公区。

2. 远程访问防护

1）远程访问的发展

自计算机诞生以来，对计算资源的远程访问就成为计算机用户的需求。第一个计算机通信系统的设计目标就是支持对大型机的远程访问，通过使用简单的终端设备并依托电话网或专线连接远程用户。远程访问的第二个阶段是依托电话线或专线将个人计算机作为哑终端，由此也导致了终端通信程序的激增。随着桌面计算机开始支持联网，远程访问需求从基于专线连接的简单终端访问转换到基于互联网的从一个计算机到另一个计算机的远程访问，这确定了若干支持从一台计算机到另一台计算机的远程终端访问的互联网协议的发展。

2）远程访问协议

开发于1969年的第一个协议称为Teletype Network，Teletype协议允许运行TELNET客户端程序的计算机链接到运行TELNET服务程序的计算机。另一个协议称为rlogin，它的设计支持远程用户访问，它也允许一台计算机上的用户连接到另外一台计算机。与TELNET不同的是，rlogin的设计支持基于UNIX的计算机以及任何被信任的环境。另一个重要的协议是X-视窗操作系统，它允许运行X-视窗操作系统服务程序的计算机用户连接到远程计算机。用户计算机将显示图形化内容，并且用户能使用一个鼠标作为到远程计算机的接口。

3）文件传输协议

除了远程终端访问需求之外，也有在计算机之间传递数据文件的需求。文件传输协议是在互联网上(File Transfer Protocol，FTP)是在互联网支持文件在不同计算机之间传输的最初协议之一。另一种协议是rlogin命令序列中的一部分，被称之为远程复制协议(Remote Copy Protocol，RCP)，RCP设计用于在运行UNIX的彼此信任的计算机之间的复制文件。

4）对等网络协议

为大型网络的计算机用户相互共享数据而设计的新型的文件传输协议称为对等网络(peer-to-peer，P2P)。这些协议的设计常常是为了逃避传统的安全设备。

5）常用的对策

（1）加密远程访问。对流量进行加密并使用加密密钥来帮助认证主机的真实性，这是一个显而易见的解决方法。常用来提供对远程访问协议数据加密的方法分为两类：基于应用程序的加密和基于通道的加密。这两种方法都提供了跨网络的流量加密。基于通道的方法能够处理多种类型的应用程序，将两个方法结合起来也是可能的。

（2）安全外壳协议。安全外壳协议是一个支持机器验证和流量加密的开源协议。由于客户端和服务器程序对于大多数操作系统来说是随处可见的，因此SSH已经成为事实上的安全远程访问标准。SSH采用服务器的公共密钥作为标识符来支持服务器机器验证。在SSH中最大的弱点是中间人攻击，由于这种类型的攻击要让客户端相信攻击者就是服务器，所以实施起来比较复杂。

（3）远程桌面。远程桌面(Remote Desktop)是微软公司用来使客户端链接到微软的基于Windows的服务器的协议和应用程序。RDP的较新版本能够用TLS提供数据加密。这种加密在客户端和服务器之间提供了一个更安全的连接。RDP易于受到中间人的攻击，就像SSH。

（4）安全文件传输。常见的安全文件传输协议包括SFTP、FTPS和HTTPS。SFTP是基于SSH协议的新的协议，要求客户端和服务器都理解这个协议，并使大多数操作系统都可以随时得到客户端和服务器的程序。SFTP 易受中间人的攻击，但是由于这个协议要复杂得多，比起对 SSH 的中间人攻击，实施这种攻击更加困难。文件传输协议/SSL(FTPS)是 FTP 协议的一个安全版本，它使用 SSL/TLS 安全传输层协议。FTPS 是标准 FTP 协议的一个增强版。建立在 SSL 基础上的 HTTP(HTTPS)是用于安全文件传输的另一个方法。

3. 入侵检测防护

1）入侵检测定义

入侵检测技术是安全审计中的核心技术之一，是网络安全防护的重要组成部分。美国国际计算机安全协会(ICSA)对入侵检测(Intrusion Detection)的定义是：通过从计算机网络或计算机系统中的若干关键点收集信息并对其进行分析，从中发现网络或系统中是否有违反安全策略的行为和遭到袭击的迹象的一种安全技术。违反安全策略的行为有：入侵——非法用户的违规行为；滥用——用户的违规行为。

入侵检测技术是一种主动保护自己的网络和系统免遭非法攻击的网络安全技术。它从计算机系统或者网络中收集、分析信息，检测任何企图破坏计算机资源的完整性、机密性和可用性的行为，即查看是否有违反安全策略的行为和遭到攻击的迹象，并做出相应的反应。

2）入侵检测系统的组件

入侵检测系统的通常由四个基本组件构成：

(1) 事件产生器。事件产生器是入侵检测系统中负责原始数据采集的部分，它对数据流、日志文件等进行追踪，然后将搜集到的原始数据转换为事件，并向系统的其他部分提供此事件。

(2) 事件分析器。接收事件信息，然后对它们进行分析，判断是否为入侵行为或异常现象，最后将判断的结果转变为警告信息。

(3) 事件数据库。事件数据库是存放各种中间和最终数据的地方。它从事件产生器或事件分析器接收数据，一般会将数据进行较长时间的保存。它可以是复杂的数据库，也可以是简单的文本文件。

(4) 响应单元。响应单元根据警告信息做出反应，它可以做出切断连接、改变文件属性等强烈反应，也可以只是简单的报警，它是入侵检测系统中的主动武器。

3）入侵检测三大功能

入侵检测系统的应用，能使在入侵攻击对系统发生危害前，检测到入侵攻击，并利用报警与防护系统驱逐入侵攻击；在入侵攻击过程中，能减少入侵攻击所造成的损失；在被入侵攻击后，能收集入侵攻击的相关信息，作为防范系统的知识，添加入知识库内，以增强系统的防范能力。入侵检测的三大功能为：

(1) 监控、分析用户和系统的活动。这是入侵检测系统能够完成入侵检测任务的前提条件。入侵检测系统通过获取进出某台主机及整个网络的数据，或者通过查看主机日志等信息来实现对用户和系统活动的监控。获取网络数据的方法一般是“抓包”，即将数据流中的所有包都抓下来进行分析。这就对入侵检测系统的效率提出了很高的要求。如果入侵检测系统不能实时地截获数据包并对它们进行分析，那么就会出现漏包或网络阻塞的现象。如果出现前一种情况，系统的漏报就会很多；如果出现后一种情况，就会影响到入侵检测系统所在主机或网络的数据流速，使入侵检测系统成了整个系统的瓶颈，这显然是我们不愿看到的结果。因此，入侵检测系统不仅要能够监控、分析用户和系统的活动，还要使这些操作足够得快。

(2) 发现入侵企图或异常现象这是入侵检测系统的核心功能。主要包括两个方面，一是入侵检测系统对进出网络或主机的数据流进行监控，看是否存在对系统的入侵行为；另一个是评估系统关键资源和数据文件的完整性，看系统是否已经遭受了入侵。前者的作用是在入侵行为发生时及时发现之，从而避免系统遭受攻击；而后者一般是系统在遭到入侵时没能及时发现和阻止，攻击的行为已经发生，但可以通过攻击行为留下的痕迹了解攻击行为的一些情况，从而避免再次遭受攻击。对系统资源完整性的检查也有利于我们对攻击者进行追踪，对攻击行为进行取证。对于网络数据流的监控，可以使用异常检测的方法，也可以使用误用检测的方法。目前有很多新技术被提出来，但多数都还在理论研究阶段。现在的入侵检测产品使用的主要还是模式匹配的技术。检测技术的好坏，直接关系到系统能否精确地检测出攻击。因此，对于这方面的研究是IDS研究领域的主要工作。

(3) 记录、报警和响应。入侵检测系统在检测到攻击后，应该采取相应的措施来阻止攻击或响应攻击。入侵检测系统作为一种主动防御策略，必然应该具备此功能。入侵检测系统应该首先记录攻击的基本情况，其次应该能够及时发出报警。好的入侵检测系统，不仅应该能把相关数据记录在文件或数据库中，还应该提供好的报表打印功能。必要时，系统还应该采取必要的响应行为，如拒绝接收所有来自某台计算机的数据、追踪入侵行为等。实现与防火墙等安全部件的响应互动，也是入侵检测系统需要研究和完善的功能之一。

4) 入侵检测技术标准化

入侵检测技术的标准化是提高入侵检测产品功能和加强技术合作的重要手段。到目前为止，还没有广泛接受的入侵检测相关国际标准，美国国防高级研究计划署和互联网工程任务组的入侵检测工作组在这方面做了很多工作，我国的有关网络安全产品检测部门也做了很多卓有成效的工作，给出了主机入侵检测产品和网络入侵检测产品的规范。入侵检测工作组提出的建议草案包括三部分内容：入侵检测消息交换格式、入侵检测交换协议以及隧道轮廓。入侵检测消息交换格式描述了表示入侵检测系统输出信息的数据模型，并解释了使用此模型的基本原理。该数据模型用XML实现，并设计了一个XML文档类型定义。自动入侵检测系统可以使用入侵检测交换格式提供的标准数据格式对可疑事件发出警报，提高商业、开放资源和研究系统之间的互操作性。入侵检测交换协议是一个用于入侵检测实体之间交换数据的应用层协议，能够实现入侵检测消息交换格式的消息、非结构文本和二进制数据之间的交换，并提供面向连接协议之上的双方认证、完整性和保密性等安全特征。公共入侵检测框架是一个入侵检测系统的规范，该框架为入侵检测系统间的通信提供了规范。

4. 网络设备运维审计

1) 网络设备运维审计的意义

各种权威的网络安全调查结果均表明，在可统计的安全事件中，60%以上均与内部人员有关，这其中既包括恶意行为(越权访问、恶意破坏、数据窃取)，也包括各种非主观故意引起的非恶意行为(误操作、权限滥用)。由此可见，规范内部人员的访问行为，特别是核心系统(主机、网络设备、安全设备、数据等)的维护行为势在必行。

企业的信息系统，在日常的内部运维管理及IT内控合规性遵循过程中，经常会遇到如下问题：

(1) 多位运维人员共用一个系统账号，当出现安全事故时相互推诿，缺乏客观、可信的依据来确定事故责任人；

（2）维护人员可能只需要执行简单的规定操作，但通常需要使用拥有更多权限的系统账户，而系统自身又无法进行细粒度的授权管理，无法进行指令级或文件级别的访问权限控制；

（3）服务器、网络设备、数据库等资产的数量日益增多，按照管理要求定期修改密码成为耗时费力的琐事，基层运维人员是否严格遵守制度，按时完成密码安全管理工作，管理人员无法方便得知；

（4）当第三方运维人员（代维/原厂工程师），需要对系统进行操作时，基于对合作伙伴的信任及工作方便需要，企业内部人员通常会给与其拥有高权限的系统账户甚至管理员账户，而管理员却无法从技术上确保，第三方人员的所有操作行为是否合规；

（5）当系统因某些操作发生故障时，因为缺乏对操作过程的全程记录，无法还原事故现场，确定问题原因，而使得系统恢复时间大大延长。

运维审计系统是新一代操作行为安全审计系统，它采用软硬件一体化设计，通过 B/S 方式（https）进行管理，其主要功能为实现对运维人员操作服务器、网络设备、数据库过程的全程监控与审计，以及对违规操作行为的实时阻断。

2）网络设备运维审计模块组成

运维审计系统采用模块化设计，主要由以下模块组成：行为控制模块、管理模块、存储模块、审计模块、用户管理接口模块。

行为控制模块实现对网络、数据库、服务器维护过程的网络数据包代理转发、行为还原及记录、违规行为阻断功能；管理模块实现维护用户管理、主机资产管理、用户授权与访问权限管理，以及对审计记录的数据存储控制；审计模块实现行为安全审计功能，包括实时违规行为告警系统、历史记录检索系统以及报表系统；用户界面提供运维人员审计管理接口，以及运维用户的远程工具使用界面。

3）网络设备运维审计主要功能

主要包括：统一用户身份认证；访问权限控制；服务器密码管理；会话同步监控；异常行为告警；操作行为记录；会话过程重放；历史记录查询和综合审计报表共九大项。

（二）工控安全设施

常见的网络工程安全隐患主要有以下几类：计算机病毒攻击、电脑黑客攻击、计算机系统安全漏洞风险、拒绝服务攻击、IP 地址盗用及滥用以及垃圾邮件等。

1. 防护计算机病毒入侵措施

为了有效防止和减免计算机病毒入侵：①必须及时对计算机网络操作系统存在的安全漏洞予以修复，可以在计算机网络操作系统中设置安全系数较高的系统密码，与此同时，关闭计算机网络操作系统的默认网络共享，这样能够防止计算机病毒入侵。②为了防止局域网病毒入侵，还必须关闭或停止安全风险高的不明 Windows 服务。③要在计算机网络操作系统安装必要的防火墙软件，其可以禁止一部分存在安全风险的不明软件访问计算机网络，保护内部网络免受非法用户的入侵，防止内部信息外泄。④在计算机网络操作系统安装并及时更新杀毒软件，这样也能有效防止计算机病毒入侵。杀毒软件的主要任务就是对计算机的各个磁盘进行监控及扫描，大多数杀毒软件都有防火墙的功能，因而安装杀毒软件能够有效防止和减少计算机病毒入侵。

2. 防护电脑黑客攻击的措施

为了有效防止和减免电脑黑客攻击：①必须对计算机网络系统进行必要的设置，如关闭计算机网络系统中的文件和打印共享、将计算机网络系统中的 Guest 账户设置为禁用状态等。②还必须在计算机网络系统中安装必要的安全软件，如防黑软件、杀毒软件等，此外，还要设置防火墙，这样能够有效防止和减免电脑黑客进攻，以保护计算机网络系统的安全。③必须关闭计算机不必要的端口，主要是因为电脑黑客在非法入侵时，通常会先对计算机端口进行扫描，若在计算机端口安装了必要的监视程序，则监视程序会对其进行监视，一旦有电脑黑客非法入侵，则监视程序会发出警示，这就需要计算机网络用户使用工具软件关闭那些用不到的端口。

3. 防护计算机系统安全漏洞风险的措施

为了有效防护计算机系统安全漏洞风险，必须要不断更新相关安全防护技术，合理应用防火墙技术。防火墙技术是网络工程安全防护技术中比较常见的一种，其能够有效应对电脑黑客对计算机和网络工程的攻击。同时，其也能够有效应对计算机病毒对网络工程构成的威胁。防火墙技术能够借助对网络工程防火墙的设置，以达到对来自外部的可能存在安全隐患的信息的过滤效果，增加网络工程系统的安全系数。尤其是在涉及外部网络时，更应在其与网络工程之间设置安全防火墙，通过计算机相关的软件技术建立其与网络工程之间的连接，并且还要将其与网络工程进行分割，具体包括地址上的分割，以及相关信息体系上的分割，这样有利于更好地发挥防火墙的作用。此外，通过分割还能确保所有经由防火墙过滤过的信息及数据的安全，以有效减免电脑黑客对计算机和网络工程的攻击，有效减免计算机病毒对网络工程构成的威胁，继而增加和提升计算机和网络工程的安全性。

4. 防护拒绝服务攻击的措施

为了有效防护拒绝服务攻击：①必须随时关注安全信息，计算机网络用户应当订阅安全信息报告，关注网络工程安全防护技术研发的动态，关注各种网络工程安全问题的发展趋势。②运用应用包过滤的技术，尤其是过滤对外开放的计算机端口。这样是为了防止“冒名顶替”的地址的攻击，让来自外部的计算机无法冒充内部计算机的地址来对网络进行攻击。

5. 防护 IP 地址盗用及滥用的措施

为了解决 IP 地址盗用及滥用这一网络工程安全问题：①可以使用交换机进行控制。②还可以使用路由器进行隔离。③可以使用防火墙和代理服务器相结合的方式。防火墙可以对计算机内部网络与计算机外部网络进行隔离，计算机网络用户访问计算机外部网络需要通过代理服务器进行，通过这种方式，也能够有效解决 IP 地址盗用及滥用的问题。

6. 防护垃圾邮件的措施

为了有效防止和避免垃圾邮件的泛滥：①要进一步加强计算机网络用户防范垃圾邮件的力度，提高对其的认识。②计算机网络用户要自觉抵制垃圾邮件，拒绝传播垃圾邮件，只有这样才能有效杜绝垃圾邮件的传播。③拒绝回复来自陌生人的邮件，究其原因主要是由于有一部分电脑黑客会用一些正规网站的名义制造一些邮件，其涉及个人的重要信息，一旦用户在回复邮件时填写了个人信息，包括用户名及密码等，点击确认后，这些信息就会被黑客盗窃，后果不堪设想。

(三) 系统及数据安全设施

1. 系统备份及恢复

数据备份是容灾的基础，目的是防止系统出现操作失误或系统故障导致数据丢失，不管是对于企业还是个人，这都是尤其重要的，尤其是在现代数据泄露形势严峻的大环境中。对于企业来说，做好企业的数据备份和恢复工作，就需要制订一个适合自身需求的数据备份和恢复计划。以下介绍三种基本备份和恢复方式：

1）完全备份(Full Backup)

备份全部选中的文件夹，并不依赖文件的存档属性来确定备份那些文件。在备份过程中，任何现有的标记都被清除，每个文件都被标记为已备份。换言之，清除存档属性。

完全备份就是指对某一个时间点上的所有数据或应用进行的一个完全拷贝。实际应用中就是用一盘磁带对整个系统进行完全备份，包括其中的系统和所有数据。这种备份方式最大的好处就是只要用一盘磁带，就可以恢复丢失的数据。因此大大加快了系统或数据的恢复时间。然而它的不足之处在于，各个全备份磁带中的备份数据存在大量的重复信息；另外，由于每次需要备份的数据量相当大，因此备份所需时间较长。

2）差异备份(Differential Backup)

备份自上一次完全备份之后有变化的数据。差异备份过程中，只备份有标记的那些选中的文件和文件夹。它不清除标记，也即备份后不标记为已备份文件。换言之，不清除存档属性。

差异备份是指在一次全备份后到进行差异备份的这段时间内，对那些增加或者修改文件的备份。在进行恢复时，我们只需对第一次全备份和最后一次差异备份进行恢复。

举例来说，在星期一，网络管理员按惯例进行系统完全备份；在星期二，假设系统内只多了一个资产清单，于是管理员只需将这份资产清单一并备份下来即可；在星期三，系统内又多了一份产品目录，于是管理员不仅要将这份目录，还要连同星期二的那份资产清单一并备份下来。如果在星期四系统内又多了一张工资表，那么星期四需要备份的内容就是：工资表+产品目录+资产清单。

差异备份在避免了另外两种备份策略缺陷的同时，又具备了其自身的优点。首先，它具有了增量备份需要时间短、节省磁盘空间的优势；其次，它又具有了全备份恢复所需磁带少、恢复时间短的特点。系统管理员只需要两盘磁带，即全备份磁带与灾难发生前一天的差异备份磁带，就可以将系统恢复。

3）增量备份(Incremental Backup)

备份自上一次备份(包含完全备份、差异备份、增量备份)之后有变化的数据。增量备份过程中，只备份有标记的选中的文件和文件夹，它清除标记，即备份后标记文件，换言之，清除存档属性。

增量备份是指在一次全备份或上一次增量备份后，以后每次的备份只需备份与前一次相比增加和者被修改的文件。这就意味着，第一次增量备份的对象是进行全备后所产生的增加和修改的文件；第二次增量备份的对象是进行第一次增量备份后所产生的增加和修改的文件，如此类推。

举例来说，如果系统在星期四的早晨发生故障，丢失大批数据，那么现在就需要将系统恢复到星期三晚上的状态。这时管理员需要首先找出星期一的那盘完全备份磁带进行系统恢复，然后再找出星期二的磁带来恢复星期二的数据，然后再找出星期三的磁带来恢复星期三的数据。很明显这比第一种策略要麻烦得多。另外这种备份可靠性也差。在这种备份下，各磁带间的关系就像链子一样，一环套一环，其中任何一盘磁带出了问题都会导致整条链子脱节。

这种备份方式最显著的优点就是：没有重复的备份数据，因此备份的数据量不大，备份所需的时间很短。但增量备份的数据恢复是比较麻烦的，即必须具有上一次全备份和所有增量备份磁带(一旦丢失或损坏其中的一盘磁带，就会造成恢复的失败)，并且它必须沿着从全备份到依次增量备份的时间顺序逐个反推恢复，因此这就极大地延长了恢复时间。

2. 日志审计系统

日志就是计算机系统、设备、软件等在某种情况下记录的信息。具体的内容取决于日志的来源。例如，Unix 操作系统会记录用户登录和注销的消息，防火墙将记录 ACL 通过和拒绝的消息，磁盘存储系统在故障发生或者在某些系统认为将会发生故障的情况下生成日志信息。日志中有大量信息，这些信息告诉你为什么需要生成日志，系统已经发生了什么。

在安全领域，日志可以反应出很多的安全攻击行为，比如登录错误，异常访问等。日志还能记录关于网络中所发生事件的信息，包括性能信息、故障检测和入侵检测。日志会成为在事故发生后查明“发生了什么”的一个很好的“取证”信息来源，可以为审计进行审计跟踪。

日志审计系统，从功能组成上至少应该包括信息采集、信息分析、信息存储、信息展示四个基本功能：

(1) 信息采集功能：系统能够通过某种技术手段获取需要审计的日志信息。对于该功能，关键在于采集信息的手段种类、采集信息的范围、采集信息的粒度(细致程度)。

(2) 信息分析功能：是指对于采集上来的信息进行分析、审计。这是日志审计系统的核心，审计效果好坏直接由此体现出来。在实现信息分析的技术上，简单的技术可以是基于数据库的信息查询和比较；复杂的技术则包括实时关联分析引擎技术，采用基于规则的审计、基于统计的审计、基于时序的审计，以及基于人工智能的审计算法等等。

(3) 信息存储功能：对于采集到原始信息，以及审计后的信息都要进行保存，备查，并可以作为取证的依据。在该功能的实现上，关键点包括海量信息存储技术、以及审计信息安全保护技术。

(4) 信息展示功能：包括审计结果展示界面、统计分析报表功能、告警响应功能、设备联动功能，等等。这部分功能是审计效果的最直接体现，审计结果的可视化能力和告警响应的方式、手段都是该功能的关键。

选择一款日志审计系统时，可从以下几个方面考虑：

(1) 日志收集手段：由于一款综合性的日志审计系统必须能够收集网络中异构设备的日志，因此日志收集的手段应要丰富，建议至少应支持通过 Syslog、SNMP 、NetFlow、ODBC/JDBC、OPSEC LEA 等协议采集日志，支持从 Log 文件或者数据库中获取日志。

(2) 日志收集性能：一般来说，如果网络中的日志量非常大，对日志系统的性能要求也就比较高，如果因为性能的问题造成日志大量丢失的话，就完全起不到审计的作用了。目前，国际上评价一款日志审计产品的最重要指标叫作“事件数每秒”，英文是 Event per Second，即 EPS，表明系统每秒种能够收集的日志条数，通常以每条日志 0.5K～1K 字节数为基准。一般而言，EPS 数值越高，表明系统性能越好。

（3）日志查询手段：不同类型日志信息的格式差异非常大，日志审计系统对日志进行收集后，应进行一定的处理，例如对日志的格式进行统一，这样不同厂家的日志可以放在一起做统计分析和审计，必须注意的是，统一格式不能把原始日志破坏，否则日志的法律效力就大打折扣了。

（4）大容量的存储管理方法：用户的日志数据量是非常庞大的，如果没有好的管理手段，不仅审计查询困难，占用过多的存储空间对用户的投资也是浪费。

（5）日志系统存储的冗余：如果集中收集的日志数据因硬件或系统损坏而丢失，损失就大了。如果选购的是软件的日志审计系统，用户在配备服务器的时候一定要保证存储的冗余，如使用RAID5，或专用的存储设备，如果选购的是硬件的日志审计系统，就必须考察硬件的冗余，防止出现问题。

（6）提供多样化的实时告警手段：发现安全问题应及时告警，还要提供自定义报表的功能，能让用户做出符合自身需求的报表。

3. *数据库安全审计系统*

数据库审计就是对指定用户在数据库中的操作情况进行监控和记录的一种数据库功能。审计功能在启动后，可以审查用户的相关活动。例如：数据被非授权用户删除、用户越权操作、权限管理不正确、用户获得不应有的系统权限等。通常，试图超越自身安全权限的用户(或非授权用户)可以被检测出来，在造成损失之前就对他们采取措施；或者在数据被篡改之后，数据库管理员可以利用审计跟踪的信息，重现导致数据库现有状况的一系列事件，找出非法篡改数据的人、时间和内容等。使用审计功能还有一个好处，就是当用户知道自己采取的某些动作会被跟踪时，他们就不会试图闯入你的数据库了。因此，数据库安全审计是一个强大的安全工具，是保证数据库安全的一个必不可少的组成要素。

CC通用标准中阐述的安全审计系统的主要功能包括：安全审计自动响应(Security Audit Auto Response)、安全审计数据产生(Security Audit Data Generation)、安全审计分析(Security Audit Analysis)、安全审计浏览(Security Audit Review)、安全审计事件选择(Security Audit Event Selection)、安全审计事件存储(Security Audit Event Storage)等。

1）安全审计自动响应

安全审计自动响应是指当安全审计系统检测出一个安全违规事件(或者是潜在的违规)时采取的自动响应措施。响应包括报警或行动，例如实时报警的生成、违例进程的终止、中断服务、用户账号的失效等或及时通知管理员系统发生的安全事件，根据审计事件的不同系统将做出不同的响应，其响应方式可作增加、删除、修改等操作。

2）安全审计数据生成

安全审计数据产生是指对在安全功能控制下发生的安全相关事件进行记录。它包括审计数据产生和用户相关标识两个组件定义。

审计数据产生，定义了可审计事件的等级，规定了每条记录包含的数据信息。产生的审计数据有：①对于敏感数据项(如口令等)的访问；②目标对象的删除；③访问权限或能力的授予和撤销；④改变主体或客体的安全属性；⑤标识的定义和用户授权认证功能的使用；⑥审计功能的启动和关闭；⑦所有可审计枣件的审计等级：最小等级、基本等级、详细等级、无定义。

数据产生功能应当在每条审计记录中至少记录以下信息：①事件发生的时间、事件类型、主标识、事件的结果(成功或失败)；②基于可审计事件功能组成的定义，对不同审计事件进行类型划分。

用户相关标识，规定了将可审计事件和用户联系起来。数据产生功能能够把每个可审计事件和产生此事件的用户标识关联起来。

3）安全审计分析

安全审计分析是指对系统行为和审计数据进行自动分析，发现潜在的或者实际发生的安全违规。安全审计分析的能力直接关系到能否识别真正的安全违规。它包括四个组件的定义：潜在违规分析、基于异常检测的描述、简单攻击试探法、复杂攻击试探法。潜在违规分析：建立一个固定的、由特征信息构成的规则集合并对其进行维护(添加、修改、删除规则)，以监视审计出的事件，通过累积或者合并已知的可审计事件来显示潜在的安全违规。基于异常检测的描述：每个特征描述代表特定目的组成员使用的某个历史模式。每个特定目的组的成员分配相应的阈值，来表明此用户当前行为是否符合已建立的该用户的使用模式。这种分析可以在实时或者批处理模式分析下实现。每个用户相关的阈值表示用户当前行为是否符合已建立的该用户的使用模式，当用户的阈值已经超过临界条件时，要能够表明即将来临的违规。简单攻击试探法：该功能应检测出代表重大威胁的特征事件的发生。对特征事件的搜索可以在实时或者批处理模式下分析实现。该功能应当能够维护特征事件(系统事件子集)的内部表示，可以表明违规事件，在对用于确定系统行为的信息检测中，能够从可辨认的系统行为记录中区别出特征事件，当系统事件匹配特征事件表明潜在违规时，能够表明即将发生的违规。复杂攻击试探法：该功能能够描绘和检测出多步骤的入侵攻击方案，能够对比系统事件(可能是多个个体实现)和事件序列来描绘出整个攻击方案，当发现某个特征事件序列时，能够表明发生了潜在的违规。在管理上应当做好对系统事件子集的维护(删除、修改、添加)和对系统事件序列集合的维护。在细节上能够维护已知攻击方案的事件序列(系统事件的序列表，表示已经发生了已知的渗透事件)和特征事件(系统事件的子集)的内部表示，能够表明发生了潜在的违规，在对用于确定系统行为的信息的检测中，能够从可辨认的系统行为记录中区别出特征事件和事件序列，当系统事件匹配特征事件或者事件序列表明潜在违规时，能够表明即将发生的违规。

4）安全审计浏览

安全审计浏览是指经过授权的管理人员对审计记录的访问和浏览。安全系统需要提供审计浏览的工具，通常审计系统对审计数据的浏览有授权控制，审计记录只能被授权的用户有选择的浏览。有些审计系统提供数据解释和条件搜索等功能，帮助管理员方便的浏览审计记录，它包括：一般审计浏览、受限审计浏览、可选审计浏览。

(1）一般审计浏览：提供从审计记录中读取信息的能力。系统为授权用户提供审计记录信息，并且能够做出相应翻译。当个人需要时，授权用户从审计记录中读取审计信息列表，信息将显示成个人能够理解的表达方式；当其他外部信息技术实体需要时，就必须清楚地以电子方式表示出来。

（2）受限审计浏览：除了经过鉴定的授权用户，没有其他任何用户可以读取信息。

（3）可选审计浏览：可以通过审计工具按照一定标准来选择审计数据进行浏览。

因此，系统应当对审计数据提供逻辑关系上的查询、排序等能力。

5）安全审计事件选择

安全审计事件选择是指管理员可以从可审计的事件集合中选择接受审计的事件或者不接受审计的事件。一个系统通常不可能记录和分析所有的事件，因为选择过多的事件将无法实时处理和存储，所以安全审计事件选择的功能可以减少系统开销，提高审计的效率。此外，因为不同场合的需求不同，所以需要为特定场合配置特定的审计事件选择。安全审计系统应该能够维护、检查、修改审计事件的集合，能够选择对哪些安全属性进行审计，如：与目标标识、用户标识、主机标识或事件类型有关的属性。

6）安全审计事件存储

安全审计事件存储主要是指对安全审计跟踪记录的建立、维护，并保证其有效性。审计系统需要对审计记录、审计数据进行严密的保护，防止未授权的修改，还需要考虑在极端情况下保护审计数据有效性。审计系统在审计事件存储方面遇到的通常问题是磁盘用尽。单纯采用的覆盖最老记录的方法是不足的。审计系统应当能够在审计存储发生故障时或者在审计存储即将用尽时采取相应的动作。它包括：受保护的审计跟踪存储、审计数据有效性的保证、可能丢失数据情况下的措施、预防审计数据丢失。

（1）受保护的审计跟踪存储：需要存储好审计跟踪记录，防止未授权删除或修改或者检测出对审计记录的删除修改。

（2）审计数据有效性的保证：在极端条件下，保证审计数据的有效性。维护好控制审计存储能力的参数，防止未授权删除修改，当存储介质异常、失效、系统受到攻击时，应该保证审计记录的有效性。

（3）可能丢失数据情况下的措施：当审计记录数目超过预设值时，为了防止可能出现的审计数据丢失，需要采取一定措施防止可能的存储失效。

（4）预防审计数据丢失：在审计跟踪记录用尽系统资源(一般情况下是硬盘存储容量)时，需要做出选择以预防审计数据的丢失：忽略可审计事件，除了具有特殊权限的用户操作外. 禁止可审计事件，覆盖旧的存储的审计记录，或者其他存储失效的措施。

4. 漏洞扫描系统

漏洞扫描系统是一种自动检测远程或本地主机安全性弱点的程序，通过使用漏洞扫描系统，系统管理员能够发现所维护的 Web 服务器的各种 TCP 商品的分配，提供的服务。Web 服务软件版本和这些服务及软件呈现在因特网上的安全漏洞，从而在计算机网络系统安全保卫战中做到有的放矢，及时修改漏洞。漏洞扫描系统可以对不同操作系统下的计算机进行漏洞检测。主要用于分析和指出有关网络的安全漏洞及被测系统的薄弱环节，给出详细的检测报告，并针对检测到的网络安全隐患给出相应的修补措施和安全建议。漏洞扫描系统作为一种积极主动的安全防护技术，提供了对内部攻击、外部攻击和误操作的实时保护，在网络系统受到危害之前可以提供安全防护解决方案。并可根据用户需求对该系统功能进行升级。

网络安全漏洞基本划分成两种：操作系统漏洞和应用软件漏洞。应用软件漏洞大部分是互联网服务软件的漏洞，如 WWW 服务漏洞、FTP 服务漏洞、SMTP 服务漏洞、Telnet 服务漏洞等。相同的网络服务也会由多个迥异的服务程序提供，所以，在共同具有的漏洞之外，不可避免地仍然会有部分各服务程序所包括的漏洞。操作系统漏洞大部分是计算机本身所带系统中的几种主要的 RPC 漏洞、NetBIOS 漏洞等。

1）漏洞扫描技术概论

安全漏洞检测主要通过两个策略进行：主动式扫描和被动式扫描。主动式策略是在网络之上的、从外部攻击者的角度，运用仿真 Hacker 通过网络端发送封包，判断标准是当主机接受到封包后作出的相应，从而了解主机的操作系统、网络服务和防火墙系统是否存在漏洞。被动式扫描是基于服务器，从内部角度更加深入的扫描目标主机，如排查注册表和用户配置，运用必要数据确定、密码排查等方式，以警告式提醒的形式反馈给管理者，最终形成分析图表，提示管理者该怎样去完善系统。

系统安全测试方式有两类，扫描和虚拟攻击。虚拟攻击是采用一系列虚拟进攻的方式，对操作系统和网络中可能潜藏安全漏洞的位置展开攻击，逐步排查出系统中潜藏安全漏洞。扫描是指对目标主机全方位扫描，即通过与系统中的一些网络端口进行连接并请求特定的服务（如 TELNET，FTP 等），一一保存目标主机的响应，整理汇总后得到操作系统的安全漏洞信息。

进行漏洞扫描的全过程包括三个主要步骤：第一步，寻找目标主机或网络，并检测是否正在运行；第二步，找出目标后，汇总更为具体的相关信息，包含操作系统类型、运行的服务以及服务软件的版本等。如果所发现目标是一个网络，便能够再继续深入检测这个网络的组成结构、服务协议和主机等资料；第三步，按照汇集到的资料识别以及更加深入检测该目标主机上是不是具有系统漏洞。

2）主要的漏洞扫描技术

（1）PING 扫描（PingSweep） 多用于寻找目标主机和网络，即第一步骤。具体是使用操作系统中原生的工具“ping”，再加上目标的 IP 地址，根据是否能够收到目标主机的回应，来判断是否正处于运行中。但是，一些主机系统出于安全性的考虑，防火墙会自动进行屏蔽，从而导致 PING 扫描无法得出正确信息。当发生该种情况，管理者可以尝试给目标主机发送错误数据包，以使其不得不做出 ICMP 出错的响应，以此检测出是否正在运行。

（2）操作系统探测 所谓操作系统探测是对目标主机中的操作系统进行检测。一般会在漏洞扫描的第二阶段使用，通常有下列几种类型：①汇总二进制数据，加以分析后获得相应的标识信息。②根据不同 ICMP 响应来识别目标主机的操作系统，做法是发送 ICMP 或者 UDP 的请求报文至目标主机后解析 ICMP 回应。③与 NMap 及 QueSO 相类似的分段响应分析，即发送所产生的特定的相关技术请求至目标主机端口，通过分析不同分段的相异回应，在极小的误差内获取主机的操作系统信息。NMap 和 QueSO 将首次实现分离数据库用于指纹库，新的指纹信息以一种较为简易的模板形式增添入原数据库中，并能根据指纹数据库的增多进行较多的目标主机信息判别。④初始化序列号分析，使用随机产生的序列号进行大量的测试，收集汇总测试结果来识别目标操作系统的具体信息。⑤特定的操作系统，以拒绝服务的方式运用在操作系统指纹探测之上。

（3）如何探测访问控制规则　该种方式类似于路由跟踪（trace-route）的 IP 数据包分析方法，能够极其有效的得到已受防火墙系统保护的内部数据，以及更为内部的过滤设备后的路由器。是否能够探测到特定网关或者已开启的端口，可以通过检测一种带着特定控制信息的数据包是否可以传输到目标主机来实现。

（4）端口扫描技术　主机或设备一般都支持 TCP/IP 网络协议，且是运用网络端口提供所需服务，因此网络安全漏洞常常会在网络端口处显现出来，端口扫描技术便是基于此建立的。目前主要有如下四种端口扫描技术：①TCPConnect 扫描：使用原生操作系统中的连接系统来连接所感兴趣的目标主机的网络端口。该种扫描技术极其快捷，并且不需要授权任何权限，但是会存在被目标主机中的系统检测到并过滤的风险。②TCP SYN 扫描：亦称作“半开放”检测，不需要形成一整个的特定连接。只需要发送一个称为 SYN 的数据包，就相当于建立了一个真实的待响应的连接。优势是同进行全扫描的所留存的痕迹相比，试图建立连接的留存痕迹，哪怕是对日志中扫描有留存痕迹，也要少得多。劣势之处在于，在绝大部分的操作系统下，目标主机需要建立一种扫描用的 IP 包，但这种 IP 包并非人人都能够使用，只允许 VIP 用户或者授权用户在专属的系统之中获取。③秘密扫描：秘密扫描技术与上一种技术相类似，都是需要通过自己建立 IP 包，但两者的区别在于秘密扫描更加隐蔽，扫描记录不会被记录下来；④认证扫描：在各个运行端口上某过程的 ID 可以通过认证协议获得，再探索进行端口连接，连接形成便能够传递认证请求到目标主机端口，端口检测过后，得到的网络服务数据同已知的网络漏洞检测系统存在的漏洞库进行比对，一旦满足相关条件，那么就能够认为漏洞存在。这种技术同时常常使用在逆向认证扫描之中。

基于网络上的主动式策略，具有价格便宜，操作简便，维护简单等优点，当然也有几点较为明显的缺点。首先，它不能够检测到目标内部中的文件系统；其次，它无法穿过防火墙；最后，漏洞扫描服务器和目标主机之间进行通信时的加密机制可能被入侵者反利用。

基于服务器上的被动式策略，它所具备的优点有：扫描漏洞的数量多，流量负载压力小，集中化管理，加密机制完善。缺点有：当待查主机过多时，所需检测服务器多，价格较为高昂；操作不够简便，检测范围扩大之后，耗时过长。因而，从更深层次的网络系统安全防范角度来说，人们应更加注重主动式扫描。

（四）应用及终端安全设施

1. 应用安全

1）病毒防范

计算机病毒是指编制者在计算机程序中插入的破坏计算机功能或者毁坏数据以影响计算机使用，并能自我复制的一组计算机指令或者程序代码。计算机病毒扩散性很强，又常常难以根除。它们能把自身附着在各种类型的文件上。比如 . EXE、. RAR 等。有时会替换正常的系统文件，当文件被复制或从一个用户传递到另一个用户时，它们就随同文件一起蔓延开来。计算机病毒主要有以下特征：非授权可执行性、隐藏性、传染性、潜伏性、表现性或破坏性以及可触发性。

计算机病毒分类一般分为：引导型病毒、文件型病毒、复合型病毒。按破坏程度可以分为良性病毒和恶性病毒。

根据计算机病毒的特点，应从以下几方面来开展工作，以期达到防治计算机病毒的最佳效果。

（1）建立严格的访问体系　用户的访问控制可分为三个过程：用户名的识别与验证；用户口令的识别与验证；用户账号的识别与验证。在这三个过程中，若其中任何一个不能通过，计算机系统就会将用户视为非法用户，阻止其访问。建立用户名、口令及账号的识别与验证体系，严格控制用户访问，这是防范病毒入侵的第一道防线。

（2）建立有效的病毒检测、阻挡和清除体系　给计算机系统建立有效的病毒检测、阻挡和清除体系，如安装防火墙，检查网络之间流通的数据包，限制不符合安全策略要求的分组通过，从而及时识别并阻挡病毒入侵；例如可安装360安全卫士、ESET NOD32 Antivirus等防、杀毒软件，以定期查杀计算机中潜伏的病毒，并应实时更新其病毒库。

（3）建立数据信息的加密体系　保密性是阻止病毒入侵，保障计算机系统安全的一个重要方面。利用计算机进行数据处理可大大提高工作效率，但在数据信息的存储、使用和传输的同时，也增加了泄密的可能性。因此，建立数据信息的加密体系，利用编码技术，对数据信息按密级进行加密，即使数据被第三方截获，也会因为不知道密码而无法了解信息的真实含义，从而保证数据信息不易被读出和更改，保证其完整性。

（4）建立完善的备份和恢复体系　给计算机系统建立完善的备份和恢复体系也是防止病毒入侵，减少病毒破坏的积极有效的措施之一。要建立强大的数据库触发器和恢复重要数据的操作以及更新任务，确保在任何情况下使重要数据均能最大限度地得到恢复，以尽量减小病毒感染所造成的损失。

（5）建立定期评审体系　没有一种防范计算机病毒的方法是永久有效的，病毒的攻击手段也在不断更新和进化。因此，要在与计算机病毒的对抗中保持领先地位，必须给计算机建立一个定期评审体系。根据发展趋势，在关键技术环节上如计算机病毒的数学模型、入侵方式、安全策略及防御技术等方面实施跟踪研究，实时监控病毒的发展，及时改进病毒的防范对策，是应持续进行的必要措施。

2）数据加密

数据加密又称密码学，它是一门历史悠久的技术，指通过加密算法和加密密钥将明文转变为密文，而解密则是通过解密算法和解密密钥将密文恢复为明文。数据加密目前仍是计算机系统对信息进行保护的一种最可靠的办法。它利用密码技术对信息进行加密，实现信息隐蔽，从而起到保护信息的安全的作用。传统加密方法有两种，替换和置换。替换是使用密钥将明文中的每一个字符转换为密文中的一个字符。而置换仅将明文的字符按不同的顺序重新排列。单独使用这两种方法的任意一种都是不够安全的，但是将这两种方法结合起来就能提供相当高的安全程度。数据加密标准（Data Encryption Standard，简称DES）就采用了这种结合算法，它由IBM制定，并在1977年成为美国官方加密标准。加密技术的分类如下：对称加密技术、非对称加密技术和身份认证技术。

对称加密采用了对称密码编码技术，它的特点是文件加密和解密使用相同的密钥，即加密密钥也可以用作解密密钥。

与对称加密算法不同，非对称加密算法需要两个密钥：公开密钥(public key)和私有密钥(private key)。公开密钥与私有密钥是一对，如果用公开密钥对数据进行加密，只有用对应的私有密钥才能解密；如果用私有密钥对数据进行加密，那么只有用对应的公开密钥才能解密。因为加密和解密使用的是两个不同的密钥，所以这种算法叫作非对称加密算法。

身份认证是在计算机网络中确认操作者身份的过程。身份认证可分为用户与主机间的认证和主机与主机之间的认证，用户与主机之间的认证可以基于如下一个或几个因素：用户所知道的东西，例如口令、密码等；用户拥有的东西，例如印章、智能卡(如信用卡)等；用户所具有的生物特征，例如指纹、声音、视网膜、签字、笔迹等。

2. 终端安全

1）终端安全定义

终端安全是整个安全的一个重点。网络设备及其服务器设备由于易于集中管理，相对终端设备的安全就容易管理多了。终端设备由于其分散性以及其人员的复杂性，很难做到像网络和服务器设备的方便管理。对于网关设备来说，一般都是使用包过滤策略来进行部署，隔离可信区域和非可信区域，终端和网关是互相孤立的，难以形成有效的呼应。

随着接入方式的多样化和移动办公的日益普遍，一方面，像 Wi-Fi、上网卡、红外、蓝牙、USB 等给内部安全带来众多隐患，终端正在成为新的网络边界，企业需要在网关处掌控终端的安全状况；另一方面，在网关处也面临着诸多像 ARP 攻击、P2P 防控之类的难题，这些问题的根源都在内网，通过网关进行控制治标不治本，只有从终端入手，才能做到精确的控制。

2）目前技术的发展状况

随着网络业务的不断发展，其网络系统也经历了多年的不断建设。在业务水平、网络规模不断提升的同时，网络也变得越来越复杂，而这种复杂也使其安全问题越来越严峻。我们应该充分认识到安全保证对于业务系统的重要性，但是安全的动态性、系统性的属性决定了安全是一个逐步完善、整体性的系统工程，需要管理、组织和技术各方面的合力。安全源于未雨绸缪，随着安全信息建设的逐步深入，网络建设应立足于当前系统环境，考虑到未来业务发展趋势决定对系统进行安全体系建设。

目前局域网建设所面临的主要问题，可以细化为：

(1) 网段之间边界不够清晰，控制力度弱，病毒、攻击等安全事件容易扩散；

(2) 多数业务网段间仅采用 VLAN 隔离，存在较大风险；

(3) 终端与重要服务器处于同一逻辑区域，重要信息服务器存在安全风险；

(4) 边界复杂，缺乏对边界策略的统一控制；

(5) 网络病毒，木马利用网络大肆传播；

存在 IM/P2P、网络游戏等滥用行为，影响工作效率和组织生产力。垃圾邮件防不胜防，成为病毒、木马传播的新载体。需要对终端用户方便地进行管理和审计，对用户进行准入控制。UTM(Unified Security Gateway)技术即统一威胁管理。为应对日益增加的网络安全威胁，满足综合通信网对防火墙、IDS、VPN 以及防病毒等技术的要求，考虑到网络末端技术力量薄弱、资金有限等因素，将多种安全防护功能整合到一个统一的硬件平台上，进行统一的管理和部署。彻底解决网络边界的安全问题。

3）网络终端安全的解决方案

（1）用户认证　在 UTM 统一安全套件中，UTM 承担了用户认证网关的功能。使用户终端通过身份认证后，才能接入 UTM 保护的信息服务。使 UTM 支持多种用户身份认证方式：本地认证、基于 RADIUS 服务器的认证、基于 AD 域服务器的认证和基于 CA 证书的认证。本地认证：灵活简单，适合用户数较少的网络。

（2）网关准入控制　在 UTM 统一安全套件中，让 UTM 承担了准入控制网关(策略强制点)的功能。当计算机终端需要通过 UTM 进行访问时，在 UTM 上进行安全监察，确保只有安装终端客户端程序、并且符合管理员所设置的企业安全策略的计算机终端才能通过 UTM 进行访问。相对于其他的准入控制方式，UTM 作为准入控制网关，可实现全面覆盖用户内网每一个区域和角落。

（3）网关+终端统一访问控制　很多企业通过在内部网络中部署防火墙，执行访问控制策略，从而提高企业的网络安全水平。例如：可以在企业的服务器网段前部署防火墙，对访问终端的 IP 地址进行检查，只允许内部 PC 访问服务器，可以阻止外部 Internet 的黑客对服务器发动攻击。

然而，当黑客发现不能直接从外部网络攻击服务器时，他们可以采用一种间接的方法，以内部员工的计算机为跳板，实现对服务器的攻击。一般方法是：通过各种手段(例如：网页挂马，社会工程邮件等)在员工的计算机上安装木马，控制内部员工的 PC，然后从内部员工的 PC 上发动对服务器的攻击。

总结来说，防火墙只检查终端的 IP 地址，接下来就默认终端是安全的，终端的访问行为是合法的。黑客利用这一安全漏洞，以内部终端作为跳板，发起对服务器的攻击。可以通过部署 UTM 统一安全套件，执行网关+终端统一访问控制，可以实现纵深防御，立体安全。首先，UTM 部署在内部服务器前，当终端访问服务器时，UTM 会检查终端的身份，检查终端上是否安装了终端客户端软件，以及终端是否满足安全状态要求。其次，终端客户端会保护终端，避免遭到恶意代码的侵入，维持终端的安全状态。最后，终端客户端会限制终端访问内部服务器的进程，确保只有合法的软件才能访问服务器。

（4）对终端安全进行统一管理　终端安全是企业信息安全整体的重要组成部分。但由于企业终端用户 IT 技能参差不齐，很多终端用户不知道怎么打补丁，怎么正确配置计算机的安全策略。系统管理需要通过技术手段，统一制定并维护内网的终端安全策略。

① 统一补丁管理。终端计算机及时升级操作系统补丁，对增强内网安全非常重要。然而在很多企业中，由于终端用户 IT 技能参差不齐，不知道怎么配置补丁升级。同时，在某些情况下，管理员希望预先验证之后再有选择地升级部分补丁，以免某些补丁影响系统正常运行。

② 统一终端加固。绝大多数终端用户在安装 Windows 后，基本上选择缺省配置，这将给黑客留下很多的攻击手段。Windows 操作系统只有经过系统的安全加固配置后，才能满足必要的安全防护需要。但这类安全配置，对终端用户的 IT 技术能力要求较高，最好的方式是，有经验的系统管理员来统一对内网终端执行安全加固配置。可以通过部署 UTM 安全统一套件，系统管理员通过 UTM 的 WEB 配置界面，统一配置终端安全加固策略，并通过终端客户端自动执行。终端客户端可以阻止网上邻居的匿名访问、禁用 Guest 账号、检测计算机

弱口令、检测当前用户的屏保设置并自动修正到管理员预先设置的参数，有效预防蠕虫病毒和木马对计算机终端带来的攻击。

③ 统一攻击防护。很多的内网安全事件，根源都在终端：蠕虫攻击，ARP 欺骗攻击，DDOS 攻击等。终端客户端依靠其特有的内核进程防火墙技术，可以防御、限制各种未知的攻击方式。

④ 内网合规管理强制域登录。系统管理员可以通过 UTM WEB 控制界面，统一配置终端策略，通过终端客户端检查终端用户登录系统的状态，可以强制必须使用域账号登录到指定的 Windows AD 域。对没有按照要求加入域的用户，可以通过策略限制其访问网络。

三、“彩虹安全防御体系”

浙江中控技术股份有限公司(简称浙江中控)是中国工控领域自主创新的领先企业，是智能制造的践行者，近年着力打造智能制造的智能生产生态系统，从智能机构、智能检测、智能控制、智能操作、智能运行和智能决策六个方面全面构建智能制造解决方案，助力用户解决生产效率、节能减排、生产优化、生产安全、业务协同等问题，实现更加安全、更加高效、更加智能的工业生产，助推中国从制造大国迈向制造强国。

浙江中控[77]认为，“无安全，不智能”，工业安全是实现智能制造的最重要前提之一，因此工业安全被推向了前所未有的高度，工业安全的范畴也从原来的功能安全、设备安全，拓展到风险管理、信息安全、网络安全等领域。

工业安全或者说安全工厂的构建，已经成为工业自动化业内一项热门和重要的话题。随着工业 4.0 时代的到来，智能制造、两化融合等趋势深入人心，当今工业生产势必面临着比以往任何时候更为复杂的内外部环境，诸如信息安全、环境监控预警等新的安全问题与传统的物理安全、人员安全和设备安全错综交织，如何高屋建瓴、层层深入地沿着某个经过验证的安全战略框架，构筑一个面向未来的立体化安全工厂必然成为当前中国制造业企业，尤其是过程制造业企业优先要重视和解决的问题。

所谓安全，是指避免造成人体健康损害或人身损伤的不可接受风险，而这种风险是由于对财产或环境的破坏直接或间接导致的。工业领域的安全主要包括：物理安全(Physical Safety)；功能安全(Functional Safety)；信息安全(Security)。

无论是冶金、电力、石油石化、核能等工业生产领域，还是航空、铁路、公路、地铁等公共服务领域，诸多涉及国家关键生产设施和基础设施运行的工厂，必须将安全工厂的建立放在最基础和最核心的地位。以防火、防水、防震、防振动冲击、防电磁干扰、防温湿度冲击以及电源在线监测……等等为内容的设备和环境物理安全防护，多年来早已在工业现场深入人心，并容易得到理解和执行。

近年来，工业生产中的电气/电子/可编程电子设备等相关系统的功能安全问题，尤其是随着计算机和网络技术发展带来的工业信息安全问题，其带来的风险更为巨大，其安全体系的构筑也更为复杂。复杂的风险来源和整体安全体系实现需要成熟的经过验证的模型基础。作为过程安全领域一个普遍认可的纵深防御理念模型，“洋葱模型”根据工艺参数的变化，事故安全的不同状态，提出不同的保护层策略，从而达到避免安全事故减少损失的目的。基于洋葱模型 7 层纵深防御策略，中控开创性地提出了“彩虹防御体系”，即围绕“事前-事中-事后”即从“工厂规划设计-生产护航-危机应对”三个阶段的时间轴(时间)和空间的双维度

(见图6-26)，始终聚焦人员、环境和资产这工厂安全三要素，由内而外，自底向上地构筑出7层彩虹式安全技术路线——包括本质安全、设备过程安全、安全操作管理、内建安全和纵深防御、产品全生命周期管理、应急安全管理和危险源以及环境监测预警。并进一步根据这一体系，中控推出了"彩虹防御体系"——安全工厂整体解决方案。

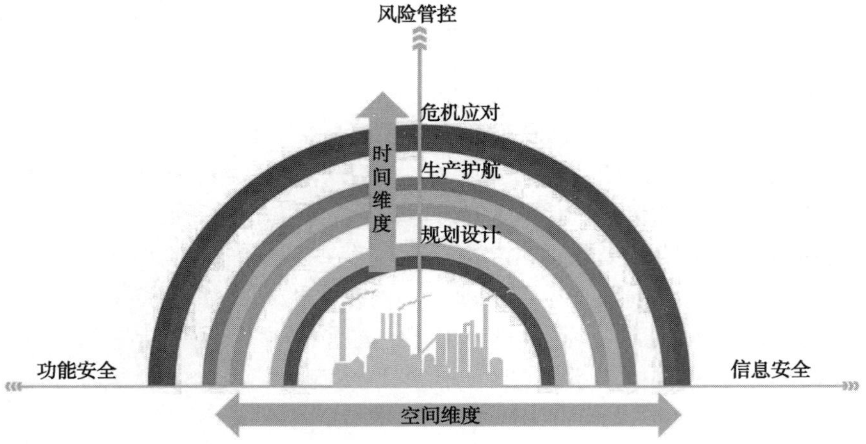

图6-26 围绕时间和空间的双维度安全工厂解决方案

(一) 当今过程工业面临的安全挑战

对过程工业而言，安全挑战无处不在，无时不在。安全风险带来的严重后果，值得我们不计成本地去构筑安全屏障。近年来，国内外安全事故造成的危害触目惊心，愈演愈烈。如，2010年4月20日，BP石油墨西哥湾"深水地平线"海上钻井平台爆炸并沉没，11人死亡，319万桶原油泄漏了87天。1500公里海滩污染，2500平方公里的海被石油覆盖，成为"史上危害最严重的海上漏油事故"；2013年11月，中国石化东黄输油管道泄漏爆炸特别重大事故，共造成63人遇难，156人受伤，直接经济损失7.5亿元；2015年8月12日，天津滨海新区瑞海公司危险品仓库发生火灾爆炸事故，造成165人遇难，8人失踪，798人受伤，304幢建筑物、12428辆商品汽车、7533个集装箱受损，直接经济损失68.66亿元；还有2005年11月吉化双苯厂爆炸事故、2012年2月河北赵县克尔化工厂爆炸事故、2013年11月青岛黄岛输油管道泄漏爆炸事故、2015年3月福建漳州PX装置爆炸……过程作业正面临着越来越严峻的安全形势。

以信息化和智能化为特征的工业4.0时代的到来，让过程工业还面临着日益增多的工业信息安全挑战。自2010年第一个以SCADA为攻击目标的Stuxnet病毒出现是第一个以SCADA系统为特定目标并加以感染的恶意软件，近年来相继涌现出的著名恶意软件如"毒区(Duqu)""火焰(Flame)"等，包括2015年乌克兰电力网络受到黑客攻击导致数十万户大停电等事件，信息安全问题的规模和复杂度都达到了前所未有的高度。

随着全球经济一体化进程的加速，工业信息化及物联网技术高速发展，以往相对封闭的工业控制系统也逐渐采用通用的通信协议、硬软件系统，部分工业控制系统也能够以某些方式连接到互联网等公共网络，越来越多的工业控制系统暴露于互联网上。由于工业控制系统广泛采用通用软硬件和网络设施，以及与企业管理信息系统的集成，导致工业控制系统越来越开放，并且与企业内网，甚至是与互联网产生了数据交换。传统信息网络所面临的病毒、木马、入侵攻击、拒绝服务等安全威胁也正在向工业控制系统扩散。根据美国国土安全部的工业控制系统网络应急响应小组(ICS-CERT)的统计，从2012年10月到2013年5月，该组织响应的针对关键基础设施的攻击报告已超过200起，已超过2012年全年，其中能源领域111起，占53%，关键制造业32起，占17%，呈明显的上升趋势。

在中国，关系国计民生的重点行业工业控制系统信息安全问题也异常突出，具体表现为：

（1）现有系统门户洞开、未建立安全防线。传统工业控制系统封闭运行，产品设计安全意识薄弱，基本未考虑安全防护，也没有形成针对工业控制的安全产品和技术。随着工业控制系统越来越多地采用公开协议、接入互联网，通用信息系统安全问题蔓延到工业控制系统，而现有工业控制系统基本处于没有任何信息安全防护措施的局面。

（2）产品和服务主要国外厂商提供，产品普遍存在漏洞。根据中国工信部相关部门统计，22个行业900套工业控制系统主要由国外厂商提供产品，相关系统运维也由厂商直接接管，存在漏洞的国外工业控制产品大量应用于中国重点领域工业控制系统，在数据采集与监控系统(SCADA)、分布式控制系统(DCS)、过程控制系统(PCS)中分别占据了55.12%、53.78%及76.79%的份额，在大型可编程控制器(PLC)中则占据了94.34%的份额。

构筑工业4.0时代的过程安全工厂，在具体的评估和实施过程中同样面临着诸多新的挑战。包括日益严格的国家法律法规和行业标准规范；公众对安全的期待、要求越来越高；生产、储存以及运输规模越来越大，偏离本质安全设计理念；城镇化的发展，原有的安全缓冲区域受到压缩或者不复存在；安全评价需要从粗放的、基于经验和硬性规定的方式，向量化的、基于安全绩效的方向转变；企业持续生产周期越来越长，外界的环境因素不断发生变化，需要动态管控安全完整性水平，适时调整维护和检修策略；对可能出现的意外事故，需要增强预判和处置能力；对安全从业人员的要求越来越高，企业要求得到及时和专业的技术支持；除了传统的过程异常、设备失效，还需要考虑人为破坏或恐怖袭击造成的失效。

（二）过程安全的理论模型

作为一个经典的安全管理思想，层层保护、纵深防御的目标是通过设置多层重叠的安全防护系统而构成多道防线，使得即使某一防线失效也能被其他防线弥补或纠正，即通过增加系统的防御屏障或将各层之间的漏洞错开的方式防范风险。

层层保护、纵深防御的理念特别适合过程工厂的生产特点，即以等级化思想为原则，以多层次防护措施为基础，以过程管控为抓手，深入系统的整个生命周期，提供整体的安全防护措施，“洋葱模型”的7层保护策略实现立体化的安全保障体系。

1.“洋葱模型”的7层保护策略

依据层层保护，纵深防御的思想，著名的过程安全“洋葱模型”提出了由内而外、自下而上的7层安全策略：

本质安全设计层，是指采用削减、缓解、替代、简化等手段，使工艺过程及其装备具有内在的能够从根本上防止事故发生的功能。

基础控制层，由基本过程控制系统(DCS/PLC等)构成，完成常规控制，保证工艺流程处于正常的生产工况。

操作人员干预与过程报警层，由操作人员根据报警所提示的状态而做的响应，避免报警场景的继续恶化。

安全仪表功能层，主要由安全仪表系统构成，其意图是当被控参数达到设定值时，避免设备损坏、人员伤害或环境破坏等危险事件发生。

积极的物理保护层，由电气设备、机械设备等单独或集成构成，主要起到缓解、安全释放作用，包括安全阀、爆破片、释放到火炬等。

消极的物理保护层，由隔离设备组成，主要起到释放后的释放物的物理保护，如围堰、隔离系统、自动喷淋系统等。

紧急响应层，由工厂紧急响应与社区紧急响应，是通过安全管理等非技术手段，达到降低风险的效果。

2. 彩虹防御体系概况

基于“洋葱模型”这一理论基础，中控开创性地提出了彩虹防御体系——充分借鉴保护层风险管控理念，以建立完整的一体化安全工厂为目标，从信息安全和功能安全两个维度，围绕过程工业企业中人员、资产(设备)、环境三个核心安全要素，分别从规划设计、生产护航、危机应对三个阶段，提供七条安全防御策略，包括本质安全、设备过程安全、安全操作管理、内建安全和纵深防御、产品全生命周期管理、应急安全管理和危险源以及环境监测预警。

(三) 彩虹防御体系介绍

彩虹防御体系主要内容可以简单归纳为“一个目标、两个维度、三个要素、三个阶段和七大策略(技术路线)”，简称 1-2-3-3-7。

(1) 一个目标：即建立完整的立体化安全工厂。

(2) 两个维度：即信息安全与功能安全。

① 信息安全(纵深防御、内建安全)：系统性地研究工业控制网络与企业信息网络的安全需求，并针对网络运行连续性、操作周期性、功能实时确定性和现场环境易燃、易爆、高温、高压、强电磁干扰的工程特征，建立“内生安全、纵深防御、全生命周期管理”综合网络安全技术体系，以满足工业企业持续不间断、安全生产的需求。

② 功能安全(产品故障安全设计、功能安全评估、功能安全审核、功能安全确认、功能安全验证)：与过程和 BPCS 有关的整体安全的组成部分，它取决于 SIS(安全仪表系统)和其他保护层的正确功能执行。

这两个维度是属于空间维度，相当于安全工厂的“两翼”。

(3) 三个要素：过程工业企业中人员、资产(设备)、环境三个核心安全要素，见图 6-27。

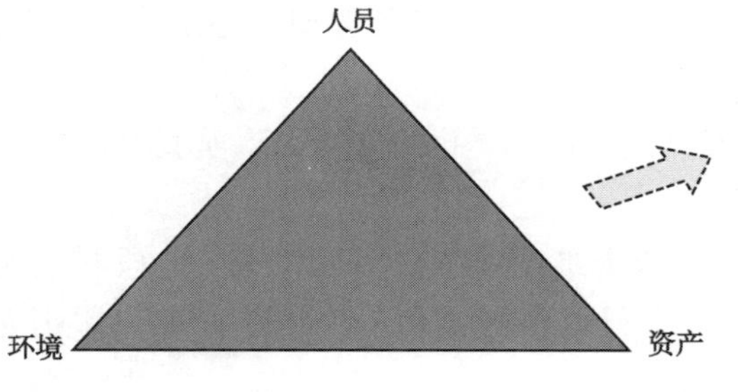

图 6-27 核心安全要素

（4）三个阶段：规划设计、生产护航和危机应对三个安全阶段。

① 规划设计阶段，主要包括：从工厂建设之初，对工艺、设备等进行风险分析与评估，充分辨识事故场景与安全完整性等级(SIL)要求，对确定的SIL开展保护层的规划设计，配置可靠经济的独立保护层，实现本质安全。同时，对于已有(已经运行多年)的而工业网络构架进行扫描诊断，重新提出信息安全纵深防御体系。

② 生产护航阶段，主要要围绕生产装置与操作人员，从自动化安全控制系统配置、智能设备管理、关键设备运行诊断与远程维护、安全相关系统的集成联动、报警智能管理、生产人员仿真培训、运行操作管理方面，构建起覆盖基础控制层、操作人员介入层、安全仪表功能层的全息保护系统，实现生产装置的护航，保障设备、人员、环境的安全。

③ 危机应对阶段，通过应急联动平台、应急预案智慧联动技术等，辅助危险事件发生后的应急救援决策，实现安全应急指挥，同时实现工厂/园区安全应急联动。主要包括重大危险源/环境因素全过程监控、人身安全防护等。

（5）七大策略，即技术路线，自上而下分别说明：

① 危险源和环境监测：通过配置DCS/PLC、CCTV、FGS、GDS、分析仪表等设备，实现对危险源与环境等工艺参数、信息的监测，实现重大危险源与环境参数的可预知、全过程、多维度。

② 应急安全管理：在出现危险事件的时候能够快速响应，能根据当前事件类型以及势态情况给出相应的信息，指导人员有效地进行指挥及决策，最大限度地保障人员安全，控制事故影响，降低事故损失。

③ 产品全生命周期管理：从产品概念阶段至产品被淘汰的整个过程进行严格的质量、风险管理，从而保证安全相关产品生命周期内安全、可靠、稳定运行。

④ 内建安全和纵深防御：指控制系统内建安全技术，包括工控通信安全隔离技术、内核自主可控技术、全冗余与备份技术、数据安全技术等；工业网络纵深防御技术，包括病毒防护、安全分区、在线诊断等技术。

⑤ 操作及报警管理：包括生产人员操作数据管理(ODS)、报警智能管理及生产人员的上岗模拟仿真培训等内容。

⑥ 设备安全和过程安全：包括通过配置自动化安全控制系统(DCS/SIS/PLC等)实现过程安全、通过设备诊断及远程维护等技术实现设备安全稳定长周期运行。

⑦ 本质安全设计：通过工艺技术、工艺流程、设备选型、控制策略、操作规程等手段有效消除或降低风险，避免危险事件发生。

设备安全和过程安全以及本质安全设计是一体化的安全工厂模型内容。

(四) 构筑立体化安全工厂

根据彩虹防御体系的“一个目标、两个维度、三个要素、三个阶段和七大策略”，中控按“规划设计、生产护航、危机应对”进行了层级梳理，构建了首个一体化安全工厂模型。该模型结合了中国过程工业的现状和中控多年来的过程行业经验，完整地描绘了工厂从设计之初到运维的各个阶，分别在功能安全和信息安全两个维度，如何一步步实现安全一体化工厂的实施框架。更为重要的是，中控已经能够根据这一安全工厂模型，提供覆盖其中所有模块环节的产品和解决方案，这些方案完全按照 IEC61508/IEC61511 标准要求原则研发设计，同时在应用、测试、服务等领域，可以提供安全评估、审核、确认、验证等工作，有效保证产品的本质安全水平。

1. 规划设计阶段

工厂设计数字化移交系统——数字化建模使得 CPS 成为现实。当物理工厂发生变化后，数字工厂同样发生变化。同样要实现安全工厂，在设计阶段同样需要建模，如果爆炸，其爆炸模型是什么，会影响多少范围，如果热反应会影响多大范围，使得工厂爆炸所引起的有害气体扩散能够在数字模型里反映出来，从而避免了物理世界的破坏性试验。中控通过火灾事故评估模型-Pool Fire/Jet Fire/BLEVE、爆炸事故评估模型-UVCE/PVE、有毒有害气体泄漏扩散事故模型-LEAKS 等，帮助工厂在设计阶段实时识别生产装置风险等级，并指导与规划装置的安全技术规程与安全管理流程。

HAZOP 风险评价分析——从系统的角度出发对工程项目或生产装置中潜在的危险进行预先的识别、分析和评价，识别出生产装置设计及操作和维修程序，并提出改进意见和建议，以提高装置工艺过程的安全性和可操作性，为制订基本防灾措施和应急预案进行决策提供依据。中控按照 HAZOP 风险评价流程，提供安全规划、区域定量风险评估、安全容量分析和重大事故后果模拟评估。

安全咨询规划——将围绕安全性、可用性、可靠性、完整性、功能性和独立性共六大重点对各个保护层进行规划。

SHDS 安全健康诊断系统——信息安全健康需要诊断，很多系统如 DCS，MES，这些系统运行一段时间以后，环境工况会变化，如果信息包不更新，就不能阻止最新的病毒，所以信息安全需要诊断。中控将提供远程采集系统诊断信息、系统健康度分析、生命周期预测和信息安全漏洞检测。

2. 生产护航阶段

大型 SIS 系统 TCS-900——中控自主研发的大型 SIS 系统，可真正无缝对接 DCS，采用完全三重化五次表决的高可靠结构设计，尤其是在安全结构、安全通信、安全接口、安全数据 4 个层次综合运用了控制与通信安全隔离技术、内核自主可控技术、全冗余与备份技术、数据安全技术、通信安全技术、多维度权限综合技术、全面报警与审计技术等，进行了控制系统内建安全设计，可应用于有安全完整性等级(SIL3 及以下)要求的关键过程安全控制场合，包括紧急停车系统(ESD)、火灾及气体检测系统(FGS)、燃烧管理系统(BMS)、大型透平压缩机控制(CCS)等。TCS-900 提供可确保关键工业过程安全性的最佳解决方案，尤其是在石油天然气、大型石化化工、能源、交通、冶金和大型机组等领域。

VxEAM 设备管理——通过振动频谱监测、温度检测、无损检测、油液检测、红外热成像等多种设备监测技术，收集与识别设备运行过程中的状态信息，实现设备状态诊断与故障诊断，对设备进行预测性维护。

RDMS 远程诊断和维护——针对设备制造商和工艺总包商，中控提供 RDMS 远程维护和诊断软件以及 RDMS-BOX 中控盒子，将实现远程设备运行数据的采集，并通过设备远程监控中心进行远程维护。

SafeLink 平台安全联动——设备需要进行远程管理、云管理，远程维护和诊断，对此有DCS、智能巡检、MES、生产管理、控制软件等不同的操作平台，中控 SafeLink 多系统集成安全联动平台可以实现这些不同操作平台之间的联动，以避免设备操作冲突导致设备损坏乃至人身伤害。

SAMS 智能设备管理——基于现场总线技术的中控 SAMS 设备管理系统，从项目开车（包括仪表量程、单位组态；位号调试、回路检测；全厂位号设备台账管理、报表统计），预测维护（设备故障报警；设备实时故障诊断分析；关键位号和参数变量监测；记录报警日志；辅助制订备品备件计划），到停车检修（辅助决策、制订停车检修计划；位号参数数据备份、历史比较；位号组态批量下载），可以提供全生命周期的设备管理，为发现潜在和现有的风险提供强有力的工具。

防雷服务——中控提供仪表相关的综合防雷工程，包括仪表防雷、电源系统防雷、信号系统防雷、接地系统、直击雷接闪和分流防雷方案。

OTS 操作员仿真培训——中控的 OTS 操作员仿真培训可以帮助过程工厂仿真生产过程，让操作员在数字世界里面培训，从而可以在虚拟世界进行安全相关的破坏性操作试验，同时帮助操作人员进行很好地操作，并通过知识库和专家库将最佳操作实践记录下来。

CPS 操作辅助决策——操作辅助提示系统是集数据采集、装置运行状态监视、操作规程展示和关系安全功能评判于一体的综合系统。通过 CPS，使得工厂操作工工作负荷大量减少，在一次原油切换操作中，从 130 次减少到 10 次；让操作工精神压力减少、操作时间最小化、操作步骤标准化，从而更好预防错误的操作。

AAS 智能报警管理——4.0 时代的安全工厂越来越需要智能报警，对报警进行识别和处理，能反映出设备是否处于不健康或者亚健康的状况。中控提供的实时报警管理软件 AAS Patch 和报警统计分析平台 PIMS-AAS 可以工厂打造一个符合国际 EEMUA 标准的智能报警管理体系。

3. 危机应对阶段

SES 安全监管与指挥系统——在出现应急事件的时候能够快速响应，该系统能根据当前事件类型以及势态情况给出相应的信息，指导人员有效的进行指挥及决策，最大限度保障人员安全，控制事故影响，降低事故损失。

应急协同管理系统——围绕事故处置全过程，通过报警联动、信息推送、图形化展示等技术手段，为应急指挥和协同管理提供方便、快捷的信息辅助平台。

人员定位与生命体征监测系统——通过 ID 卡、智能移动终端、智能手环、内置芯片穿戴设备等科技产品，完成人员监控、人员应急指挥、资产安全管理、人员工作管理等，能够做到快速检测事故发生，计算事故扩散模型，计算并推送逃生路线，检测生命体征，集合点快速清点人数等重要的人身安全防护目标。

安全隐患治理——围绕企业安全体系，通过系统规则推动，指导安全管理人员开展危险源动态跟踪、隐患闭环管理、危化品、设备设施巡检、安全文档等关键业务过程，从落实体系规范层面，主动排除风险隐患，提升企业安全等级。

园区智慧管理和应急系统——提供完整的智慧园区安防一体化管理方案，包括生产区重大危险源检测、生产区工业电视监控、周界报警、物资防盗、出入口及门禁控制、考勤管理、巡更系统、厂区视频监控、厂区广播等。

重大危险源动态监测系统——通过企业端与政府端的平台联动，可实现危险源监控与预警、危险源档案管理、危险源申报与核销管理、危险源安全检查管理、危险源预警预案管理、危险源维护跟踪等。

事故隐患跟踪治理系统——围绕企业安全体系，通过系统规则推动，指导安全管理人员开展危险源动态跟踪、隐患闭环管理、危化品、设备设施巡检、安全文档等关键业务过程，从落实体系规范层面，主动排除风险隐患，提升企业安全等级。

第四节　智慧炼化建设

作为流程型制造产业之一的炼油化工产业，其生产过程极为复杂，生产链条长、流程关联度高，开展智能制造面临的难度大、涉及因素多，需要统筹考虑。

前面介绍了智能炼化、智慧炼化的概念、构架等内容，实际上，炼化企业完成数字化工厂建设以后或则在部分完善数字化炼化、开展智能炼化、智慧炼化建设时，可以考虑如何围绕以下三条主线而展开相关建设：

（1）面向炼油产业生产管控闭环的数字化、智能化，即通过企业资源计划管理层、生产执行管理层和过程控制层互联，实现各层次的信息汇通和数据共享，实现物流、资金流和信息流的统一，实现全厂管控一体化。

（2）面向价值链的炼油产业供应链协同的数字化、智能化，即通过资源共享，最终实现从原油资源优化、原油配送、生产加工至成品油配送及销售的供应链全过程整体效益最大化。

（3）面向炼油企业全生命周期的设计运营数字化、智能化，即实现炼油企业从项目概念设计、施工设计、生产建造到运营的数字化、智能化。

鉴于中国的实际情况，目前到“十三五”末，比较现实的是在炼油化工产业全面推进数字化，条件具备的企业试点智能炼化，少数开始智慧炼化建设，将信息化贯穿运营管理全过程，构建面向生产管控、供应链和设计生命周期的统一协同的业务运行平台，提升自动化、数字化和集成化水平，全面达到国际同行业平均水平，推进数字化、智能化制造装备的开发及产业化进程。“十四五”期间以及到期末，在炼油化工产业全面深化推进智能炼化应用成果，智慧炼化应用也相对推开，我国自动化、数字化、模型化和集成化能力得到较大提升，全面达到国际同行业的先进水平，部分企业引领世界潮流。

一、智慧炼化建设工作

（一）关于资源敏捷优化

资源敏捷优化的目标为基于市场需求分析与预测，实现炼厂生产与销售库存优化。资源敏捷优化旨在解决以下业务问题：

(1) 二级油库客存量大，增加库存成本，通过库存可视化，有效控制二级油库的客存量。

(2) 二级油库多为租赁的油库，需要通过炼厂与一级油库、二级油库库存优化，减少二级油库库存，减少油库租赁成本。

(3) 海油原油产量大于加工量，需要通过需求预测与管理，指导原油加工计划优化，使原油资源最大化。

(4) 原油加工量与市场分布不均衡，需求对成品油批发、采购与零售量进行合理配置。

1. 资源敏捷优化的实现需供应链各个环节的敏捷优化支撑

(1) 实现炼厂产品库存、在途库存、油库库存、加油站库存的可视化，实现对客存的动态管理。

(2) 通过油品移动管理与优化，降低二级库存占有量，实现库存优化。

(3) 通过一致性需求预测，实现对短期生产调度计划的优化。

(4) 通过市场需求、库存动态分析，为炼厂原油优选提供支持。

2. 资源敏捷优化解决方案

方案包括产供销存一体化平台(资源敏捷优化与库存可视化)等主要系统以及电子商务系统、CRM 系统和物流管理系统等相关系统共四大方面。

(二) 关于智慧供应链

智慧供应链建设的目标为在计划、调度、操作层面实现产销协同，提升供应链绩效。智慧供应链旨在解决以下主要业务问题：

(1) 炼厂、油库、加油站以及在途的产品动态库存不能及时反馈，影响产品库存优化。

(2) 不同地区市场需求及供给存在矛盾，急需优化资源配置和产品流向。

(3) 炼厂产品发货、运输执行、油库进销存、配送计划执行、加油站销售等执行信息分别在不同系统，没有实现统一平台进行供应链调度管理，供应链管控效率低。

(4) 不同部门根据各种侧重设置供应链绩效目标，部分与整体供应链绩效有一定冲突，需要进一步优化供应链绩效及考核方法。

1. 智慧供应链的实现需供应链各个环节的智慧化支撑

(1) 供应链全局可视：实现供应链各环节需求预测、库存动态、指令与执行的可视化。

(2) 供应链计划优化：一致性需求预测，满足供需平衡的统一计划，实现资源优化配置。

(3) 供应链调度协同：实现生产厂、在途、油库进出库、油品配送调度指令的协同。

(4) 供应链绩效管理：结合价值链分析，供应链各环节的绩效指标进行综合分析和展示。

2. 智慧供应链解决方案

方案主要包括产销协同管理系统(供应链计划优化)、产销协同管理系统(供应链可视化)等主要系统以及销售 ERP 系统、油库管理系统和物流管理系统，等相关系统四大方面。

(三) 价值链优化

价值链优化从财务视角，建立价值分析模型，实现财务与业务一体化。价值链优化旨在解决以下主要业务问题：

(1) 财务与业务前端之间没有建立有效对接，对存在问题缺乏分析，导致问题说不透。

(2) 没有价值影响因素分析，不能有效预警，问题发现经常在财务结算后，不能有效对业务进行有效管控。

(3) 不能对全流程价值有个统一视图，看不清未来可能的结果和预期，不能及时采取优化措施。

(4) 存在大量业务标准与数据口径不一致，导致不同组织层级、不同业务职能的信息系统无法对接，无法真正实现信息系统的协同作用。

1. 价值链优化的实现需要价值链各方面智慧化的支撑

(1) 全流程价值可视：实现生产、销售各环节价值点的动态跟踪，实现价值分析与优化信息的多维展示分析。

(2) 价值影响因素分析：按产品生产与销售管理流程的成本结构与影响因素，并通过数据集成，实现价值影响因素的动态数据采集与分析。

(3) 业财一体化分析：建立企业专有的价值分析模型，体现生产与财务的数据一致性，体现数据关联。

2. 价值链优化解决方案

方案主要包括价值分析与优化系统。等主要系统；以及 ERP、MES、产销协同管理系统等相关系统共四大方面。

二、智慧炼化应用构架

(一) 总体思路

将前面所述的数字炼化、智能炼化、智慧炼化解决方案予以整理，形成各业务主线所需建设的系统，再根据系统层次进行设计，形成应用架构。图 6-28 为数字炼化、智能炼化、智慧炼化解决方案示意图。

图 6-28 数字炼化、智能炼化、智慧炼化解决方案

(二) 总体应用架构

智慧炼化的总体应用架构见图 6-29。

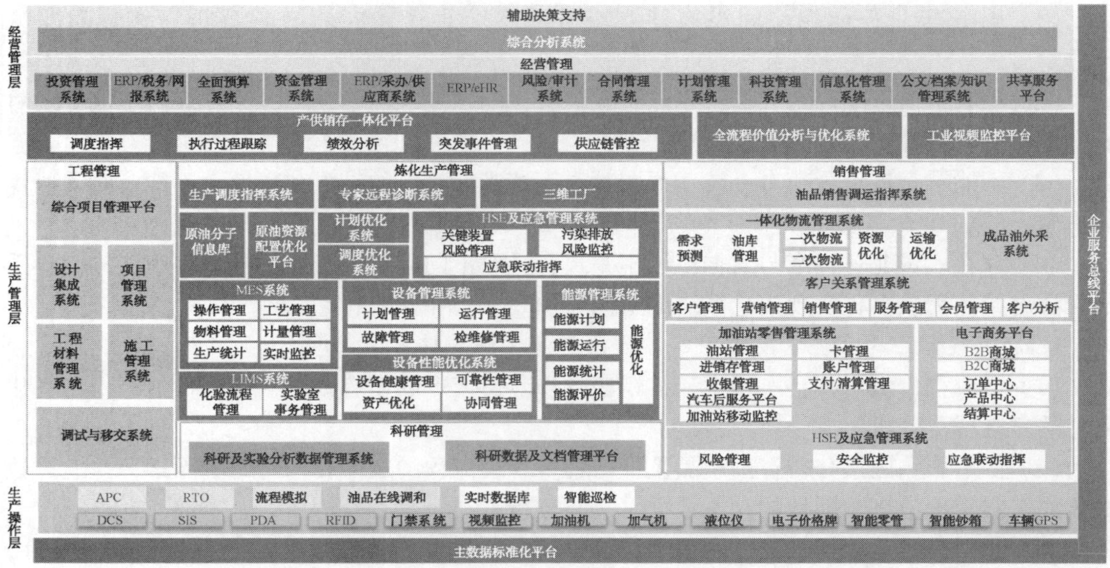

图 6-29　智慧炼化总体应用架构

三、智慧炼化应用蓝图设计

根据“十三五”业务战略规划，炼化公司对其下属的不同炼化企业因有不同的发展规划而实施不同的应用蓝图。同时，根据项目是否为企业共性需求、智慧炼化的主导思想、其他同行业企业是否作为总部主导重点项目因素，提出了智慧炼化建设的 12 个共性系统，即原油分子信息库、基于原油分子信息库的应用(计划调度、在线优化、原油配置优化)、能源管理系统、专家远程诊断系统、一体化物流管理系统、成品油外采系统、统一的客户关系管理、智慧加油站、产供销存一体化平台、炼化生产大数据分析系统、全流程价值分析与优化系统以及主数据标准化平台。12 个系统分别简要介绍如下。

(一) 石油(原油)分子信息库

前文已经详细介绍了石油分子工程与管理。石油分子工程与管理是从分子水平来认识石油加工过程、准确预测产品性质，优化工艺和加工流程，提升每个分子的价值，实现“资源价值最大化和资产价值最大化油”的理念。

石油分子工程与管理是建立在对每个原油分子及其性质充分认识的基础上，原油分子信息库就是储存原油分子信息的核心工具。

通过分子性质、组成、结构的表征、关联和转化过程定量计算，建立原油分子信息库，为后续生产优化提供数据基础，原油分子信息库的建立过程主要包括：利用先进分析仪器和表征手段，获得石油资源的分子水平性质和组成、结构等信息，并对此进行信息化描述；然后建立原油性质性质和组成、结构之间的关联公式，满足后续计算需要；建立原油分子信息数据库，管理分子性质、反应性等分子信息；继而利用原油分子信息库分子水平信息，建立分子动力学模型模拟石油炼制加工过程。通过预设基准原油的方法，利用分子重构等技术，研究与基准原油相比的新油种单炼、混炼的加工方案、产品方案以及经济效益测算，以此作为原油资源调拨、原油调合生产管理的依据；最后，采用相关软件对原油分子信息数据库中的信息进行管理。

（二）基于石油（原油）分子信息库的应用

1. 基于分子工程的计划调度与应用

借助原油分子信息库，实现油品分子水平的模拟，再进行原料、中间产物及产物分子的组成分析，结合炼油反应规则库，自动生成反应网络；与生产信息化系统一起，实现分子水平的生产调度优化。基于石油分子工程的炼厂计划调度与应用如图 6-30 所示。

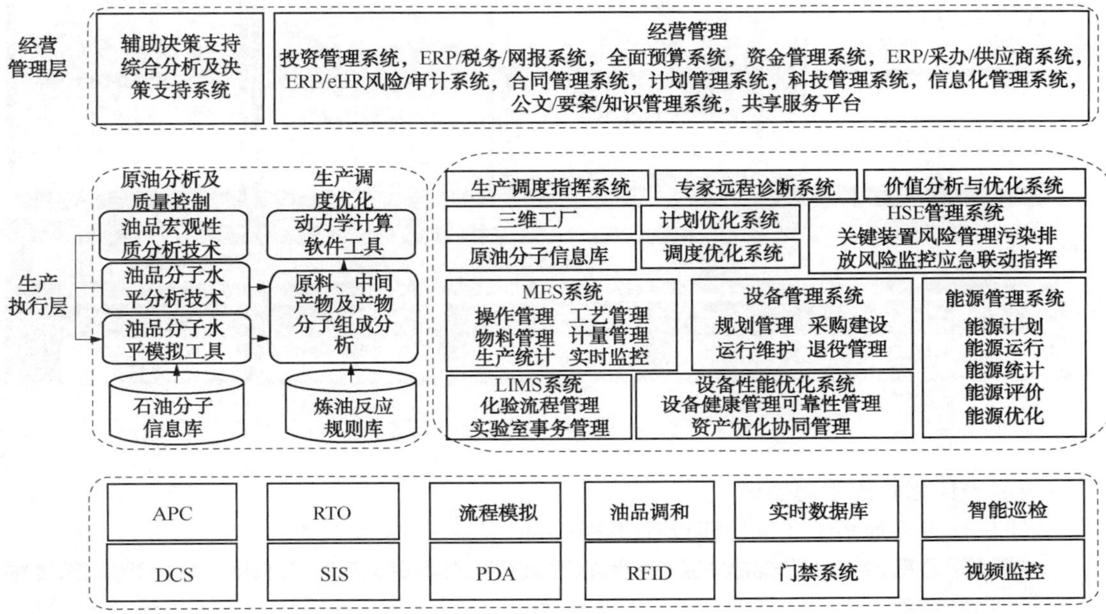

图 6-30 基于石油分子工程的炼厂计划调度与应用示意图

eHR—Electronic Human Resource，电子化人力资源管理系统；HSE—Health Safety and Environment，健康、安全、环保；RTO—Real time optimization，实时优化；SIS—Safety Instrumented System，安全仪表系统；PDA—Personal Digital Assistant，掌上电脑；RFID—Radio Frequency Identification，射频识别

2. 炼厂整体分子层级在线优化

原油分子信息库与生产信息系统（APC、RTO 等）结合，从分子水平对各个生产环节进行管理，实现原料的充分利用和产品产出效益的最大化。

3. 分子水平的集团级原油采购、多厂输配和调合

借助原油分子信息库，了解各个油田区块原油的分子性质，结合各个炼厂设备及炼厂周边市场产品的需求预测，实现不同区块油田原油的合理调运和原油价值的最大化。

（三）能源管理系统

实现能源计划、运行、统计分析、评价、能源优化的全流程管理；实现企业用能设备与公用工程（蒸汽、燃料和动力系统）系统的实时数据采集与监控，并进行用能效率、成本、能量平衡的分析；建立生产厂蒸汽、燃料和动力系统优化模型，实现能源产、输、转、存、耗、销整个过程的管理与优化。

（四）专家远程诊断系统

如图 6-31 所示的专家远程诊断系统可以解决很多问题，如现场服务模式无法适应快速

响应的要求，包括人员到现场收集、整理数据，工作量大；诊断结论由个体决定，有局限性；许多问题现场不能马上解决，需待会单位请更多专家研究后答复；花费大量时间、人力、财力进行服务；服务之后，响应速度不高；企业内部已积累了大量的专家知识、经验，但分散且由个体掌握，无法共享。

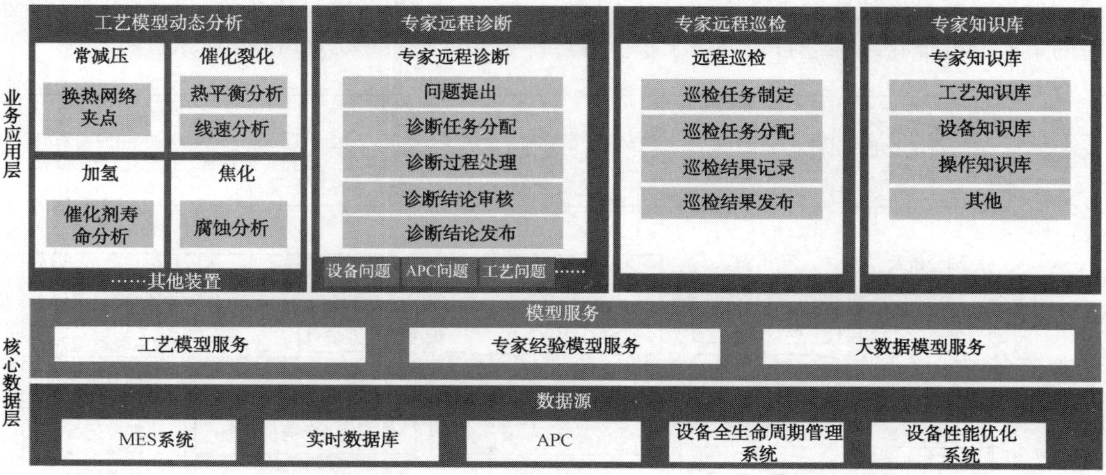

图 6-31　专家远程诊断系统功能设计

（五）一体化物流管理系统

一体化物流管理系统业务功能设计见图 6-32。

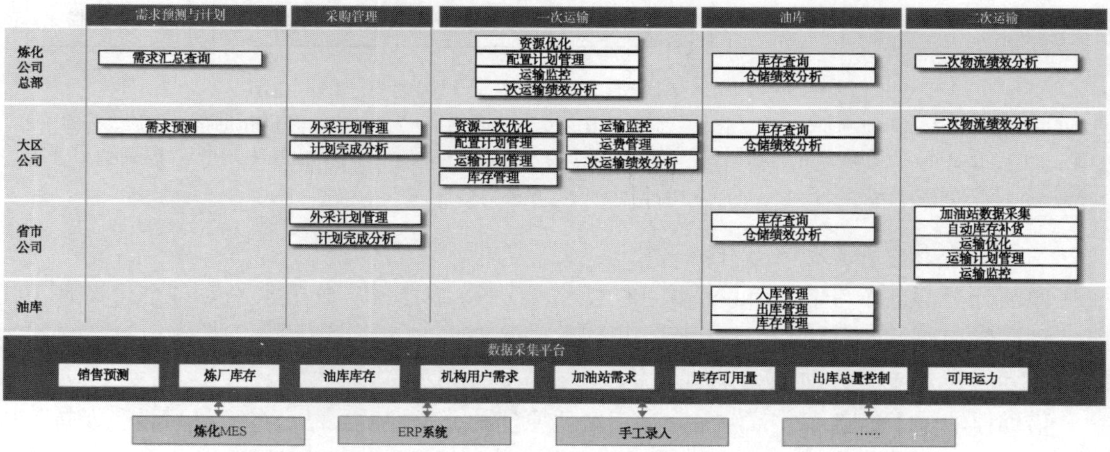

图 6-32　一体化物流管理系统功能设计

（六）成品油外采系统

为实现外采业务的全流程、全覆盖，统一的供应商管理，实现外采工作“业务公开、过程受控、全程在案、永久追溯”的目标，强化外采供应商管理，加强外采分析，实施外采监控，全面提升销售企业外采管理水平。

（七）客户关系管理系统

客户关系管理系统的建设目标为首先通过厘清现有销售模式，整合与打通各类销售渠道，实现对炼化业务所有类型客户的集中统一管理；在建设统一的客户关系管理平台基础上，利用大数据技术深入围绕客户价值分析，实现客户精准营销与提升客户服务，见图6-33。

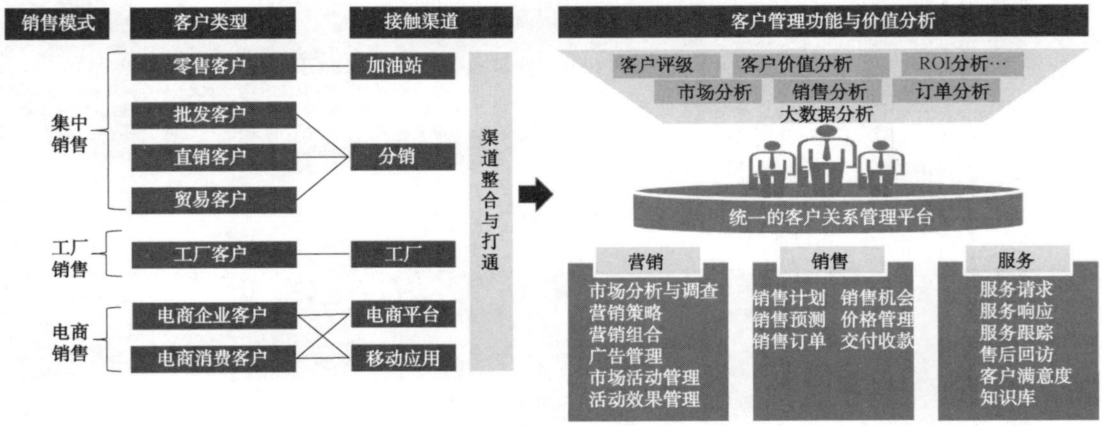

图6-33　客户关系管理系统示意

(八) 智慧加油站

以"人车服务为中心"的运营思路，借鉴互联网思维，依托供应链与物流、汽车服务、支付与金融以及电商服务与加油站服务的集成，构建智能加油站生态服务圈，实现零售业务的全面转型升级，见图6-34。

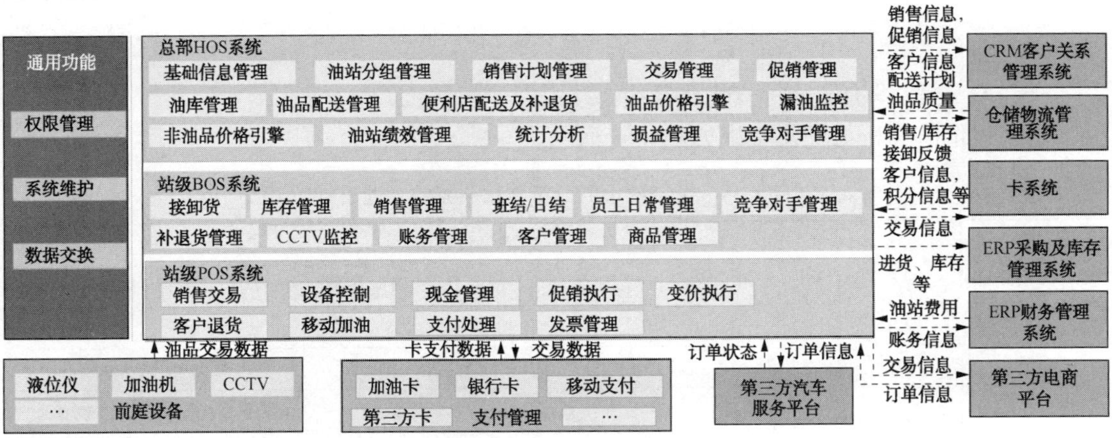

图6-34　智能加油站功能设计及相关系统的集成

(九) 产供销存一体化平台

产供销存一体化平台见图6-35。

(十) 炼化大数据应用

利用大数据分析与人工智能技术，实现对生产装置、公用工程、关键设备运行的实时数据的动态分析，实现操作优化、安全预警、事故预防、预测维修，通过对典型生产装置与系统、生产厂、关键机组设备应用，提高生产操作优化水平、实现生产系统本质安全，提高生产系统维护能力，降低非计划停车，见图6-36。

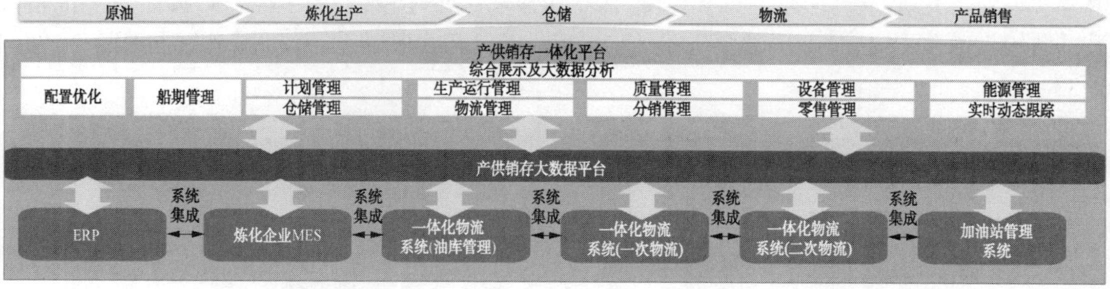

图 6-35　产销协同管理集成平台

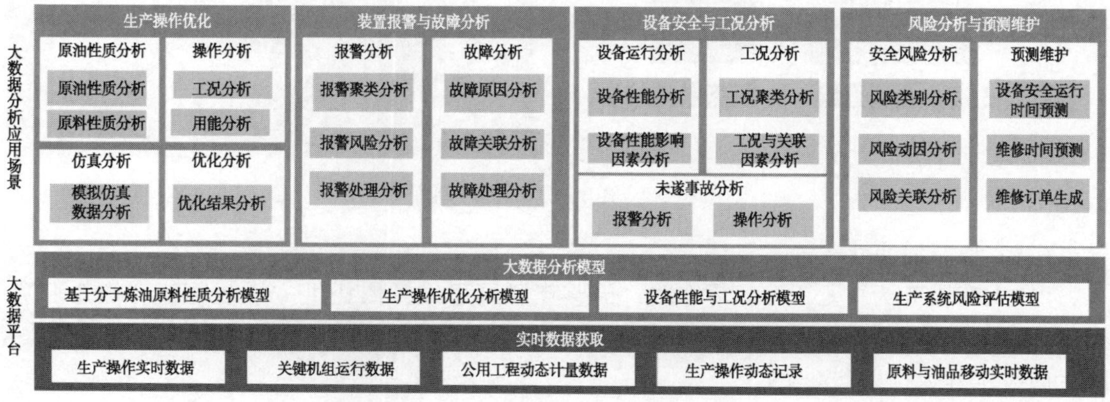

图 6-36　炼化大数据应用功能设计

（十一）全流程价值分析与优化系统

全流程价值分析与优化系统如表 6-5 所示。

表 6-5　全流程价值分析与优化系统功能设计

功能	成本综合展示			
综合展示功能	总体情况分析	价值分析(按班组)	价值分析(按产品)	价值分析(按装置)
功能	收益预测	生产价值跟踪	生产操作优化分析	价值分析报表
业务管理功能	收益预测；方案对比分析	实际执行分析；差异分析	动因关联性分析	产品价值分析表；装置成本分析表；价值滚动分析表；产品价格分析表
功能	基础模型			
基础模型功能	成本结构模型	价值动因模型	价值优化模型	收益预测模型
功能	数据接口			系统管理
系统功能	ERP 接口；MES 接口；计划优化接口；手工补录；数据平台			用户管理；角色管理；权限管理

（十二）炼化公司主数据标准化平台

示意图见图 6-37。

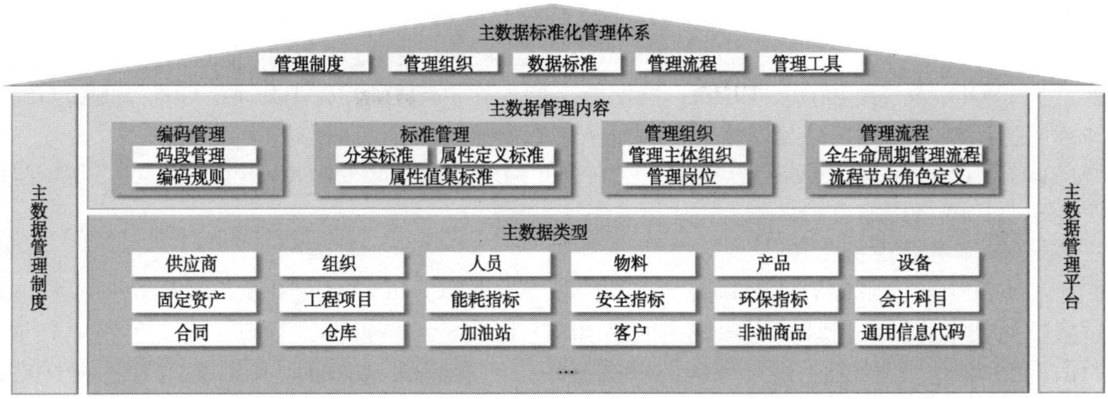

图 6-37　炼化公司主数据标准化平台功能设计

四、智慧炼化技术架构设计

（一）总体技术架构

信息化总体技术架构分为总部和企业两个层面，在企业层面的数据源包括实时数据和管理数据两类，其中实时数据通过 DCS→Buffer→企业实时数据库→总部的 Buffer 机→总部的实时数据库；管理数据通过企业的 ESB 集成，支撑企业应用，同时与总部 ESB 实现级联，实现数据采集，支撑总部的应用，见图 6-38。

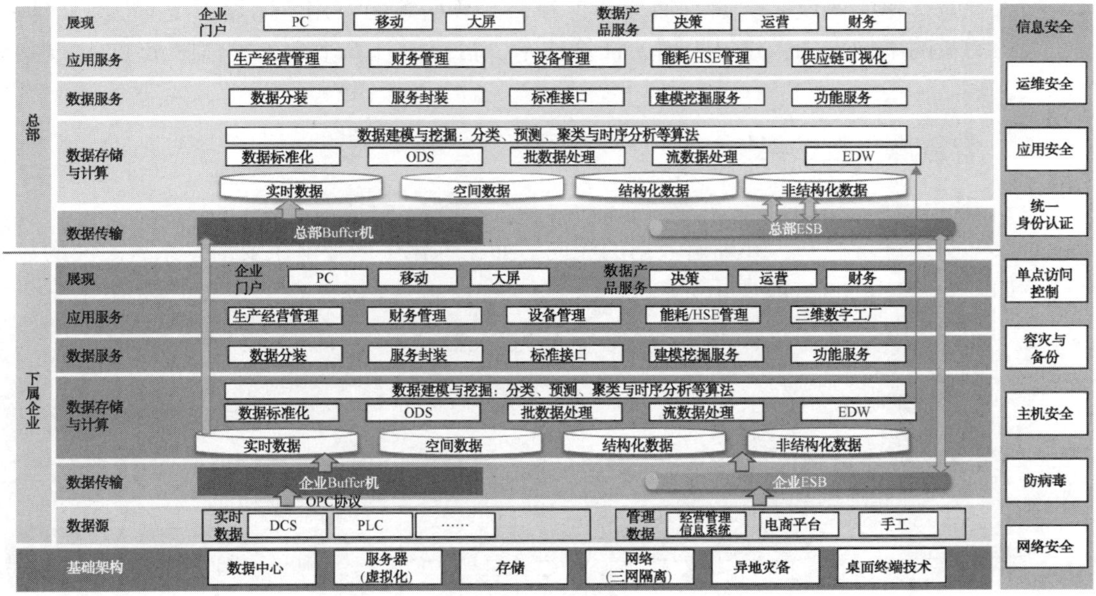

图 6-38　信息化总体技术架构

（二）网络优化设计

网络优化设计的目标及实现方式为：

（1）提升炼化企业工控网络安全。包括，针对办公网络、生产网络未隔离的炼厂，进行办公网络与生产网络隔离；在炼厂生产网络内部，划分控制层网络与生产执行层网络；控制层网络与生产执行层网络之间，采用工业网络安全防护网闸(而非防火墙)，对控制层网络与生产执行层网络进行隔离，以有效保障控制层网络的安全；网闸只完成工业应用数据交换，例如 OPC Server 与 OPC Client；网闸能支持各种主流工业 SCADA 通信标准，例如 OPC；在炼厂生产网络与炼厂办公网络之间，部署防火墙进行安全防护。

(2)优化下属炼化企业与总部核心网络之间网络性能，必要时增加网络带宽，以满足工业电视监控网络传输需求。

(三) 服务器虚拟化设计

为提升企业的服务器资源利用率，节约服务器成本，可考虑采用服务器虚拟化方式，通过虚拟化技术将服务器计算资源统一抽象出来，形成计算资源池，计算资源能够按需扩展、灵活调度部署。建议企业生产环境的前端应用、开发测试环境的所有系统，考虑基于 X86 服务器，采用虚拟机服务器架构；生产环境的后端数据库系统仍采用物理服务器。多个虚拟机以集群方式负载均衡业务层应用。

(四) 数据中心灾备设计

以总部统一灾备中心作为各企业数据中心的灾备中心。实际执行时，可以结合虚拟机容灾的灾备管理方式，简化虚拟机在各企业数据中心到总部统一灾备中心的故障切换管理，实现虚拟机在灾备中心的快速、有序恢复，并便于定期对灾备环境的虚拟机系统进行恢复测试。将依据各企业数据中心与其灾备中心的距离及网络质量，采取存储的数据同步或异步复制机制。

(五) 云平台设计

随着智慧炼化的建设，例如石油分子工程、大数据等的应用，需要有支撑大数据处理量、大访问量的架构支持，建议采用云计算技术，搭建云计算平台，整体降低 IT 建设和运维成本。

五、智慧炼化数据架构

(一) 数据识别与流向

对数据实体进行识别，并确定数据的流向。如，炼化生产环节主要信息系统之间的数据流向，如图 6-39 和图 6-40 所示。

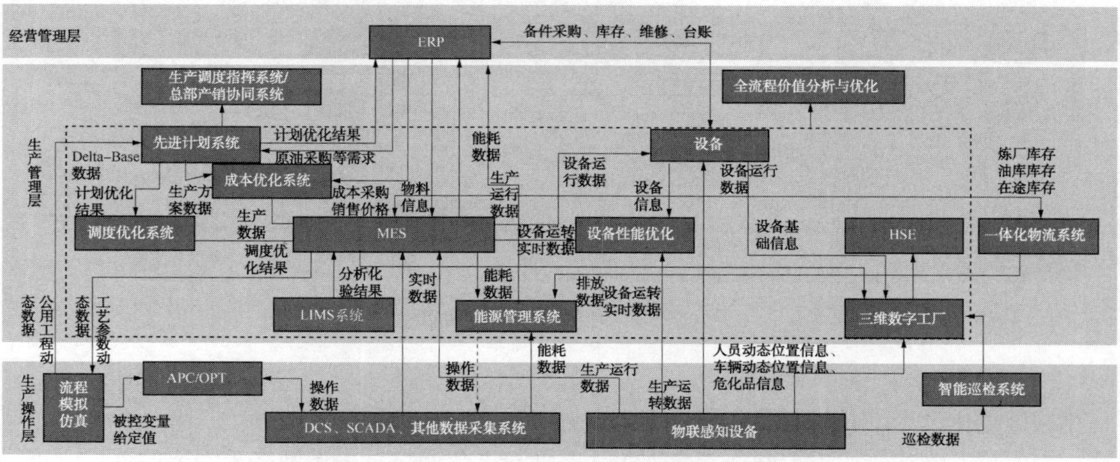

图 6-39　生产环节主要信息系统之间的数据流向(1)

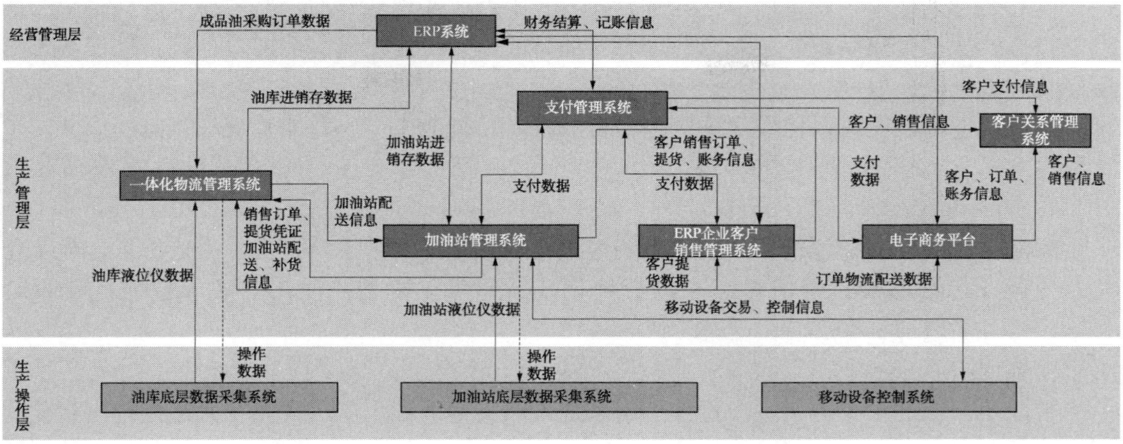

图 6-40 生产环节主要信息系统之间的数据流向(2)

(二) 数据集成

建立起炼化生产环节信息系统之间的主要集成数据。

为了实现各系统之间的集成，要建立企业数据标准，建立相应的标准化组织、管理流程，并通过主数据标准化平台进行落地。图 6-41 为炼化主数据标准化管理体系。

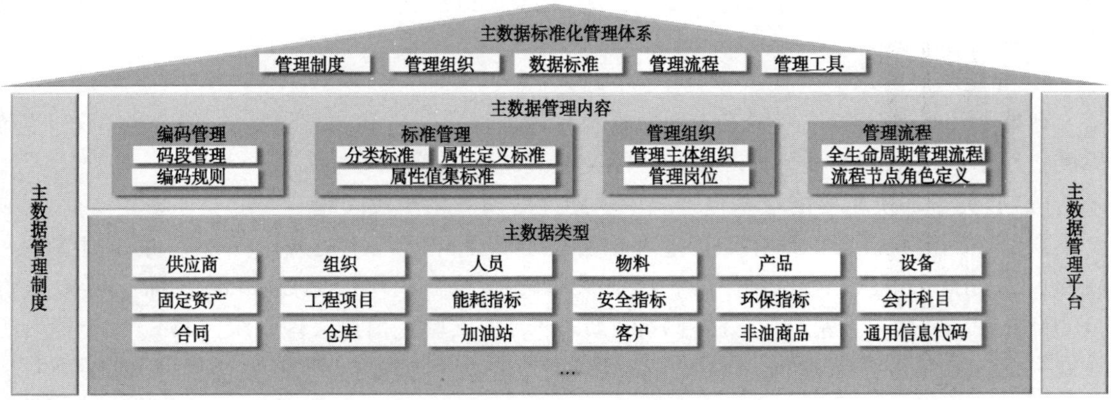

图 6-41 炼化主数据标准化管理体系

六、推进智慧炼化建设的其他建议

在加快推进智能炼化、智慧炼化建设过程中，以下方面需要同步加快推进[171]。

(一) 关于加快炼油行业智能化、标准化体系建设问题

目前国家出台的智能制造、标准化方面的指南等，还是适合机械行业等离散工业，对流程工业特别是炼油化工行业针对性不强、适应性较弱。

2015 年 12 月 29 日工业和信息化部国家标准化管理委员会已发布了《国家智能制造标准体系建设指南(2015 年版)》，借力国家智能制造试点示范的契机，结合中国炼油化工行业生产、经营、管理的特性，加快炼油化工行业智能化、标准化体系建设进程，推进生产过程智能化，培育新型生产方式，全面提升炼油化工企业研发、生产、管理和服务的智能化水平。

以打通炼油化工企业生产经营全部流程为着眼点，实现从原油及原材料采购到终端石油产品销售，从设备控制到企业资源管理所有环节的信息快速交换、传递、存储、处理和无缝智能化集成。

智能化、标准化体系建设至少应包括智能设计、智能生产、智能管理和智能物流共四个部分。

1. 智能设计标准

智能设计标准主要包括生产过程及装置设备数字化定义、设计仿真、工艺仿真、数字化检验等设计仿真标准；对仿真结果进行优化，描述优化模型，优化方法等智能优化设计标准。

2. 智能生产标准

智能生产标准主要包括生产过程控制系统诊断类标准和生产过程系统先进控制与优化类标准两部分。生产过程控制系统诊断类标准，包括定义智能生产系统诊断、能力评估等通用标准；生产过程系统先进控制与优化类标准，包括生产制造系统控制与优化软件功能集成架构、功能模块、信息交互方式等标准。

3. 智能管理标准

智能管理标准主要包括：MES 应用等管理标准；企业经营决策管理、计划管理、生产管理、技术管理、质量管理、人事管理、财务管理、设备管理、物流管理等企业级管理标准以及产品信息可视化、设备信息可视化、库存信息可视化、生产状态可视化、能源监管可视化等可视化管理标准。

4. 智能物流标准

智能物流标准主要包括用于识别原材料、零部件、装备和产品信息的条码、电子标签等标准；用于炼厂内部的设备标准以及智能物流装备标准等。

（二）关于加快相应的信息化系统中软硬件的国产化步伐问题

目前，国内大部分炼油化工企业在信息化、智能化建设中均采用国外软件和国外设备（硬件），如炼油化工全流程优化平台中采用的流程工业模型系统 PIMS、炼厂模拟软件（RSIM 或 PetroSIM）、炼油动态调度软件（ORION），实验室信息管理系统（LIMS），企业资源计划系统（ERP）等。一方面，国外装备（硬件）、系统和软件技术较为成熟、稳定性高，但局限性也较为明显；另一方面国外的系统和软件封闭性强，一旦采用后难免受制于人，系统定制化二次开发难度大，维护成本高。

国内装备、系统和软件在性能上尽管还需改进完善，但也有其独特的优势，一是性价比高；二是开放性强，能够开放数据接口，实现设备、系统、软件互联，为建立工业大数据创造有利条件；三是个性化服务优。

加快国内炼油行业“智能工厂”建设，应大力推荐软件国产化和装备国产化步伐，逐步摆脱国外软硬件的依赖，努力形成自主知识产权的软件、系统、设备，推动炼油行业“智能”进化。

（三）炼化 CPS 系统以及关键核心技术的研究与标准规范

结合信息化新技术特别是云计算、大数据、物联网、新一代人工智能以及区块链等的发展以及与流程工业炼油化工企业的深度融合，研究、完善智能炼化、智慧炼化建设的核心——炼化 CPS 的体系结构以及新一代的 MES、新一代运营中心和新一代智能管控决策体系的技术构架、核心技术、标准规范与应用。

深入研究、深化应用智能化的自主控制系统、智能化优化决策与控制一体化系统、虚拟企业(特别是虚拟生产)系统等核心、关键系统与技术；重点突破生产过程智能化感知与动态建模方面理论、方法、技术，新一代人工智能及其所驱动的自动化技术以及智慧炼化建设的完整构架体系、理论和关键技术，深化“两化融合”，大力推动新一代人工智能等信息化新技术与实体经济的深度融合。

(四) 关于促进互联网、云计算、大数据、AI 等的综合集成应用问题

强化应用牵引，加快生产设备智能化改造，加快智能生产、智能物流管理等技术和装备在生产过程中的应用，促进生产工艺的仿真优化、数字化控制、状态信息实时监测和自适应控制。加快炼油全生命周期管理、客户关系管理、供应链管理系统的推广应用，促进集团管控、设计与制造、产供销一体、业务和财务衔接等关键环节集成，实现智能管控。

深化互联网、云计算、大数据、AI 等在炼油行业的应用。加快开展炼化物联网等技术研发和应用示范，培育智能监测、远程诊断管理、炼油全流程追溯等工业互联网新应用。实施工业云及工业大数据创新应用试点，建设一批高质量的工业云服务和工业大数据平台，推动软件与服务、设计与制造资源、关键技术与标准的开放共享。

(五) 关于建设网络安全预警体系问题

在没有实现智能炼化建设时，各炼化企业大多数是“孤网”运行。开展智能炼化建设、“深化互联网+应用”之后，网络安全问题就显得更加突出。

建立以安全为核心的信息安全控制中心，实现安全实施监控、预警与主动防御，提高信息安全风险感知和防空能力。

坚持“同步规划、同步建设、同步运行”原则，落实国家等级保护政策，伴随私有云技术的成熟与建设，同步建设相应的云安全技术和云安全管控体系。

全面推广终端安全管理、网络准入控制系统，完成统一身份管理系统建设，集中管理互联网出口，对工业控制网进行安全隔离，进一步完善信息安全技术防御体系。

健全信息安全组织架构和制度规范，提高重大信息安全事件应急处置能力，强化信息安全监督检查，实现信息安全风险的闭环管理。

(六) 关于试点示范与智慧炼化建设的推进

组织实施炼化企业的智能炼化、智慧炼化建设的试点示范，生产企业、智能炼化(智慧炼化)建设系统集成解决方案的供应商(咨询公司)以及软硬件供应商的协力攻关，解决流程工业炼化企业在智能制造、新一代智能制造过程中的各类问题，形成“可复制、可推广”的经验、模式，为炼化企业实现“资源高效化转化、过程低碳绿色化和产品生产与销售创新”目标的同时，带动核心装备、软件、系统集成等智能化发展供给能力的提升与进步。

推进智慧炼化建设，需要根据自身发展愿景、实际状况与能力，做好顶层设计，不要一味追求“新、全”，而要量力、按需稳步进行。

(七)“政产学研”协同创新，强化企业创新的主体地位，提升全行业创新能力

炼化产业是典型的流程工业，是国民经济的最重要支柱和基石之一。智能化发展是炼化产业应对“资源、能源、环境和安全”约束与挑战的最主要出路和策略。加强工业宽带基础设施建设，深化“政产学研”协同创新，强化企业创新的主体地位，完善技术创新的体制、机制，构建企业主导的“政产学研”协同的产业技术创新研发体系，形成条件完备、充满活力、富有效率、有助转化的创新环境，让各类人才在实战中能力素质得到提升、培养，切实提高原始创新能力。

名词缩写参考：

BMS Burner Management Systems 燃烧管理系统
CCIE Cisco Certified Internetwork Expert 思科网络专家认证
CCS Compressor Control System 压缩机控制系统
CCTV Closed Circuit Television 闭路电视系统
CISP Certified Information Security Professional 注册信息安全专家
CPS Cyber-Physical Systems 信息物理系统
DCS Distributed Control System 分布式控制系统
EEMUA Engineering Equipment Material Users' Association 国际工程设备及材料用户协会
ESD Emergency Shutdown System 紧急停车系统
FGS Fire and gas Systems 火灾及气体检测系统
GDS Gas Detection System 可燃和有毒气体检测系统
HAZOP HAZard Operability 风险与可操作性
MAC Main Automation Contractor 主自动化承包商
MAV Main Automation Vendor 主自动化供货商
MES Manufacturing Executive System 制造执行系统
ODS Operational Data System 操作数据管理
PCS Process Control System 过程自动化系统
PLC Programmable Logic Controller 可编程逻辑控制器
SCADA Supervisory Control And Data Acquisition 数据采集与监视控制系统
SHDS Safety Health Diagnosis System 安全健康诊断系统
SIL Safety Integrity Level 安全完整性等级
SIS Safety Instrumented System 安全仪表系统

参 考 文 献

[1] Kagermann H, Wahlster W, Helbig J, et al. Recommendations for implementing the strategic initiative INDUSTRIE 4.0: securing the future of German manufacturing industry; final report of the industrie 4.0 working group[R]. Berlin, Germany: acatech, 2013.

[2] Zhou Ji, Li Peigen, Zhou Yanhong, Wang Baicun, Zang Jiyuan, Meng Liu. Toward New-Generation Intelligent Manufacturing [J], Engineering, 08 February 2018 [Epub ahead of print] doi: 10.1016/j.eng.2018.01.002.

[3] Wolfgang Wahlster. Industry 4.0: From the internet of things to smart factories[R]. 2012. 5.

[4] 张志强，胡山鹰，胡雪瑶，关艳玲，贾盛举．智慧工厂综合管理信息系统开发及应用[J]. 化工进展，2016，35(4)：1000-1006.

[5] Zuehlke, Detlef. Smart-factory-from vision to reality in factory technologies[C] // Proceedings of the 17th IFAC World Congress, 2008, 17(1): 14101-14108.

[6] 吴青．流程工业智慧炼化建设的研究与实践，无机盐工业，2017，49(12)：1-8

[7] Wunsch D, Luder A, Heinze M. Fiexibility and re-configurability in manufacturing by means of distributed automation systems—an overview [M]//Distributed Manufacturing. Berlin, Germany: Springer-Verlag, 2010:

51-70.

[8] Barbosa J, Leitao P, Adam E, et al. Structural self-organized holonic multi-agent manufacturing systems [M]//Industrial Applications of Holonic and Multi-Agent Systems. Berlin, Germany: Springer-Verlag, 2013: 59-70.

[9] Zhang Y, Huang G Q, Qu T, et al. Agent-based smart objects management system for real-time ubiquitous manufacturing[J]. Robotics and Computer-Integrated Manufacturing, 2011, 27(3): 538-549.

[10] 李伯虎，张霖，王时龙，等. 云制造一面向服务的网络化制造新模式[J]. 计算机集成制造系统，2010，16(1)：1-7，16.

[11] 张曙. 工业 4. 0 和智能制造[J]. 机械设计与制造工程，2014，43(8)：1-5.

[12] 张益，冯毅萍，荣冈. 智慧工厂的参考模型与关键技术[J]. 计算机集成制造系统，2016，22(1)：1-12.

[13] 钱锋."互联网+"时代石油与化工行业智能优化制造[C]//中海石油炼化有限责任公司交流会北京，2016.

[14] Kletti J. Manufacturing execution systems-MES [M], Berlin, Germany: Springer-Verlag, 2007.

[15] International Electrotechnical Commission. IEC 62264—1: 2010 Enterprise—control system integration—part 1: models and terminology[S]. Geneva, Switzerland: International Electrotechnical Commission, 2010.

[16] International Electrotechnical Commission. IEC 62264—2: 2010 Enterprise—control System Integration—Part 2: object model attributes[S]. Geneva, Switzerland: International Electrotechnical Commission, 2010.

[17] International Electrotechnical Commission. IEC 62264—3: 2007 Enterprise-control system integration—part 3: activity models of manufacturing operations management [S]. Geneva, Switzerland: International E1ectrotechnical Commission, 2007.

[18] Harding J A, Shahbaz M, Kusiak A. Data mining in manufacturing: a review[J]. Journal of Manufacturing Seience and Engineering, 2006, 128(4): 969-976.

[19] 余勇，林为民. 工业控制 SCADA 系统的信息安全防护体系研究[J]. 信息网络安全，2012(5)：74-77.

[20] Coalition SM L. Implementing 21st century smart Manufacturing [R]. Schaumburg. III, USA: Putman Media, 2011.

[21] 王耀南，陈铁健. 智慧工厂机器视觉感知与控制关键技术综述[J]. 中兴通讯技术，2016，22(5)：26-30.

[22] Islam K, Shen W, Wang X. Wireless sensor network reliability and security in factory automation: a survey [J]. IEEE Transactions on Systems, Man, and Cybernetics, Part C: Applications and Reviews, 2012, 42 (6): 1243-1256.

[23] 王耀南，陈铁健，贺振东，等. 智能制造装备机器视觉感知控制方法综述[J]. 控制理论与应用. 2015：32(3)：273-286.

[24] 张辉，王耀南，周博文. 基于机器视觉的液体药品异物检测系统研究[J]. 仪器仪表学报，2009，30(3)：548-553.

[25] Sampigethaya K, Poovendran R. Aviation Cyber-Physical Systems: Foundations for Future Aircraft and Air-Transport [J]. Proceedings of the IEEE, 2013, 101 (8): 1834 - 1855. DOI: 10.1109/JPROC. 2012. 2235131.

[26] Gattullo M, Uvaa E, Fiorentino M, et al. Legibility in Industrial AR: Text Style, Color Coding, and Illuminance [J]. IEEE Computer Graphics and Applications, 2015, 35 (2): 52 - 61. DOI: 10. 1109/MCG. 2015. 36.

[27] Yadid P O, Etienne C R. CMOS Imagers: from Photo Transduction to Image Processing [M]. Germany:

Kluwer Academic Publishers, 2004.
[28] 余洪山，赵科，王耀南，等．融合 2D/3D 摄像机的方法与获取高精度三维视觉信息的装置[J]．控制理论与应用，2014，31(10)：1383 -1392.
[29] Buades A, Coll B, Morel J M. A Review of Image Denoising Algorithms, with a New One [J]. Multiscale Modeling & Simulation, 2005, 4(2): 490-530.
[30] Polesel A, Ramponi G, Mathews V J, et al. Image Enhancement via Adaptive Unsharp Masking [J]. IEEE Transactions on Image Processing, 2000, 9(3): 505-510.
[31] Rahman Z U, Jobson D J, Woodell G A. Retinex Processing for Automatic Image Enhancement [J]. Journal of Electronic Imaging, 2004, 13(1): 100-110.
[32] 王耀南，李树涛．多传感器信息融合及其应用综述[J]．控制与决策，2001，16(5)：518-522.
[33] Seerha G K, Kaur R. Review on Recent Image Segmentation Techniques [J]. International Journal on Computer Science and Engineering, 2013, 5(2): 109.
[34] Silver W M, Mcgarry E J, HILL M L, et al. Method for Fast, Robust, Multi-Dimensional Pattern Recognition [P]: 7016539. 2006-03-21.
[35] Chaumette F, Hutchinson S. Visual Servo Control. I. Basic Approaches [J]. IEEE Robotics &Automation Magazine, 2006, 13(4): 82-90.
[36] Chaumette F, Hutchinson S. Visual Servo Control. II. Advanced Approaches [J]. IEEE Robotics & Automation Magazine, 2007, 14(1): 109-118.
[37] Drath R, HORCH A. Industrie 4.0: Hit or hype? [J]. IEEE Industrial Electronics Magazine, 2014, 8 (2): 56-58.
[38] 钱志鸿，王义君．面向物联网的无线传感器网络综述[J]．电子与信息学报，2013，35(1)：215-227.
[39] Hameed B. Khan 1, DORR F, et al. An RFID based consistency management framework for production monitoring in a smart real-time factory [c]//Proceedings of Internet of Things. Washington, D. C., USA: IEEE, 2010: 1-8.
[40] 曲家兴，周莹，王希忠，等．工业控制系统无线网络安全体系的研究[J]．信息技术，2013(1)：36-38.
[41] 赵卫东，刘海涛．流程挖掘在流程优化中的应用[J]．计算机集成制造系统，2014，20(10)：2632-2642.
[42] Binshams M A, Budman H M, Duever T A. Fault detection, identification and diagnosis using CUSUM based PCA[J]. Chemical Engineering Science, 2011. 66(20): 4488-4498.
[43] Alcala C F, Qin S J. Reconstruction-based contribution for process monitoring with kernel principal component analysis [J]. Industrial 8L Engineering Chemistry Research, 2010, 49(17): 7849-7857.
[44] Calfa B A, Grossmann I E, Agarwal A, et al. Data-driven individual and joint chance-constrained optimization via kernel smoothing[J]. Computers&Chemical Engineering, 2015, 78: 51-69.
[45] 王明微，周竞涛．敬石开，等．基于贝叶斯网络的切削加工表面粗糙度在线监测方法[J]．计算机集成制造系统，2014，20(12)：3075-3081.
[46] 贾峰，武兵，熊晓燕，等．基于多维度排列与支持向量机的轴承早期故障诊断方法[J]．计算机集成制造系统，2014，20(9)：2275-2282.
[47] Dalkir K. Knowledge management in theory and practice [M]. London, UK: Routledge, 2013.
[48] 黄琛．范玉顺．基于知识的企业 CIMS 框架及关键技术研究[J]．计算机集成制造系统，2003，9(10)：829-833.
[49] Lin L F, Zhang W Y, LOU YC, et al. Developing manufacturing ontologies for knowledge reuse in distributed manufacturing environment [J]. International Journal of Production Research, 2011, 49 (2):

343-359.
[50] Alaafi Y, Vyatkin V. Ontology-based reconfiguration agent for intelligent mechatronic systems in flexible manufacturing[J]. Robotics and Computer-Integrated Manufacturing, 2010, 26(4): 381-391.
[51] Chungoora N, Young R I, Gunendran G, et al. A model-driven ontology approach for manufacturing system interoperability and knowledge sharing[J]. Computers in Industry, 2013, 64(4): 392-401.
[52] 刘烨, 史明华. 基于 OWL-DL 的制造加工服务描述建模方法[J]. 计算机集成制造系统, 2011, 17(4): 767-775.
[53] Gutierrez—Limon M A, Flores - Tlacuahuac A, Grossmann I E. MINLP formulation for simultaneous planning, scheduling, and control of short-period single-unit processing systems[J]. Industrial&Engineering Chemistry Research, 2014, 53(38): 14679-14594.
[54] Li Z Z, Li Z K. Chance constrained planning and scheduling under uncertainty using[J]. Robust Optimization Approximation, 2015, 48(8): 1156-1161.
[55] Chu Y F, You F Q. Integrated planning, scheduling, and dynamic optimization for batch processes: MINLP model formulation and efficient solution methods via surrogate modeling[J]. Industrial&Engineering Chemistry Research, 2014, 53(34): 13391-13411.
[56] Chu Y F, You F Q. Model-based integration of control and operations: overview, challenges, advances, and opportunities [J]. Computers&Chemical Engineering, 2015, 83: 2-20. DOI: 10. 1016/j. compchemeng. 2015. 04. 011.
[57] Jahangirian M, Eldabi T, Naseer A, et al. Simulation in manufacturing and business: a review [J]. European Journal of Operational Research, 2010, 203(1): 1-13.
[58] 裴瑞凌, 荣冈. 炼油过程的智能工厂流程模拟仿真平台[J]. 化工自动化及仪表, 2005. 32(2): 43-46.
[59] 周泽伟, 冯毅萍, 吴玉成, 等. 基于虚拟现实的流程工业过程模拟仿真系统[J]. 计算机工程与应用, 2011, 47(10): 204-208, 216.
[60] Colombo A W, Karnouskos S, Mendes J M. Factory of the future: a service-oriented system of modular, dynamic reconfigurable and collaborative systems[M]//Artificial Intelligence Techniques for Networked Manufacturing Enterprises Management. London, UK: Springer-Verlag, 2010: 459-481.
[61] 李伯虎, 张霖. 任磊. 等. 再论云制造[J]. 计算机集成制造系统, 2011, 17(3): 449-457.
[62] 张霖, 罗永亮, 范文慧, 等. 云制造及相关先进制造模式分析[J]. 计算机集成制造系统, 2011, 17(3): 458-468.
[63] 陶飞, 张霖, 郭华, 等. 云制造特征及云服务组合关键问题研究[J]. 计算机集成制造系统, 2011, 17(3): 477-486.
[64] 刘卫宁. 马刚, 刘波. 基于层次化的云制造服务组合研究[J]. 中国机械工程, 2013, 24(10): 1349-1356.
[65] 李成海, 黄必清. 基于屑性描述匹配的云制造服务资源搜索方法[J]. 计算机集成制造系统, 2014, 20(6): 1499-1507.
[66] 尹超, 夏卿, 黎振武. 基于 OWLS 的云制造服务语义匹配方法[J]. 计算机集成制造系统, 2012, 18(7): 1494-1502.
[67] 姚锡凡, 练肇通, 李永湘, 等. 面向云制造服务架构及集成开发环境[J]. 计算机集成制造系统。2012, 18(10): 2312-2322.
[68] 胡安瑞, 张霖, 陶飞, 等. 基于知识的云制造资源服务管理[J]. 同济大学学报: 自然科学版, 2012. 40(7): 1092-1101.
[69] 尹超, 黄必清, 刘飞, 等. 中小企业云制造服务平台共性关键技术体系[J]. 计算机集成制造系统,

2011, 17(3): 495-503.

[70] Xu L, Chen L, Chen T, et al. SOA-based precision irrigation decision support system[J]. Mathematical and Computer Modelling, 2011, 54(3): 944-949.

[71] International Electrotechnical Commission. IEC62541. OPC Unified architecture(OPC UA). standard series [s]. Geneva, Switzerland: International Electrotechnical Commission, 2010-2012.

[72] International Electrotechnical Commission. IEC 61360 Standard data elements types with associated classification scheme for electric items part 1: definitions—principles and methods[s]. Geneva, Switzerland: International ElectrotechnicalCommission, 2009.

[73] International Electrotechnical Commission. IEC 62714 Engineering data exchange format for use in industrial automation systems engineering—automation markup language(AutomationML), standard series[S]. Geneva, Switzerland: International Electrotechnical Commission, 2014.

[74] 李春曦. 王佳，叶学民，等. 我国新能源发展现状及前景[J]. 电力科学与工程，2012，28(4)：1-8.

[75] Shen W, Norrie D H, BARTHES J P. Multi-agent systems for concurrent intelligent design and manufacturing [M]. Boca Raton. Fla., USA: CRC Press, 2003.

[76] International Electrotechnical Commission. IEC 61508 Functional safety of electrical/electronic/programmable electronic safety-related systems[S]. Geneva, Switzerland: International Electrotechnical Commission, 2010.

[77] International Electrotechnical Commission. IEC 61511—1 Functional safety-Safety instrumented systems for the process industry sector-part 1: Framework, definitions, system, hardware and software requirements[s]. Geneva, Switzerland: International Electrotechnical Commission, 2003.

[78] 吴青，吴晶晶．石油资源分子工程及其管理[C]//原油评价及加工第十六次年会论文集．南宁，2016：1-7.

[79] 吴青. 石油资源分子工程与分子管理的主要技术构架与应用实践[C]//转型升级 技术创新 推动炼化产业可持续发展：中海石油炼化有限责任公司第四次科技大会论文集[M]. 北京：中国石化出版社，2016.9：1-17.

[80] 吴青．石油分子工程及其管理的研究与应用(Ⅰ)[J]. 炼油技术与工程，2017，47(1)：1-9.

[81] 吴青．石油分子工程及其管理的研究与应用(Ⅱ)[J]. 炼油技术与工程，2017，47(2)：1-14.

[82] 许友好．催化裂化化学与工艺[M]. 北京：中国石化出版社：2012.

[83] A. Von Hippel. Molecular Engineering[J]. Science. 1956, 23(3191): 315-317.

[84] K. E. Drexler, Molecular engineering: An approach to the development of general capabilities for molecular manipulation, Proc. Natd Acad. Sci. USA, 1981, 78(9): 5275-5278.

[85] Istvan T. Horvath, et al, J. Am. Chem. Soc., 1998, 120: 3133-3143.

[86] Bartosz Lewandowski et al, Sequence-Specific Peptide Synthesis by an Artificial Small-Molecule Machine. Science, 2013, 339(6116): 189-193.

[87] J. V. Barth, G. Constantini, K. Kern, Engineering atomic and molecular nanostructures at surfaces, Nature, 2005, 437: 671-679.

[88] A. Ciesielski, C. A. Palma, M. Bonini, P. Samori, Towards Supramolecular Engineering of Functional Nanomaterials: Pre-Programming Multi-Component 2D Self-Assembly at Solid-Liquid Interfaces, Advanced Materials, 2010, 22: 3506-3520.

[89] Jinming Cai, Pascal Ruffieux, Rached Jaafar, Marco Bieri, Thomas Braun, Stephan Blankenburg, Matthias Muoth, Ari P. Seitsonen, Moussa Saleh, Xinliang Feng, Klaus Müllen & Roman Fasel, Atomically precise bottom-up fabrication of graphene nanoribbons. Nature, 2010, 466: 470.

[90] Palma C.-A., Samori P. Blueprinting macromolecular electronics. Nature Chemistry, 2011, 3: 431-436.

[91] 唐有祺．分子工程学学科刍议[J]. 功能高分子学报，1992，5(2)：82-86.

[92] 唐有祺．分子工程学学科刍议[J]．科学(双月刊)，1996，48(6)：8-10.
[93] 胡英，刘洪来．分子工程与化学工程[J]．化学进展，1995，7(3)：235-249.
[94] The University of Chicago. http://www. uchicago. edu/research/centre/institute_for_molecular_eugineering/ March. 2011.
[95] Sanada，Y. An Introduction "Molecular Engineering Coal，1996 -2000"，The Japan Society for the promotion of Science，Research for the Future Project，Energy & Fuels，2002，16：3-5.
[96] 谢克昌．煤的结构与反应性[M]．北京：科学出版社，2002
[97] Alan G. Marshall and Ryan P. Rodgers，Petroleomics：Chemistry of the underworld，PNAS，November 25，2008：vol. 105，no. 47，pp18090-18095.
[98] Marshall A G，Rodgers R P. Petroleomics：The next grand challenge for chemical analysis[J]. Acc Chem Res，2004，37(1)：53-59.
[99] Aye，M. S.；Zhang，N. A Novel Methodology in Transformation Bulk Properties of Refining Streams into Molecular Information. Chem. Eng. Sci.，2005，60：6702-6717.
[100] 宋春侠，刘颖荣，刘泽龙，王威，田松柏．基于高分辨质谱的石油组学分析技术的研究进展．色谱，2015，33 (5)：488-493.
[101] Rodgers R P，Sch Aub T M，MARSH ALL AG. Petroleomics：MS returns to its roots[J]. Anal Chem，2005，77(1)：21A- 27A.
[102] Cho Y，Ahmed A，Islam A，Kim S. Developments in FT-ICR MS Instrumentation Ionization Techniques，and Data Interpretation Methods for Petroleomics - a Review. Mass Spectrom Reviews，2015，34 (2)：248-263.
[103] 王基铭．中国炼油技术新进展[M]．北京：中国石化出版社，2016.
[104] Ryan P. Rodgers，Amy M. McKenna. Petroleum Analysis[J]. Anal. Chem.，2011，83(12)：4665-4687.
[105] Jerome Workman Jr，Barry Lavine，Ray Chrisman，Mel Koch. Process Analytical Chemistry[J]. Anal. Chem.，2011，83(12)：4557-4578.
[106] Speight，J. G.，The Chemistry and Technology of Petroleum，3rd ed.，Marcel Dekker，New York，1998.
[107] Read，R. C.，The Enumeration of Acyclic Chemical Compounds. Chemical Applications of Graph Theory，A．T. Academic Press，Inc.，1976.
[108] McGreavy C，Lu ML，Wang XZ，et al. Characterization of the behavior and product distribution in fluid catalytic cracking using neural networks[J]. Chemical Engineering Science，1994，49(24A)：4717-4724.
[109] 方兴，魏顺安．用拓扑指数 T 研究有机化合物定量构性的关系[D]．重庆：重庆大学，2005.
[110] 祝然，沈本贤．结构导向集总新方法构建催化裂化动力学模型及其应用研究[D]．上海：华东理工大学，2013.
[111] 林世雄. 石油炼制工程[M]．第三版. 北京：石油工业出版社，2000.
[112] 寿德清. 我国石油馏分 10 种物性的预测方法[J]．炼油设计，1996，23(3)：39-49.
[113] 李克敏. 原油馏分性质关联及常减压蒸馏切割模型的研究[D]．北京：石油化工科学研究院，1991.
[114] 刘四斌，田松柏，刘颖荣，王京．基于常规物性的减压蜡油烃类组成预测研究[J]．石油炼制与化工，2007，38(9)：18-22.
[115] 刘四斌，基于常规物性的原油性质与组成预测研究[D]．石油化工科学研究院，北京：2008.
[116] 吴青．NIR、MIR 和 NMR 技术在原油快评中的应用[J]．炼油技术与工程，2018，48(6)：1-7.
[117] 褚小立，许育鹏，田松柏，王京，陆婉珍．近红外光谱在原油快速评价中的应用研究[J]．全国第三届近红外光谱学术会议，2010：36-37.
[118] 褚小立，田松柏，许育鹏，王京．近红外光谱用于原油快速评价的研究[J]．石油炼制与化工．2012，43(1)：72-77.

[119] 陆婉珍，褚小立．原油的快速评价[J]. 西南石油大学学报(自然科学版). 2012，34(1)：1-5.

[120] 陈瀑，孙健，张风华，陈俊娟．近红外原油快速评价技术二次开发与工业应用[J]. 石油炼制与化工. 2014，45(8)：97-101.

[121] 王艳斌，胡于中，李文乐，张巍松，周锋，罗智．近红外原油快速评价技术预测常减压蒸馏装置侧线收率[J]. 光谱学与光谱分析. 2014，34(10)：2612-2616.

[122] 李敬岩，褚小立，田松柏．红外光谱方法快速预测原油密度的研究[J]. 石油炼制与化工. 2011，42(12)：73-77.

[123] 李敬岩，褚小立，田松柏．红外光谱快速测定原油硫含量[J]. 石油学报(石油加工)，2012，28(3)：476-480.

[124] 李敬岩，褚小立，田松柏．原油快速评价技术的应用研究[J]. 石油学报(石油加工). 2015，31(6)：1376-1380.

[125] 陈瀑，李敬岩，褚小立，田松柏．拉曼和红外光谱快速评价原油性质的可行性比较[J]. 石油炼制与化工. 石油炼制与化工. 2016，47(10)：98-102.

[126] 李敬岩 褚小立 田松柏．红外光谱方法在原油及油品分析中的应用[J]. 科学仪器服务民生学术大会论文集. 2011，50-57.

[127] 李敬岩，褚小立，田松柏．红外二维相关光谱在原油快速识别中的应用[J]. 石油学报(石油加工)，2013，29(4)：655-660.

[128] http：//www. instrument. com. cn/news/20100301/039306. shtml.

[129] http：//www. ccin. com. cn/ccin/news/2014/05/30/296171. shtml.

[130] http：//news. cnpc. com. cn/system/2016/12/09/001624877. shtml.

[131] 李建华，崔鸿伟．近红外原油快速评价系统在原油评价中的应用．现代科学仪器，2011，1：123-125.

[132] http：//www. docin. com/p-75110709. html.

[133] http://www. richisland. com/pro_detail. asp? id=113&categoryid=132.

[134] 王明辉，周家庆，冯晓东，鲍明忠．原油快速评价技术在原油调合中的应用．炼油与化工. 2015，3：17-19.

[135] http：//www. hontye. com.

[136] 赵雨霖．原油分子重构[D]. 上海：华东理工大学，2011.

[137] 牛莉丽．原油的熵最大化分子重构[D]. 上海：华东理工大学，2012.

[138] 中海油惠州石化有限公司．炼化生产全流程协同管控技术研究及平台建设，2017.

[139] 吴青. 惠炼安全管理“十六字方针”——“风险评估、有效隔离、消项作业、清场恢复”的概念与实践. 天津：2011 中国国际石油化工大会，2011.

[140] 梁风印．催化裂化装置技术手册[M]. 北京：中国石化出版社，2017.

[141] 王彤，王前前，李胜利．先进控制在重油催化裂化装置中的应用[J]. 内蒙古石油化工，2005，30：139-141.

[142] 房韦华，邱建章，周通，等. 蜡油催化裂化装置的先进控制应用策略[J]. 计算机与应用化学，2005，22(8)：571-576.

[143] 陈波．优化生产提高重油催化裂化装置经济效益[J]. 炼油技术与工程，2003，33(3)：42-46.

[144] 靳其兵，王燕，曹丽婷. 集散系统中 PID 参数整定与控制器优化[M]. 北京：化学工业出版社，2011.

[145] 王建．应用相关积分优化技术 提高中国炼油企业竞争力. 2009 年北京国际炼油技术进展交流会，2009 年 3 月 16 日，中国北京.

[146] 俞金寿．工业过程先进控制技术[M]. 上海：华东理工大学出版社，2008.

[147] 侯祥麟．中国炼油技术[M].2 版，北京：中国石化出版社，2001.
[148] 张志强．工业过程实时优化技术及应用[J]．组态软件与优化控制，2007(5)：34-37.
[149] 章继文．催化裂化装置的一种实时优化方法及其应用[J]．化工自动化及仪表，2007，34(1)：37-40.
[150] 杨友麒．乙烯工厂的模拟、先进控制及实时优化[J]．石油化工，1999，28(11)：788-793.
[151] 方学毅．过程系统记忆增强型实时优化方法[D]．浙江大学，2009.
[152] 陆恩锡，张慧娟．化工过程模拟及相关高新技术(Ⅱ)化工过程动态模拟[J]．化工进展，2000，19(1)：76-78.
[153] Fernán J Serralunga，Miguel C Mussati，PIO A Aguirre. Model adaptation for real-time optimization in energy systems[J]. Industrial & Engineering Chemistry Research，2013，52(47)：16795-16810.
[154] 赵毅，李超，田健辉．实时优化技术在乙烯装置在线优化中的应用[J]．化工进展，2016，35(3)：679-684.
[155] 杨金城，王振雷．基于近红外分析仪的裂解炉先进控制和实时优化技术[J]．石油化工自动化，2014(4)：1-9.
[156] 邢建良，蒋鹏飞，钟伟民，等．PX 氧化反应过程 4CBA 浓度的实时优化[J]．清华大学学报(自然科学版)，2012(3)：320-324.
[157] 赵晓锐，邵之江，陈曦，等．基于 CAPE-OPEN 标准的对二甲苯氧化反应器建模[J]．计算机与应用化学，2010(1)：41-45.
[158] 王建．相关积分法催化裂化在线优化控制系统：1399176A[P].2003-02-26.
[159] 曹相洪．石油化工流程模拟技术进展及应用[M]．北京：中国石化出版社，2009.
[160] 韩方煌，郑世清，荣本光．过程系统稳态模拟技术[M]．北京：中国石化出版社，1999.
[161] 杨友麒，项曙光．化工过程模拟与优化[M]．北京：化学工业出版社，2006.
[162] 韩方煌，郑世清，荣本光．过程系统稳态模拟技术[M]．北京：中国石化出版社，1999.
[163] 张瑞生，王弘轼，宋宏宇．过程系统工程概论[M]．北京：科学出版社，2001.
[164] 张亚乐，徐博文，方崇智，等．原油蒸馏过程中的数据协调与优化[J]．清华大学学报：自然科学版，1998，38(3)：49-53.
[165] 李雷．原油常减压流程的模拟与优化[D]．乌鲁木齐：新疆大学，2001.
[166] 李清泉，杨必胜，史文中．三维空间数据的实时获取、建模与可视化[M]．武汉：武汉大学出版社，2003.
[167] 李艳玲，杜殿斌，刘丽茹．激光雷达技术在城市三维建筑模型中的应用[J]．测绘科学，2010，33(1)：42-44.
[168] 康志忠，张祖勋，张剑清．城市街道景观三维可视化的快速实现[J]．武汉大学学报(信息科学版)，2010(2)：205-208.
[169] CAROLE D，DANIEL F，CHRISTIAN F，et al. Google street view：capturing the world at street level[J]. Computer，2010，43(6)：32-38.
[170] 田文涛，郑勇，刘三军．三维数字化移交技术在化工工程设计中的应用[J]．化工设计，2015，25(2)：23-26.
[171] 吴青．炼化企业数字化工厂建设及其关键技术研究[J]．无机盐工业，2018，50(2)：1-7.

第七章

智能炼化建设之综合应用

正如习近平总书记强调的那样，没有信息化就没有现代化。当今世界，信息化浪潮席卷全球，信息化推动了全球经济一体化进程，是国有企业提升国际竞争力的一个重要手段。打造世界一流，离不开一流信息化能力的有效支撑。面对互联网、云计算、大数据等蓬勃发展的信息化大潮，身处信息化世界的我们不进则退，慢进亦退。信息化代表着新的生产力、新的发展方向。信息化能力和水平是企业的核心竞争力之一，是企业宝贵的资产。加强信息基础设施建设，强化信息资源深度整合，打通经济社会发展的信息“大动脉”迫在眉睫。在此大背景下，中国的石化产业在瞄准世界一流企业做强、做大自己的同时深刻体会到必须要有世界一流的信息技术做支撑，正在大力提升企业信息化、自动化、智能化水平，企业更加高效化和绿色低碳化，不断推动企业“生产模式、营销模式和管理决策方式”的变革。

信息化建设，重在应用与实效。多年信息化良好实践的经验表明，炼油化工行业的信息化最终一定要体现、落实到市场产品、技术实力和产业实力上，应防止建设与应用相脱节，坚决防止“两张皮”，更不能搞成形象工程、花架子；一定要在好用、实用上下功夫，推动信息化手段发挥实效，支撑生产经营，实现经济效益实实在在的提升。

本章分析部分综合性应用案例和启示，供学习、参考和借鉴。

第一节 智能炼厂建设

目前，中国石化信息化能力与埃克森美孚、壳牌、BP 等世界一流能源公司相比，在系统集成度、系统应用与运维、IT 资源管理等方面有一定的差距。为此，中国石化立足战略引领，积极谋划今后一个时期信息化发展的“十六字方针”，即“集中集成、创新提升、共享服务、协同智能”，并在九江石化四家炼化企业率先进行智能工厂建设试点。

“十二五”期间，中国石化在炼化产业信息化方面取得的成效，可以概括为六个方面的重大突破：

一是 ERP 大集中建设快速推进，实现 88 家企业推广上线，流程标准化率达到 91%，大幅提升了业务标准化、管理规范化水平；

二是智能工厂建设取得重大突破，4 家炼化企业成功试点，打造了中国石化智能工厂 1.0 版，整体处于国际先进水平；

三是智能化管线管理系统成功研发并在 50 家企业推广，提升了油气管线隐患治理、应急响应和安全运行管理水平；

四是建成了统一的电子商务和客户关系管理基础平台，支撑国内最大的工业品电商“易派客”以及“石化 e 贸”等专业电商平台上线运营，促进了公司“互联网+”新业态发展；

五是炼化生产执行(MES)、油气综合解释(NEWS)、移动应用平台等一批自主研发软件成功推广应用，部分软件填补了国内空白；

六是中国石化私有云建成投用，支撑了百余个系统快速部署和稳定运行。

因此，中国石化的经营管理平台、生产营运平台、基础设施与运维平台功能更加完善，信息化从单项应用、单点优化阶段跨入集成应用、协同优化的新阶段，在集团管控、资源优化、业务协同、精细管理、降本增效、安全环保等方面发挥重要支撑作用。同时，在多年的实践中，建立与公司发展要求相适应的信息化管理体系，培养了一支素质过硬、经验丰富的信息化人才队伍，有力地促进了公司持续健康发展。

在智能炼厂建设方面，中国石化在燕山石化、镇海炼化、茂名石化和九江石化 4 家企业试点智能工厂建设，取得明显成效。通过实施智能炼厂建设，这 4 家试点企业的先进控制投用率、生产数据自动数采率分别提升了 10%和 20%，全部达到 90%以上；外排污染源自动监控率达到 100%；生产优化从局部优化、离线优化逐步提升为一体化优化和在线优化，劳动生产率提高 10%以上，提质增效作用十分明显，促进了集约型内涵式发展。为此，九江石化、镇海炼化分别于 2015 年、2016 年入选国家工信部“智能制造试点示范项目”。

实施智能炼厂项目后，取得的成效还包括：

(1) 提升了资源优化和调度指挥水平。通过将管理层、生产层的信息系统集中集成，实现生产运营管理的数字化、可视化。如九江石化利用计划、调度全流程优化平台，持续开展加工路线比选等工作，2015 年滚动测算 121 个案例，累计增效 2. 8 亿元；镇海炼化通过一体化生产优化信息平台，实现了从计划、调度到操作控制的全过程生产优化，2015 年生产优化综合增效 3. 5 亿元以上。

(2) 提高了生产操作质量和效率。燕山石化开创“黑屏操作”新模式(无报警屏幕不亮，报警时屏幕高亮显示)，最长黑屏时间可达 4 个小时，53 套装置的操作站实现生产正常状态下操控台黑屏、生产异常状态下系统自动精准警示，降低了劳动生产强度，提高了应急响应速度和处理能力；镇海炼化建成了国内首个全封闭、全自动、无人操作的 2. 5 万吨的化工产品全自动化立体仓库，仓库人员下降 66%，铲车配备下降 50%，库存管理效率大幅提升。

(3) 支撑了生产“安、稳、长”高效运行。4 家试点企业通过建立“大师远程诊断工作室”，使得科研院所和各企业的技术专家可以利用远程技术诊断系统，实时在线监控生产装置运行状态，保障生产装置安稳、高效运行。茂名石化通过工艺优化数据分析，使汽油收率提高 0. 22%、辛烷值提高 0. 9，提高了高价值产品产量。

(4) 支持了能源管理创新。4 家试点企业建成了能源管理和优化系统，建立了企业能源管控中心，加强了对能源的产、输、转、耗全过程的跟踪、核算、分析和评价，实现了能流可视化、能效最大化和在线可优化，能源在线优化每年节约成本近 1000 万元。

(5) 提升安全环保水平和应急指挥能力。4 家试点企业开展了泄漏检测与修复(LDAR)管理工作，涵盖了 260 余套装置，179 余万检测点。其中，九江石化实现了“全员、全过程”HSE 管理，建立 HSE 观察卡 38500 多个，环境信息通过“环保地图”实时展示。

(6) 形成了智能工厂 1. 0 标准推广模板。通过智能工厂建设，中国石化进一步提升了自主研发软件 MES(生产制造执行系统)功能，带动国内厂商软硬件的研发，打破了国外垄断，构建了智能工厂信息化标准体系，包括 6 大类 70 项数据编码、6 大主题 935 项数据指标、13 个专题业务模板，形成了应用规范 11 册，标准业务流程 48 项，总结的智能工厂项目推广模板为推广建设奠定了基础。

因此，可以说中国石化借助智能化建设，进一步推动了企业“生产方式、管控模式”的变革，提高了“安全环保、节能减排、降本增效、绿色低碳”等的发展水平，促进了劳动效率和生产效益的不断提升。

“十三五”期间，中国石化将大力实施信息化“421 工程”，即到 2020 年，中国石化将建成集成共享的经营管理平台、协同智能的生产营运平台、互联高效的客户服务平台、敏捷安全的技术支撑平台四大平台，构建齐全有效的信息标准化体系和信息安全管理体系两大体系，形成一个科学高效的信息化管控机制。中国石化通过实施价值创造为导向的深化“两化融合”与“互联网+”应用，着重围绕上述“四大平台”、大数据分析应用开展信息化建设和推广应用工作，即要建设集成共享的经营管理平台，构建集约化、一体化的经营管控新模式，促进管理创新、管理提升；要建设协同智能的生产营运平台，提升生产管理数字化、网络化、智能化水平，促进转型升级、提质增效；要建设互联高效的客户服务平台，助推“互联网+”商业新业务发展，促进服务创新、价值创造；要建设敏捷安全的技术支撑平台，提升IT服务能力和信息安全水平，支撑业务应用、协同创新；要构建大数据应用体系，推动各领域大数据分析应用，实现数据驱动业务创新发展。各级领导干部要进一步统一思想、提高认识，增强信息化意识，完善信息化管理机制，强化“六统一”管理；完善信息标准化体系，夯实信息化发展基础；完善信息安全管理体系，切实加强信息安全管理；加强信息化人才队伍建设，提升全员信息化技能；实施“深化应用，创新创效”行动计划，积极营造“两化”深度融合良好氛围，从而真正推动全产业链、全过程、全方位融合，呈现中国石化“集约化、一体化”经营管控新模式和“数字化、网络化、智能化”生产运营新模式。在智能工厂建设方面，“十三五”期间，中国石化将加快推进智能油气田、智能工厂建设，建成3~5个智能油气田示范区、10个智能工厂，完成智能化管线系统推广，智能油气田和智能工厂的运营成本降低20%，劳动生产率提高20%，同时实现智能工厂万元产值综合能耗降低6%。

以下为收集、整理的中国石化九江石化实施智能炼厂建设[1~3]的典型案例(经验)。

一、九江石化概况

九江石化中国石化下属的一家炼化企业，年加工能力8Mt/a。2012年2月23日，九江石化启动了塑造以信息化为支撑的九江石化特色管理模式工作，全面开启提升企业软实力的新航程。2012年5月28日，启动了智能工厂项目可研报告编制工作，明确了九江石化未来几年信息化建设的指导思想，以及经营管理与生产过程“自动化、数字化、模型化、可视化、集成化”的发展目标，确定了信息化总体架构，经营管理、生产营运、基础设施与运维三大平台的建设内容，充分体现出九江石化特色管理模式的特点。2013年4月23~24日，中国石化炼化企业生产层面信息化(智能工厂)推进会在九江召开，会议提出了“到2014年，在生产管控、能源管理上取得智能化应用突破；到2015年，建成智能工厂应用框架；到2017年，建成智能工厂”的目标。

二、智能炼厂建设经验

历经三年多建设，九江石化从信息化基础相对薄弱的传统企业迈入全国智能制造试点示范企业，成为我国石化流程型行业的样本。2015年7月2日，九江石化作为石化行业唯一一家企业，入选国家工信部“智能制造试点示范项目”。11月3日，九江石化代表石化流程型行业在第17届中国国际工业(上海)博览会上展出智能工厂建设成果。11月13日，在石化行业智能制造现场经验交流会上，九江石化智能工厂建设作为行业代表作重点推介。

九江石化[1~3]认为，通过“发挥四大优势”，营造良好建设氛围；“解决三个问题”，推进项目建设和“抓好七项工作”，实现最佳效益，是九江石化能够做好智能炼厂建设并取得成效的“精炼”总结。

（一）关于发挥四大优势、营造良好氛围

九江石化在智能工厂建设过程中，注重发挥出领导班子的重视优势，齐抓共管，高位推进。每位公司领导都承担了分管的业务群，提出实施策略，落实建设内容，并且积极学习信息技术，坚持“需求驱动、业务主导”“建用结合、以用为主”，积极带动部门员工做好项目的方案落实、实施和应用工作，大力推进智能工厂建设和应用，营造出领导干部带头、全员参与的信息化建设良好氛围。按照“顶层自上而下设计、中间层消除应用边界、底层自下而上全员参与”的应用推动模式，遵循“填平补齐、完善提升、智能应用”的智能工厂实施“三步走路线图”，高标准推进项目实施，走在了四家试点单位的前面，发挥了项目推进领先优势。

“十二五”以来，九江石化确立了建设具有国际先进水平的千万吨级一流炼化企业的奋斗目标，提出了塑造“以卓越文化为引领，以信息化为支撑，以一体化、科学化、精细化为主要内容”的特色管理模式，内部管理机制、体制趋于成熟。智能工厂建设借助了特色管理模式优势，以建设一流的信息化能力，促进公司在生产经营、发展建设、企业管理等方面发生深刻转变，实现智能化运营，推进工业化与信息化深度融合，全面提升公司竞争能力和管理水平。同时，智能工厂建设依托项目建设优势，抓住油品质量升级改造工程建设契机，同步推进智能工厂建设，按照“统一规划、分步实施”策略，确保基础设施项目、基础仪表配套项目与工程同期建设，集中生产管理控制中心与相关系统同步建设。

（二）关于解决三个问题、推进项目建设

建设智能工厂是一项复杂的系统工程，涉及信息技术、炼油技术、自动化技术、现代管理技术，当前，智能工厂建设还有现场基础仪表完善、开发运维能力提升、应用机制考核激励三个问题亟待解决。其中，自动化技术最为基础，是支撑系统正常运行不可或缺的条件，装置仪表提供的准确、实时的数据是保证智能工厂各系统生命力的重要因素。因此，具备完好的现场基础仪表、计量仪表至关重要。当前，现场自控仪表投用率、计量仪表准确率与建设智能工厂的目标有一定差距，需要加大力度完善好现场自控仪表、计量仪表设施，对存在的问题及时进行处理。在智能工厂建设中，除了要整合、集成原有系统外，还要新建几十个系统。这其中包含了许多 IT 新技术应用，及时掌握并用好这些新技术，是建好用好 IT 系统的前提条件。为此，不仅需要建立一支全程参与项目设计、开发、实施的技术队伍，还需要建立一支保障智能系统正常运行的全天候运维队伍，以适应建设和保障智能工厂的要求。在已经完成投用的一部分系统中，存在各系统应用效果不理想，应用积极性不高的情况，需要建立一套强化应用管理的考核机制，制定考核细则，强化对部门的考核，既要有处罚，也要有嘉奖，让智能工厂各系统在实际应用中发挥出最大成效。

（三）关于抓好七项工作、实现最佳效益

九江石化认为，顶层设计是核心。智能工厂建设按照“前台简洁易用、后台强化运维”的目标，站在全局、整体层面深入研究，把握智能工厂的建设规律，切实落实好信息技术与炼化技术、自动化技术、现代管理技术的融合，充分考虑各系统之间以及各系统中子系统之间的集成关系，对技术路线、关键技术等进行分析、论证、设计，把智能工厂建设工作做细、做实，真正做到“全方位应用、全过程管理、全业务支撑”。数据标准是关键。树立数据指标的权威性，规范生产综合数据库建设，支撑智能工厂内部信息集成，以统一的指标编号，统一的物料属性、单位粒度、时间粒度和数据层次等数据维度进行数据交换，保证数据口径的一致性、数据的真实，从根本上解决“数出一门、量出一家”的信息化机制，可避免形成新的信息孤岛，有利于信息系统的深化集成应用。全员参与是保障。信息化已经进入了全业务驱动、全员参与的新时期，智能工厂建设内容涉及自控仪表、信息技术、工艺、生产和经营管理、项目管理等多学科，需要多部门业务协同。要成功实施，必须坚持企业一把手直接领导、各级领导分别负责、专业实施人员和企业全体员工参加的项目建设策略。管理变革是基础。智能工厂建设需要保持与企业文化、企业管理者战略的一致性，同时对企业传统管理模式

有一定的变革和冲击。涉及企业管理模式、转变生产经营方式、业务流程梳理和优化、组织变革、人员素质提高等多方面内容，需要全盘考虑。集中集成是根本。依据相关标准，建立统一的总体框架，在总体框架下进行相关内容的高度集成。公司有大大小小很多系统，每个系统要考虑向大系统靠近的预留、可扩展性和整体的规划，最后把整个系统集成起来，做到前台简洁易用，实现单点登录。

先进技术是支撑。采用物联网、知识管理、移动平台、云计算等先进信息化技术与自动化技术、炼化技术和现代管理技术相结合。实现企业从原油选择、生产加工到产品出厂重要环节的智能化生产及管理。盈利能力是目标。建设智能工厂的目的是加强及规范企业管理、减少工作失误、堵塞各种漏洞、提高工作效率、保障安全生产、增强营运效率和盈利能力，目标是让原油加工中的每一组馏分，都能获得最大效益，实现企业高效、安全、节能、绿色、增效和可持续发展。

曾几何时，智能工厂在九江石化人心中还只是个遥远的梦，那么现在，她正在一步步变成现实，朝着“实现‘计划调度、装置操作、能源管理、安全环保、IT 管控’五个方面智能应用，支撑九江石化特色管理模式，以‘自动化、数字化、模型化、可视化、集成化’为特征，突出领导应用平台、全员绩效管理、知识管理、ERP 深化应用、数字化装置及平台建设、生产管理与优化、能源管理与优化”的目标不断迈进。

三、智能炼厂建设特点

九江石化的智能工厂建设主要有以下几个方面的突出特点：

(1) 创新面向数字化、网络化、智能化制造的智能工厂框架。九江石化在国内外石化企业传统信息化三层平台(经营管理平台、生产运营平台、过程控制平台)之上，构建了集中集成平台、三维数字化平台和应急指挥平台等公共服务平台，支撑生产状态可视化、装置操作系统化、管理控制一体化、应急指挥实时化、基础设施集成化等智能工厂目标。

(2) 建设智能工厂神经中枢。建设九江石化智能工厂神经中枢——生产管控中心，初步实现了“经营优化、生产指挥、工艺操作、运行管理、专业支持、应急保障”六位一体的功能定位。

(3) 完善智能工厂体制机制。“十二五”以来，九江石化完成了一系列组织机构重组与职能调整。生产经营优化团队、三维数字化建模团队，以及 SMES、ERP 等运维团队高标准开展工作，公司与智能工厂相匹配的体制机制不断完善。

(4) 实施集中集成和标准化。为解决普遍存在的信息“孤岛”、业务“孤岛”等问题，九江石化在国内同行首家上线运行企业级中央数据库，突破了此前普遍采用的“插管式”集成

模式的限制。

（5）首创生产装置数字化平台。基于业务需求的全厂三维数字化平台已开发完成。平台现已集成九江石化全部70余套生产及辅助装置，在国内同行首家实现了企业级全场景覆盖、海量数据实时交互、三维动态实时渲染的信息物理空间。以此为基础，实现了实时泛在感知、机理模型/大数据分析优化、工艺设备运行管理、HSE管理以及视频监控等一系列深化应用。

（6）开发炼油全流程一体化优化平台。公司自主开发的炼油全流程一体化优化平台提升了PIMS、RSIM、ORION、SMES一体化联动优化功效，实现了炼油全流程优化的闭环管理。平台采用“中心交换式”集成模式，与原油评价、LIMS、SMES、ERP等系统共享数据，提升了生产经营的敏捷性和准确性。

（7）开发HSE管理、应急指挥平台。HSE管理系统通过广泛HSE观察，实现HSE全员、全过程管理；HSE备案系统对当天每项作业实行“五位一体”有效监管，确保每项作业受控；各类报警、视频监控与119接处警系统实现集中管理、实时联动。在国内首家建立并成功应用移动宽带网络、有线无线音视频通信融合平台。环保地图系统实时在线监测各类环境信息，异常情况及时处置、闭环管理。“十二五”初期，九江石化面临经济效益沿江垫底、企业发展相对落后、干部员工士气不高等诸多困难。针对这些因难，九江石化确立了建设千万吨级一流炼化企业的愿景目标，倾力培育绿色低碳、智能工厂两大核心竞争优势。

四、行业推荐经验

到2015年年底，九江石化与8Mt/a炼油改造工程同步建成投用智能工厂框架，有力支撑了企业管理绩效全面提升。2015年7月，九江石化成功入选工信部智能制造试点示范企业；2015年11月，工信部在九江召开现场会，推介九江石化智能工厂建设经验，提出：

（一）建设智能工厂，培育核心竞争优势

九江石化创新思维、顶层设计、整体规划，以集中集成、共享服务、创新驱动、协同智能为方针和导向，以数字化、网络化、智能化制造为目标，将先进的信息化技术与石化生产最本质环节密切结合，努力培育核心竞争优势，初步建成具有九江石化特色的石化智能工厂。九江石化形成总体框架，建成投用神经中枢，集中集成取得突破，建成投用炼油全流程优化平台、数字炼厂平台、企业移动宽带专网。

（二）以智能工厂为依托，促进企业提质增效升级

九江石化始终围绕核心业务管理绩效提升，以需求为导向、以价值为引领、以创新为驱动、以效益为目标，在经济新常态下，为“两化”深度融合、促进企业提质增效升级探索走出一条新路。

（1）强化现场监管，提升本质安全。对有毒有害及可燃气报警仪、视频监控等实行集中管理和实时联动，提前发现并避免多起事故隐患，支撑HSE由事后管理向事前预测和事中控制转变。

（2）狠抓过程管理，践行绿色低碳。支撑环保全过程管理，“环保地图”系统实现环保管理可视化、一体化，积极推进LDAR、VOCs检测治理。

（3）构建优化平台，实现敏捷生产。成立生产经营优化团队，充分发挥全流程优化平台集成作用，持续固化和提升优化成果。

(4) 优化管控模式，提升管理效率。九江石化完成组织机构调整、业务流程优化、信息系统深化应用等工作，初步建立了石化企业面向数字化、网络化、智能化制造的体制机制。与2011年相比，九江石化2015年炼油能力翻番，但外操室数量减少35%、班组数量减少13%、员工总数下降12%。

(5) 深化设备应用，确保安稳运行。充分利用设备管理(EM)系统功能，提升设备管理基础工作水平；开发检维修信息平台，涵盖检维修全过程，并与EM、PM、MRO模块集成，为设备检修维护提供有效支撑；集成设备管理专业系统，提升关键设备安全运行水平。

(6) 依托信息技术，提升质量计量管理。深化实验室信息管理系统(LIMS)应用，实现质量情况全程受控、实时感知；将产品合格证的电子签发集成至LIMS系统，实现产品下达及合格证审核、签发、发布全流程电子化；在LIMS系统中创新开发图示化展示罐区储量、质量动态信息；将LIMS系统集成与中央数据库、数字炼厂平台集成，实现全厂质量信息实时共享。

五、其他

除了九江石化智能工厂成功建设的上述经验外，分析认为，还有以下几个方面也值得关注。

(1) 要做好顶层设计。项目从建设之初。从中国石化总部到九江石化管理层就通力配合，深入学习调研和对接，确立了“提高发展质量、提升经济效益、支撑安全环保、固化卓越基因”的智能工厂建设目标，编制试点方案，明确框架和实施模式。

(2) 要领导重视，思想统一。九江石化领导把智能工厂建设作为“弯道超车”和解决深层次管理问题的法宝，作为“摘高处桃子“的梯子，不是“锦上添花”，也不是“花架子”，全公司的人员认识高度统一。

(3) 要生产经营部门主导。在国内外很多公司的信息化工作主要由财务部门主导，主要核心框架是以财务管理核心的ERP，而在炼化企业中，相关业务主体在生产和经营部门，信息化的主体要下沉，九江石化的实施主体就放在生产、计划、调度、设备、HSE等业务部门。

(4) 技术路线要科学。以业务需求为导向，规划设计了“填平补齐、完善提升、智能应用”的“三步走路线图”，“填平补齐”主要是指对业务急需的尽快立项建设，“完善提升”是指对现有系统完善提升，“智能应用”是指适时启动新的智能应用项目。

(5) 要与公司降本增效和精细管理紧密结合。利用信息系统实现生产流程的规范化、透明化、可视化，将信息化贯彻到企业各项生产经营活动中，实现企业管理和生产的集约化、扁平化、精细化。

第二节 智能制造与信息化发展

我国炼油化工企业深入开展智能制造试点示范，多渠道探索提升炼化企业更高效率和绿色低碳化能力，夯实、贯通信息化各层级基础，以信息化智能化升级实现流程工业的新一代智能制造目标。

近年来，中国石化镇海炼化分公司(镇海炼化)围绕“以最少的人管理最大的炼化一体化企业”，紧紧抓住中国石化智能工厂建设试点和工信部智能制造试点示范项目的机遇，大力推进“两化”融合和智能工厂建设，夯实信息化基础，努力构建新型能力体系，提升企业竞争力[4,5]。

一、镇海炼化信息化概况

镇海炼化于1984年成立计算机站，开始建设信息系统，依托历年炼油装置改扩建和2008年启动的100万吨/年乙烯工程建设项目，基本建成了满足企业各层面应用的三大平台，即经营管理平台、生产执行平台、IT基础设施和运维平台，目前公司已建成应用系统120多个，包括中国石化总部推广建设的系统37个，企业自行承建的系统80多个。信息系统总体架构如图7-1所示。

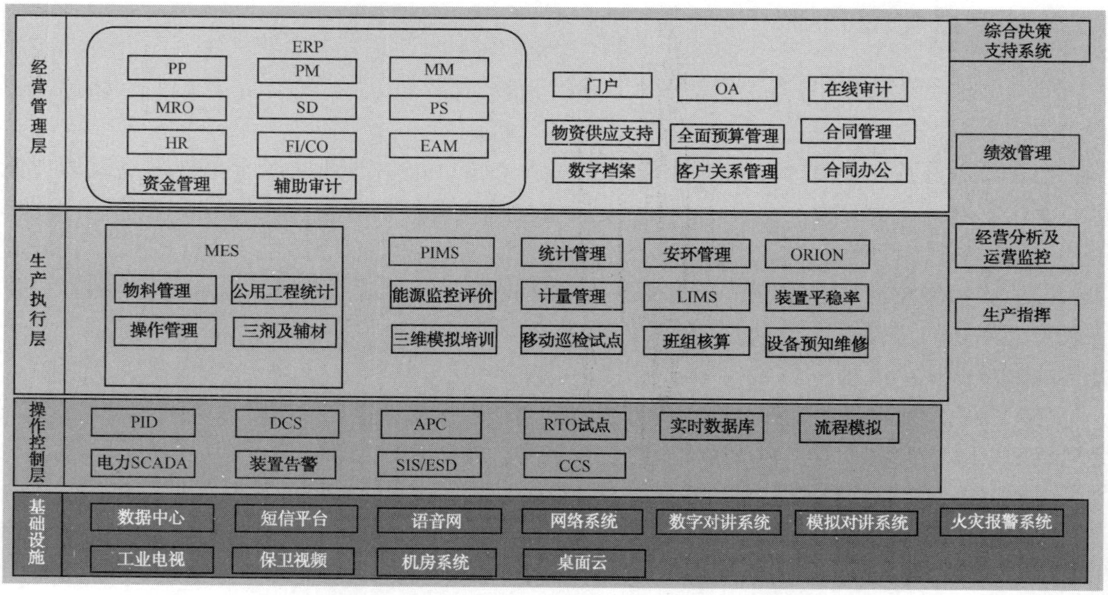

图7-1　镇海炼化信息系统总体架构图

二、经营管理平台

(一) ERP系统

ERP系统自2005年开始投用，建立了“统一核算、统一资金、统一采购、统一销售、统一计划”的工作方式和管理模式，即财务一个账套、一级管理；物资集中采购、一级储备；资金预算控制，现金与银行精确对账和电子转账；ERP集成和规范了业务操作，实现了现代企业管理经营理念与企业生产经营管理的高度融合。

(二) 全面预算管理系统

全面预算管理系统自2008年正式上线投用，该系统具备炼油板块年/月度预算编制及上报、化工板块年/月度预算编制及上报、炼油经济活动分析报表(月度财务报表，需上报中国石化总部炼油事业部)、化工板块报表(月度财务报表，需上报中国石化总部化工事业部)生成、报表模板编辑等功能。

(三) 生产集成和绩效管理平台

生产集成和绩效管理平台自2012年开始投用，该系统通过与PI、Advisor、生产管理系统、LIMS、HSE、ERP、油品移动系统等多个系统集成和整合，为生产经营管理人员提供一个炼化一体化综合生产运营信息展示平台，综合展示镇海炼化公司生产运营的实时情况及绩效结果，为公司领导、各业务管理部门掌握公司生产经营、实时生产情况提供简洁的途径，通过穿透查询功能支持问题的追溯、原因分析并查找问题的根源，同时也给生产业务人员提供实时查看公司的生产运行情况。

该系统为查询平台，从2012年9月到12月，共有327人访问6000多次，收到了很好的应用效果。绩效监控分析系统包括生产运行、设备、采购、销售、财务等主题，已建设生产运行和财务主题，其他主题将后续建设。

(四) 管理体系办公自动化系统

管理体系办公自动化系统于2004年投用，该系统为公司管理体系文件、“三项制度”的文本管理平台。

(五) 电子结算系统

电子结算系统于2007年正式投用，该系统是针对镇海炼化的项目工程结算书审核流程而开发的一套业务系统，解决了实际业务中急需解决的诸多难题，提高了结算过程的审核效率，同时减少结算过程中的计算差错、结算书丢失、查找结算数困难等问题，减轻了办公人员负担，方便施工单位和镇海炼化相关人员的业务衔接。该系统真正实现了网上无纸化工程结算书审核，促进和提升了结算管理工作，实现了经济效益和社会效益的双赢。

(六) BPM系统

BPM系统于2010年开始投用，该系统实现了公司公文中发文、来文、内部请示报告等线上流转。实现了出差申请及报销、公务接待申请及报销及工会财务报销、党建经费报销、物料领用及配送等多个日常事务的处理。实现了ERP系统多条申请(如：用户权限申请、客户主数据申请、供应商主数据、原料油、产成品申请、物资主数据申请等多个业务)。实现了信息系统管理的多条业务申请(如：应用系统修改申请、用户终端申请、VPN申请、互联网申请等多个业务)。

三、生产营运平台

(一) SMES系统

生产管理系统于2010年投用，系统通过直接采集原始数据，如：PI、LIMS、油品移动记录、库存等，进行运行部级、厂级和公司级的生产、能耗的统计，物料、能耗统计结果和ERP无缝衔接。每月公司级统计结果为法定报表。各职能部门在线对装置化工原材料计划审批、核算。生产技术部门对工艺指标等进行统计考核。生产管理系统为其他系统提供生产、能耗数据，保证数出一源。属于镇海炼化乙烯工程全厂信息化中生产管理系统建设部分，同时还需对原炼油MIS、化肥MIS、综管MIS以及其他MIS等按ISA-95标准要求实施改造，把原生产管理系统中与生产相关的业务有机地整合起来，消除各信息系统孤岛，为镇海炼化Aspen ONE OM、ERP等系统提供生产数据基础。2013年对此进行提升，把调度信息、港储部统计、能耗等内容集成在一起。

（二）LIMS 系统

LIMS 系统于 2009 年投用，该系统数据取自 Sample Manager 确认后的样品数据，各部门用户可以及时通过多样化便捷的查询获取样品数据信息，统计人员可以自定义统计模板统计月报合格率统计报表，同时系统提供馏出口台账、产品台账以及原料台账，实验室管理人员可以通过工作量统计功能统计分析人员的工作量，并提供产品合格证、化工原材料复检单电子单。各运行部以及储运部可以填写委托化验申请单，经质检科或生产处确认后，化验室进行取样分析。

（三）计量管理系统

计量管理系统于 2008 年开始投用，该系统以班为单位对器具台账进行维护及管理（检定申请、报废、封存等）；生产部门每天维护贸易进出厂数据，计量中心对贸易进出厂数据进行确认；生产部门负责测量过程日常维护和定期的控制监视；系统为 ERP 系统提供贸易出厂数据（工贸加油站），控制实际出厂数据与账面出厂数据的一致性。

（四）炼油加工损失管理系统

炼油加工损失管理系统于 2011 年开始投用，该系统采集 PI、LIMS、生产管理系统、油品移动、计划等数据，计算企业加工损失，通过与统计损失分析对比，帮助企业分析损失构成、分布。通过炼油加工损失管理系统的实施，帮助找出损失的影响因素，如在输转环节损失大，并采取一些措施，减少输转环节损失。

（五）PIMS 系统

建立了炼油 PIMS 模型、化工 PIMS 模型以及 XPIMS 模型等，每季或年初在计划排产优化时发挥了很大的作用。

（六）Advisor 系统

Advisor 系统于 2011 年开始投用，该系统以日为单位，根据装置的投入产出、罐区移动及库存由调度室相关人员进行物料平衡，并生成每天的调度日报，为 Aspen ONE OM 系统提供调度日报数据。

（七）ORION 系统

ORION 系统于 2011 年开始投用，该系统是支持炼油厂综合调度活动的一个完整系统，包括原油接收及流向、工艺操作、产品调合以及产品运输等。通过用户建立的一份详细的炼油厂调度表，ORION 将炼油厂生产计划、生产调度与工艺操作及油品储运联系起来，提前预测出 5 天以内以至 60 天以上的生产及油品库存情况，并可以优化调度安排。

（八）实时数据库（PI）

实时数据库（PI）于 1997 年开始投用，该系统成为生产部门及管理部门的第一工具，提供了实时监控、历史数据分析、统计、报表，为第三方提供数据源的强大功能，是整个工厂信息化的基础。

四、基础设施与运维平台

镇海炼化目前拥有 2 个计算机机房，1 号楼 9 楼主机房，面积约 100 平方米；乙烯机房为备用机房，面积约 200 平方米；建成覆盖全公司的计算机网络，核心达到千兆，部分达到万兆互联；目前有服务器 300 余套、联网节点 5000 余个。

公司在信息安全方面投入了日志审计、运维审计、IPS、防 DDOS、漏洞扫描、WAF、综合网管等安全产品，提高了公司的整体安全防护水平。各二级单位间采用 VLAN 逻辑隔离，互联互通采用三层网关设备进行路由互联，并进行了安全策略防护；各改制单位与公司网络接入全部采用防火墙接入，访问受控。

五、信息化建设主要成就

镇海炼化面对新形势，以打造世界一流大型炼化企业为目标，按照最佳业务实践，以提升核心生产价值链增值能力为重点，运用移动互联网、大数据、云计算、物联网等新技术，按照工业化和信息化深度融合的理念制订智能工厂建设方案，重点围绕生产、设备、安全、环保、物流和企业管理共六大业务领域建设智能工厂，信息化工作取得了良好效果。

（一）生产运行智能化，实现全生产过程优化

在实现生产运行智能化方面，建设内容与成果主要包括：

（1）应用新技术，优化工艺流程，采用国产的原油和成品油自动调合技术、在线分析仪表和自动进出厂设施，实现从原料配方到装置生产加工、产品调合和物流出厂过程的生产实时智能控制。

（2）建立全流程一体化计划优化模型。建设融合装置特性的全流程计划优化管理系统，将生产计划与装置机理进行关联，进行分子尺度的建模，并以机理模型为载体，集合生产过程中的不确定因素和多目标任务进行建模与优化，实现计划模型对生产过程的精确刻画，进而实现生产计划全流程优化，形成以需求为驱动的敏捷生产。镇海炼化所建立的涵盖 61 套炼油装置（单元）、33 套化工装置（单元）的模型，是一套全流程炼化一体化计划优化的模型，其年、季、月生产计划采用工厂计划优化系统（PIMS）进行排产；日、旬生产计划采用调度管理系统（ORION）编制资源配置最优生产方案；利用桌面炼厂和乙烯裂解模型等流程模拟软件，对全厂加工流程进行离线优化，指导装置操作。统筹资源利用，将生产计划与炼油和化工装置机理进行关联，不断完善优化工具，实现装置操作条件、加工流程离线或部分在线优化。仅 2015 年，通过全流程优化测算实现公司增效 2000 多万元。利用乙烯裂解模型模拟不同物料在不同操作条件下的生焦和收率分布规律，选定裂解炉最佳操作点，提升乙烯效益约 14%。

（3）强化生产指令的集成优化，建设以智能调度指挥系统为核心的一体化生产指令体系，使各级生产指令自动分解并转化为岗位流程操作作业单，同时将生产指令集成到 MES 物料移动中，与物料实时移动数据同步、业务联动，实现生产指令执行的智能闭环管理。

（4）提升装置操作水平，建立面向多数据源的相关性分析模型、对比分析模型及基于大数据样本的预测分析模型，搭建大数据应用平台，优化控制参数，指导生产操作。运用实时数据库技术监控和数据，推广使用在线检测仪表 911 台，在主要生产装置实施先进控制技术（APC），在乙烯裂解装置和 I 套催化装置建成实时在线优化（RTO）系统，自主开发投用一键停车系统、DCS 紧急停车辅助系统，实现装置全流程在线协同闭环。在主要生产装置建成 OTS 动态仿真系统，实现在线仿真模拟装置操作。

（二）设备管理智能化，实现全生命周期管控

在实现设备管理智能化方面，建设内容与成果主要包括：

（1）建立信息物理系统（CPS），采用三维技术建立从设计、施工到运行的工厂三维装置

模型，集成设计、采购、施工、试车和维护等各类过程数据，实现数字化交付、可视化管理的虚拟工厂平台。2015 年，镇海炼化在三维数字工厂试点区域进行精度小于 1 厘米的部件级建模，集成了工艺、质量、设备、安全、环保、视频等各类属性数据和运行参数，实现从设计、施工、试车、交付到运行管理的全生命周期管控。

（2）建设故障诊断与自愈控制，广泛使用传感器，实现数据的泛在互联与共享；运用智能监测设备、分析模型和策略管理，对设备进行状态监控及绩效评价，通过问题分析、故障预测，实现设备的健康管理和可靠性管理，提高设备资产的完好率和利用率，降低检维修成本，提高企业安全稳定运行能力，实现长周期运行目标。

为加强厂际管线的安全管理，将 147 条、共 700 多公里的厂际管线全部纳入系统管理，实现巡检人员实时定位、巡线轨迹追踪回放、事件实时上报等多项功能；采用有线无线数据自动交换技术、机泵状态监控技术、加热炉和静设备腐蚀在线检测等技术，对重要机泵运行状态、设备重点部位腐蚀状况进行实时监控，实现预知性检维修。

中国石化镇海炼化分公司自 2014 年在 3 号常减压和乙烯装置实施长周期运行评价后，每年实现增效 500 万元。

（三）管控信息化，实现全业务领域覆盖

公司加强过程控制，不断建设完善具有镇海炼化特色的“ERP+BPM”信息管理系统，实现对 37 大类 142 条业务流程的线上审批和移动终端办公。同时，建立大督办管理机制，形成督办、KPI、岗检三大模块的全面管控体系，实现对各项业务、工作要求的全过程在线跟踪监控和动态预警、考核。

（四）创新协同化，实现全方位资源支撑

横向协同方面，主动融入宁波化工智慧园区和宁波智能制造试点城市建设体系，把资源优化、智能应用的触角延伸至周边石化产业园区企业，做好企业之间生产关联互动，逐步建立资源、技术、管理、服务等共享平台，形成上下游产业链协同一体化。

纵向协同方面，不断深化产销研用“四位一体”的产品研发平台建设，创新成立跨企业、跨业务板块的产销研用“四位一体”的聚烯烃新产品研发中心；建成投用石化行业首家超大型全自动聚烯烃立体仓库，实现产品包装、输送、出入库、盘库和装车发货全过程无人操作；对污水、烟气排放等污染源实施 24 小时在线监测，采用国际上最先进的离子分子反应质谱技术的环境流动监测车，快速准确锁定污染源，做好蒸汽和动力的在线智能监测和优化管理。

（五）环保管理智能化

在实现环保管理智能化方面，建设内容与成就主要包括：一是推进内部循环经济和清洁生产，采用信息技术和绿色清洁生产技术改造和提升生产模式，大幅提升各类资源综合利用率，使废弃物的资源化综合利用与环境足迹最小化。二是建立基于专家知识的原因分析库，应用自动识别污染物技术和扩散模型，实现实时监控数据异常情况的溯源分析。三是建设对排放口位置、风险源、废水废气污染物移动等智能实时分析监测及报警管理系统，绘制环境实时监测“环保地图”，实现在线环保监测、污染物监控，更好地履行社会责任。四是建设覆盖企业能源供应、生产、输送、转换、消耗全过程的多介质能源管理系统，针对多种介质与来源的能源供给、传输与消耗的基本情况，重点对涉及生产过程的各个装置和单元的能量/物质传递系统的协同作用机制，建立能源、经济和环境的多目标优化模型，开发能源网络集成操作优化方法，实现多介质能源优化与能源梯级利用。例如，中国石化镇海炼化分公司投用蒸汽管网智能监测模块，实现对蒸汽管网工况的实时监测，优化流程和操作参数，保证蒸汽系统安全运行，年创效益达750万元。

（六）安全管理智能化

在实现安全管理智能化方面，建设内容与成就主要包括运用物联网技术、智能控制系统和智能装备等，对现场作业、关键部位进行实时监管，利用GPS实现人员定位，实现异常主动预警、隐患在线监控、视频与异常报警联动的安全智能管理体系。例如，中国石化镇海炼化分公司通过建设安全连锁控制系统59套、连锁回路1.3万个，并自主开发投用了一键停车系统16套、DCS紧急停车辅助系统28套，实现了装置紧急情况下的“安全着陆系统”，一旦发生事故可以保证装置平稳停运，不发生各类次生事故，实现本质安全；建立完善应急指挥体系，建设远程专家支持系统，提高快速响应和协同处置能力；建立职业危害数据库，加强危害管理，支撑职业病危害管理和救援救护及调查工作；基于专家知识库和企业管理经验，建立危害评价工具，对危害进行定量分析，实现生产作业场所职业病危害因素自动、智能检测与评价。

（七）经营决策管理智能化

在实现经营决策智能化方面，建设内容与成就主要包括：一是以效益最大化为目标，运用大数据技术，建立经营管理辅助决策模型，并与生产实时决策系统联动，与市场信息集成，综合分析，控制资金流，及时准确预测成本，提供寻优计算，快速响应变化，实现全局性科学决策和端到端运营优化，由传统经验型决策管理模式向智慧决策管理模式转变，降低决策风险。二是建立跨专业、纵向集成的管控一体化管理平台，建成决策层、管理层和执行层的业务集成在线优化闭环管理，将企业要求由决策层传递到管理层、作业层，将效益指标分解为操作指标。

（八）产业链协同智能化

在实现产业链协同智能化方面，建设内容与成就主要包括：一是通过智能工厂建设打破企业之间的围墙，带动产业链升级和价值链优化，实现智慧城市、智慧园区和智能工厂协同发展。二是建立企业资源协同平台，做好上下游企业之间生产装置的相邻互联、上下互供、管道输送和规模匹配，形成上下游产业链一体化。三是建设企业生产运行管理协同平台，对接原料、运行、产品和库存信息，实现生产的智能协同和效率的提高。四是建立公用服务管理平台，共享公用工程、物流、安全、环保、技术、企业管理和人才等服务与辐射，加强企业间的互动、集成和协作，实现价值链的重构与提升，为企业发展创造更大的价值拓展空间。

六、信息化工作的体会

镇海炼化认为[5]，企业实施信息化智能化升级、“两化融合”、智能炼化建设，需要有一定的基础条件，如一定的加工规模、较高的自动化控制水平以及已有一些核心软件与硬件并有应用经验、体会。例如，可利用流程模拟软件和三维技术进行工厂总体设计和工程设计；采用智能装备和设施，检测和控制传感器逐步应用；装置操控配备了分布式控制系统（DCS）、紧急停车系统（ESD）、压缩机控制系统（CCS）、可编程逻辑控制系统（PLC）、仿真操作系统等自动化控制系统；建立了桌面工厂模拟流程对日常生产管理进行优化计算，关键生产装置实现了先进控制（APC）和在线优化（RTO）；配置了覆盖所有生产装置和公用工程系统的数据采集系统和实时数据库、实验室管理系统，对过程数据、分析数据进行集中管理，生产工艺数据自动数采率达到95%以上，工厂自控率达到99%。建立了生产执行系统（MES）对物料移动和质量进行动态跟踪，对生产活动进行优化控制。建立了企业资源计划管理系统（ERP）和客户关系系统（CRM），在供应链管理中实现了原料和产品的配送。同时，还具备完善、高速、安全、可靠的IT基础设施。

镇海炼化还认为，在建设智能炼化的过程中，大力推进管理优化和先进技术的运用至关重要，主要包括以下内容。

（一）平台化管理，实现企业整体协同优化

通过业务再梳理、职能再分配、流程再设计，摒弃过去以“部门”为中心的传统做法，全面优化业务流程和组织结构，打破部门“围墙”，建立业务协同平台、全流程优化平台和调度指挥一体化平台，挖掘数据资源，做好优化模型的传递与共享，使企业从单项应用、集成应用向整体协同优化转变，提升业务价值创造能力。

（二）运用三维技术，创新设备管理

利用三维虚拟技术，建立三维数字工厂，以数字化交付集成三维设计数据，并整合工艺数据、设备运行数据和检维修数据，实现从设计、施工到运行的全生命周期数字化、智能化管理，对现场作业实现可视化管理，支持三维仿真培训和HSE演练，提高工厂设备资产利用率，降低检修成本，提高企业稳定运行水平。

（三）在线优化技术，实现分子炼油

利用油品调合技术、计划资源优化系统、调度管理系统、桌面炼厂模拟系统、装置在线实时优化和先进控制技术等智能化手段，从源头按不同的分子结构来精确定位物料流向，识别和优化生产工况及加工流程，提升每个分子的价值和利用效率，实现分子炼油，达到国际先进水平。

（四）建设智能物流管理体系，与智慧园区、智慧城市互联互动

利用物联网、流量批控等技术，实现固体产品从灌料、码垛、输转、仓储到装车的全自动无人作业，液体产品自动或远程控制装车、装船，减少装卸环节的人工作业量。利用物流和CRM管理系统，做好上下游企业互供物料的智能管理，建立跨企业协作平台，提供产品预约装车、道路运输监控、客户原料库存管理等，实现与地方监管部门、园区生产企业及承运单位的协同互动，在提供产品的同时，不断提高服务水平。

（五）搭建云计算、大数据分析平台，支撑智能工厂建设

构建IT基础设施云平台，实现服务器、存储及备份资源云化、共享；建设4G LTE多媒体宽带集群系统，实现语音视频、有线无线互联互通；构建企业级的操作数据存储（ODS），为业务应用提供规范、统一、高效的数据服务；构建企业IT服务总线（ESB），建立MES、质量管理、绩效管理等28种交互服务，利用先进的IT集成技术支撑业务应用的融合与优化，提升企业生产、设备和安全环保管理等方面的预测预警能力，支持高效科学决策。

制造业是国民经济的主体，是立国之本、兴国之器、强国之基[6]。在我国大力推进“中国制造2025”的进程中，流程型企业应充分认识建设智能工厂的重要性和必要性。大型炼化企业必须从企业发展战略出发，围绕打造企业新型能力来建设智能工厂，实现高效运行、绿色生产、安全环保、最优化运行的目标。智能工厂建设是一项复杂的系统工程，不可能毕其功于一役，需要付出长期艰巨的努力，企业必须统筹规划，充分估计面临的困难，结合实际科学合理地制定演进路线，分步实施，确保企业具有可持续的竞争力和优势，为企业进一步转型发展提供强有力的信息化支撑。

第三节　创新智慧炼化建设实现新一代智能制造

中海石油炼化有限责任公司(简称中海炼化)是中国海洋石油总公司直属的、专业从事炼油化工方面研发、工程、生产和营销业务的专业(集团)公司。为实现其母公司中国海洋石油总公司建设中国特色的国际一流能源公司的愿景目标，中海炼化提出了坚持集约化与差异化经营方针，致力于建设具有国际领先水平的中海炼化产业的目标，并提出到2021年要实现资产总额接2000亿元，销售收入超过4000亿元目标，并基本形成具有竞争优势和差异化特点的产销一体化炼化产业公司。

中海炼化的业务战略可具体解读为三个主要方面：(1)集约化发展，即做实做强“惠州、大榭”两个石化基地，集约资源配置，协同区域互供，完善“两洲一湾”产业布局，集约发展炼化产业。(2)差异化发展，主要包括：①依靠资源优势发展有竞争力的特色产品，提高产品附加值；②围绕炼厂基地布局销售网络；③差异化的创新营销模式；④以混合所有制合资合作促进低成本快速发展。(3)一体化发展，就是要推进与落实炼化与销售一体化体制改革，实施市场化经营，专业化管理，上下游跨组织业务协同，促进产销融合。

中海炼化下属各单位经过多年的建设与发展，各自形成了满足自身业务发展的信息化应用架构，也分别编制了“十三五”信息化规划。对照总公司对炼化产业改革的确定“四个统一”的要求，以及中海炼化关于“信息化工作支撑总部经营有效管控、生产运行安全智能，促进加油站提量增效”等要求，为更好地支撑“十三五”业务战略、统筹系统研发和平台建设、加强数据共享和数据资源利用，开展信息化顶层设计和具体实施工作。

通过实施夯实数字化基础，瞄准智慧炼化建设目标，扎实推进、着力创新和完善智能炼化建设核心，中海油炼化开展或正计划开展一些创新性项目，简介如下。

一、石油分子信息库及其应用项目

面对原油资源的劣质化和日益严格的环保要求等多元化挑战，为实现其“资源价值最大化、资产价值最大化”目标，中海炼化提出了从“数字炼化”到“智能炼化”再到“智慧炼化”建设的新思路。

“智能炼化”“智慧炼化”最重要的基础技术组成之一是基于石油资源分子工程与分子管理理念的“石油分子信息库”。传统石油炼制采用馏分管理办法，在原料管理、过程监控、调合工艺方面都存在不足。要实现现代炼化企业的精细加工、精益炼制必须走向石油资源的分子工程及分子管理。石油资源分子工程及分子管理的核心就是从分子水平来认识石油资源、加工过程，准确预测产品性质，优化工艺和加工流程，提升每个分子的价值。其技术原理遵循“物尽其用、各尽其能”的理念，与通俗意义上讲的“宜烯则烯、宜芳则芳、宜油则油”有一定的相同之处，通过分子工程与管理技术，实现高效转化、优化转化。

对石油及其馏分分子水平的深入认识是实现“石油分子工程与管理”的关键技术。即在分子水平表征石油及其馏分的组成、结构，并建立与其宏观性质、反应性能之间的相互关系。石油是天然产物中最为复杂的混合物，它是由不计其数的化合物组成的混合体系，目前实现石油中全部单体化合物分子的分离鉴定还有很大困难，因此，只有开发不同的分析表征技术以提供不同的石油组成、结构信息。石油组成可根据信息的详细程度分为三个层次：第一个层次为族组成，即饱和烃、芳烃、胶质、沥青质的含量；第二个层次为化合物类型，即不同环数环烷烃和芳烃的分布；第三个层次为分子水平组成，即更加详细的组成信息，如详细的化合物类型和碳数分布及部分单体化合物分子组成。总体来讲，所需要的信息越详细，分析的难度越大。

在石油分子水平表征基础上，开展分子重构技术研究来完善分子信息库，满足利用分子管理信息建模需要，解决生产实际问题，实现生产的信息化、智能化，为企业经济效益的提升提供潜力巨大的、空间广阔的平台。分子组成、结构从根本上决定了石油及其产品的化学和物理性质及反应性能。石油加工过程中，烃类、硫化物和氮化物进行相当复杂的化学反应，随着加工工艺的不同、操作参数的变化都对其化学反应具有一定的影响，从而影响了产品的组成和性质。利用石油分子水平组成、结构信息，对加工过程中的化学问题进行深入和全面的科学认识，有针对性地设计一系列化学反应和合理的反应条件，使每一个石油分子的价值最大化，形成以分子水平炼油为目标的新增长点，促进石油转化技术的发展。

为了对原油及其馏分进行分子层面的研究从而实现石油分子工程，可以基于石油分子水平表征、原油与馏分组成结构的分子重构(分子模型重构)、物性传递与预测关联、石油分子信息化表征与管理等方法、技术，创建石油(原油)分子信息库。分子信息库的建设内容包括基于分子水平表征数据的分子结构建模和基于分子结构的物性建模。通过现代分析仪器和/或分子重构技术开发石油及馏分的组成、结构表征方法；结合现代计算机技术及石油加工技术构建石油组成、结构与宏观性质的关联模型，获取石油及馏分的分子信息、分子编码、宏观性质、结构参数、热力学性质及数据间的相互关联，形成原油分子信息库。

原油分子信息库的建立不仅构成整个石油分子工程与分子管理体系的基础，同时还为集团、企业提供了各层级的应用。首先，原油分子信息库从分子层级去描述、理解原油，比目前基于馏分的理解更为详细。不仅可以掌握原油窄馏分的宏观性质，还可清晰地了解任意馏分的分子组成，实际上就是扮演了原油快评的角色，能够对生产提供更为详细的指导。其次，基于原油分子信息库以及分子重构技术，可形成准确的调合模型和性质模型，可预测单个原油、混合原油的不同馏分收率和馏分性质。在此基础上，参考各企业的库存原油状况(数量、质量)，可构建企业层级和集团层级的原油资源优化配置方案。再次，原油分子信息库的构建，还为后续二次加工装置模型提供了原料信息，使得分子信息能够从原油端传递至二次加工装置，并进一步传递至产品，掌握每一个分子在炼油生产线中的“旅程”。在分子信息传递到产品端后，可基于产品分子信息进行成品油调合、润滑油调合、沥青调合等产品级的调合。在传递分子信息的过程中，这些分子信息也是建立分子动力学模型的基础，而有了分子动力学模型，即可实现产品分布即“数量”与产品性质即“质量”的预测及传递。这种传递，其实质是“数量”与“质量”的可视化过程，是“智慧炼化”的特质。因此，原油分子信息库的建立为炼油企业从粗放型、馏分级向分子级的迈进提供了先决条件，是实现智能化、信息化、智慧化不可或缺的环节和基础，也是资源敏捷优化的核心支撑。

二、炼厂生产计划与调度排产协同优化解决方案(系统)

中海油惠州石化公司是一家以“22Mt/a 炼油-2.2Mt/a 乙烯”装置为龙头的一体化、特大型“炼油-乙烯-芳烃”综合性炼化企业。为了满足千万吨级原油加工量的需要，炼化公司忙于在世界范围内选择原油、充实原油资源库，并根据性价比适时进行优化选择；同时企业也面临新原油加工的挑战，在保证安全平稳生产的同时如何通过合理调度、优化排产，提升原油利用水平是非常迫切的任务。另外，由于国内外、各地市场价格瞬息变化、消费税政策调整等外部因素影响，炼油企业的盈利能力时常经受严峻挑战。这就要求企业在生产组织过程中，通过实时生产优化，在维持较高装置运行平稳率的同时，通过优化物料走向、优化质量控制等措施达到增加高附加值产品收率、降低能耗物耗等目的，以确定最经济的装置运行方案。

企业需要借助信息化的手段与力量，完善生产控制领域的系统建设，提升生产感知能力和分析优化能力，加强信息集成，从炼化企业典型的装置配置和工艺流程出发，结合大数据分析方法，通过构建生产装置的机理模型，研究建立原油结构日益复杂、生产优化日益精细化背景下的全流程的生产优化与调度排产的解决方案，实现原油的调合及加工、二次加工、产品的调合及出厂等不同阶段生产方案的模拟与优化，提升炼厂的生产优化管理水平。

目前世界上应用最广泛的流程优化模拟软件主要有两款，一个是 ASPEN 公司的流程工业模拟系统 PIMS，另一个是 KBC 公司的流程模拟模型 Petro-SIM。

PIMS 系统广泛应用于全世界 170 余家炼油厂，该软件利用线性优化技术，融合 Aspen 和 UOP 的各种炼油反应模型，对流程工业的各生产装置的设计和操作进行模拟和优化，能够帮助炼厂改进操作方法、对全厂效益进行预测。

Petro-SIM 将业界领先的 KBC Profimatics 技术和业已证明的炼厂严格过程模型结合起来，建立典型的“桌面炼厂”，已应用于全球 120 多家炼化企业，在生产优化、PIP 和能量系统优化方面取得很好的效果。

(1) 在原油表征方面，炼化企业主要依靠原油评价数据库和实验室化验得到的详评数据，很少有企业使用原油分子信息库和原油分子水平的表征数据。在原油分子信息表征方面，主要停留在科研院所的学术研究层面。同时，目前国内还没有单位形成完整的分子信息方法体系，构建出涵盖初馏点到终馏点、分子组成信息和物性信息的完整分子信息库，更没有在炼化企业的具体应用。

(2) 在装置模拟与优化方面，部分炼化企业购买了如 Aspen Plus、PRO-II、RSIM 等流程模拟软件，也开展了装置机理建模和优化工作，但这些机理模型大多是基于实沸点曲线等宏观性质对原油组分进行集总处理，并对催化裂化、延迟焦化、催化重整、加氢裂化、加氢精制等反应过程建立简化的集总反应模型，会带来较大的误差，也很难准确预测原油分子及物性在各装置的传递和转化，对装置的指导作用大大受限。同时，基于这些机理模型开展的优化研究基本上是离线优化，无法实现在线闭环优化(RTO)，很难确保优化方案准确、实时、长期、持续的应用。

(3) 在计划调度优化方面，部分炼化企业购买了如 PIMS、APS 等计划和调度优化软件，也开展了全厂计划优化和调度优化工作，但这些计划优化模型和调度优化模型往往各自独立，缺乏月度计划与生产执行的有机衔接，对实际的原油船期、中间物料库存考虑较少；现有工具出具“最优”结果，难以形成比较。

上述两套知名的流程模拟和优化软件当前已在世界范围内成功应用，但存在许多制约因素：

(1) 缺乏月度计划与生产执行的有机衔接，对实际的原油船期、中间物料库存考虑较少；现有工具出具“最优”结果，难以形成比较。

(2) 炼化企业主要依靠原油评价数据，原油分子信息表征还主要停留在科研院所的学术研究层面；

(3) 流程模拟软件，大多是基于实沸点曲线等宏观性质，难准确预测原油分子及物性在各装置的传递和转化。

中海油的本项目，基于分子工程、结合炼厂典型流程和装置配置，研究适合炼厂生产优化与调度排产的解决方案，并构建生产优化与调度排产软件原型。从原油选择和调合、装置加工、物料平衡、公用介质平衡、产品调合及出厂等方面提升炼厂的优化水平。系统包括了：

(1) 原油分子调合模块。建立原油分子调合优化模型，以中间产品(包括直馏石脑油、直馏煤柴油、减压蜡油、减压渣油、重整原料等)的控制范围作为约束条件，利用非线性优化算法与大数据分析方法，获得一系列原油的调合方案和掺炼比例，从而完成对有限可配置原油调配比例的优化设定。通过对原油掺炼比例的有效控制，保证炼厂一次、二次加工装置原料性质稳定，从而达到平稳生产、节能降耗的目的。

(2) 构建装置反应机理模型。针对催化裂化、延迟焦化、加氢裂化、连续重整、芳烃分离等炼化企业典型装置，结合大数据分析方法，研究构建生产装置的分子动力学模型，研究不同原料性质、不同操作条件对装置产品结构、产品性质、能耗物耗的影响。

(3) 构建桌面炼厂模型。在原油分子数据库和装置分子动力学模型的基础上，综合考虑炼厂综合影响因素，研究建立桌面炼厂及生产调度的单厂模型，涵盖原油加工方案、全厂物料平衡、全厂公用工程平衡方案、物料性质预测、操作参数预估、质量控制方案、产品调合方案等主要生产阶段的全方面，开展全流程优化。

(4) 开发覆盖单厂所有装置的生产计划全局优化技术以及总部模型中原油资源配置优化集成和求解技术。

(5) 优化处理技术，包括输入、输出界面、计划优化结果分析报表、总部客户化报表等。建立模型标准化体系和业务标准化实施方法。

系统具备以下基本功能：

(1) 不同原油品种的调合结果及性质预测。

(2) 炼厂全流程生产装置反应机理模型的构建。

(3) 针对不同原料性质或产品需求的装置加工方案的研究和优化。

(4) 生产加工与效益测算的结合。

(5) 任意生产装置停开工工况下，任意时间段内的全厂生产情况的预测和优化。

通过炼厂生产计划与调度排产协同解决方案(优化系统)，第一可以实现对潜在的可加工原油品种进行不同生产方案下的性价比测算，有利于更加精准地进行原油选择；第二可以及早了解不同原油调合方案下常减压装置及后续二次装置的进料性质变化，有利于保障装置进料性质稳定，进而保障装置的安全平稳运行；第三可以通过全流程模拟及早了解不同原油调合方案、不同装置操作条件下的产品质量变化，有利于根据经济效益情况或出厂需求情况及时调整产品调合方案；第四可以根据不同的产品质量需求反推所需的二次装置操作条件，甚至混合原油的性质。

炼厂生产计划与调度排产协同解决方案(优化系统)为炼厂的各项生产计划的编制提供一个更为科学、更加便捷的工具，提高生产计划统筹的准确性、可操作性，同时也可以让事故应急情况下的生产优化调整变得更为有效、更加全面，为炼厂全流程的生产管理提供充分的信息支撑。

炼厂生产计划与调度排产协同解决方案(优化系统)以海量的实际生产运行数据为基础，与模型测算有机结合，两者互为补充、互相促进，更有利于经验的积累和传承，使其更好地为生产服务，为炼化产业服务。

三、最大化生产芳烃(BTX)的新一代智能制造(智能优化制造)技术

本项目利用信息化手段，以连续重整装置为载体，结合大数据分析方法，通过构建装置的分子动力学机理模型，建立芳烃装置原料结构日益复杂、生产优化日益精细化背景下的生产优化的解决方案，实现计划—调度—操作—控制一体化闭环优化，提升炼厂的生产优化管理水平。

本技术以连续重整装置为关键试点装置，探索研究基于石油分子工程与管理的生产装置全过程流程优化，构建基于原料分子信息的连续重整分子动力学模型，实施 RTO 工程，形成芳烃智能先进制造关键核心技术与工程应用技术。

目前，国内外大型的石油化工企业正在越来越深入地利用分子管理信息技术解决生产实际问题，实现生产的信息化、智能化。尤其在西方国家的大型石油化工企业，基于分子管理的应用已经为企业经济效益的提升提供了潜力巨大的、空间广阔的平台，成为企业技术进步中一项投入少、增效快的重要措施。

其中，埃克森美孚、壳牌等企业在分子管理和分子炼油技术方面领先优势明显，已经有超过 20 年的分子管理研发积累。以埃克森美孚为例，其分子炼油技术主要应用在如下几个方面：

(1) 流程模拟及 RTO，基于详细分子组成及基础动力学，对产品进行准确预测，并即时优化。

(2) 炼厂全流程模拟，基于所处理原料的分子组成，更科学地安排整个炼厂甚至集团公司下多个炼厂之间的调度、生产和配合。

(3) 原料评估及生产规划，基于详细分子组成以及本炼厂的构架，对原油做更科学的评估，根据详细分子组成更科学地规划生产。

(4) 流程监控，通过在线表反馈的数据，调用相应分子组成数据库，更好地监控产品质量。

基于上述应用，可以每年为埃克森美孚集团带来的经济效益达 19 亿美元，如图 7-2 所示。

目前，国内三大油企业虽然已经完成了基础信息化系统(如 ERP、MES、EAM、HSE、LIMS、RTDB 等)的建设工作，并部分开展了装置机理建模和优化、计划排产和调度优化等

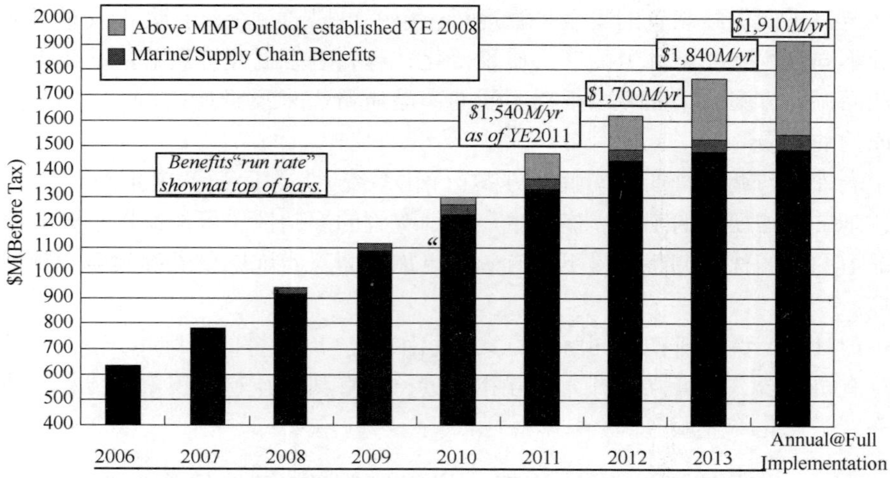

图 7-2　埃克森美孚通过分子炼油技术带来的经济效益示意图

优化提升工作。但国内炼油和石化企业还普遍存在如下不足：

在装置模拟优化方面，部分炼化企业购买了如 Aspen Plus、PRO-II、RSIM 等流程模拟软件，也开展了装置机理建模和优化工作，但这些机理模型大多是基于实沸点曲线等宏观性质对原油组分进行集总处理，并对催化裂化、延迟焦化、催化重整、加氢裂化、加氢精制等反应过程建立简化的集总和虚拟组分模型，即使用少量的集总或虚拟组分来描述数量庞大的分子。这样的集总或虚拟组分模型无法对石油中具体的分子结构和性质，比如芳烃、烯烃及氧、硫、氮含量等进行更为细致的描述，难以满足更精细化炼油的需求，较宽馏分范围划分的集总也使得动力学模型只在很窄的反应条件内准确，对更宽的反应条件则无法准确预测，会带来较大的误差，也很难准确预测原油分子及物性在各装置的传递和转化，对装置的指导作用大大受限。同时，基于这些机理模型开展的优化研究基本上是离线优化，无法实现在线闭环优化(RTO)，很难确保优化方案准确、实时、长期、持续的应用。在国内，实时优化(RTO)方面也没有成熟的商业化软件面世，RTO 在石化生产装置上的应用还处在起步阶段，与国外的差距较大。RTO 引进国内还是最近几年的事情，且主要应用在乙烯裂解装置上，目前还未见在炼油装置上应用的报道。

所以，通过全流程模拟及早了解不同原料的加工方案、装置操作不同条件下的产品质量变化，有利于根据经济效益情况或出厂需求情况及时调整产品调合方案；可以实现根据不同的产品质量需求反推所需的装置操作条件。

炼厂生产优化以海量的实际生产运行数据为基础，与模型测算有机结合，两者互为补充、互相促进，更有利于经验的积累和传承，使其更好地为生产服务，为快速发展的炼化产业助力。为此，开展最大化生产芳烃(BTX)的智能优化制造技术研究。

本技术主要内容包括：

(1) 重整原料的分子表征与分子构建。主要涉及重整原料的分子表征与构建，不同来料原料性质、不同操作条件下对装置产品结构、性质、能耗、物耗的影响等。

(2) 连续重整的分子动力学模型。基于重整原料的分子表征信息，构建分子动力学机理模型。

(3) 实施离线和在线 RTO 工程应用技术。在构建完成装置分子动力学机理模型的基础上，开发流程模拟平台和在线优化平台，结合 APC(先进控制)逐步开展离线和在线的闭环优化。本技术中，采用全流程模拟方法构建连续重整反应机理模型，能大大提高装置模拟精度。

另外，开发国产化 RTO，实现分子动力学机理模型建模、离线数据诊断、流程模拟算法、数据验证、模型校正等功能；本技术可以针对不同原料性质或产品需求的芳烃装置进行加工方案的研究和优化，初步测算 1.5Mt/a 连续重整装置实施本技术的效益，预计每年超过 5000 万元。

第四节 3D 信息化建设案例

一、概况

中国石油认为，世界水平的综合性国际能源公司需要与之匹配的信息系统平台作支撑。为实现集团公司提出的“两个倍增”，在资源投入一定、人员规模缩减的前提下，主要靠技术进步、管理提升，更多的是需要信息化支持[7]。在“十二五”期间，中国石油集团公司的信息化处于从集中建设向集成应用跨越的关键时期，中国石油围绕建设“信息化中石油”这一目标，按照业务主导、全面覆盖、深度融合的方针，完善信息化组织管理，加强队伍建设，提升技术实施和应用能力，加快推进以 ERP 应用集成、物联网系统、具有云计算能力的数据中心三大标志性工程为重点的信息化项目建设，全面实施“十二五”信息技术总体规划。

在抓好信息系统建设同时，持续推进已建系统深入应用。将系统应用与基础管理工程建设、管理提升活动紧密结合，不断拓展系统应用的深度和广度。广泛采用移动应用，使员工随时随地完成日常办公、处理业务。将考核结果与工作绩效挂钩，提高应用信息系统的积极性。组织开展多层次应用培训和经验交流，不断提高广大业务人员系统操作和应用水平。

在多年工作基础上，形成了不少具有中国石油特色的信息化系统。例如，在如何借助地理信息系统(GIS)技术提升企业信息化水平、促进企业生产模式创新方面就非常有特色。

早在 20 世纪 90 年代，中国石油已在多个油气相关业务领域进行 GIS 应用的探索。2012 年，中国石油“十二五”《信息技术总体规划》将中国石油地理信息系统(简称 A4)作为重点项目进行建设。中国石油联手国际知名 GIS 技术与服务提供商 Esri 公司，根据中国石油信息化现状，基于云计算体系，建设中国石油地理信息共享服务平台。这个平台包括地理信息数据中心、开发中心和应用中心，以及中国石油地理信息标准规范体系。

经过 4 年多建设，这个共享服务平台已初具规模，在勘探开发、管道运输、炼化销售、地面建设、安全环保、应急管理等方面的应用效果日益显现。通过全企业“一张图、一个网、一个平台”，这个平台为 33 个集团统建系统提供权威、可信、统一的地理信息服务。其中，地理信息数据中心实现国家基础地理数据和企业空间业务数据统一管理，国家基础地理数据覆盖560万平方公里，企业空间业务数据达500余万条[8]。

随着流程工业数字化工厂技术研究和系统建设的兴起，中国石油规划、实施“数字化工厂研究与试点应用”项目，其中，中国石油兰州石化公司于2013年实施了“数字化工厂研究与试点应用”项目[9]，该项目系统构建了与现实装置完全一致的550万t/a常减压三维虚拟装置和兰州石化数字化工厂平台，并集成了生产执行系统(MES)、设备管理平台(EAM)、实验室化验分析系统(LIMS)、高清视频、地下管网及文档管理系统(EDMS)等，建立了与生产、设备和安全相关的重点系统数据。同时，开展深化数字化工厂系统应用工作，并研究如何基于三维数字化工厂进行管理模式创新，使之为生产管理发挥强大的支撑作用。中国石油兰州石化公司以“数字化工厂研究与试点应用”项目上线为契机，探索大检修的规划、调度、技术交底、三维检维修方案和数据处理，并形成配套的管理模板，建立大检修全生命周期知识数据库，从而规范大检修管理流程，节省人力和物力资源，提高工作效率和大检修的整体质量水平，确保装置安全稳定运行的同时积累了很好的经验。

二、兰州石化信息化建设案例

（一）实施方案与可行性分析

了解先进的数字化工厂三维虚拟环境，评估中国石油兰州石化公司大检修的管理现状，找出目前大检修管理存在的问题，确定大检修管理的改进目标，并分析研究出一套最适合该公司大检修管理的管理体系。

1. 检修方案制订

大检修内容复杂、成本昂贵且工作项目众多，需要工厂(检维修、检测、安全和生产)及厂外(承包商和监管部门)等多个部门的协调合作。数字化工厂的三维虚拟模型和可视化的清晰详细说明与指导减少了作业准备时间，消除了返工，从而降低了大检修所耗工时和生产时间损失。数字化工厂在大检修计划、技术交底、检修现场调度及检修方案等方面实现了可视化管理，其中，数字化工厂可视化工程的两个应用方案如图7-3所示。

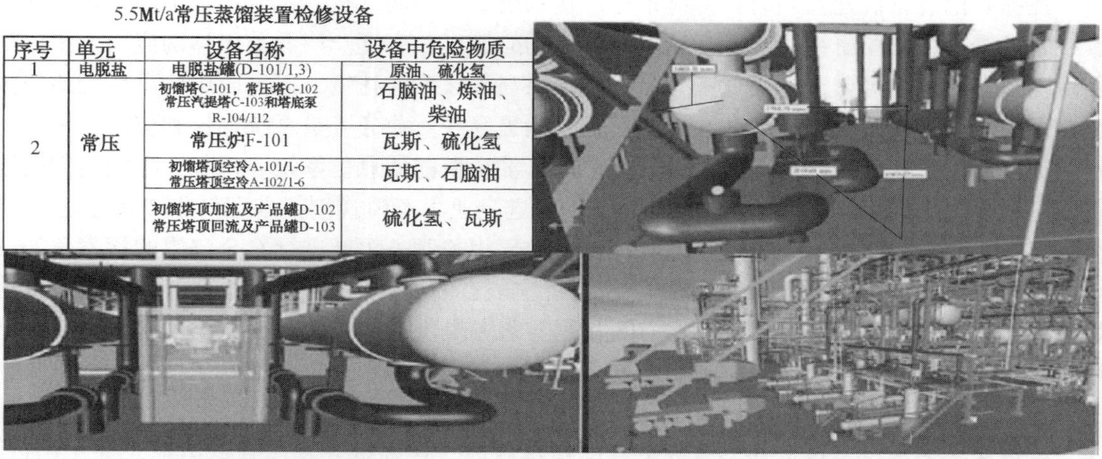

(a) 脚手架搭建方案　　(b) 吊车配置方案

图7-3　数字化工厂可视化工程应用

数字化工厂不仅集成了现场的真实空间数据，而且还集成了 EAM 信息、EDMS 非结构化信息及设备相关的图纸资料等。因此，以数字化工厂为平台进行大检修计划的准备工作，了解设备环境、上下游关系、目前现状、平时运行状态、设备检测时间、设备的隐患、检维修记录及设备的设计资料等，可快速准确地制订大检修计划[9,10]。

2. 技术交底

确定大检修范围。在数字化工厂中以直观、三维方式定义大检修的设备范围：高亮、特殊颜色显示需要检修的设备；标签注明检修的内容；标签明确检修的位置；查阅设备隐患台帐，或直接搜索并标注隐患设备，确定待检修设备；搜索并标注到期检验时间和到期维护设备清单；根据日常工作的特殊设备标注直接获取待检修设备等。

生成技术交底知识视图。在数字化工厂平台上，可以将需要检维修的设备或周边环境存成单独的知识视图，对照检修计划沟通协调，直接查阅各种图纸和资料信息，并打印知识视图，实现三维技术交底。

三维技术交底。检修计划制订并审核通过后，需要由车间技术人员与承包商进行技术交底。在数字化工厂平台上，双方可以坐在办公室直接查看装置设备的三维模型与全景视图，对照检修计划沟通协调。打印检修计划的三维图，车间技术人员与承包商可以在现场对照检修计划三维视图，更加清晰地确认检修内容与注意事项。承包商可以在三维数字化工厂中直接通过 EAM 或 EDMS 获取检修设备的全部图纸资料及历史检修信息等[11]。

通过可视化的技术交底，使大检修承包商与车间技术人员更加清晰、快捷地达到技术交底的目的，避免了误解。而传统的技术交底方式往往容易产生误解，导致检修方案与计划不一致，从而影响检修质量与进度。

3. 检修规划

获取大检修材料清单。通过 EDMS 和 EAM 集成，直接获取关联设备的图纸资料，并查阅设备的零部件清单、规格型号及材料清单等，形成大检修设备的详细计划。

清晰检修计划。对于需要详细说明的设备检修计划，可以以三维知识视图的方式说明检修的范围，标注检修的内容。

三维方式规划检修现场部署。大检修的统筹安排调度是大检修的重点与难点，多支检修队伍同时进厂工作，现场脚手架搭建、吊车进出、作业检修材料的摆放等均需要合理的安排和科学的调度。传统方式是由相关人员凭经验进行调度安排，不仅难度大，而且易出差错。数字化工厂以三维方式展现大检修的现场部署，将装置存成大检修知识视图，在视图上直接测量尺寸，规划吊车位置，标记检修设备，以三维立体方式协助检修调度人员进行现场的规划，实现大检修任务调度的最优化，从而确保检修的合理安排并节约检修时间[12]。图 7-3 所示为装置大检修的模拟知识视图，大检修指挥调度人员从图中可以清晰地了解当天检修现场的作业情况，合理调度、安排检修的顺序。

（二）三维模型的使用

1. 换热器的吊装

大检修的主要工作之一是要对换热器进行抽芯清洗，但是部分冷换设备因设计缺陷，有立柱、斜撑、管线、仪表线及消防栓等障碍物阻挡，影响拆除螺栓、吊装头盖及抽芯等检修工作的正常进行。传统的检修费用预决算对这部分工作费用计算比较粗放，在空间比较狭小的地方对于换热器能否移出难以做出快速准确的判断。通过使用数字化工厂可以对换热器能否移出做出模拟，由于数字化工厂的建模精度在±2mm 左右，以此为依据可以快速准确地判断此类换热器能否移出。此次 550 万 t/a 常减压装置大检修需要进行抽芯清洗的换热器共 99 台，通过使用数字化工厂做检修方案，发现有 33 台换热器被遮挡无法抽出，如图 7-3 右上所示。因此，数字化工厂为提高检修质量和效率提供了有效的技术支撑。

2. 吊车的使用

在数字化工厂中对所有需要吊装的设备进行了吊装模拟，发现吊车预定占位存在重要地下管路，及时通知吊装单位将吊车路基板增大，避免了吊装时对地下管网的破坏。在核对空冷吊装方案时，发现预定的 200t 吊车根本无法将设备吊出，经模拟推翻了原方案，新制定了 400t 吊车方案。在数字化工厂中事先对吊车进厂路线、占位、臂长及仰角等参数进行模拟和优化，确保所有吊装方案的准确无误，使吊车移位次数最少，保证了吊装的安全和高效。以数字化工厂为工作平台进行大检修工作，可以使工厂各部门管理人员、现场技术人员与承包商之间的交流可视化，并可以直接在三维模型上进行检修计划制定、审核、技术交底和工程决算，实现无缺陷大修和零返工，节省大检修费用 7%以上，确保了工厂的运行安全[13]。

中国石油兰州石化公司通过大检修管理搭建了大检修知识库，包括全面设备信息，为提高全装置设备的资产管理水平提供了依据，同时在安全方面也有很大的提升。数字化工厂项目在国内属于比较前沿的领域，通过这次项目的实施，为下一步的推广并提升应用水平奠定了坚实的基础。

第五节 “两化融合”创新发展

“十二五”期间，中国石化茂名石化分公司(茂名石化)按照中国石化党组的战略部署，以打造新型能力，争当国家“两化”融合企业排头兵为目标，力求实效地加快信息化建设步伐，开创了“两化”融合新局面，为建设世界一流炼化企业提供重要支撑，为“十二五”实现利润 122.03 亿元、2017 年 1~7 月实现利润 52.4 亿元，逆势盈利创历史同期最好水平做出了突出贡献。其中，信息化增效 17.2 亿元。2015 年，该公司荣获“全国石油和化工行业‘两化’融合创新示范奖”。

一、聚焦形成合力，推进信息化与员工知行相融合

(1) 夯实思想根基。采取多种形式开展信息化教育，引导员工形成“没有信息化就没有世界一流”“不搞‘两化’融合必将遭到淘汰”的共识。定期组织中层干部信息化知识培训、测验，把带头学用信息化情况纳入领导干部民主评议和绩效考核。

(2) 健全管理体制。成立由主要领导挂帅的信息化建设领导小组，制定 61 项制度，理顺 22 个流程，界定 6 大类 21 小类职责，形成公司统一领导，信息中心统筹协调，各单位、部门各负其责的“两化”融合管理体制。

(3) 完善管控机制。建立看板消项、跟踪督办、重奖重罚的项目实施管理机制，每月通

报考核结果；健全信息化工作年大会、月例会和项目后评估永久追溯等制度，制订实施智能工厂专项考核方案，把住信息化建设立项、实施和应用三道关。

二、聚焦先进管用，推进信息化与企业管理相融合

茂名石化积极创建以 ERP 为核心的经营管理平台，尽力运用信息化提升管理速度、精度、硬度，线上业务流程由 2010 年的 100 多项增至目前的 700 多项，企业管理基本实现信息化全覆盖。

（1）以信息化规范管理。强化敏感业务管理信息化，开发投用资产、工程招投标、检修费用、业务外包、IC 卡提货等系统，有效防止国有资产流失和人力资源“贬值”；推进流程信息化建设，把制度的刚性要求转化为具体的信息化流程；开展 ERP 应用典型培养、登高创新和大集中工作，实现上市、存续业务管理一体化和流程数据标准化。

（2）以信息化提高效率。积极开发投用 OA 集成、视频会议、督办工作、装置检维修等 9 个信息化协同服务系统，最大限度提高管理和工作效率。

（3）以信息化强化“三基”。开发投用并不断优化班组经济核算系统，把降本减费增效指标转化为操作指标，实现各项指标完成情况及时反馈，班组经济活动结果在线分析。

三、聚焦智能提升，推进信息化与生产运营相融合

（1）打造优化生产平台。围绕原油进厂、生产加工、产品出厂和计划优化、调度指挥、生产操作两条线，开发投用 10 多套智能系统，使公司生产管理一体化水平和全面优化能力不断提升。

（2）打造节能减排平台。加快能源管理系统建设步伐，实现自动计算最优操作参数和在线优化，深化能源计划、运行、统计、评价分析闭环管理，满足广东省政府对重点用能单位能源信息管理要求。

（3）打造 HSE 管控平台。以全面提升 HSE 风险防控和应急处置能力、确保企业本质安全为目标，基本搭建完成生产现场管理可视化、风险实时动态可视化、应急管理一体化、管线运行监控智能化的 HSE 管理平台。

目前茂名石化将加快向数字化、网络化、智能化转化，打造“茂名石化+互联网”新生态，为公司实现建设世界一流大型炼化一体化企业和世界级高端石化产业基地提供强有力支撑。

第六节　信息化促进营销模式变革

中国石化下属的广东石油、浙江石油等油品销售公司的信息化工作比较突出，它们依托信息技术，提升了管理水平，实现了商业模式的创新，信息化成效斐然。如，“十二五”期间，浙江石油将信息管控融入从严管理，借助系统集成与互联网思维，着力推进信息化建设与应用，探索“两化”融合，为企业持续有效发展、向综合服务商转型提供了重要的技术支

撑。而广东石油以云计算、互联网、大数据等信息技术为依托，以互联网平台为支撑，主动求变，探索出一条传统企业创新商业模式的发展之路。

一、以信息技术为依托，全面提升企业经营管理水平

(1) 以云技术为基础，构建企业信息平台。2011 年开始，广东石油利用云计算、物联网等技术，优化集成客户关系管理、零售营销决策、加油站管理等 3 大类 21 项应用，提高企业内部系统集成度。

(2) 以 ERP 登高计划为抓手，推进企业应用创新。广东石油以 ERP 系统为公司经营运作核心，实现与总部 BW、BCS、HR、MDM、财务公司 XI、大区 ERP、费用报销、租赁和云平台等系统集成，实现加油卡升级管理、加油站自动清账、财企直联全面覆盖、ERP 自动开单等功能，提高工作效率，降低企业经营成本。而浙江石油通过打造以 ERP 为核心的经营管理平台，推进经营管理与信息平台深度融合，重点做好了：

① 制度流程化，流程信息化。公司不断推进以 ERP 为核心的信息系统高度集成和全面应用，将内控制度固化到 ERP 流程体系中。

② 完善 ERP 功能，加强风险与成本管控。锁定业务风险点和成本止血点，开发完善 ERP 功能，不断增强管理成效。

③ 推进系统集成，服务基层一线。通过 ERP、加油卡和加油站零管系统的集成应用，实现了加油站交接班的自动集成和账务自动处理；ERP 自动清账功能的实现，强化了加油站资金管理等基础性工作。

④ 以信息化手段完善安全数质量精细化管理。推进 ERP 系统与加油卡系统的集成应用，根据历史加油数据对相应车型的员工加油操作进行自动提醒；试点应用无线录音系统，大大减少了质量纠纷。

(3) 以大数据技术为依托，实现企业精准营销。广东石油充分挖掘企业内外部沉淀数据价值，开发零售营销决策系统，科学建设非油品辅助系统，实现营销决策科学化。

(4) 以物联网技术和信息化设备为保障，提升企业管理水平。广东石油开展站级、库级物联网建设，提高自动化水平；构建移动办公云，服务办公管理，提高沟通效率。

二、以互联网平台为支撑，深化应用，探索、促进业务模式创新

(1) 突出客户价值，强化顶层设计。广东石油建设前端三大入口(网站+微信+App)，做好后台三类整合(管理流程+应用系统+大数据)，打造客户三重价值(商品+服务+体验)。

(2) 不断细分客户需求，依托信息技术探索新型营销手段，提升客户认同度和忠诚度。

广东石油在搭建沟通桥梁，增强客户互动方面，以微信公众号、加油广东 App 作为互联网主要入口，迅速积累线上用户。截至目前，官方微信号关注用户总数超 600 万。加油广东 App 下载注册量已突破 100 万。同时建立会员体系，提升客户黏度。通过升级原有 CRM 系统，集成前端微信、App 等会员入口和后台 ERP、加油卡等业务系统，建立会员积分管理体系，提供会员差异化服务。结合丰富营销手段，促进油非互动。广东石油实现电子券管理科学化，统筹线上线下营销资源，将零售、直分销与非油业务在同一平台上进行绑定，为客户构建高转换成本生态圈。

浙江石油主要做法：

① 深化卡网联动，提高持卡比例。2010 年率先开通网上营业厅，2013 年与支付宝合作，推出了手机加油卡公众服务平台。借助信息化手段，加油卡客户体验和认同度显著提升。

② 首推电子券，拉动油非互促。2014 年开发了系统内首套"加油卡电子券"功能。2015 年，全省发放电子券 1.4 亿人次，有效回收 6500 万人次，带动非油品销售额达 6.5 亿元。

③ 丰富微信功能，提升客户满意度。企业微信公众号先后推出自助充值、发票预约、网上商城等服务。为稳定现金加油客户，还通过微信实现了对现金加油的电子券发放、油非互促，并开发直分销微信营销模块。

(3) 整合跨界资源，关注车主生活。广东石油主动加强与跨界商户的合作。2015 年实现粤通卡代充值 21.68 亿元，加油广东 App 提供违章代办、汽车保险、汽车美容等业务，准备上线神州租车、线上广告等业务。

(4) 创新销售模式，提高服务效率。广东石油创新销售和服务模式，实现零售、直分销、非油品业务的互联网化。打造智慧油站，创新加油站消费体验。

三、注重信息化投入，打造智能化库站

依托信息化建设的精准投资，浙江石油着力推动油库及加油站自动化、智能化建设，逐步实现"机器换人"，有效提升了基层劳动效率。主要做法包括：

(1) 加大信息化投入与维护力度。把信息化投入当作基础工程来抓，落实专人强化系统监控维护，开发故障自动报警处理功能，建立了后台服务实时维护机制，保证信息系统平稳运行。

(2) 加强定位油库自动化建设。打造全面集成、高效运转的自动化管理平台；增设了核心油库电子围栏、周界报警等安防系统，实现了油库门禁系统与公安部门联网联动，进一步提升油库安防水平。

(3) 推进零售服务自助化替代。研发多功能自助机，培养客户自助服务习惯；完善了网上营业厅、手机 App、微信公众平台等线上自助服务功能；大力推进自助加油，提高人均劳效。

(4) 搭建全省安全监控平台。省公司、12 个分公司及两个管道公司均已建立联网式应急指挥监控中心，全省 27 座油库、90%以上加油(气)站已安装高清视频监控系统，800 辆油罐车已实现 GPS 定位和 3G 视频监控。

通过在智能化建设、创新商业模式、互联网转型发展等方面的积极探索，中国石化认可战略全局思维是企业信息化建设的先行条件。而打造线上、线下平台是构建高价值生态圈的必由之路。同时中国石化认为，今后进一步延伸汽车生活产业链是探索车联网概念的积极尝试，销售企业可以主动寻求与车用市场上下游企业合作机遇。

四、支付移动化，提高油站运行效率

互联网技术的不断发展，电子支付成为主流趋势，越来越多的客户习惯利用移动互联网完成客户交易。中国石化广东石油公司通过打造"石化钱包"[14]，实现支付移动化，将"石化钱包"融入线上、线下业务，借助现代科学、互联网技术与工具，系统打造智慧

加油站，以积极探索建立符合未来市场发展规律的经营之道，从而提高资产利用效率和综合竞争力，见图 7-4。

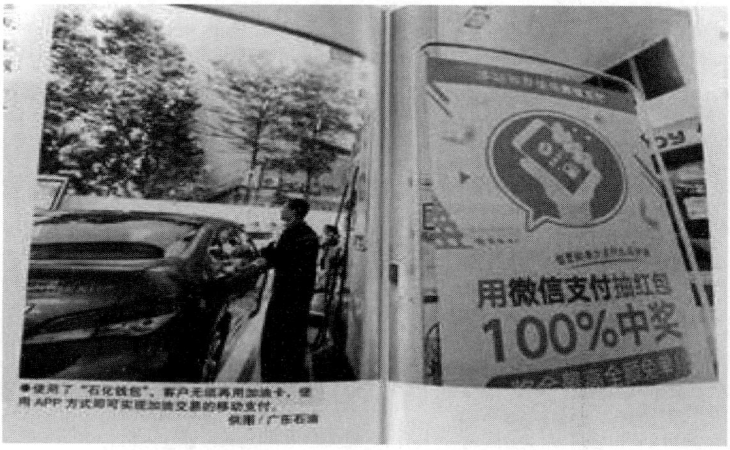

图 7-4　无须加油卡而采用 App 方式实现加油交易的移动支付

（一）“石化钱包”的建设

“石化钱包”分为三步建设：

第一阶段，卡、包分离，线上“石化钱包”独立打造。线上“石化钱包”独立于加油卡，在钱包下面设立充值子钱包、优惠子钱包、商城红包、加油子钱包等内容，可以完成公司自有线上商城购物、服务支付、卡充值、开卡、积分兑换、查询等线上服务，为个人虚拟账户，实现远场支付功能。

第二阶段，卡、包(线上线下)融合，形成一体化的“石化钱包”。加油站备付金功能扩充，纳入“石化钱包”下，可以完成公司内加油、线上线下购物的支付，形成“石化钱包”线上线下支付和加油卡线下支付。实体卡和虚拟卡并行的构架，可以实现内部近场和远场支付功能。

第三阶段，依据国家有关办法规定，取得支付业务许可证，成为具备第三方支付功能的“石化钱包”，可以实现第三方商户的线上、线下、内、外多种支付场景，即可实现近场、远场支付功能，也可实现及时、担保功能。

（二）扩充钱包资金来源，增强客户黏性

用户初期对“石化钱包”没有概念，必须先从其他地方提供用户钱包的“启动资金”，让客户习惯从而产生黏性。用户“石化钱包”里面的资金来源包括用户通过自有银行卡、第三方充值、他人“石化钱包”充值、加油优惠返还、促销活动返还、第三方合作商返还、会员积分兑换以及第三方积分兑换、信用融资渠道等。

一方面，公司整合现有营销资源，把原来线下的粗放投放变成线上的精准投放。例如，此前在“石化钱包”下设优惠子钱包，公司通过加油卡折让返还、会员营销活动返还、会员办理线上业务游湖返还等形式，实现优惠金额自动返还到优惠子钱包，再由客户主动发起充值，既实现了优惠的即时返还，提升用户感知，又减轻了加油卡的系统压力。

另一方面，公司积极与保险、银行、通信等行业的整合营销。例如，公司开发易捷电子优惠券、石化加油券、外部积分兑换券等各类业务场景使用的电子券。外部合作商户可以预先采购广东石油的电子券产品发放给客户，客户在客户端持凭证到加油站消费，实现线上销售、线下服务的 O2O 业务模式。

（三）效果

1）创新消费　提升客户体验

“石化钱包”的出现，改变了客户过去只能石油实体加油卡加油的单一的场景。基于“石化钱包”这个平台，可以源源不断地创造客户各种消费场景，客户的选择更加多样化和便利性。在加油环节，客户可以无须加油卡卡片实体，在加油站现场通过 App 方式实现加油交易的移动支付，提升加油支付应用体验。在购物环节，客户可以通过线上下单、线下取货或则第三方物流等方式，购物更加便捷。客户也可以通过“石化钱包”，更好地管理各种权益，账单更加清晰，消费更加明白。“石化钱包”融合了线上线下交易和支付的核心业务，构建广东石油互联网运行的核心基础体系，给予客户更为便捷的选择，能大大提升客户的应用体验，提高客户服务质量。

2）搭建跨界平台　实现资源共享

“石化钱包”下建立了油品子包（互联网兑换券）、优惠子包（优惠返还）、充值子包（充值金）、商城红包（商场购物金）共四类子钱包，不仅扩充了客户钱包的资金来源，而且搭建了跨界合作平台，由此得以将跨界合作商资源引入广东石油互联网平台，并利用营销资源促进油品、非油品增长，最终实现广东石油得客户、合作商得规模、客户得实惠的三赢局面。近一年时间，广东石油通过跨界合作引入营销资源超过 1.8 亿元。

3）整合线上线下平台　提高运营效率

面对千亿元规模的车后市场，广东石油通过构建线上、线下两个网络，加强线上、线下互动，为车主提供一个综合服务用车生活平台，“石化钱包”作为整个生态圈的核心起到了积极的线上线下融合作用。最为典型的就是通过引入车牌识别等技术，构建“石化钱包”专用通道，快速识别客户，高效响应客户加油需求，自动准确地完成交易扣款，为客户加油站加油提供一站式自动化服务，不但提升客户体验，而且通过客户线上消费、线下服务，石化钱包很好地把线上线下支付加油融合在一起，加油站现场加油效率明显提升。

第七节　信息化智能化发展塑造炼化产业新未来

信息化及其新技术的迅猛与爆发式发展对人类社会发展与进步的影响极其深远。特别是互联网的广泛应用，在改变人类生活方式同时，也给传统产业带来了革命性的变化。互联网使生产制造过程中各种设备和信息日益网络化，工业化和信息化的深度融合，形成新的生产方式、产业形态、商业模式和经济增长点，传统的制造业+互联网将走向数字化、网络化和智能化的制造——新一代智能制造[15]。这些变革势不可挡，而且，无数的事实也证明，发展也会倒逼转型升级，所以集成、整合、融合以及创新总是引领时代发展。

在 2017 年 10 月 13 日杭州·云栖大会上，阿里巴巴的马云曾提到未来“五个新”并放言这“五个新”将会冲击很多行业。这“五个新”是：

（1）新零售：未来没有电子商务这一说，只有新零售这一说，也就是线上、线下和物流结合在一起，只有这样才能诞生真正的新零售。

（2）新制造：过去制造讲究规模化、标准化，但未来30年制造讲究的是智慧化、个性化、定制化。

（3）新金融：未来的新金融必须支持新的“八二”理论，也就是支持80%的中小企业、个性化企业。

（4）新技术：原来的机器“吃”的是电，以后“吃”的会是数据；

（5）新资源：数据是人类第一次自己创造了能源，而且数据越用越值钱。

马云还说，真正冲击传统商业、冲击就业、冲击传统思想、冲击传统行业的，不是电子商务，而是我们昨天的思想，是对未来的无知和不接受。

正如李嘉诚先生曾说的：“当一个新生事物出现时，大约只有5%的人知道要赶紧做，这就是机会。做早就是先机。”微软的比尔盖茨也曾说：“假如你今天还停留在游戏网吧里面，假如你今天还在笑话别人做电子商务是忽悠，五年后你会更加后悔。”互联网时代，不要说停止学习，就是慢一点都有可能被淘汰出局。

回到我们的传统制造产业和本书涉及的炼油化工产业。应该说，仅数字化就已经或正在让制造业从根本上改头换面。随着工业4.0、中国制造2025等国家战略以及国家“智能制造装备专项”等计划的推行，企业对包括信息化在内的各类创新技术的采用及信息化人才培养与使用，新型的数字化工厂、数字炼化(以及智能炼化、智慧炼化)正悄然引领制造业、石油炼制与化工这些传统产业的转型，在推动着制造业的中心迈向高度定制化的产品和系统。领先的制造型企业正采用一系列的先进技术实现生产乃至整条供应链的数字化。这些技术包括大数据分析解决方案、端至端的实时规划和互联、自控系统、数字孪生等。凭借这些技术，效率得以提升，企业能够批量生产高度定制化的产品。而在炼化行业，以资源敏捷优化与先进计划系统、全产业链的协同优化和QHSE的监控与溯源为核心的信息化智能化转型升级技术的应用和突破，整合炼化企业各类资源和资产提升其内在价值，不断夯实数字炼化基础，并向智能炼化和智慧炼化方向迈进[16,17]。

尽管如此，对于我国传统炼化产业全行业来说，实际上数字炼化建设与应用也才算是处于起步阶段。“中国制造2025”等国家战略、计划的颁布为制造产业变革注入了强心针、突显了战略紧迫性和国家的高度重视，中国石化九江石化、中国海油惠州石化等流程工业炼化企业“智能工厂”示范企业也给很多企业描绘了灿烂前景，树立了榜样。全行业各企业只要大胆拥抱数字化、网络化和智能化，就一定能够取得实质性的进展并产生深远影响。

对于服务炼化产业的设计院、工程公司来说，实施以“全数字化交付”和“无缺陷开车”为理念的工程建设管理新模式以及今后工程公司进一步转型为炼化企业全生命周期内开展技术支持与进一步引领企业发展服务的专业公司，塑造了一个工程公司的新未来[18]。而在这种新未来中，智能软件、3D模型、数据资源与数据联动(包括与服务企业、装置、单元在运营与检修期的联动)、泛在感知等技术在EPC、日常工作中的应用，无形中改变了工程公司的运作模式、作业方式以及运营规则。如，工程公司的工程师们将从原来习惯的平面思维转变为立体思维；由简单的绘图作业演变为在虚拟空间中进行“预”组装；由需要学习、理解、执行过程的“软规则”转变为在下拉菜单中定义的“硬规则”，等等。

今后的工程公司，以工艺技术为先导，以大数据为核心、3D模型为载体和互联网为工具而搭建起来的共享、开放、统一的工程建设服务平台，并能够与用户今后的生产、经营平台进行数据交换。“智者造积木、定规则，幼者搭积木”的规则将引起设计过程的技术前移，将引起专业与专业之间、公司与公司之间、公司与员工之间开放、合作与重组。在施工现场，3D模型及其附带的信息通过互联网、物联网、GIS、RIFD、二维码等泛在感知技术，把图纸、条件、规则、经验与实体对象紧密结合、关联。当施工管理人员如项目经理、质量工程师、HSE工程师、监理工程师以及施工人员等不同角色进入施工现场，其智能手机、PAD或智能眼镜等智能设备将会随时随地获取想要的信息，大师级的经验会即时推送并共享……

随着“两化融合”的不断深入以及深化“互联网+”应用的大力推进，炼化企业面向生产过程的控制系统逐渐发展为智能、自主的控制系统，成为“QHSE监控与溯源”系统的基础。该智能、自主的控制系统能够智能感知生产工况的变化并自适应决策控制回路的设定值，从而使得回路控制层的输出对设定值的跟踪及时、快捷，且对运营状况和控制系统的性能能够做到“可视化、远程、移动式、自动”监测、监控，确保生产加工过程的安全、可靠、优化且绿色低碳化运营，与其他的智能自主控制系统相互协同，能够实现全产业链协同优化。

而在企业的管控决策层面，也逐步发展成为智能优化决策系统以及智能自主控制与智能优化决策一体化的先进系统，从而为资源敏捷优化和全产业链的协同优化奠定坚实基础。这两个系统除了上述的智能自主的控制系统特点以外，由于它们与智能决策系统实现了一体化成为一种新的先进系统，因此可以实现新一代的智能制造即智慧炼化目标：通过实时感知市场(原油、产品、能源等)信息、生产条件与实际运行工况等全局信息，按照“资源高效转化、过程绿色低碳化”的总原则，对包括“规划目标、计划调度、生产运行、生产与控制指令”等在内的全部目标进行系统优化。综合应用“人、机”决策系统协同以及“可视化、远程、移动”等手段监测监控决策过程的动态变化，结合自学习和自动化决策，实现动态环境的精准、实时、优化的决策。

今后的生产企业，“两化深度融合”，信息化及其新技术的应用彻底改变了生产模式、管控模式：无人机、无人驾驶车辆，更多在线分析仪表在厂区、园区代替人工日常巡检、取样分析；生产企业的感知、预测、协同与分析能力极度增强；物联网、大数据、云计算以及APC、RTO等模型的深入、广泛应用，实现了全产业链的优化与协同以及QHSE实时、全方位监控与溯源；真正意义上的全生命周期设备管理系统，奠定了“安稳长满优”的坚实基础；原油分子信息、分子重构技术的广泛应用确保了资源敏捷优化，炼化企业实现了分子水平的管理与优化，从而逐步成为完美的“化学分子裁剪与组装”基地……

炼化企业在沿着数字化、网络化、智能化道路上大步前行时，通过数字炼化建设，集成、融合，包括工程、原油采购与运输、炼化生产、仓储物流、销售等多方面在内的各种信息与相关技术，形成满足智慧炼化建设的核心技术构架体系，实现炼化企业“建设、供应、加工、储运、营销以及管理、控制”智能化、自主性的综合性一体化的智慧决策与集成优化先进系统，使得包括信息资源在内的资源价值和资产价值最大化，达到石油炼制生产与管控决策的低碳、绿色和高效化，并提升综合管理水平，以信息化智能化发展和升级不断提升炼化企业的综合竞争能力。具体推进过程一定要瞄准智慧炼化目标，夯实数字炼化基础，采取科学的实施方法论，规避实施过程中的风险，不断完善智能炼化核心，就一定能够成功达成“资源高效转化、过程绿色低碳化”的既定目标，从而塑造传统炼化产业的新未来[19]！

参 考 文 献

[1] 覃伟中. 传统石化企业的智能工厂建设探索[J]. 中国工业评论, 2016, 1: 39-43.

[2] 王群伟, 曾天舒. 智能工厂建设永远在路上——专访九江石化总经理覃伟中[J]. 中国石化, 2016, 1: 42-44.

[3] 严刚. 建设九江石化特色智能工厂[J]. 中国科技信息, 2014, 1 : 190-191.

[4] 中国石化镇海炼化智能工厂建设情况汇报. 九江: 智能工厂建设现场会, 2015.

[5] 熊晓洋. 大型流程型企业智能工厂建设探索[J]. 当代石油化工, 2016, 24(7): 9-12.

[6] 国务院关于印发《中国制造 2025》的通知. http://www. gov. cn/zhengce/content/2015-05/19/content_9784. htm.

[7] 薛梅. 集团公司信息化由集中建设向集成应用跨越"信息化中石油"建设加速. 中国石油报/2013 年/2 月/22 日/第 001 版.

[8] 郭红英. 中国石油信息化共享服务迈上新台阶, 中国石油报/2016 年/9 月/14 日/第 001 版.

[9] 丁剑博, 冯恒东. 基于三维模型装置大检修的创新与实践[J]. 化工自动化及仪表, 2014, 41(12): 1451-1453.

[10] 吴晓辉, 王瑞来. 三维地理信息系统在电力系统应用中的关键技术研究[J]. 河南电力, 2013, (4): 8-9, 17.

[11] 张宁, 吴嘉辉. 基于三维数字化测量技术的逆向工程应用研究[J]. 长春大学学报, 2013, 23(12): 1555-1560.

[12] 王国胜, 张声圳. 基于 GIS 的输电线路三维数字化管理系统的设计[J]. 电工技术, 2013, (9): 6-8.

[13] 赵长青, 苏乐, 廖万勇. 三维数字化电厂技术的研究与应用[J]. 数字技术与应用, 2013, (7): 53-55.

[14] 敖岸. 广东客的"石化钱包", 中国石油石化, 2017, 376(17): 60-61.

[15] ZhouJi, Li Peigen, Zhou Yanhong, et al. Toward New-Generation Intelligent Manufacturing[J]. Engineering, 08 February 2018 [Epub ahead of print] doi: 10. 1016/j. eng. 2018. 01. 002.

[16] 吴青. 炼化企业数字化工厂建设及其关键技术研究[J]. 无机盐工业, 2018, 50(2): 1-7.

[17] 吴青. 流程工业智慧炼化建设的研究与实践[J]. 无机盐工业, 2017, 49(12): 1-8.

[18] 吴青. 智慧炼化建设中的工程全数字化交付[J]. 无机盐工业, 2018, 50(5): 1-6.

[19] 吴青. 智慧炼化建设塑造炼化企业新未来[J]. 炼油技术与工程, 2018, 48(10): 1-7.

后　记

本书的最早雏形脱胎于2017年4月已经完成80%左右写作量的专著——《石油分子工程与分子管理》(暂名)一书中的应用章节部分。鉴于当初中海石油炼化有限责任公司经过一年多准备，正在下属企业推行智慧炼化建设试点和研究开发工作，为配合相关工作，于2017年4月底决定先期完成《炼化企业的智能优化制造——从数字炼化迈向智慧炼化》(原名)一书。2017年9月完成了初稿即第一稿并交付出版社初审。但之后，因生产等日常工作繁忙，直到2018年1月底才将第二稿(约96万字)继续交出版社初审，2018年3月底将目前的第三稿交付审核。

本书的写作和修改均利用业余时间(晚上、节假日)进行，因此，整个写作、修改过程所花费时间较长。写作期间，得到了原工作单位——中海石油炼化有限责任公司(炼化公司)领导与同事们的关心、鼓励、支持和帮助：炼化公司下属的惠州石化的蓝新志、韩永立、陆鹏飞和科技信息化部刘学刚等人提供了部分案例材料；科技信息化部席驰提供了信息安全方面的参考材料；吴晶晶博士后协助编制了目录并校对了全部文稿；沈洪源、彭红斌、曹晓红、刘国胜、谭雪、刘红光、陈明海等同事、友人给予了鼓励、支持；特别是我爱人任懿全力支持，让我能心无旁骛专心写作，在此一并表示衷心感谢。

本书得到了我的博士生导师——中国科学院何鸣元院士的悉心指点与审核，特别是老师的治学方式使我受益匪浅，非常感谢！

本书也得到了中国石化出版社田曦编辑的大力支持、鼓励与帮助，在此一并表示衷心感谢！